"十二五"国家重点图书出版规划项目　丛书主编　竺维彬　鞠世健
复合地层盾构工程技术系列丛书　丛书主审　史海欧

广州地铁三号线北延段盾构隧道工程施工技术研究

主　编　王　晖　谭　文　黄威然
副主编　王洪东　王　虹　张家德

人民交通出版社
China Communications Press

内 容 提 要

本书对广州地铁三号线北延段隧道盾构施工进行了全面的技术总结。广州地铁三号线北延段段工程共11个盾构施工标段，本书详尽记录了每个标段的工程概况、施工环境、盾构机选型和适应性评价、盾构施工技术、施工过程安全和质量控制，真实再现施工现场，资料翔实、数据丰富，对类似工程有借鉴和指导作用。

本书可供盾构施工、工程管理及教学、科研等相关人员参考。

图书在版编目(CIP)数据

广州地铁三号线北延段盾构隧道工程施工技术研究/王晖，谭文，黄威然主编. —北京：人民交通出版社，2012.6

ISBN 978-7-114-09280-0

Ⅰ.①广… Ⅱ.①王…②谭…③黄… Ⅲ.①地下铁道—铁路工程：隧道工程—盾构法—广州市 Ⅳ.①U231

中国版本图书馆CIP数据核字(2011)第141822号

书　　名：广州地铁三号线北延段盾构隧道工程施工技术研究
著 作 者：王　晖　谭　文　黄威然
责任编辑：刘彩云
出版发行：人民交通出版社
地　　址：(100011)北京市朝阳区安定门外外馆斜街3号
网　　址：http://www.ccpress.com.cn
销售电话：(010)59757969，59757973
总 经 销：人民交通出版社发行部
经　　销：各地新华书店
印　　刷：北京盛通印刷股份有限公司
开　　本：787×1092　1/16
印　　张：29.5
字　　数：711千
版　　次：2012年8月　第1版
印　　次：2012年8月　第1次印刷
书　　号：ISBN 978-7-114-09280-0
定　　价：138.00元

复合地层盾构工程技术系列丛书

编审委员会

丛书主编：竺维彬　鞠世健

丛书主审：史海欧

本书编委会

主　　编：王　晖　谭　文　黄威然

副 主 编：张家德　王洪东　王　虹

编　　委：（按姓氏笔画排序）

仇培云　王小忠　石战利　吕鹏程　朱劲锋

汤新光　张生林　张会东　李学逊　李海波

阮艳妹　杨向东　沈冠群　肖瑞传　邱仕雄

陈丹莲　罗淑仪　罗信伟　贺小玲　郭广才

梁永钊　雷振宇　熊　辉

审查委员：张志良　叶建兴　林志元　刘智成　农兴中

孙成伟　廖鸿雁　王文锋　黄　辉　叶越胜

主要参编单位：广州地铁设计研究院有限公司　盾构技术研究所

广州轨道交通建设监理有限公司

广州市地下铁道总公司　建设事业总部

丛书著作者简介

■ 竺维彬

丛书主编

教授级高级工程师,广州地铁总公司副总经理,长期从事广州地铁建设管理工作。曾获国家科技进步奖、詹天佑土木工程大奖、中国煤田地质总局科技进步一等奖等奖项

■ 鞠世健

丛书主编

高级工程师,广州地铁设计院有限公司盾构技术研究所、广州轨道交通建设监理有限公司顾问。长期从事盾构工程技术研究

■ 史海欧

丛书主审

教授级高级工程师,广州地铁设计研究院有限公司总工程师,广州地铁设计研究院有限公司盾构技术研究所所长,广东省土木建筑学会地下工程专业委员会主任。曾获国家科技进步奖、国家优秀设计奖

本书著作者简介

■ 王　晖　本书主编

教授级高级工程师，广州轨道交通建设监理有限公司副总经理兼总工程师，广东省土木建筑协会地下工程专业委员会秘书长，广州地铁设计院有限公司盾构技术研究所副所长

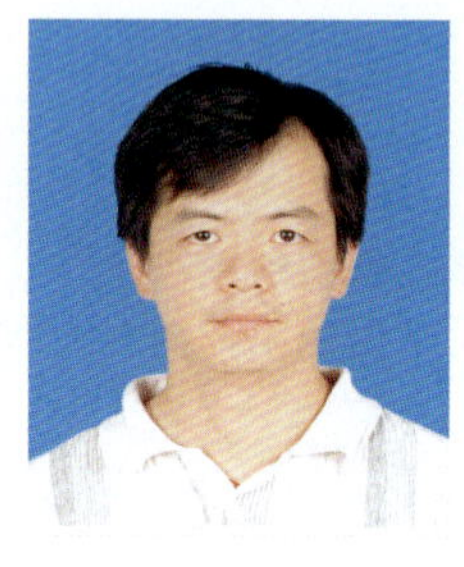

■ 张家德　本书副主编

高级工程师，时任建设总部土建二部经理，主管三号线北延段、九号线土建工程

■ 谭　文　本书主编

教授级高级工程师，广州地铁总公司副总工程师，总工程师室主任。时任建设总部副总经理，主管三号线北延段土建工程

■ 王洪东　本书副主编

高级工程师，广州轨道交通建设监理有限公司副总工程师，8～11标总监

■ 黄威然　本书主编

高级工程师，广东省土木建筑协会地下工程专业委员会副秘书长，广州地铁设计院有限公司盾构技术研究所副总工程师。曾任三号线北延段设计副总体

■ 王　虹　本书副主编

高级工程师，1～3标总监

序

中国工程院院士　施仲衡 ▶

欣闻广州地铁为迎亚运，在三个月的时间内，将在原开通线路的基础上，相继开通四号线北延段、三号线北延段、二/八号线拆解段、二号线北延段和广佛线首通段等六条线累计共236公里的惊世之举时，陆续收到广州地铁同仁们对其中的三号线北延段、二/八号线拆解段和广佛线首通段盾构工程的研究成果初稿，令我们这些早期指导过广州地铁建设的老一辈专家感动。广州地铁在地质环境非常复杂的条件下，顺利地实现了既定的地铁建设目标，说明他们在盾构工程管理和技术上已走上成熟的道路，他们踏踏实实的科学精神值得学习和推广。

广州地铁经过十几年的积累和沉淀，培养了一批人才，并以老带新，不断壮大。在出版《复合地层中的盾构施工技术》、《盾构施工监理指南》、《广州地铁三号线盾构隧道工程施工技术研究》和《地铁盾构施工风险源及典型事故的研究》几本专著的基础上，建设一条线，总结一条线，提升一条线，坚持不懈、持之以恒地使他们总结出来的盾构施工理论——地质是基础，盾构机是关键，人是根本——经过在新线建设中的应用和创新，更加完善和充实。

本书是作者编著“复合地层盾构工程技术系列丛书”的组成部分，通读全书，反映出以下几个特点及创新点：

(1)进一步强调了地质在盾构施工中的基础作用，在每一个施工案例中都首先较为详细地介绍了地质环境特征；

(2)特殊地质条件下的盾构施工技术创新：花岗岩球状风化体的爆破清除技术(已获专利)、盾构穿越岩溶地区的施工及岩溶的处理方法，等等。

(3)盾构机到达和始发新技术的应用：

①工作井端头围护结构采用玻璃纤维混凝土或合成纤维块材混凝土，盾构机直接破除法；

②预制盾构机始发箱体，回填土后，模拟原状土环境的始发技术；

③采用套筒法接收盾构机到达技术。

(4)开挖面不稳定条件下盾构机维修换刀技术的创新：

①土压平衡盾构机先制泥膜，后气压作业方法；

②密封舱回填注浆开舱换刀方法。

(5)特殊地层掘进盾构纠偏技术的应用。

(6)本工程建设中基本稳定了在十分复杂的复合地层中盾构机的“类型”和“模式”的选择,刀盘形式及其开口率、刀具类型及其组合的选择已形成一项成熟的技术,盾构机的超前钻机、盾壳预留径向孔等建议已被制造商普遍采纳。

广州地铁自20世纪90年代使用盾构工法以来,为在全国推广和使用该工法作出了特殊贡献。本书的出版进一步丰富了“复合地层盾构工程技术系列丛书”的内容,也为广大科技人员提供了可贵的参考资料和类似的工程经验。

深表祝贺,并祝不断进步!

2012年3月18日

前　言

广州地铁三号线北延段全长30.84km，其中盾构隧道长43689.82m(单线延长米)，11个盾构工程标段，共采用24台盾构机。第一个区间于2007年3月开工，最后一个区间于2010年2月完工，盾构工程前后历时约3年。

该项工程是在广州复合地层盾构施工中遇到困难最多的一个项目，其特点主要表现在如下两个方面：

一、盾构区间隧道穿越了从前寒武系到第四系几亿年地史的地层，遭遇了地球上的全部三大类岩石(沉积岩、岩浆岩和变质岩)，在施工过程中要处理石灰岩岩溶、花岗岩球状风化体和各种软硬不均相互组合的复合地层。这种围岩环境就给盾构机选型及其功能提出了更严格的适应性要求，同时要求施工技术和管理提供更多的应对措施。因此，本书不厌其烦地描述了每一个工点的地层和岩土特征以及相应盾构机特征和施工参数，就是要说明即便是地质环境的细微差别都会造成盾构施工技术的不同。

二、本工程是继广州地铁一号线、二号线、三号线、四号线和五号线盾构施工完成后进行施工的，汲取了前人的许多经验和教训，在盾构机选型和施工技术上有诸多改进，丰富了复合地层中盾构施工技术。主要表现在如下几方面：

1. 由于普遍加深了对“地质是基础”的理解，提高了对本区地质特征的研究深度，在施工过程中区别出本工程〈3-2〉富水砂层与广州近珠江地区同一地层含泥量不同，本工程钙质胶结的第三系沉积岩与其他地区泥质胶结的白垩系沉积岩在滚刀破岩是的反应不同，本工程花岗片麻岩中风化球状风化体与其他地区的花岗岩球状风化体在处理方法上的不同等。在此基础上通过合理选择刀具和施工参数，大大地提高了盾构施工效率，减少了工程事故。

2. 确立了在富水复合地层中端头加固的设计和施工方法。由于复合地层一般是由两种或两种以上岩土特性差异很大的地层的组合，因此无法像较为均一的地层那样一般通过较为简单的计算就可以确定加固体的范围和密封性，并据此进行设计。正因为这样，往往单独一种施工方法，比如旋喷法，很难能达到设计要求的效果。本工程将复合地层中的端头加固方法进行了系统的总结，认为在富水的复合地层中用素混凝土连续墙或素混凝土钻孔桩围壁加固体，并辅以其他方法加固是一种较为安全和可靠的方法，应推广。

3. 密封舱回填换刀技术是一项创新。在复合地层中施工要在中途换刀几乎是一项不可避免的程序，而这项工作又是有极大风险的。由于一些特殊的原因，比如地面或地下无法对围岩实施加固，或由于盾构机和地层的原因无法进行带压换刀，在这种情况下，换刀成了一道难以逾越的施工障碍。本工程应用密封舱回填技术有效地解决了这个难题，该技术在两方面取得了突破：一是将泥水盾构的原理应用到土压平衡盾构机中，通过使用泥浆对工作面进行泥膜护壁；二是利用砂浆置换土舱中的渣土，使工作面的空隙或裂隙被砂浆充填，从而达到稳定工作面的目的，并可继续实施下一步的换刀程序。

4. 本工程应用的水（土）中盾构进洞技术、富水砂层中在维护墙内竖井开挖联络通道技术、石灰岩岩溶区盾构通过技术、花岗岩球状风化体处理技术等，都极大地丰富了复合地层中的盾构施工技术。

本书的资料是我们的同事在深入一线过程中一点点搜集起来的，在这个过程中，得到了施工单位和业主的大力支持和帮助，因此本书的出版是工程参与各方辛勤工作和智慧的结晶。

全书共分十三章，其中第三、四、五、六、七、八、九、十、十一、十二、十三章分别对应施工1、2、3、4、5、6、7、8、9、10、11标段。

竺维彬　鞠世健　史海欧

2012年5月

目　录

Chapter

1

工程概况和施工环境

执笔人 The Author

罗淑仪 ▷

工程师

广州轨道交通建设监理有限公司总工程师室技术主管

执笔人 The Author

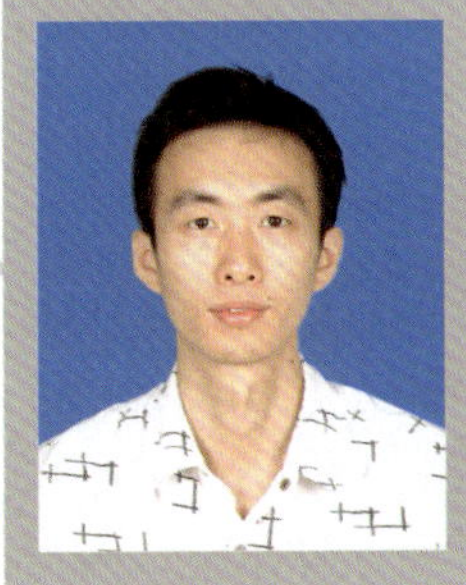

雷振宇 ▷

高程工程师

广州地铁设计研究院有限公司建筑所所长，时任三号线设计总体，主持三号线北延段设计

第一章　工程概况和施工环境

第一节　线 路 概 况

三号线北延段自广州东站向北延伸，下穿燕岭公园后，穿越北环高速公路，经南华工商学院、广州电梯厂，到达广州大道北，随后线路继续沿广州大道向北行进，在南方医院西南侧设京溪南方医院站。随后，线路沿同和中路北上，在同和镇设同和站。线路折向西北，下穿白云山制药厂，在松园山庄北面折向西，沿规划华南路南侧行进，在永泰村东侧白云山脚设永泰站（原永泰东站），线路下穿广从路后，在广从立交西南侧设白云大道北站（原永泰站）。出站后，线路下穿华南路后折向北，与二号线并行，沿规划七路西侧行进，设嘉禾望岗站（原嘉禾站），与二号线终点嘉禾望岗站平行换乘。出嘉禾望岗站后，线路继续北行，随后转入106国道，之后沿106国道前行，在龙归镇设龙归站。线路沿106国道继续向北行进，下穿北二环、高压走廊、流溪河后在人和镇设人和站。线路在人和华侨医院西侧折向北，经人和镇合龙庄、积阴庄后在机场高速公路东侧设与九号线的换乘车站高增站。之后线路进入新机场高速路中央绿化带，随后即沿新机场高速路中央绿化带北行，进入新机场，与原机场线试验段贯通。

三号线北延段全长30.84km，共设12个车站，平均站间距为2.6km，最大站间距为6.29km，最小站间距为0.95km。车站全部为地下站，3座车站（燕塘、嘉禾望岗、高增）与其他轨道交通线有换乘关系，机场线试验段1.7km（含新机场南站）土建工程已与机场航站楼同步建成。三号线北延段需新建线路29.1km，全部为地下线。北延段设车辆段一座，与二号线嘉禾车辆段合建，设主变电站两座，分别位于燕塘站和望岗附近。2010年10月30日三号线北延段（广州东站—新机场南）盾构区间全线通车。图1-1为截至2010年8月的广州地铁线网，其中一、二、三、四、五号线为运营线，二/八号线、三号线北延段、广佛线首通段2010年11月3日开通，六、九、十三号线为在建线路。

第二节　区域地质特征

一、区域构造背景

根据区域地质资料，三号线北延段工程区域大地构造位置位于华南准地台（I级构造单元）湘桂赣粤褶皱带（II级构造单元）中的粤中坳褶皱束（III级构造单元）中部，它是四级构造单元广花凹陷、增城凸起的交接部位。以广从断裂为界，可将三号线北延段工程大地构造分成两个不同的构造区。

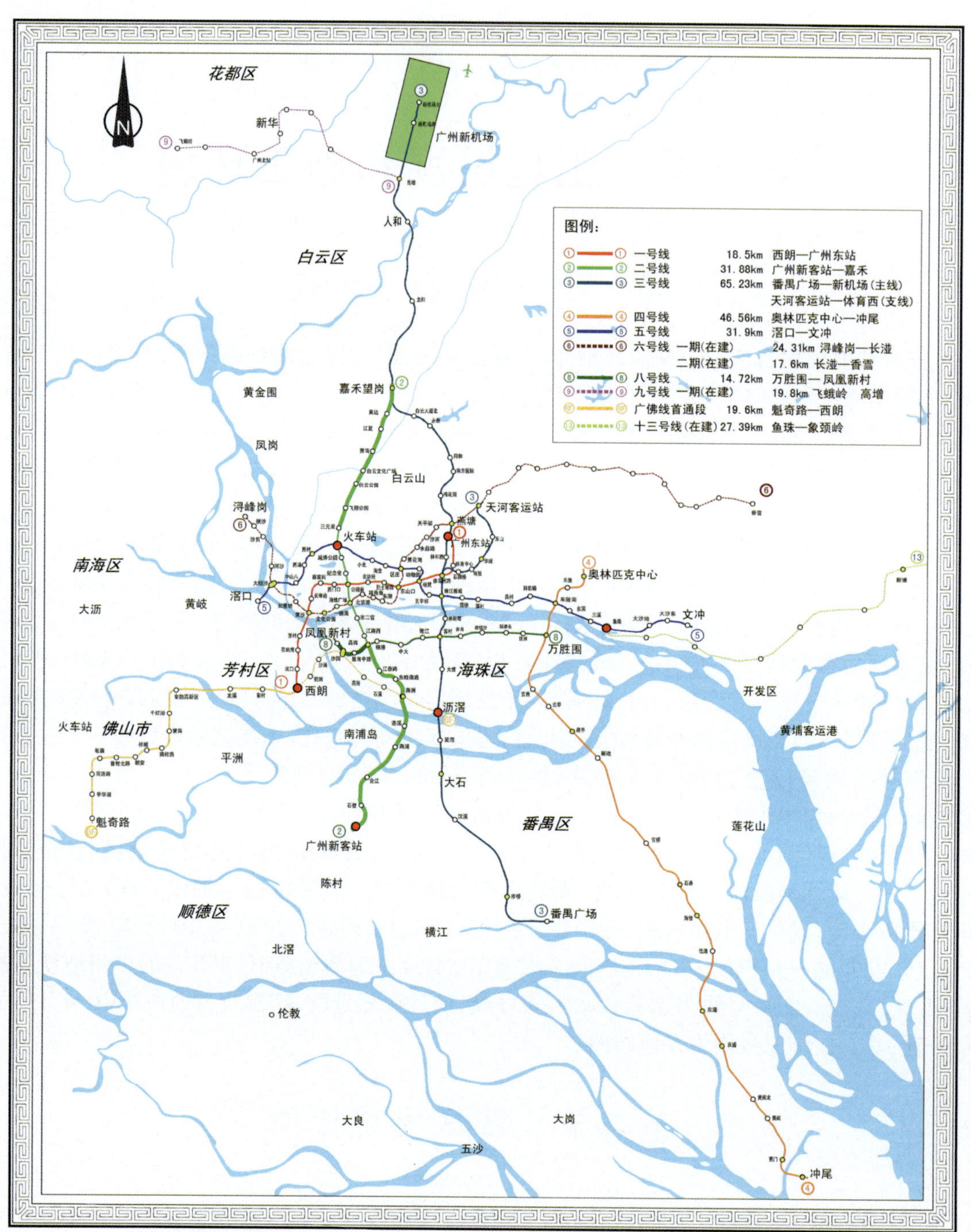

图 1-1 广州地铁线网(截至 2010 年 8 月)

广从断裂以东构造区，位于东西向增城凸起的西部，包括白云山至帽峰山一带，主体构造是东西向，是由震旦系变质岩系的东西向片理、片麻理及其一系列不对称褶皱以及东西构造控制的燕山期侵入岩所构成的控制区。

广从断裂以西构造区，位于北东向的广花凹陷盆地的南西部，主体构造是北东向，由上古生界北东向地层及一系列不对称褶皱和伴生的走向断裂构成，是叠加在基底构造上的上古生界至中新生界的北东向构造区。

二、断裂

三号线工程北延段沿线附近的断裂主要有瘦狗岭断裂、景泰坑至梅花园断裂、磨刀坑断裂、广从断裂和新市至嘉禾断裂。

1. 瘦狗岭断裂

本断裂是区内重要的控制性构造，东西向断层，其西起白云山南麓的马鞍山，经瘦狗岭、吉山东至横沙新村，被文冲断层右旋错移至庙头村，并向东延伸，西部被马鞍山断层所截切，长约18km。走向为90°~110°，西段走向为90°，中段走向为100°，东段走向为110°，向南倾，倾角一般为50°~60°，局部为35°和68°，以构造岩为主，其次为硅化构造角砾岩和硅化破碎岩，并残留一部分挤压构造岩及糜棱岩。断裂沿现在的广源东路（原为瘦狗岭路）北面的瘦狗岭山脚部位通过。

2. 景泰坑至梅花园断裂

景泰坑至梅花园断裂西起景泰坑，东止于梅花园，走向北东50°~60°，倾角较陡，在梅花园站的南侧通过。

3. 磨刀坑断裂

本断裂出露于永泰一带，长约5km，断裂走向沿北西320°左右，倾向南西，倾角45°。它切过广从断裂，使三叠系与石炭系地层左旋错动相接。在马鞍山附近见许多构造岩分布在山坡上，变质岩具片理化现象。磨刀坑断裂在晚更新世早期有过活动，属于晚第四纪活动断裂，但该断裂未见错动上覆的全新统残坡积层现象，属于非全新世活动断裂。

4. 广从断裂

广从断裂是区内重要的控制性构造，此断裂从线路中的永泰段附近通过。广从断裂北起从化区的良口，向南经温泉、从化、神岗至三元里附近潜伏于第四系之下，并向南延伸。主断面在广州以北清楚显示舒缓波状，呈北北东向延伸。总体走向北东20°~30°，断面倾向北西，倾角60°~70°。断裂带宽几米至数十米，断裂生成于加里东运动，在海西—印支构造阶段控制着广花凹陷的形成。燕山晚期至喜马拉雅早期对龙归盆地的形成和演变起一定的控制作用，也是区域控岩、控热结构。早期多表现为压性断层，晚期多表现为张性断层。广从断裂带常与其他方向断裂交接切错，本区内还发育有磨刀坑断裂，广从断裂被磨刀坑断层切断，使广从断裂有错移现象。广从断裂从永泰站附近通过，与线路近似正交，因此广从断裂是本段内重要的控制性构造。该断裂切割古生界至第三系的各种地层，构造岩类型复杂，以硅化岩、碎裂硅化岩和构造角砾岩为主，其次为糜棱岩。

根据永泰站附近构造岩测年结果显示最年轻的为距今（20.46±1.22）万年，最老的为距今（128.36±7.70）万年，其中距今20万~30万年的有3个，40万~50万年的有4个，50万~60万年的有2个，80万~130万年的有3个。这些数据表明，广从断裂同泰路段（或称磨刀坑北段）活动时间域主要为早第四纪（早更新世至中更新世），未发现晚更新世和全新世活动数据。从构造岩测年数据分析，广从断裂同泰路段在早第四纪期间曾有过强烈活动，但晚第四纪以来已处于相对稳定状态，为非全新活动断裂。

5. 新市至嘉禾断裂

在新市—嘉禾向斜的东南翼发育一组走向断裂，这组断裂的走向大致与岩层走向一致，呈北东向，倾角陡缓不一。发育另一组为横断裂，走向北西，切断走向断裂，形成棋盘状。

根据区域地质资料，北北东断裂组分布在线路西侧，对线路影响不大；永泰至嘉禾区间有一东西向断裂与线路大角度斜交。

三、褶皱

自广从断裂至新机场，为广花复向斜的东翼，该复向斜轴向以北北东向为主，往南收敛，往北或往北东面撒开，复向斜略呈“帚状”。三号线工程北延段经过广花复式向斜中的新市—嘉禾向斜的东翼、龙归向斜和凤朝庄背斜。

1. 新市至嘉禾向斜

新市至嘉禾向斜轴向北北东，长 15km 以上，宽约 6km，槽部为下三叠统，两翼依次为下二叠统、中上石炭统和下石炭统，东北翼岩层倾向北西，西北翼倾向南东，两翼倾角较陡，均在 50°～60°，为一个轴面直立对称向斜。根据二叠系地层分布向北变宽，向南变窄，可知向斜枢纽向南翘起，向北倾伏。此外，该向斜中亦有纵向断层和横断层破坏其完整性，北端为第三系所覆盖。

2. 龙归向斜（盆地）

龙归向斜，为第四系冲积—洪积层覆盖，向斜轴向大致呈南北向延伸，北至花都，南至嘉禾，地层倾角很缓，倾角约 8°～13°，组成地层为第三系莘庄组、宝月组的泥岩、钙质泥岩、泥质粉砂岩、泥灰岩、灰岩、砾岩等。

3. 凤朝庄背斜

凤朝庄背斜位于矮岗至新机场北，为第四系冲积—洪积层覆盖，背斜轴向大致与线路一致，呈北东向展布，南端至矮岗一带被第三系覆盖，北至花东镇。凤朝庄背斜的东南为李溪圩向斜，西北为九传湖向斜，南东翼地层倾向南东 130°，倾角 50°～80°，北西翼倾向北西 320°，倾角 40°～50°，较南东翼平缓，而轴部较宽缓，为箱式背斜。

四、地层与岩性

广州市轨道交通三号线北延段沿线穿越的地层有新生界第四系（Q）、第三系（E）、中生界三叠系（T）、二叠系（P）、上古生界石炭系（C）、前古生界震旦系（Z）、燕山期侵入岩（γ）。由新到老分述如下。

1. 第四系（Q）

第四系包括全新统（Q_4）和上更新统（Q_3），其下缺失中更新统和下更新统。第四系由人工填土（Q_4^{ml}）、冲积—洪积层、淤泥—淤泥质土、河湖相沉积淤泥质土层（Q_4^{al}）、洪积—冲积砂层、土层（Q_3^{al+pl}）组成，沿线路广泛分布。

2. 第三系（E）

（1）宝月组（E_2by）

下部为暗红色～褐色钙质泥岩，钙质粉砂岩互层夹细砂岩；中部为紫红色粉砂岩夹含砾砂岩;上部为紫红色、棕红色砂砾岩,夹厚层深灰色泥灰岩、泥岩。具较好的水平层理,薄层状~厚饼状,厚度大于300m。此层分布在线路中北二环高速公路至人和镇之间。

(2)埠心组($E_{1\text{-}2}b$)

深灰色~暗红色地层,主要岩性为钙质泥岩、泥灰岩,夹白云质灰岩(局部有溶洞发育),厚度大于300m。此层分布于线路中的龙归南至北二环高速公路之间。

(3)莘庄组(E_1x)

下粗上细的红色地层,其下部为暗红色灰砾岩(局部溶洞发育),含砾砂岩。中上部为暗红色~黑灰色的泥质粉砂岩、夹钙质粉砂岩、泥灰岩和石膏层,厚度220m左右。与下伏地层呈不整合接触,此层分布在线路中嘉禾北约1km到龙归以南。

3. 三叠系(T)

三叠系为上三叠统小坪组(T_3x),是一套陆相碎屑含煤建造。主要岩性为砾岩、含砾砂岩、石英砂岩、粉砂岩,夹炭质页岩和薄煤层,厚度在150m左右,与下伏地层呈不整合接触。此层分布在线路中的永泰站附近。

4. 二叠系(P)

主要为下二叠统栖霞组地层(P_1q),岩性主要为深灰色灰岩,含燧石结核或条带,夹钙质页岩、炭质页岩、硅质灰岩。与下伏地层呈整合接触,厚度在180m左右。此层分布在线路中新市至嘉禾向斜东翼,即嘉和站一带。

5. 石炭系(C)

(1)石炭系中上统壶天群($C_{2+3}ht$)

其为一套海相碳酸盐岩沉积。主要岩性为灰白~灰色、肉红色中厚层状石灰岩,质纯,偶夹白云岩和白云质灰岩,溶洞发育。局部夹少量燧石结核或条带。底部为角砾状灰岩,厚度大于250m。与下伏地层呈整合接触。此层分布于线路中的白云大道至规划八路以及矮岗站一带。

(2)石炭系下统大塘阶梓门桥组(C_1dz)

其为一套海陆交互相沉积地层。上部为深灰色灰岩,中部为细砂岩、粉砂岩夹薄层灰岩、炭质泥岩,下部为硅质灰岩,厚度100~150m。此层分布在永泰至白云大道之间以及矮岗至机场高速公路之间。

(3)石炭系下统大塘阶测水组(C_1dc)

其为陆相碎屑含煤建造,主要岩性为含砾砂岩、石英砂岩、粉砂岩、煤层夹炭质泥岩,含黄铁矿和菱铁矿结核,厚度在180m左右。此层分布在永泰站往西以及矮岗至机场高速公路之间。

(4)石炭系下统大塘阶石磴子组(C_1ds)

其为一套海相碳酸盐岩沉积地层。主要岩性为中厚层状的石灰岩,层间夹钙质泥岩,厚度约150m。此层分布在线路中的永泰站以及机场高速公路往北。

6. 震旦系(Z)

沿线主要分布于梅花园站前后以及白云供水管理所至永泰一带,是一套变质程度深浅不一的变质岩系,主要岩性为混合花岗岩、花岗片麻岩等,地表出露岩石多被强烈风化。

7. 侵入岩($\gamma_5^{3\text{-}1}$)

在线路上侵入岩主要分布在燕塘、南方医院、同和一带为中生界燕山四期($\gamma_5^{3\text{-}1}$)侵入岩,岩性主要为中粗粒花岗岩，中粗粒结构，块状构造。

第三节　岩土工程特征

一、岩土分层及其特征

全线可划分为9个岩土层（不含亚层），每个岩土层分别按岩土层代号、岩土名称、时代成因、岩性描述如下。

1）人工填土层（Q_4^{ml}）

沿线人工填土层主要为杂填土和素填土，部分地段地表为耕植土。本层颜色较杂，主要为灰黄色、灰红色、灰褐色、褐红色等。素填土组成物主要为人工堆填的粉质黏土、中粗砂、碎石等；杂填土则含有砖块、砂块和混凝土块等建筑垃圾或生活垃圾，大部分欠压实～稍压实；耕植土以黏性土为主，含少量砂，并含有植物根系，局部含微量腐殖质，可塑为主，部分软塑。人工填土层实测标贯击数2～27击，平均击数10.5击，个别标贯遇到碎石击数偏大。

本层分布广泛，沿线大部分地段均有揭露，厚度0.15～10.90m，平均厚度2.30m。本层在图表上代号为〈1〉。

2）海陆交互相沉积层（Q_4^{mc}）

本层在三号线北延段缺失。

3）冲积—洪积砂层（Q_{3+4}^{al+pl}）

根据土的性质和沉积层序，本层可分为三个亚层：

（1）冲积—洪积粉、细砂层

呈浅黄色、土黄、灰白色等，组成物为粉砂、细砂，含黏粒，级配较差，饱和，主要呈松散～稍密，局部中密状。实测标贯击数为3～28击，平均12.0击。本层主要零星分布在山间小盆地或沟谷等低洼地段，层厚0.50～17.10m，平均厚度2.59m。本层在图表上的代号为〈3-1〉。

（2）冲积—洪积中、粗砂层

呈灰白色、灰黄色、灰色等，组成物主要为中砂、粗砂、砾砂，含少量黏粒。局部为圆砾、卵石，呈稍密～中密状，局部为松散状或密实状，实测标贯击数5～38击，平均16.1击。层厚0.39～20.55m，平均厚度2.99m。冲积—洪积中、粗砂层在南方医院至同和区间、永泰站前后以及龙归至新机场北段连续分布，其他地段零星分布在沟谷处。本层在图表上代号为〈3-2〉。

（3）冲积—洪积砾砂层

呈灰黄色、灰色等，组成物主要为砾砂，含黏粒，局部为碎石土、圆砾、卵石，呈稍密～中密状，局部为松散状或密实状，其中碎石土为石英脉和花岗岩风化破碎后冲积而成。本层主要分布在南方医院至同和一带，其他地段零星分布在沟谷等低洼处。标贯击数5～44击，平均16.4击，层厚0.39～20.55m，平均厚度3.05m。本层在图表上代号为〈3-3〉。

4）冲积—洪积土层（Q_{3+4}^{al+pl}）

呈褐黄色、青灰色、灰白色、褐红色、花斑色等，主要由粉质黏土、黏土、粉土组成，含少量砂粒。黏性土呈可塑状，局部软塑状或硬塑状；粉土呈稍密状，局部为中密状或密实状。标贯击

数2~30击,平均击数13.0击。本层在全线广泛分布,层厚0.30~27.20m,平均层厚3.49m。本层在图表上代号为〈4-1〉。

5)河湖相沉积淤泥、淤泥质土层(Q_3^{al})

呈青灰、灰、深灰、灰黑色等,主要由淤泥质黏土、泥炭土组成,含有机质,局部含粉细砂。主要呈软塑~流塑状,局部可塑状。标贯击数2~19击,平均5.3击。本层在低洼地段呈零星透镜状分布,局部双层出露,层厚0.60~8.65m,平均层厚2.32m。本层在图表上代号为〈4-2〉。

6)坡积土层(Q_3^{dl})

呈棕红色或黄褐色,为粉质黏土或黏土,土质较均匀,可塑状,局部混夹碎石土。标贯试验一次,实测标贯击数12.0击。本层零星分布于三号线北延段起点至永泰,有4个钻孔有揭露,层厚0.70~8.35m,平均层厚3.20m。本层在图表上代号为〈4-3〉。

7)残积土层(Q^{el})

广州市轨道交通三号线北延段工程沿线残积土层主要由石炭系、二叠系和第三系碎屑岩、燕山期侵入岩和震旦系变质岩经风化作用而形成。根据稠度状态或密实度可将残积土层分为两个亚层,每一亚层按照母岩类别不同可细分为四类。

(1)可塑状残积土层

可塑状碎屑岩类残积土层:本层为石炭系、二叠系、三叠系和第三系碎屑岩风化作用形成的粉质黏土、黏土。颜色以褐黄、褐红、褐灰、黄灰色为主,黏性土呈可塑状,局部因地下水浸泡作用,呈软塑状,主要含黏粒、粉粒。实测标贯击数4~23击,平均约12.0击。本层零星分布于永泰—新机场北,层厚0.60~16.30m,平均厚度约为3.82m。本层在图表上代号为〈5-1〉。

可塑状花岗岩残积土层:颜色以黄、棕红、褐红为主,由砾质黏性土、砂质黏性土及黏性土组成,富含石英颗粒,呈可塑状,遇水易软化、崩解。实测标贯击数8~19击,平均14.0击。沿线本层仅分布于燕塘、南方医院至同和一带,层厚1.10~13.80m,平均厚度6.43m。本层在图表上代号为〈5H-1〉。

可塑状花岗片麻岩、混合花岗岩残积土层:颜色以褐红、褐黄色为主,由砾质黏性土、砂质黏性土及黏性土组成,富含石英颗粒,呈可塑状,遇水易软化、崩解。实测标贯击数6~18击,平均11.1击。沿线本层仅分布于梅花园及永泰,层厚1.00~17.40m,平均厚度5.20m。本层在图表上代号为〈5Z-1〉。

软塑~可塑灰岩残积土层:本层为灰岩风化作用形成的粉质黏土、黏土,呈褐红色、褐黄色,组成物主要为黏粒、粉粒,局部含灰岩碎块,呈软塑~可塑状,局部底部呈流塑状,标贯击数4~42击,平均击数14.4击。本层局部分布,层厚0.90~42.30m,平均层厚5.57m。本层的层序号为〈5C-1〉。

(2)硬塑或密实状残积土层

硬塑或密实状碎屑岩类残积土层:本层呈褐红色、褐灰色、黄灰色等,由石炭系、二叠系、三叠系和第三系碎屑岩风化作用形成的粉质黏土、黏土组成,黏性土呈硬塑状,粉土呈密实状,实测标贯击数13~48击,平均击数23.0击。层厚0.40~10.30m,平均层厚2.54m。本层在图表上代号为〈5-2〉。

硬塑或坚硬状花岗岩残积土层:本层主要分布在燕塘及南方医院至同和一带,有74个钻孔有揭露,呈土黄色、棕红色、褐黄色等,主要为砂质黏性土、砾质黏性土及黏性土,含风化石英颗粒及岩石碎屑，呈硬塑状，遇水易软化、崩解。本层实测标贯击数 10 ~ 37 击，平均击数 22.5 击。层厚 1.00 ~ 33.30m，平均厚度 8.90m。在工可勘察及初步勘察工作中，局部地段发现球状风化花岗岩孤石。本层在图表上代号为〈5H-2〉。

硬塑状花岗片麻岩、混合花岗岩残积土层：呈褐红色、褐黄色等，主要由砂质黏性土、砾质黏性土及黏性土组成，含少量风化残留石英颗粒和岩屑，呈硬塑状，实测标贯击数 9 ~ 34 击，平均击数 22.5 击。本层主要分布在梅花园及永泰一带，有 34 个钻孔揭露，层厚 1.00 ~ 17.40m，平均层厚 5.20m。本层在图表上代号为〈5Z-2〉。

硬塑状灰岩残积土层：本层为灰岩风化作用形成的粉质黏土、黏土，呈褐红色、褐黄色，组成物主要为黏粒、粉粒，局部含灰岩碎块，呈硬塑状，标贯击数 12 ~ 32 击，平均击数 21.8 击。本层局部分布，层厚 0.60 ~ 12.50m，平均层厚 4.22m。本层的层序号为〈5C-2〉。

8）岩石全风化带

根据岩性成因及类别不同，可将本层划分为三个亚层。

（1）碎屑岩及碳酸盐岩全风化带

本层主要发育于石炭系（C_1dc、C_1ds、$C_{2+3}ht$）、二叠系（P_1q）、三叠系（T_3x）及第三系（E_1x）地层，岩性有泥灰岩、炭质页岩、炭质灰岩、泥质粉砂岩、粉砂岩、泥岩、砾岩等。碎屑岩全风化带零星分布于永泰至新机场北段。岩石组织结构已基本风化破坏，但尚可辨认，岩芯呈坚硬密实土状。实测标贯击数 12 ~ 85 击，平均 26.5 击，层厚 0.45 ~ 11.40m，平均厚度 2.47m。泥灰岩、炭质页岩、炭质灰岩强风化带呈杂黑色、青灰色，实测标贯击数 30 ~ 57 击，平均击数 38.1 击，层厚 0.80 ~ 11.90m，平均层厚 4.35m。本层在图表上代号为〈6〉或〈6C〉。

（2）花岗岩全风化带

本层为燕山四期花岗岩，呈土黄色、灰白色，褐红色等，原岩组织结构已风化破坏，但尚可辨认，岩芯呈坚硬土柱状，遇水易软化、崩解。实测标贯击数 24 ~ 52 击，平均为 40.1 击。本层在燕塘及南方医院至同和一带有分布，有 70 个钻孔有揭露，层厚 2.00 ~ 21.00m，平均层厚 6.83m。本层在图表上代号为〈6H〉。

（3）变质岩全风化带

本层在梅花园和永泰一带分布，有 42 个钻孔有揭露，为震旦系花岗片麻岩或混合花岗岩，呈褐黄色、青灰色等，原岩组织结构已风化破坏，岩芯呈坚硬土状，实测标贯击数 26 ~ 51 击，平均击数为 40.5 击。层厚 0.70 ~ 16.30m，平均层厚 6.10m。本层在图表上代号为〈6Z〉。

9）岩石强风化带

根据岩性成因及类别不同，可将本层划分为三个亚层。

（1）碎屑岩类强风化带

岩性主要为粉砂岩、泥质粉砂岩、泥岩、钙质泥岩、粉砂质泥岩、细砂岩、砂砾岩、泥灰岩等，岩性较为复杂。颜色较杂，主要呈棕红、褐红色、浅灰、青灰色、灰黑色，岩石组织结构已大部分破坏，但尚可清晰辨认，矿物成分已显著变化，风化裂隙，节理较发育，岩体较破碎，岩质软，岩芯呈岩状、碎块状，岩石强度低，一般手可折断，浸水易软化。实测标贯击数 51 ~ 180 击，平均击数 63.9 击。本层在嘉禾至矮岗段广泛分布，主要见于第三系地层，石炭系测水组及二叠系栖霞组地层中个别钻孔揭示到强风化带。层厚 0.30 ~ 28.10m，平均厚度 2.98m。本层在图表上代号为〈7〉。

(2)花岗岩强风化带

本层为燕山四期侵入岩,呈灰黄色、灰色,原岩组织结构大部分已风化破坏,岩芯呈半岩半土状,风化裂隙较发育,岩芯遇水易软化、崩解。实测标贯击数48~90击,平均59.2击。本层在燕塘及南方医院至同和一带有分布,有81个钻孔有揭露,揭露层厚0.30~25.20m,平均揭露厚度7.58m。本层在图表上代号为〈7H〉。

(3)变质岩强风化带

本层为震旦系花岗片麻岩或混合花岗岩,呈黄褐、青灰、浅灰等色,原岩组织结构大部分已风化破坏,岩芯呈半岩半土状、碎块状,风化裂隙发育,岩芯遇水易软化、崩解。实测标贯击数49~105击,平均67.0击。本层主要分布在梅花园和永泰一带,有共54个钻孔有揭露,层厚0.30~37.70m,平均厚度9.08m。本层在图表上代号为〈7Z〉。

10)岩石中风化带

根据岩性成因类别不同,可将本带划分为三个亚带。

(1)碎屑岩及碳酸盐岩中风化带

碎屑岩主要发育于第三系地层,岩性主要为泥岩、粉砂质泥岩、钙质泥岩、粉砂岩、粗砂岩等、炭质砂岩,陆源碎屑结构,薄层~中厚层状构造,岩石结构部分破坏,矿物成分基本未变化,风化裂隙、节理发育,泥质、钙质胶结,岩芯呈短柱状、块状,岩质较软。石炭系、二叠系地层中少数钻孔亦揭示到岩石中风化带,岩性主要为泥灰岩、炭质页岩及灰岩等,呈褐红色、青灰色、灰黑色等,隐晶质结构,厚层状构造,矿物成分主要为方解石,风化裂隙、节理发育,钙质胶结为主,岩质较软~较硬,岩芯呈短柱状、块状、碎块状。碎屑岩中风化带沿线广泛分布,带厚0.30~17.90m,平均厚度3.50m。碳酸盐岩中风化带主要分布于永泰至嘉和、矮岗至新机场北一带,揭露带厚0.10~7.70m,平均揭示厚度1.77m。根据岩石抗压试验结果,泥灰岩、炭质页岩中风化带天然单轴极限抗压强度6.5~19.3MPa,灰岩中风化带天然单轴极限抗压强度8.23~34.5MPa,泥岩、砂岩中风化带天然单轴极限抗压强度1.18~17.0MPa。碎屑岩中风化带在图表上代号为〈8〉,泥灰岩、炭质页岩等中风化带在图表上代号为〈8C-1〉,灰岩中风化带在图表上代号为〈8C-2〉。

(2)花岗岩中风化带

本层为燕山四期侵入岩,呈灰绿色、灰白色、黄褐色、灰红色等,中粗粒结构,块状构造,裂隙较发育,岩芯较破碎,呈短柱状、碎块状。主要分布在燕塘及南方医院至同和一带,有54个钻孔有揭露,带厚0.50~18.70m,平均层厚3.32m。根据岩石抗压试验结果,花岗岩天然单轴极限抗压强度范围19.8~61.2MPa。本带在图表上代号为〈8H〉。

(3)变质岩中风化带

本层主要分布在梅花园及永泰一带,有17个钻孔有揭露,为震旦系变质岩,岩性主要为花岗片麻岩,局部为混合花岗岩,硅化变质砂岩、石英岩等,呈灰色、灰黑色、灰白色等,变晶结构,片麻状构造,矿物成分主要为石英、长石、绢云母及暗色矿物等,裂隙较发育,岩芯呈短柱状、块状,岩质较硬。揭露层厚0.40~8.60m,平均揭露层厚3.02m。本带天然单轴极限抗压强度19.2~46.5MPa,在图表上代号为〈8Z〉。

11)岩石微风化带

根据岩性成因类别不同,将本带划分为三个亚带。

(1)碎屑岩及碳酸盐岩微风化带

碎屑岩主要分布于第三系下统莘庄组地层,岩性复杂,主要为泥岩、粉砂质泥岩、钙质泥岩、泥灰岩、粉砂岩、粗砂岩、炭质页岩及炭质粉砂岩等,呈褐红色、青灰色、灰黑色等,陆源碎屑结构,薄层~中厚层状构造,岩石结构部分破坏,矿物成分基本未变化,风化裂隙、节理发育,泥质、钙质胶结,岩芯呈短柱状、块状,岩质较软。根据岩石试验成果,岩石天然单轴极限抗压强度6.18~39.1MPa。本层分布广泛,揭露层厚0.50~12.30m,平均揭露带厚3.53m。本带在图表上的代号为〈9〉。

泥灰岩微风化带主要分布于永泰至嘉禾区间二叠系下统栖霞组地层,呈灰白色、深灰、灰黑色,隐晶质结构,厚层状构造,矿物成分主要为方解石,风化裂隙、节理稍发育,钙质胶结为主,岩质较硬,岩芯呈长柱状、短柱状、块状,岩石质量指标 RQD 值一般为50%~60%。本带揭示厚度0.50~9.60m,平均揭示厚度3.34m。岩石单轴极限抗压强度11.4~83.5MPa。本带在图表上的代号为〈9C-1〉。

灰岩微风化带于永泰到龙归段局部分布,于矮岗至新机场北段连续分布,主要发育于下石炭统大塘阶石磴子组、测水组地层、中上统壶天群地层,以及下二叠统栖霞组地层。呈灰色、浅灰色、深灰色等,隐晶质结构,厚层状构造,矿物成分主要为方解石,次生方解石脉呈不规则网状发育。揭示层厚0.05~10.40m,平均揭示层厚2.86m。岩石单轴极限抗压强度13.9~93.8MPa。本层在图表上的代号为〈9C-2〉。

(2)花岗岩微风化带

本层主要分布在燕塘及南方医院至同和一带,有52个钻孔有揭露,为燕山期侵入者。呈灰绿色、青灰色、灰黑色、褐红色等,中粗粒结构,块状构造,局部裂隙发育。岩质坚硬,岩芯呈长柱状。揭露层厚0.60~13.80m,平均揭露层厚3.16m。岩石天然单轴极限抗压强度32.5~135.6MPa。本层在图表上的代号为〈9H〉。

(3)变质岩微风化带

本层主要分布在梅花园至永泰一带,有33个钻孔的揭露,为震旦系变质岩,岩性主要为花岗片麻岩、混合花岗岩,局部为变质石英砂岩、石英岩。呈灰白、灰黑、灰绿等杂色,变晶结构,片麻状、块状构造,矿物成分主要为石英、长石,次为黑云母、铁锰质。节理、裂隙局部发育,岩质坚硬,岩芯呈长柱状、短柱状,揭露层厚1.40~27.20m,平均揭露层厚11.36m。岩石天然单轴极限抗压强度28.8~119.1MPa。本层在图表上的代号为〈9Z〉。

二、岩土物理力学指标统计

三号线北延段工程沿线大致上可划分为两个工程地质大区:起点—永泰,永泰—新机场北折返线终点。永泰—新机场北依据相同的分区原则,可进一步细分为三个小区:永泰—龙归,龙归—矮岗,矮岗—新机场北。

起点—永泰各岩土分层土物理力学指标见表1-1和表1-2。

永泰—龙归各岩土分层土物理力学指标见表1-3、表1-4。

龙归—矮岗各岩土分层土物理力学指标见表1-5、表1-6。

矮岗—新机场北各岩土分层土物理力学指标见表1-7、表1-8。

岩土分层土工试验统计表

表 1-1

岩土分层代号	岩土名称	统计指标	天然含水率 w (%)	天然孔隙率 e	塑性指数 I_p	液性指数 I_L	压缩系数 a_{v1-2} (MPa^{-1})	压缩模量 E_{s1-2} (MPa)	剪切试验				渗透系数 k_v (cm/s)
									直接快剪		固结快剪		
									黏聚力 c (kPa)	内摩擦角 φ (°)	黏聚力 c (kPa)	内摩擦角 φ (°)	
〈1〉	填土	最大值	19.50	0.532	10.10	−0.04	0.33	6.16	40.40	22.80			
		最小值	11.10	0.449	6.30	−0.62	0.24	4.70	35.60	20.10			
		平均值	15.30	0.491	8.20	−0.33	0.28	5.43	38.00	21.45			
〈4-1〉	冲积—洪积层粉质黏土	最大值	44.20	1.042	24.00	0.77	0.61	6.56	43.10	27.10	65.90	27.50	2.60×10^{-6}
		最小值	11.50	0.552	6.90	0.23	0.26	3.41	16.60	10.40	28.50	13.70	1.95×10^{-5}
		平均值	27.13	0.790	13.65	0.45	0.40	4.71	30.21	17.02	44.53	19.31	1.21×10^{-5}
〈4-2〉	河湖相淤泥质土	最大值	37.40	1.06	12.40	1.83	0.63	3.45	12.10	8.50	17.60	10.10	
		最小值	35.30	1.02	10.10	1.02	0.60	3.20	12.10	8.50	17.60	10.10	
		平均值	36.35	1.04	11.25	1.43	0.62	3.33	12.10	8.50	17.60	10.10	
〈4-3〉	坡积层粉质黏土	最大值	41.80	0.890	18.10	0.73	0.67	4.71	42.00	21.90	39.70	17.00	
		最小值	20.40	0.669	10.60	0.12	0.39	3.19	23.70	12.30	39.70	17.00	
		平均值	29.22	0.790	14.80	0.43	0.48	4.04	30.37	17.53	39.70	17.00	
〈5H-1〉	可塑状花岗岩残积土	最大值	49.10	1.06	22.40	0.60	0.84	4.25	34.40	24.20	52.00	31.10	3.71×10^{-5}
		最小值	19.10	0.74	10.90	0.39	0.44	2.57	20.50	13.20	31.80	14.30	1.16×10^{-5}
		平均值	31.68	0.89	14.95	0.49	0.57	3.50	27.29	20.07	41.04	25.08	2.31×10^{-5}
〈5H-2〉	硬塑状花岗岩残积土	最大值	43.20	0.80	20.50	0.28	0.60	5.45	39.50	30.70	44.90	29.80	2.90×10^{-5}
		最小值	15.30	0.57	7.50	−0.68	0.16	2.87	14.80	15.50	20.00	17.30	1.08×10^{-5}
		平均值	28.35	0.72	13.59	−0.09	0.49	3.61	28.46	23.15	31.11	22.28	2.16×10^{-5}

续上表

岩土分层代号	岩土名称	统计指标	天然含水率 w (%)	天然孔隙率 e	塑性指数 I_p	液性指数 I_L	压缩系数 $a_{v1\text{-}2}$ (MPa^{-1})	压缩模量 $E_{s1\text{-}2}$ (MPa)	剪切试验				渗透系数 k_v (cm/s)
									直接快剪		固结快剪		
									黏聚力 c (kPa)	内摩擦角 φ (°)	黏聚力 c (kPa)	内摩擦角 φ (°)	
〈5Z-1〉	可塑状混合花岗岩残积土	最大值	38.40	0.887	16.50	0.77	0.68	5.08	34.50	26.20	43.00	21.70	
		最小值	20.20	0.645	10.10	0.53	0.35	3.00	20.00	12.50	29.80	18.10	
		平均值	27.43	0.767	13.35	0.62	0.48	3.94	27.43	19.90	36.40	19.90	
〈5Z-2〉	硬塑状混合花岗岩残积土	最大值	40.80	0.806	17.70	0.28	0.57	5.98	37.30	26.40	42.10	26.80	2.15E-05
		最小值	17.00	0.617	9.90	-0.70	0.27	3.14	20.50	14.70	27.10	14.00	1.95E-05
		平均值	25.46	0.725	12.73	0.00	0.45	4.06	26.75	21.78	34.69	22.03	2.05E-05
〈6H〉	全风化花岗岩	最大值	40.30	0.804	21.20	0.31	0.55	5.31	39.40	28.70	44.10	30.20	2.13E-05
		最小值	16.20	0.566	8.10	-0.52	0.25	3.09	20.50	17.90	22.50	20.60	1.65E-05
		平均值	25.20	0.685	12.83	-0.04	0.43	3.87	28.25	22.60	36.15	24.94	1.89E-05
〈6Z〉	全风化花岗片麻岩、混合花岗岩	最大值	31.60	0.802	17.60	0.31	0.52	6.58	39.40	31.00	34.10	22.60	1.05E-05
		最小值	17.60	0.651	9.20	0.04	0.26	3.40	20.20	19.00	30.70	16.30	1.05E-05
		平均值	25.86	0.763	12.88	0.26	0.43	4.05	24.10	21.79	—	—	
〈7H〉	强风化花岗岩	最大值	39.30	0.784	22.10	0.30	0.61	5.47	35.60	30.50	46.80	30.00	
		最小值	12.70	0.536	8.50	-0.47	0.24	3.11	19.40	14.10	22.70	20.90	
		平均值	24.37	0.694	12.62	-0.03	0.43	4.05	26.79	22.39	32.98	26.26	
〈7Z〉	强风化花岗片麻岩、混合花岗岩	最大值	33.00	0.806	14.80	0.31	0.54	4.91	37.50	29.40	38.60	29.20	
		最小值	15.10	0.503	7.90	-0.16	0.31	3.34	24.40	16.50	26.20	27.50	
		平均值	23.58	0.653	11.64	0.06	0.43	3.99	30.96	22.03	32.40	28.35	

岩石试验统计表

表 1-2

地层	统计项目	岩石密度			岩石单轴抗压强度			颗粒密度	吸水率	孔隙率	弹性模量	泊松比	天然抗剪断指标	
		天然 ρ_c (g/cm^3)	饱和 ρ_w (g/cm^3)	烘干 ρ_d (g/cm^3)	天然 f_c (MPa)	饱和 f_r (MPa)	烘干 f_d (MPa)	ρ (g/cm^3)	w_a (%)	e (%)	E ($\times 10^3$MPa)	μ	黏聚力 c (MPa)	内摩擦角 φ (°)
花岗岩中风化带〈8H〉	最大值	2.76	2.77		61.20	30.9		2.78	1.73	1.94				
	最小值	2.43	2.43		19.80	15.7		2.66	0.37	0.51				
	平均值	2.65	2.65		36.00	22.3		2.71	0.98	1.19				
混合花岗岩、花岗片麻岩中风化带〈8Z〉	最大值	2.66	2.66	2.64	46.53	41.46		2.68	1.86	3.17				
	最小值	2.61	2.61	2.57	19.21	27.83		2.65	0.57	1.41				
	平均值	2.63	2.64	2.60	31.01	34.65		2.67	1.22	2.29				
砂岩微风化〈9〉	最大值					74.79	72.75							
	最小值					38.55	72.75							
	平均值					56.67	72.75							
泥灰岩微风化〈9〉	最大值					24.46	22.14							
	最小值					24.46	22.14							
	平均值					24.46	22.14							
花岗岩微风化带〈9H〉	最大值	2.83	2.84	2.79	135.61	108.21	154.82	2.83	1.23	1.91	90.90	0.37	22.20	42.02
	最小值	2.59	2.59	2.56	32.46	31.44	73.84	2.66	0.21	0.29	23.10	0.19	14.90	40.76
	平均值	2.70	2.70	2.69	71.01	68.11	108.36	2.72	0.53	0.96	59.92	0.27	18.69	41.49
混合花岗岩、花岗片麻岩微风化带〈9Z〉	最大值	2.85	2.85	2.85	119.12	102.59	68.89	2.86	1.09	1.51	68.30	0.27	25.70	41.93
	最小值	2.61	2.61	2.56	28.75	27.04	36.35	2.65	0.15	0.27	44.40	0.18	22.10	40.66
	平均值	2.73	2.74	2.72	68.97	60.89	50.63	2.75	0.51	0.69	56.82	0.23	23.53	41.32

表 1-3

岩土分层土工试验统计表

岩土分层代号	岩土名称	统计指标	天然含水率 w (%)	天然孔隙率 e	液限 w_L (%)	塑际 w_p (%)	塑性指数 I_p	液性指数 I_L	压缩系数 $a_{v1\text{-}2}$ (MPa^{-1})	压缩模量 $E_{s1\text{-}2}$ (MPa)	剪切试验 直接快剪 黏聚力 c (kPa)	剪切试验 直接快剪 内摩擦角 φ (°)	剪切试验 固结快剪 黏聚力 c (kPa)	剪切试验 固结快剪 内摩擦角 φ (°)	渗透系数 k_v (cm/s)
〈4-1〉	冲积—洪积层粉土、粉质黏土	最大值	46.90	0.98	72.00	49.00	24.90	1.19	0.73	7.85	38.60	23.50	45.90	25.70	6.63×10^{-5}
		最小值	15.00	0.12	22.90	12.70	8.40	0.14	0.17	2.14	17.40	10.00	15.90	10.70	2.29×10^{-7}
		平均值	27.03	0.78	38.28	23.81	14.47	0.35	0.37	4.87	28.33	15.87	34.09	17.81	1.10×10^{-5}
〈4-2〉	河湖相淤泥质土	最大值	67.10	1.196	44.70	28.40	16.90	1.37	0.77	3.09	15.90	8.30			
		最小值	38.50	1.189	33.90	21.40	12.50	1.24	0.71	1.84	7.50	3.40			
		平均值	50.77	1.193	40.40	25.17	15.23	1.31	0.74	2.59	10.60	5.47			
〈5-1〉	残积层可塑状粉质黏土	最大值	49.50	0.916	44.50	28.70	21.80	0.54	0.69	6.27	31.80	18.80	58.10	26.80	4.48×10^{-5}
		最小值	14.50	0.618	22.20	12.00	10.20	0.21	0.19	2.55	13.00	10.80	16.00	21.50	5.77×10^{-7}
		平均值	29.65	0.750	34.47	21.79	14.36	0.31	0.47	3.74	24.30	15.50	33.33	23.47	1.94×10^{-5}
〈5-2〉	残积层硬塑状粉质黏土	最大值	33.10	0.688	38.00	35.70	26.50	0.27	0.53	7.17	54.70	19.60	39.20	26.60	3.11×10^{-6}
		最小值	13.80	0.381	23.80	13.10	10.20	0.03	0.26	3.07	25.20	13.00	22.90	13.00	1.47×10^{-7}
		平均值	25.06	0.627	30.99	23.10	13.79	0.18	0.36	4.53	33.41	16.38	32.63	19.73	7.45×10^{-7}
〈6〉	全风化层	最大值	29.40	0.62	33.80	29.80	15.60	0.30	0.38	8.48	63.40	22.00			
		最小值	17.40	0.53	27.30	16.80	10.10	0.15	0.18	4.50	29.40	16.10			
		平均值	24.15	0.59	30.90	22.58	12.15	0.23	0.32	5.54	42.10	19.07			
〈7〉	强风化层	最大值	48.90	1.41	49.50	33.30	16.20	0.96	0.92	2.40	22.30	14.10			2.15×10^{-5}
		最小值	48.90	1.41	49.50	33.30	16.20	0.96	0.92	2.40	22.30	14.10			2.15×10^{-5}
		平均值	48.90	1.41	49.50	33.30	16.20	0.96	0.92	2.40	22.30	14.10			2.15×10^{-5}

岩石试验统计表

表 1-4

地层	统计项目	岩石密度			岩石单轴抗压强度			颗粒密度	吸水率	孔隙率	弹性模量	泊松比	天然抗剪指标	
		天然 ρ_c (g/cm^3)	饱和 ρ_w (g/cm^3)	烘干 ρ_d (g/cm^3)	天然 f_c (MPa)	饱和 f_r (MPa)	烘干 f_d (MPa)	ρ (g/cm^3)	w_a (%)	e (%)	E ($\times 10^3$ MPa)	μ	黏聚力 c (MPa)	内摩擦角 φ (°)
灰岩中风化带〈8C-2〉	最大值	2.60	2.60	2.57	34.50	24.30	68.40	2.74	4.59		7.42	0.33		
	最小值	2.50	2.44	2.43	16.00	10.30	32.90	2.68	0.89		3.25	0.17		
	平均值	2.55	2.52	2.50	24.76	18.68	50.75	2.71	2.56		5.58	0.24		
泥质粉砂岩、泥岩中风化带〈8〉	最大值	2.59	2.60	2.51	11.65	12.20	25.80	2.74	6.50		6.99	0.36		
	最小值	2.41	2.42	2.38	3.10	2.00	8.10	2.40	1.73		1.81	0.17		
	平均值	2.52	2.53	2.44	7.56	6.73	19.27	2.64	3.76		4.49	0.29		
砂岩中风化带〈8〉	最大值	2.49	2.50	2.41	17.00	12.90	67.10	2.72	3.26		4.91	0.33		
	最小值	2.49	2.50	2.41	9.60	7.10	19.10	2.72	3.26		4.91	0.33		
	平均值	2.49	2.50	2.41	12.11	9.36	42.50	2.72	3.26		4.91	0.33		
泥灰岩中风化带〈8〉	最大值				14.20	12.70	9.30	2.39	5.90					
	最小值				6.50	8.10	9.30	2.39	5.90					
	平均值				8.58	10.40	9.30	2.39	5.90					
泥质粉砂岩、泥岩微风化带〈9〉	最大值	2.59	2.59	2.52	29.40	25.70	56.30	2.74	7.82		16.25	0.37	3.22	41.57
	最小值	2.29	2.30	2.13	11.00	8.80	13.90	2.62	1.61		4.14	0.17	1.18	40.80
	平均值	2.51	2.53	2.43	17.63	14.21	27.63	2.69	3.87		7.75	0.27	2.28	41.30
砂岩微风化带〈9〉	最大值	2.51	2.52	2.48	39.10	22.30	55.20	2.73	3.85		16.36	0.26		
	最小值	2.45	2.46	2.38	13.90	6.20	26.50	2.66	2.06		4.79	0.20		
	平均值	2.48	2.49	2.43	22.19	14.24	39.43	2.71	2.73		9.02	0.23		

续上表

地层	统计项目	岩石密度			岩石单轴抗压强度			颗粒密度 ρ (g/cm³)	吸水率 w_a (%)	孔隙率 e (%)	弹性模量 E (×10³MPa)	泊松比 μ	天然抗剪指标	
		天然 ρ_c (g/cm³)	饱和 ρ_w (g/cm³)	烘干 ρ_d (g/cm³)	天然 f_c (MPa)	饱和 f_r (MPa)	烘干 f_d (MPa)						黏聚力 c (MPa)	内摩擦角 φ (°)
砾岩微风化带〈9〉	最大值	2.72	2.73	2.71	57.10	49.15	63.10	2.74	0.44		40.30	0.25	9.99	41.86
	最小值	2.61	2.61	2.60	22.10	20.30	34.80	2.68	0.30		22.85	0.24	8.02	41.09
	平均值	2.67	2.69	2.66	37.63	33.77	48.51	2.71	0.39		35.27	0.24	9.01	41.48
灰岩微风化带〈9C-2〉	最大值	2.82	2.82	2.82	88.80	81.80	103.00	2.83	1.90	0.99	87.20	0.37	17.60	42.37
	最小值	2.48	2.49	2.47	31.80	22.70	40.01	2.66	0.12	0.11	22.35	0.15	10.80	40.60
	平均值	2.72	2.73	2.71	54.58	48.48	67.55	2.75	0.35	0.50	53.29	0.25	14.26	41.11

岩土分层土工试验统计表 表 1-5

岩土分层代号	岩土名称	统计指标	天然含水率 w (%)	天然孔隙率 e	塑性指数 I_p	液性指数 I_L	压缩系数 $a_{v1\text{-}2}$ (MPa⁻¹)	压缩模量 $E_{s1\text{-}2}$ (MPa)	剪切试验						固结系数 C_v (×10⁻³cm²/s)	渗透系数 k_v (cm/s)
									直接快剪		固结快剪		三轴(UU)			
									黏聚力 c (kPa)	内摩擦角 φ (°)	黏聚力 c (kPa)	内摩擦角 φ (°)	黏聚力 c (kPa)	内摩擦角 φ (°)		
〈1〉	填土	最大值	35.90	0.923	22.10	0.52	0.34	7.04	54.60	26.30	50.40	30.80			50.10	2.40×10^{-5}
		最小值	23.60	0.724	8.40	0.23	0.25	5.41	37.20	5.70	13.80	12.50			2.05	2.40×10^{-5}
		平均值	30.60	0.827	15.02	0.38	0.31	6.06	43.70	14.27	29.20	22.73			30.64	2.40×10^{-5}
〈3-1〉	粉细砂	最大值	28.50	0.829			0.30	16.20	10.50	37.10	16.90	39.20			73.00	1.38×10^{-5}
		最小值	15.30	0.537			0.11	5.54	1.00	29.20	4.70	29.70			9.64	5.10×10^{-5}
		平均值	22.83	0.704			0.17	10.87	5.73	32.70	13.52	34.60			45.09	4.46×10^{-4}

续上表

岩土分层代号	岩土名称	统计指标	天然含水率 w (%)	天然孔隙率 e	塑性指数 I_p	液性指数 I_L	压缩系数 $a_{v1\text{-}2}$ (MPa^{-1})	压缩模量 $E_{s1\text{-}2}$ (MPa)	剪切试验 直接快剪 黏聚力 c (kPa)	直接快剪 内摩擦角 φ (°)	固结快剪 黏聚力 c (kPa)	固结快剪 内摩擦角 φ (°)	三轴(UU) 黏聚力 c (kPa)	三轴(UU) 内摩擦角 φ (°)	固结系数 C_v ($\times10^{-3}cm^2/s$)	渗透系数 k_v (cm/s)
〈3-2〉	中粗砂	最大值	23.30	0.766			0.32	20.62	21.20	34.50	32.70	35.20			75.00	7.78×10^{-3}
		最小值	6.40	0.381			0.01	5.10	10.70	34.50	5.59	16.80			9.81	1.07×10^{-4}
		平均值	14.72	0.563			0.15	12.34	15.95	34.50	18.40	30.60			54.85	2.04×10^{-3}
〈3-3〉	砾砂	最大值	18.70	0.76			0.24	22.73	33.40	38.10	51.80	40.00			75.10	7.69×10^{-3}
		最小值	7.40	0.31			0.06	6.20	14.60	35.90	14.30	30.50			46.90	2.60×10^{-4}
		平均值	11.29	0.48			0.11	15.02	24.00	37.00	28.23	34.58			59.01	2.86×10^{-3}
〈4-1〉	冲积—洪积层粉土、粉质黏土	最大值	48.60	1.75	27.70	0.59	0.50	9.71	39.90	29.10	49.10	33.40	63.00	8.80	74.30	6.82×10^{-5}
		最小值	12.40	0.45	5.60	0.20	0.20	1.81	10.50	10.30	11.00	11.10	9.62	2.00	0.54	1.87×10^{-6}
		平均值	31.84	0.82	16.66	0.36	0.34	5.74	26.42	17.09	26.74	21.30	30.83	3.56	24.15	1.99×10^{-5}
〈4-2〉	河湖相淤泥质土	最大值	70.70	1.76	21.80	1.40	1.01	4.40	3.27	7.60	10.20	21.00	10.70	3.50	0.99	
		最小值	36.50	1.02	12.70	1.11	0.48	1.73	3.27	6.60	4.32	16.40	2.16	3.00	0.22	
		平均值	52.98	1.41	18.50	1.25	0.75	2.82	3.27	7.10	7.33	18.63	6.43	3.25	0.48	
〈5-1〉	残积层可塑状粉质黏土	最大值	39.00	0.801	25.60	0.67	0.70	8.97	24.40	11.80	12.10	22.30			1.11	3.43×10^{-6}
		最小值	29.10	0.801	11.90	0.46	0.23	3.27	24.40	11.80	11.70	14.50			0.69	3.43×10^{-6}
		平均值	34.05	0.801	19.62	0.55	0.54	5.00	24.40	11.80	11.90	18.40			0.88	3.43×10^{-6}
〈5-2〉	残积层硬塑状粉质黏土	最大值	29.10	0.797	27.00	0.27	0.32	11.43	33.40	26.70	47.40	23.30	39.90	3.20	48.70	
		最小值	17.10	0.494	7.80	-0.29	0.16	5.57	11.90	6.90	23.60	16.10	39.90	3.20	21.00	
		平均值	23.91	0.640	15.38	0.06	0.23	7.89	26.60	15.18	32.55	19.50	39.90	3.20	40.35	

续上表

岩土分层代号	岩土名称	统计指标	天然含水率 w (%)	天然孔隙率 e	塑性指数 I_p	液性指数 I_L	压缩系数 $a_{v1\text{-}2}$ (MPa^{-1})	压缩模量 $E_{s1\text{-}2}$ (MPa)	剪切试验 直接快剪 黏聚力 c (kPa)	直接快剪 内摩擦角 φ (°)	固结快剪 黏聚力 c (kPa)	固结快剪 内摩擦角 φ (°)	三轴(UU) 黏聚力 c (kPa)	三轴(UU) 内摩擦角 φ (°)	固结系数 C_v ($\times10^{-3}cm^2/s$)	渗透系数 k_v (cm/s)
〈6〉	全风化层	最大值	33.50	0.718	23.70	0.21	0.33	14.72	40.20	31.00	53.40	27.10	139.00	1.00	51.50	4.31×10^{-5}
		最小值	16.20	0.476	8.00	-0.13	0.11	4.95	17.30	11.50	11.40	20.50	139.00	1.00	1.11	4.31×10^{-5}
		平均值	26.39	0.629	15.81	0.09	0.21	9.14	30.34	19.29	31.56	23.82	139.00	1.00	36.94	4.31×10^{-5}
〈7〉	强风化层	最大值	28.60	0.754	16.90	0.27	0.30	8.81	44.00	21.90	54.00	24.90	77.20	4.90	48.90	1.57×10^{-5}
		最小值	15.70	0.482	9.00	-0.25	0.18	4.54	20.40	9.10	22.70	16.60	77.20	4.90	13.00	1.57×10^{-5}
		平均值	22.98	0.645	14.19	0.06	0.24	7.01	32.20	15.50	32.70	21.15	77.20	4.90	26.65	1.57×10^{-5}

岩石试验统计表 表1-6

地层	统计项目	岩石密度 天然 ρ_c (g/cm^3)	岩石密度 饱和 ρ_w (g/cm^3)	岩石密度 烘干 ρ_d (g/cm^3)	岩石单轴抗压强度 天然 f_c (MPa)	岩石单轴抗压强度 饱和 f_r (MPa)	岩石单轴抗压强度 烘干 f_d (MPa)	颗粒密度 ρ (g/cm^3)	吸水率 w_a (%)	孔隙率 e (%)	弹性模量 E ($\times10^3$MPa)	泊松比 μ	天然抗剪指标 黏聚力 c (MPa)	天然抗剪指标 内摩擦角 φ (°)
碎屑岩强风化〈7〉	最大值	2.45	2.45	2.20	1.83	1.93	4.31	2.65	15.92	43.00	1.04	0.33		
	最小值	1.96	1.99	1.97	0.54	0.66	1.47	2.61	3.08	10.00	1.04	0.33		
	平均值	2.18	2.23	2.02	0.94	1.37	3.27	2.63	7.12	28.75	1.04	0.33		
粉砂岩、泥质粉砂岩、泥岩中风化〈8〉	最大值	2.67	2.69	2.47	11.70	9.20	23.20	3.52	26.15	40.00	4.70	0.33	8.60	30.52
	最小值	2.05	2.13	2.05	1.18	0.44	1.99	2.44	1.02	1.00	0.29	0.26	8.60	30.52
	平均值	2.38	2.40	2.27	4.66	4.38	12.19	2.68	7.78	14.88	1.40	0.31	8.60	30.52

续上表

地层	统计项目	岩石密度			岩石单轴抗压强度			颗粒密度	吸水率	孔隙率	弹性模量	泊松比	天然抗剪指标	
		天然 ρ_c (g/cm^3)	饱和 ρ_w (g/cm^3)	烘干 ρ_d (g/cm^3)	天然 f_c (MPa)	饱和 f_r (MPa)	烘干 f_d (MPa)	ρ (g/cm^3)	w_a (%)	e (%)	E ($\times 10^3$ MPa)	μ	黏聚力 c (MPa)	内摩擦角 φ (°)
泥灰岩中风化〈8〉	最大值	2.54	2.51	2.31	19.30	21.90	22.30	2.73	14.42	20.00	4.25	0.33		
	最小值	2.09	2.24	2.05	1.74	3.90	9.14	2.65	3.40	17.00	0.74	0.19		
	平均值	2.34	2.39	2.19	7.99	9.26	14.22	2.70	7.12	18.50	2.17	0.28		
粉砂岩、泥岩、泥质粉砂岩微风化带〈9〉	最大值	2.70	2.65	2.57	29.90	28.80	48.60	2.81	12.10	27.00	36.65	0.33	9.96	46.75
	最小值	2.15	2.15	2.08	6.18	5.94	9.02	2.22	1.16	1.00	0.13	0.22	1.00	29.06
	平均值	2.43	2.46	2.34	11.93	11.96	21.83	2.67	5.86	12.17	2.52	0.28	4.83	36.29
砂岩微风化〈9〉	最大值				37.20	27.60	49.80	2.40	3.20					
	最小值				14.90	10.70	37.10	2.40	3.20					
	平均值				26.16	17.98	43.45	2.40	3.20					
泥灰岩微风化〈9〉	最大值	2.65	2.69	2.63	83.50	63.50	89.50	2.94	12.47	28.00	7.48	0.33	10.17	35.10
	最小值	2.24	2.24	2.16	11.40	10.50	11.20	2.38	0.62	1.00	0.26	0.24	10.17	35.10
	平均值	2.45	2.48	2.40	28.12	26.89	32.85	2.64	5.44	11.33	2.12	0.27	10.17	35.10
灰岩微风化〈9C-2〉	最大值	2.67	2.68	2.67	93.80	70.00	86.30	2.73	1.00	32.00	15.93	0.27		
	最小值	2.59	2.60	2.33	22.40	27.10	46.90	2.62	0.07	1.00	2.01	0.25		
	平均值	2.64	2.65	2.58	60.71	42.41	62.70	2.68	0.49	8.80	6.58	0.26		

表 1-7

岩土分层土工试验统计表

岩土分层代号	岩土名称	统计指标	天然含水率 w (%)	天然孔隙率 e	塑性指数 I_p	液性指数 I_L	压缩系数 a_{v1-2} (MPa^{-1})	压缩模量 E_{s1-2} (MPa)	剪切试验								固结系数 C_v ($\times10^{-3}cm^2/s$)	渗透系数 k_v (cm/s)
									直接快剪		固结快剪		三轴(UU)		三轴(CU)总应力法			
									黏聚力 c (kPa)	内摩擦角 φ (°)	黏聚力 c (kPa)	内摩擦角 φ (°)	黏聚力 c (kPa)	内摩擦角 φ (°)	c (kPa)	φ (°)		
〈1〉	填土层	最大值	25.30	0.766	21.40	0.35	0.36	4.77			11.80	27.00					47.60	
		最小值	23.10	0.730	12.10	0.35	0.36	4.77			11.80	27.00					47.40	
		平均值	24.20	0.748	16.75	0.35	0.36	4.77			11.80	27.00					47.50	
〈3-1〉	粉细砂层	最大值	38.20	0.872			0.40	11.22			24.40	27.10			52.60	2.20	70.50	1.51×10^{-4}
		最小值	18.50	0.582			0.14	4.65			12.50	19.90			52.60	2.20	10.00	1.51×10^{-4}
		平均值	27.49	0.715			0.25	7.94			18.45	23.50			52.60	2.20	43.10	1.51×10^{-4}
〈3-2〉	中粗砂层	最大值	22.60	0.795			0.25	18.18	14.90	36.20	4.96	39.50					74.70	3.30×10^{-3}
		最小值	9.70	0.399			0.08	6.55	14.90	36.20	2.88	31.90					19.00	2.64×10^{-4}
		平均值	15.04	0.560			0.14	11.92	14.90	36.20	3.92	35.70					53.74	1.18×10^{-3}
〈3-3〉	砾砂	最大值	18.90	0.775			0.24	26.97	17.50	42.50			1.20	42.00			75.20	5.41×10^{-3}
		最小值	7.40	0.370			0.06	6.83	3.61	38.30			1.20	42.00			22.60	4.00×10^{-4}
		平均值	12.27	0.507			0.11	15.89	10.56	40.40			1.20	42.00			60.67	1.87×10^{-3}
〈4-1〉	冲积—洪积层粉质黏土	最大值	50.10	1.001	31.10	0.72	0.68	9.90	47.00	33.10	55.60	31.30	101.00	6.40			66.80	
		最小值	12.20	0.513	5.70	0.20	0.10	2.95	10.30	10.10	13.40	10.30	27.80	1.10			8.10	
		平均值	31.31	0.821	17.47	0.44	0.32	6.21	25.93	19.11	30.72	20.30	57.04	3.37			37.36	

续上表

岩土分层代号	岩土名称	统计指标	天然含水率 w (%)	天然孔隙率 e	塑性指数 I_p	液性指数 I_L	压缩系数 $a_{v1\text{-}2}$ (MPa^{-1})	压缩模量 $E_{s1\text{-}2}$ (MPa)	剪切试验								固结系数 C_v ($\times10^{-3}cm^2/s$)	渗透系数 k_v (cm/s)
									直接快剪		固结快剪		三轴(UU)		三轴(CU)总应力法			
									黏聚力 c (kPa)	内摩擦角 φ (°)	黏聚力 c (kPa)	内摩擦角 φ (°)	黏聚力 c (kPa)	内摩擦角 φ (°)	c (kPa)	φ (°)		
〈4-2〉	河湖相淤泥质土	最大值	52.70	1.495	19.40	1.71	0.73	4.15	16.40	1.00	15.00	12.00			12.80	0.60	12.40	
		最小值	37.70	1.081	11.40	1.09	0.50	3.21	16.40	1.00	15.00	12.00			12.80	0.60	0.39	
		平均值	43.28	1.230	15.08	1.30	0.64	3.59	16.40	1.00	15.00	12.00			12.80	0.60	3.73	
〈5C-1〉	残积层可塑状粉质黏土	最大值	40.60	0.864	16.40	0.93	0.78	8.84	24.80	31.40	23.20	29.10	29.60	31.00			38.20	
		最小值	16.90	0.513	6.50	0.34	0.12	2.68	18.20	3.30	20.60	18.40	29.60	31.00			2.80	
		平均值	25.91	0.673	11.28	0.49	0.37	5.85	21.08	17.68	21.90	23.75	29.60	31.00			13.80	
〈5C-2〉	残积层硬塑状粉质黏土	最大值	39.00	0.726	24.60	0.29	0.40	12.20	25.90	25.80	29.60	31.00	54.70	4.40			40.10	
		最小值	18.90	0.517	6.90	0.29	0.12	4.27	21.60	16.00	19.30	16.30	54.70	4.40			0.97	
		平均值	27.03	0.632	14.00	0.29	0.29	7.06	23.75	20.90	24.45	23.65	54.70	4.40			17.69	
〈6〉	碎屑岩全风化层	最大值	26.10	0.754	20.40	-0.16	0.26	9.17	46.00	28.60	60.20	12.80					73.30	
		最小值	18.30	0.540	13.90	-0.33	0.17	6.69	46.00	28.60	60.20	12.80					48.90	
		平均值	22.20	0.647	17.15	-0.25	0.22	7.93	46.00	28.60	60.20	12.80					61.10	
〈7〉	碎屑岩强风化层	最大值	23.50	0.680	16.00	-0.09	0.27	6.94	63.90	27.10	66.30	20.30					53.30	
		最小值	19.00	0.594	14.20	-0.30	0.23	6.31	63.90	27.10	66.30	20.30					46.20	
		平均值	21.25	0.637	15.10	-0.20	0.25	6.63	63.90	27.10	66.30	20.30					49.75	

岩石试验统计表

表 1-8

地层	统计项目	岩石密度			岩石单轴抗压强度			颗粒密度 ρ (g/cm³)	吸水率 w_a (%)	孔隙率 e (%)	弹性模量 E (×10³MPa)	泊松比 μ	天然抗剪指标	
		天然 ρ_c (g/cm³)	饱和 ρ_w (g/cm³)	烘干 ρ_d (g/cm³)	天然 f_c (MPa)	饱和 f_r (MPa)	烘干 f_d (MPa)						黏聚力 c (MPa)	内摩擦角 φ (°)
砂岩强风化〈7〉	最大值	2.49	2.60	2.36					2.12	24.00				
	最小值	2.49	2.60	2.36					2.12	24.00				
	平均值	2.49	2.60	2.36					2.12	24.00				
灰岩、石灰岩中风化带〈8C-2〉	最大值	2.69	2.69		8.23				8.69		3.99	0.31		
	最小值	2.29	2.36		8.23				0.20		0.21	0.27		
	平均值	2.48	2.49		8.23				4.44		2.10	0.29		
灰岩、石灰岩微风化带〈9C-2〉	最大值	2.80	2.86	2.81	90.30	87.90	86.30	2.84	2.85	9.00	13.61	0.30	28.51	39.24
	最小值	2.57	2.60	2.47	13.90	14.80	20.90	2.59	0.04	1.00	0.16	0.24	5.59	7.20
	平均值	2.67	2.68	2.64	48.98	44.97	51.12	2.71	0.48	3.18	4.32	0.26	19.13	29.72

三、不良地质与特殊岩土

本工程地貌类型主要为广花盆地的冲洪积平原，东段分布有构造剥蚀丘陵，地形地貌条件中等；不良地质条件主要为地下岩溶与活动性断裂；岩性、厚度、力学强度差异较大，岩面起伏变化大，工程地质条件复杂；地下水类型主要有松散岩类孔隙水、红层孔隙裂隙水、碳酸盐岩类裂隙水和层（块）状岩类裂隙水，水量中等～丰富，水文地质条件复杂；沿线人类工程建设活动较强烈，对周边地质环境有一定的影响。故三号线北延段工程地质环境条件复杂程度为复杂。

分析各地质环境因素对工程主要致灾地质作用的形成、发育所起的作用，确定工程主导地质环境因素是软土与隐伏岩溶，从属的地质环境因素是地下水和不良岩土体，激发因素是人类工程活动及降雨。

本工程沿线不良地质作用有饱和砂土地震液化和岩溶。特殊性岩土主要为软土，红层碎屑岩残积土及全、强风化岩层遇水软化，花岗岩、花岗片麻岩、混合花岗岩残积土和全、强风化岩遇水软化和崩解，以及夹杂于其中的球状风化孤石等。具体分述如下。

1. 饱和砂土的地震液化

三号线北延段工程沿线冲洪积粉细砂、中粗砂和砾砂层广泛分布。按国家现行标准《建筑抗震设计规范》（GB 50011—2010）的有关判别条件，按标准贯入试验判别法对地面以下20m深度内的饱和砂土进行液化判别，对存在液化砂层的钻孔计算其液化指数，并划分液化等级。

起点至永泰局部地段冲积—洪积粉细砂液化等级为“轻微”，其余大部分地段为不液化砂土，冲积—洪积粗砂、砾砂不会产生液化。燕塘至永泰段砂土液化特征不明显。

永泰至龙归段冲积—洪积粉细砂、中粗砂层主要呈饱和、稍密状，局部在地震等振动力的作用下会产生液化，液化等级为“轻微”，个别“中等”，冲积—洪积砾砂层以稍密～中密状为主，不会产生液化。

龙归至新机场北沿线冲积—洪积粉细砂层〈3-1〉和中砂〈3-2〉，局部松散状，会产生地震液化，液化等级多为“轻微”，个别“中等”。

2. 岩溶

永泰至龙归段岩溶发育于石炭系、二叠系、三叠系和第三系灰岩、泥灰岩、灰质砾岩中。溶洞主要分布于永泰站后及嘉禾站前后。溶洞顶板基岩主要为中、微风化灰岩、砾岩，局部为泥质粉砂岩，埋藏深度在16.90～42.90m，洞高0.15～7.60m，局部呈串珠状产出，溶洞呈充填、半充填状，局部无充填，充填物为黏土、粉质黏土、少量灰岩碎屑和砾石。

人和至新机场北段根据岩溶发育剧烈程度及岩性不同，可分为三个岩溶发育区：第一区自人和科技城至矮岗站，在第三系莘庄组泥灰岩、灰岩中风化带中有溶洞；第二区自矮岗站至站北约1.1km范围，基岩为中上石炭统壶天群灰岩，岩面起伏剧烈，溶洞集中发育于灰岩地层，多为无充填；第三区自矮岗站北1.1km至机场北折返线终点，基岩为下石炭统大塘阶石磴子组灰岩，本段溶洞较发育，串珠状溶洞较多，多为软塑状粉质黏土充填。

3. 软土

本区沿线路零星分布有软土层，软土层为第四系河湖相沉积淤泥质土层〈4-2〉，层厚1.40～3.60m，淤泥质土及淤泥具有含水率高、孔隙比大、压缩性高、抗剪强度低、灵敏度高的特点，其主要物理力学指标建议值为：含水率40.2%，压缩模量2.00MPa，直剪的黏聚力5.3kPa、内摩

擦角5.5°。上述软土具有如下工程特性:

(1)震陷性:当软土受到震动后,会很快变成稀释状态,易产生侧向滑动、沉降及基底变形等现象。

(2)流变性:软土除排水固结引起变形外,在剪应力的作用下还会发生缓慢而长久的剪切变形,这对建筑地基的沉降及地基稳定性均有不利影响。

(3)高压缩性:软土属高压缩性土,极易因其体积的压缩而导致地面和建筑物沉降。

(4)低渗透性:因其透水性弱,对地基排水固结不利,不仅影响地基强度,同时延长了地基趋于稳定的沉降时间。

(5)低强度和不均匀性:软土抗剪强度和承载力很低,且极易出现不均匀沉降。

勘察过程中发现〈4-2〉淤泥质土层中含较多的有机质,可能存在沼气。

4.碎屑岩残积土和风化带

嘉禾至矮岗段存在第三系粉砂质泥岩及泥岩等碎屑岩,以泥质胶结为主,其全风化带和强风化带的岩层具有遇水软化、失水干裂的特点;而粗砂岩、含砾砂岩的残积土,全、强风化岩浸水易产生崩解。强风化带软化系数为0.45~0.51、中等风化软化系数为0.14~0.62、微风化软化系数为0.10~0.99。

由于沿线第三系碎屑岩岩性复杂、裂隙发育的不均匀性以及地下水的作用等,使得各风化带中含有一些夹层或透镜体,如中风化带中局部夹有微风化透镜体或部分强风化岩,在微风化带中也夹有中风化甚至强风化带,在强风化带中也出现中风化岩等,也有部分地段形成软硬互层。

5.花岗岩、混合花岗岩残积土与全、强风化带及球状风化体

三号线北延段起点至永泰段,除山间小盆地出露冲积—洪积砂土层外,主要揭露花岗岩、花岗片麻岩和混合花岗岩的残积土层、全风化带。该土层为含石英砂粒的可塑~硬塑状粉质黏土,具有遇水则崩解、流塌的特性。

在花岗岩残积土中发现孤石,在花岗岩、花岗片麻岩、混合花岗岩残积土、全风化岩带中也发现球状风化花岗岩孤石情况,孤石的分布并无规律。

第四节　水文地质条件

1.地下水的赋存与补给

1)地下水位

三号线北延段燕塘至永泰为剥蚀残丘和山间冲洪积小盆地,初勘期间所揭露的地下水水位埋藏变化较大,稳定水位埋深为0.50~15.50m,平均为4.12m,高程13.50~55.88m,平均为29.80m。永泰至新机场北处于珠江三角洲平原腹地,地貌为广花冲积盆地,沿线地形较为平坦,初勘期间测得地下水位埋深较浅,稳定水位埋深为0.30~4.90m,高程为7.55~19.80m。

地下水位的变化与地下水的赋存、补给及排泄关系密切。每年5~10月为雨季,大气降水充沛,水位会明显上升;而在冬季因降水减少,地下水位随之下降,年变化幅度为2.5~3.0m。同时在流溪河附近地下水亦会随流溪河潮汐水位涨落而起伏变化。

2)地下水类型

三号线北延段地下水按赋存方式可分为三种类型:第四系松散层孔隙水、基岩裂隙水和岩

溶裂隙水。

(1)第四系松散层孔隙水

第四系含水地层主要以陆相冲洪积粉细砂〈3-1〉、中粗砂层〈3-2〉、砾砂层〈3-3〉为主,其含水性能与砂的形状、大小、颗粒级配及黏粒含量等有密切关系。根据初勘阶段全线22个抽水孔抽水试验资料,冲积—洪积砂层渗透系数为1.06~11.99m/d,属中等透水层,地下水较丰富。第四系其余土层中的人工填土透水性较好,坡残积土层、全风化岩次之,而淤泥、淤泥质土及冲洪积土层透水性最弱。一般而言,砂层中地下水具统一的地下水面,属潜水,但若出现多层砂层且上部有相对不透水层时,亦可表现为承压水性质,人工填土层中主要为上层滞水。

(2)基岩裂隙水

按含水岩性和含水层结构可分为层状岩类裂隙水和块状岩类裂隙水。

层状基岩裂隙水主要赋存在第三系红色碎屑岩的强风化带和中风化带中,基岩微风化带裂隙发育较差,含水性弱。红层基岩裂隙以风化裂隙为主,多呈闭合状,且裂隙多被泥质填充,因此地下水在红层基岩中一般富水性弱,透水性弱。本次勘察对第三系强、中风化泥质粉砂岩、粉砂质泥岩、细砂岩等进行了抽水试验,强、中风化红层渗透系数为0.07~0.20m/d,说明红层基岩风化裂隙水透水性较弱。

块状基岩裂隙水主要赋存在燕山期花岗岩及震旦系花岗片麻岩、混合花岗岩强、中风化裂隙中,根据抽水试验,其渗透系数为0.05~0.58m/d。地下水的赋存不均一,在裂隙(断裂)发育地段,水量较丰富。

(3)岩溶裂隙水

岩溶裂隙水主要赋存于石炭系、二叠系、三叠系和第三系灰岩、泥灰岩、炭质灰岩、灰质砾岩等碳酸盐岩发育的地段,其赋存条件受岩溶发育程度、形态特征、规模大小以及裂隙充填情况等因素影响,富水性和渗透性及涌水量变化较大,很不均匀。从抽水试验结果分析,在岩溶发育或岩石破碎地段,岩层的富水性和透水性好,具强透水性,涌水量很大,渗透系数为30~75.6m/d;在岩溶裂隙不发育,岩体完整或较完整的地段,岩层富水性及透水性差,为弱~微透水,渗透系数为0.001~0.06m/d。由于三号线北延段岩溶属深层隐伏岩溶,碳酸盐岩上覆有冲积—洪积黏性土、残积黏性土、基岩全风化带等相对隔水层,因此岩溶水具有承压性。

3)地下水的赋存、补给与排泄

三号线北延段地下水主要赋存在第四系砂层、基岩风化裂隙及岩溶中,地下水主要靠大气降水和地表水补给(如沙河涌、流溪河、鱼塘等)。每年4~9月是地下水的补给期,10月~次年3月为地下水消耗期和排泄期。

地下水排泄主要表现为大气蒸发及河流枯水期向河、涌排泄。地下水水位受季节和潮汐影响明显。基岩裂隙水主要由远处侧向径流补给以及在基岩裂隙水水位下降时由第四系砂层含水层越流补给。岩溶裂隙水主要由侧向径流补给以及在水位下降时由第四系砂层含水层越流补给。排泄方式主要表现为大气蒸发或人工抽汲地下水。

2. 地下水的腐蚀性

三号线北延段龙归至人和段沿线经过的地表水体有流溪河、多个鱼塘及小河涌。按国家现行标准《岩土工程勘察规范》(GB 50021—2009)的有关条款进行腐蚀性判别,河水对混凝土结构无腐蚀性,对混凝土结构中的钢筋无腐蚀性,对钢结构具弱腐蚀性。其余大部分地段地下水对混凝土结构无腐蚀性，局部地段有弱腐蚀性，腐蚀介质为侵蚀性 CO_2，含量 15.50 ~ 27.14mg/L。地下水对混凝土结构中的钢筋无腐蚀性，地下水对裸露的钢结构有弱腐蚀性。

第五节　岩土分区及其特点

依据岩土分压情况，各分区主要特征见表 1-9。

广州地铁三号线北延段(新机场线)岩土分区特征表　　表 1-9

分　区	I	II-1	II-2	II-3
分区名称	起点—永泰	永泰—龙归	龙归—矮岗	矮岗—新机场北
里程范围	YCK0 - 000 ~ YCK8 - 680	YCK8 - 680 ~ YCK15 - 800	YCK15 - 800 ~ YCK25 - 600	YCK25 - 600 ~ YCK30 - 900
地面条件	沿线为密集的民宅、办公楼、商铺及广州大道北，交通繁忙	沿线主要为稻田、菜地、公路、厂房等，交通条件较好	沿 106 国道而行，跨越北二环高速公路及流溪河，地面主要为道路及村镇；华侨医院—矮岗线路穿越农庄和农田，地面主要为农田、鱼塘、农庄	线路过矮岗之后沿机场高速公路中间绿化带下穿，穿入新白云国际机场抵达新机场北站，地面主要为机场高速绿化带、机场绿化带以及机场构(建)筑物
地形地貌	为低山丘陵地貌，沿线有剥蚀残丘和山间小盆地，地面高程 16.64 ~ 105.61m，地形大部分地段较为舒缓	为广花冲积平原，地形较平坦、开阔	为广花冲积平原，地形起伏不大，地面高程 6.81 ~ 16.94m	为广花冲积平原，矮岗附近地势略高，地面高程 13.16 ~ 20.43m
第四系特征	第四系土层厚度变化较大，其中砂层部分地段分布，软土零星分布，残积层和全 ~ 强风化带，厚度较大。特殊地层有：冲积—洪积淤泥质土〈4-2〉，花岗岩残积土〈5H-1〉、〈5H-2〉，花岗片麻岩、混合花岗岩残积土〈5Z-1〉、〈5Z-2〉	上覆地层主要为冲积—洪积相地层。河湖相淤泥、淤泥质土〈4-2〉等软土以及可液化的中粗砂层〈3-2〉零星分布	第四系主要为冲积的砂层及黏性土、残积土层，厚度 7.40 ~ 26.20m	第四系主要为冲积的砂层及黏性土、残积土层，厚度 3.90 ~ 34.40m
基岩岩性	基岩为震旦系变质岩及燕山期侵入岩	基岩为石炭系、二叠系、三叠系、第三系碎屑岩及灰岩。风化较强烈，残积层、全风化带、强风化带厚度较大，局部风化带缺失、差异风化显著，中、微风化岩面起伏较大	基岩主要为第三系莘庄村组地层，是一套由砾岩、砂砾岩，含砾砂岩，泥质粉砂岩、粉砂质泥岩与泥灰岩、泥岩、钙质粉砂岩等组成的下粗上细的红色地层	基岩主要属石炭系石磴子段，测水段，壶天群地层，岩性主要为石灰岩、炭质灰岩、炭质页岩、砂岩等，岩性较为复杂
断裂特征	瘦狗岭断裂沿瘦狗岭山脚在线路起点南端约 142m 通过。景泰坑—梅花园断裂在梅花园站的南侧通过，初勘未直接揭露到该断裂，但在梅花园一带，全风化和强风化带，风化程度较强烈，形成风化凹槽。磨刀坑断裂基本与线路平行，在两组广从断裂束之间与线路交会，本次勘察未直接揭露到该断裂	广从断裂为活动性较强的断裂。广从断裂组与线路在永泰附近垂直相交。在里程 YCK8 + 475 处断裂的上盘为三叠系地层，下盘为震旦系变质岩地层，本次勘察未直接揭露该断裂	无较大断裂通过	无明显断裂通过，在矮岗附近为第三系和石炭系不整合接触

续上表

分　区	I	II-1	II-2	II-3
分区名称	起点—永泰	永泰—龙归	龙归—矮岗	矮岗—新机场北
里程范围	YCK0 - 000 ~ YCK8 - 680	YCK8 - 680 ~ YCK15 - 800	YCK15 - 800 ~ YCK25 - 600	YCK25-600 ~ YCK30 - 900
水文地质条件	第四系冲积—洪积砂层分布在山间小盆地，地下水富水程度中等，花岗岩和变质岩强风化带和中风化带在地形低洼处，富水性稍好	地下水主要类型有潜水、裂隙水和岩溶水。潜水赋存于粉细砂、中粗砂、砾砂层中，水量较丰富；裂隙水的主要含水层为强、中风化岩中，透水性弱，水量不丰富；岩溶水的主要含水层为灰岩、砾岩中发育的溶洞，强透水性，水量丰富	线路在 YCK22 + 282 ~ YCK22 + 463 穿越流溪河，流溪河河面宽约 180m；整个区段砂层孔隙水较丰富、基岩裂隙水不丰富	矮岗站附近有多处鱼塘；整个区段砂层孔隙水以及岩溶水，基岩裂隙水丰富
工程地质条件	工程地质条件较为简单，变质岩及花岗岩残积土层和全 ~ 强风化带，具有遇水软化、崩解特点，岩石中微风化带，岩质坚硬，强度较高	本区段地基土条件较复杂，局部分布软土，零星分布可液化土层，基岩差异较显著，岩溶较发育。本区工程地质条件较复杂	本区工程地质条件较为简单。局部有淤泥质土和可液化砂层	有淤泥质土分布；砂层分布较广且厚度大，基本与岩溶水贯通；灰岩溶洞发育。石炭系壶天群基岩与测水段不整合接触。工程地质条件复杂

1. 三号线北延段起点—永泰段（I 区）工程地质条件评价

（1）本段软土零星分布，厚度不大，埋藏较浅。

（2）本段在南方医院至同和一带，冲积—洪积砂层分布较广，富水性、透水性较好。

（3）花岗岩、花岗岩片麻残积土层及其全风化带和强风化带，具遇水易软化、崩解特点。

（4）施工过程中发现球状风化花岗岩孤石。

（5）花岗岩和花岗片麻岩的中风化带和微风化带，岩石强度较高，岩石抗压强度最大值为147.3MPa。

2. 永泰—新机场北段（II 区）工程地质条件评价

（1）人工填土层：分布广泛，主要为杂填土、素填土，部分地段为耕植土，欠压实 ~ 稍压实，局部可能存在上层滞水。

（2）冲积—洪积砂层：分布广泛，厚度较大，地下水位较浅且水量丰富，补给条件较好。

（3）冲积—洪积土层：为粉质黏土、黏土和粉土，分布广泛，层厚变化较大，为弱 ~ 微透水层，有一定的承载能力和自稳能力。

（4）冲积—洪积淤泥质土层：淤泥质土零星分布，厚度较薄，透水性差，易压缩变形，强度低，自稳能力差。

（5）残积土层：为碎屑岩风化而成，局部为灰岩风化而成，主要为粉质黏土，厚度变化较大，具有遇水软化、失水干裂等特点。

（6）碎屑岩：岩性较为复杂，为石炭系、二叠系、三叠系和第三系地层，岩性主要为泥岩、粉砂岩、泥灰岩、炭质页岩、石英砂岩等。在强风化带和中风化带风化裂隙较发育，含地下水，但富水程度较差，软弱夹层较多，为软质岩。

（7）灰岩：本区石炭系、二叠系和第三系灰岩分布较广，灰岩地层中岩溶较为发育，局部位置岩面处发育有土洞。

第六节 各标段工程情况

三号线北延段(广州东站—新机场南)共分11个盾构施工标,采用24台盾构施工。线路及施工标划分如图1-2所示。

各施工标段工程情况统计见表1-10。

图1-2 三号线北延段(广州东站—新机场南)

工程情况一览表

表 1-10

标段名称	工程量						工期		工程投资	参建单位			隧道主要技术指标								
	明挖长度(m)	单纯延米		盾构机类型	盾构机数量(台)	盾构机制造商	计划工期(起止时间)(年-月-日)	实际工期(起止时间)(年-月-日)	合同价(亿元)	业主	承包商	监理	隧道内径(mm)	管片厚度(mm)	管片宽度(mm)	管片所用钢筋混凝土强度等级	施工限界(mm)	最小曲线半径(m)	最大纵坡(‰)	隧道埋深(m)	
		矿山法长度(m)	盾构法长度(m)																	最大	最小
1 标(广州东站—燕塘站—梅花园站)	0	1079.54	3548.9	土压平衡	2	海瑞克、小松	2006-8-30 ~ 2008-12-30	2007-3-26 ~ 2010-2-18	1.85	广州市地下铁道总公司	中铁一局集团有限公司	广州轨道交通建设监理有限公司	5400	300	1500	C50	100	500	29.544	139.1	14.2
2 标(梅花园—南方医站—同和站)	0	628.7	4199.8	土压平衡	4	海瑞克、威尔特	2006-10-30 ~ 2008-12-25	2007-12-1 ~ 2009-12-31	1.91		北京城建集团有限责任公司		5400	300	1500	C50	100	400	15	24.8	9.8
3 标(同和站—永泰站)	0	1033.36	3051.327	土压平衡	2	海瑞克	2006-8-30 ~ 2008-12-30	2007-5-5 ~ 2009-11-15	1.85		中铁十三局集团有限公司		5400	300	1500	C50	100	800	9	46	12
4 标	108.05	0	4911.9	土压平衡	2	罗瓦特海瑞克	2007-8-1 ~ 2009-5-30	2007-12-15 ~ 2010-1-26	3.14		中铁隧道集团有限公司	中煤邯郸监理有限公司	5400	300	1500	C50	100	500	6	35	4.5
5 标	55.5	0	6127.14	土压平衡	2	海瑞克	2007-9-15 ~ 2009-6-30	2007-12-22 ~ 2010-1-20	2.89		中铁隧道集团有限公司		5400	300	1500	C50	100	800	12.42	16.1	6.9
6 标	0	0	3977.477	土压平衡	2	海瑞克	2007-9-15 ~ 2009-6-15-	2007-9-15 ~ 2009-11-18	1.82		北京长城B+B公司		5400	300	1500	C50	100	800	4.3	15.9	9.9
7 标	0	0	3606.374	泥水平衡	2	海瑞克	2007-9-15 ~ 2009-6-15	2008-2-21 ~ 2009-10-21	1.54		广东省基础工程公司		5400	300	1500	C50	100	800	16.059	12	5.6
8 标[龙归站—人和站盾构区间(二)]	79.6	0	3658.4	泥水	2	三菱	2007-11-26 ~ 2009-8-26	2007-11-25 ~ 2009-10-29	1.76		广东省基础工程公司	广州轨道交通建设监理有限公司	5400	300	1500	C50	100	1000	11.302	17.62	8.51
9 标[龙归站—人和站盾构区间(三)]	49.8	0	3050	土压平衡	2	海瑞克	2007-11-15 ~ 2009-7-31	2007-11-15 ~ 2010-1-4	1.49		中铁十五局集团有限公司		5400	300	1500	C50	100	1000	22.997	24.1	16.4
10 标(矮岗站南端始发井—人和站)	108.05	0	4318.5	土压平衡	2	海瑞克	2007-8-1 ~ 2009-8-1	2007-11-20 ~ 2009-12-17	2.04		中铁十一集团有限公司		5400	300	1500	P12、C50	100	800	20.332	17	4.5
11 标(高增站—新机场南站)	275.246	0	3240	土压平衡	2	海瑞克	2007-8-1 ~ 2009-2-28	2007-12-15 ~ 2009-9-15	1.81		中交隧道工程局有限公司		5400	300	1500	C50	100	1000	2.5	14.1	4.3

Chapter 2

盾构机选型

执笔人 The Author

罗淑仪 ▷

工程师

广州轨道交通建设监理有限公司总工程师室技术主管

执笔人 The Author

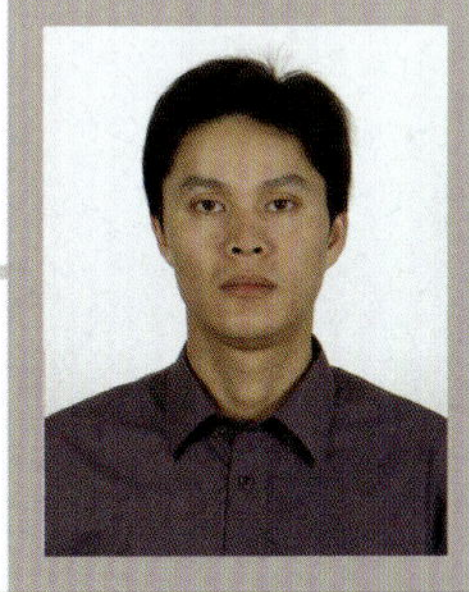

罗信伟 ▷

工程师

广州地铁设计研究院有限公司，三号线北延段线路设计负责人

第二章　盾构机选型

第一节　盾构机形式选择

类似广州地区复合地层的施工环境，可供选择的混合盾构机机型只有两种，即土压平衡盾构机和泥水加压式盾构机，其总的选择原则如下。

1. 根据土层的渗透系数选择

地层的渗透性与盾构选型的关系如图 2-1 所示。通常渗透系数大于 10^{-7}m/s 选用泥水加压式盾构机；渗透系数小于 10^{-4}m/s 选用土压平衡盾构机。根据这种关系，若地层以各种级配富水的砂层、砂砾层为主时，选择泥水加压式盾构是适宜的，其他的地层或地层组合采用土压平衡盾构是合理的。

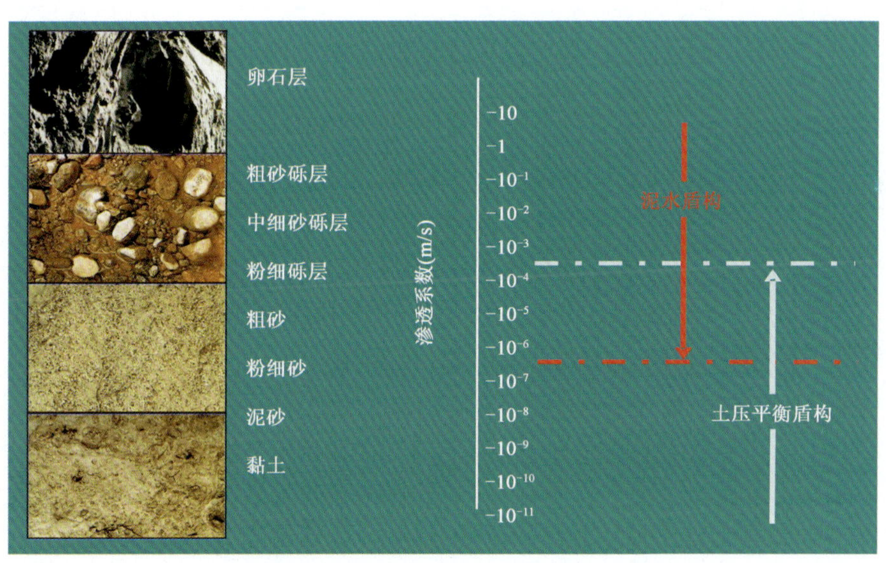

图 2-1　地层的渗透性与盾构选型的关系

2. 根据岩土颗粒分析选择

岩土颗粒与盾构机选型的关系如图 2-2 所示。大体上，当岩土中的粉粒和黏粒的总量达到 40% 以上时，通常会选用土压平衡盾构机；相反的情况选择泥水盾构比较合适。粉粒的绝对大小通常以 0.075mm 为界。

除上述两个条件外，还会根据工程施工条件、周边环境、工程地质及水质情况、工程地质特点及施工难点等综合考虑盾构机的适应性，施工前对盾构机适应性作综合评估，再对盾构机进行维修改造。三号线北延段（机场线）各盾构标施工情况见表 2-1。

表 2-1

各施工标施工情况及盾构机形式统计表

标段	工程施工条件	周边环境	工程地质及水质情况	工程地质特点及施工难点	盾构机形式	盾构机刀盘形式
施工1标	隧道长度:1778.556m(左线),1784.897m(右线); 线间距为13.0m; 隧道覆土厚度最小约16.0m,最大约33.0m; 平面最小曲线半径为500m,最大坡度为2.8%	线路出燕塘站后,向北行约500m过北环高速公路、沙太路,再折向西北过华南工商学院、银河村、广日电梯厂,然后转向正北过省工贸职业技术学院,最后到达梅花园站。沿线地面条件复杂,经过的地面设施主要有城市交通主干道、河涌、高架桥、建筑物等,车流量大、人员密集、建筑物稠密	隧道穿越大部分为〈7Z〉、〈6Z〉地层,其次为〈6H〉、〈7H〉、〈8Z〉及〈9Z〉、〈9H〉地层,另外还有少量的〈5H-2〉地层; 本标段地下水有以下两种形态及赋存方式: 松散土层孔隙水:第四系冲洪积沉积的砂层为主要潜水含水层,富水程度较差,渗透系数为0.5~5m/d,对于冲洪积土层、河湖相淤泥质土,则含水性贫乏,透水性较差,多属弱、微透水层; 基岩风化裂隙水:基岩风化裂隙水主要赋存在强风化带及中风化带,地下水的赋存不均一、不稳定,在裂隙或构造发育地段,水量较丰富,属承压水,渗透系数为1.09m/d	1.〈9Z〉微风化混合花岗硬岩地层; 2.上软下硬的地层; 3.球状风化体(孤石); 4.隧道上方地面建筑物密集,且建筑物基础距离隧道顶板较近; 5.盾构机过矿山法隧道空推,拼装管片,没有反力	复合式土压平衡盾构机	a) b)
施工2标	右线隧道全长1181.3m;左线隧道全长1170.264m; 间距为13m,最小曲线半径为600m,隧道埋深约11.90~35.10m,区间纵坡最大坡度1.0288%	线路从怡新花园大门(梅花园站北端)向北沿广州大道北路行进,区间中部穿越梅宾街私人住宅楼群,到达春兰花园(南方医院站南端)	线路主要穿越〈5Z-2〉、〈5H-1〉、〈5H-2〉、〈6Z〉、〈7Z〉、〈8Z〉、〈9Z〉地层	1.盾构机刀盘在〈6〉、〈7〉、〈8〉地层中掘进容易形成"泥饼"现象; 2.盾构机在通过矿山法隧道时,如何控制盾构机姿态、管片拼装质量及回填注浆效果; 3.盾构机掘进过程中有可能遇到"孤石",影响盾构机的正常掘进	土压平衡盾构机	威尔特 海瑞克
施工3标	区间左线全长2091.694m,右线2082.033m;(盾构空推拼管片段)左线长274.779m加246.601m,两段共521.380m	沿线地势高低起伏、地形变化较大,地貌形态为剥蚀残丘(多呈馒头状),间或发育冲沟和冲积洼地。区间地面建筑物较为密集,多为3~10层住宅和办公楼,其基础多为天然基础,砖混结构居多	沿线分布地层由上到下主要有:第四系冲积—洪积层和基岩残积土;燕山四期花岗岩和震旦系混合花岗岩。地下水位:地下水稳定水位埋深为0.50~23.90m,地下水位年变化幅度为2.50~3.20m。地下水类型:基岩裂隙水和第四系孔隙水	本区间隧道范围内,花岗岩类和花岗片麻岩的风化岩和残积土具有三方面特性:一是遇水软化、崩解;二是球状风化体发育;三是粉粒、黏粒含量高	土压平衡盾构机	

续上表

标段	工程施工条件	周 边 环 境	工程地质及水质情况	工程地质特点及施工难点	盾构机形式	盾构机刀盘形式
施工4标	线路长度为4911.9单线延米;线路坡度为0.6%;覆土厚度最大约35m,最小为4.5m;一般埋深7~12m;区间最小曲线半径为500m	线路从嘉禾站由北向南进入永泰站、由永泰站到达同和站。白嘉区间:沿线绝大部分为交通繁忙的环南路三期快速路和尖彭路;永白区间:沿线绝大部分为道路和建筑物;同永区间:地表绝大部分地段为交通繁忙的同泰路。除白嘉区间隧道上方分布的地下管线较少外,永白和同永区间隧道上方分布的地下管线较多,特别是永白区间,直径为1600mm的钢制供水管线和直径300mm的煤气管道一直在区间左线隧道的上方,同泰路两侧分布有多条电缆和通信线路	永嘉区间:〈8C-1〉、〈9C-2〉、〈5C-2〉、〈3-2〉、〈3-3〉、〈4-1〉、〈5C-1〉、〈7C〉、〈5C-1b〉、〈5C-2〉、〈7〉、〈9C-1〉 永永区间:〈8C-1〉、〈9C-2〉、〈5C-2〉、〈3-2〉、〈3-3〉、〈4-1〉、〈5C-1〉、〈7C〉、〈5C-1b〉、〈5C-2〉、〈9C-1〉 同永区间:〈9Z〉、〈9C-2〉、〈8Z〉、〈8C-2〉、〈7Z〉、〈7C〉、〈6〉、〈6Z〉、〈3-1〉、〈3-2〉、〈4-1〉、〈5C-1〉、〈5C-2〉	白云大道北站—嘉禾站盾构区间和永泰站—白云大道北站区间地层为灰岩地层,强度较高,岩溶较强烈发育,风化后产生溶土洞。下伏基岩为稳定分布的燕山四期侵入岩和震旦系混合花岗岩。花岗岩、混合花岗岩残积土和全、强风化岩具有遇水软化、崩解特性,且球状风化孤石和风化深槽发育。 同永区间隧道洞身穿越主要地层为〈7C〉灰岩强风化层、〈8C〉灰岩中风化层、〈6Z〉混合花岗岩全风化层、〈7Z〉混合花岗岩强风化层和〈9Z〉混合花岗岩微风化层,其中将近一半为〈7Z〉混合花岗岩强风化层,〈9Z〉微风化层最大强度为120MPa	土压平衡盾构机	
施工5标	隧道总长6126.58单线延米(左线3057.48m,右线3069.1m);线路平面最小转弯半径800m,竖向最大坡度1.2424%	区间线路基本沿106国道敷设,里程为:YDK12－389.800~YDK15－599.200,总长3209.4m,其中:明挖区间56.3m,轨排井兼盾构始发井44.7m,中间风井39.3m,盾构隧道总长6126.58m(左线3057.48m,右线3069.1m);线路平面最小转弯半径800m,竖向最大坡度1.2424%	隧道通过的地层主要为冲积洪积土层〈4-1〉、河湖相淤泥质土〈4-2〉。局部有细砂层〈3-1〉、中粗砂层〈3-2〉、砾砂层〈3-3〉、可塑状黏性土层〈5-1〉、硬塑状黏性土层〈5C-2〉,有少量中等风化岩层〈8〉、微风化岩层〈9〉、强风化岩层〈7〉、全风化岩层〈6〉		土压平衡盾构机	

续上表

标段	工程施工条件	周边环境	工程地质及水质情况	工程地质特点及施工难点	盾构机形式	盾构机刀盘形式
施工6标	隧道左线1911.35m，右线 1893.8m，线路最小曲线半径 800m，左右线间距 11～14m，隧道覆土厚度为9.9～15.9m，最大坡度为0.43%	从盾构始发井北侧始发，向北一直在未扩宽 106 国道下行走，期间穿越 106 国道两侧多栋民用住宅，最后进入龙归站南端	区间上覆地层主要为第四系人工填土层、陆相冲、洪积相地层、残积土层；下伏基岩为石炭系下统大潭阶石凳子组、测水组、石炭系中上统壶天群、二叠系栖霞组、第三系莘庄村组陆相碎屑沉积岩，含灰岩砾的砾岩岩溶发育。隧道穿越的地层中包含〈3-1〉、〈4-1〉、〈4-2〉、〈5-1〉、〈5-2〉、〈5C-2〉、〈6〉、〈6C〉、〈7〉、〈7C〉、〈8〉、〈8C-1〉、〈9〉	1. 所穿越的地层比较复杂、地层变化大，存在岩溶和土洞地段； 2. 上软下硬地层地段广泛存在； 3. 本标段区间隧道主要穿行在 106 国道下	土压平衡盾构机	
施工7标	隧道双线总长为3606.374单延米	沿线共有 7 处建(构)筑物位于线路中心 30m 范围内，其中 3 栋为地层房屋，房屋结构完好；4 处为桥梁，依次为 K9+239 小桥、柏塘桥、北二环高架桥及北村桥，桥梁结构完好，本区间沿线无建(构)筑桩基侵入隧道范围	隧道主要穿越〈3-1〉、〈3-2〉、〈3-3〉、〈4-1〉、〈6〉、〈7〉、〈8〉、〈9〉地层		泥水盾构机	
施工8标	右线盾构段长1750.54m；左线盾构段长 1748.744m。 本段区间最小曲线半径 1000m，线路埋深约 7.0～16.0m，最大纵坡约 0.77%	线路从南端风井北端进行始发，沿南北方向掘进，到达北端风井南端。线路沿线多为 106 国道、农田及荒地，偶见少量的低矮房屋，多为天然基础，混合结构； 隧道沿线管线较少，零星分布，在 106 国道中央有供水管和电信管，在两侧有排污管，最大埋深 2m	由人工填土(Q_4^{ml})、冲积—洪积砂层(Q_{3+4}^{al+pl})、冲积—洪积土层(Q_{3+4}^{al+pl})、河湖相沉积淤泥质土层(Q_{3+4}^{al})及残积土层(Q_{el})组成。第三系地层主要以布心组(E_2b)为主，局部为宝月组(E_2by)。布心组(E_2b)：为下粗上细的红色地层，其下部为暗红色砾岩、砂砾岩，含砾砂岩，中上部为暗红色至灰色的泥质粉砂岩、粉砂质泥岩与泥灰岩、石灰岩、泥岩、钙质粉砂岩互层。粉细砂层〈3-1〉粉黏粒含量为1.4%～22.8%，平均为12.4%，中粗砂层〈3-2〉粉黏粒含量为2.5%～13.3%，平均为7.2%		泥水盾构机	

续上表

标段	工程施工条件	周 边 环 境	工程地质及水质情况	工程地质特点及施工难点	盾构机形式	盾构机刀盘形式
施工9标	双线间距为13m，隧道纵断面轨面埋深平均为23m	工程始于广州市白云区人和镇秀水综合市场中间风井北端，向北经广州南国工业园，穿越流溪河（宽约180m）到人和车站	区间地面高程为-0.37～16.48m，平均高程为11.74m，起伏较大，位于广花褶断群内，隧道主要穿越的地层有第四系和第三系。 第四系由人工填土、冲积—洪积砂层、冲积—洪积土层、河湖相沉积淤泥质土层及残积土层组成，主要为冲积的砂层及黏性土，残积土层，厚度为7.40～26.20m。基岩主要为第三系莘庄村组地层，是一套由砾砂岩，含砾砂岩，泥质粉砂岩与泥灰岩、泥岩、钙质粉砂岩等组成的地层		土压平衡盾构机	
施工10标	工程右线长2274m，左线长2258.774m（含短链15.226m）	线路上及线路两侧有大量建筑物，主要为4～5层的民宅，砖混结构，条形基础；6层或以上的民宅，框架结构，局部扩大柱下独立基础；3～4层厂房或商业用房，框架结构，局部扩大柱下独立基础	隧道主要穿越〈3-1〉淤泥质粉细砂层；〈3-2〉、〈3-3〉冲积—洪积中粗砂层；〈4-1〉粉质黏土层；〈3〉、〈7〉上软下硬地层	1. 隧道全断面通过〈3-2〉、〈3-3〉中粗砂层； 2. 隧道过房屋、106国道； 3. 隧道区域内有溶洞； 4. 隧道穿越水塘； 5. 穿越上软下硬地段	土压平衡盾构机	
施工11标	线路总长3240.7m。区间最大线路坡度为2.5%，最小坡度为0.4%，隧道上覆土厚度最大约13m，位于机场高速路绿化带区域，最小覆土厚度约为4m	从高增站向北穿越大片农田，穿越机场后花园生态公园后拐入机场大道，其中需斜穿机场高速路，进入机场高速路中间绿化带穿行，并最后与已施工完成的机场线试验段贯通，到达新白云机场	隧道主要穿越〈3-2〉冲洪积中粗砂层、〈3-3〉冲积—洪积砾砂层、〈4-1〉冲积—洪积黏土层、〈6〉全风化岩、〈7〉强风化泥质粉砂岩、页岩、〈8〉中风化页岩、〈8C-2〉中风化石灰岩、〈9C-2〉微风化石灰岩	1. 盾构机始发阶段及穿越机场高速路前需穿越溶土洞发育的岩土交接面地段； 2. 盾构机始发后要穿越约140m“上软下硬”地段； 3. 盾构机在穿越500m冲洪积黏土地层，其地层主要以〈4-1〉粉质黏土为主，局部夹砂同时含有大量的大直径鹅卵石地层； 4. 盾构机要斜穿机场高速公路，航油管等重要构建筑物； 5. 盾构机需在600m长距离富水的〈3-2〉中粗砂层掘进	土压平衡盾构机	

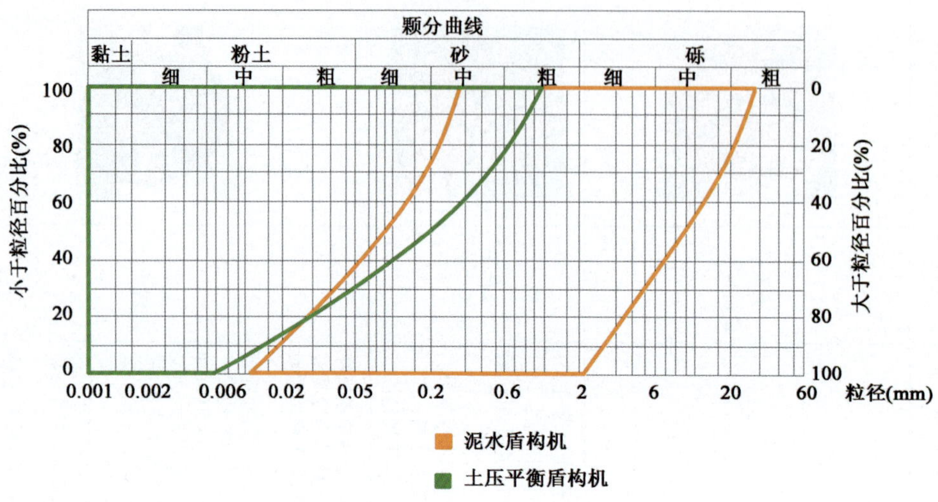

图 2-2　岩土颗分与盾构机选型的关系

第二节　盾构机主要参数

广州地铁三号线北延(广州东站—机场南站区间)全线盾构区间共使用 24 台盾构机,20 台为土压平衡盾构,4 台为泥水盾构。盾构机制造商分别为海瑞克(土压、泥水)、小松、威尔特、罗瓦特和三菱。

现将三号线北延段施工 11 标海瑞克 S475 土压平衡盾构、施工 1 标小松 TM625PMD 土压平衡盾构、施工 2 标威尔特土压平衡盾构、施工 4 标罗瓦特 RME246SE 土压平衡盾构机、施工 7 标海瑞克 S455 泥水盾构、施工 8 标三菱泥水盾构的基本技术参数作汇总,详见表 2-2。

盾构机主要参数　　表 2-2

主要部件名称	细部部件名称	参数					
		海瑞克(土压平衡)	小松	威尔特	罗瓦特	海瑞克(泥水)	三菱(泥水)
综述	开挖直径(mm)	6280	6320	6310	6280	6250	6280
	护盾直径(mm)	6250		6262	6250		6260
	主机长度(m)	8.56	8.680	9.775	8.74	8.47	9.120
	整机长度(m)	81	75.055	81.242	约 96	约 84	约 70
	盾构及后配套总质量(t)	500	400	486	480	472	445
	最小转弯半径(m)	250	150	250	250		250
	盾壳厚度(mm)	45	45	40			45

续上表

主要部件名称	细部部件名称	参数					
		海瑞克（土压平衡）	小松	威尔特	罗瓦特	海瑞克（泥水）	三菱（泥水）
刀盘	刀盘形式	辐条面板式	辐条面板式	辐条面板式	辐条面板式	辐条面板式	
	开挖直径（mm）	6280	6320	6310	6280	6250	6280
	开口率（%）	26	40	28	33	26	33
	滚刀	35把（含双刃4把，单刃刀31把），39刃	31把（双刃12把，单刃19把），43刃	40把（中心刀10把，单刃30把），40刃	37把（含双刃中心刀4把，单刃刀33把），41刃	6把双刃	
	切削刀	80把（16把刮刀，64把撕裂刀）	167把（切刀74把，刮刀44把，先行刀49把）	124把（10把中心刮刀、90把正面刮刀，12把周边刮刀、12把边缘保护刀）	72把刮刀，12把撕裂刀	88把（72把齿刀，16把边刮刀）	180把（31把贝壳刀，66把刮刀，1把鱼尾刀，42把铲刀，40把先行刀）
	仿形刀和扩挖刀	1把超挖刀	2把超挖刀	0			1把超挖刀
	刀盘泡沫注入点	4个	5个	8个	正面5个，刀盘边缘2个		
	质量（t）	54（带刀具）		53	60	56	48
	扩挖方式		12in双刃滚刀通过油缸伸出	无	变频驱动		
	旋转接头	—		液压，用于泡沫（4条线）	液压，用于超挖刀和泡沫（4条线）		
	刀盘进渣口	—					12
刀盘驱动	驱动模式	液压回转驱动	变频水冷却电动机驱动	液压	变频电机驱动	液压	变频电机驱动
	转速（r/min）	0～4.5	0.36～4.0	0～3.75	最大3.5（双向）	2.5	0.3～3.0
	额定转矩（kN·m）	4500	5733	4850	6650	4346	5669
	脱困扭矩（kN·m）	5300	6880	6305	8320		6803
	主驱动功率（kW）	945	800	945	1200	650	900
	主轴承形式	三排轴向径向圆柱滚子轴承	三排轴向径向圆柱滚子轴承	三排轴向径向圆柱滚子轴承	三排轴向径向圆柱滚子轴承	三排轴向径向圆柱滚子轴承	三排轴向径向圆柱滚子轴承
	主轴承直径（mm）	3000		3000	3130		3000
	主轴承寿命（h）	10000	10000	10000	10000		10000

续上表

主要部件名称	细部部件名称	参数					
		海瑞克（土压平衡）	小松	威尔特	罗瓦特	海瑞克（泥水）	三菱（泥水）
刀盘驱动	密封工作压力(0.1MPa)	4		4.5	4		
	主轴承密封润滑形式	EP2 润滑	主轴承部分:油浴强制润滑方式;密封部分:集中润滑注脂方式	内、外密封均为自动集中润滑	独立润滑系统		
推进系统	最大推力(kN)	34210	38500	36100	37800	34210	36000
	油缸数量(个)	20	22	20(10 对)	20	30	24
	油缸行程(mm)	2000	2150	2100	2250	2000	1950
	最大推进速度(mm/min)	100	60	80	150		60
	位移传感器数量(个)	4	1、6、11、17号油缸	4	4		4
	推进缸分区数量	4 个	4 个	4 个	4 区		4 区
	铰接类型	被动	主动	被动式铰接	被动式铰接		V 形平面铰接方式
铰接油缸	工作压力(0.1MPa)	340	330	350			
	油缸尺寸(mm)		内径 270				
	牵引力	0.3MPa×12	2000kN	10400kN			
	行程(mm)	150	垂直:230mm;水平:230mm	170mm			
	数量(个)	12	16	8			
人舱	舱室数量(个)	2	2	2	2	1	
	容量	3 人(主舱)+3 人(紧急舱室)	2 人,1750mm×3450mm	3 人(主舱)+2 人(紧急舱室)	3 人(主舱)+3 人(紧急舱室)	前舱 2100L,主舱 2700L	2 人
	舱门数量	四个单开门	双闸	4 个	3 个单开门+1 个双开门	双舱	双舱
	工作压力(0.1MPa)	3	4.5	4.5	4	3	3
盾尾油脂系统	泵站形式	气动	气动	气动式	气动式		
	管路数量	8 个(4 组×2),其中 4 条为备用管道		8 个(4 组×2),其中 4 条为备用管道	2×4 线路(每个注脂腔 4 个)		
	压力传感器数量(个)	2		4	2×4		
	注入点分布	于两个尾刷密封舱间均布		4 个均布	均布		均布
	盾壳管路布置形式	均布		内置式	内置式		

续上表

主要部件名称	细部部件名称	参数					
		海瑞克（土压平衡）	小松	威尔特	罗瓦特	海瑞克（泥水）	三菱（泥水）
注浆系统	注浆泵数量	4个	1个	2台双柱塞泵	225kW注浆泵2个，4根管（另外有4根为备用）	2个	2个
	注浆泵型号	Swching		SchwingK-SP12	SchwingK-SP12		
	单泵能力		A液泵流量280L/min×压力5.5MPa×功率30kW B液泵流量20L/min×压力1.5MPa×功率1.5kW	$12m^3/h$	$11m^3/h$	$10m^3/h$	200L/min
	储浆罐容量（m^3）	6	6.8	6	6.8	6	8
	压力传感器数量	4只		4只	4只		
	冲洗管路形式	人工膨润土注入		旁通式	旁通式		
泡沫系统	管路数量	4个（可注入泡沫、水）		4个	4个（可注入泡沫、水）		4个
	注入口分布	以中心向外辐射	5个	内圈4个、外圈4个、螺旋输送机前部1个（可注入泡沫、水、泥浆）	刀盘内圈5个，边缘2个		
	最大泡沫注入量	5L/min	133L/min	$220m^3/h$	$220m^3/h$		
	控制模式	人工、自动、半自动		自动/手动	自动/手动		
	用水量	95L/min	$2.56m^3$	$4.9m^3/h$	$5m^3/h$、1MPa（用户自备）		
管片安装机	额定抓举能力（kN）			5	58.5	80	42
	形式	中心回转式，机械抓取	液压驱动圆盘型	6自由度齿圈式，机械抓取	6自由度齿圈式，机械抓取	机械式	环状齿轮龙门式
	驱动方式	液压		液压	液压		液压
	自由度	6	6	6	6		6
	移动行程（mm）	纵向2000，举升1200	轴向1000，径向700	2100	2050		纵向移动行程500，伸缩长度400
	旋转角度（°）	±210	±200	±220	±200	±200	±220

续上表

主要部件名称	细部部件名称	参数					
		海瑞克（土压平衡）	小松	威尔特	罗瓦特	海瑞克（泥水）	三菱（泥水）
管片安装机	旋转速度（r/min）	2	0.2/1.2	0～1.5	0～1.5（速度可调）		1.52
	控制方式	无线和有线控制	无线控制	1无线控制+1有线控制	1无线控制+1固定盒控制	无线和有线控制	无线和有线控制
螺旋输送机	形式	中心轴式螺旋	中心轴式螺旋	中心轴式螺旋	中心轴式螺旋		
	外径（mm）	900	812.8	800	914		
	驱动功率（kW）	315	180	200	225		
	最大扭矩（kN·m）	215		126	75		
	转速（r/min）	0～22.4	13	0～24	0～22		
	最大出土能力（m^3/h）	300	222	420	430		
	通过最大块度（mm）	500×600		600×300×300	300		
	螺旋机闸门	液压式	双层闸门	双层闸门	双层闸门		
皮带输送机	驱动形式	电机驱动	电机驱动	电机驱动			
	皮带宽度（mm）	800	650	800			
	皮带机长度	45m	128m，宽650mm	59m			
	驱动电机功率（kW）	30	18.5	55			
	皮带运行速度	2.5m/s	130m/min	3m/s			
	最大输送能力（m^3/h）	750	280	450			
后部设备	冷却系统（套）	1（泵、油冷却器、阀）	1	1（泵、油冷却器、阀）			
	注浆设备	4个（注浆A、B液系统）	1个	2台			
	发泡系统	1套	2个	1套			
	盾尾注脂泵送系统	油脂泵1台，8条注入管道	油脂泵1个6条	油脂泵1台，8条注入管道			

续上表

主要部件名称	细部部件名称	参数					
		海瑞克（土压平衡）	小松	威尔特	罗瓦特	海瑞克（泥水）	三菱（泥水）
后部设备	控制室(个)	1	1	1			
	高压电缆卷筒	无	没配置	无			
	水管卷盘	双线型（进水与排水）	没配置	双线型（进水与排水）			
	二次通风设备	1台	1	1台		15kW DN1000	1台
	管片送进系统	管片吊车、管片小车	双轨梁	1套			
	数据采集系统	VMT	PLC	40个参数的数据采集记录		VMT	ENZAN
	自动导向系统	SLS-T激光导向系统	5603光波自动全站仪	日本演算工房1套		SLS-T激光导向系统	SLS-T激光导向系统
	后部拖车	4+连接桥，轨道行进，开式结构	7台	6台		5台	7台
	通信系统	1套	地面配置2个显示屏，1个电脑主机	4部电话			
供电	初级电压(kV)	10	10	10		10	10
	次级电压(V)	400	400	400		400	
	变压器容量(kV·A)	2000	1050	2000		1600	2500
	控制电路(V)	24/240	100	24/240		24/230	110
	照明电路(V)	220	220	220			220
	阀工作电压(V)	24		24		24	110
	频率(Hz)	50	50	50		50	50
	系统绝缘保护	IP55		IP55			
	PLC系统	西门子S7 400		施耐德			
功率配置	刀盘驱动(kW)	945	800	945			900
	盾构推进(kW)	92	45	55			55
	管片安装器(kW)	45	45	45			55
	油过滤器(kW)	11	0.75	15			
	吊运设备(kW)			2×11			
	螺旋机驱动(kW)	200	90	200			
	注浆系统(kW)	37	11	30			
	皮带输送机(kW)	30		55			

续上表

主要部件名称	细部部件名称	参数					
		海瑞克（土压平衡）	小松	威尔特	罗瓦特	海瑞克（泥水）	三菱（泥水）
功率配置	润滑系统(kW)	0.37	0.2	2.2			
	油冷却器(kW)	18	1.5	12			
	螺旋机闸门(kW)			15			
	总装机功率(kW)	1502.24		1476.2			
保压泵渣系统	双活塞排渣泵排渣量						
	功率						45kW
	最高工作压力						
	最大颗粒						
盾构机泥水输送系统	液压岩石破碎机					碎石机:石料大小450mm	
	泥浆排放泵					3×350kW	315kW
	供给泵					2个,250kW	250kW
	送泥管道直径					DN300	250mm
	隧道内送泥管直径						250mm
	排泥管道直径					DN300	200mm
	隧道内排泥管直径						200mm
	泥水压力自动控制系统						有
	泥水输送管理系统						有
	泥水输送检测系统						有

Chapter

3 燕塘站—梅花园站区间盾构施工技术

执笔人 The Author

梁乐曦 ▷

施工1～3标造价监理工程师

执笔人 The Author

叶雅图 ▷

工程师

中交第四航务工程勘察设计院有限公司设计师，曾任本标段设计负责人

执笔人 The Author

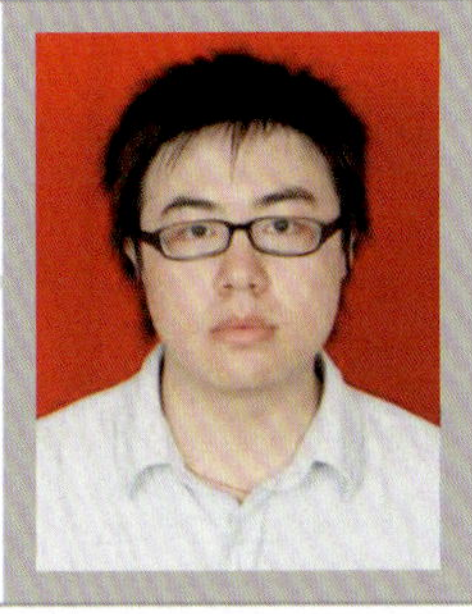

黄　帆 ▷

专业监理工程师

第三章　燕塘站—梅花园站区间盾构施工技术

第一节　工程概况和施工环境

一、区间位置和线路概况

广州轨道交通三号线北延段燕塘站—梅花园站盾构区间线路呈南北走向，位于三号线的北端，区间位置如本书第一章图1-1所示，区间线路掘进情况如图3-1所示。

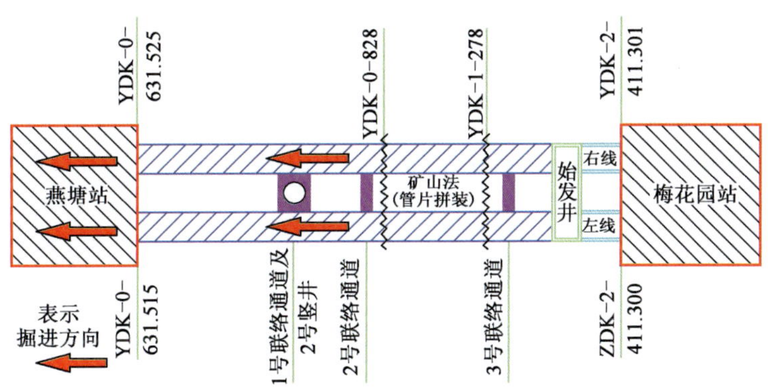

图3-1　盾构掘进示意图

区间隧道采用一台日本小松和一台德国海瑞克的土压平衡盾构机进行平行施工，始发场地设在梅花园站。两台盾构机一前一后（左线先行）穿行过省工贸职业技术学院、广日电梯厂、银河村、南华工商学院、沙太路，过北环高速公路、燕塘小区住宅群楼最后到达燕塘站吊出。沿线地面条件复杂，经过的地面设施主要有城市交通主干道、河涌、高架桥、居民楼及厂房等，车流量大，人员密集，建筑物稠密。

右线隧道长1779.775m，左线隧道长1784.897m（长链5.122m），全长为3564.672m。

本区间部分隧道通过相对完整的花岗岩微风化带，其天然极限抗压强度最大值为126MPa，石英含量较高，盾构在该地层条件下掘进时刀具磨损严重、掘进速度慢，且在控制不当的情况下易造成刀具非正常损坏，甚至可能损坏刀盘，因此采用矿山法掘进硬岩段形成初衬隧道，然后盾构机在隧道中空推拼装管片通过。

梅花园站—燕塘站区间隧道从省工贸职业技术学院实训中心楼下穿过，采用钢管片衬砌，在YDK-1-278进入盾构空推拼装管片，在YDK-0-828结束450m空推。盾构掘进到达燕塘站拆卸吊出。

区间线路最小曲线半径为500m,线路最大坡度为2.8%。

二、盾构施工环境特点分析

1. 工程地质概况

燕塘站至梅花园站在大地构造上属于华南准地台(Ⅰ级构造单元)、桂湘赣粤褶皱系(Ⅱ级构造单元),粤中拗褶束(Ⅲ级构造单元)之内,燕塘至梅花园区间位于东西向增城凸起萝岗花岗岩体边缘。本区间地貌形态为剥蚀残丘,间或发育冲沟和冲积洼地,下伏基岩为稳定分布的燕山四期侵入岩和震旦系变质岩。

燕塘站至梅花园站区间处于瘦狗岭断裂以北约700m,位于景泰坑至梅花园断裂以南并距此断裂较近。本区间位于花岗岩侵入体西侧,从广花复式向斜中的新市至嘉禾向斜东翼穿过。

2. 隧道穿越的工程地质

隧道穿越的岩层主要为硬塑状混合花岗岩残积土〈5Z-2〉、岩石全风化带〈6Z〉、岩石强风化带〈7Z〉、〈7A〉、岩石中风化带〈8Z〉、〈8H〉及岩石微风化带〈9Z〉、〈9H〉(见图3-2),盾构掘进过程同一断面地层统计分析情况如图3-3、图3-4所示。

1)硬塑状混合花岗岩残积土

硬塑状混合花岗岩残积土:土性为砂质黏性土,呈褐黄、红褐、灰褐色等,硬塑状,黏性差,含石英砂粒,具有遇水软化、崩解等特点,含水率 $w=29.7\%$,天然密度 $\rho=1.85\mathrm{g/cm^3}$,孔隙比 $e=0.820$,塑性指数 $I_p=13.9$,液性指数 $I_L=0.19$,压缩指数 $a_{1\text{-}2}=0.436\mathrm{MPa^{-1}}$,压缩模量 $E_{s1\text{-}2}=4.16\mathrm{MPa}$,黏聚力 $c=25.0\mathrm{kPa}$,内摩擦角 $\varphi=21.8°$,顶面高程10.73~35.84m,顶面埋深0.00~15.50m,层厚1.10~20.00m。代号为〈5Z-2〉。

2)岩石全风化带

燕山期($\gamma_5^{3\text{-}1}$)花岗岩:呈褐黄、灰褐色等,岩石风化剧烈,原岩组织结构已基本破坏,但结构尚可辨,岩芯呈坚硬土柱桩,以砂质黏性土特性为主,遇水易软化、崩解。主要物理力学性质指标:含水率 $w=25.9\%$,天然密度 $\rho=1.86\mathrm{g/cm^3}$,孔隙比 $e=0.800$,塑性指数 $I_p=13.1$,液性指数 $I_L=0.07$,压缩指数 $a_{1\text{-}2}=0.410\mathrm{MPa^{-1}}$,压缩模量 $E_{s1\text{-}2}=4.33\mathrm{MPa}$,黏聚力 $c=28.0\mathrm{kPa}$,内摩擦角 $\varphi=23.9°$,顶面高程-0.67~36.99m,顶面埋深0.00~23.00m,层厚2.00~15.50m,平均厚度6.88m。代号为〈6H〉。

震旦系(Z)混合花岗岩:呈褐黄、褐红、灰褐色等,岩石风化剧烈,原岩组织结构已基本破坏,但结构尚可辨,岩芯呈坚硬土柱桩,以砂质黏性土特性为主,遇水易软化、崩解。主要物理力学性质指标:含水率 $w=22.6\%$,天然密度 $\rho=1.91\mathrm{g/cm^3}$,孔隙比 $e=0.717$,塑性指数 $I_p=11.4$,液性指数 $I_L=0.07$,压缩指数 $a_{1\text{-}2}=0.34\mathrm{MPa^{-1}}$,压缩模量 $E_{s1\text{-}2}=5.24\mathrm{MPa}$,黏聚力 $c=28.0\mathrm{kPa}$,内摩擦角 $\varphi=24.9°$,顶面高程-3.27~34.68m,顶面埋深1.60~29.50m,层厚1.70~16.30m,平均厚度7.25m。代号为〈6Z〉。

3)岩石强风化带

燕山期($\gamma_5^{3\text{-}1}$)花岗岩:呈灰褐、褐黄色夹浅灰色,岩石风化剧烈,原岩组织结构大部分风化破坏,但原岩结构清晰可辨,岩石风化裂隙十分发育,风化不均,岩芯呈半岩半土状,局部夹碎

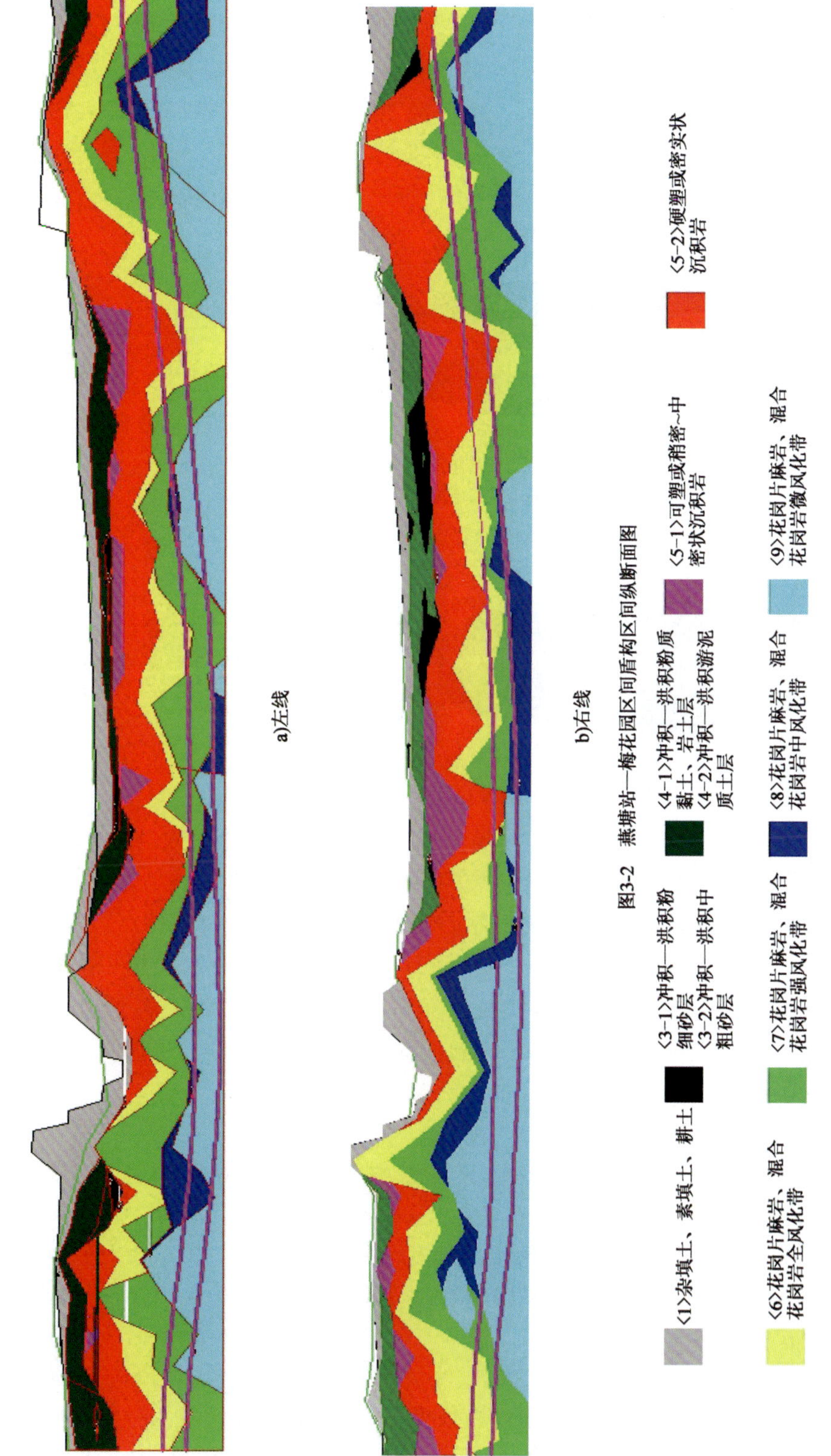

a)左线

b)右线

图3-2　燕塘站—梅花园区间盾构区间纵断面图

块状，岩质极软，岩块用手易折断，具有遇水易软化、崩解等特点。主要物理力学性质指标：含水率 $w=25.0\%$，天然密度 $\rho=1.89\text{g/cm}^3$，孔隙比 $e=0.739$，塑性指数 $I_p=12.3$，液性指数 $I_L=0.04$，压缩指数 $a_{1\text{-}2}=0.30\text{MPa}^{-1}$，压缩模量 $E_{s1\text{-}2}=6.0\text{MPa}$，黏聚力 $c=35.0\text{kPa}$，内摩擦角 $\varphi=27.0°$，顶面高程 -5.05 ~ 26.99m，顶面埋深 2.30 ~ 36.60m，层厚 0.70 ~ 19.1m，平均厚度 7.41m。代号为〈7H〉。

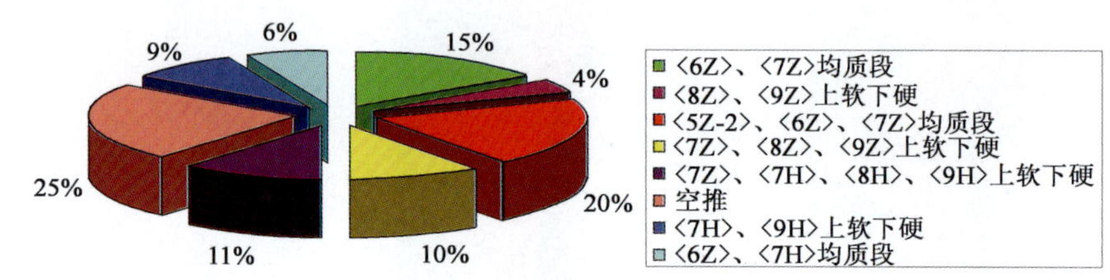

图 3-3　左线掘进地层比例图

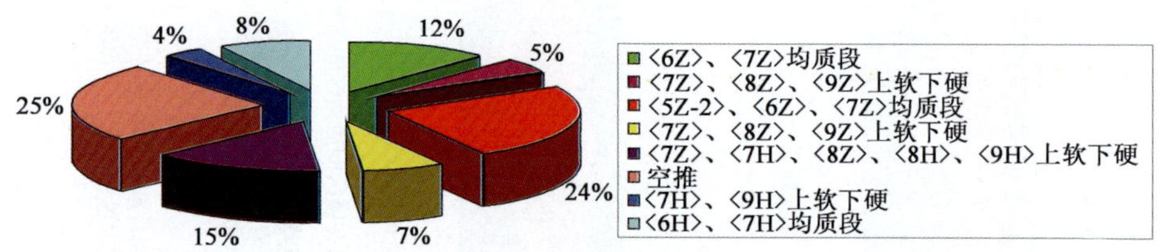

图 3-4　右线掘进地层比例图

震旦系(Z)混合花岗岩：呈褐黄、灰褐、浅黄、浅灰色等，风化强烈，原岩组织结构大部分风化破坏，但原岩结构清晰可辨，岩石风化裂隙发育，风化不均，岩芯呈半岩半土状、碎块状，局部夹中风化岩块，岩质极软、岩块用手易折断，具有遇水易软化、崩解等特点。主要物理力学性质指标：含水率 $w=18.4\%$，天然密度 $\rho=1.96\text{g/cm}^3$，孔隙比 $e=0.618$，塑性指数 $I_p=10.4$，液性指数 $I_L=0.00$，压缩指数 $a_{1\text{-}2}=0.331\text{MPa}^{-1}$，压缩模量 $E_{s1\text{-}2}=6.0\text{MPa}$，黏聚力 $c=35.0\text{kPa}$，内摩擦角 $\varphi=28°$，顶面高程 -5.24 ~ 25.28m，顶面埋深 9.50 ~ 34.00m，层厚 0.9 ~ 20.2m，平均厚度 8.91m。代号为〈7Z〉。

4）岩石中风化带

燕山期($\gamma_5^{3\text{-}1}$)花岗岩：呈浅灰、灰黄、灰等色，中细粒结构，块状构造，组织结构部分破坏，裂隙较发育，岩石硬，较破碎，裂面伴有铁染，岩芯多呈碎块状或短柱状，风化不均匀，岩石质量指标 RQD 值为 15% ~ 30%，岩石天然抗压强度范围值为 10.5 ~ 30.6MPa，平均值为 21.3MPa，顶面高程 -7.00 ~ 15.19m，顶面埋深 10.60 ~ 31.60m，层厚 0.70 ~ 12.67m，平均厚度 3.80m。代号为〈8H〉。

震旦系(Z)混合花岗岩：呈浅灰、灰白、浅黄等色，中细粒结构，块状构造，组织结构部分破坏，裂隙较发育，岩石硬，较破碎，裂面伴有铁染，岩芯多呈碎块状或短柱状，风化不均匀，岩石质量指标 RQD 值为 15% ~ 60%，岩石天然抗压强度范围值为 16.4 ~ 28.8MPa，平均值为

22MPa，顶面高程 -11.74 ~ 16.29m，顶面埋深 17.60 ~ 37.80m，层厚 0.70 ~ 15.30m，平均厚度 4.61m。代号为〈8Z〉。

5）岩石微风化带

燕山期（$\gamma_5^{3\text{-}1}$）花岗岩：呈深灰、灰白色，中细粒结构，块状构造，裂隙较发育，岩石硬，较完整，岩芯多呈短柱状，长柱状，少量块状，锤击声脆，岩石质量指标 RQD 值为 60% ~ 90%，岩石天然抗压强度范围值为 46.4 ~ 110.5MPa，平均值为 75.3MPa，标准值为 67.7MPa，顶面高程 -10.47 ~ 10.49m，顶面埋深 13.60 ~ 37.10m，层厚 4.00 ~ 21.80m，平均厚度 10.72m。代号为〈9H〉。

震旦系（Z）混合花岗岩：呈灰、灰白等色，中细粒结构，块状构造，裂隙稍发育 ~ 发育，岩石硬，较完整，岩芯多呈短柱状，长柱状，少量块状，锤击声脆，岩石质量指标 RQD 值为 65% ~ 95%，岩石天然抗压强度范围值为 31.7 ~ 115.6MPa，平均值为 58.6MPa，标准值为 41.4MPa，顶面高程 -12.74 ~ 12.09m，顶面埋深 19.50 ~ 39.00m，层厚 1.70 ~ 16.2m，平均厚度 6.90m。代号为〈9Z〉。

左线小松盾构机二次始发之后遇到的岩石为〈9H〉微风化花岗岩，经过两次取样检测，强度代表值分别为 114.2MPa 和 150.9MPa，个别强度最大值为 187.8MPa。

本区间段有下列特点值得关注：

（1）崩解性：残积土及全风化和强风化岩遇水浸泡后，其中风化形成的亲水矿物质迅速吸水膨胀，岩土发生崩解导致岩土强度降低，影响地基上的均匀性和稳定性。

（2）球状风化和风化深槽：由于球状风化现象，在残积土或全强风化岩中可形成中微风化岩孤石现象，同时由于风化不均匀，稳定岩层岩面埋深在纵横向上变化大，很不稳定，部分地段风化深度剧增，形成风化深槽现象。

隧道范围内上方覆土则主要以〈6Z〉、〈7Z〉、〈6H〉、〈7H〉、〈8H〉为主。

3. 水文状况

地下水类型按其赋存方式可分为第四系松散层孔隙潜水（Q_{3+4}^{al+pl}）和基层风化裂隙水，其主要特征分述如下：

1）区间第四系松散层孔隙潜水（Q_{3+4}^{al+pl}）

主要赋存于第四系冲洪积沉积的细砂层〈3-1〉和中粗砂层〈3-2〉，其赋存条件直接与砂土的粒度成分有关。一般砂质颗粒粗，分选好，较为纯净的层位，径流通畅，渗透性好，含水较丰富；砂质颗粒细、含粉黏粒成分的层位，相对径流差，渗透性低，水量偏小，本区间砂层具中等 ~ 强透水性。对于冲洪积土层、河湖相淤泥质土，则由于其含水性贫乏，透水性较差，多属弱、微透水层。

2）基岩风化裂隙水

主要赋存于强风化层和中风化层中，由于风化基岩深度及裂隙发育程度的差异，基岩风化裂隙水赋存不均一、不稳定，其富水程度与渗透性也不尽相同，在裂隙或构造发育地段，有一定富水性。由于强风化带上部全风化岩和残坡积土以土性为主，透水性差，在一定程度上起到相对隔水作用，因此本区间段基岩风化裂隙水具有承压水特性。

4. 地面建筑物、地下构筑物和管线特征

本区间线路穿越的主要建筑物有 46 栋，以 3 ~ 7 层的民宅、厂房居多，大部分为框架结构，房屋等级低,年老失修;部分房屋基础为天然基础,对沉降控制要求较大。其中省工贸职业技术学院实训中心楼管桩底距离隧道开挖线仅0.6m左右。广日电梯工业公司汽车与运输用户服务楼及机械联合厂房桩基础侵入隧道,在隧道上方还有德威发汽修修理厂、银利花苑小区、银河园厂房区、南华工商学院、燕塘小区裙楼。

三、工程特点及难点分析

根据掘进地层及地表环境,本工程的施工有以下特点和难点:

(1)右线海瑞克盾构机始发时后配台车与车站侧墙尺寸有冲突。

(2)盾构机过广东省工贸学院实训楼,该楼桩底距隧道顶部最近551mm,建筑物保护难度和成型隧道保护难度均很大。

(3)盾构机过广日电梯厂房,B001-29建筑物的桩基与隧道的净距为1.3m,B001-030建筑物的桩基距隧道外净距最小为5.3m,B001-031建筑物的桩基已经侵入隧道,盾构机穿越障碍物难度大,建筑物保护难度大。

(4)盾构机需穿越多栋建筑物,建筑物年代久远,基础薄弱,而隧道断面范围地层大部分为上软下硬地层,建筑物保护难度大。

(5)盾构机在富水地层、高承压水地层、上软下硬地层掘进过程中喷涌严重,对地面沉降控制困难,刀具磨损较大,而且换刀困难。

(6)盾构机空推过矿山法初期支护隧道、临时施工竖井、联络通道时,姿态控制和质量控制难度大。

(7)花岗岩及混合花岗岩的上软下硬地层及硬岩地层所占比例大,长约1041m,占盾构掘进总长的38.8%。其中上软下硬地层为约550m,占掘进长度的20.5%;硬岩地层491m,占掘进长度的18.3%。

(8)上软下硬地层中同一断面岩石风化程度差异大、硬岩强度高。本标段的上软下硬地层均为强、微风化花岗岩(〈7H〉和〈9H〉)和强、微风化花岗片麻岩(〈7Z〉和〈9Z〉)。微风化花岗岩和花岗片麻岩的强度在58.6~75.3MPa,最大强度187.8MPa,掌子面的软硬程度差异很大。

(9)隧道埋深大,岩石交界面裂隙发育,地层透水性强,水压大、水量丰富,开仓作业风险多,压气换刀作业难度相当大。

(11)盾构机在燕塘企业建筑群遭遇破碎带掘进。

第二节　盾构机使用情况

一、左线小松盾构机使用情况

左线盾构机于2009年2月6日从梅花园站正式始发掘进,于2010年4月20日到达燕塘站,实现左线贯通,历时454d,累计掘进1183环(7环负环除外),进尺3.9m/d。中间停机时间为168d(以日进度为零计),停机时间主要为更换刀具、地面加固处理,因机械故障停机时间占总停机时间较少,有效掘进时间为286d,有效日进尺5.6m/d,最高日进尺30m/d(此为空推段掘进)。左线盾构掘进情况见表 3-1,左线盾构掘进进度如图 3-5 所示。

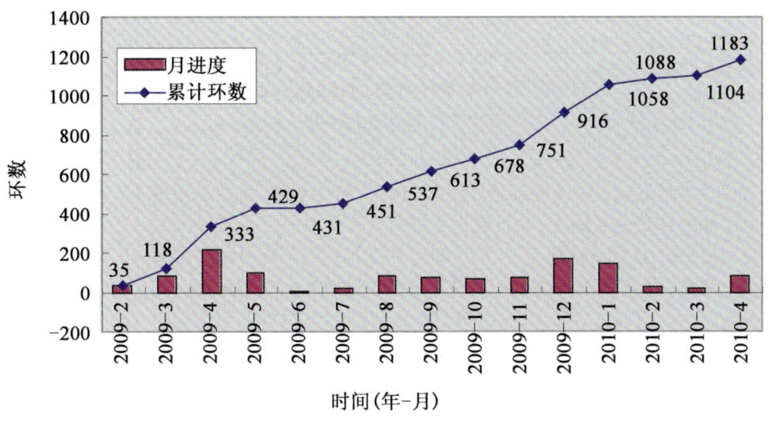

图 3-5　左线盾构掘进进度图

左线盾构掘进统计表　　表 3-1

日　期 (年-月)	本月施工状况简介	掘进环数	累计环数
2009-2	12 月 31 日到场,经组装、调试后于 2 月 6 日正式始发。2 月 9 日掘进负 3 环时环板脱落,加固 A 环板 4d,恢复掘进	35	35
2009-3	3 月 6 日盾构掘进 51 环时拆除反力架及负环,3 月 10 日结束。3 月 23 日小松盾构机到达广东省工商贸易学校实训中心楼下方,楼房桩基有 6 根在隧道上方,最近一根桩基底部至隧道顶部 55mm,此处采用盾构掘进加拼装钢管片通过,掘进过程中推力、扭矩、速度各参数正常,地面沉降较小,一天一夜时间顺利通过实训中心楼	83	118
2009-4	23 日到达广日电梯金属备料车间加固区,加固区厂房内平均布置 310 个孔,埋设袖阀管从 19 ~ 30m 进行注浆,为开舱做准备。在掘进此段时推力、扭矩、速度正常,顺利到达加固区下方,由于加固效果不理想,水较大导致开舱不成功后采取继续掘进,顺利通过广日电梯金属备料车间,通过后有局部沉降,采取二次注浆补浆,沉降稳定	215	333
2009-5 ~ 7	5 月 26 日为压气换刀做准备,由于无法将土仓内泥和水排出至加压舱门以下,开舱不成功,掘进 2 环后继续出土、放水,仍然无法将土仓内泥和水排出至加压舱门以下。6 月 10 日汽修厂车间地面塌陷,塌陷之后迅速对坑洞进行回填水泥和混凝土,对塌方区进行 2m、6m、9m 灌浆,塌陷方中心进行 19m 深孔注浆,对盾尾后部两环管片径向孔用双液浆注浆,利用盾构机壳体上的径向注浆孔向盾壳周圈注入水溶性聚氨酯,对刀盘前方土体进行加固采用从地面加固的方式。7 月 16 日开舱成功并开始更换刀具。7 月 22 日刀具更换全部完成,恢复掘进。此次从 5 月 25 日开始准备压气换刀不成功,地面沉降不稳定。6 月 1 日、2 日掘进 2 环,为压气换刀做各项准备工作,至 6 月 10 日汽修厂塌陷,塌方区注浆、刀盘前土体加固、盾尾后二环洞内补浆、中盾上 9°孔超前注浆、开舱成功、更换刀具完成共历时 57d	5 月 26 日前掘进 96 环,中间沉降不稳定掘进 2 环,7 月 22 日恢复掘进至月底掘进 20 环,三个月共计 118 环	451

续上表

日　期 （年-月）	本月施工状况简介	掘进环数	累计环数
2009-8	8月16～18日过银利村社员住宅楼A座时造成部分房屋开裂，地面沉降较大，停止掘进3d，洞内深孔注浆，地面深孔注浆	86	537
2009-9	本月机械设备故障频繁，地层水较大，喷涌严重，清理泥浆等原因导致进度缓慢。2日晚至4日白天疏通螺旋，6日拆除安装皮带，7日螺旋伸缩问题，8日晚管片车掉道，12日白天注水管堵塞，17日白天处理1号台车掉道，26日螺旋输送机增加一道闸门。而掘进时喷涌、皮带掉泥导致每环掘进时盾尾至连接桥架处充满稀泥浆、清理泥浆三现象在本月掘进过程中一直存在，虽然承包商尝试往土仓内注入增稠剂，但是效果不是很理想，直至在螺旋输送机闸门处新增加一道闸门，采用双闸门控制出土，喷涌现象才得到改善	76	613
2009-10	小松盾构机在432环换完刀后，拟在650环处检查及更换刀具，考虑到小松盾构机压气作业较困难，需采取地层预加固后常压进舱检查及更换刀具，故此对检查换刀位置处的地层进行加固。11日中盾注聚氨酯，盾尾后两环做止水环，开舱前各项准备工作，15日地层加固完成，17日开舱检查刀具，至23日刀具更换完成，恢复掘进	65	678
2009-11	〈9H〉地层逐渐增多，速度在10mm/min以下，掘进时间长，在11月10日开舱检查刀具，至15日更换完成。刀具更换完成后进入上软下硬地层正常掘进，至11月26日刀盘顺利到达矿山法端头，空推准备2d，29日开始空推掘进	73	751
2009-12	进入空推段掘进，3日由于初期支护欠挖导致盾构机推裂导台，停机1d。8～11日更换尾刷，为推进岩柱做准备。12～21日掘进岩柱，21日二次到达空推段	165	916
2010-1	进行二次空推段掘进，12日完成，掘进至1053环，共掘进137环，平均11.4环/d。17日掘进至1058环由于在掘进过程中出现刀具螺丝松动及扭矩变化较大情况，停止掘进，土仓回填，常压开舱，更换刀具至2月3日，本次开舱换刀共计时间为16d	142	1058
2010-2	由于地层原因掘进速度较慢，推力较大，扭矩变化较快，对刀具损害较大，从2月4日恢复掘进至17日共掘进30环，累计1088环，平均每日2.1环，在掘进30环后18日准备开舱换刀，仍然采用土仓回填、常压开舱、清舱方法进行刀具更换，3月9日恢复掘进，本次换刀共计时间为21d	30	1088
2010-3	从3月9日恢复掘进至17日共掘进10环，累计1096环，平均1环/d。掘进至17日时掘进速度为1～2mm/min，判断刀具磨损较大，更换刀具。通过对中盾盾壳注浆孔钻探确认为全断面〈9H〉地层，常压开舱更换刀具，24日恢复掘进，本次换刀共计时间为7d	16	1104
2010-4	正常掘进并通过金燕塘四栋房屋，20日顺利出洞	79	1183

二、右线海瑞克盾构机使用情况

右线盾构机于 2009 年 2 月 28 日从梅花园站正式始发掘进，于 2010 年 4 月 18 日到达燕塘站，实现右线贯通，历时 415d，累计掘进 1179 环(7 环负环除外)，进尺 4.25m/d，中间停机时间为 184d(以日进度为零计)，停机时间主要为更换刀具、地面加固处理，因机械故障停机时间占总停机时间较少，有效掘进时间为 231d，有效日进尺 7.65m/d，最高日进尺 34.5m/d(此为空推段掘进)。左线盾构掘进情况见表 3-2，右线盾构掘进进度如图 3-6 所示。

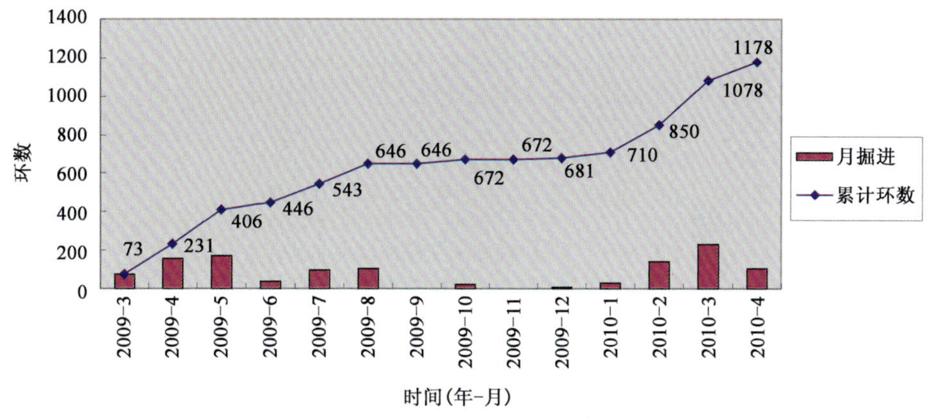

图 3-6　右线盾构掘进进度图

右线盾构掘进统计表　　表 3-2

日　期 (年-月)	本月施工状况简介	掘进环数	累计环数
2009-2	海瑞克盾构机于 1 月 31 日到场，2 月 28 日正式始发，始发时各参数正常，洞门密封性良好，未出现涌水、涌沙现象	0	0
2009-3	27 日、28 日拆除反力架和负环	73	73
2009-4	盾构机到达广东省工商贸易学校实训中心楼下方，采用盾构掘进 + 拼装钢管片通过，掘进过程中推力、扭矩、速度各参数正常，地面沉降稳定，顺利通过。4 月 11 日、12 日拆除剩余反力架和负环。21 日晚在 188 环开舱检查刀具，刀具损坏较严重，〈7Z〉地层，22 日更换 7 把刀具，23 日由于掌子面有局部渗水，土体开始有崩解现象，决定掘进 2 环后再次开舱更换刀具，整个换刀过程至 24 日晚上结束，历时 4d	158	231
2009-5	到达广日电梯金属备料车间加固区，在掘进此段时推力、扭矩、速度正常，以 6 日日掘进 8 环、7 日日掘进 10 环、8 日时掘进 13 环的速度快速通过此段加固区，但盾尾出现漏浆现象，15 ~ 19 日晚更换盾尾刷。海瑞克盾构机在 5 月 25 日掘进至 406 环时左线正准备气压更换刀具(429 环)，担心海瑞克盾构机的继续掘进会影响左线小松盾构机的压气开舱更换刀具，所以至 5 月底海瑞克盾构机一直处于停机状态	175	406

续上表

日　期（年-月）	本月施工状况简介	掘进环数	累计环数
2009-6	6月2日海瑞克盾构机开始做压气换刀前的各项准备工作，于6月6日在406环成功带压入舱，检查刀具，6月9日更换刀具完成。与此同时，左线小松盾构机上方汽修厂地面塌陷，正对塌方区进行注浆加固，预计时间较长，所以海瑞克盾构机决定继续掘进。6月12日海瑞克盾构机开始正式掘进，在掘进过程中泡沫管堵塞，6月22日带压进舱处理泥饼、泡沫管（1号、4号未疏通），至25日完成。6月29日掘进446环时速度5～10mm/min，推力17000～18000kN，扭矩1400kN·m，当晚开舱检查刀具，磨损量约10～15mm，更换刀具，疏通1号泡沫管（4号未疏通）于7月2日恢复掘进，本月由于压气换刀、气压处理泥饼、泡沫管耽误时间较多，进度缓慢	40	446
2009-7	本月1d疏通螺旋输送机，1d拉电缆，3d带压更换刀具，其余为正常掘进，但在本月掘进过程中，喷涌时有发生，并且盾尾后水压和水流均较大，打开盾尾管片吊装孔3、9点2股水流可以相互对冲，给同步注浆及二次注浆带来较大麻烦，造成同步注浆泵的堵塞和地层中的水反涌至同步注浆罐中，故采用系统成环在管片背后注浆，隔几环做一个止水环。30日出现盾尾漏水现象，12点位置渗水较大，在盾尾后3～5环做一个止水环，注入油性聚氨酯，31日完成	97	543
2009-8	本月掘进过程中喷涌严重，掘进完成后清理泥浆、设备故障、带压更换刀具等原因导致进度缓慢，8日清理泥浆（日掘进1环），9日维修管片安装器，处理砂浆车管堵塞（日掘进1环），11日掘进过程中喷涌、清泥（日掘进1环），12日清通1号盾尾注浆管，维修螺旋出土口拦泥板（日掘进1环），19日清泥（日掘进1环），20日615环带压开舱检查刀具，〈5Z-2〉地层，正面滚刀（中心刀除外）磨损较大，在16～25mm之间，4号偏磨严重，27号无刀圈，当日拆装3把刀具，21日由于掌子面不稳定，有渗水，拱顶和掌子面有掉泥现象，决定继续掘进，掘进1环后，22日更换4把磨损严重的边缘刀，23日恢复掘进。27～29日由于掌子面不稳定无换刀，本次开舱换刀历时9d，更换刀具7把，因掌子面不稳定，有掉土现象两度恢复掘进后掌子面仍然不稳定，剩余刀具未更换完成	103	646
2009-9	9月1日带压检查刀具，当时地层为〈5H〉、〈9H〉，围岩比例大概为2∶1，压气检查刀具时拱顶掌子面不稳定、掉土，形成一个1.5m左右的塌方孔洞，立即停止舱内作业并关闭舱门，掘进300mm将土仓填满，防止掌子面及拱顶进一步塌方，当时检查刀具情况为34、35、37、38号等边缘刀具存在偏磨及刀圈脱落现象，立即停止盾构掘进及开舱换刀等工作；对洞内盾体注入膨润土，并从洞内对塌方区进行回填注浆，回填注浆从11°超前地质探孔打6m注浆管注入膨润土水泥浆液，3～9点位均匀布置6根。当时正处于南华工商学院学生宿舍与学校食堂之间空地下方，有地面加固条件，开始从地面对掌子面进行加固，以上工作22日完成，22日上午打开舱门清渣，在更换24号刀具时出现涌水（从已更换完成刀箱内涌出），及时关闭舱门，保压。24日带压更换24号刀具，刀箱内有流沙涌出，决定对土仓回填水泥、膨润土，建立舱压。继续地面加固，10月3日完成，10月4日常压开舱。本次右线地面加固历时25d	0	646

续上表

日 期 (年-月)	本月施工状况简介	掘进环数	累计环数
2009-10	10月4~12日常压开舱更换刀具。13~16日清理刀盘开口处水泥浆,转动刀盘。17日盾构机脱困,20日脱困成功。之后正常掘进至27日,29日673环时推力上升至2800~2900t,速度只有2.5mm/min,掘进时有喷涌,推进30mm之后停止掘进。30日往前推进8mm,推力28000~30000kN,速度1~2mm/min。31日往前推进13mm,推力25000~31000kN,速度1.5~3mm/min,判断刀具磨损严重,准备更换刀具	26	672
2009-11	由于当时盾构机处于南华工商学院学生食堂下方,没有条件对掌子面进行加固,由于上面是房屋,不敢贸然开舱,为了控制地面沉降和房屋的稳定,决定通过泥膜护壁为开舱提供条件。3日顺利带压开舱,其中有13把刀具磨损较大,有8把严重偏磨,1把掉刀圈,1把掉挡圈,土仓内前方11点半到1点向前1m位置拱顶向上3m有空洞,开舱前形成,刀盘转动后无变化,土仓内前方和后方无水,上部为〈7H〉地层,下部为〈9H〉地层,岩面分割为2、9点,砂含量较大,但掌子面和拱顶未形成泥膜。9日完成13把刀具更换,但检查发现中心滚刀磨损较大,空洞有扩大的趋势,如果通过带压更换中心滚刀预计时间过长,所以决定先往空洞内回填水泥浆,土仓内回填水泥浆,回填满后常压开舱,人工凿出人舱至中心刀具通道,更换中心刀具及刀箱,至12月1日完成,本次更换刀具及刀箱耗时35d	0	672
2009-12	2日恢复掘进,7日掘进至681环,在掘进682环过程中掘进速度为1~2mm/min,推力25000kN,地层为〈7H〉、〈9H〉地层,判断刀具磨损较为严重,开舱更换刀具,2010年1月14日完成刀具更换工作,本次换刀历时39d	9	681
2010-1	本月掘进过程皮带输送机、螺旋输送机设备故障发生较为频繁。31日盾构机掘进发生异常情况,扭矩波动较大,速度在2~4mm/min之间,更换刀具	29	710
2010-2	3日完成刀具更换,继续掘进,20日顺利到达矿山法端头,更换尾刷,24日正式开始空推段掘进	140	850
2010-3	13日完成空推段掘进,本次空推段掘进历时23d,最快日掘进24环,无设备故障及其他因素影响。再次始发掘进矿山法端头加固区,敞开式掘进,日掘进1~2环,之后掘进全断面〈7H〉、〈8H〉地层	228	1078
2010-4	通过燕塘小区群楼,18日顺利到达燕塘站	101	1179

第三节 盾构机

本标段左线为全新的小松盾构机,右线为海瑞克盾构机并曾在武汉掘进完成300m软岩。在始发前对盾构机相应设备进行验收,并对舱门密闭性、泡沫系统等现场检测,检测合格。

一、两种盾构机对比分析

1. 刀具配置

1)小松盾构机刀盘配置(见图3-7)

刀盘的中心区域安装了17in加强型双刃滚刀4把、中间区域安装了17in双刃滚刀8把、外周区域安装了17in单刃滚刀19把,总共有31把滚刀,43个刀刃,其中40/41同心,42/43同心;滚刀高于刀盘160mm,在中心区域滚刀的刀间距为100mm,在中间区域滚刀的刀间距为70~84mm,外周区域滚刀的刀间距在35~75mm之间。刀盘中心、中间区域辐条两侧共设置有高度为90mm的切削刀74把,外周弧拱区域辐条两侧共设置有高度为90mm的大尺寸边缘单刃刮刀44把,面板中间设置高度为120mm的贝壳形先行刀Ⅰ12把,在面板中间及外周弧度区设置高度为100mm的贝壳形先行刀Ⅱ31把,最外周弧度区设置高度为140mm的贝壳形先行刀Ⅲ6把。

2)海瑞克盾构机刀盘配置(见图3-8)

中心区设4把双刃滚刀,正面区设64把刮刀和20把单刃滚刀,边缘区设12把单刃滚刀、16把边缘刮刀。

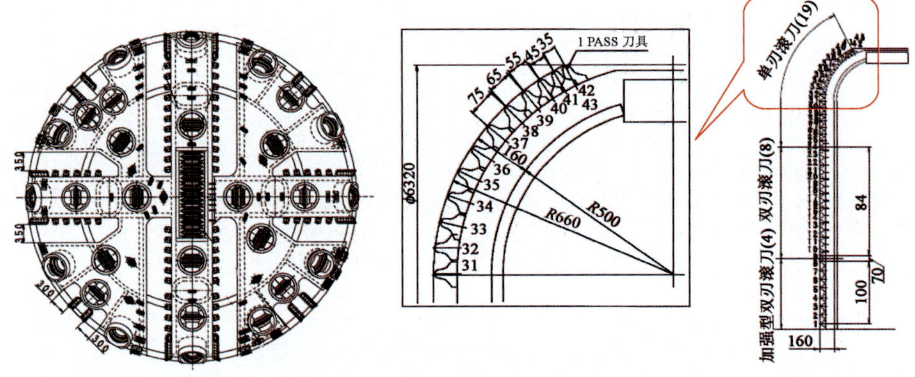

图3-7 小松盾构机刀盘和刀具配置图(尺寸单位:mm)

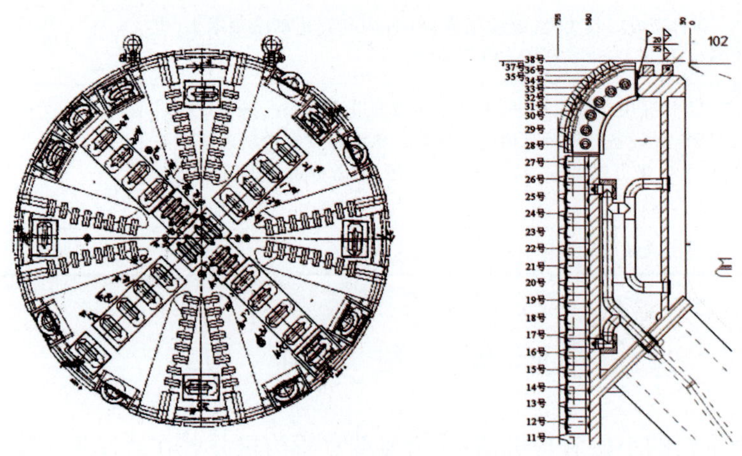

图3-8 海瑞克盾构机刀盘图

2. 刀箱

盾构机在掘进〈9H〉岩面及岩石强度较高地层时，出现几次刀座损坏现象，如图 3-9 所示。

图 3-9　损坏刀座

对于损坏刀座，将刀座割除，安装新刀座进行焊接即可。但在安装新刀座过程中对刀座的定位非常重要，应防止因定位错误而导致刀具运行轨迹发生变化，如图 3-10 ~ 图 3-13 所示。

图 3-10　割除损坏刀座

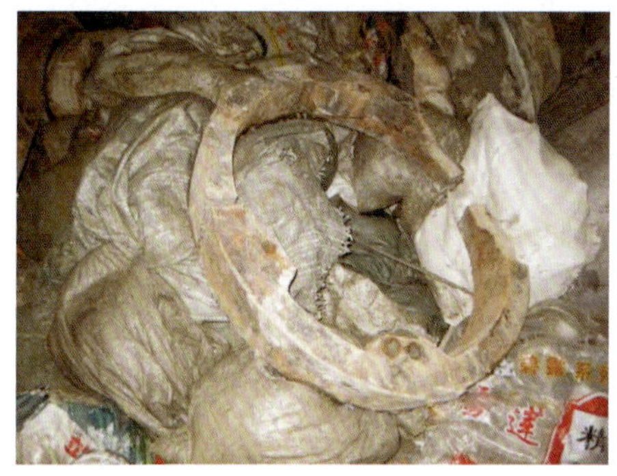

图 3-11　割除后破损刀座

图 3-12　新刀座

图 3-13　刀座定位

海瑞克盾构机在本区间更换过一次三联体刀箱，详见本书第三节海瑞克三联体刀箱更换施工技术。

3. 盾构机开舱换刀

从左右线换刀统计表中可以看出，小松盾构机在本区间采用的开舱换刀技术均为常压开舱。一则由于本区间独特的水文地质情况所致；另一方面小松盾构机的气压舱门设计太低，本区间水文地质具有承压水特性，并且隧道上方覆土较为松散，因此在压气换刀过程中难以将土仓内的水及渣土出至3~9点位以下，排水及出渣控制困难，易导致地面较大沉降，开舱需采用土仓回填的特殊工法。

反观海瑞克盾构机由于舱门位置较高，排渣较方便换刀作业效率较高。而刀盘前方土体在气压过程中有剥落现象，通过泥膜护壁的施工技术，再气压开舱换刀，仍能达到换刀效果，不需要进行土仓回填。

4. 盾构机铰接

小松盾构机采用主动铰接方式，海瑞克盾构机则是被动铰接，两种不同的铰接方式起到不同的效果。

1）脱困方面

小松盾构机主动铰接在盾构机脱困方面较海瑞克有优势。当主推力达不到脱困目的时，可以通过两部分进行脱困：用主动铰接推进开挖出空间，然后回缩；用主推力拉动中盾及盾尾前进，以达到脱困的效果。

海瑞克的脱困方面更多采用在铰接处焊接连接钢板，将盾构机形成一个整体，在用推进油缸同时，增加千斤顶以达到脱困效果。

2）纠偏方面

小松盾构机的主动铰接纠偏技术更适合于软土地层，在硬岩地层中如果使用不恰当，则会造成盾构机被卡现象。

海瑞克盾构机的被动铰接纠偏技术在硬岩地层中纠偏比小松盾构机方便，不用担心盾构机被卡现象。

5. 泡沫系统

小松盾构机具有两套泡沫系统：一套A系统，一套B系统。在掘进过程中A、B系统轮换使用，防止泡沫系统堵塞。本区间小松盾构机泡沫管堵塞次数要低于海瑞克盾构机。

二、盾构机设备改进

1. 小松盾构机对螺栓输送机改进

小松盾构机由于在汽修厂—银利花苑住宅区段掘进过程中喷涌严重，针对此种情况，对螺栓输送机后闸门处进行改进，增加一道控制闸门，起到一定防喷涌效果。

2. 小松全断面硬岩掘进使用小排量控制油泵

小松盾构机在1089环换刀后地层仍然为上软下硬地层，下部硬岩岩面较高、强度较大，为防止因操作不当造成刀具磨损，将推力油泵改进成小排量推进油泵，改装完成后千斤顶最大速度为6mm/min,操作面板上调节千斤顶推进速度操作键无效,使因操作不当造成刀具磨损得到有效控制,在掘进完该段地层后再重新更换即可。

3. 小松盾构机主轴承密封圈修补

为防止高土压掘进过程中小碎石对主轴承密封圈造成破坏,在主轴承密封内圈及外圈塞盘根进行强化密封,内圈及外圈各28道盘根,完成后注入黄油,并且在内圈及外圈点焊钢筋,防止小碎石进入,如图3-14所示。

图3-14 主轴承密封圈修补

第四节 盾构施工的主要技术

一、盾构机刀具更换及使用分析

1. 在〈9Z〉地层中刀具使用效果分析

左线小松盾构机:在始发后不久,左线80~130环处于〈8Z〉、〈9Z〉地层,右线70~95环也处于〈8Z〉、〈9Z〉地层,〈9Z〉地层岩石强度为26.9MPa,RQD值为40%。左线推进完该段〈9Z〉地层后在160环处对刀具进行系统检查及评估,得到结论是刀具在掘进过程中磨损较小,磨损在2~5mm之间,刀具状态至少仍能坚持200环掘进而不用更换刀具。

右线海瑞克在掘进完该段地层后为〈6Z〉、〈7Z〉地层,在掘进至188环处开舱检查刀具,发现7把刀具磨损严重,磨损在10~20mm之间,因此对这7把刀具进行更换。在相同的〈9Z〉地质情况下,小松盾构机配备更多的滚刀使得破岩能力得到大大提升,对刀具产生的负荷也相对减少。

2. 在岩石强度较高情况下刀具磨损情况分析

小松盾构机在结束左线空推段掘进后进入典型上软下硬地层,上部为〈7H〉地层,下部为〈9H〉地层,通过换刀期间对岩石取样进行强度检查,强度达到150.9MPa,RQD值为80%。

(1)在1089环小松盾构机开舱检查刀具,本次开舱距离上次1059环开舱15d,掘进45m,上次开舱将所有国产刀具全部更换成进口刀具。检查结果为双刃滚刀全部偏磨,1、2、3号刀具刀座损坏,边缘区刀具正常磨损在20mm左右,局部偏磨。图3-15为拆除刀具后发现岩面凹凸不平。

图3-15 拆除刀具后发现岩面凹凸不平

(2)在1097环开舱检查刀具,本次开舱距离上次1089环开舱仅隔9d,掘进12m,上次更换8把全新双刃滚刀,14把单刀,2把中心刀。检查结果为1号刀刃磨损(见图3-16),2号刀鼓磨损及刀座磨损(见图3-17),3号刀圈磨掉(见图3-18),5号偏磨及刀座磨损,4、7号偏磨(见图3-19),其余6把单刀偏磨,2把单刀正常磨损。

初步分析结果为在岩石强度较高、完整性较好的

〈9H〉地层,在掘进速度慢的情况下,由于中心双刃滚刀线速度低,容易造成刀具偏磨。

图 3-16 1 号刀偏磨

图 3-17 2 号刀左刃刀盘断裂,刀具刀鼓磨损

图 3-18 3 号刀刀鼓磨损

图 3-19 4 号刀刃轻微偏磨,刀圈开裂

3. 在上软下硬地质情况下刀具使用分析

小松盾构机在空推段结束后始发,刀盘扭矩多次急停,并且最大扭矩达到 110%,刀盘前方有较大声音,当时地层为〈9Z〉、〈7Z〉、〈9Z〉,岩石强度为 109.8MPa,RQD 值为 80%,针对此掘进异常情况采取土仓回填,常压开舱,检查发现刀具刀圈开裂,担心国产刀具在此类岩层中破岩能力不足,采取了将整盘国产刀具全部换成进口刀具。

4. 密封效果分析

对刀圈磨损,修复后重新使用的刀具需加强对密封处的处理,本区间由于地质情况复杂,上软下硬地层占据比例较大,下部〈9H〉地层强度较高,在掘进过程中经常出现高推力、高舱压情况,这无疑是对刀具密封性的一个严重考验,刀具更换下来后对刀具进行解体,海瑞克刀具曾出现过轴承内含有小碎石的情况(见图 3-20),导致刀具轴承受损。

5. 刀具螺栓及压块

1)刀具螺栓

小松盾构机在掘进硬岩过程中经常出现螺栓松动及断裂的现象,对于螺栓断裂采取使用强度更高的螺栓代替。对于螺栓松动,本区间采用的办法是将其固定(见图 3-21),但有利也有弊,好处是将螺栓焊死,螺栓不会松动;缺点是下次在更换刀具过程中拆卸螺栓较为麻烦,另一方面将螺栓焊死,使刀具在破岩过程中无韧性。

2)刀具压块

图 3-20 刀具解体后发现内含有小碎石

由于刀具螺栓松动会导致压块松动，采用将压块（见图 3-22）与刀盘背板用钢板焊死的办法，可以防止松动。

图 3-21 采用半圆形套筒将螺栓与压块焊接在一起

图 3-22 压块固定

6. 盾构机换刀统计情况

小本公盾构机换刀情况见表 3-3，海瑞克盾构机换刀情况见表 3-4。

二、盾构开舱换刀技术

1. 掌子面建立泥膜后的压气作业

1）该地段工程情况

（1）地面环境

南华工商学院 9 号楼位于隧道里程为：右线 YDK0 – 1428.34 ~ YDK0 – 1390.00，左线 ZDK0 – 1415.3 ~ ZDK0 – 1434.24，房屋长 42m，宽 24m。其中右线隧道经过跨距为 28.34m，左线经过跨距为 19.02m。房屋结构为框架结构，房屋基础为人工挖孔桩和部分锤击灌注桩基础，桩长约 15m，桩底距隧道顶部约 9m。该栋房屋共 5 层外加 1 层地下室，第 1 层为学生食堂，2 ~ 5 层为学生宿舍，其中 2 ~ 3 层部分为食堂。

盾构隧道与南华工商学院 9 号楼的相对位置关系图如图 3-23 所示。

左线盾构机在超越右线时，地面沉降较大，说明本地段地层较为松散（详见监测点平面图 3-24）。

右线海瑞克盾构机掘进至 673 环时参数异常（切口环里程 YDK-1-395.56），判断刀具已产生较大磨损，由于盾构机正上方为南华工商学院 9 号楼，该楼房在左右盾构机通过期间沉降数值较大，拟对掌子面土体采取泥膜护壁辅助措施后，实行压气换刀作业。

小松盾构机换刀统计表

表 3-3

换刀时间（年-月-日）	换刀环数	本次换刀距上次换刀掘进环数	本次换刀距上次换刀掘进时间(d)	盾构机掘进断面地层厚度	岩石强度及 RQD 值	换刀原因	开舱方法	更换刀具	刀具磨损情况
2009-5-22 ~ 2009-7-22	432	432 (648m)	106	〈5Z-2〉、〈6Z〉地层:97.5m;〈6Z〉、〈7Z〉地层:112.5m;〈7Z〉地层:240m;〈7Z〉、〈8Z〉地层:60m;〈7Z〉、〈9Z〉地层:7.5m;〈8Z〉、〈9Z〉地层:121.5m;〈7Z〉、〈8Z〉、〈9Z〉地层:16.5m	80 ~ 130 环中〈9Z〉岩石强度为 26.9MPa，在 390 ~ 432 环中岩石强度为 31.9MPa，RQD 值均为 40%	从始发到掘进至432 环未更换刀具，检查刀具	刀盘前方施工加固体，常压开舱	正面区所有双刃滚刀、单刃滚刀，边缘刀全部更换（4 把中心刀除外）	10、19、20、26 号偏磨严重，最大达到 40mm，24 号磨损 31mm，其余刀具磨损在 10 ~ 22mm 之间
2009-11-10 ~ 2009-11-15	701	269 (403.5m)	112	〈6Z〉、〈7Z〉地层:52.5m;〈7Z〉地层:82.5m;〈7Z〉、〈8Z〉地层:84m;〈7Z〉、〈9Z〉地层:75m;〈8Z〉、〈9Z〉地层:19.5m;〈7Z〉、〈8Z〉、〈9Z〉地层:82.5m;〈9Z〉地层:15m	460 ~ 495 环中〈9Z〉岩石强度为 65.1MPa，RQD 值为 80% ~95%，555 ~ 575 环〈9Z〉岩石强度为 71.2MPa，RQD 值为 80%，640 ~ 685 环中〈9Z〉岩石强度为 49.2 MPa，RQD 值为 60%	掘进参数异常，并且已掘进至换刀处	地层预先加固，常压换刀	更换所有双刃刀、单刃刀及一把中心刀，共 28 把刀具	5 把刀具偏磨，5 把刀具刀刃轻微变形，1 把刀具刀圈掉落，1 把中心刀偏磨
2010-1-17 ~ 2010-2-3	1059	5 (7.5m)	5	〈7Z〉、〈9Z〉地层:7.5m	109.8MPa，RQD 值为 80%	刀盘扭矩多次急停，并且最大扭矩达到 110%，刀盘前方有较大声音	土仓回填，常压开舱	将所有国产刀圈更换为进口刀具，加强螺丝强度，共计更换 13 把	21 号刀具刀圈开裂，部分刀具螺丝松动
2010-2-17 ~ 2010-3-9	1089	30 (45m)	15	〈7Z〉、〈9Z〉地层:45m	取样检测为150.9MPa，RQD 值为 80%	掘进参数异常	土仓回填，常压开舱	更换 8 把双刃刀具，14 把单刃，2 把中心刀，1、2、3 号刀座	正面区双刃滚刀偏磨，1、2、3 号刀具刀座损坏，边缘区刀具磨损在 20mm 左右，局部偏磨
2010-3-17 ~ 2010-3-24	1097	8 (12m)	9	〈7Z〉、〈9Z〉地层:12m	150.9MPa，RQD 值为 80%	掘进参数异常	全断面〈9H〉地层，常压开舱	更换双刃刀 6 把，单刃 8 把，2、5 号刀座更换	1 号刀刃磨损，2 号刀鼓磨损及刀座磨损，3 号刀圈磨掉，5 号偏磨及刀座磨损，4、7 号偏磨，6 把单刀偏磨，2 把单刀正常磨损

海瑞克换刀统计表

表 3-4

换刀时间（年-月-日）	换刀环数	本次换刀距上次换刀掘进环数	本次换刀距上次换刀掘进时间(d)	盾构机掘进断面地层厚度	岩石强度及 RQD 值	换刀原因	开舱方法	更换刀具	刀具磨损情况
2009-4-21 ~ 2009-4-24	188	188（282m）	52	〈6Z〉、〈7Z〉地层：150m；〈7Z〉地层：57m；〈7Z〉、〈8Z〉地层：7.5m；〈7Z〉、〈9Z〉地层：30m；〈6Z〉、〈7Z〉、〈8Z〉地层：22.5m；〈7Z〉、〈8Z〉、〈9Z〉地层：22.5m	〈9Z〉岩石强度为 26.9MPa，RQD 值为 40%	检查刀具	常压开舱	7 把	正常磨损在 10 ~ 20mm 之间
2009-6-2 ~ 2009-6-9	407	218	94	〈5Z-2〉地层：60m；〈5Z-2〉、〈6Z〉地层：60m；〈6Z〉、〈7Z〉地层：100.5m；〈7Z〉：75m；〈6Z〉、〈7Z〉、〈8Z〉、〈9Z〉地层：31.5m	〈9Z〉岩石强度为 31.7MPa，RQD 值为 20% ~ 30%	检查刀具	压气开舱	中心刀 2 把	1 ~ 3 号刀具磨损严重，5 ~ 7 号刀具偏磨
2009-6-29 ~ 2009-7-1	448	41	20	〈6Z〉、〈7Z〉、〈8Z〉地层：61.5m		掘进参数异常	压气开舱	边缘刀 10 把	正常磨损，磨损量在 10 ~ 12mm 之间
2009-7-21 ~ 2009-7-22	509	61	21	〈6Z〉、〈7Z〉地层：91.5m		掘进参数异常	压气开舱	22 号	22 号刀圈脱落
2009-8-20 ~ 2009-8-22	615	106	29	〈6Z〉、〈7Z〉地层：93m；〈7Z〉、〈8Z〉地层：64.5m		检查刀具	压气换刀	更换 7 把刀具，由于掌子面不稳定，未全部更换，4 号偏磨刀具未更换	4 号偏磨，27 号刀具无刀圈，9 ~ 40 号刀具磨损在 16 ~ 25mm 之间，其余磨损在 5 ~ 15mm 之间
2009-9-1 ~ 2009-10-16	647	32	46	〈7Z〉、〈8Z〉地层：48m		更换 615 环未更换完成刀具	地面加固	30 把	21、22、35、37 号无刀圈，10、34、38 号偏磨，其余磨损在 15 ~ 25mm 之间

续上表

换刀时间（年-月-日）	换刀环数	本次换刀距上次换刀掘进环数	本次换刀距上次换刀掘进时间(d)	盾构机掘进断面地层厚度	岩石强度及 RQD 值	换刀原因	开舱方法	更换刀具	刀具磨损情况
2009-10-29 ~ 2009-12-1	673	26	13	〈7Z〉、〈8Z〉地层:12m;〈5H-2〉、〈6H〉、〈7H〉、〈9H〉地层:15m;〈6H〉、〈7H〉、〈9H〉地层:12m	〈9H〉岩石强度为 49.2MPa，RQD 值为 80% ~95%	掘进参数异常	土仓内护膜护壁、压气换刀、土仓回填	13 把刀具、4 把中心刀	13 把刀具磨损较大，有 8 把严重偏磨，1 把掉刀圈，1 把掉挡圈，中心刀偏磨
2009-12-7 ~ 2010-1-14	682	9	6	〈6H〉、〈7H〉、〈9H〉地层:13.5m	〈9H〉岩石强度为 49.2MPa，RQD 值为 80% ~95%	掘进参数异常	土仓内护膜护壁、压气换刀、土仓回填	18 把刀具、4 把中心刀、三联体刀箱、6 ~ 8 号刀箱	35 号挡圈脱落，34 号刀圈位移，40 号刀圈缺口，12、13、18、19、36 号刀具偏磨，其余需更换刀具磨损在 10 ~ 15mm 之间
2010-1-24 ~ 2010-1-25	695	13	10	〈7H〉、〈8H〉、〈9H〉地层:19.5m	〈9H〉岩石强度为 49.2MPa，RQD 值为 80% ~95%	掘进参数异常	压气换刀	1 把，紧固刀具螺丝	19 号偏磨，刀具螺丝松动
2010-1-31 ~ 2010-2-3	710	15	6	〈7H〉、〈8H〉、〈9H〉地层:22.5m	〈9H〉岩石强度为 49.2MPa，RQD 值为 80% ~95%	掘进参数异常	压气换刀	15 把刀具、4 把中心刀	20、23、25 号刀圈脱落，34、36 号偏磨、其余刀具磨损量在 10 ~ 20mm 之间

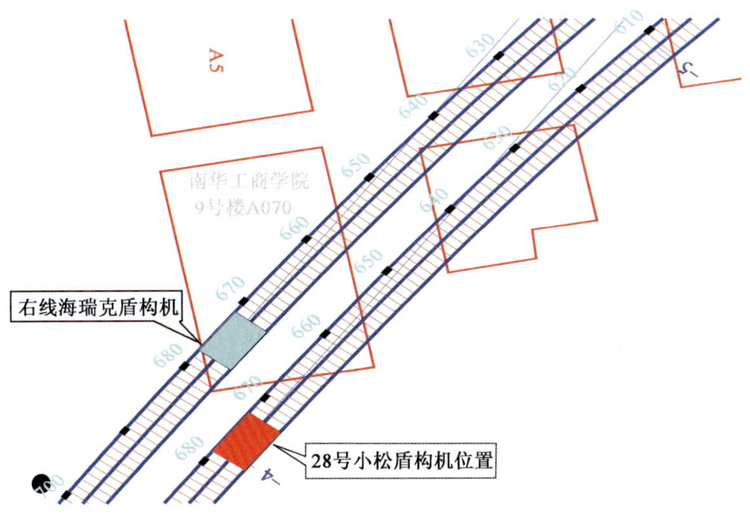

图 3-23 南华工商学院 9 号楼与隧道关系平面图

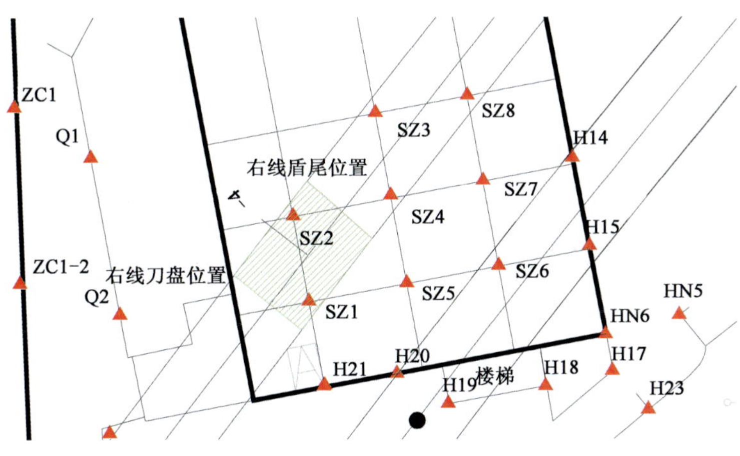

图 3-24 监测点布置图

(2)地质情况

根据地质勘查资料,右线盾构 673 环位于 YDK-1-395.56 里程处,隧道埋深 23.4m,隧道范围自上而下分别为〈1〉、〈4〉、〈5H-1〉、〈6H〉、〈7H〉和〈9H〉地层(见图 3-25、图 3-26),其中隧道内土层为〈5H-1〉、〈6H〉、〈7H〉,主要由砂质黏性土、全风化、强风化及微风化刚岩组成。底部〈9H〉微风化刚岩,呈深灰、灰白色,块状结构,裂隙较发育,岩石坚硬,较完整,岩芯多呈长、短柱状,少量块状,锤击声脆。硬岩强度在 70MPa 以上。

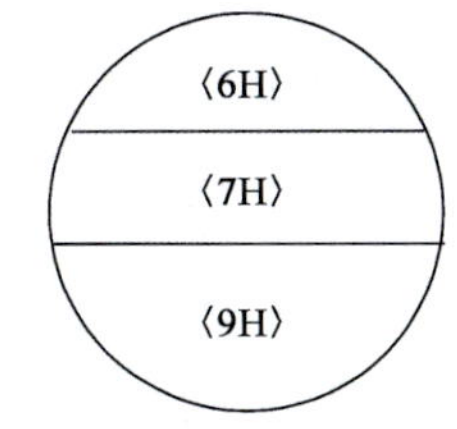

图 3-25 隧道内土层比例图

(3)水文情况

本区段地下水有第四系孔隙水及基岩裂隙水两种类型:孔隙水富水性较好,透水性强,属中等~强透水地层,根据其赋存条件,为潜水特性,对局部埋深比较大,上覆土层较厚地段具弱

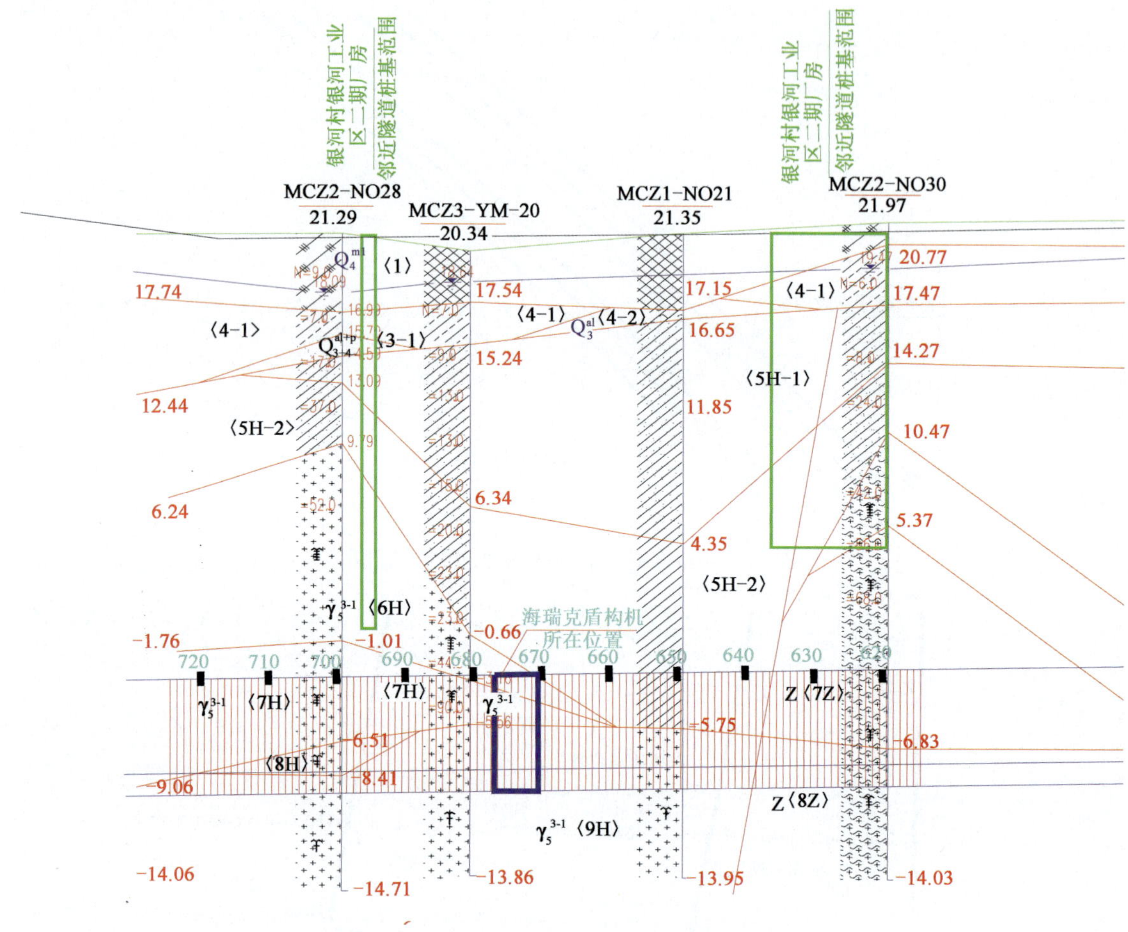

图 3-26　南华工商学院与右线隧道关系纵断面图

承压性特点；基岩裂隙水主要赋存于基岩强风化、中等风化的裂隙中，地下水埋深随基岩面起伏而不同，一般为 10～20m，由于岩性及裂隙发育程度的差异，其富水程度与渗透性也不尽相同，一般比较差。由于强风化带上部全风化岩和残积土以土性为主，透水性差，一定程度上起到相对隔水作用，因此本基岩裂隙水具承压水特性。

2）换刀前施工情况

（1）换刀前盾构掘进情况

右线海瑞克盾构掘进进入南华工商学院前，曾进行了 613 环和 636 环两次气压作业，由于掌子面塌方，未完成刀具更换。盾构往前掘进，9 月 1 日海瑞克盾构机到达工商学院加固区域。地面垂直注浆加固历时一个月，10 月 1 日进行常压换刀，至 10 月 12 日共计完成刀具更换 27 把。12～28 日右线盾构机脱困及盾构机过南华工商学院饭堂，脱困期间，推力 1800～3400t，速度 1～10mm/min，扭矩 100～160bar[1]，连续往前掘进 5 环，盾构机脱出加固区域，掘进至 658 环盾尾完全进入学生饭堂。正常掘进期间，每环推力大约在 1700～2100t，速度 5～10mm/min，

[1] 1bar＝0.1MPa。

扭矩 130 ~ 160bar。28 日盾构掘进 672 环 1250 ~ 1750mm，推力突然增大至 2200t，速度下降到 2 ~ 5mm/min，扭矩 110 ~ 130bar（见表 3-5）。拼装完 672 后，673 环往前推进 300mm，推力增到 2600/2700t，速度 1 ~ 3mm/min，扭矩 110bar。针对盾构施工情况，经分析研究，决定在 673 环处进行气压检查刀具。

右线盾构脱困及掘进至 672 环每日进度和参数分析表　　表 3-5

日　期 （年-月-日）	日完成进度	累计完成进度	推力 （t）	速度 （mm/min）	扭矩 （bar）	备　注
2009-10-12 ~ 2009-10-16	0	647	0	0	250/260	刀盘脱困
2009-10-16 ~ 2009-10-20	1	648	3400	1 ~ 3	100	盾尾脱困
2009-10-21	3	651	1700	5/10	100/120	正常掘进
2009-10-22	3	654	1800/2000	5/10	130/160	正常掘进
2009-10-23	3	657	1800/2100	5/10	130/150	正常掘进
2009-10-24	2	659	1800/2100	5/8	130/150	正常掘进
2009-10-25	4	663	1800/2000	5/10	130/160	正常掘进
2009-10-26	5	668	1700/1800	15/20	130/160	正常掘进
2009-10-27	4	672	1800/2200	10/15	130/150	正常掘进
2009-10-28	0.2	673	2600/2700	2/5	110/125	异常

（2）建筑物沉降情况（见图 3-27）

右线盾构机所处上方为工商学院饭堂大楼，27 日之前房子沉降基本稳定，并且受隧道内管片同步及二次注浆影响，大楼略有抬升。28 日右线盾构机掘进异常，左线小松盾构机超越右线海瑞克盾构，大楼突然沉降增大，至 11 月 2 日建筑累计沉降达到 54.3mm。

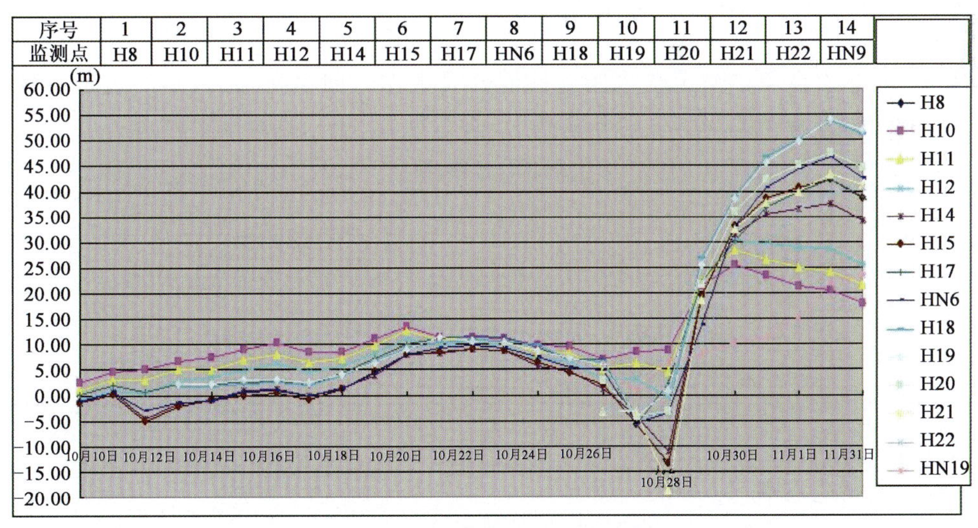

图 3-27　地面监测点沉降量曲线图

3）本次换刀重点、难点分析及方案比选

（1）从 647 ~ 672 环渣土抽样及结合地质剖面图情况分析，底部〈9Z〉岩石约占隧道断面 50% 以上，强度达到 70 ~ 100MPa，对刀具磨损非常大。根据掘进参数及地质、地层情况判断，本次刀具已发生了较大磨损，必须安排人员进舱检查及更换刀具。

(2)从613环和636环两次的气压作业情况看,本地段土层较为疏散,土仓压力建立起2.0~2.5bar气压并不能有效控制掌子面塌方,如何稳定掌子面,控制住学院饭堂继续沉降将是本次换刀面临的最大难题。

(3)稳定掌子面措施有地面注浆加固、土仓回填砂浆及压气作业等。各方案特点如下:

①地面注浆加固

特点:施工工艺简单,工期短,加固效果好,对地面场地要求高,征地及修复困难。

学院饭堂底层为地下室,人工挖孔桩基础,底板较厚,并且地下室为学院视听教学场地,经多次与工商学院校领导协商征地事宜,学院以影响学校教学活动为由,拒绝承包商进场加固。

②土仓回填砂浆

特点:加固效果较好、成本低,受地面建筑物影响小,但对施工工艺控制较强,盾构机容易被回填材料包裹,盾构脱困风险大。

土仓回填低强度等级砂浆或者水泥浆液,一方面对回填材料强度应掌握好,回填材料强度过高,将造成土仓开挖清理难度大,影响换刀进度;若材料强度过低,加固效果又不明显,给换刀带来隐患。另一方面,注浆回填前,需充分做好盾构机刀盘开口、切口等封堵措施,防止回填时浆液窜流到刀盘前方及盾尾后面,浆液包裹盾构机,提高盾构脱困难度。

③压气作业

特点:要求使用高性能膨润土,严格组织工序和控制过程,泥膜长时间曝露后容易失水、干缩、变形,导致掌子面失稳。

经研究决定,针对该松散地段特点,本次采用泥膜护壁辅助措施,气压作业更换刀具。

4)泥膜护壁压气作业施工工艺及流程

(1)膨润土选用

产品介绍:本次泥膜护壁工法采用新性能膨润土作为回填材料,该膨润土是一种高造浆率、添加特制干粉聚合物的200目钠基膨润土(参数见表3-6),具有如下特点:

膨润土参数 表3-6

膨润土参数	
造浆率(bbl/t)	175
滤失量	<13
胶凝强度(10min)	13
含沙量(%)	<2.5

①混合快速。

②高浓缩、高造浆率。

③作用时间长,混合后可长时间保持泥浆性能稳定。

④在不稳定地层中可形成薄的、致密的滤饼层。

膨润土建议采用混合比率:

一般地层:20~30lbs/100gals(24~36kgs/m^3)。

砂砾石层:30~40lbs/100gals(36~48kgs/m^3)。

高漏失地层:40~60lbs/100gals(48~72kgs/m^3)。

混合比率以使用淡水为基础，水的纯净度会影响膨润土的性能。为达到最好的效果，用于泥膜护壁施工的水应使用碳酸钠预先处理，使 pH 值达到 8.5 ~ 9.0。泥膜护壁施工工艺流程如图 3-28 所示。

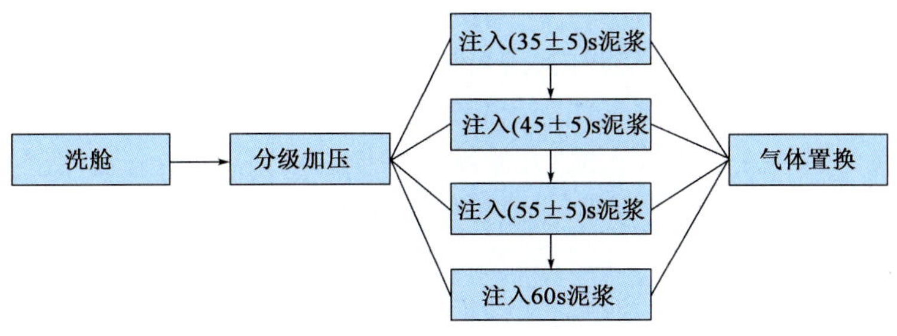

图 3-28　泥膜护壁施工工艺流程图

(2)洗舱

使用黏度为(25 ±5)s 的高黏度泥浆(膨润土: 水 =1: 12)，将土仓内的渣土置换出来。直至土仓壁 3、9 点位放出来的基本是泥浆，且螺旋输送机所出来的渣土中大约有 70% ~80% 为高黏度泥浆时，此步骤完成。在置换的过程中，缓慢转动刀盘(每 15min 转一次刀盘，每次转 2 圈)，土仓压力应保持在 2.4 ~2.5bar。

(3)分级加压

①关闭螺旋输送机，向土仓内注入黏度为(35 ±5)s 的高黏度泥浆(膨润土: 水: 纯碱: CMC =1: 12: 0.002: 0.001)，将土仓压力升至 2.6 ~2.7bar。从土仓壁的 3、9 点位置放出泥浆，直至放出的泥浆满足(35 ±5)s 的黏度，且含砂量与注入的泥浆相近。之后，慢转刀盘 2 ~3h(每 15min 转一次刀盘，每次转 2 圈)。

②向土仓内注入黏度为(45 ±5)s 的高黏度泥浆(膨润土: 水: 纯碱: CMC =1: 10: 0.002: 0.001)，将土仓压力升至 2.8 ~2.9bar。从土仓壁的 3、9 点位置放出泥浆，直至放出的泥浆满足(45 ±5)s 的黏度，且含砂量与注入的泥浆相近。之后，慢转刀盘 2 ~3h(每 15min 转一次刀盘，每次转 2 圈)。

③向土仓内注入黏度为(55 ±5)s 以上的高黏度泥浆[膨润土(易钻): 水: 添加剂(雷膨) =1: 33: 0.027]，将土仓压力升至 3.0 ~3.1bar。从土仓壁的 3、9 点位置放出泥浆，直至放出的泥浆的黏度与注入的泥浆黏度相同，且含砂量与注入的泥浆相近。之后，慢转刀盘 2 ~3h(每 15min 转一次刀盘，每次转 2 圈)。

④继续向土仓内注入黏度 60s 以上的高黏度泥浆，将舱压升至 3.4bar，停止转动刀盘，静置 3 ~4h。

在分级加压的过程中，每 30min 测一次泥浆的相对密度，看泥浆是否被稀释，防止地层失水引起地面沉降。

(4)气体置换

从土仓壁的 3、9 点位置放出泥浆，回收待用，同时向土仓内注入高压气体。以 0.2bar 为一个单位，将土仓压力由 3.4bar 缓慢降至 2.4bar。至此，泥浆护壁施工结束，压气作业正式开始。

(5)气压作业施工方法及流程

①总体施工方法及步骤

压气作业是指通过向盾构机土仓内注入压缩空气,使盾构机前端土仓与外界土层形成一个密闭的压气空间,以压缩空气为压力介质保证土层稳定,并能阻止地下水流入土仓内,使得作业人员能够安全进入稳定压气空间内,进行盾构机刀具的检查及更换工作。

总体施工步骤如下:施工准备工作→土仓加压置换、保压→人员进入人舱,开始加压→人员进入土仓,更换刀具→人员进入人舱,开始减压→换刀结束,建立土压、恢复推进。

在本次压气换刀作业当中,要特别注意护壁泥浆的情况,若发现护壁泥浆干裂、脱落等情况,换刀作业人员要及时通知队长,队长要及时向项目部领导报告情况,在必要的情况下,要重新进行泥浆护壁的施工,形成新的泥膜,保证换刀工作的安全进行。

②施工准备

a. 换刀工具准备

工具、材料准备:24V 照明灯、M46 梅花扳手、手电筒、风镐和换刀刀具等。

压气人员准备:压气作业主管、工人带班、人闸值班员等。

b. 确定气压

结合以往的压气作业经验,参照大截面隧道不小于 6m 的标准,压气压力一般以 2/3 截面隧道处的水压力为基准,参照盾构机顶部覆土埋深,两者的比值与正常推进时顶部土仓压力平衡值的对应综合确定压气压力值。在一般情况下,作业压力范围在 1.0 ~ 2.2bar 之间,本次压气作业的压力初步确定为 0.24MPa,在现场可根据具体情况在此基础上将压力适当提高。

c. 压气前盾尾止水措施

为确保土仓气压在压气作业期间保持稳定,在确定气压准备进行压气前,一定要确保盾尾的油脂注入量和砂浆注入量足够。

d. 医疗救护准备

现场准备氧气袋若干。将附近武警医院等作为定点救护医院,保证 24h 配合及施工完成后施工人员的身体恢复。

③压气换刀作业

a. 气体检测

应广州市地铁公司的要求,在换刀前必须对舱内的空气质量做有毒气体的气体检测,由于本次换刀为压气换刀,监测设备无法直接进入土仓内,所以将在建立了气压之后,将监测装置置于排气孔的位置进行气体检测。经检测合格后,施工人员方可进入人舱内进行下一步的施工作业。在压气换刀期间,气体检测每 3d 进行一次。

b. 前舱加压

检查显示仪表、供暖装置、钟表、温度计、电话、紧急电话及阀门、舱门密封件是否干净。

关闭前舱舱门,确保关闭正确。

关闭前舱与主舱之间密封门。

使用电话,使人闸值班员与人闸里面的人员保持联系。

人闸值班员缓慢地打开进气阀。

缓慢地升高前舱的压力,直到达到工作压力。

前舱里面的人员可根据需要调节供暖装置。

当主舱内压力达到工作压力时，前舱内的人先打开舱门旁边的平衡阀，待压力平衡后就可以打开主舱与前舱之间的气密门，进入主舱。

c. 换刀作业

加压完成后，主舱的气压与土仓的气压相等，都是工作压力，工作人员可打开主舱与土仓之间的密封门进入土仓进行换刀作业。所有换刀人员必须服从命令听指挥，按照既定的方针在舱内进行作业。

d. 前舱减压

工作人员在达到限定的工作时间（或出现不适）需进行减压，具体步骤如下：

工作人员到达前舱并关闭主舱与前舱的气密门。

主舱内人员使用电话与人闸值班员联系。

根据减压表的要求降低前舱的压力，观察前舱压力表和前舱进气流量计。

与此同时，人闸值班员同时打开排气阀，开始排气，无论如何此时压力不可以再次升高。

调节进气阀和排气阀，直到达到排气过程所规定的缓慢而恒定的压力降低速度，进气流量计的流量值每人至少为 0.5m^3/min。

观察前舱压力表，当前舱内部的气压降到第一级压力值时，人闸值班员通过调节进气阀和排气阀，在规定的时间内保持压力恒定。人闸值班员应通过进气流量计经常检查人闸的排气情况。

在保压过程中重复进气和排气的调节步骤，直到舱内压力与外界的常压相同。在减压过程中，人闸内的人员可以打开供暖装置，推荐的温度为 15～28℃。

打开前舱与外界之间的舱门，人员从前舱出来。

人闸值班员将减压过程（日期、时间、压力、人数等）记录在人闸记录本上。

减压之后，必须按有关加压减压的规定，确保在压力下工作的人员在工作场所休息一定的时间。

5）具体施工情况

（1）施工前准备

①盾构止水

洗舱前，向盾尾后三环管片及盾构中体注射聚氨酯做止水环，防止管片后方来水涌到土仓内，影响本次洗舱及分级加压效果。

②管路连接（见图 3-29）

a. 二次注浆机（或同步注浆机）与土仓壁平衡阀之间的管路连接。海瑞克盾构机土仓壁平衡阀有若干个，本次回填注浆选用 3 点、9 点及人闸 12 点三个平衡阀作为回填通道，平衡阀管路接到二次注浆机上，管路接头选用活动接头，方便不同点位之间管路连接的切换。

b. 二次注浆机与膨润土运输设备的管路连接。膨润土浆液按要求在地面砂浆站调试好后，放到井口蓄电池车砂浆罐里，运输进隧道内。将砂浆罐自带的放浆管与隧道内二次注浆机进浆口连接，管道安装完毕，检查浆液运输设备、二次注浆机及土仓壁之间管路的密封性。

(2)泥膜护壁施工

11 月 1 日,进行泥膜护壁第一步——洗舱(见图 3-30)。利用同步注浆机往土仓内注射黏度为 30s(现场测试)膨润土,待土仓压力稳定在 2.5bar 后,逐步通过螺旋机出土平衡舱内压力。当天共注膨润土 31.3m^3,螺旋机出土 25.17m^3,出土渣样从粗颗粒逐步变成小颗粒,至 2 日凌晨从土仓壁 9 点位置取出膨润土渣样测试黏度,为 27.8s(小颗粒较多)。2 日开始舱内第一步加压,膨润土黏度调高到 45s,利用管片车放置的二次注浆机对土仓注射膨润土,舱内压力提高到 2.9bar,共注膨润土 21.4m^3,出土 19mm^3。从土仓壁 9 点球阀取出膨润土渣样,测试黏度为 52s,效果比预期好。3 日利用盾构机铰接伸缩,使盾构机往后退 20mm,进行第二次舱内加压,舱压调整到 3.2bar,膨润土黏度调到 50s,共注进土仓 6m^3,出土 5.6m^3。下午膨润土黏度调到 120s,舱压 3.4bar,共注 5m^3,出土 4.5m^3。舱内取渣样测试黏度,为 57s,分级加压完成(详见表 3-7)。

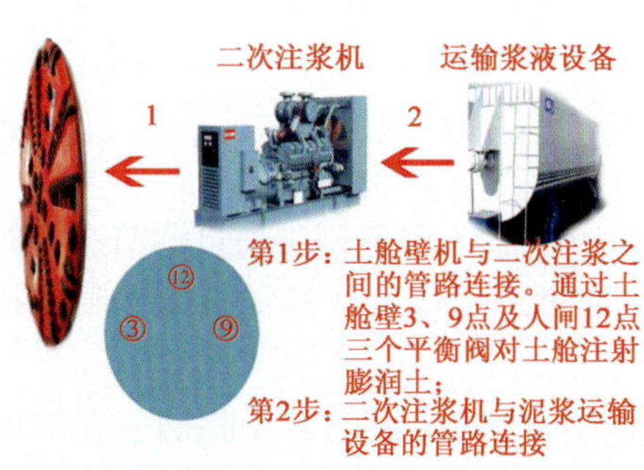

图 3-29 注浆管路连接示意图

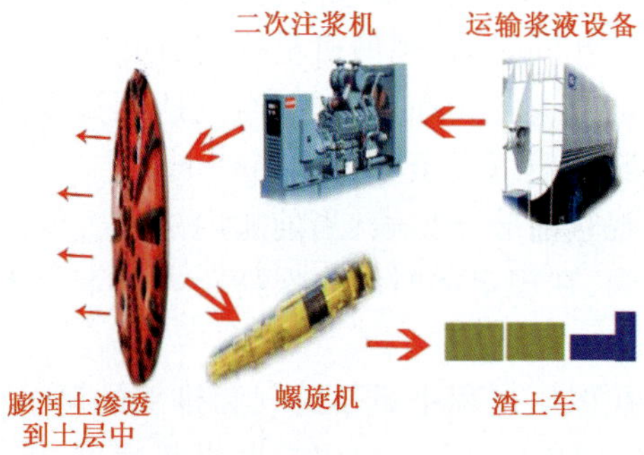

图 3-30 洗舱及分级加压膨润土流向图

泥膜护壁统计表 表 3-7

日 期(年-月-日)	工 序	膨润土黏度(s)	注浆量(m^3)	出土量(m^3)	舱压(bar)
2009-11-1	洗舱	30	31.3	25.17	2.5
2009-11-2	一级加压	45	21.4	19	2.9
2009-11-2	二级加压	50/120	6/5	5.6/4.5	3.2/3.4

土仓静置 3h,舱内压力从 3.4bar 下降到 2.9bar,进行气体置换,出土 20m^3,舱压稳定在 2.5bar,安排人员进舱检查及更换刀具。人员进舱后,实景拍摄泥膜效果如图 3-31 所示。

(3)刀具更换施工情况

随着换刀施工的进行,共计发现单刃滚刀磨损 13 把,中心滚刀磨损 4 把。其中边缘滚刀偏磨 4 把,偏磨量在 35 ~ 50mm;正常磨损 2 把,磨损量 12 ~ 22mm。正面滚刀偏磨 3 把,偏磨量在 33 ~ 42mm,正常磨损 2 把,磨损量在 33mm 左右;中心滚刀磨损 4 把,磨损量在25 ~ 45mm。

由于 4 把中心滚刀全部偏磨,并且刀箱变形,给后面更换中心刀工作带来非常大的困难,考虑气压更换中心刀时间较长,在完成 13 把边缘及正面滚刀更换后,采取土仓回填低强度等

图 3-31　泥膜护壁效果

级砂浆方式加固掌子面，常压开舱更换中心滚刀。刀具磨损情况如图 3-32、图 3-33 所示。

图 3-32　单刃滚刀磨损情况

图 3-33　双刃刀具磨损情况

6）总结经验及教训

本次采用泥膜护壁工法辅助压气开舱，完成了 673 环 13 把边缘及正面滚刀的更换，有效提高了掌子面前方土层的稳定性，为换刀施工争取了宝贵的时间。由于掌子面稳定，地面建筑物沉降没有进一步扩展，有效地保证了地面建筑物的安全。从 11 月 3 日人员压气进舱检查刀具到 9 日完成 13 把刀具的更换，南华工商学院 9 号楼地面沉降基本稳定。

通过对本次换刀施工情况研究分析,得出结论如下。

(1)在上软下硬复合地层中,要严格控制掘进参数,当参数出现异常时,切忌往前硬推。盾构掘进到672环后半部参数出现异常,由于盾构机在学院饭堂下方,承包商不敢贸然压气开舱更换刀具,而选择了盾构继续往前掘进(673环往前掘进300),是造成了刀具大量非正常磨损的主要原因,本次共造成6把边缘滚刀、5把边缘滚刀及4把中心滚刀损坏(中心滚刀采用回填常压更换)。

(2)对于松散地层,在压气作业不能稳定掌子面并且地面垂直加固场地受限制的情况下,采取泥膜护壁工法在一定程度上能提高松散土层的气密性及稳定性,保证压气换刀过程的作业安全。

(3)泥膜护壁施工前,需严密计算洗舱、分级加压等各步骤的土仓压力,通常注浆回填舱压要比常规掘进高,一般在2.5~3.4bar范围内,并且要控制好洗舱、分级加压等工序施工时土压的跳跃量,这样才能使膨润土微细颗粒逐级地渗透到围岩裂隙及松散土层中,形成较好的泥膜效果。

(4)洗舱及分级加压施工过程要密切关注土仓压力变化情况,掌握好螺旋机出土频率,防止土仓压力过高破坏刀盘回转中心密封系统。要严格控制好注浆量及出土量,保证舱内压力稳定。

(5)膨润土材料要选用性能及膨化效果好的品牌,注射速度大,方能有效带走舱内颗粒,渗透到岩层裂隙及土层中的膨润土颗粒经过和土体的膨化作用,提高土层的整体性。

(6)从洗舱、分级加压等施工情况看,出土颗粒从粗到细的变化及土仓内渣样黏度测试结果显示,整体效果都比预期的好,人员压气进舱检查泥膜效果也比较理想,本次泥膜护壁施工较为成功。

2. 土仓回填开舱换刀技术

1)工程情况

2010年2月16日小松盾构机掘进至1088环,开始推进时推力2400~2500t,扭矩30%~45%,速度3~10mm/min,推进至1400mm后推力突然上升至2800~2900t,扭矩45%~55%,速度3~4mm/min。17日接推1089环,发现推进油缸无法达到掘进要求,采用主动铰接推动,推力达到3200t,扭矩50%,速度3mm/min,8:00~18:00推进300mm;晚上继续推进1089环,仍然使用主动铰接推进,推力达到2200~2400t,扭矩50%~60%,速度3mm/min,推进至560mm时改用推进油缸推进,推力2800~2950t,速度2~4mm/min,扭矩达到70%~85%;晚上2点停止掘进,准备开舱换刀。

2)小松盾构机开舱存在的难题

小松盾构机设置两个舱门:一个舱门位置上部接近12点位位置,常压舱门;另一个舱门位置位于中部,处于3点位与9点位之间,气压舱门。由于本区间裂隙水较发育,具有承压水特性,并且上软下硬地层较多,上部软岩遇水易发生崩解现象,在准备气压开舱过程中始终无法将土仓内渣土及水排至气压舱门以下,反而因出渣时喷涌,多出土造成地面沉降过大。小松盾构机能否在此类地层中实现压气换刀是本区间第一大难题,直至隧道贯通仍无法得到解决。鉴于这种情况,小松盾构机在不稳定地层开舱均采用土仓回填方式。

3)土仓回填施工步骤

膨润土置换渣土→低强度水泥砂浆置换膨润土、辅助措施（后退式注浆）→通过土仓壁上球阀确认置换效果→泄压→打开舱门。

4）土仓回填控制要点

（1）在整个置换过程中一直保持刀盘转动，关注刀盘扭矩变化，开始膨润土置换渣土扭矩较低，随着低强度水泥砂浆置换膨润土，后退式注浆刀盘扭矩会逐渐上升，当刀盘无法转动后才开始取渣样确认是否能开舱。

（2）采用膨润土置换渣土，将同步注浆机注浆管接入12点位舱壁球阀，用同步注浆泵注入膨润土，待螺旋输送机排出渣土中含有大量膨润土时即可停止注入膨润土，在这期间关注土仓压力变化。图3-34为同步注浆接入球阀注入膨润土及低强度水泥砂浆。

图3-34　同步注浆管接入球阀注入膨润土及低强度水泥砂浆

（3）在水泥砂浆置换膨润土过程中，由于水泥砂浆相对密度比膨润土大，理论上注入水泥砂浆会沉积在土仓下部，而膨润土会反上土仓上部，因此在舱壁上接软管进行排放膨润土，而不采用螺旋输送机排放。

（4）在水泥砂浆置换膨润土过程中同步进行后退式注浆，在2～10点位之间采用后退式注浆机（见图3-35）利用盾构机超前地质探孔进行超前注浆孔注浆，后退式注浆注入纯水泥浆，加固刀盘前方软岩。理论上可以使用双液浆，并且效果比单液浆效果好，后退式注浆机也自带注入双液浆功能，但由于注入低强度水泥砂浆的原因，后退式注浆进浆量较少，双液浆混合在钻孔位置，容易造成堵管，故采用单液浆。

（5）水泥砂浆置换膨润土、超前注浆孔注浆同时进行，衡量的标准就是土仓压力。在这过程中土仓压力变化非常明显，在置换和注浆初期土仓压力无较大变化，但随着置换进行，注入水泥砂浆量大于排出膨润土量，后期舱压会变化非常明显，而且注浆压力也会上升。故在后期采取的办法是当土仓压力由于注浆原因上升较快，达到一定数值时（如4.0～4.5bar）停止注浆或回填土仓，静置，土仓压力会慢慢回落，置换和注浆初期下降较快，在10～20min能从4.5bar下降至2.5bar，下降至2.5bar后再次进行砂浆回填及后退式注浆，土仓压力上升到一定值后再次静置，如此反复。随着反复回填砂浆及注浆，土仓压力下降速率会越来越慢，当下降值很小，并且土仓压力较稳定后可以进行下一步施工。

（6）土仓回填及注浆效果检测：当经过一段时间观察，土仓压力无明显变化，刀盘已无法转动，断定土仓内水泥砂浆置换膨润土完成，则在3～9点位之间土仓壁上球阀取出渣样（见图3-36），对渣样进行分析判断是否土仓内已完成置换，并且土仓内含水较少。

（7）判断置换已完成后打开舱壁上球阀，进行土仓泄压同时排水。当土仓压力已降至0bar时打开舱门。

5）清舱要点

清舱步骤从上至下，边清舱边对刀盘开口进行处理，在清舱过程中采取防水措施。

6）开舱后防水措施（见图3-37、图3-38）

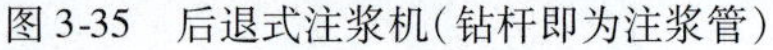
图 3-35　后退式注浆机(钻杆即为注浆管)

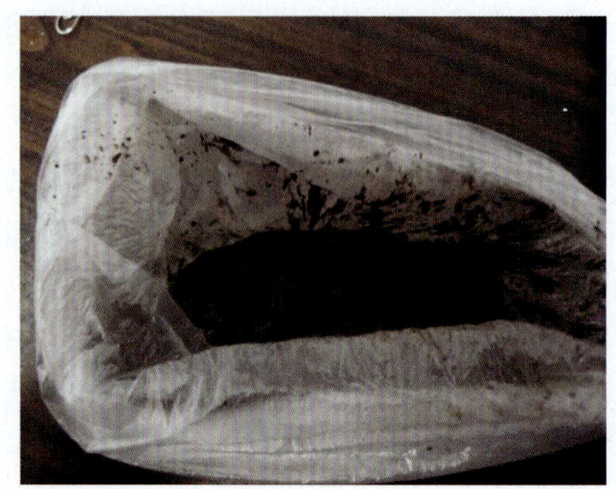
图 3-36　2～3 点位球阀取出含有大量水泥砂浆渣样

在打开舱门后人工进行土仓内清理,在清舱及换刀过程中防止对切口环、刀箱、刀盘开口土体扰动,但仍然会出现局部渗漏情况,一般采取以下措施:

(1)清舱过程中局部渗漏处采用堵漏灵进行封堵。

(2)换刀具过程中拆除磨损刀具后容易发生刀箱涌水涌泥现象,更换完成后及时对刀箱空隙进行封堵。

(3)做好土仓内排水及明流处引流工作。

(4)刀盘开口在清舱过程及时安装封板。

图 3-37　刀箱防水处理

图 3-38　刀盘开口处封板处理

7)恢复掘进

换刀完成后拆除封板,对盾构机切口环混凝土凿除,土仓回填膨润土,恢复掘进。

8)小结

土仓回填适用于无法常压、压气情况下开舱使用,土仓回填、清舱、换刀、关闭舱门、膨润土回填,恢复掘进小松盾构机在本区间使用两次,一次为 15d,一次为 20d,工期较长。回顾整个土仓回填开舱换刀过程,最大风险点在于:

(1)对土仓内置换效果的判断,土仓内渣样是否到达预定强度要求,还有对土仓内含水的判断。

(2)清舱过程的安全。

3. 掘进过程的注浆加固换刀技术

1）工程简述

当右线海瑞克盾构机2009年9月1日掘进至647环时（见图3-39），掘进过程中推力变化为1800～1900t，扭矩变化范围较大，120～160bar之间，上部土压0.2～0.22MPa，刀盘转速1.2～1.3r/min，掘进速度为5～10mm/min，经过对掘进参数分析，初步判断刀具磨损较严重。

于是当日采用压气换刀检查刀具，气压0.23MPa，人员进舱检查21、24、25、26、34、35号刀具刀圈掉落，并且判断刀盘前方土体为〈6H〉、〈7H〉、〈9H〉地层。在刀具检查过程中，刀盘前方和拱部有土体剥落、塌陷，前方出现拱顶以上约1.5m，前方约1m的空隙。关闭舱门向前掘进300mm，掘进过程中土压始终为0.22～0.23MPa，掘进速度为5～10mm/min。

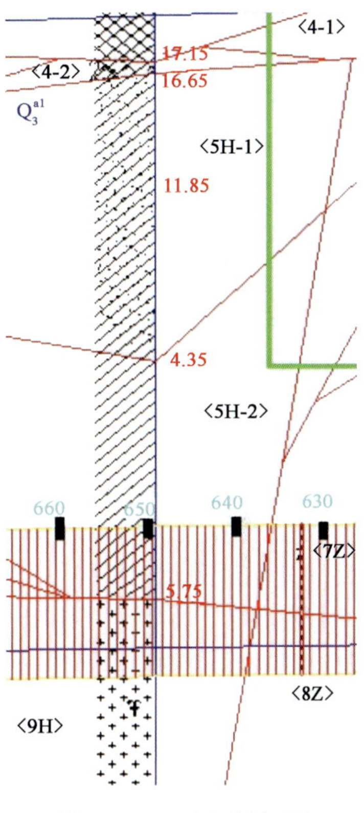

图3-39　647环地质剖面图

2）盾构换刀加固

考虑到在目前停机位置需更换刀具后方可继续推进，而此前带压作业时掌子面失稳塌陷，且因此需对盾构机前方地层进行加固，才可常压开舱更换刀具。

刀盘前方地层为〈5H-2〉、〈6H〉、〈7H〉、〈9H〉地层，地面为南华工商学院内空地，盾构换刀加固采用地面前进式注浆加固。

3）加固方案

对刀盘前方掌子面从地面采用前进式注浆加固土体，加固范围为：盾构机刀盘前方沿线路方向1m，沿隧道边线左右各外扩1m，布设两排注浆孔，加固孔位采用梅花形布置，孔间距1200mm，排距600mm，加固深度为隧道上方3m至〈9H〉地层0.5m。注浆加固平、剖面图分别如图3-40、图3-41所示。

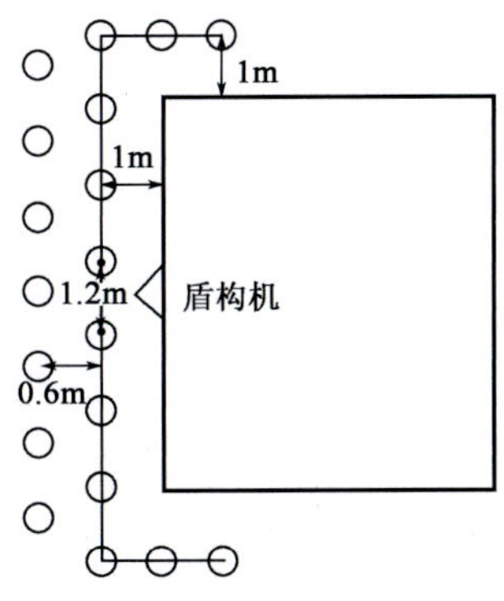

图3-40　注浆加固平面图

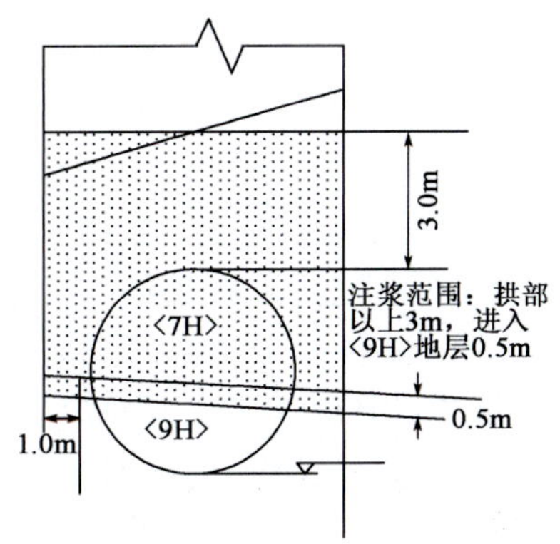

图3-41　注浆加固剖面图

4)辅助措施

(1)通过盾尾后两环管片吊装孔径向注入双液浆形成止水环阻止后方来水进入土仓。

(2)利用盾构机壳体上的径向注浆孔向盾壳上注入水溶性聚氨酯,注入压力不能太大,能将盾壳周围空隙填充密实即可,一是起到止水效果,二是利于盾构机脱困。

5)施工过程中控制要点

(1)地面注浆加固掌子面时应注意观察土仓压力变化,刀盘及螺旋输送机应时常转动,如盾构机为主动铰接,可附以时常推动主动铰接以防盾构被加固体固住。

(2)做好信息化施工,地面及盾构机内保持联系,当地面注浆进浆量突然增大或者土仓压力有突变时应及时调整地面注浆施工。

(3)多台施工机械施工时需串开施工,两注浆机械距离较近时容易发生窜浆现象,对加固效果有一定影响。

(4)加强对地面监测及周边管线、供水管、排水管的观察,当出现地面冒浆或者局部地面隆起较大,污水管内出现浆液情况时说明已经出现浆液通道,需停止注浆,待稳定后再次施工。

6)总结经验及教训

优点:换刀加固施工完成后压气开舱,情况为土仓内有较多水泥浆液,刀盘前方掌子面〈7H〉地层内有明显浆脉痕迹,掌子面稳定,渗水较少,加固效果较好。

不足:

(1)在换刀加固施工之前,压气换刀作业时未对刀箱用棉絮和衣料进行保护,造成开舱后刀箱及刀具被水泥浆液护死的情况。

(2)对地面及地下管线有较大影响,加固施工完成后地面隆起最大达到20cm,多处地面开裂,并且排污管被水泥浆液完全堵塞。

(3)虽然在盾壳上注入聚氨酯,但最后仍然造成盾构机被包裹现象,对后期盾构机脱困造成一定困难。

此次换刀加固施工方案成功,在之后施工过程中多次运用,但由换刀加固施工变成预加固地层换刀施工,即在有条件施工场地上,盾构机未达到之前施工一个加固体,待盾构机到达之后盾构机切口环进入加固体即可常压开舱检查及更换刀具,也避免盾构机被包裹现象。预加固地层换刀施工需对盾构机刀具使用状况及加固地点有较高要求,如对盾构机刀具使用状况判断错误,则有可能造成加固体浪费。

4. 刀箱更换技术

1)工程简述

海瑞克盾构机在掘进至682环时,由于推进参数连续不正常,地面沉降值也较大,故于12月7日决定停止掘进,准备进行压气作业。开舱后发现土仓上方有空洞,且有3把中心刀脱落,1、3号,2、4号,5、7号中心刀刀箱严重变形,当时距离矿山法空推段仍有72环距离,在这72环中主要以〈7H〉、〈8H〉、〈9H〉典型上软下硬地层为主,必须对受损刀箱进行更换才能恢复掘进。在更换刀箱过程中,还对部分刀盘本体表面进行了耐磨层堆焊处理。

2)刀箱损坏原因简要分析

从施工过程中分析,海瑞克盾构机在掘进此段地层(〈7H〉、〈8H〉、〈9H〉)中掘进速度一直较慢,在2~8mm/min,有时存在掘进一环掘进速度为1~2mm/min,而推力一直保持在2300~

2500t，扭矩在120～140bar之间，掘进速度明显减慢，推力、扭矩明显增大的结果使刀具磨损情况加剧，而刀具磨损加剧，又导致刀盘扭矩不断增大，最后造成在掘进681环时盾构机往前推进10mm，推力2500t，速度1～2mm/min，扭矩140bar，扭矩的增大和刀具的磨损互为因果，因此造成刀具磨损愈演愈烈。在这情况下，施工方抱有侥幸心理，想依靠这种状态掘进至矿山法隧道，然后再更换刀具，最后造成盾构机无法掘进后开舱发现2把中心刀掉落，中心刀刀箱严重损坏（见图3-42）。

3）三联体刀箱更换技术

（1）三联体刀箱更换方法确定

对三联体刀箱进行更换有两种方法：一种为从土仓内部对三联体刀箱进行更换，第二种为从刀盘前方对三联体刀箱进行更换。但后根据海瑞克盾构机土仓相关数据发现，无法从土仓内部对三联体刀箱进行更换，因此选择从刀盘前方进行更换。

（2）三联体刀箱位置摆放确认

在刀盘前方开挖人洞，从安全及效率的角度上应该使开挖人洞尺寸最小及位置合理，由于掌子面由上软下硬地层组成，上部为〈7H〉地层，占据30%左右，下部为〈9H〉硬岩，因此决定将5、7号（见图3-43），6、8号（见图3-44）刀具处于横向位置，1、3号，2、4号刀具处于竖向位置（见图3-45）。

图3-42 刀箱变形

图3-43 5、7号刀箱

图3-44 6、8号刀箱

图3-45 1、3号，2、4号刀箱

（3）作业面开挖尺寸确认

正常情况下，刀盘与开挖面土体紧密相连。在开挖面上对三联体刀箱进行更换，需要在刀盘前方开挖一个人洞，以保证作业人员对更换刀箱进行作业时有适当的作业空间。因此人洞的开挖尺寸为高1.8m、宽2m、深0.8m的长方体。

（4）保持开挖面稳定的维护措施

①由于更换三联体刀箱时间较长，并且在土仓内作业时间较长，因此无法在气压情况下进行更换，所以采用低强度水泥砂浆对土仓内进行回填置换原本土仓内渣土，在舱压的作业下低强度水泥砂浆会渗入一部分进入上部〈7H〉地层中，起到一个加固效果。

②采用后退式注浆机对刀盘上方及前方土体进行加固。

③中盾、盾尾注入聚氨酯进行防水封堵。

④在盾尾后5环施工止水环，防止后方来水。

⑤将切口环用棉絮封死。

⑥在常压开舱清舱完成后，对上部〈7H〉地层的刀盘背板挂钢筋网，喷射混凝土，防止上部土体失稳涌入土仓，如图3-46所示。

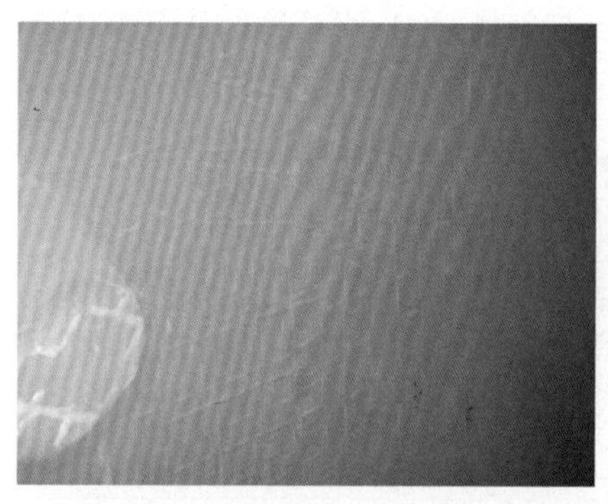

图3-46　土仓刀盘背板挂网喷混凝土支护

⑦人洞的开挖采用人工凿除，用挂玻璃纤维筋+喷射混凝土的形式进行支护。

⑧提高作业效率，请具有专业资质的施工队伍进行刀箱更换，并使施工24h连续作业，以减少因时间较长造成较大面积塌陷情况发生。

（5）更换刀箱步骤

①拆除旧刀箱（气刨、气割）。拆除旧刀箱是不要拆除刀箱定位挡块（或需要拆除定位挡块时，对定位挡块位置作永久性标记，此标记要在安装新刀箱时使用）。如常压检查后，刀盘本体磨损变形量较少，则打磨处理。

②测量刀盘安装刀箱的结构尺寸，以保证新刀箱的安装位置。如刀箱变形已经影响到新刀箱的安装，则需要打磨、割除占用刀箱的变形部分，如其变形不超过5mm，则不予处理。

③三联体刀箱总质量为275kg，分两大块运输进（见图3-47），其中“□”形块高625mm、长920mm、宽250mm、1、3号，2、4号刀箱三块提前焊接，组成U形，长920mm、高580mm、宽250mm。

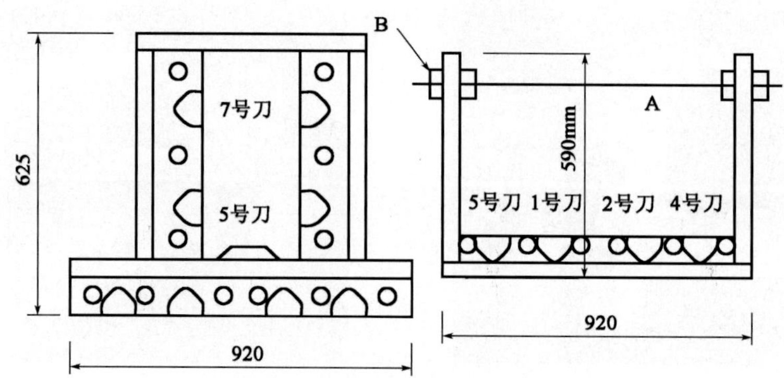

图3-47　刀箱尺寸图（尺寸单位：mm）

图 3-47 中 A 为焊接上部侧板时的两个拉筋，B 为拉筋螺母。

④因为土仓门直径为 600mm，三联体刀箱的“□”形部分无法顺利进入土仓，因此要割除土仓门顶部，割除宽度为 270mm，高度为 120mm。等刀箱运入后焊好土仓门（见图 3-48），焊接时主要保证面板水平度，防止漏气。割除舱门在旧刀箱拆除后，刀箱座打磨时进行。

⑤三联体刀箱在土仓内组装。三联体刀箱散件运入土仓后要组装好后才能推入刀盘，因此要在土仓内预先安装组装平台，平台用木板搭设，木板厚度为 30mm，宽 930mm，长度为 1100mm，用 50 角钢支撑，焊接在刀盘牛腿上，并在土仓壁上焊接可以供上下的踏步；刀箱焊接完成后，用手动葫芦将刀箱吊至下部刀箱安装位平台。

⑥刀箱向前推进刀箱安装位。之前要割除刀箱定位挡块，在土仓内沿刀箱安装布置三根直径为 12mm 的导向圆钢筋，钢筋顶面与刀盘刀箱安装地面水平。推入刀箱前要将刀箱安装孔各边清理干净，将组装好的导向推入安装孔，并向前推进到刀箱定位块露出位置，焊接定位块，将刀箱推回土仓紧靠定位块。测量周边间隙，调整后固定焊接，要对称焊接，如图 3-49 所示。

⑦刀盘补焊。刀箱焊接完成后再次测量，确认无误后，进行刀盘补焊，补焊方法有两种：a. 在刀箱周围补焊宽 2cm、厚 16mm 钢板条，向外辐射，一层层堆焊，直至刀盘磨损高度在 1cm 以上为止；b. 在刀箱周围加焊厚 16mm 钢板三角立筋，对于单边长度较长的面要多加几道，如图 3-50 所示。

图 3-48　焊接完成但未打磨的土仓门

图 3-49　更换后三联体刀箱效果

(6) 更换刀箱控制要点

①人洞开挖：由于开挖〈9H〉地层存在一定量的围岩裂隙水，因此在开挖过程中需做好止水引流措施。

②在开挖人洞顶部时防止拱部有大块石头掉落，开挖到位后及时挂网喷射混凝土，防止拱部围岩临空过久造成塌方。

③在开挖面上实施焊接作业，对地层的稳定性有较高要求，因此需加强进舱检查的次数，确保施工作业安全。

图 3-50　刀盘补焊

④加强对刀箱定位块精度的控制。

⑤加强对刀箱焊接质量的保证。

三、盾构穿越矿山法段施工技术

1. 工程简述

本区间隧道左线在里程 ZDK－0－821.7～ZDK－0－021.6～ZDK－1－117～ZDK－1－131.2，右线在里程 YDK－0－851.7～YDK－1－261.6 处通过相对完整的花岗岩微风化带，其天然极限抗压强度最大值为 126MPa，二氧化硅含量较高，盾构在该地层条件下掘进时刀具磨损严重、掘进速度慢，且在控制不当的情况下易造成刀具非正常损坏，甚至可能损坏刀盘，因此在里程 YDK－1－124.286 处设置施工竖井及联络通道，采用矿山法掘进硬岩段形成初衬隧道，然后盾构机在隧道中空推拼装管片通过。

空推段示意图见图 3-51。

左线在从施工竖井往梅花园方向矿山法开挖过程中上部为〈7H〉地层，地面为沙河涌，地下水较大，地层松散，遇水易崩解，开挖难度大，造成地面涵洞沉降较大。因此停止开挖，决定通过右线 2 号联络通道往隧道两侧进行开挖，开挖至〈8H〉破碎地层后停止开挖，故形成 87.1m盲洞区及 41.4m 夹层。

2. 盾构机到达矿山法段前的施工技术措施

1）掘进参数分析

①左线小松盾构机在掘进至 741 环 1000mm 时前方岩石倒塌，刀盘已露出，根据盾构机测量及人工复测显示，盾构机应为推进至为 743 环油缸行程 520mm 时刀盘露出掌子面，盾构机提前 2.5m 到达。从掘进参数上分析（见表 3-8），由于在贯通前 5 环未对盾构机推力进行及时调整，仍然采用较大推力和速度进行掘进，最终导致洞门处岩石倒塌，盾构机提前到达。

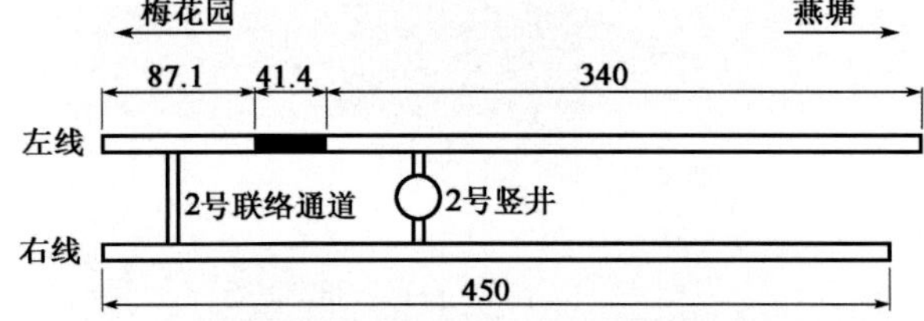

图 3-51　空推段示意图（尺寸单位：m）

左线小松盾构机到达第一段矿山法隧道前 10 环掘进数据　　表 3-8

环数	推力（t）	扭矩（%）	刀盘转速（r/min）	掘进速度（mm/min）	舱压（上部）（MPa）	螺旋输送机回转速度（r/min）
732	1675	60	1.31	40	0.2	8.3
733	1602	56	1.31	41	0.21	8.2
734	1866	59	1.31	37	0.18	6.6
735	1669	60	1.31	36	0.2	6.9
736	1369	60	1.31	33	0.2	7.6
737	1406	48	1.31	29	0.21	6.2
738	1617	46	1.31	25	0.19	2
739	1510	46	1.34	19	0.19	1.8
740	1334	46	2	18	0.17	1.1
741	1513	29	1.63	12	0.08	6.5
742	1449	14	1.31	18	0	1
743	940	16	1.31	19	0	0

②左线小松盾构机在掘进至826环时上部〈7H〉地层已经倒塌，刀盘露出，距离端头约2.6m，从掘进参数上分析(见表3-9)，在贯通前5环已有意识将推力降低，调整刀盘转速，加快螺旋输送机排土速度，逐步降低舱压，但由于掌子面上部为〈7H〉地层，最后仍然导致盾构机提前到达。综上两次到达分析，第一次如果及时调整掘进参数，到达效果应能达到预期效果，第二次在到达前对端头上部进行横向格栅钢架处理，对上部岩层的稳定将起到更好效果。

左线小松盾构机到达第二段矿山法隧道前10环掘进数据 表3-9

环数	推力(t)	扭矩(%)	刀盘转速(r/min)	掘进速度(mm/min)	舱压(上部)(MPa)	螺旋输送机回转速度(r/min)
817	1854	50	1.31	21	0.1	1.2
818	1723	61	1.31	23	0.1	2.6
819	1901	56	1.32	22	0.1	2.6
820	1952	57	1.37	21	0.11	2.4
821	1969	51	1.31	20	0.11	0.2
822	1842	56	1.31	20	0.12	2.5
823	1509	54	1.77	19	0.1	2.5
824	1173	37	1.99	20	0.07	3.1
825	1166	42	2	17	0.02	6.2
826	1081	39	1.94	20	0	9

2)盾构到达矿山法段前采取的施工措施

本区间左右线经历三次盾构到达，进入矿山法隧道，每次到达效果各不相同，但在到达过程中控制措施基本相同。

(1)对矿山法端头坐标、里程进行再次复核，推算出盾构机掘进至多少环油缸行程约多少，刀盘露出掌子面。

(2)贯通前20环开始对盾构机姿态进行调整，将盾构机向靶心推进，到达过程中保持盾构机抬头姿态，垂直趋向按照+2°~+3°进行控制。

(3)根据到达地质情况选择合理掘进方式，本区间在到达前附近地层为微风化花岗岩〈9H〉、中风化花岗岩〈8H〉地层，因此在到达前采用敞开式掘进方式推进。

(4)在贯通前10环调整掘进参数，贯通前10环控制速度为15~20mm/min，转速为1.31r/min，贯通前5环选择5~10mm/min，转速为1.31r/min，并在掘进过程中逐步降低推力。

(5)在贯通前1~2环处，控制螺旋输送机转速，确保土仓内渣土能及时排出，保持空舱。

(6)当盾构机测量系统显示刀盘距离矿山法端头200mm时，将舱内土排空，而后缓慢掘进，减少贯通之后清舱工作量。

(7)到达前止水措施，在中盾上径向注入惰性浆液及聚氨酯，防止到达时造成涌水涌泥。

(8)做好管片螺栓紧固和复紧工作，防止管片松弛影响密封防水效果。

(9)准备常规应急物资，如快干水泥、水玻璃、木楔子、棉纱、注浆泵等。

3)盾构机到达矿山法段施工技术措施分析

(1)盾构机姿态应及时调整，最好设置一段导台。与以往盾构机到达不同，盾构机进入矿山法隧道即将面对已开挖完成初期支护隧道，初期支护隧道有锚杆钢网或者格栅钢架支护，并且围岩强度较高，一旦盾构机到达姿态偏差，对后期盾构机姿态纠偏将造成极大困难。

(2)贯通前掘进参数控制,在贯通前对推力、扭矩、转速进行控制,需采用低推力、小转数进行掘进,合理选择添加剂用量,减少后期到达后的清理工作量。

(3)出洞前防水措施,在出洞前盾尾后止水环、中盾上注入惰性浆液及聚氨酯,在裂隙水发育及软岩不均地层,如何防止到达前涌水涌泥显得尤为重要。

(4)盾构机进入矿山法段的端头加固措施,最初认为〈8H〉、〈9H〉地层不需进行端头加固处理,左线小松盾构机到达第一段矿山法段时,由于围岩较为破碎,刀盘距离矿山法端头约2.5m位置,下部围岩已经脱落,露出1/3刀盘,如图3-52所示。右线海瑞克盾构机到达矿山法段时,刀盘距离矿山法端头约1m位置,掌子面已全部破碎,刀盘几乎全部露出,如图3-53所示。掌子面提前塌落造成大量岩块堆积,造成了掘进困难,清理难度加大。为此,在左线盾构机第二次到达矿山法段前,上部掌子面采取锚喷支护的措施,盾构机到达时,未发生掌子面提早失稳现象,如图3-54所示。

图3-52 左线小松盾构机到达第一段矿山法段

图3-53 右线海瑞克到达矿山法段

图3-54 左线小松盾构机到达第二段矿山法段

3. 盾构过空推段施工技术

本区间盾构空推共三次,左线盲洞区空推,后340m空推,右线450m空推。由于采用不同施工工艺,施工工序衔接及组织安排上存在差异,最后三次空推进度存在较大差异,空推完成后隧道质量也截然不同。

1)空推段准备措施(三次空推相同处)

(1)盾构机到达后,立即将刀盘、土仓内、刀盘前方渣土清理干净,转动刀盘至合适位置,拆除边缘刀具。

(2)刀盘上焊接人形走道板、施工平台、上下楼梯,方便从盾构机进舱,矿山法隧道及进行刀具拆除工作。

图3-55、图3-56分别为两种品牌盾构机空推段刀盘摆放位置,图3-56还显示了走道板的搭设情况。

2)左线第一段矿山法段空推施工技术

图3-57为左线盲洞空推段各机械及管路分布图。

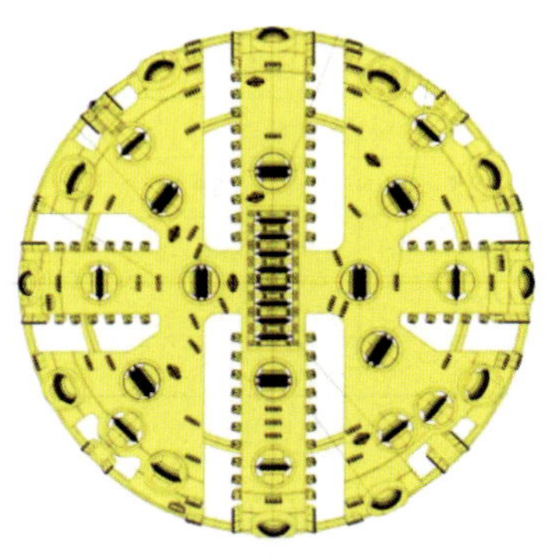
图 3-55　小松盾构机空推段刀盘摆放位置

图 3-56　海瑞克盾构机空推段刀盘摆放及搭设走道板

(1)由于受隧道自身限制,豆砾石无法通过 2 号联络通道运至第一段矿山法段,因此该段空推豆砾石喷射选择从刀盘后方进行喷射。

(2)列车重新编组,列车编组采用 2 节管片车 +1 节豆砾石渣车 +1 节浆车(方向为从蓄电池车机头至后方)的形式,并且将连接桥架下方防撞横梁拆除。

(3)喷浆机排放及管路连接,将两台喷浆机分别放置在桥架后端的两侧,将喷射豆砾石管路及风管连接好,喷射管一端连至喷浆机,另一端管口固定在刀盘 2、10 点位两处,并且深入盾构机盾壳内。

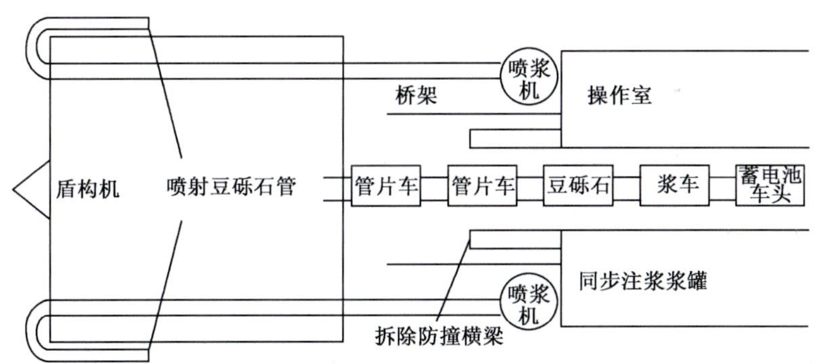

图 3-57　左线盲洞空推段各机械及管路分布图

(4)防止同步注浆前窜措施:待刀盘拖出掌子面 1m 后,从刀盘前端将沙袋塞在盾体和矿山法初期支护之间,3、9 点位以下全部堵塞好,并且使用长 500mm、宽 100mm、厚 20mm 的钢板,焊接在盾构机切口环 5、7 点位的位置。

3)左线第一段矿山法段掘进进度及各项掘进参数分析

(1)第一段矿山法段盾构空推拼装管片历时 9d(从刀盘过矿山法端头算起),累计掘进 55 环;进尺 6.1 环/d,中间停机时间为 1d,最高日进尺 12 环/d(见表 3-10、图 3-58)。

(2)空推段掘进速度保持在 35 ~ 50mm/min(见图 3-59),偶尔几环在 70 ~ 80mm/min,掘进耗时在 30 ~ 50min,推力保持在 400 ~ 600t。由于初期支护隧道局部欠挖,770 ~ 772 环推力在 1300 ~ 1800t(见图 3-60)。

(3)空推段故障时间统计:12 月 2 日双轨梁电缆老化断裂,接线耗时 2h;12 月 3 日盾构机导台断裂,架立新导台,耗时 1d;12 月 7 日掘进完成 797 环后补喷豆砾石,更换尾刷。

掘进进度表 表3-10

日期(年-月-日)	日掘进(环)	累计(环)	日期(年-月-日)	日掘进(环)	累计(环)
2009-11-29	3	745	2009-12-4	2	775
2009-11-30	6	751	2009-12-5	8	783
2009-12-1	12	763	2009-12-6	11	794
2009-12-2	10	773	2009-12-7	3	797
2009-12-3	0	773			

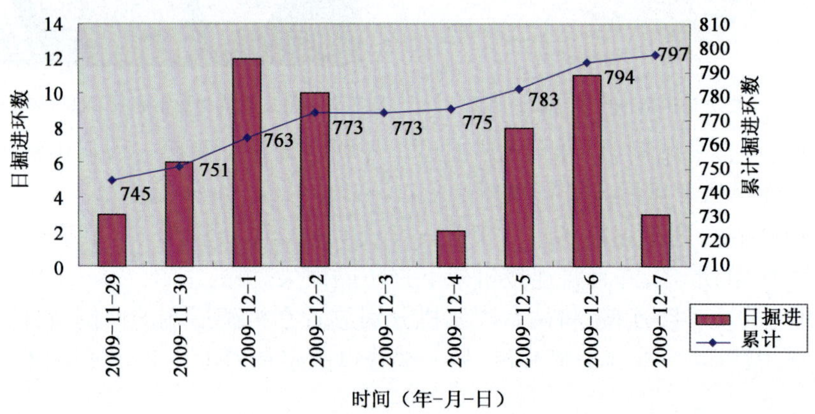

图3-58 第一段矿山法段掘进进度图

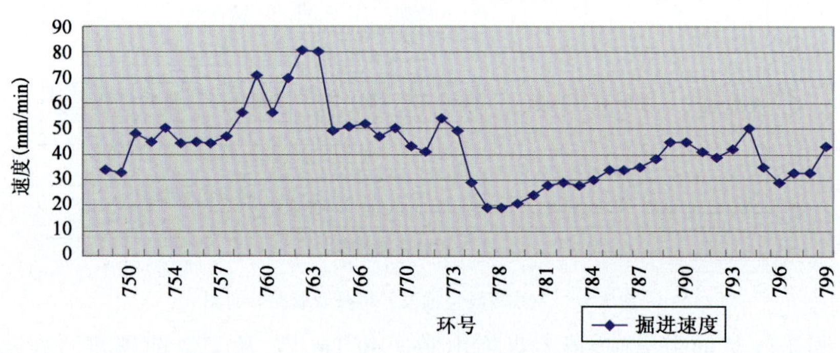

图3-59 第一段矿山法段掘进参数图(掘进速度)

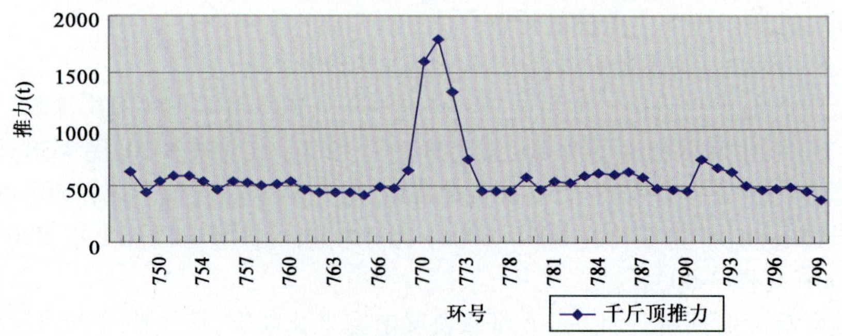

图3-60 第一段矿山法段掘进参数图(推力)

4）第一段矿山法段空推总结

（1）空推段每延米喷射豆砾石理论量为 5.3m^3，每环掘进喷射豆砾石为 7.95m^3，由于空推段掘进速度较快，豆砾石从豆砾石车内倒运至喷浆机效率较低，并且在掘进完成后为了工序衔接，拼装管片时需进行倒车工序，无法喷射豆砾石，以上三种原因最终造成空推段喷射豆砾石量不足。从以上三种原因分析，要解决从后方喷射豆砾石饱满问题需在豆砾石倒运至喷浆机及喷浆机喷射效率上想办法。

（2）由于喷射豆砾石量不足，经常造成同步注浆浆液前窜至刀盘前方，虽有止浆钢板，但初期支护开挖面凹凸不平使得浆液前窜。

（3）同步注浆效果问题，由于管片与初期支护之间存在空隙，空推段同步注浆浆液进入空隙间无阻力，注浆时间非常快，3m^3 浆液几分钟内完成，注浆效果无法得到保证，并且也是造成浆液前窜的原因之一。

（4）在喷射豆砾石不饱满，同步注浆效果较差情况下未及时进行管片背后二次注浆。

（5）在空推之前未对初期支护断面欠挖进行处理，推进过程中遇到局部欠挖处加大推力强行推行，导致盾构机导台断裂，虽然进行重新架设钢轨，喷射混凝土，与原来导台进行连接，最终将盾构机引上导台，但盾构机姿态受到严重影响。

4. 左线二次空推施工技术（340m）

1）结合第一段空推经验和教训得出的应对措施

（1）根据隧道结构，改由豆砾石从刀盘前方喷射，先计算出 340m 需喷射的豆砾石量，然后将豆砾石从竖井运至隧道内，均匀平铺于盾构机导台上方两侧。

（2）列车重新编组，采用浆车 + 管片车（三大块）+ 管片车（两大一小）+ 管片车（两大一小）+ 管片车（三大块）进行编组，如图 3-61 所示。

（3）施工竖井内准备地泵，将地泵放至井下，使用 DN150 钢管，从地面连接管路至井下地泵，地泵进行管片背后的二次注浆。

（4）采用大容量喷浆机，使用一台 6m^3 和一台 9m^3 喷浆机进行豆砾石喷射，如图 3-62 所示。

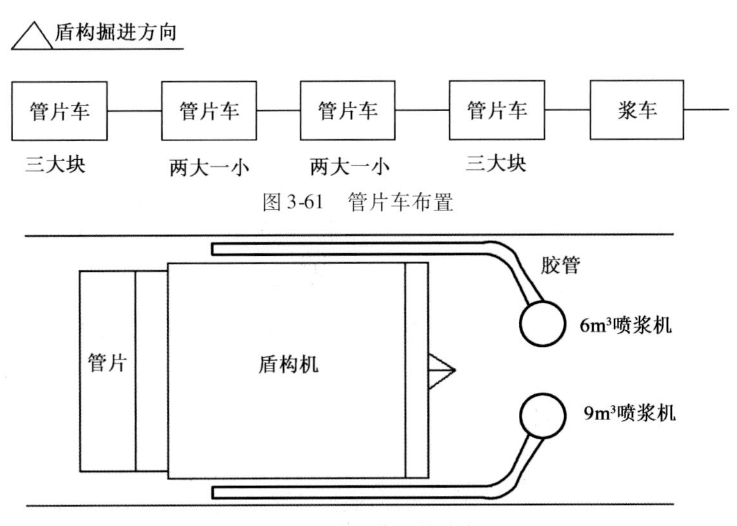

图 3-61　管片车布置

图 3-62　340m 喷浆机管路布置

2）左线第二段矿山法段掘进进度及各项掘进参数分析（见表3-11、图3-63）

第二段矿山法段掘进进度表

表3-11

日期（年-月-日）	日掘进（环）	累计（环）	日期（年-月-日）	日掘进（环）	累计（环）
2009-12-22	7	833	2010-1-2	15	946
2009-12-23	9	842	2010-1-3	20	966
2009-12-24	18	860	2010-1-4	16	982
2009-12-25	14	874	2010-1-5	19	1001
2009-12-26	15	889	2010-1-6	12	1013
2009-12-27	0	889	2010-1-7	10	1023
2009-12-28	0	889	2010-1-8	12	1035
2009-12-29	7	896	2010-1-9	10	1045
2009-12-30	14	910	2010-1-10	0	1045
2009-12-31	6	916	2010-1-11	1	1046
2010-1-1	15	931	2010-1-12	7	1053

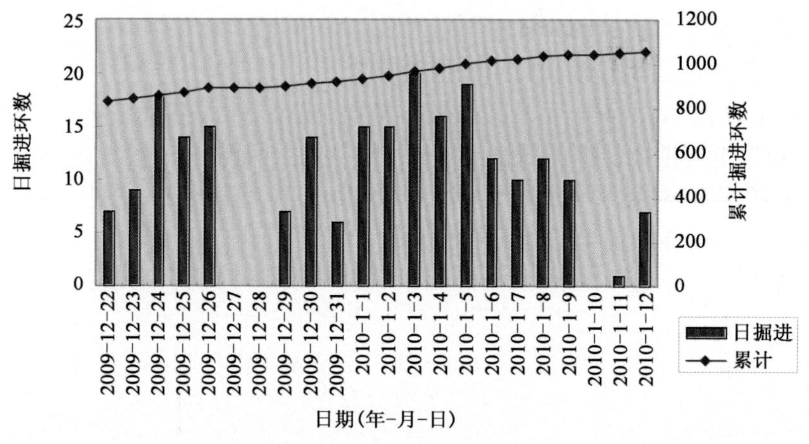

图3-63　左线340m掘进进度图

（1）340m空推段历时22d，共掘进227环，平均10.3环/d，最高进尺20环/d，中间停机3d。

（2）340m掘进速度保持在40～70mm/min，掘进耗时在20～30min，推力保持在400～700t。

（3）340m耽误掘进时间统计：2009年12月23日白天组织人员清泥，27日处理初期支护欠挖，28日继续处理欠挖，29日白班处理欠挖，31日白班停电；2010年1月10日三次始发准备，设备检修，11日安装刀具，12日已到达矿山法端头，空推结束。

3）第二段空推段总结

（1）本次空推掘进浪费2天半时间处理初期支护欠挖，因此在空推段需对初期支护断面进行多次复核，保证全断面无一处欠挖。

（2）由于喷射豆砾石不受拼装管片影响，因此只需加快喷射豆砾石效率，即可提高掘进速度，但喷射豆砾石与掘进速度相互影响，豆砾石在刀盘前方初期支护隧道内均匀平铺，在掘进过程中刀盘与喷浆机应保持一定距离。当此刀盘与喷浆机之间距离变近，说明掘进速度较快，需放慢掘进速度；当刀盘与喷浆机之间距离变远，说明掘进速度较慢或者喷射豆砾石太快，需加快掘进速度或者减慢喷射速度。

（3）管片背后二次注浆，在盾构机通过施工竖井之后，切割联络通道处管片，在竖井内用地泵进行管片背后二次注浆，但由于担心管片不能承受地泵输送混凝土压力导致管片变形，因此对管片背后未进行较好填充。

（4）由于左线隧道在矿山法初期支护完成后仍存在局部渗漏情况，管片背后又未填充饱满，最终导致左线空推段管片上浮，施工竖井将来作为废水泵房处于最低位置，整条隧道成一V字形走向，因此竖井附近管片上浮最为严重，给后期管片姿态稳定及管片背后回填带来极大困难。

5. 右线空推段掘进技术分析

1）结合左线空推经验和教训得出的应对措施

右线空推掘进时左线已经空推段掘进全部完成，正进行空推段管片背后注浆回填及侵陷段处理。在此地层空推，由于深知管片与初期支护之间回填不饱满带来的危害，在保证进度的同时，对如何保证回填饱满采取了如下措施：

（1）管路连接：豆砾石仍然从刀盘前方喷射，喷浆机置于刀盘前方8～10m处，喷射管固定于刀盘1、11点位处，并伸入盾构机，如图3-64、图3-65所示。

图3-64　伸入盾构机盾壳喷豆砾石软管

图3-65　固定在盾构机11点位喷豆砾石软管

（2）注浆改进：将两根同步注浆管在盾尾后第5环3、9点位吊装孔进行注浆（见图3-66），泡沫箱内改装水玻璃，泡沫管和上述两根同步注浆管连接一起形成注入双液浆，三通接口在吊装孔处。

在进行空推准备工作时对注入双液浆凝固时间做反复试验，将装有水玻璃的泡沫流量调为8%，同步注浆泵流速为5冲程/min，体积比为30∶1（砂浆∶水玻璃），30～40s浆液开始结块，准备采用此种配合比进行注浆。

（3）为防止同步注浆管堵塞，备用一台“黑旋风”送浆泵。

（4）另外一个同步注浆管接盾尾后第10环附近12点位吊装孔进行注浆。

（5）5号台车后12点位进行二次补充注浆。

（6）为防止浆液前窜至刀盘前方，在切口环3～9点位以下设两道止浆钢板，如图3-67所示。

(7)列车编组,采用“2管片车+1浆车+1渣车底盘”方式,渣车底盘主要用于运输5号台车后补充二次注浆所需水泥。

(8)明确分工,成立喷射豆砾石班、同步注浆班、掘进班、调配班、二次注浆班、设备日常维护班6大班组,每个班组各司其职,相互之间沟通协调。

图3-66 盾尾后第5环附近同步注浆

注:粗管为同步注浆管,细管为装有水玻璃的泡沫管,三通置于吊装孔处

图3-67 切口环3~9点位以下止浆板

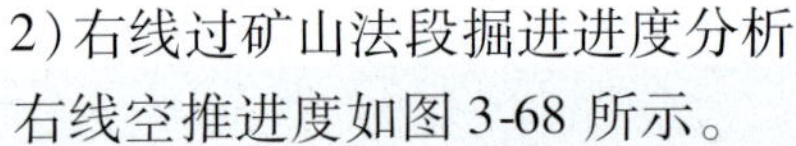

2)右线过矿山法段掘进进度分析

右线空推进度如图3-68所示。

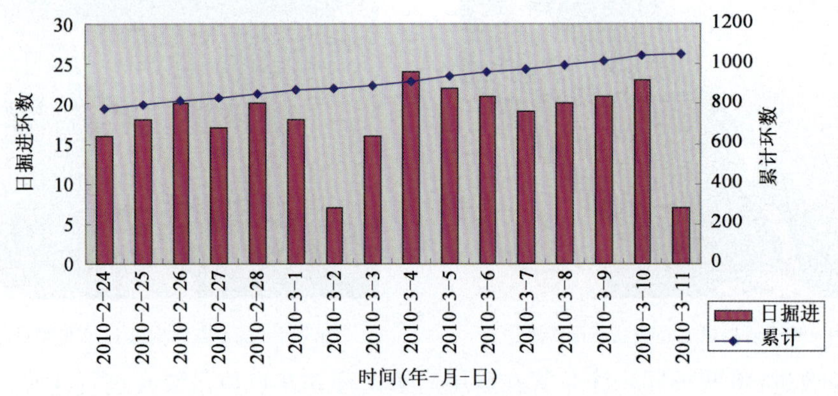

图3-68 右线空推进度图

(1)右线空推历时16d,共掘进289环,平均18.1环/d,最高进尺24环/d,无停机时间。

(2)掘进速度保持在40~70mm/min,掘进耗时在20~30min,推力保持在400~700t。

(3)右线3月2日掘进7环,原因为白天隧道接电缆线。

3)右线空推段总结

(1)施工组织恰当,合理安排工序衔接是这次空推段高进度成功之处。

(2)对同步注入双液浆的凝固时间把握,开始采用8%的泡沫流量常发生堵塞管路现象,后将泡沫流量改为3%才得到解决。

(3)对管片背后多次填充,确保管片背后填充饱满。

(4)切口环止浆板措施,在右线整个空推过程中仅有一次浆液前窜现象,除有注入双液浆凝固时间较快原因之外,止浆板也起了必不可少的重要作用。

(5)对日常设备的维护及保养,在空推段掘进过程中拼装机、双轨梁、蓄电池车为重荷载设备,加强此类设备的维护及保养,出现设备故障及时解决是这次空推成功不可缺的因素。在空推过程中仅发生两次拼装机油管故障,并且都在1h之内解决问题。

6. 三段空推比较

三次空推,一次比一次成功,每一次施工都认真吸取前一次在施工过程的经验和教训,采用了更为合理的施工方法加以改进,使得最后一次取得18.1环/d进度。

通过对这几次空推段掘进情况的分析,主要关注以下几个方面的问题:

(1)要严格控制盾构机导台的施工质量,如果因为施工质量差导致导台断裂极易引起盾构机栽头,盾构机栽头造成盾构机姿态难以控制,恢复掘进困难。因此在施工导台时要加入钢筋网片,严格控制混凝土的浇筑质量,以确保盾构的正常掘进。

(2)空推段盾构施工前要全面测量矿山法隧道断面几何尺寸,对出现的欠挖区域必须凿除,对较大的超挖区域提前处理,否则就会造成盾构机姿态难以控制,导致管片侵限。

(3)保障普通管片与特殊管片的及时供应,确保盾构掘进和注浆能够持续均衡地进行。

(4)刀盘前保持有足够多的豆砾石,能够提供盾构机在掘进过程中的反推力,使得管片拼装更为紧密。

(5)在盾构掘进过程中,要及时进行同步注浆和二次补注浆,使得管片能够及时受到约束,保证管片不受地下水影响出现管片上浮现象。

7. 盾构过联络通道段技术

(1)在盾构机到达之前,将两根工字钢固定在联络通道上,高度与盾构机3、9点位平齐,矿山法隧道清理完成后,使用沙袋将2号竖井堆高1000mm,防止同步注浆浆液流至竖井。工字钢与尺寸250mm×150mm×5mm的钢板焊接,钢板用膨胀螺栓固定在联络通道两侧端墙上,在工字钢外侧做3道斜撑,斜撑一边与H型钢焊接,一边与隧道固定。

(2)盾构机在通过2号竖井时,管片拼装完毕,脱出盾尾后,在靠近竖井一侧,用木楔打在管片和导台之间、管片和型钢之间,防止管片下沉及侧移。

(3)盾构机在通过2号竖井时,只使用远离竖井一侧的管片喷射豆砾石,同时将注浆点位移至4、7点位,控制同步注浆量,派专人在竖井处观察,当浆液约差100mm与沙袋平齐时,停止同步注浆。

具体措施示意图及工程照片如图3-69~图3-72所示。

四、盾构掘进地面处理技术

1. 工程简述

2009年6月10日22:30左右,燕梅盾构区间左线盾构机在432环停机5d后,盾尾管片位置上方的德威发汽车服务有限公司修理厂房内(ZDK-1-766~ZDK-1-772),突然发生地面塌陷,形成面积约30m^2,深约2m的坑洞,造成修理厂房屋墙体开裂,地面倾斜,梁、柱多处拉裂,塌陷造成两辆名牌汽车损伤,6辆车被困,如图3-73~图3-76所示。

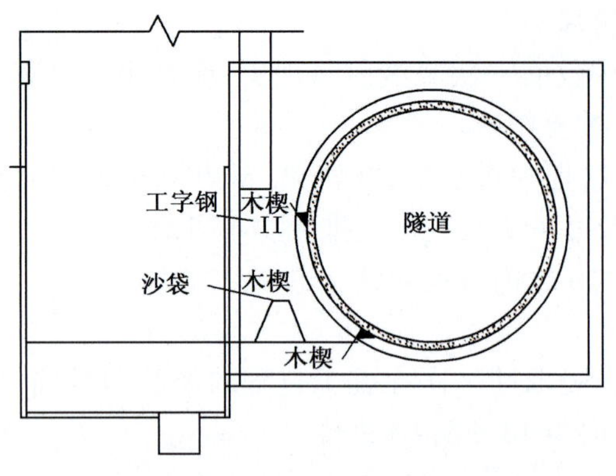

图 3-69　盾构机通过 2 号竖井措施示意图

图 3-70　拼装完成管片后情形

图 3-71　堆积沙袋及焊接工字钢

图 3-72　隧道与联络通道接口处安装钢板

当时,地面仍在实施斜孔注浆。右线海瑞克盾构机在距塌陷坑洞 36m 的位置刚完成压气换刀,正在掘进,至塌陷时,已完成 1 环掘进。塌方位置如图 3-73 所示。

事故发生后,立即组织抢救,启动了应急救援预案。首先疏散了居住在 2 楼的部分修理厂员工,随后回填沙包。11 日凌晨 0:40 左右,开始采用泵送混凝土回填坑洞,经过近 6h 的抢险,塌陷的回填工作完成,车辆逐步脱困。当晚共在塌陷处填筑了混凝土约 $48m^3$,15t 水泥,5t 膨润土,其他杂物 2t。

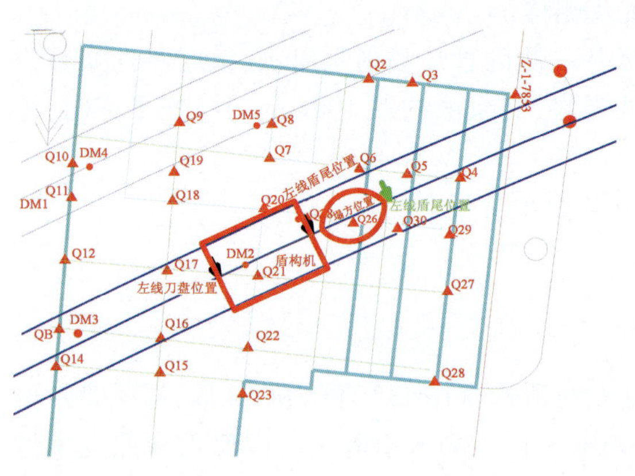

图 3-73　盾构机与建筑物位置示意图

2. 原因分析

1)地面环境复杂

地面的德威发汽修维修服务有限公司位于白云区银利街 161 号,两层建筑,外沿为一层建筑,建筑年代为 1985 年,天然基础,埋深约 1 ~ 1.5m,穿越地层为〈1〉、〈3-1〉,建筑物基本保持完好,柱、墙体、楼顶及场地内有明显裂缝,结构类型和使用性质为框架结构的商用建筑物。

图 3-74　地面塌陷、车量被困

图 3-75　深约 2m 空洞

图 3-76　梁柱被拉裂

左线隧道于 ZDK－1－786～ZDK－1－758(420～438 环),右线隧道于 YDK－1－765～YDK－1－741(431～447 环)下穿德威发汽车维修服务公司房屋,详见图 3-77、图 3-78。

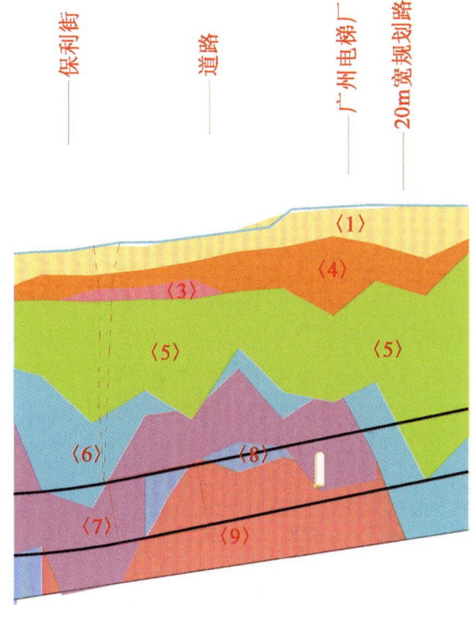

图 3-77　左线地面塌陷位置地层剖面图

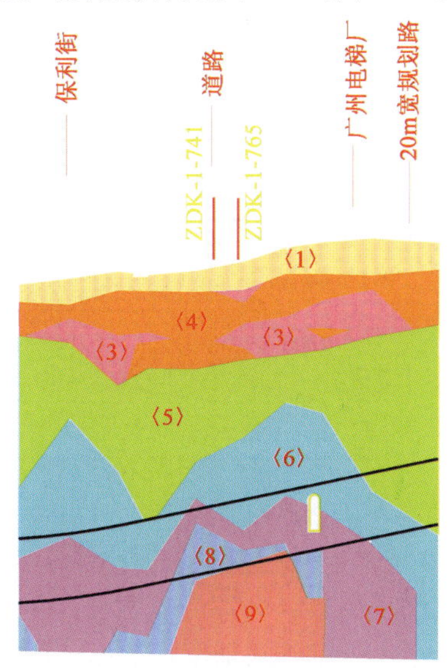

图 3-78　右线下穿修理厂房位置地层剖面图

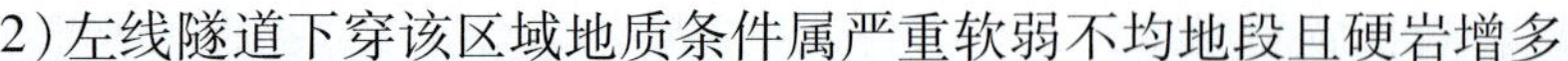

2)左线隧道下穿该区域地质条件属严重软弱不均地段且硬岩增多

根据地质勘察资料及事后对该区域地质取芯,左线隧道在下穿房屋范围内顶部埋深为22.70~21.95m,隧道范围自上而下分别为〈1〉、〈4〉、〈5Z-2〉、〈6Z〉、〈7Z〉、〈8Z〉地层,其中隧道范围内地层为〈6Z〉、〈7Z〉,底部少量〈8Z〉地层。

根据盾构刀盘进入汽修厂前第420~430环掘进情况,从掘进参数上判断,421~429环推力和扭矩持续增大,掘进速度却持续降低。综合每环洗渣的分析结果,可以判断底部硬岩明显增多,刀具磨损严重。

盾构掘进参数,详见表3-12、表3-13和图3-79~图3-81。

盾构掘进参数表 表3-12

时间(月-日)	环数	土仓压力(上部)(MPa)	推力(t)	推进速度(mm/min)	刀盘转速(r/min)	刀盘扭矩(%)	螺旋转速(r/min)	泡沫发泡率(%)	泡沫压力(MPa)	泡沫流量(m^3)	出土量(斗/17m^3)	同步注浆量(m^3)
5-22	421	0.19	1500	28	1.31	30	3.5	2	2	300	4.7	7.6
5-22	422	0.19	1600	21	1.31	28	1.7	2	1.6	300	4.7	7.3
5-22	423	0.2	1700	16	1.31	40	0.9	2	1.7	300	5	6.7
5-23	424	0.17	1600	22	1.31	40	4.7	3	1.8	300	4.8	8.5
5-23	425	0.18	1500	21	1.31	40	2.7	3	1.8	300	4.9	6.6
5-23	426	0.2	1700	20	1.31	30	2.9	3	1.6	300	4.7	7.2
5-25	427	0.18	1600	17	1.31	35	1.4	3	1.7	200	5.2	6.9
5-25	428	0.18	1800	16	1.31	38	2.1	3	1.7	200	4.7	6.9
5-25	429	0.18	2000	13	1.31	40	0.2	3	1.6	200	4.8	7

左线盾构420~429环掘进参数 表3-13

时间(月-日)	环数	土仓压力(上部)(MPa)	推力(t)	推进速度(mm/min)	刀盘转速(r/min)	刀盘
6-1	430	0.2~0.22	2000~2200	4~15	1.31	25~35
6-1	431	0.2~0.21	2000~2200	2~10	1.31	30~35
6-1	432	0.2~0.21	2000~2200	2~8	1.31	40~60

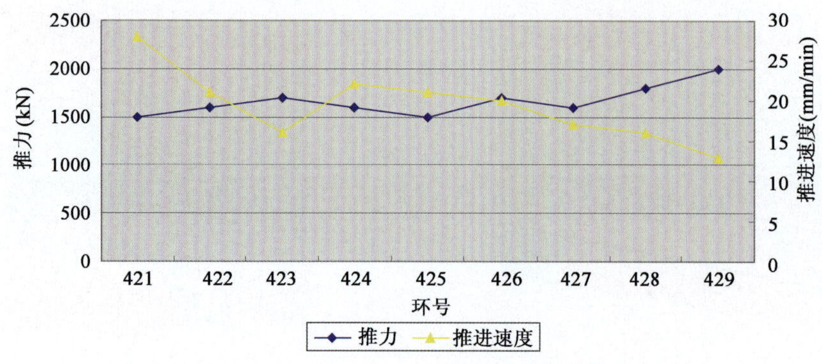

图3-79 推力与推进速度参数图

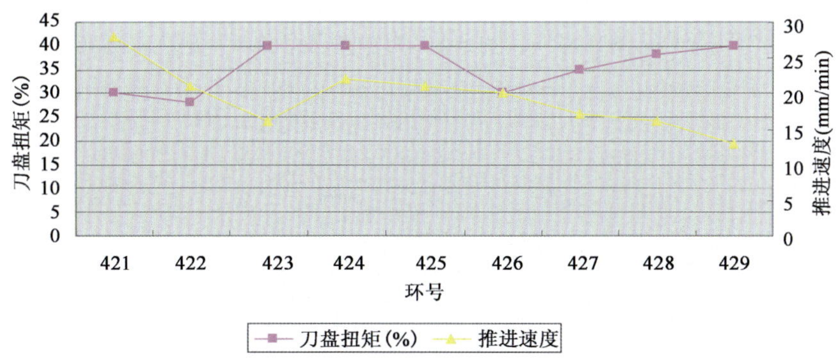

图 3-80 刀盘扭矩与推进速度参数图

3)地层含水量高,压气作业失败且出土超量

(1)开舱检查

为检查盾构刀具的磨损情况,5 月 31 日进行了带压开舱检查。

①第一次出土,舱压控制在 2.1bar,根据理论计算第一次出土 2 斗,约 $30m^3$。通过 9 ~ 10 点位置的放水孔监测到泥水位没有下降到 10 点位置,由于小松盾构机人孔和气压舱设置在盾构机中部,满足压气换刀必须保证 4 点位置以上全部置换成气体,所以当时决定还需出土。

②第二天上午进行第二次出土,在加注了 $6m^3$ 膨润土的同时,又出了 1 斗半土约 $25m^3$,才在 9 点位置放水孔放出空气,此次土仓压力 2.3bar。但是观察密闭性的时间(约 1h 左右)水位又上涨,并且自动补气系统一直工作,地面监测一直降起。

③根据该期间的监测情况,房屋沉降波动较大,如图 3-81 所示。

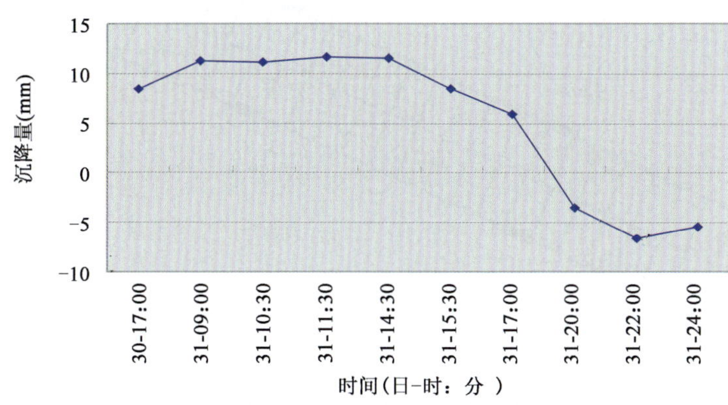

图 3-81 尝试气压开舱试验过程中刀盘上方 Q26 号监测点沉降变化图(+为下沉、-为上升)

(2)开舱情况分析

①地层裂隙水发育,上方地质较为松散,敏感性高,压力的波动对地面沉降的影响非常大。

②在气压置换过程中,出现了数次压力波动较大的情况,说明上方地层有可能出现掉落的情况。

③由于气压的作用,使盾构机上方的空洞暂时稳定。

4)前期掘进存在喷涌现象且出土超量

在 5 月 23 ~ 30 日施工过程中,速度较慢,且一直存在喷涌,出渣量较难准确判断。

根据监测数据的反映,德威发汽修厂内柱的沉降趋势不稳定,上升下沉反差较大。期间Q26监测点反应最为明显(见图3-82)。图3-83为德威发汽修厂房屋监测布点图。

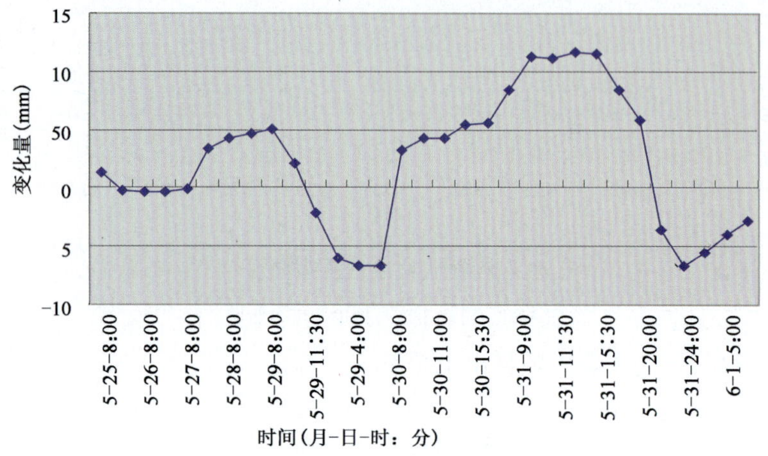

图3-82 Q26号监测点沉降变化图(+为下沉、-为上升)

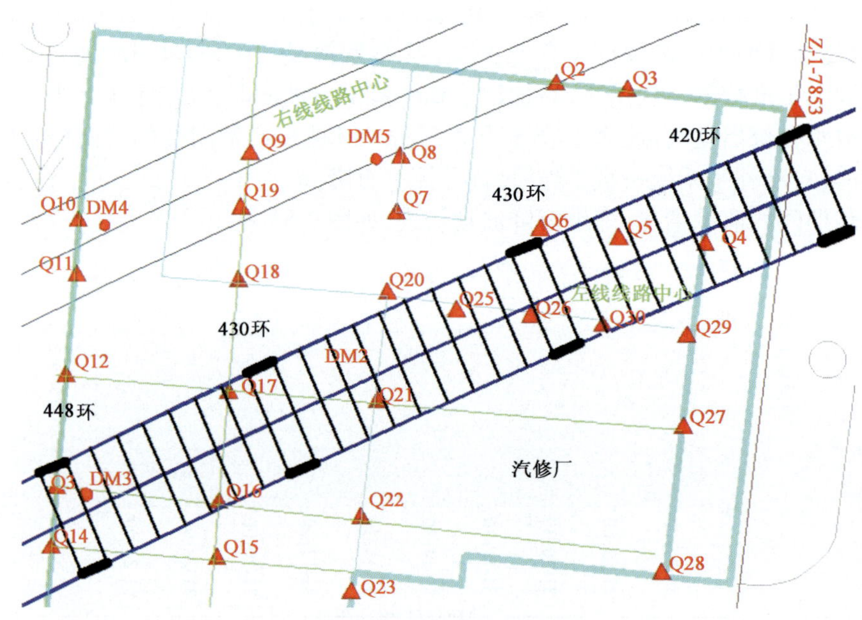

图3-83 德威发汽修厂房屋监测布点图

5)出土超量形成的空洞在多重因素作用下突然崩塌

(1)430环气压作业的置换过程,出土量偏大,与427环留下的空洞贯通后,在土仓压力和盾构机壳体的作用下,形成了自然拱作用,暂时支撑了上部土体,但是盾尾脱出后,随着地表水的持续渗入,空洞受到影响。

(2)斜孔注浆导致空洞气压泄露。

掘进432环完成后安排地面斜孔对盾构机盾尾上方填充注浆,实施斜孔2个,第一个孔6月5日下午开始钻孔,孔深21m(详见图3-84、图3-85)。钻孔过程中从6m开始发现有漏气现象,压力 0.5MPa,第一个孔钻孔 20.6m,注浆量不到 0.5t 水泥。8 日第二个钻孔 21.6m 深,从 6m 开始发现有漏气现象,注浆量 10t。8 日下午 2 点小松盾构机土仓压力突然增到 3bar,扭矩增大 2800kN · m,因此晚上 6 点停止斜孔注浆施工。

在斜孔施工的成孔过程,不停发现有空气从孔中溢出,但没有引起足够的重视。

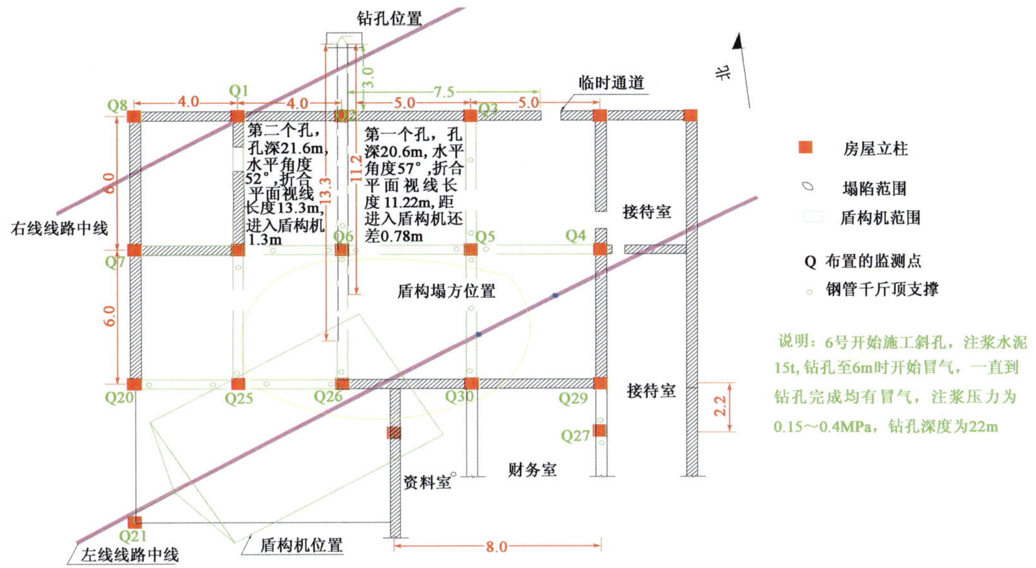

图 3-84　斜孔注浆平面图(尺寸单位:m)

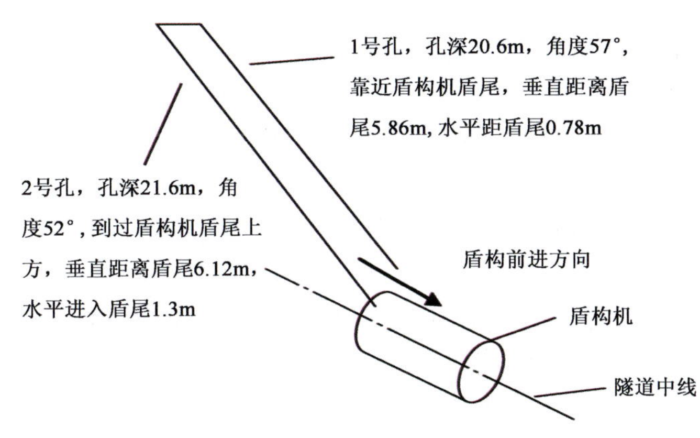

图 3-85　斜孔注浆纵断面图

(3)监测数据的分析结果表明塌陷是个从量变到质变的过程。

房屋沉降的监测数据如图 3-86 所示,从图 3-86 中可以看出,6 月 3 ~9 日,虽然盾构机处于停机状态,但刀盘上方沉降持续发展。

3. 事故原因分析

(1)地质条件较差,裂隙水发育,隧道范围内为上软下硬地层,离地面 3 ~6m 位置有〈3-1〉、〈3-2〉砂层。

(2)掘进时发生喷涌,出土量控制难度大。

(3)隧道范围内上部为〈6Z〉、〈7Z〉地层,遇水发生崩解,盾构常压开舱作业较困难。

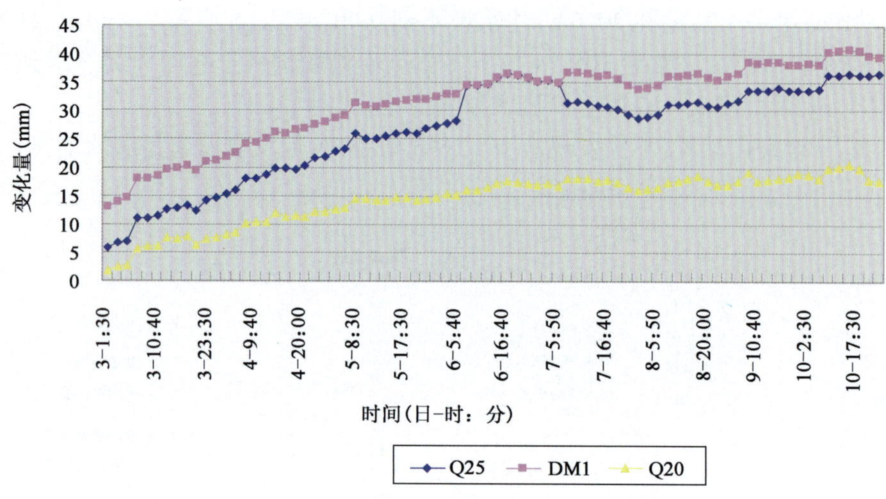

图 3-86　刀盘上方监测点沉降情况

注:6 月 3 日上午掘进 60cm 至 10 日一直处于停止状态

(4)监测点布置不合理,由于德威发修理厂房内停放了大量名牌轿车、跑车,因此是在房屋柱子上布设监测点,而没有在地面布设监测点。经过多次协商,最终仅同意布置一个打穿硬壳层的地面监测点,但该监测点恰好偏离了塌陷位置,未能及时反映地层的沉陷情况。

(5)前几环掘进存在过多出土现象,但监测未及时反映,所以该地层沉陷存在隐蔽性、滞后性。此外,停机期间持续沉降未引起足够重视。

(6)对刀具检查重视程度不够,对带压开舱位置选择不合理。

(7)掘进过程中出土量控制不够严格,当 427 环发现出土量增大时,误以为是喷涌造成,由于没有及时反馈该信息,使得后期判断被误导,认为塌方区应为盾构机刀盘前方。

(8)430 环气压作业的置换过程,出土量偏大,与 427 环留下的空洞贯通后,在土仓压力和盾构机壳体的作用下,形成了自然拱作用,暂时支撑了上部土体,但是盾尾脱出后,随着地表水的持续渗入,以及斜孔注浆形成的斜压通道,这种临时的平衡作用消失,于是出现了快速塌陷。

(9)对出现的问题缺乏系统的、细致的分析和判断,没有采取相应的措施,如盾尾后监测数据相对于刀盘前方的数值要敏感,地面斜孔施工过程中地面冒气,掘进过程未采取减少喷涌的相应措施及加强管片背后的二次注浆。

4. 塌陷区处理施工技术

事发后及时对空洞进行回填,对塌陷区周围分别打 2m、6m、9m 深度的注浆孔进行地面回填注浆。对已有裂缝的梁采用钢管千斤顶支撑做临时性保护,并做好调整检查工作,直到混凝土柱加固完成。对盾构机刀盘前方及盾构机上方进行前进式注浆加固,为防止地面注浆对盾构机造成包裹,对盾壳径向孔注聚氨酯封堵,对盾尾 425 ~427 环管片注双液浆做止水环。

1)地面注浆处理

对塌陷区周围分别进行 2m、6m、9m 孔分级自流式注浆,对地面硬壳下土体进行填充。如图 3-87、图 3-88 所示。

(1)2m 注浆

图 3-87　2m 填充注浆

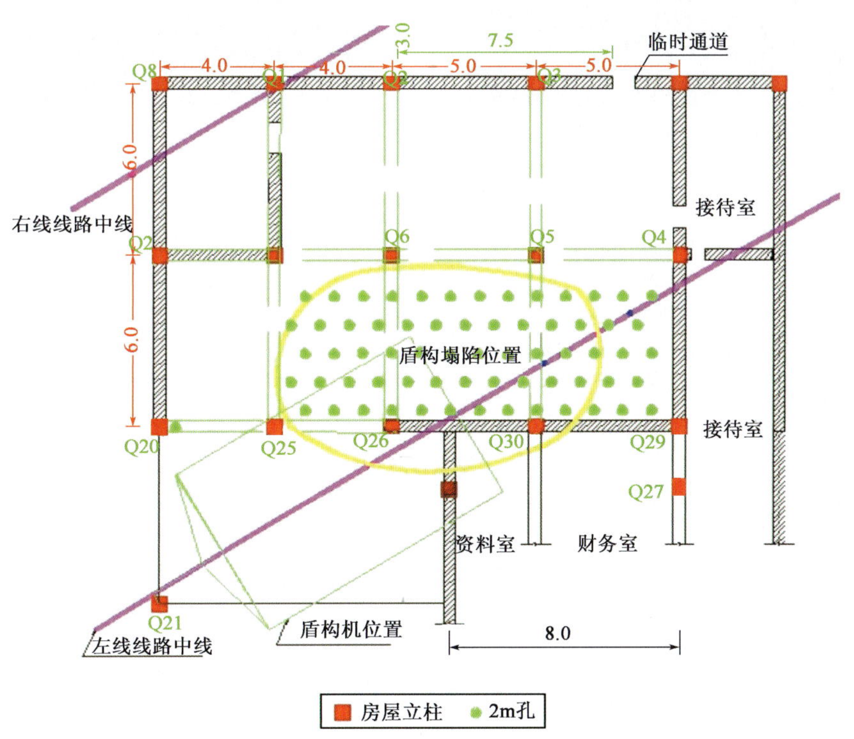

图 3-88　2m 孔布置图(尺寸单位:m)

①布孔。在塌方区密布 2m 深的孔,每排孔间距为 1.2m,排与排之间间距 1.2m,梅花形布置。

②钻孔。采用 2m 风枪钻孔,在钻孔过程中可以明显感觉到地面硬壳下土质松散,土层有空洞。

③浆液材料及配比。材料为水泥、水玻璃、膨润土、碱。加入少量的碱能减少浆液的流动性,更多的对地层进行加固。浆液配比为水泥∶水为 0.8∶1,水玻璃∶膨润土∶水泥为 0.1∶0.05∶1,纯碱∶膨润土为0.005∶1。

④注浆方法。2m 注浆采用自流式填充注浆,无压力,用普通塑胶管插入孔底部注浆。浆液从孔口反出为该孔结束,进行下一个孔注入,注浆为错开注入,如一排孔编号 1 ~ 8 号孔,先注 1、3、5、7 号孔,再注 2、4、6、8 号孔。

2m 注浆主要是硬壳下空洞回填及松散土层的填充,加固范围为地面至 4m 之间。

(2)6m、9m 注浆

①布孔。在塌方区周边及塌方区布孔,6m 每排孔间距为 3m,排与排之间间距 2m,梅花形布置;9m 每排孔间距为 5m,排与排之间间距 3m,如图 3-89 ~ 图 3-91 所示。

图 3-89　6m、9m 钻孔

图 3-90　6m、9m 注浆管图

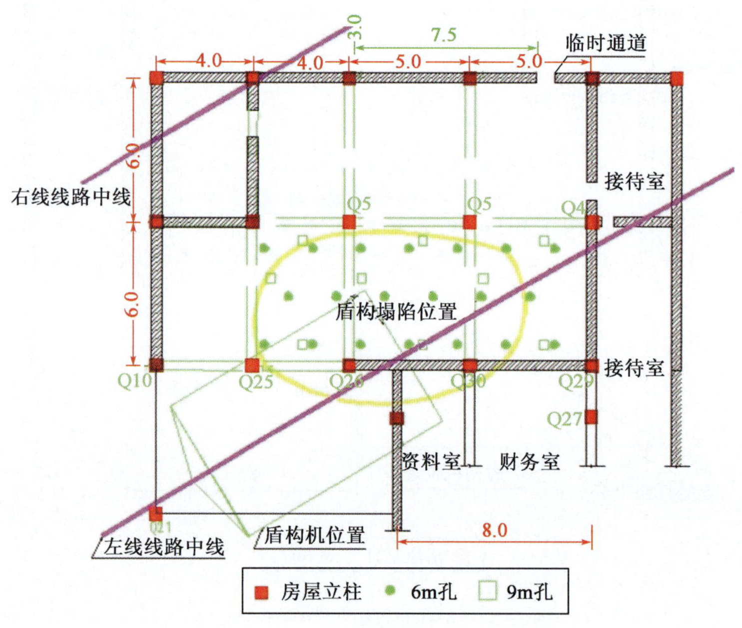

图 3-91　6m、9m 孔布置图(尺寸单位:m)

②钻孔。采用潜孔钻进行钻孔,钻进过程严格控制钻进幅度,每步不大于 10cm,匀速推进,注意地表沉降变化。

③浆液材料及配比。浆液配比为水泥:水为 0.8:1,水玻璃:膨润土:水泥为 0.1:0.05:1,纯碱:膨润土为0.005:1,可适当减少水灰比中水泥的含量,扩大加固范围。

④注浆方法。成孔后采用自流式注浆,孔口排浓浆后下入 ϕ90PVC 孔口管,待凝 12h 后再扫孔施工以下灌浆段分段注浆,分段注浆长度控制在 2 ~ 4m,注浆压力控制最大不超过 0.3MPa。

(3)注浆过程中注意事项

①探明下面管线,防止在钻孔过程中打到水泥及电缆。

②加强地面巡视,因土质较松散,浆液容易乱窜,加强对污水管、下水道、厕所等的巡视,发现冒浆及时停止。

③注浆过程中,发现冒浆、漏浆,应根据具体情况采用嵌缝、表面封堵、低压、浓浆、限流、限量、间歇注浆等方法进行处理。发生窜浆时,如串浆孔具备注浆条件,可以同时进行注浆,应一泵灌一孔。否则应将窜浆孔用塞塞住,待注浆孔注浆结束后,窜浆孔并行扫孔、冲洗,而后继续钻进和注浆。

④注浆工作必须连续进行,若因故中断,可按照下述原则进行处理:应及早恢复注浆,否则应立即冲洗钻孔,而后恢复注浆。若无法冲洗或冲洗无效,则应进行扫孔,再恢复注浆。恢复注浆时,应使用开灌比级的水泥浆进行灌注。如注入率与中断前的相近,即可改用中断前比级的水泥浆继续灌注;如注入率较中断前的减少较多,则浆液应逐级加浓继续灌注。恢复注浆后,如注入率较中断前的减少很多,且在短时间内停止吸浆,应采取补救措施。

⑤注浆段注入量大,注浆难于结束时,可选用下列措施处理:

a. 低压、浓浆、限流、限量、间歇注浆。

b. 浆液中掺加速凝剂。

c. 灌注稳定浆液或混合浆液。该段经处理后仍应扫孔,重新依照技术要求进行注浆,直至结束。

d. 注浆过程中如回浆变浓,宜换用相同水灰比的新浆进行灌注,若效果不明显,延续灌注 30min,即可停止灌注。严格控制注浆压力,同时密切关注注浆量,当压力突然上升或从孔壁、地面溢浆时,应立即停止注浆,查明原因后采取调整注浆参数或移位等措施重新注浆。

e. 加强监测,对沉降较大及上抬较大处采用合理注浆。

2)对房屋梁开裂处进行临时支撑处理

对房屋梁开裂处进行临时支撑处理,因塌方区地面沉降不稳定,加强对柱子监测频率,根据沉降监测对支撑千斤顶进行复紧,每半小时还需对临时支撑进行检查,对有松动部位及时复紧,如图 3-92、图 3-93 所示。

3)洞内注浆处理

为了进一步使塌陷区地面房屋沉降得到有效控制,在地面注浆的同时采用洞内二次注浆对塌陷区地层进行加固,因此对汽修厂对应的管片(408 ~ 450 环 3 ~ 9 点位以上点位)用单液浆注浆。注浆深度穿透管片背后土体 1 ~ 3m,注浆前对盾壳径向注聚氨酯以防止盾构机被包裹。

图 3-92 对房屋梁进行临时支撑

5. 经验总结

(1)做好盾构换刀策划,对盾构施工控制需严谨,对计划执行严格。而且换刀前对于地层的研究、盾构施工参数、周边情况掌握均需充分。

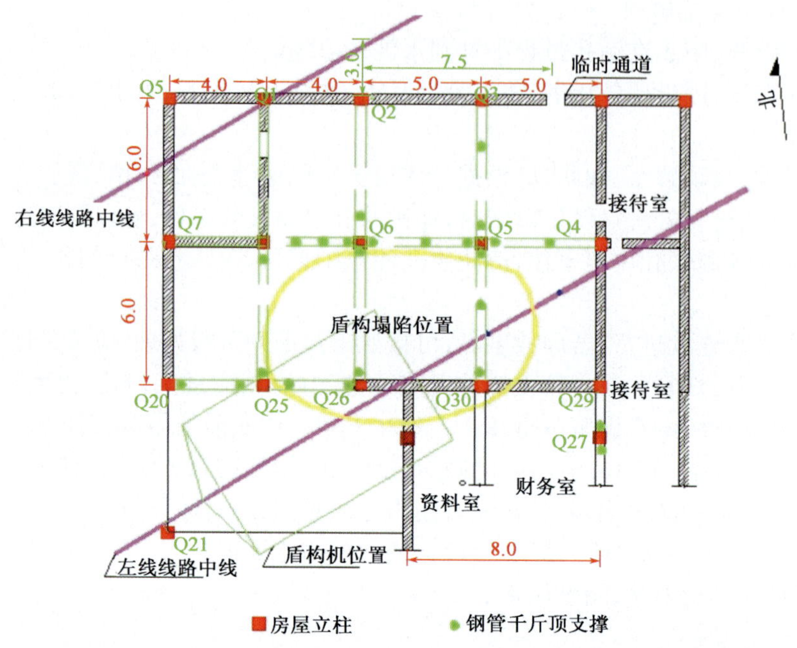

图 3-93　钢管千斤顶支撑布置图(尺寸单位:mm)

(2)开舱换刀采用常压还是带压,需考虑的因素有掌子面情况,土仓内水的流量,预测由换刀时间带来的掌子面变化及水位变化以及周边环境地面沉降变化。

(3)在盾构掘进中,需精确统计好出土量,特别是在掘进缓慢或者喷涌过程中需每掘进10cm 统计一次出土量,对渣样进行分析。

(4)对沉降必须进行系统化综合分析,提高预判水平。

(5)对上软下硬、喷涌较大地层,及时调整掘进参数,控制好出土量、螺旋输送机转速及闸门开口度,往土仓内加入适当的外加剂,在保证同步注浆饱满的同时,二次注浆及时跟进,对沉降较大区域可以采取深孔注浆。

五、盾构穿越房屋施工技术

1. 盾构通过广东工贸职业技术学院实训楼

1)工程概况

燕塘站—梅花园站盾构区间隧道,在左线 ZDK -2 -290 ~ ZDK -2 -282,右线 YDK -2 -281.100 ~ YDK -2 -285.600 处,从广东工贸职业技术学院实训楼下穿过。隧道范围内左线有 3 根桩,右线有 2 根桩。

(1)该实训楼为 1 栋 8 层的框架结构,该楼于 1989 年建成,房屋基础为人工挖孔桩,桩径 1.4 ~ 1.6m,桩长 14 ~ 20m。

(2)地质情况:左线隧道影响范围内的桩基基底位于〈8Z〉地层,左线盾构隧道范围主要有〈8Z〉、〈9Z〉地层;右线隧道影响范围内的桩基基底位于〈7Z〉地层,盾构隧道范围主要有〈7Z〉、〈8Z〉地层。

(3)地面管线情况:实训楼前为 5m 宽通道,主要用于学生上下课通行;后为 3m 宽通道,

主要为简易居住房居民通行；其余均为陡坎，施工场地狭小，地下电缆及水管较为密集。

建筑物与隧道关系如图 3-94 ~ 图 3-97 所示。

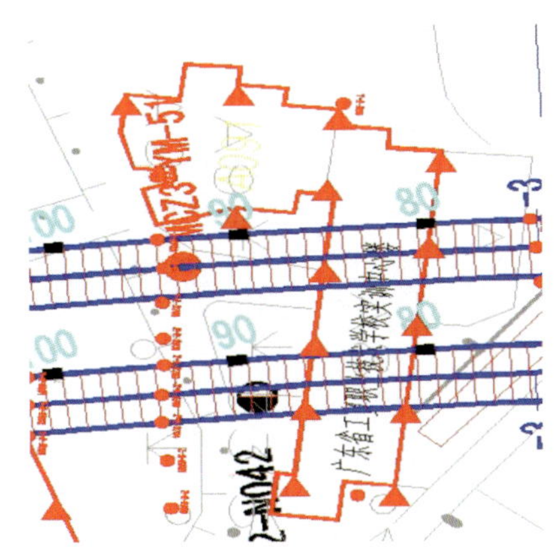

图 3-94　建筑物与隧道平面关系

图 3-95　广东工贸职业技术学院实训楼

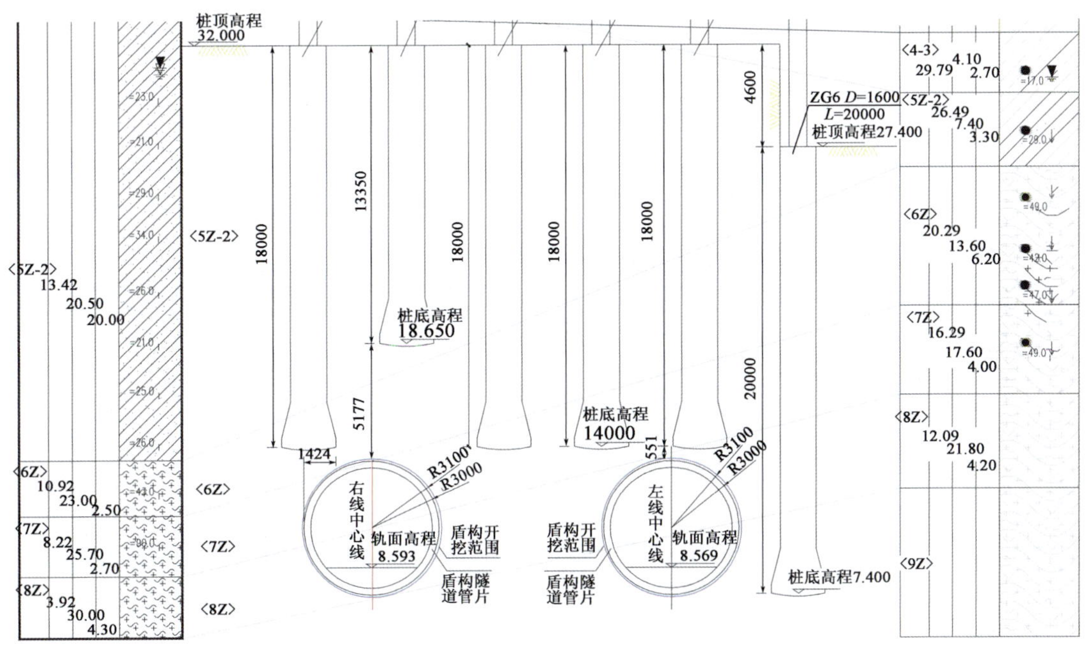

图 3-96　建筑物与隧道剖面关系（尺寸单位：mm）

2）工程难点及对策

（1）工程难点

盾构过工贸学院实训楼桩区时，建筑 ZG1、ZG4、ZG5 三桩桩底与隧道拱顶净距最小为 551mm，但各桩均没有侵入隧道。盾构施工时存在以下工程风险：

①盾构通过时实训楼沉降过大超过预警值监测数据发生较大突变。

②盾构通过实训楼时螺旋输送机出现喷涌，导致出土量失控。

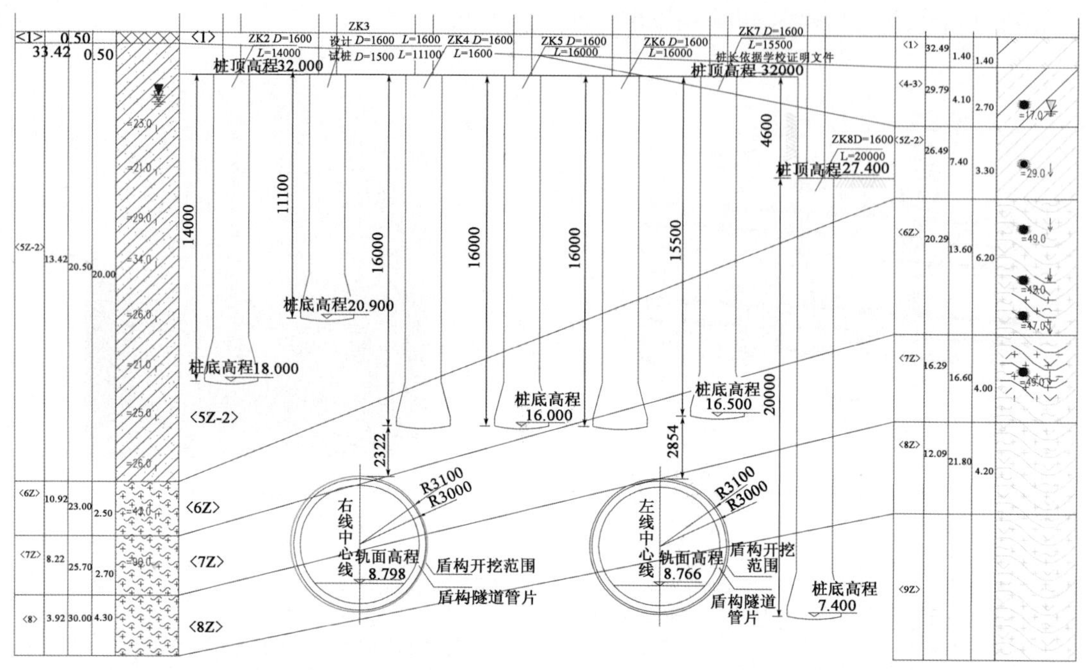

图 3-97 建筑物与隧道剖面关系(尺寸单位:mm)

③在通过实训楼时刀具出现破坏,需要开舱作业。

④管片上方荷载。由桩传下的集中荷载对管片结构造成偏压作用,可能破坏管片结构。

(2)应对措施

由于建筑物桩底与隧道拱顶净距最小为551mm,掘进过程中对于舱压波动、土体扰动、地面沉降控制尤为重要。相应对策为:

①在盾构机通过实训楼的过程中,如果地面沉降超过预警值,或沉降速率出现突变时立即启动地面注浆方案。

②当盾构机通过时,及时对脱出盾尾的管片进行二次注双液浆,保持盾构机连续、快速掘进,以降低喷涌发生的可能性和喷涌的程度。如果螺旋喷涌较大,及时通过加注聚合物等方式对渣土进行改良。

③在盾构机到达实训楼前找一停机点尝试打开舱门对刀具进行检查,对有磨损的刀具进行更换,同时选择在硬岩中掘进经验丰富的盾构机操作手进行掘进。

④采用钢管片。采用了钢管片结构,钢管片受力性能好,能有效抵抗不均匀集中荷载。

(3)盾构通过前对建筑物的保护措施

在通过建筑物之前,对施工场地内的地下管线进行调查,确定场地内管线的种类、埋深、数量等详细情况并绘制管线布置图。根据管线布置图及隧道与建筑物的平面关系,现场采用彩钢瓦进行围闭,对盾构隧道施工影响较大的4根桩基进行注浆加固(见图3-98),钻孔从实训楼前的道路开始斜向50°到加固桩下,埋设袖阀管作为应急预案,共设置12根。

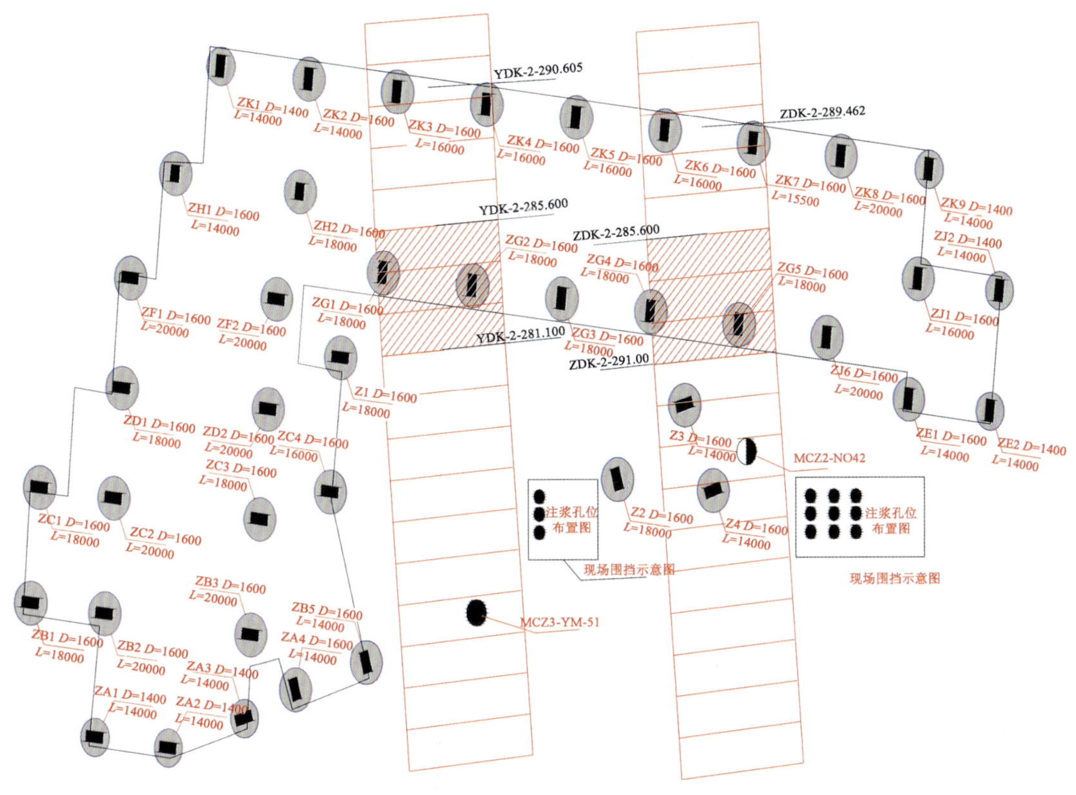

图 3-98 袖阀管平面图

为了防止盾构机掘进给环境带来不必要的影响，派专人在盾构机通过过程中对实训楼附近进行 24h 巡视，一旦发现有异常情况时，立刻上报，采取应急措施。

(4)地面监测控制措施

①监测项目和监测点的布置。根据建筑物桩基与隧道关系，对楼房敏感部位进行重点监测，加密监测点。在实训楼的墙壁上布置一定数量的监测点，在实训楼里面的柱子上也布置一定数量的监测点。

②监测频率。从盾构机刀盘距实训楼 12m 开始对已经布置的监测点进行测量，3～4 次/d，盾构机边掘进边对地面沉降情况进行监测，遇险情加密监测。

③预警值。建筑物及地层沉降控制在 10mm 内，建筑物斜率控制在 0.1%，地层损失率控制在 0.25%，相关参数取 80% 预警。

(5)掘进控制措施

①设备检修

全面检修盾构机及附属设备，对盾构机存在的一些问题彻底解决，为盾构机过实训楼桩区做好准备。其中包括：

驱动动力系统，如电机、高压油管等。

电气控制系统中的电磁阀、接触器以及传感器。

注浆系统，检修注浆泵，清通注浆管路，使之保持畅通。

渣土改良装置，检修泡沫泵、水泵，清通管路，使之保持畅通。

后配套系统:检查项目包括龙门吊、电瓶车、行走轨道及拌和站等。

检查时应注意:龙门吊的正常行走和起吊;蓄电池车必须保持刹车系统正常工作;浆车的电机、泵送系统、行走轨道及时进行养护,确保蓄电池车的正常行走,减少掉道的可能性;拌和站的上料、下料系统,操作面板等进行系统的检修;对蓄电池车的蓄电池要及时充电。

盾尾排水设备:原为潜水泵,换成隔膜泵配合一台潜水泵,利用原改造过的双管路排除盾尾泥水。潜水泵为备用设备。

气压设备按照 3bar 压力进行保压试验,对气压设备的气密性进行全面检查,如果进行压气换刀,压力最大为 2bar。

检查铰接密封、盾尾密封,保证各部位具有良好的密封性能。

从 71 环到通过桩区段掘进中,选择经验丰富的盾构机操作手,同时优化盾构掘进参数,注意对刀具的保护,确保盾构通过房屋时刀具的完好。

②掘进参数的选择

参考在燕梅区间左线过胡氏住宅楼的成功经验,盾构机通过实训楼时的掘进参数选用如下:

a. 盾构下穿实训楼处,覆土厚度 20m 左右,该桩区段管片均采用钢环管片。土仓压力的设定结合燕梅区间前 100m 掘进时的经验来确定,同时应根据地面沉降监测报告对土压进行适量调整,土压在 0.10 ~ 0.14MPa。当盾构机改为拼装模式时,土压应稍微高出设计值,确保掌子面的稳定。拼装管片时土压下降值不得超过 0.03MPa。

b. 注浆量和注浆压力。控制适宜的同步注浆压力(0.21 ~ 0.30MPa),避免注浆压力大于盾尾密封压力时浆液残留固结在密封区。加大注浆量,根据以往施工经验,注浆量大于 $8m^3$/环,从 65 环开始每隔 5 环二次注浆。二次注浆先注单液浆,后再注双液浆。

c. 推力、掘进姿态、速度及出土控制。在进入桩群前,盾构机要提前进入转弯状态,虽然处于转弯半径 700m 的圆曲线上,但是盾构进入桩群后保持平稳掘进,减少纠偏,保证 3 环标准环钢管片的拼装,另外可以减少对土体的扰动,出土量保持在 $62m^3$ 左右,加强对渣土的改良,保持土体密实。盾构机总推力 900 ~ 1200t,掘进速度保持在 10 ~ 15mm/min,严格控制进、出土平衡,确保盾构机的安全通过。

d. 盾尾油脂及时加注,保证盾尾具有良好的密封性,以避免盾尾涌水。

e. 掘进过程中的其他措施:

根据现场施工及监测情况,及时进行二次注浆,严格控制沉降。

在推进过程中,使用优质泡沫和盾尾油脂,以加强对刀具、螺旋输送机和盾尾尾刷的保护。

在掘进中,控制好油缸行程,管片选型合理,确保盾尾间隙均匀。

在盾构机通过桩区的过程中,派专人监听刀盘声音,若有异响,及时上报。

f. 盾构穿越过程的掘进参数见表 3-14。

2. 左右线过金燕塘广场四栋房屋

1)建筑物概况

两台盾构机在燕塘广场 1 ~4 号宿舍楼台下方穿越后,进入燕塘站(见图 3-99、图 3-100)。这 4 栋宿舍楼年代较为久远,因此其结构设计资料已经无法收集,根据访问及现场的调查反映此四栋房屋均为砖混结构,天然基础。线路在这一段的轨面高程 -1.56m,地面高程 28.48m,

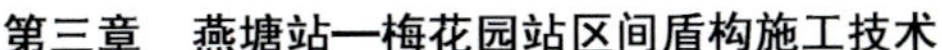

房屋基础距离隧道约26～27m，大于4倍洞径。《房屋安全鉴定报告》对该4栋房屋的描述为：

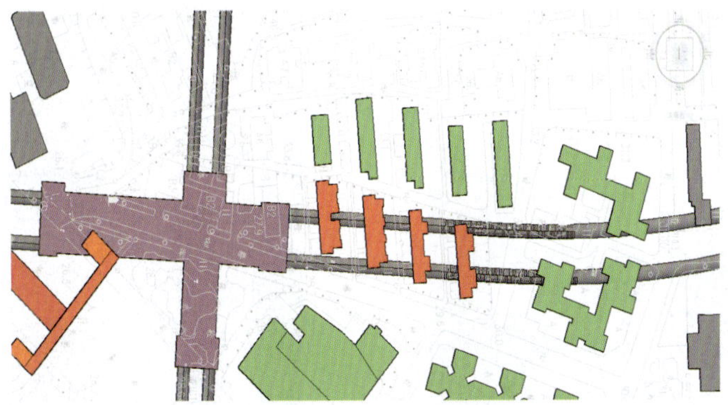

图3-99　左右线隧道与四栋房屋平面关系图

图3-100　左右线隧道与4栋房屋剖面图

过实训楼参数统计表　　表3-14

环　数	土压(MPa)	推力(10kN)	扭矩(%)	速度(mm/min)
75	1.2	5063	15	20
76	1.2	4821	14	20
77	1.2	5964	16	18
78	1.2	6249	17	17
79	1.2	6032	18	17
80	1.2	6647	20	16
81	1.2	6706	21	15
82	1.2	6699	22	16
83	1.2	6762	22	18
84	1.2	7205	21	17
85	1.2	6946	19	13
86	1.3	6378	18	14
87	1.3	6001	16	14
88	1.3	6048	17	18

(1)燕塘广场1、2号宿舍楼(见图3-101、图3-102)

图3-101　金燕塘广场1号宿舍楼

图3-102　金燕塘广场2号宿舍楼

①部分钢筋混凝土构件出现混凝土保护层剥落、钢筋外露锈蚀,部分顶板出现裂缝、渗水。

②墙体出现水平、竖向及斜向裂缝。

③各种饰面层均出现损坏。

④依照《房屋完损等级评定标准》评定该房屋为“一般损坏房”,按现状,房屋可安全使用,但对损坏部位应做维修处理。

(2)燕塘广场3、4号宿舍楼(见图3-103、图3-104)

图3-103　金燕塘广场3号宿舍楼

图3-104　金燕塘广场4号宿舍楼

①部分墙体出现微裂缝。

②局部墙体出现空鼓、剥落。

③局部墙体出现渗水现象。

④依照《房屋完损等级评定标准》评定该房屋为“一般损坏房”,按现状,房屋可安全使用,但对损坏部位应作维修处理。

2)地质情况

(1)强风化岩较为松散,其裂隙发育、透水性强,地面沉降对隧道应力变化十分敏感,但微风化岩强度高,其强度在58.6~75.3MPa,最大可达134MPa,这使得上软下硬地层中同一断面岩石的硬度差异极大。

（2）〈7H〉与〈9H〉地层之间存在一条〈8H〉破碎带，破碎带由〈8H〉碎石组成，且含水量较大。

（3）实际地质情况与详勘不符。根据过金燕塘四栋房屋之前左右线盾构机掘进出渣情况，实际地层情况与地质图（图3-105）上相差甚远，在原有地质图上显示左线隧道〈9H〉地层未侵入第四栋房屋下方，后通过地质探孔（图3-106）显示已局部侵入房屋下方。右线地质情况与地质图上基本一致。

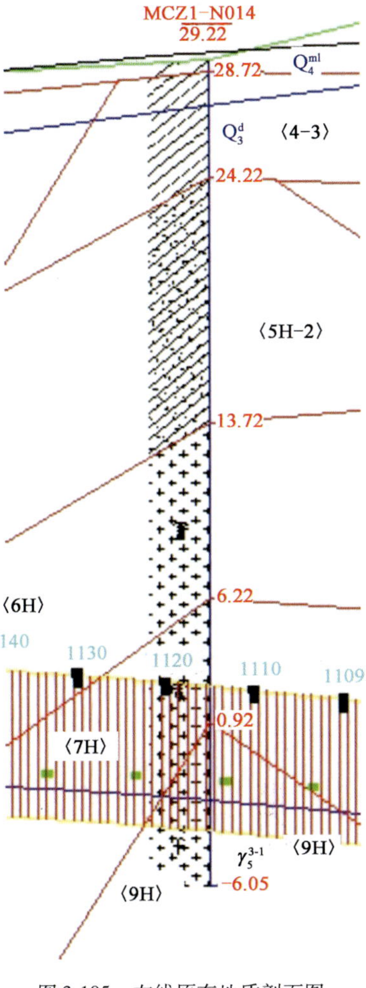

图3-105　左线原有地质剖面图

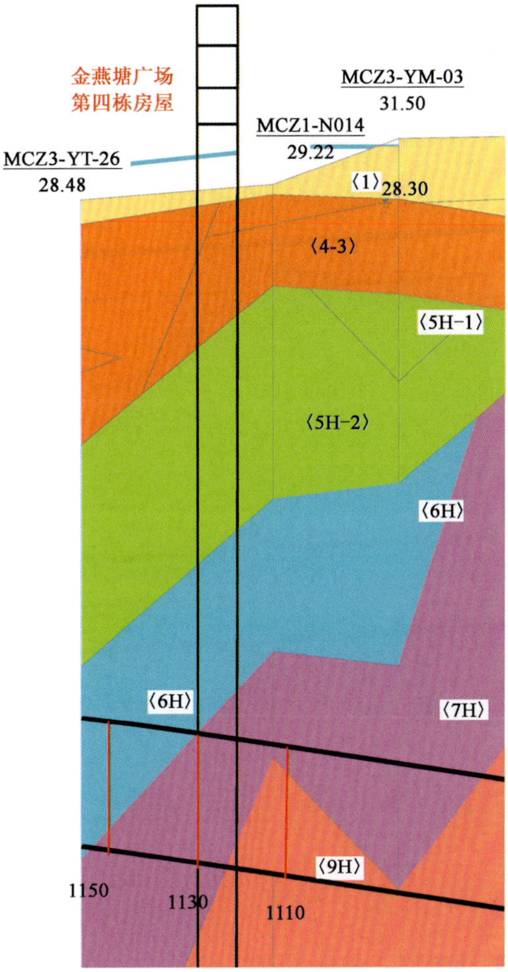

图3-106　根据补勘结果修正后左线地质剖面图

3）盾构施工风险

（1）盾构掘进上软下硬地层，下部岩石较硬，上部软岩较松散，掘进速度慢，在掘进过程中下部岩石切削缓慢，而上部土体会不断剥落，出土量难以控制，导致盾构机上方容易形成空洞，盾尾脱出后易造成地面塌陷。

（2）盾构机在掘进岩层裂隙发育且地下水丰富地段，喷涌现象严重，螺旋机出渣异常，无法建立适当舱压，造成地面较大沉降。

（3）掘进上软下硬地层，刀具磨损严重，换刀频繁，而左线小松盾构机无法解决带压进舱换刀问题。

（4）燕塘站在施工过程中，已对周边的房屋造成了一定的影响，在第三方监测成果中也能够有所体现，如1号、2号宿舍楼最高达69mm的累积沉降。此外，当两台盾构机先后掘进至车站附近时将会对这些房屋下的土体造成二次扰动、三次扰动，这对于已发生沉降且出现墙体开裂、混凝土保护层剥落、钢筋外露锈蚀等损坏的宿舍楼而言是非常不利的。

4）过房屋前各项准备工作

（1）参建各方紧急召开风险应对会，根据盾构机通过4栋房屋诸多风险，成立专项应急预案领导小组，并下分5个小组：施工方案小组，技术方案小组，场地临迁小组，信访媒体小组，施工监测小组。每周召开一次风险应对会，上报上周工作进展情况。

（2）加密探孔，彻底调查清楚进燕塘广场4栋房屋下方地质情况，如图3-107所示。

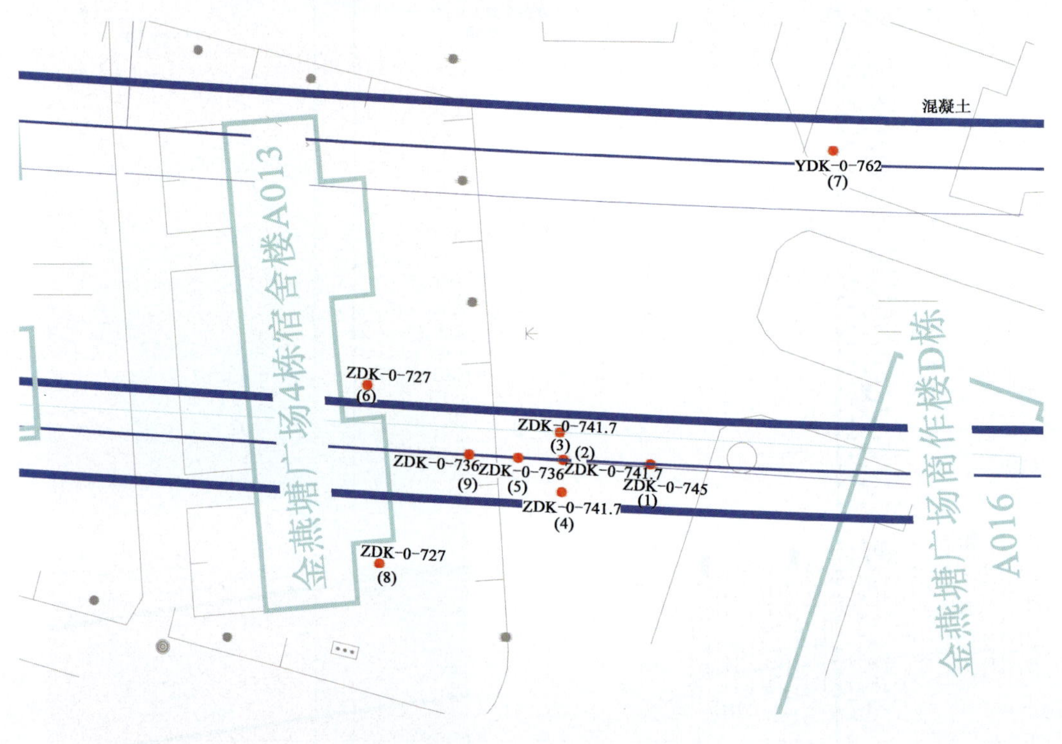

图3-107　左线补勘平面布置图

（3）重新对4栋房屋进行鉴定，作为施工指导及临迁依据。

（4）根据地质探孔情况，编制盾构过金燕塘广场1～4号宿舍楼专项施工方案，召开专家会，并提出如下意见：本区段地层结构复杂，主要为上软下硬地层且地下水较丰富，且地面建筑四栋房屋是砖混结构的天然地基基础，年代久，结构弱；本区段盾构施工方案考虑较全面，盾构掘进前通过对地层进行注浆力求达到防喷涌和减少地层损失的效果，控制地下水变化，创造换刀作业条件，在掘进过程中控制掘进参数，对出现异常情况有应急预案，该方案总体可行；在施工过程中，仍需注意地层实际变化，细化各种施工参数，加强监测，条件可能时建议对建筑物地基进行适当加固；鉴于建筑物结构较差，当盾构施工引起的建筑物附加沉降达到30mm，或沉降差达到0.2%，或沉降速率较大，或盾构掘进出现异常时，应启动居民临迁预案。

（5）场地临迁小组对盾构通过房屋存在风险提交区政府，与街道办提前做好沟通，并对4

栋房屋进行彻底摸查：房屋面积、户内损坏情况、居住人口情况、张贴地铁施工安民告示，编制相关临迁预案，起草临时安置协议样本，与周边酒店进行联系商讨居民安置问题。

(6)对4栋房屋进行监测点加密布置，启动盾构通过房屋专项监测施工方案，对隧道上面轴线上5m一个监测点，对房屋受力薄弱处进行加密布点，在房屋前后布设监测断面点，增加监测频率。

(7)地层加固预处理：

①左线过第四栋房屋前地面预加固换刀。

②破碎带注浆填充。

(8)洞内准备措施：

①盾构机同步注浆系统、二次注浆系统、泡沫系统维保。对盾构机同步注浆管路进行清理，保证注浆管可用。对注浆压力传感器进行维修，保证每个传感器压力显示均正确。同时盾构机内准备好二次注浆泵，以及管路、接头、风镐和冲击钻等二次注浆所需的设备，并备好水泥、水玻璃，保证现场有两台泵随时可用，随时可以二次注浆。对泡沫管路进行疏通，确保泡沫系统可用。

②土压平衡系统及数据传输系统。为指导盾构掘进，土压力的显示必须正确，掘进数据必须可以传输到地面监控室，以便值班人员了解盾构施工情况，所以需要做好如下工作：清理土压传感器，检查传感器的连线，确保土压力在面板显示正确；维修数据传输系统，确保可用。

③盾构油脂注入系统。为确保盾尾注浆时不漏浆或少漏浆，必须对盾尾油脂注入系统进行检查维修，检查油脂泵、油脂管路，确保油脂管路畅通。

④刀盘和刀具。小松盾构机在进入金燕塘广场4号宿舍楼之前，尽可能安排检查一次刀具，避免因刀箱或刀具原因而影响隧道施工。

5)掘进过程中控制措施

(1)采用土压平衡模式，均衡、连续、匀速通过房屋区

左线由于在第四栋房屋前有局部上软下硬地层，故推进参数控制：推力1700～2100t；扭矩控制范围30%～50%；刀盘转速为1.3r/min；土仓压力0.18～0.24MPa。出土量的控制为5.5斗，反算出每斗掘进的长度，每环做好出土量的记录工作。

(2)盾体注入膨润土泥浆

为保证盾构机在掘进过程中，盾体与周边土体之间的空隙能够及时得以填充，在盾构掘进过程中，在中盾的位置上注入膨润土泥浆。

(3)加强壁后注浆

同步注浆采用盾尾壁后注浆方式。注浆要做到“掘进、注浆同步，不注浆、不掘进”，通过控制同步注浆压力和注浆量(注浆终止压力控制在0.25MPa，每环注浆量大于7m^3)双重标准来确定注浆时间。

采用二次注浆有效防止房屋产生后期沉降。在房屋前后10m范围进行洞内二次注浆，充填管片背后的空腔。从脱出盾尾第15环管片开始，每隔2环在管片顶部注浆孔打开注双液浆，直到管片超出二次注浆加固范围为止。注浆的具体方法是把管片上的注浆孔打开注双液浆，将背后的空腔封堵住。注浆压力暂定1MPa；注浆配比：水泥∶水∶水玻璃=1∶0.7∶0.2。注浆过程中要根据沉降监测数据反馈，实时调整注浆位置和参数。

(4)加强渣样分析

每环取2~3次的渣样,并对渣样及时分析,根据渣样的分析结果,确定合理的掘进参数。

(5)施工监测措施

施工期间由项目部测量组负责24h对地面沉降进行监控量测。过房屋期间对盾构机前后的主要监测点每2h监测一次,每天将数据与第三方监测进行核对,并及时将监测数据反馈给各级领导和盾构机操作人员,根据监测结果指导施工,做到真正的"动态施工"。

六、刀盘被卡处理技术

1.工程简述

2010年1月13日小松盾构机完成空推段掘进再次始发,由于再次始发端头围岩较大,因此采用敞开式掘进,在14日下午至晚上盾构敞开式掘进2环,推力1200~1300t,扭矩35%~45%,速度10mm/min,地层为〈8H〉、〈9H〉地层。在掘进过程中,刀盘多次非正常急停(扭矩未出现突变),凌晨2点进舱检查刀具,发现有3把正面滚刀压块松动,进行压块复紧,关闭舱门,施工方立即与盾构机厂家维修人员进行联系,对刀盘急停查明原因,但未果。

1月15日对螺旋出土口处螺旋机筒体加焊钢板,16日日掘进2环,推力600~700t,速度在10mm/min以下,扭矩20%~30%。1058环推进至1m开舱检查刀具,发现3把刀具螺栓掉落,并对刀盘跳停项目部进行检查,初步估计是由于盾构机掘进〈9H〉地层时振动造成。

1月17日,左线小松盾构机晚上掘进1059环推进至1m时,推力2100t,速度4mm/min,扭矩70%~80%,推至1m时扭矩最大达到110%,刀盘前声音较大,难以转动。

2.原因分析

(1)在1059环掘进过程中已经出现掘进参数异常,扭矩波动较大(见表3-15),并且盾构机刀盘出现急停现象,在前盾处能听见刀盘前方有较大声响,但未引起重视,认为是在掘进硬岩过程中较为常见的现象。

1055~1059环掘进参数汇总表 表3-15

环号	推力(t)	扭矩(%)	速度(mm/min)
1055	1091	32	10
1056	1074	36	10
1057	653	23	14
1058	876	20	14
1059	2178	84	8

(2)在出现刀具螺栓松动现象时盾构机处于敞开式掘进,仅仅对螺栓进行复紧,没有趁开舱有利条件下对刀盘急停原因进行检查。

(3)从地质剖面图(见图3-108、图3-109)上分析此段地层为〈7H〉、〈9H〉地层,但未参照右线该段地质剖面存在基岩进行对比,因而没想到右线该段基岩侵入左线隧道,岩面变化较大,造成两个硬岩夹软岩情况。

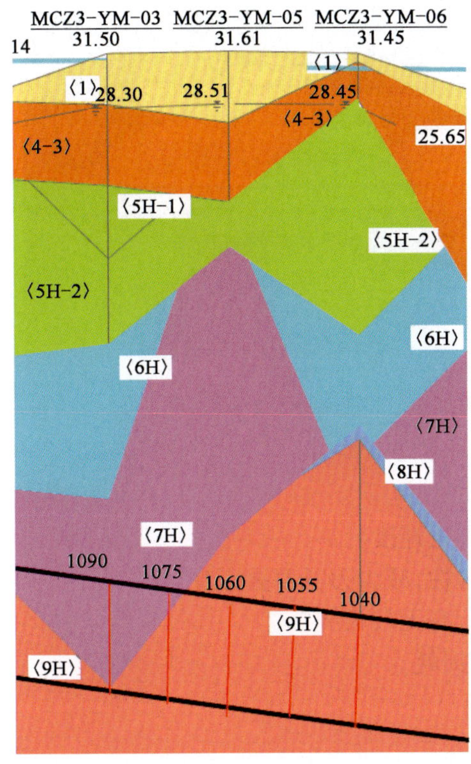

图 3-108　该段地质剖面图

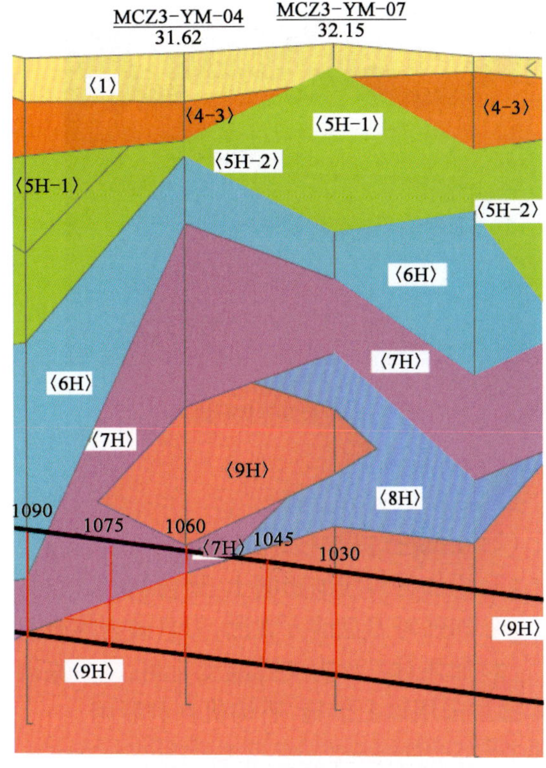

图 3-109　该段对应右线地质剖面图

开舱后发现后刀具磨损较为严重，正面区单刃刀、双刃刀，边缘刀偏磨及磨损量都较大，并且 1、2、3 号双刃刀刀座损坏，并且在清理土仓底部渣土时发现 3 个较大石块（见图 3-110）。石块一（见图 3-111）长宽约 40cm，高为 30cm，形状呈椭圆形。石块二（见图 3-112）长约 60cm、宽约 30cm、高约 20cm，形状呈长方体状。石块三（见图 3-113）长约 60cm、宽约 30cm、高约 30cm，形状呈尖角状。

图 3-110　在清理土仓过程中发现的石块

图 3-111　椭圆形石块

（4）土仓内出石较多，未加入膨润土，造成渣土改良效果较差。

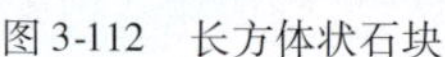
图 3-112　长方体状石块

图 3-113　尖角状石块

3. 应对措施

（1）更换磨损的刀具。

（2）在掘进过程中采用小推力、低转速，严格控制掘进速度。

（3）添加材料增加膨润土、聚合物，以改善渣土和易性，减少刀具摩擦。

（4）加强对刀盘前方观测，刀具破岩声音是否波动，有无较大异响。

（5）加强对刀盘内支撑温度监测，减少高温对刀具损耗。

通过采用以上措施，盾构机顺利脱困。

七、始发洞门环板拉脱处理技术

1. 工程简述

2009 年 2 月 9 日 11:00 左右，左线盾构机正在掘进 -3 环时，预埋环板上部 A 型环板突然拉脱，整个环板仍然是连接在一起，上半部拉脱距离洞门 1m 左右，并伴随一股泥浆从洞门处喷出。根据刀盘里程和现场渣样分析，刀盘的最前端刚刚穿过素混凝土连续墙（加固体），施工时推力为 600 ~ 800t，盾构机姿态为水平方向相差大，刀盘前端为 -78mm，盾尾为 -1mm；垂直方向相对较小，刀盘前端为 +30mm，盾尾为 +42mm。地质情况为洞身全断面为〈6H〉地层，洞顶为〈5Z-2〉、〈4-1〉地层，事故发生之后洞门与盾构机之间的间隙仅有少量水流出。

2. 原因分析

（1）预埋环板与连接筋的焊接不牢，预埋件焊接点的作用力不能承受由于盾构姿态较差碰撞折叠压板产生的作用力及土压力。

（2）盾构机始发姿态偏差较大，盾体上部与折叠式压板突然碰撞。

（3）过程建立高土仓压力（顶部 0.15MPa，经过计算给环板增加了 920kN 压力）导致洞门密封系统承受的压力增大。

（4）洞门密封 B 板未安装，造成螺栓集中受力。

3. 处理方法

将已经脱落的环板重新固定在车站的结构上，具体的做法为：将环板与环板的连接处割开，分块用千斤顶顶回到车站的结构上，帘布与压板不分开，帘布与压板在顶进的过程中帘布始终不能翻转（顶进过程用钢筋撬住及木块楔住帘布），环板和帘布顶回到车站结构之后重新在车站结构上打孔装钢板及加斜撑固定环板及压板。在处理环板的过程中要始终有专人对地面监测点及洞门处渗漏水进行监测。处理完成后洞门处现状如图 3-114 所示。

图 3-114　环板处理完成后

八、空推段始发端预加固上软下硬地层

1. 工程简述

从地质报告及结合现场实际情况来看，右线海瑞克盾构机在结束 450m 空推段掘进之后，始发端为〈7H〉、〈9H〉地层，〈9H〉地层岩石完整性较好，岩石强度较高，最大达到 121MPa，而〈9H〉地层上部为〈7H〉地层。

2. 主要风险

盾构机在空推段始发时，主要风险为：

(1)洞门密封施作困难，因为矿山法扩挖空间小，工人无法进入安装环板。

(2)无法有效建立土仓压力，盾构机空推拼装管片隧道，同步注浆及喷射豆砾石不可能使矿山法初期支护与管片完全饱满。

(3)地面建筑物较多，其中新燕花园在前期矿山法开挖因失水沉降已造成一定影响。

3. 解决方法

基于此种情况，在盾构机未到达端头之前决定对此进行处理，讨论出 4 种解决办法。

(1)洞内爆破。

(2)地面钻孔深孔爆破。

(3)洞内〈7H〉地层加固。

(4)地面〈7H〉地层加固。

第 1、2 种办法为减少〈9H〉地层岩石完整性，降低岩石强度，由于当时新燕花园房屋已有影响，洞内爆破施工会造成居民投诉，并且由于〈9H〉斜坡较长，钻孔及装药、药量控制都存在一定难度。第 4 种由于场地受限制，无法进行施工。因此 1、2、4 方法不予以采用，决定采用洞内前进时注浆加固〈7H〉地层，减少地层之间强度差异及在盾构机掘进过程中〈7H〉地层失稳。

4. 施工措施

1)探明地质状况(见图 3-115)

在二次始发端钻水平探孔，3 个钻孔均位于隧道中心线上，顶部一个钻孔，向下 1.8m 第二

个钻孔，底部第三个钻孔。结果为：第一个钻孔 13m 后，硬岩结束；第二个钻孔 19m 后，硬岩结束；第三个钻孔 21m 后，硬岩结束，根据修正后的地质剖面图（见图 3-116）布置注浆孔加固注浆。

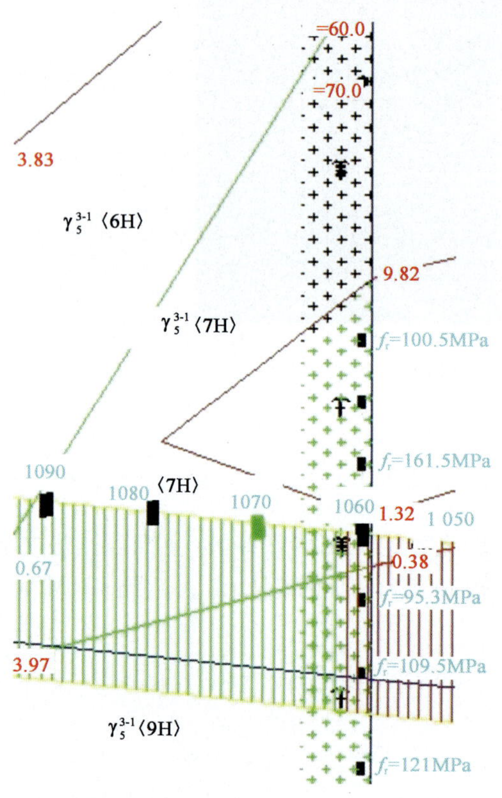

图 3-115　原地质剖面图（红色为矿山法隧道）

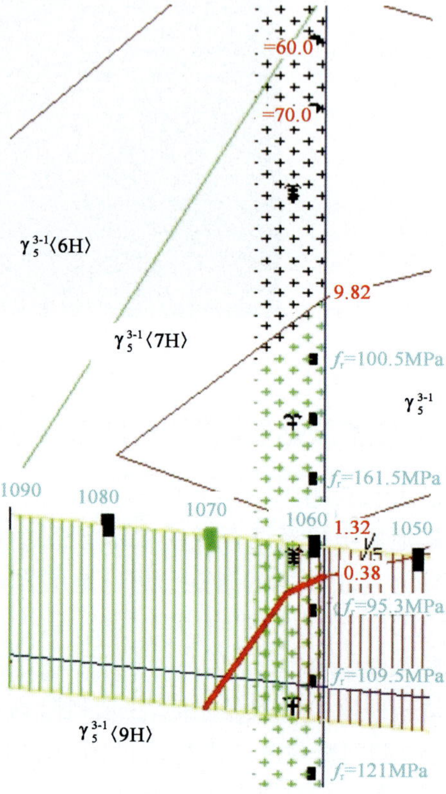

图 3-116　经过水平探孔修正后的地质剖面图

2）加固方案

根据地质剖面图，对 13～20m 的隧道范围内进行了注浆加固，注浆方式采用前进式注浆。

九、利用主动铰接辅助盾构机脱困

1. 推进步骤

（1）铰接千斤顶顶进前体，刀盘切削岩土。

（2）前体脱困后，仅保持往前掘进极小距离，停止掘进。

（3）主千斤顶顶进后体，同步降低铰接千斤顶油压。

（4）后体脱困，主千斤顶顶进至铰接千斤顶完全收回。

2. 注意问题

（1）铰接推进距离控制。如果铰接推进距离过大，在铰接千斤顶泄压后，主千斤顶尚未顶进到位前，前体可能后退，导致舱压下降，地表沉降。

（2）前体脱困后，铰接伸出距离控制。如果铰接伸出距离太大，造成刀具贯入度过大，容易造成磨损或者将刀具磕坏；如果铰接伸出距离太小，刀具没有有效接触掌子面，导致掘进速

度太慢。

3. 辅助脱困措施

(1)同步注浆采用膨润土代替砂浆,原因是脱困掘进缓慢,砂浆容易堵管。

(2)往土仓及中盾处注入膨润土,在上软下硬地层中注入适当膨润土改良渣土,增加渣土和易性,更好地建立实土压力,减少土仓内气体;膨润土与上部软岩结合,起到暂时稳固上部土体及止水作用;并且在当全缩铰接,推进千斤顶时能防止舱压较快下降。

(3)中盾上注入膨润土起到同步注浆效果,填充空隙,并且减少盾壳与地层之间摩擦。

4. 脱困掘进控制要点

(1)在铰接油缸泄压后,主千斤顶推进过程中开加泥系统,往土仓内注入一定量泥浆,使土仓压力波动较为平稳。

(2)出土控制:在脱困过程中由于掘进速度较慢,出土量较小,理论接近于全伸几毫米时切割下来的岩土量。操作手主要以舱压作为依据,把握出土频率,当推进时舱压高于设定值或者原有值时出土,并且在掘进过程中不停出土。

(3)把握关铰接和主千斤顶的转换时机,当铰接操作全开时,伸至设定贯入度后及时关闭全伸,此后预计刀盘转动一周后全开主千斤顶,准确把握时间。

(4)铰接推进完成后推进千斤顶时开加泥系统。

(5)加强对掘进参数的分析:

①推力:掘进推力为铰接油缸总推力 + 千斤顶总推力

②扭矩:为保护刀具采用小贯入度,脱困过程中扭矩较小,但仍然有波动,全伸铰接后扭矩变大,刀盘破岩后关闭全伸铰接扭矩有下降趋势。

③舱压:舱压有波动,铰接推完后全缩,舱压会有突然下降过程,启用千斤顶推完后舱压上升。

Chapter 4

梅花园站—同和站区间盾构施工技术

执笔人 The Author

沈冠群 ▷

项目总监代表

执笔人 The Author

贺小玲 ▷

工程师

本项目专业监理工程师

执笔人 The Author

石战利 ▷

业主项目工程师

第四章 梅花园站—同和站区间盾构施工技术

第一节 工程概况和施工环境

一、区间位置和线路概况

梅花园站—同和站盾构区间位于广州市白云山东侧，线路从梅花园站北端沿广州大道北路行进，区间中部穿越梅宾街私人住宅楼群，过南方医院天桥和旧广从公路 4 号人行天桥，过箱渠到达同和站。广州大道北路交通繁忙，道路两侧建筑物密集，商业发达。

本工程分为梅花园站—南方医院站、南方医院站—同和站两个区间，双线总长 4827.104m（见图 4-1）。

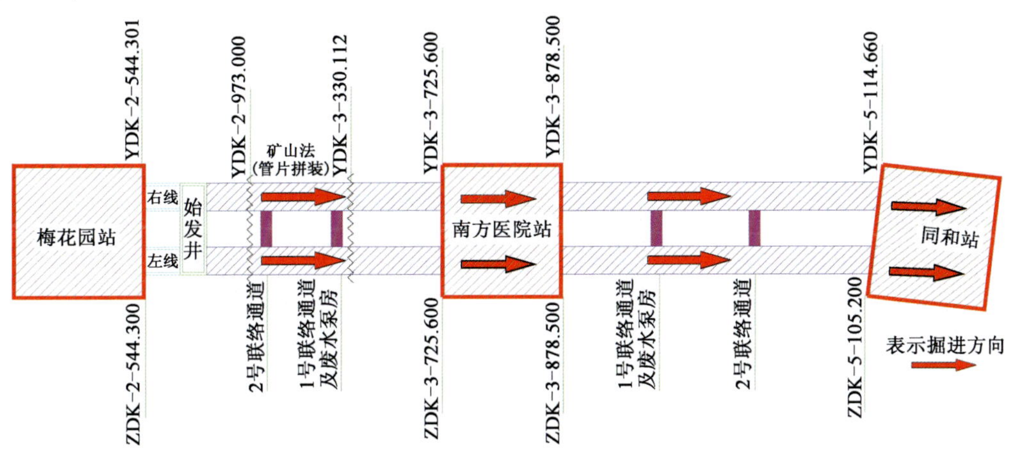

图 4-1 盾构掘进示意图

梅花园站—南方医院站区间右线隧道长 1181.3m，其中 YDK－2－973.000～YDK－3－330.112 为圆形矿山＋盾构拼装联合施工区段；左线隧道长 1170.264m（短链 11.036m），其中 ZDK－2－958.000～ZDK－3－319.766 为圆形矿山＋盾构拼装联合施工区段，见表 4-1。标段隧道总长度 2351.564 延米，合计 718.878 延米为圆形矿山＋盾构拼装联合施工区段。矿山法隧道的施工竖井设置于左线隧道桩号 ZDK－3－312.100 处、广州大道北路东侧现路边，施工竖井井深 24.9m，内净空为 7.0m，采用喷锚支护。本区间隧道设置 2 个联络通道。矿山法施工联络通道与 2 号联络通道联合设置。区间隧道线间距为 13m，最小曲线半径为 600m，隧道埋深 11.90～32.10m，区间纵坡为单坡，最大坡度 0.6%。

南方医院站—同和站区间右线隧道长 1236.160m；左线隧道长 1239.380m（长链 12.680m），

盾构隧道总长度2475.540延米，见表4-2。本区间隧道设置2个联络通道和1个废水泵房，区间废水泵房与1号联络通道结合设置。本区间隧道线间距为13m，最小曲线半径为400m，隧道埋深约9.78～14.20m，区间纵坡为V形节能坡，最大坡度1.5%。

梅花园站—南方医院站区间　　表4-1

线路	总长(m)	矿山法+盾构(m)	附属结构
右线	1181.3	357.112	2个联络通道
左线	1170.264	361.766	

南方医院—同和站区间　　表4-2

线路	总长(m)	附属结构
右线	1236.160	2个联络通道和1个废水泵房
左线	1239.380	

二、投资和工期

1. 工程投资及合同工期

根据合同，概算投资总额19101万元，全部工程施工工期约有26个月；工程开工时间为2006年10月30日，合同要求竣工验收时间为2008年12月25日。调整后的工期，开工时间为2006年12月1日，要求竣工验收时间为2009年12月31日。

2. 盾构掘进情况统计

本项目盾构掘进进度如表4-3、表4-4和图4-2所示。

盾构始发及贯通时间表　　表4-3

线路＼时间	梅花园站—同和站盾构区间					
	总环数	始发日期(年-月-日)	贯通日期(年-月-日)	工期(d)	最高月进尺(m)	日均进尺(m)
梅南左线	780环	2009-1-7	2009-7-21	195	308	6
梅南右线	787环	2008-12-3	2009-7-13	222	270	5.3
南同左线	824环	2009-3-1	2009-9-11	194	354	6.4
南同右线	827环	2009-1-7	2009-9-27	263	250	4.7

盾构机在不同地层中的日平均掘进环数　　表4-4

地　层	〈5H-1〉、〈5H-2〉	〈6H〉	〈6Z〉	〈7Z〉	〈8Z〉、〈9Z〉
日均掘进环数	7.2	6.2	5.8	5.4	4.6

三、盾构施工环境特点

1. 地形地貌

本区间沿线地貌为剥蚀残丘和山间冲洪积小盆地，地面高程16.64～35.28m，高差18.64m，地形较平坦。线路沿线多为密集民居、办公楼和道路。

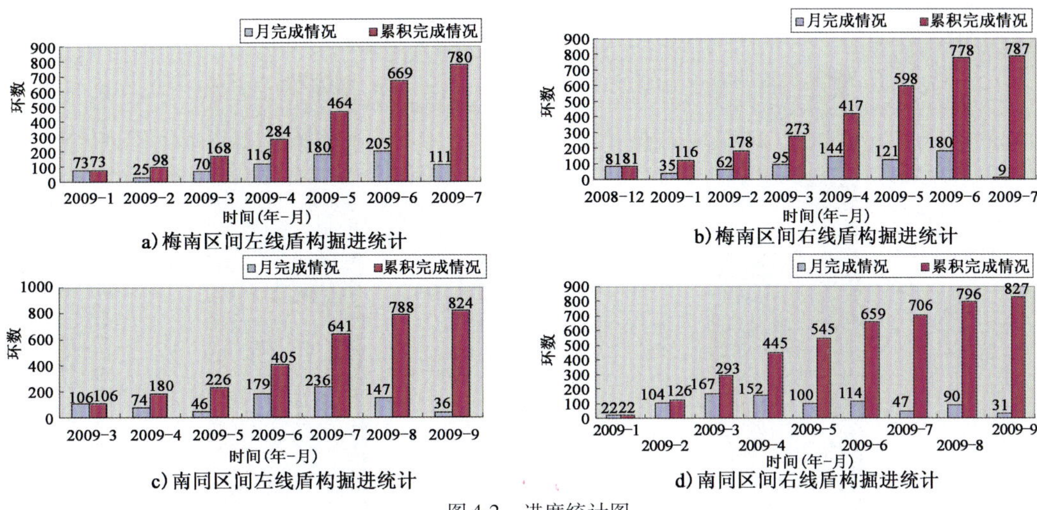

图4-2 进度统计图

2. 地层岩性

本区间沿线第四系土层主要有人工填土、冲积—洪积砂层、土层及淤泥质土层、残积土层，其中第四系土层厚度变化较大，软土零星分布，厚度较小，冲积—洪积砂层在此段较发育，地下水较丰富。下伏基岩为：燕山期花岗岩分布地段，岩面起伏较大，全风化和强风化带厚度较大，风化强烈，个别地段存在球状风化孤石，裂隙局部发育，地下水不丰富；震旦系变质岩分布地段，岩性主要为花岗片麻岩、混合花岗岩，部分地段为混合花岗岩，变质石英砂岩、石英岩等。岩石风化强烈，全风化和强风化带厚度较大，节理，裂隙稍发育，中微风化岩岩面大部分地段埋藏较深，且起伏较大，如图4-3～图4-8所示。

3. 水文地质

1）地下水位

本区间地下水水位埋藏变化不大，稳定水位埋深为1.4～7.95m，平均为4.675m，高程为38.2～46.4m，平均为42.3m。地下水位的变化与地下水的赋存、补给及排泄关系密切，每年5～10月为雨季，大气降雨充沛，水位会明显上升，而在冬季因降水减少，地下水位随之下降，年变化幅度为2.50～3.00m。

2）地下水类型及赋存方式

本段块状基岩裂隙小，块状基岩裂隙水主要赋存在花岗岩和变质岩强风化带和中风化带之中，地下水富水性不强，在山沟谷口处，地下水相对较丰富。根据本次抽水试验资料和地质经验，渗透系数为0.1～0.5m/d。

4. 地面建筑物、地下构筑物和管线特点

1）地面建筑物概况

本工程梅花园站—南方医院站区间在梅宾街附近穿越了16栋私人住宅楼。区间中部YDK－3－188.535处线路与京溪路暗渠相交，其间有170m位于隧道左线上方，然后在YDK－3－370.990处折向大道东侧与区间线路并行，最后转向京溪路；在南方医院站—同和站区间线路穿越南方医院天桥（A163）、旧广从公路道路工程4号人行天桥（A169）；在YDK－4－500～YDK－5－085段，隧道左线结构处于旧广从公路（兴华路—同和）道路排水工程箱形框架结

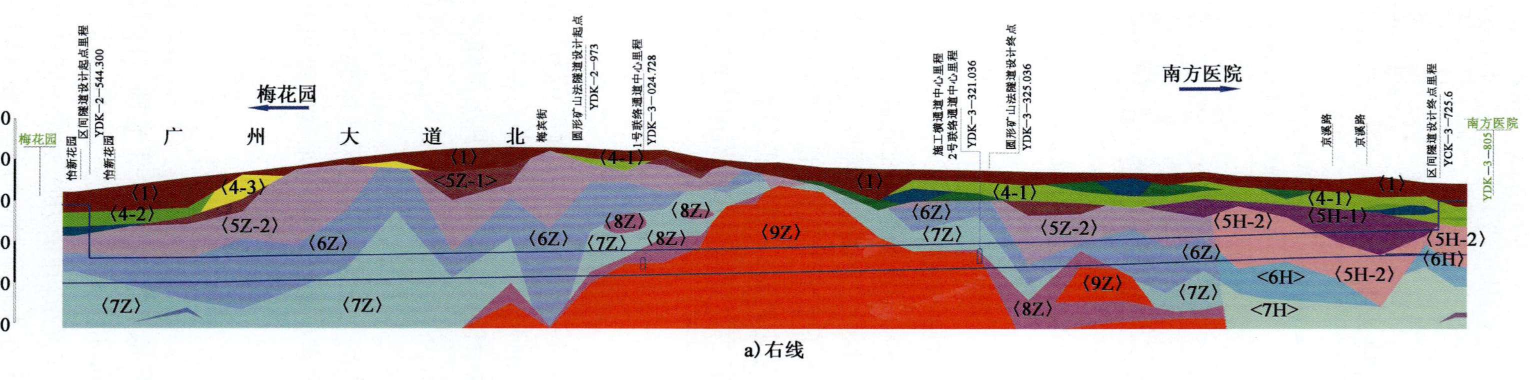

a) 右线

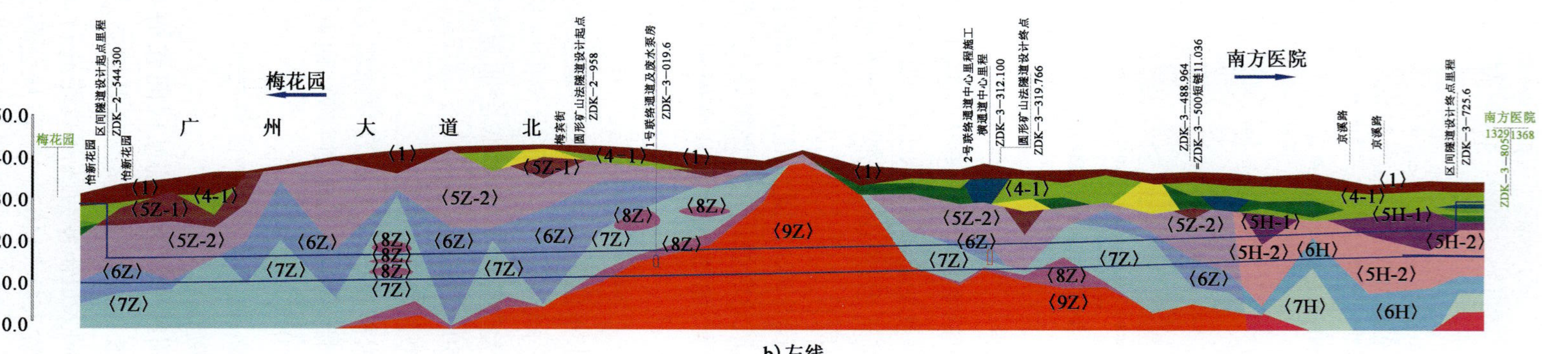

b) 左线

图4-3　梅南区间纵剖面图

本区间隧道主要穿越〈6Z〉、〈7Z〉、〈9Z〉、〈5H-2〉花岗片麻岩、混合花岗岩带，隧道范围内最大岩石单轴抗压强度142MPa；隧道在YCK2—9731~YCK3—330.112，ZCK2—958~ZCK3—319.766段，穿越〈9Z〉，采用圆形隧道初期支护，盾构拼装通过。隧道埋深11.9~35.1m，稳定水位1.4~7.95m

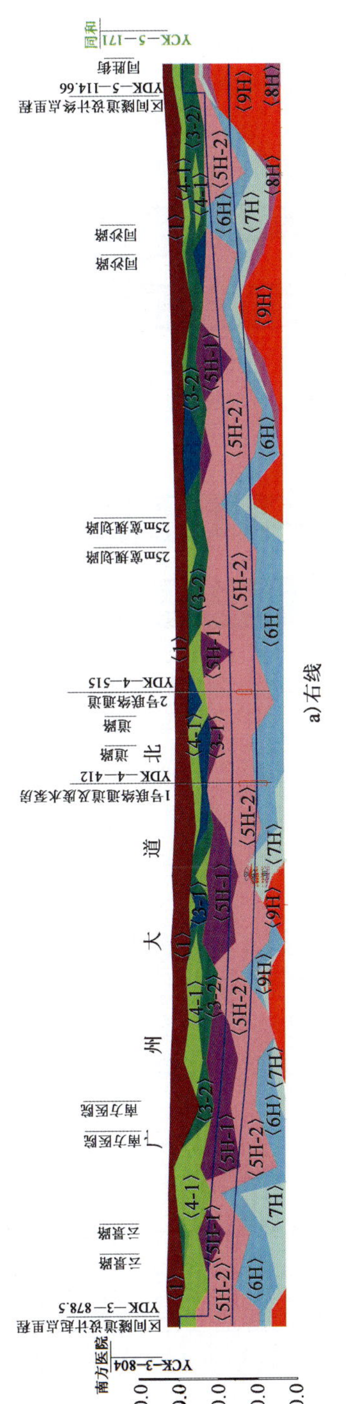

a) 右线

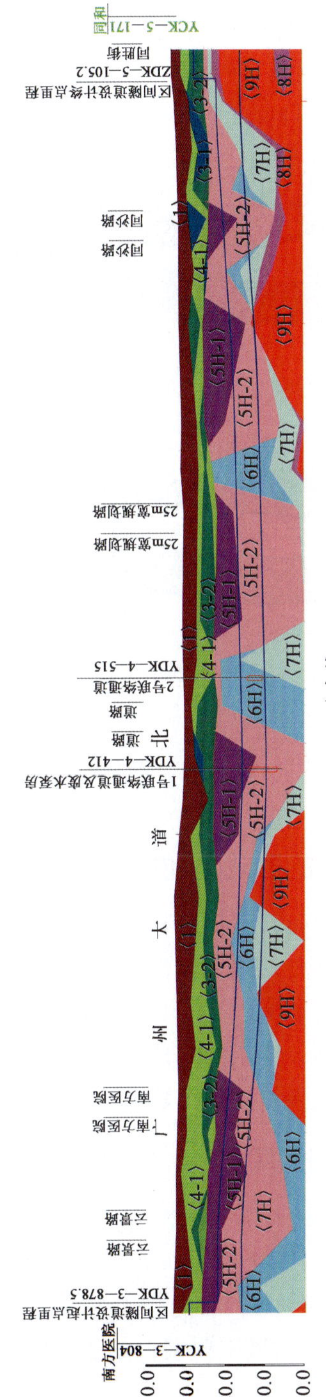

b) 左线

图4-4　南同区间纵剖面图

沿线主要穿越〈5H-1〉、〈5H-2〉、〈6H〉花岗岩风化带，沿经办公楼、民楼、学校、厂房众多

构暗渠之下。

2）地下构筑物及管线概况

沿线的地下管线分布较多，主要集中在广州大道两侧的人行道及绿化带之间，包括大量的军用光缆、通讯管线、排污管、供水管及煤气管道等；地下管线埋深在 0.4m～2.5m 之间，距离隧道顶部约 8～12m。

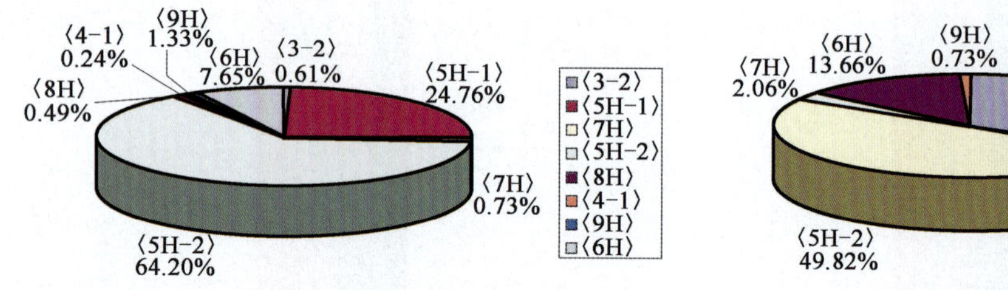

图 4-5　南同区间隧道穿越地层统计图（右线）

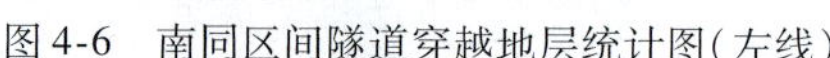

图 4-6　南同区间隧道穿越地层统计图（左线）

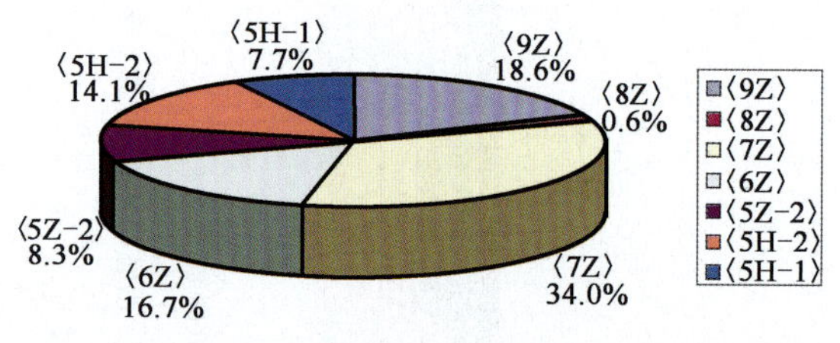

图 4-7　梅南区间隧道穿越地层统计图（左线）

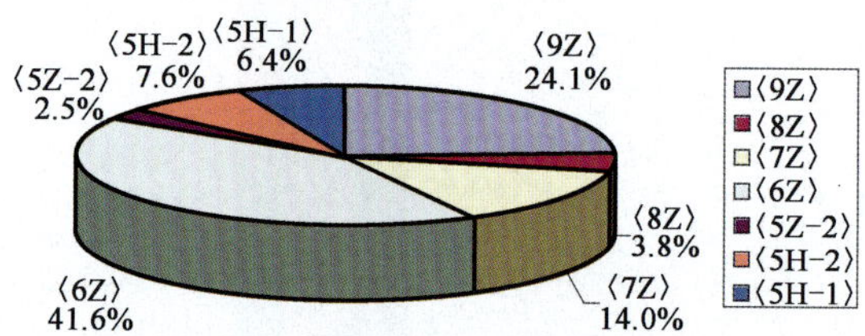

图 4-8　梅南区间隧道穿越地层统计图（右线）

第二节　盾　构　机

一、盾构机的形式、提供厂家

本工程采用四台盾构机从南方医院站始发，分别向梅花园方向及同和方向掘进，其中梅南区间采用两台由海瑞克公司设计生产的土压平衡式盾构机，自编号分别为 S427 和 S428。南同区间左线采用了 1 台海瑞克公司设计生产的土压平衡式盾构机，自编号为 S399；右线采用 1 台维尔特公司设计生产的土压平衡式盾构机，盾构机的参数详见本书第一章。

刀盘的特点和刀具的布置，如图 4-9、图 4-10 所示。

二、刀具更换情况

梅南区间左线〈6Z〉、〈7Z〉地层占 50.7%，〈5H-1〉、〈5H-2〉地层占 21.8%，〈8Z〉、〈9Z〉地层占 19.2%；右线〈6Z〉、〈7Z〉地层占 55%，〈5H-1〉、〈5H-2〉地层占 14%，〈8Z〉、〈9Z〉地层占 28%，其中左右线共 630m 的〈8Z〉、〈9Z〉地层主要采取矿山法隧道开挖，然后盾构机空推拼装管片通过，所以盾构机主要通过的是〈6Z〉、〈7Z〉地层，刀具的磨损不大。详细情况见表 4-5、表 4-6。

南同区间左右线主要穿越的是〈5H-1〉、〈5H-2〉地层，其中左线占 83.1%，右线占 86.8%，盾构机在该地层下掘进，刀具磨损较小。换刀情况详见表 4-7、表 4-8 和图 4-11～图 4-14。

图 4-9　维尔特盾构机刀盘布置图

图 4-10　海瑞克盾构机刀盘置图

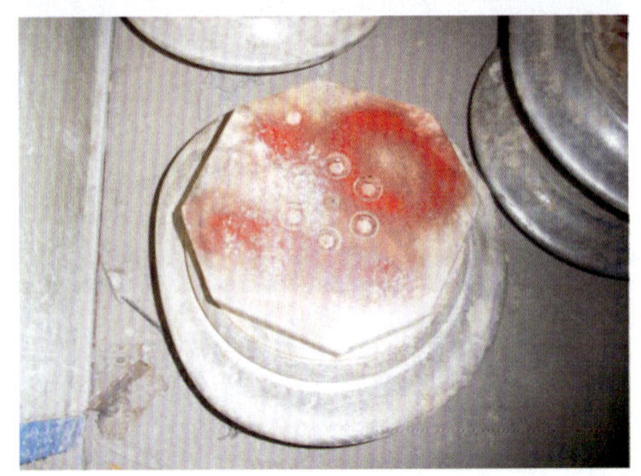

图 4-11　南同右线 450 环单刃滚刀偏磨(贺小玲　摄)

图 4-12　南同左线 226 环刀圈脱落(贺小玲　摄)

梅南区间左线换刀情况　表 4-5

次数	时间(年-月-日)	换刀环号	地质或推进情况	换 刀 情 况	磨损量(mm)
1	2009-6-2 ~ 2009-6-8	469	盾构过矿山法段	双刃中心刀 4 把,单刃滚刀 31 把,刮刀 64 把	5 ~ 7

梅南区间右线换刀情况　表 4-6

次数	时间(年-月-日)	换刀环号	地质或推进情况	换 刀 情 况	磨损量(mm)
1	2009-5-12 ~ 2009-5-14	480	盾构过矿山法段	双刃中心刀 4 把,单刃滚刀 31 把,刮刀 64 把	5 ~ 7

南同区间左线换刀情况　表 4-7

次数	时间(年-月-日)	换刀环号	地质或推进情况	换 刀 情 况	磨损量(mm)
1	2009-5-27 ~ 2009-5-29	222	〈5H-2〉、〈6H〉地层	双刃中心刀 1 把,单刃滚刀 5 把	5 ~ 12
2	2009-6-2 ~ 2009-6-4	226	刚通过桩基托换〈5H-2〉、〈6H〉地层	刀圈脱落,双刃中心刀 6 把,刮刀 28 把	7 ~ 12
3	2009-8-4 ~ 2009-8-8	665	〈6H〉地层	双刃中心刀 4 把,单刃滚刀 31 把,刮刀 64 把	4 ~ 9

南同区间右线换刀情况 表4-8

次数	时间(年-月-日)	换刀环号	地质或推进情况	换 刀 情 况	磨损量(mm)
1	2009-5-9～2009-5-10	450	〈5H-2〉地层	中心刀1把,边滚刀2把,正面滚刀1把	5～7
2	2009-7-24～2009-7-27	702～705	〈5H-1〉、〈5H-2〉地层	11把滚刀、14把刮刀	5～15
3	2009-9-5～2009-9-7	799	〈5H〉、〈6H〉、〈8H〉地层	11把滚刀	8～15
4	2009-9-20～2009-9-21	806	〈5H〉、〈8H〉地层	19把滚刀	5～12

图4-13 南同右线702环滚刀刀座被磨平(吴春晓 摄)

图4-14 梅南区间左线刮刀掉齿(沈冠群 摄)

第三节 盾构施工的主要技术

一、盾构掘进过桩技术

1. 工程及地质概况

1)工程概况

南方医院站—同和站盾构区间隧道下穿南方医院人行天桥,其中天桥Z3号桩基处于隧道结构范围内,须对天桥Z3号桩基进行托换,然后采取人工挖孔将侵入隧道结构的桩基截除。

该桥建于2002年,结构形式:主桥上部为预应力现浇箱梁,下部为80cm×100cm及60cm×100cm的矩形墩,基础为130cm钻孔灌注桩;楼梯采用钢筋混凝土板式结构,下部结构为60cm圆柱,基础为80cm钻孔灌注桩。即Z3号桩基为直径130cm钻孔灌注端承桩,持力层为〈9H〉地层。

2)地质概况

桩基托换处地质情况参见图4-15。

2. 施工方法

(1)双管旋喷加固托换梁基坑周边土体和人工挖孔周边土体。托换梁基坑长12.2m、宽3.6m、深3.1m。为确保基坑开挖期间及托换梁施工期间安全,其周边采取两排ϕ0.6m的双重管旋喷桩+局部桩内插钢管联合支护,参见图4-16。

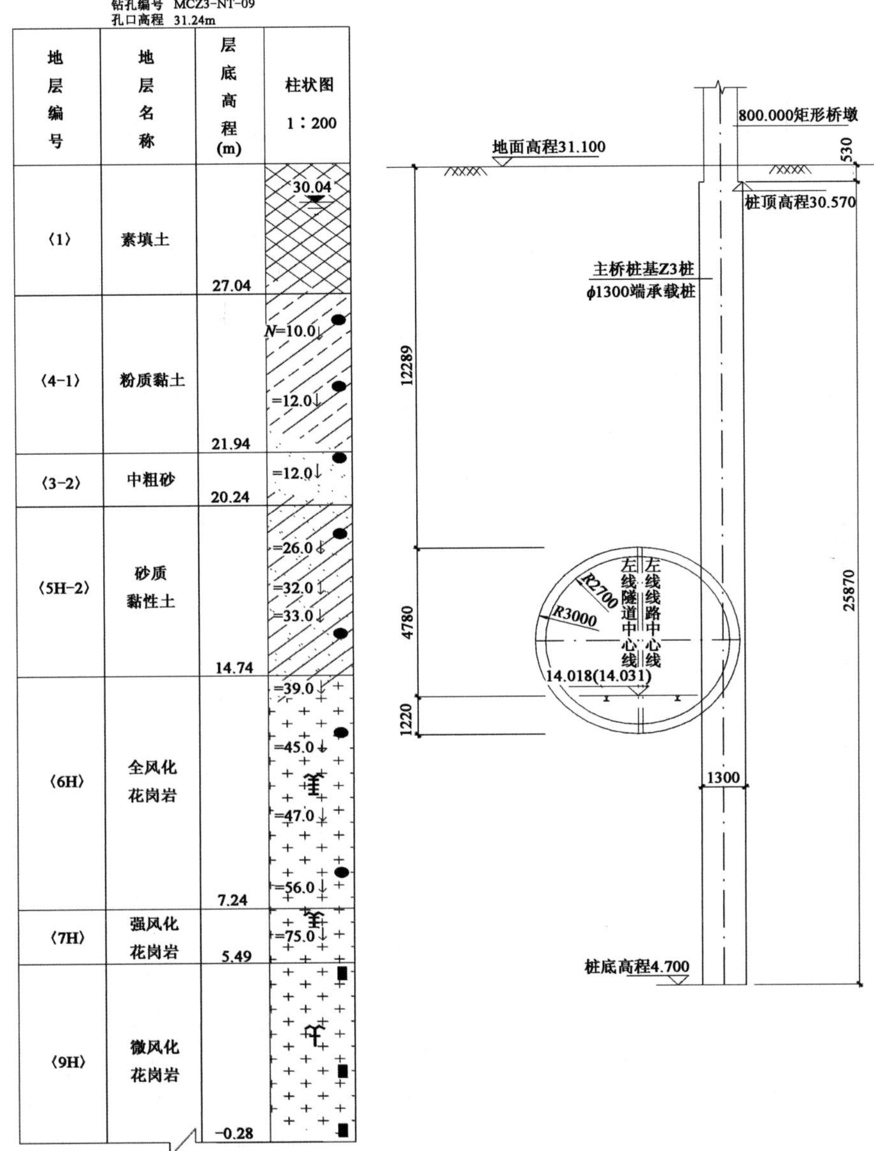

图4-15 南方医院人行天桥桩基托换处地质柱状图(尺寸单位:mm)

(2)桩径600mm、间距500mm、排距433mm、梅花形交错布置,托换梁基坑周边189根、人工挖孔周边39根;托换梁基坑周边旋喷桩除人工挖孔施工出入口处(3排)桩长8m外,其余桩长均为6m;人工挖孔周边旋喷桩孔深19m,上部3m为空孔。浆液采用32.5级普通硅酸盐水泥配浆,其水灰比为1~1.5以现场试验确定,泵压不小于20MPa,气压不小于0.7MPa,提升速度6~12cm/min,旋转速度8~12r/min,旋喷桩的孔位偏差小于50mm,桩体垂直度小于1%。同一桩体需数次喷射时,上下桩体的搭接大于200mm。旋喷桩加固后的地基应有良好的均匀性和自立性,其单轴抗压强度大于1.2MPa,渗透系数应小于1×10^{-5}cm/s。

(3)旋喷提升速度为10~12cm/min,旋转速度8~12r/min,注浆压力大于25MPa,流量大于180L/min,气压大于0.7MPa。

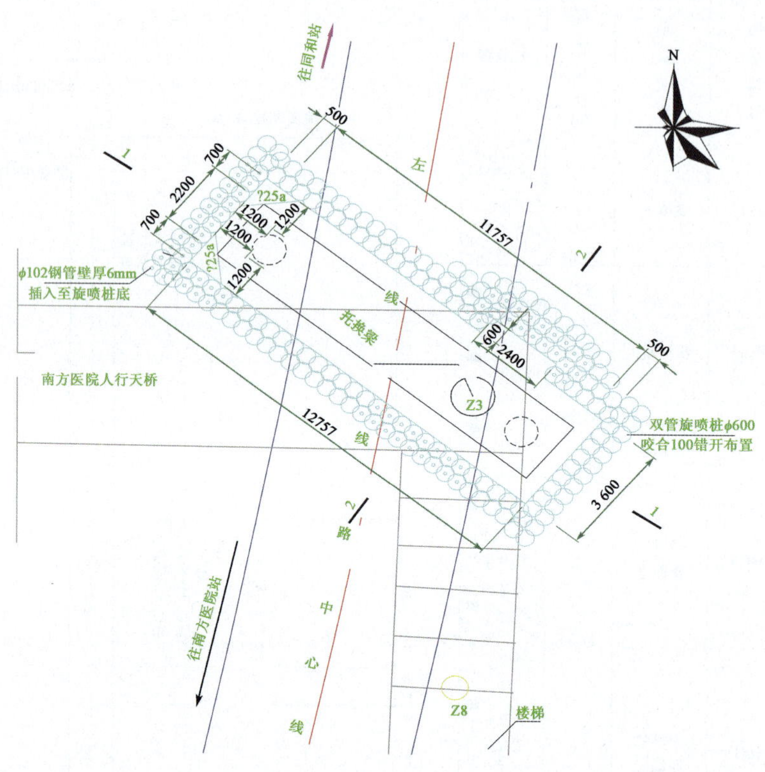

图 4-16　托换梁基坑围护结构平面图

3. 侵入隧道结构的 Z3 桩部分凿除及回填施工

侵入隧道结构的 Z3 桩采取套凿除桩向下人工挖孔的方式。内净空 1300mm，开挖直径 1600mm，孔周采用现浇 C20 钢筋混凝土护壁，开挖步距根据土层情况取 500～1000mm，环向钢筋 $\phi 8@200$、纵向钢筋为 $\phi 8@250$，下部 7m 采用玻璃纤维筋。

被托换基础桩凿除距隧道底 1.4m 处，东侧出现涌泥，4 月 18 日至 5 月 14 日，经多次注浆未解决涌泥现象。5 月 15 日，对 Z3 号桩用 C15 混凝土回填，采用盾构机直接切除。

4. 盾构穿越桩基技术

Z3 号桩残桩长 1.4m，$\phi 1.3$m，主筋 $\phi 25$mm 螺纹钢，位于南同左线第 191 环。盾构机穿越桩基期间主要控制以下三个重要指标：①刀盘转速不大于 1r/min；②掘进速度不大于 10mm/min；③严格控制出土量。实际掘进情况见表 4-9。

表 4-9

环号	推力(t)	扭矩(t)	速度(mm/min)	备注
190	1100	400	7	
191	1200	1000	4	推到油缸行程 1500mm 时过桩
192	1190	900	10	渣土中有钢筋

二、盾构拼管片过矿山法隧道技术

1. 工程简述

梅南区间:左线里程为 ZDK－3－317.212～ZDK－3－008.7(长度为 308.512m);右线里程为 YDK－3－327.55～YDK－3－004.39(长度为 324.16m),采用矿山法初期支护＋盾构拼装管片的隧道。

图 4-17　玻璃纤维筋混凝土端墙

矿山法端头加固采用玻璃纤维筋格栅和喷射 800mm 厚 C25、P6 混凝土加固洞门端墙(见图 4-17)。盾构进矿山法端头左线洞身上部地层为〈5Z-2〉、〈6Z〉,下部地层为〈7Z〉;右线洞身地层为〈7Z〉。盾构出矿山法端头左线洞身上部地层为〈8Z〉,下部地层为〈9Z〉;右线洞身上部地层为〈7Z〉、〈8Z〉,下部地层为〈9Z〉,见图 4-18 和图 4-19。

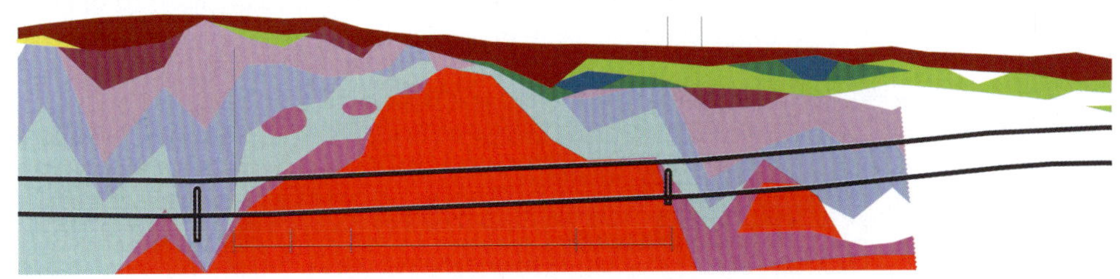

图 4-18　矿山法隧洞右线穿越地层断面示意图

广　州　大　道　北

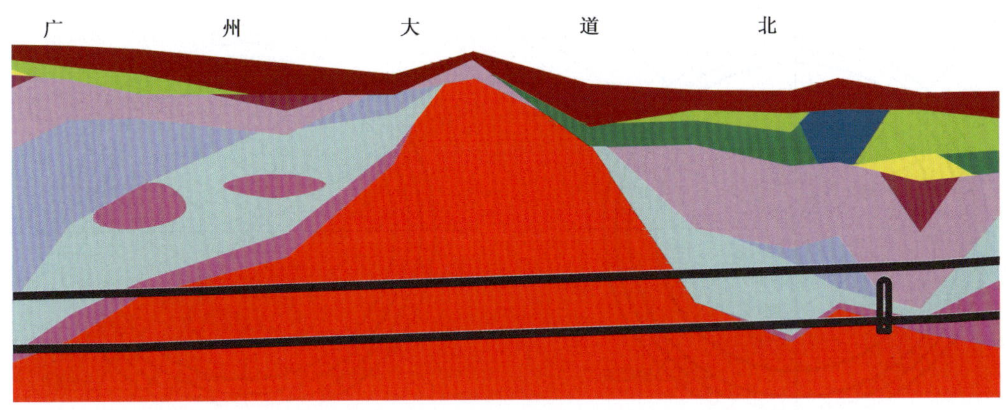

图 4-19　矿山法隧洞左线穿越地层断面示意图

该段区间隧道全部处于 $R=600$m 的平面曲线上,隧道线间距为 13m,隧道埋深约 20～26m,最大纵坡 0.6%。隧道基本位于〈7Z〉、〈8Z〉、〈9Z〉地层中,围岩级别分为Ⅳ、Ⅲ、Ⅱ三种。矿山法开挖洞径 7000mm,锚喷 C25、P6 早强混凝土做初期支护,盾构机导台为隧道底部 60°范围 15cm 厚 C30 钢筋混凝土。矿山法隧道开挖根据围岩类别不同,分为 A、B、C 三种断面施工(见图 4-20～图 4-22)。

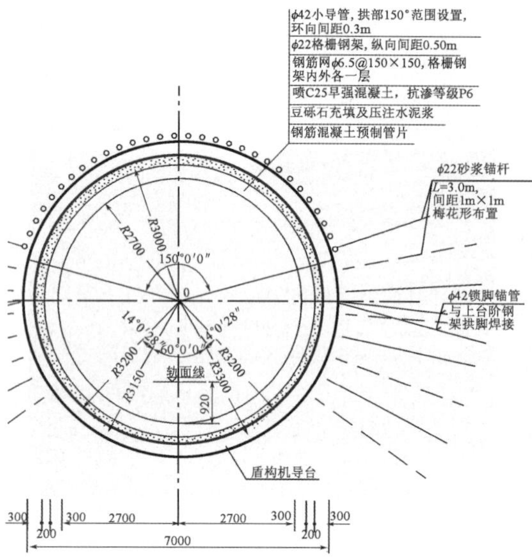

图4-20 A型矿山法圆形衬砌结构断面示意图(Ⅳ级围岩)(尺寸单位:mm)

2. 施工重难点

(1)盾构向梅花园方向推进为0.6%单向下坡,空推反力不足,不能满足管片止水胶条所需的挤压力,影响管片止水条的防水性能,易导致管片接缝渗漏。

(2)线路沿线交通繁忙、商业网点密布,居民楼、办公楼、商业楼林立。梅南区间隧道穿越地层主要为〈9Z〉、〈6Z〉、〈7Z〉、〈5H-2〉地层。矿山法施工时由于矿山法隧道两端处于上软下硬地层,施工时已沉降,最大沉降为64mm。

(3)矿山法段渗漏水较大,联络通道和施工竖井封闭后,排水困难。

(4)由于本区间为0.6%单向下坡,管片与初期支护之间的孔隙较大且不均匀,浆液会往刀盘前方流窜,导致刀盘和刀盘前方被浆液固结且浆液流失,降低注浆效果。

(5)管片与隧道初期支护间空隙较大且不均匀,易导致管片上浮。

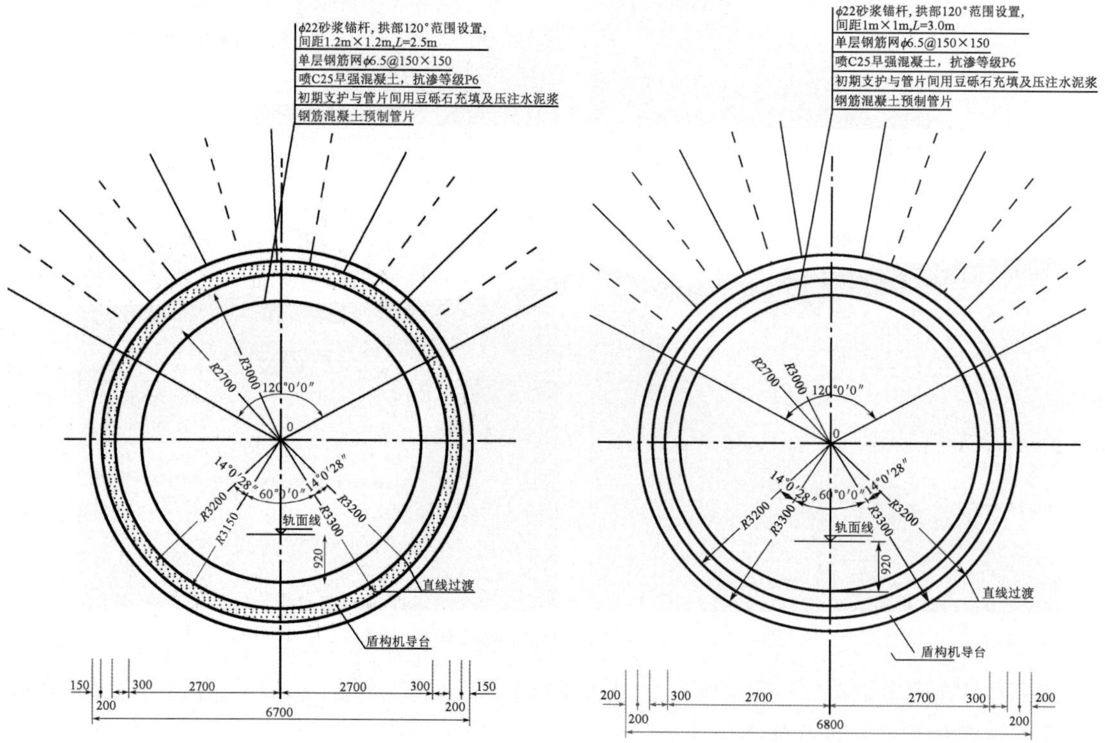

图4-21 B型矿山法圆形衬砌结构断面示意图(Ⅲ级围岩)(尺寸单位:mm)

图4-22 C型矿山法圆形衬砌结构断面示意图(Ⅱ级围岩)(尺寸单位:mm)

3. 盾构机到达矿山法段前的施工技术措施

(1)在盾构推进距矿山法50m范围时,进行一次联系测量,对接收矿山法隧道洞门和导台进行复核测量,控制盾构掘进水平偏差和垂直偏差,确定盾构机的贯通姿态,垂直姿态略高于导台10mm,确保盾构机能够顺利破除洞门、上导台。

(2)选择合理的掘进参数,逐渐放慢掘进速度,控制在20mm/min,推力逐渐降低,缓慢均匀地切削洞口土体,并加强同步注浆管理,确保管片脱离盾尾后注浆饱满。盾构进矿山法端墙环梁(未安装止水帘幕),从盾体的超前注浆孔和预留孔注低强度水泥浆,使盾体背隙尽可能填充饱满,待浆液初凝时再继续掘进。

(3)在盾构机刀盘距洞门墙背水面3m时(即右线盾构掘进第264环),采取从盾构机预留孔超前注低强度水泥浆,使盾体背隙尽可能填充饱满,随着盾构的掘进,逐渐减小推力。

(4)在盾构机刀盘距洞门墙背水面1.2m时(即右线盾构掘进第265环),盾构管片壁后同步注双液浆,同时通过盾构机预留孔注低强度水泥浆,采取低推力(500t)、低贯入度(1.6mm/转)、低扭矩(1000kN·m),低速12mm/min参数掘进。在掘进过程中,适当加大管片壁后注双液浆的浓度,控制注浆压力在0.4MPa左右,确保填充密实。盾构到达矿山法隧道前,加强对隧道上方建筑的监测。

(5)在盾构机刀盘距洞门墙背水面0.45m时(即右线盾构掘进第266环),刀盘已全部进入玻璃纤维筋洞门,此时盾构机暂停掘进。通过盾构机超前注膨润土,以填充盾体的背隙,避免同步注浆通过盾体背隙前窜,确保同步注浆饱满。在刀盘破除洞门时,加强地面沉降和洞门掌子面的监测,及时反馈信息以指导盾构施工。

(6)玻璃纤维筋洞门随盾构机推进被破除后(见图4-23),有较多的渣土块掉入矿山法隧道接收端头,盾构刀盘停止转动并暂停推进,人工辅助盾构螺旋输送机排除,防止盾构上导台过程中盾构偏向。待渣块清理完毕一切正常后,盾构在刀盘不转动工况下继续推进直至盾体在导台上正常前进。

图4-23　盾构机破玻璃纤维筋混凝土隧道端墙进入矿山法隧道

(7)在盾构机顺利上导台后继续推进,直至第三道盾尾刷到达矿山法隧道洞门环梁时,盾构机暂停掘进,待盾构管片壁后所注双液浆凝固时(约8h)再恢复掘进。同步注浆要求:采取低注浆压力同时降低注入流量,必要时可断续注入,以达到封堵效果。

盾构进右线矿山法掘进参数见表4-10。

右线盾构进矿山法隧道施工参数表　　表4-10

掘进日期(年-月-日)	环号	管片类型	K块位置	盾构姿态(mm)		总推力(kN)	刀盘扭矩(kN·m)	刀盘转速(r/min)	掘进速度(mm/min)	土仓压力(0.1MPa)	地层情况
				垂直	水平						
2009-3-19	260	P	10	-7	26	5200	1000	1.5	12	0~0.1	〈7Z〉
2009-3-20	261	L	11	-9	30	2500	2000	2.0	15	0~0.1	〈7Z〉
2009-3-20	262	P	10	-11	32	9200	—	—	45	—	—

续上表

掘进日期（年-月-日）	环号	管片类型	K块位置	盾构姿态(mm)		总推力（kN）	刀盘扭矩（kN·m）	刀盘转速（r/min）	掘进速度（mm/min）	土仓压力（0.1MPa）	地层情况
				垂直	水平						
2009-3-20	263	R	2	30	-13	8070	—	—	15	—	—
2009-3-22	264	L	10	-17	27	6780	—	—	40	—	—
2009-3-22	265	P	2	-20	22	5300	—	—	40	—	—
2009-3-22	266	L	1	-25	17	5000	—	—	41	—	—

注：盾构在矿山法隧道内推进速度平均为5.5环/d。

4. 盾构过空推段施工技术

（1）对隧道进行一次断面测量，每隔4.5m进行一个断面测量，每个断面测量10个点。凡欠挖处一律凿除处理，超挖150mm以上、面积$1m^2$以上处，复喷混凝土处理。在矿山法竖井封闭之前对接收洞门位置进行复核测量。

（2）从刀盘前方往盾构机后方喷射豆砾石（见图4-24、图4-25），盾壳与初期支护之间填充满豆砾石后摩擦力能够提供稳定在300~450t的反力，使管片止水胶条的挤压力达到设计要求（140t以上）。管片脱离盾尾后，随即从管壁后注双液浆填充密实。

图4-24　改渣斗为豆砾石斗

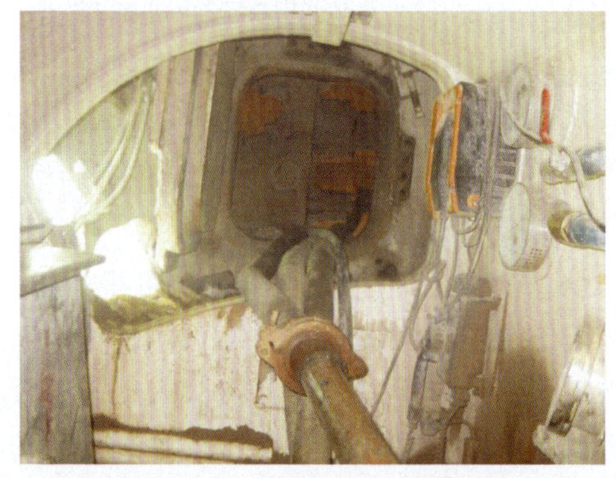

图4-25　豆砾石管从压力舱通过

（3）根据喷射豆砾石填充速度，控制盾构推进速度25~30mm/min，推力为300~450t。

（4）通过调整主动铰接千斤顶行程差，来满足盾构在$R=600$m弯道上拐弯的需要；推进过程中密切注意盾构机刀盘周边与初衬、成环管片与盾尾间的间隙。

（5）管片拼装与正常盾构法施工基本相同，只因盾构在初衬隧洞内不能做大幅纠偏动作，故管片选型及确定封顶块拼装位置显得尤为重要。根据隧道设计轴线计算缓和曲线、圆曲线段左转弯环与标准环管片的配置，为盾构管片选型提供参考，同时根据盾构和管片的实际姿态再进行合理的选配。

（6）脱离盾体的管片注双液浆以填充其背隙，每环注浆量为5.5~$6m^3$，注浆压力控制在0.3~0.4MPa，以压力控制为主。

（7）每掘进50环左右，在管片吊装孔开口检查注浆效果，若注浆效果不好，则进行二次补充注浆。浆液采用单液浆，注浆压力控制在持续压力0.5MPa以内。施工参数见表4-11。

表 3-8 盾构空推参数表(右线)　　表 4-11

掘进日期(年-月-日)	环号	管片类型	K块位置	盾构姿态(mm)		总推力(kN)	刀盘扭矩(kN·m)	刀盘转速(r/min)	掘进速度(mm/min)	土仓压力(0.1MPa)	地层情况
				垂直	水平						
2009-4-26	396	L	2	-36	-3	3600	—	—	29	—	—
2009-4-26	397	P	10	-37	0	3500	—	—	29	—	—
2009-4-26	398	P	2	-33	1	3410	—	—	28	—	—
2009-4-27	399	L	1	-29	0	3300	—	—	30	—	—
2009-4-27	400	P	11	-27	1	3350	—	—	20	—	—

5. *盾构出矿山法施工方法*

(1)当盾构刀盘距离矿山法隧道段始发端头5m左右时,进行盾构检修及刀具更换。

(2)经检修后盾构机推进到刀盘顶在隧道端墙上,使推进千斤顶的总推力在800t以内,将盾尾后3环管片螺栓全部复紧。

(3)从土仓隔板注入膨润土,建立土仓压力。

(4)从盾体预留孔处注入5mm粒径的豆砾石和低强度水泥浆液(1:2),使盾壳与隧道初期支护间空隙尽可能填满,以增加盾构壳体转动阻力,待水泥浆开始初凝时再继续掘进。

(5)通过选择合理施工参数来控制盾构自转:以小推力、小贯入量、低扭矩模式推进,同时通过选择刀盘左转、右转交替进行掘进,从而减少自转幅度,使盾构机回转角控制在较小范围内,各参数具体数据现场确定。

(6)加强人工监测,校核盾构机姿态,通过调整盾构机参数确保盾构机轴线控制在设计允许范围之内,施工参数见表4-12。

盾构出矿山法掘进参数(右线)　　表 4-12

掘进日期(年-月-日)	环号	管片类型	K块位置	盾构姿态(mm)		总推力(kN)	刀盘扭矩(kN·m)	刀盘转速(r/min)	掘进速度(mm/min)	土仓压力(0.1MPa)	地层情况
				垂直	水平						
2009-5-16	476	L	11	-8	28	5000	1300	1.7	18	0.7~2.5	〈8〉、〈9Z〉
2009-5-17	477	L	1	-24	30	8600	1700	1.4	14	0.5~1.6	〈8〉、〈9Z〉
2009-5-17	478	P	11	-37	34	10000	1200	1.7	10	0.3~1.5	〈8〉、〈9Z〉
2009-5-18	479	L	1	-45	37	13000	1300	1.8	8	0.6~1.9	〈8〉、〈9Z〉
2009-5-18	480	P	2	-46	43	13100	1300	1.8	13	0.5~1.4	〈8〉、〈9Z〉
2009-5-18	481	L	1	-44	49	13100	1650	1.6	20	0.8~1.6	〈8〉、〈9Z〉
2009-5-18	482	R	9	-40	54	12600	1680	1.6	23	0.8~1.8	〈8〉、〈9Z〉
2009-5-18	483	P	1	-33	61	12000	1900	1.7	25	1.1~1.8	〈8〉、〈9Z〉
2009-5-18	484	P	2	-27	67	11500	1900	1.7	28	1.3~2.2	〈8〉、〈9Z〉
2009-5-19	485	L	10	-28	69	11050	2000	1.7	32	1.2~1.9	〈8〉、〈9Z〉
2009-5-19	486	L	11	-26	72	11500	2000	1.7	35	1.4~1.8	〈8〉、〈9Z〉

续上表

掘进日期(年-月-日)	环号	管片类型	K块位置	盾构姿态(mm)		总推力(kN)	刀盘扭矩(kN·m)	刀盘转速(r/min)	掘进速度(mm/min)	土仓压力(0.1MPa)	地层情况
				垂直	水平						
2009-5-19	487	P	10	-25	81	12400	2100	1.7	28	1.2~2.0	〈8〉、〈9Z〉
2009-5-19	488	L	11	-21	85	12600	2100	1.7	27	1.3~2.2	〈8〉、〈9Z〉

6. 小结

(1)盾构拼管片过矿山法采用渣斗供豆砾石,矿山法隧道可在封闭条件下施工。豆砾石包裹盾体,增加盾构在推进过程中的摩擦力,在矿山法拼装管片时提供了稳定的反力。但当安装管片时,豆砾石斗车需退出隧道,管片车才能进隧道拼装管片,盾构机停止掘进,对盾构掘进进度有一定影响。

(2)从刀盘前方往盾构机后方喷射豆砾石,盾壳与初期支护之间填充满豆砾石后摩擦力能够提供一定的反力,使管片止水胶条的挤压力达到设计要求(140t以上)。

(3)盾构进出洞时选择合理的掘进参数,放慢掘进速度、降低推力,缓慢均匀地切削洞口土体,并加强同步注浆管理,确保管片脱离盾尾后注浆饱满,防止水土流失,尽量减少盾构通过时对端头地层的干扰。

(4)在盾构机前方放置水泵,通过联络通道提前预埋管进行抽排。

(5)为提高盾构机推力并防止注浆时向盾构机前方串浆而导致盾构机刀盘被固住和导致浆液流失,须在刀盘后方堆载沙袋堆成一道围堰,其范围不小于时针3~9点,以防注入管片背后的豆砾石前窜至刀盘及土仓。

(6)为防止管片在注浆期间上浮,均要求按由上向下的顺序注浆。

三、玻璃纤维筋在盾构端头加固中的应用技术

1. 工程简述

南方医院站端头隧道范围内地层为燕山期花岗岩残积层〈5H-2〉和燕山期花岗岩全风化层〈6H〉,上覆地层为人工填土层〈1-1〉、冲积—洪积细砂层〈3-1〉、粉质黏土层、粗砂层〈3-3〉、燕山期花岗岩残积层〈5H-1〉。

2. 洞门端头加固方法

其加固方案相同,具体加固方案如下:采用玻璃纤维筋混凝土灌注桩和三重管旋喷桩加固方案,玻璃纤维筋混凝土桩8根、桩径800mm、间距1000mm、以隧道中心线对称布置,南端两洞门桩长20.2m,北端两洞门桩长19.2m,玻璃纤维筋混凝土灌注桩主要承受围护结构凿除后的水土压力荷载;三重管旋喷桩55根、旋喷桩长14m、南端两洞门空孔长6.2m,北端两洞门空孔长5.2m、桩径800mm、间距650mm、3排(在车站围护结构与玻璃纤维筋混凝土灌注桩间设一排,玻璃纤维筋混凝土灌注桩外侧设两排),旋喷桩主要防止桩间及上部漏水、漏砂(泥)。加固部位位于广州大道北(地铁三号线北延段南方医院站)施工场地内,如图4-26、图4-27所示。

3. 玻璃纤维筋的力学特性

玻璃纤维筋和钢筋的力学性能见表4-13。

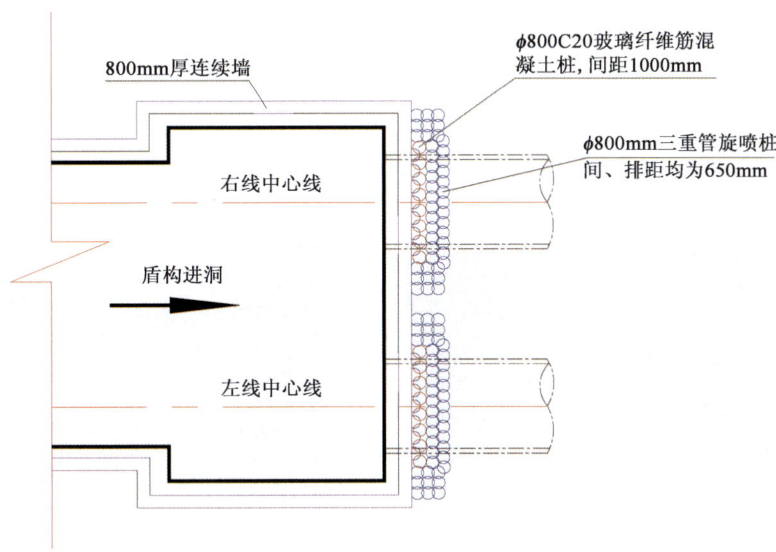

图 4-26　南方医院端头加固剖面图

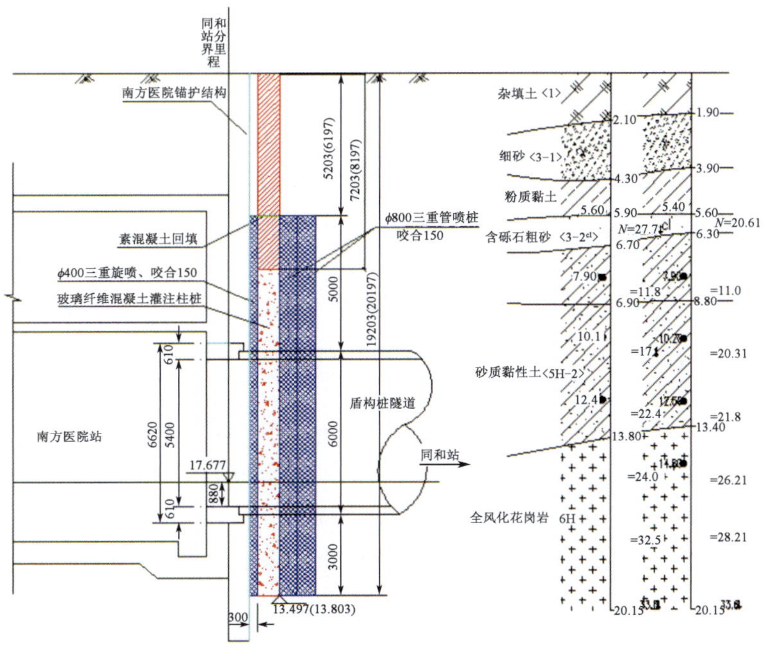

图 4-27　南方医院始发井端头加固平面图（尺寸单位：mm）

玻璃纤维筋和钢筋的力学性能表　　表 4-13

玻璃纤维筋和钢筋	抗拉强度（MPa）	弹性模量（GPa）	屈服应变（%）	极限应变（%）	巴氏硬度
φ13mm 玻璃纤维筋	620	40.8			≥50
φ22mm 玻璃纤维筋	845	51.9		1.5	≥50
φ28mm 玻璃纤维筋	625	41.4		1.5	≥50
钢筋	480	200	0.2	15	

4. 盾构过矿山法隧道两端头加固

矿山法圆形隧道的端头，对盾构接收和始发，采用玻璃纤维筋格栅和喷射 800mm 厚 C25、P6 混凝土加固洞门。在矿山法隧道开挖过程中，盾构机直接切割破除，以满足端头安全和盾构施工便利、快速的要求。玻璃纤维筋格栅在地面预先绑扎成型后再运至工作面安装；玻璃纤维筋格栅的安装须随该端头最后三榀密排的格栅钢架同步进行，确保其锚固符合要求，且混凝土的喷射作业亦同步进行（见图 4-28）。

图 4-28　矿山法隧道端头加固玻璃纤维筋施工图

5. 洞门加固效果的检测及盾构机过玻璃纤维筋情况

1）地面检测方法

地面检测主要是加固体强度检测。在注浆完成 28d 后进行加固效果检查，随机在隧道结构外侧取芯，分别在两个注浆孔上离孔芯分别为 15cm、30cm、45cm 的地方，进行全取芯钻孔，如图 4-29 所示。

观察岩芯，检查土体处理的连续性。将离桩芯 30cm 且深度位于隧道埋深处的两块岩芯送实验室进行压力测试，最后用水泥砂浆回填钻孔，试验室的抗压强度须达到 1.0MPa 以上。

2）洞内检测方法

洞内检测主要是对加固体的渗漏性进行检查。在加固体的强度达到要求以后，在盾构施工开凿洞门前，进行加固体渗漏效果的检查。在每一个洞眼的范围内水平钻 9 孔，长度 1.0m，孔径 80mm，如图 4-30。测定 9 孔流水量的总和（测定之前，将 9 孔的水流分别用导管导入容器，以便于测量），要求 9 个孔的总流水量小于 30L/h。如果出水量超过限值，就要重新进行地面补浆加固。

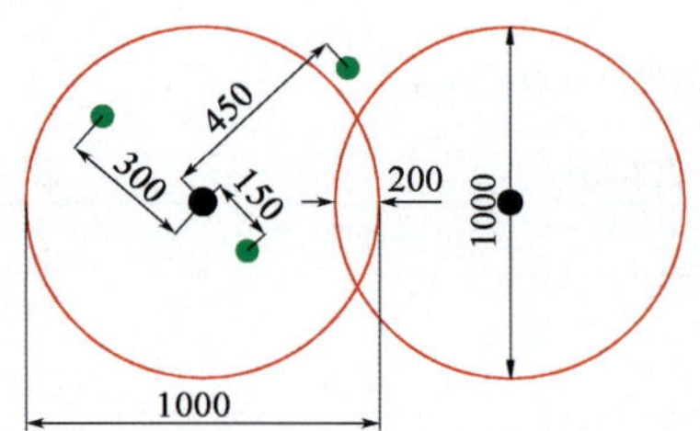

图 4-29　取芯示意图（尺寸单位：mm）

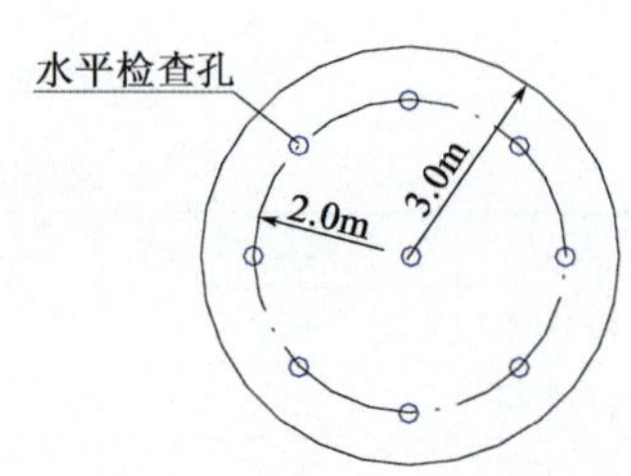

图 4-30　检查孔布置示意图

3)盾构机过玻璃纤维筋桩情况

盾构机在 -3 环管片时切割玻璃纤维筋桩。

(1)盾构工作面整体描述

直线段,坡度 0.2%,隧道埋深 10.2m,主要穿越砂质黏土、全风化混合花岗岩地层。

(2)出土情况描述

砂质黏性土:褐黄色、灰褐色,硬塑,黏性差,约含 10% 石英砂,为花岗岩风化残积土,遇水易软化、崩解。

(3)盾构机施工参数

①盾构机始发参数。盾构总推力 1030t,刀盘扭矩 1420kN · m,刀盘转速 1.86r/min。

②盾构机进矿山法参数

盾构总推力 1100t,刀盘扭矩 300kN · m,刀盘转速 2.0r/min,掘进速度 25mm/min,出土量 $68m^3$。

4)玻璃纤维筋被切割后随渣土排出(见图 4-31)。

6. 玻璃纤维筋混凝土施工需注意事项

1)矿山法圆形隧道端头、盾构始发和接收洞门加固注意事项

(1)由于玻璃纤维筋不可焊接,根据设计图,需到生产厂家定做。

(2)玻璃纤维筋绑扎时应搭设临时架子,不准踩踏玻璃纤维筋。为保证板上层玻璃纤维筋位置,撑角采用"长马凳",用 ϕ12 玻璃纤维筋扎制。

(3)浇注混凝土之前,对绑扎好的玻璃纤维筋应妥善保护,保持其整体性,防止行人踩踏使玻璃纤维筋变折和间距发生变化。

(4)浇注混凝土时,设专人看护,发现玻璃纤维筋出现位移时,要及时调整。

2)玻璃纤维筋笼制作及吊装注意事项

(1)玻璃纤维筋进场需有合格证。

(2)玻璃纤维筋笼制作必须严格按设计图要求执行(见图 4-32)。其制作允许偏差为:主筋间距 ±10mm,箍筋间距 ±20mm,保护层 ±20mm,笼直径 ±10mm,长度 ±50mm。在同一截面内,接头数不超过玻璃纤维筋总数的 50%。玻璃纤维筋笼外侧设混凝土垫块,绑扎在主筋上,以保证主玻璃纤维筋保护层厚度。

图 4-31 玻璃纤维筋被切割后随渣土排出

图 4-32 盾构始发端冲孔桩玻璃纤维筋笼施工图

(3)玻璃纤维筋笼的加强箍必须与主筋绑扎牢固,保证玻璃纤维筋笼质量。确保玻璃纤维筋笼在吊装过程中不变形。

(4)玻璃纤维筋笼吊装时使用一台吊机,吊装允许偏差为:骨架中心位置 ±20mm,骨架顶端高程 ±20mm,骨架底部高程 ±50mm。玻璃纤维筋笼必须吊直扶稳,对准孔位缓慢下沉,不得摇晃碰撞孔壁和强行入孔。

(5)由于玻璃纤维筋相对密度比泥浆轻,玻璃纤维筋笼顶端要设吊挂筋,高出钢护筒,笼就位后,吊挂筋支承在护筒顶的枕木上,禁止直接放在钢护筒上而使玻璃纤维筋笼浮离底面位置。

(6)浇注水下混凝土

①用直径 25cm 导管灌注水下混凝土,导管每节长度 3~4m。导管使用前试拼,并做封闭水试验(0.3MPa),10min 不漏水为宜,并仔细检查导管的焊缝。

②导管安装时底部应高出孔底 30~50cm。导管埋入混凝土内深度 2~3m,导管提升速度要慢。

③漏斗的容量应满足导管埋入混凝土深度(2~3m)的要求,开灌前要备足相应数量的混凝土。

④混凝土坍落度控制在 18~22cm,以防堵管。

⑤混凝土要连续浇注,中断时间不得超过 30min。

7. 小结

综上所述,玻璃纤维筋混凝土应用于盾构始发、出洞端头,以及盾构过矿山法端头的加固,能够满足工程的要求,解决了钢筋混凝土端头加固成本高、工期长和存在安全隐患的问题。

四、球状风化岩(孤石)的处理技术

1. 工程概况

1)孤石群处环境状况

该孤石群所在位置位于在南方医院—同和站区间左线里程 ZDK-4-211.4~ZDK-4-227.5 段,向东 4m 是南方医院住院部大楼(内设 ICU 重症监护室和心血管、脑外科等手术室)、向西南约 20m 是南方医院门诊楼;西邻交通繁忙的广州大道北向干道(见图 4-33);有一条 ϕ200 煤气管道和一条 ϕ500 上水管沿隧道走向处于该段隧道正上方,西边 1m 左右的人行道下是分布密集的管线走廊,有各种高低压电缆、通讯电缆、光纤,还有保密的军方管线,工程环境较差。南方医院住院部大楼的基础主要是 ϕ800 钢筋混凝土钻孔灌注桩,长 23m 左右,为端承桩,但其西端在钻孔桩。施工过程中遇到较多孤石,难以施工,改为 4 根一组 ϕ400 静压摩擦桩替代,长度 12~16m 不等。

图 4-33 孤石群所处的地面环境

2)盾构通过该段孤石群可能发生的地质灾害

如此高强度、密集的孤石分布,且又主要分布在软弱的〈5H-2〉地层中，盾构将难以克服，如不提前进行人工地面预处理，不仅工期风险大，而且极有可能在盾构通过该孤石群过程中导致地面严重塌陷、管线断裂、周边建（构）筑物严重开裂或倒塌等地质灾害。

2. 孤石勘察方法

详勘报告共有3个钻孔揭示存在孤石，均不在隧道范围内，施工单位中标后在原孤石钻孔附近及怀疑的地段做了29个补勘孔，均未发现孤石。

为了进一步掌握隧道影响范围内孤石发育情况，以揭露孤石钻孔为中心，向前、向后各50m范围，针对残积土～强风化带中的孤石再次进行了补勘探查。

补勘范围内钻孔沿左、右线隧道中线布置成一排，钻孔间距5～10m，孔深钻至隧道结构底板以下0.5m。如揭示到孤石，则视需要在孤石钻孔前后进一步加密钻孔。各钻孔均为鉴别孔，遇孤石取样（岩芯或岩块）进行岩石试验。

3. 孤石勘察结果

有连续4个钻孔发现微风化孤石，孤石埋深分布情况：36号13.20～15.20m、16.00～16.90m，36-1号13.90～14.50m、15.20～16.20m、16.30～17.00m，36-2号17.50～18.65m，38号16.80～18.50m，如图4-34～图4-37各岩芯钻孔照片所示。

图4-34　36号钻孔岩芯照片

图4-35　36-1号钻孔岩芯照片

图4-36　36-2号钻孔岩芯照片

图4-37　38号钻孔岩芯照片

随后按照1.5m×1.5m的间距在隧道轮廓线外0.5m范围内钻孔，共钻孔64个，详见图4-38补勘钻孔位置图。

其中30个钻孔发现孤石，且基本在隧道洞身范围内，有26个钻孔揭示的孤石为微风化花

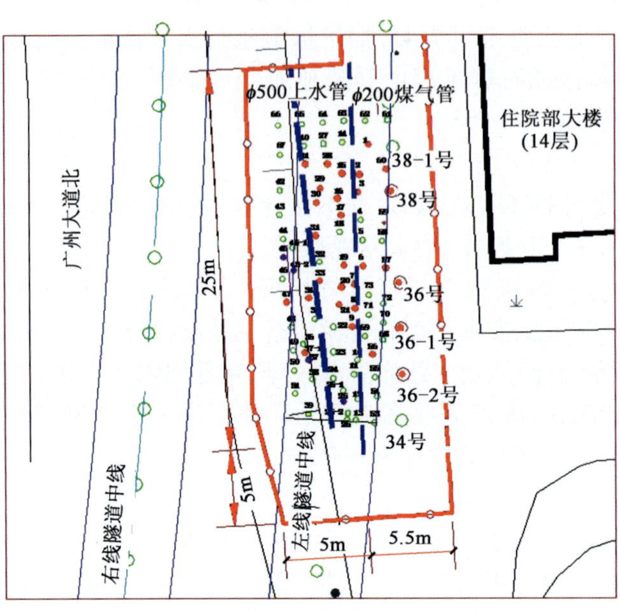

图4-38 补勘钻孔位置图

岗岩,孤石均位于〈5H-2〉及〈6H〉地层中。孤石最大厚度3.6m,最小厚度0.2m,同一个钻孔有多达4块孤石进入隧道范围,其中中风化岩样单轴极限抗压强度最大26.20MPa,微风化岩样单轴极限抗压强最大120.3MPa。据此断定左线在ZDK-4-211.2~ZDK-4-216.7段存在孤石群。孤石在各钻孔中的分布情况详见表4-14密排补勘孔孤石情况统计表。

密排补勘孔孤石情况统计表 表4-14

序号	孔号	孤石埋深(m)	岩 石 名 称	与隧道关系
1	ZK1	17.5~18.3	微风化花岗岩	在隧道内
2	ZK2	15.4~18.3	微风化花岗岩	在隧道内
3	ZK3	15.9~17.8　18.7~19.4	微风化花岗岩	在隧道内
4	ZK6	13.2~14.7　15.0~18.6	微风化花岗岩	在隧道内
5	ZK7	13.4~4.6　15.4~18.1	微风化花岗岩	在隧道内
6	ZK8	13.7~15　15.5~17.5　18.2~19.1	微风化花岗岩	在隧道内
7	ZK9	16.9~18.3	微风化花岗岩	在隧道内
8	ZK15	15.4~15.7　17.4~19.7	微风化花岗岩	在隧道内
9	ZK16	16.1~18.1　18.8~19.5	微风化花岗岩	在隧道内
10	ZK17	15.4~17.4　18.3~19.3	微风化花岗岩	在隧道内
11	ZK19	13.5~14.7　15~15.3　15.8~16.1　16.9~19	微风化花岗岩	在隧道内
12	ZK20	13.9~14.2　14.4~15.4　15.6~18	微风化花岗岩	在隧道内
13	ZK21	17.9~18.4　18.6~19.1	微风化花岗岩	在隧道内
14	ZK25	17.5~18.8	中风化花岗岩	在隧道内
15	ZK28	16.8~17　17.8~19.3	微风化花岗岩	在隧道内

续上表

序号	孔号	孤石埋深(m)	岩 石 名 称	与隧道关系
16	ZK29	15.4～17.7　18.5～19.7	微风化花岗岩	在隧道内
17	ZK30	15.2～17.2　17.4～18　18.4～19.7	微风化花岗岩	在隧道内
18	ZK31	16～19.1	微风化花岗岩	在隧道内
19	ZK33	16.4～17.4	微风化花岗岩	在隧道内
20	ZK34	15.4～17.2	微风化花岗岩	在隧道内
21	ZK37	17.3～18.1	微风化花岗岩	在隧道内
22	ZK37-1	17.8～18.9	微风化花岗岩	在隧道内
23	ZK41	17.2～19.0	微风化花岗岩	在隧道内
24	ZK45	15.4～16.0	微风化花岗岩	在隧道内
25	ZK45-2	15.0～15.6	微风化花岗岩	在隧道内
26	ZK47	17～18.0	微风化花岗岩	在隧道内
27	ZK56	17.5～18.3	微风化花岗岩	在隧道内
28	ZK57	12.6～15.7　16.1～18.7	微风化花岗岩	在隧道内
29	ZK59	18.6～19.7	微风化花岗岩	在隧道内
30	ZK60	15.5～17.0　17.6～18.1	微风化花岗岩	在隧道内

4. 孤石群的处理方法

由于现场狭小，大型设备又无法进场作业，噪声稍小的潜孔锤冲孔法、旋挖法、连续墙成槽机抓取法也无法实施；只能采取人工挖孔人工破除法、施作一竖井取出法、地面预注浆加固后盾构破除法等，但竖井施工需要较大施工场地，葫芦吊、空压机等设备噪声又大，也不可实施。

在人工挖孔前，沿孤石处理范围周边先进行双重旋喷管帷幕注浆，以切断开挖范围与外界的水力联系，确保住院部大楼及周边管线的安全，并为人工挖孔桩安全施工创造有利条件。帷幕注浆为双排双重管旋喷注浆。为确保止水效果，双重管旋喷桩桩径按 600mm 考虑，桩中心间距 400mm，桩间咬合 200mm，梅花形布置，旋喷桩孔底至进入〈5H-2〉地层 3m 为止。

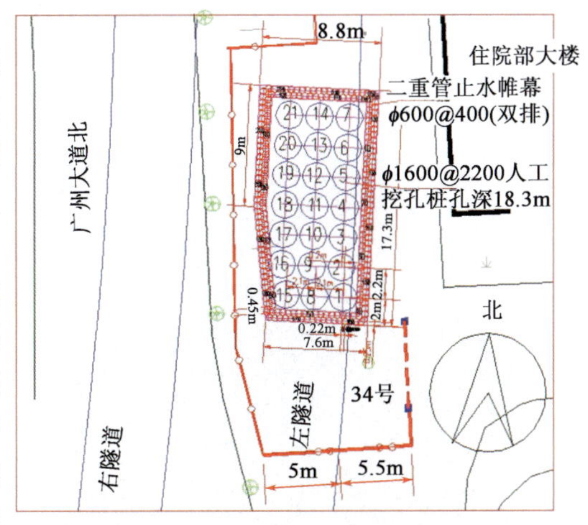

图 4-39　人工挖孔桩平面布置图

人工挖孔桩布置(见图 4-39)：在有孤石段隧道纵向做三排 ϕ2m(净空 1.6m)人工挖孔桩，每排 7 个，共 21 个；人工挖孔桩间距 2.2m、排距 2.2m、孔深至底板以下 0.5m(孔深 18.5m)。开挖时首先用 ϕ16@50 钢筋超前支护，然后开挖，每循环 0.5m，采用现浇 C20 钢筋混凝土护壁，下部 7.5m 采用同规格玻璃纤维筋代替钢筋。将影响盾构掘进施工的孤石用膨胀剂或静力破碎机破成小块后取出，然后回填 C10 低强度等级混凝土。

5. 孤石群处理情况

在施工过程中，基本在 12m 左右开始挖至孤石面（见图 4-40），由于孤石强度较高，现场先采用风钻劈裂，但由于孤石的完整性较好，无法劈裂整块岩石；然后现场有采用了人工开山用的小钻进行钻孔也无法劈裂岩石；后来采用岩石劈裂机进行钻孔破岩，由于没有临空面，破岩效率极其低下。经过多方的技术研究，之所以劈不开岩石，是因为没有临空面，因此需要改进劈裂的工艺和方法，最终采用的水钻钻孔，水钻直径 100mm，咬合 20mm，每次钻孔深度 40mm，形成一个临空面，再采用岩石劈裂机劈裂，效果较好。

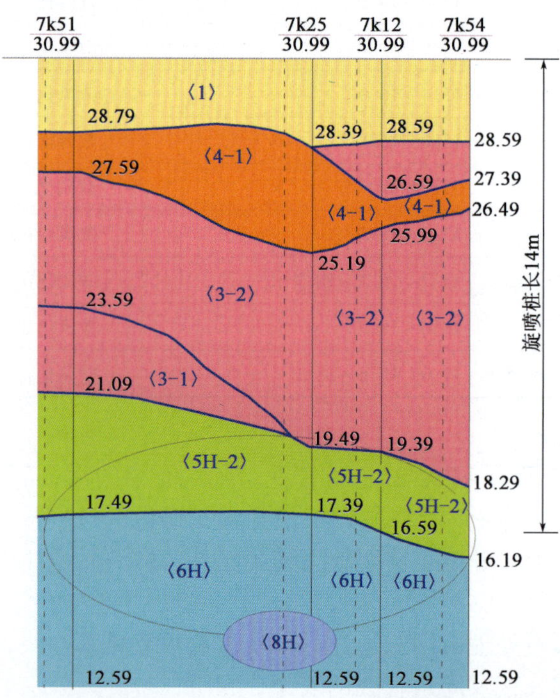

图 4-40　孤石处理人工挖孔桩地质剖面图

岩石劈裂机及其在井下劈岩见图 4-41、图 4-42，水钻抽出的岩石芯样见图 4-43。

图 4-41　破孤石的岩石劈裂机

图 4-42　采用岩石劈裂机在井下劈岩

6. 盾构过孤石群

孤石处理的人工挖孔桩回填 C10 低强度等级混凝土，等强度上来后，盾构机即可通过该段。虽然大部分孤石已经通过人工挖孔处理，但人工挖孔桩与桩之间还有部分未处理的硬岩，硬岩强度较高，对刀具的磨损较大，盾构机进入孤石区时应进行常压进舱检查更换刀具，配备硬岩掘进刀具。

图 4-43　水钻抽出的岩石芯样

7. 盾构掘进过程中遇单个孤石情况

1）盾构掘进过程中遇孤石情况

孤石的勘察中只是对既有勘察已揭示到孤石的部位，采用加密钻探的方式摸查孤石，在盾构掘进中发现勘察中未揭示的孤石还大量存在，南同区间右线盾构在掘进过程中共遇到 8 处孤石，分别是 57 环、102 环、158 ~ 160 环、162 ~ 164 环、284 ~ 288 环、321 环、550 ~ 559 环、563 ~ 564 环；左线遇到 2 处孤石，分别是 161 环、558 环。揭示的孤石都处于〈5H〉地层中，孤石照片如图 4-44 ~ 图 4-47 所示。

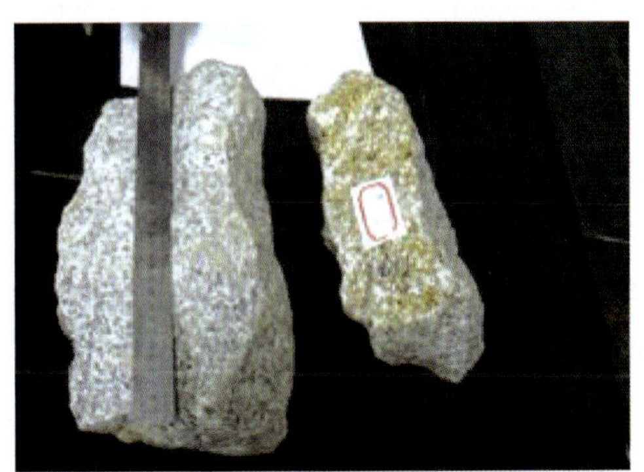
图 4-44　右线 159 ~ 160 环孤石照片

图 4-45　右线 285 ~ 287 环孤石照片

图 4-46　右线 321 环孤石照片

图 4-47　右线 550 ~ 559 环孤石照片

2）盾构掘进过程中遇孤石的掘进参数详见表 4-15、表 4-16。

南同区间右线遇孤石时掘进参数　　表 4-15

环　　号	总推力（kN）	刀盘扭矩（kN·m）	刀盘转速（r/min）	掘进速度（mm）	注浆量（m^3）
57	1200	1300	1.2	5	7
102	900	1400	1.13	12	7
159	1100	1100	1.14	6	6.5
160	1000	1200	1.14	8	9
162	1170	1000	1.14	8	8
163	1000	950	1.03	5	7
164	1000	1100	1.03	5	6.5
285	1000	1100	1.03	10	6.2
286	950	1200	1.03	8	7
287	850	1500	1.14	8	7
321	1000	1200	1.03	5	6.8
550	900	1850	1.14	12	6.8
551	950	1800	1.14	8	6.8
552	1100	1820	1.03	12	9
553	1200	1800	1.03	12	6.8
554	910	1900	1.03	5	6.8
555	900	1750	1.03	5	6.8
556	900	1700	1.03	8	6.8
557	1100	1700	1.03	12	9
558	1250	1950	1.03	12	6.2
559	1200	1800	1.03	12	6.2
563	1400	1600	1.14	8	6.2
564	1420	1980	1.14	6	6.2

南同区间左线遇孤石时掘进参数　　表 4-16

环　　号	总推力（kN）	刀盘扭矩（kN·m）	刀盘转速（r/min）	掘进速度（mm）	注浆量（m^3）
57	1200	1300	1.2	8	7
102	1100	1400	1.13	12	7
159	1100	1100	1.14	6	6

盾构机在正常掘进中，盾构机总推力为 800 ~ 900kN，刀盘扭矩为 800 ~ 900kN·m，刀盘转速 1.2 ~ 2r/min，掘进速度大于 40mm/min，注浆量 5.6m^3 左右。盾构机在过单个孤石时，明显感觉盾构机剧烈振动，从表 4-15 掘进参数可以看出，盾构在遇到孤石时，扭矩最大增加到 1850kN·m，总推力增加至 900 ~ 1400kN，掘进速度降至 10mm 以下，同时刀盘转速控制在 1.2r/min 以下。

8. 小结

盾构到达前对沿线地质进行补勘，尽可能探明孤石，并采用预先处理的方法，为盾构机的顺利通过扫除障碍。在掘进过程中，应经常检查刀具，为盾构通过孤石提供条件，如果发现孤石，在尽量在不采用任何辅助措施的情况下，通过调整盾构机参数顺利通过。

(1)当遇到盾构机扭矩和推力突变、速度突然变慢、刀盘剧烈振动，盾构机无法前进等情况时，拟怀疑遇到孤石，需要带压进舱，对掌子面进行检查，定位孤石位置，或做出其他判断。

(2)若前方土体自立性好，则可进舱检查，如发现孤石，则采用静态爆破、机械振动破碎、机械切割等方法对孤石进行破解。

(3)若前方土体自立性较差无法自立时，则预先采用超前注浆、地面土体加固等方法进行处理，然后进入土仓进行处理；在孤石连续分布且长度较长时(孤石群)，考虑在地面合适位置设置竖井，通过开挖竖井至孤石群位置，采用矿山法开挖隧道，喷锚支护，然后盾构空推拼装管片通过。

五、同和站到达端头加固及过暗渠技术

1. 工程及地质概况

1)工程概况

南同区间同和站盾构吊出井有一段(约60m)暗渠位于隧道正上方，该段沿广州大道北设置的排水暗渠为钢筋混凝土结构，渠顶埋深2m，箱渠结构宽8m，高3.6m，渠底距隧道顶净距约4m(暗渠底板与隧道顶板间地层主要为〈3-2〉中粗砂层)。

该段隧道穿越位置分布着众多地下管线：暗渠顶上有1条ϕ325煤气管，一条同和站施工改移的管线走廊；暗渠下方穿越的3条ϕ250部队综合通信管线(定向钻工法)，如图4-48所示。

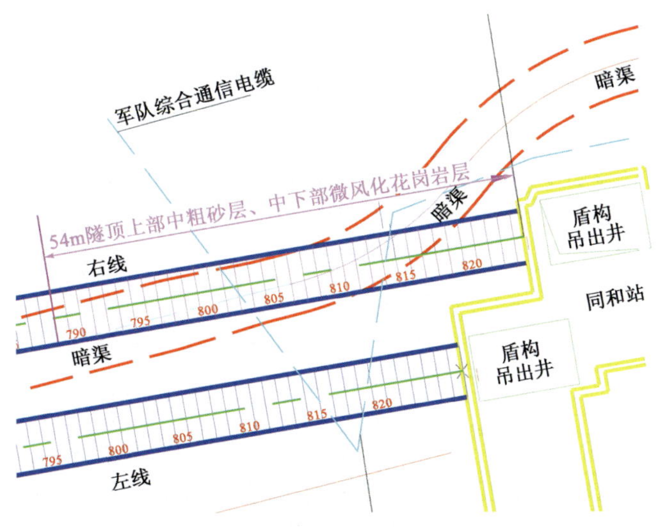

图4-48　排水暗渠与隧道平面关系

2）地质概况

右线盾构接收段100m由于受暗渠及地面交通影响，不具备地面钻孔勘察条件。补充勘探只能在同和站内采取水平钻孔方法勘察暗渠下方的地层。钻孔长度要求不少于60m，孔数11个。布孔见图4-49。

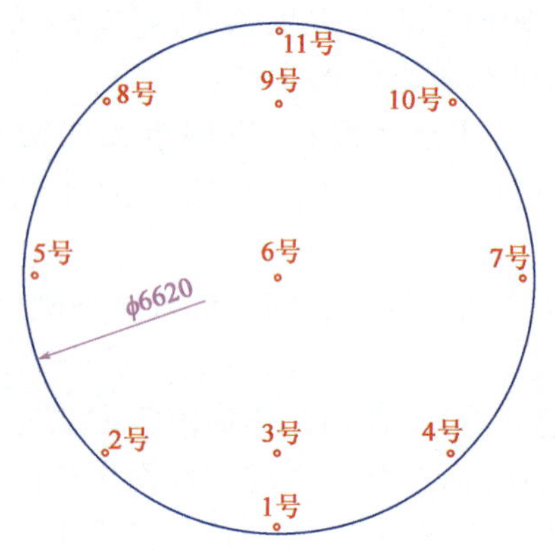

图4-49　补勘钻孔布置图

同和站盾构接收段60m隧道覆土厚度约9.6m，覆土主要为〈4-1〉粉质黏土层、〈3-2〉中粗砂层等，隧道上部为砂层、中上部主要为极不均匀分布的〈3-2〉中粗砂层、花岗岩残积层、全风化、强风化、中风化花岗岩地层、中下部为中风化、微风化花岗岩地层，为典型的上软下硬地层。岩石最大单轴抗压强度67.5MPa。其中1、8、9、10号孔喷水喷砂，其他孔出水量均较大，上部地层含水丰富。

2. 水平加固

（1）考虑到本次盾构到达端头的地层实际情况，分别设计端头加固长度：右线为20m（主要考虑隧道洞顶为砂层，下部为岩石，强度在60～80MPa，盾构在此长度范围内有可能带压换刀），左线为11m，隧道顶部5m，下部1m，左右3～5m（钢环外）。

（2）隧道加固区域以上半部为主（既要考虑土体稳定，又要考虑止水效果和带压进舱时的保压要求），下半部主要考虑土体的稳定问题，故主要为水平孔。加固示意见图4-50。

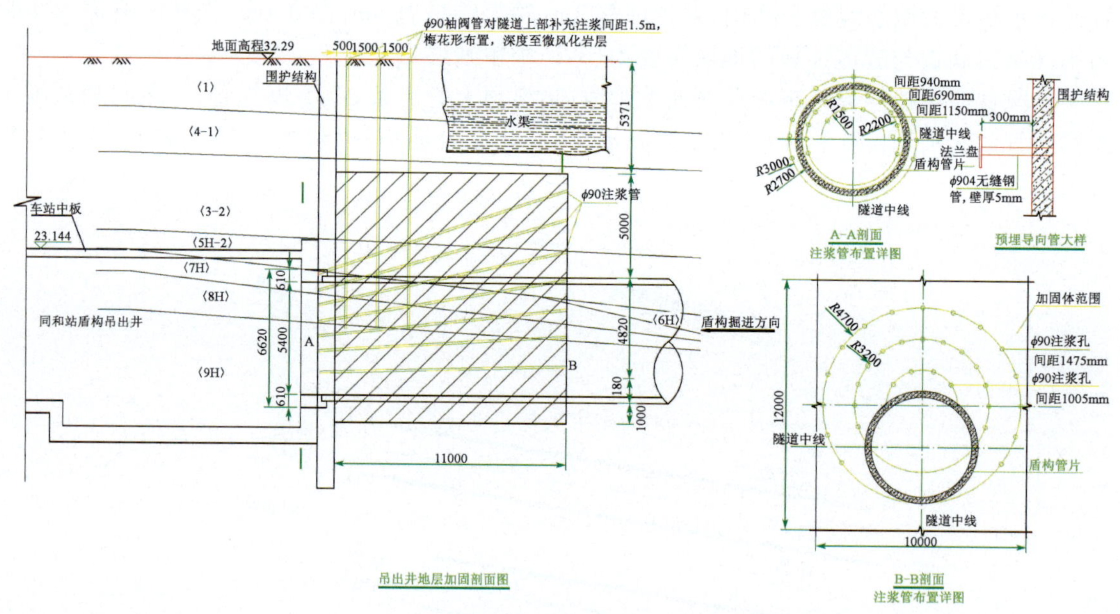

图4-50　水平加固示意图（尺寸单位：mm）

（3）确保隧道端头注浆加固效果，本设计中洞内注浆要求采用单液浆进行跟进式注浆（工艺流程见图4-51），即加固体分段先后进行注浆加固。

第一段：0～2m，注浆压力0.6～0.8MPa，水灰比3:1。

第二段:2~4m,注浆压力0.6~0.8MPa,水灰比3:1。

第三段:4~6m,注浆压力0.6~0.8MPa,水灰比3:1。

第四段:6~8m,注浆压力0.6~0.8MPa,水灰比3:1。

第五段:8~10m,注浆压力0.6~1MPa,水灰比2:1。

第六段:10~12m,注浆压力0.6~1MPa,水灰比2:1。

第七段:12~14m,注浆压力0.6~1MPa,水灰比2:1。

第八段:14~16m,注浆压力0.6~1.5MPa,水灰比1:1。

第九段:16~18m,注浆压力0.6~1.5MPa,水灰比1:1。

第十段:18~20m,注浆压力0.6~1.5MPa,水灰比1:1。

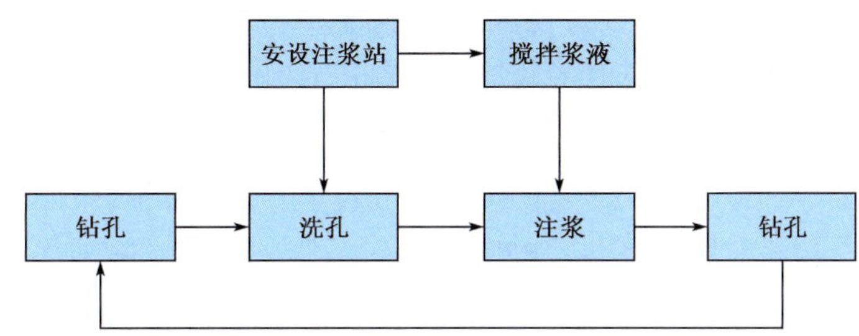

图4-51　跟进式注浆工艺流程图

3.施工方法

根据现场地质资料,同和站端头左右线隧道拱顶以上均位于〈3-2〉和〈3-3〉砂层中,隧道断面内为〈6〉和〈7〉地层。隧道顶部5m左右有暗渠,注浆参数应相对降低为保证暗渠不受影响,还要保证加固效果,注浆压力调整到0.6~1MPa。根据此类地层中已经完成的广州等地的实际施工经验,同和站盾构到达端头加固方案采用洞内全断面水平深孔保持遇水、遇淤泥、遇沙就注浆的原则,采用跟进式的施工方案。

4.施工机具

主要机械设备包括YT-24/28风动凿岩机/潜孔钻(20m孔深时)、ZTGZ-120/150型注浆泵。

5.施工工艺

1)施工工艺

(1)施工准备

①配齐钻机、搅拌机、注浆泵、管路、储浆桶,各种应急材料。

②对注浆泵进行试运转,并对操作人员进行上岗培训。

③按每循环使用量配齐所有注浆材料。

④对注浆施工人员进行技术交底、技术培训以及安全教育。

(2)导向管加工

导向管长度70cm,采用内径65mm,壁厚3.5mm钢管加工而成。一端焊接内径65mm的法兰盘,另一端端头植于掌子面上。植入深度为30cm,止浆墙施工后埋入30cm,最终外露10cm。

(3)配浆

水平深孔注浆采用水泥浆和水泥—水玻璃双液浆两种。水泥浆配比为0.4:1,水波璃浓

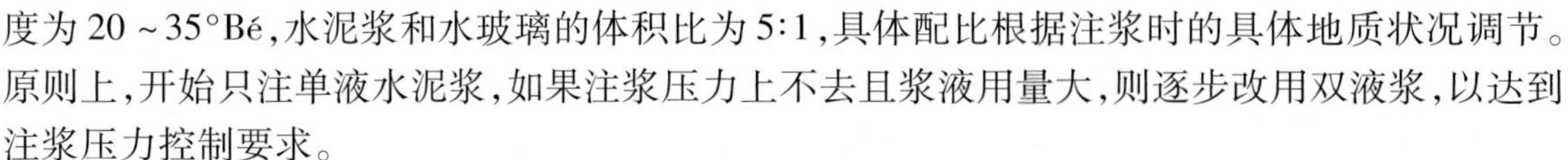

度为 20 ~ 35°Bé，水泥浆和水玻璃的体积比为 5:1，具体配比根据注浆时的具体地质状况调节。原则上，开始只注单液水泥浆，如果注浆压力上不去且浆液用量大，则逐步改用双液浆，以达到注浆压力控制要求。

（4）导向管、止浆墙施工

注浆工作开始之前，按注浆孔位置布图，在连续墙上进行导向管开孔施工。开孔直径 120mm，采用钻孔取芯机进行施工，钻孔深度 30cm。用快干水泥植入导向管，如图 4-52 所示，待快干水泥凝固后，在连续墙外侧立模，浇注 30cm 厚 C30 混凝土作为止浆墙（如果连续墙质量好，可直接埋设导向管，不需施工止浆墙）。

导向管采用内径 65mm、壁厚 3.5mm 的钢管。右线隧道注浆孔长度有 20m 和 11m 两种：22、27、28、29、8 号及其以上的孔为 20m 深的水平孔，其下为 11m 深的孔；左线隧道的注浆孔均为 11m 深的水平孔。左右线隧道的孔号顺序及位置完全相同，如图 4-53 所示。

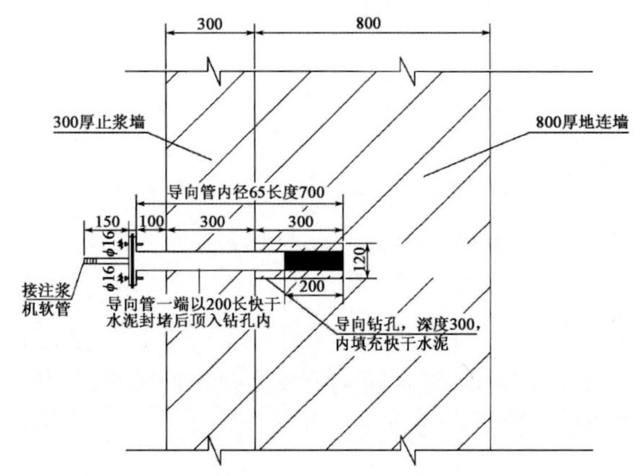

图 4-52　导向管连接大样图（尺寸单位：mm）

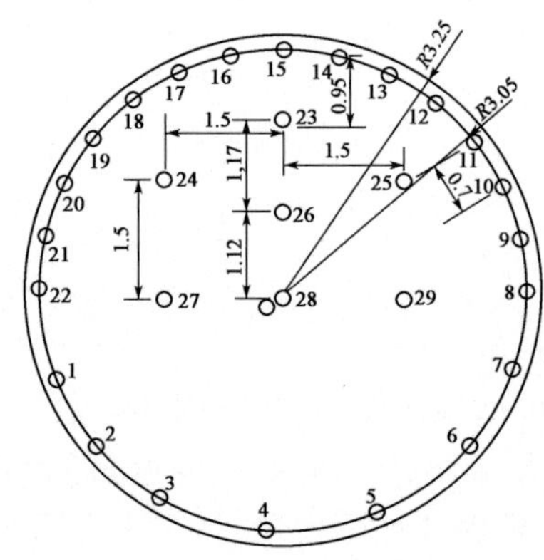

图 4-53　水平注浆孔布置图（尺寸单位：m）

（5）钻孔、注浆

①钻孔：采用风动凿岩机从止浆墙上埋设的导向管进行钻孔，成孔直径 50mm。钻杆顶进时，注意保护管口不受损、变形，以便与注浆管路连接。

②注浆：钻孔过程中若遇涌水、涌沙现象，则立即将注浆软管与盲板连接，用螺栓与导向管法兰盘连接后注入水泥水玻璃双液浆。待堵住漏水后，重复步骤①，继续钻孔。如此循环钻孔和注浆两个步骤，逐步深入，直至钻孔、加固至设计深度。如未出现涌水、涌沙现象，则钻至设计深度后进行注浆。

按注浆要求安设注浆设备，注浆管路和制作注浆泵站。关闭孔口阀门，开启注浆泵，进行管路压水试验，如有泄漏及时检修，试验压力等于注浆终压。然后将注浆泵吸管放入浆液中（吸头有 D80 滤网包紧），进行正式注浆。

注浆时，采取低压力中流量注入，注浆过程中压力逐步上升，流量逐渐减少，当压力升至注浆终压时，继续压注 5min，即可结束注浆。注浆时通过控制注浆压力控制注浆量。当注浆压力较小，而注浆量较大时增大水泥浆的浓度，直至终压达到 0.6 ~ 1MPa，持续注浆至设计孔位深度。

③注浆前应进行注浆试验，确定最佳的注浆压力、扩散半径、单孔注浆量及合适的浆液配

合比。

2)技术要点

①导向钢管确保水平,从而保证水平孔的成孔方向。

②注浆前在地连墙外侧浇筑30cm止浆墙封闭洞门以防漏浆。

③各孔注浆时,间隔进行,以保证浆液扩散效果。

3)注浆参数

①注浆扩散距离:3～5m。已有的实践经验证明,加固土体在设计的洞门圈以外1.0～1.5m是完全有保障的,同时也满足土体加固的要求。

②注浆浆液浓度:水泥浆水灰比为0.4:1,水玻璃浓度为20～35°Bé,水泥浆和水玻璃的体积比为5:1。

③注浆终压:0.6～1MPa。

4)注浆顺序

15—17—13—16—12—18—14—19—11—20—10—21—9—22—8,其中23、24、25、26、27、28、29号孔作为检查孔,检查加固的效果,1～7号孔根据孔内情况而定(因底部为〈9H〉地层),如孔内情况较好则只进行充填,如需加固再进行注浆。

6. 加固效果的检测

(1)竖向抽芯检测(如果能够进行的话)。根据加固体抽芯情况,目测判断加固体强度是否满足设计要求,是否连续;试验判断加固体强度、抗渗性能。在砂层中,特别要注意加固体连续性和整体性是否良好,每个端头不少于2根。

(2)水平抽芯检测。沿洞门内加固体范围内打7个水平探孔,观察渗水情况。23、24、25、26、27、28、29号孔作为检查孔。

(3)加固质量标准:保证加固土体渗透系数不大于10^{-5}cm/s,土体单轴抗压强度不小于1.2MPa。

7. 施工安全技术措施

水平注浆施工采用高压注浆为主的手段,尤应注意安全防范:

(1)注浆泵应全面检查和清洗干净,防止泵体的残渣和铁屑存在,各密封圈完整无泄漏,安全阀中的安全销要进行试压检验,确保能在额定最高压力时断销卸压。

(2)压力表应定期检查,保证正常使用,并要求将压力表检测证书送项目部试验室。

(3)一旦发生故障,要停泵停机排除故障。

(4)司钻人员需熟练操作技能,了解注浆全过程及钻机旋喷注浆作用。

(5)高压胶管不能超过压力范围使用,使用时屈弯不小于规定的弯曲半径,防止高压胶管破裂。

(6)严格控制注浆量和注浆压力,在注浆时加强监测,防止较大的隆起。

(7)端头加固因井内需搭设操作平台,平台应分三层搭设,左右与后方都要加斜支撑以保证平台的稳定性。

(8)平台周围要挂安全网与安全标志。

本标段采用以上方式进行加固后,取得了很好的加固和止水效果。无论从现场的水平探孔情况和盾构出洞的情况来看,土层稳定,只是在底部有少量的清水流出,保证了盾构安全顺利出洞。

六、盾构切割锚索技术

1. 工程简述

同和站南端连续墙锚索采用 7×7、$\phi5$ 规格可回收锚索施工。在回收时,有三根锚索被拔断,其中 2 号锚索拔出 3 股,1、3 号锚索全部未拔出。断锚索位置如图 4-54、图 4-55 所示。

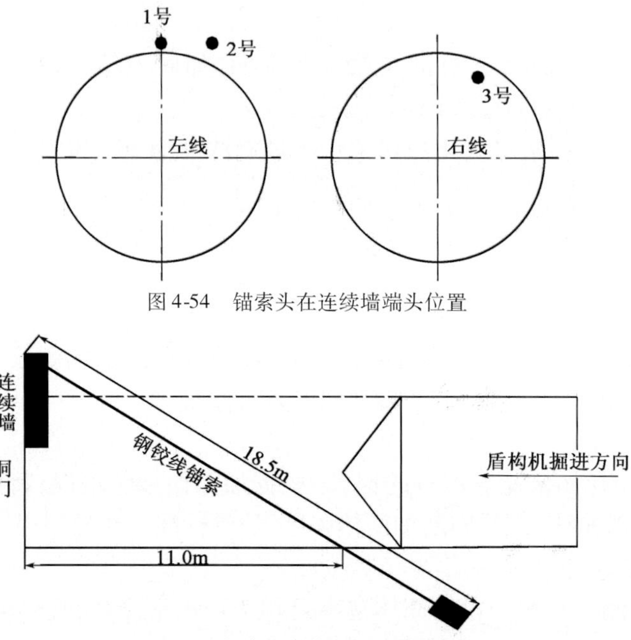

图 4-54 锚索头在连续墙端头位置

图 4-55 锚索在盾构机掘进隧道位置

锚索未拔出后,车站的承包商也采取了各种补救措,最终未能将锚索拔除。

锚索存在的风险:由于隧道上方为内净空 2.5m×8.0m 的旧广从公路排水暗渠,且下部存在 1.4m 的〈3-2〉砂层(见图 4-56),如果盾构在掘进过程中遇到锚索,刀盘不能很好地切割锚索,将对周边土体产生扰动,或锚索将刀具崩坏,造成盾构机无法顺利掘进,将进一步加大对周边土体的扰动,甚至造成地面塌陷,影响上方暗渠的结构安全等,造成灾难性后果。

2. 处理措施

南同左线盾构机在第 816 环遇到锚索,主要依靠盾构刀盘的刮刀将锚索绞断,当时扭矩明显增大,扭矩高达 3500kN·m,最终盾构机顺利通过该段锚索,顺利出洞。拔断的锚索如图 4-57、图 4-58 所示。

南同左线盾构机在第 816 环遇到锚索,扭矩增大,掘进参数为:推力 980t,扭矩 3500kN·m,速度 0.8~3.8mm/min。

七、盾构反力架位移原因分析及处理措施

1. 工程简述

反力架是盾构在始发时即已拼装的管片在隧道轴线方向的阻力小于盾构的推力时,将盾构掘进时产生的反力通过反力架传递到始发井结构,目前盾构始发中均采用此法。2008 年 12 月 4 日梅南右线掘进 -2 环和 2009 年 1 月 10 日南同右线掘进负 5 环时,反力架均发生了位移。

梅南盾构区间右线盾构始发过程在掘进 -2 环 1.4m 时，西侧反力架焊接处裂开，底座向上位移，此时盾构机推力 6770kN，掘进速度 11mm/min，如图 4-59 所示。

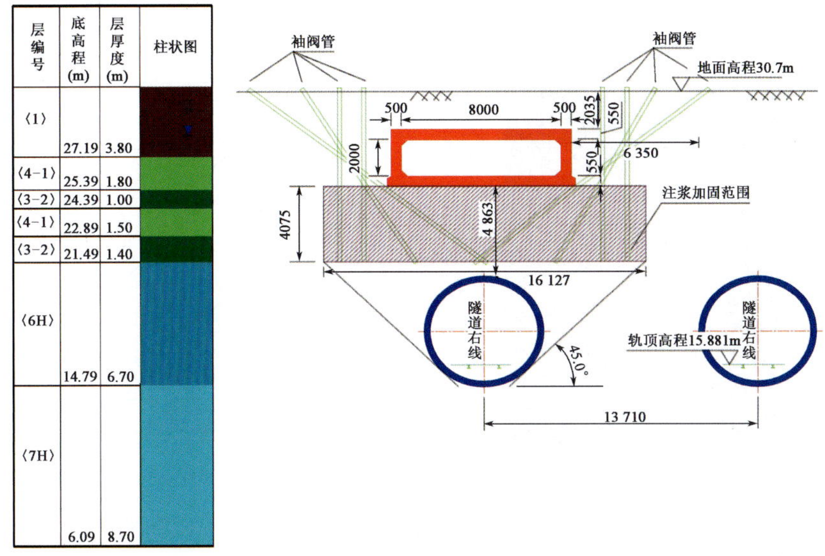

层编号	底高程(m)	层厚度(m)	柱状图
〈1〉	27.19	3.80	
〈4-1〉	25.39	1.80	
〈3-2〉	24.39	1.00	
〈4-1〉	22.89	1.50	
〈3-2〉	21.49	1.40	
〈6H〉	14.79	6.70	
〈7H〉	6.09	8.70	

图 4-56　旧广从公路排水暗渠与区间隧道位置关系剖面图(尺寸单位:mm)

图 4-57　锚索被拔断图(1)

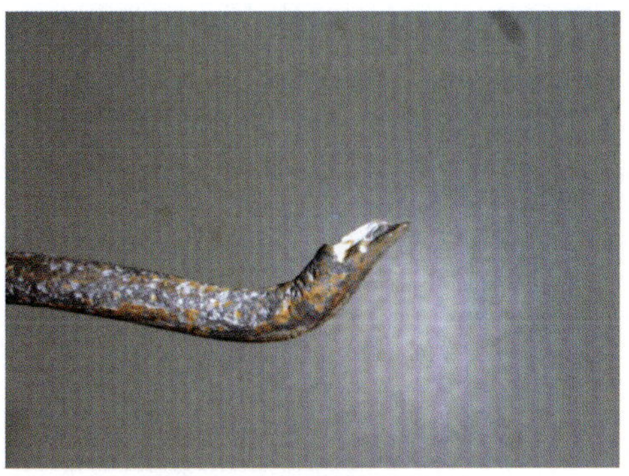

图 4-58　锚索被拔断图(2)

图 4-59　梅南盾构区间右线反力架位移

南同盾构区间右线在掘进 -5 环时，东侧反力架位移约 40mm(见图 4-60)，底板预埋件位移抬高了 20mm，预埋件钢筋已变形，盾构机推力 5500t，掘进速度 12mm/min。

2. 原因分析

梅南盾构区间右线主要由于反力架顶部未支撑，反力架斜撑产生一个向上的分力未得到约束，将反力架底部与车站底板预留的钢板拉开。反力架受力分析图见图4-61。

图4-60　南同盾构区间反力架位移

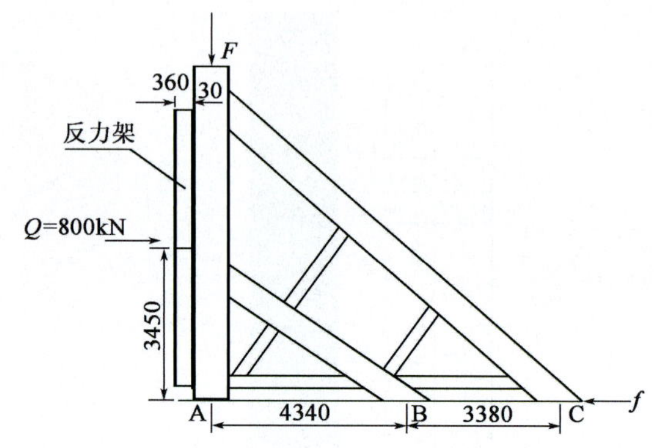

图4-61　反力架受力分析图(尺寸单位:mm)

南同盾构区间右线反力架位移原因分析，根据预埋件钢筋强度验算得出均满足要求，主要是由于反力架底板的预埋件混凝土未浇筑密实。

预埋件钢筋强度验算：

(1)反力架预埋件有6个，每个预埋件有6根ϕ20钢筋预埋到车站底板中(见图4-62)。

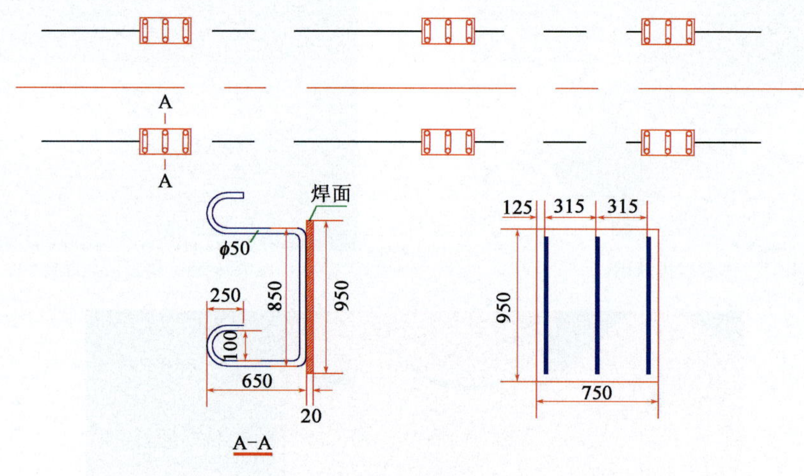

图4-62　反力架底板预埋钢筋示意图(尺寸单位:mm)

(2)预埋件钢筋的抗剪和抗拉应力验算(取普通钢筋许用应力$\sigma = 23\text{kg/mm}^2$，$\tau = 0.7\sigma$)。

$$F = \frac{800t \times 3450}{4340 + 3380} = 358\text{t} = 3580\text{kN}$$

$$\sigma = \frac{F}{3.14 \times 10^2 \times 24} = \frac{358\text{t}}{7536} = 47\text{kg/mm}^2 > 23\text{kg/mm}^2$$

$$\tau = \frac{Q}{A} = \frac{800\text{t}}{3.14 \times 10^2 \times 36} = 71\text{kg/mm}^2 > 16\text{kg/mm}^2$$

经验算,σ、τ 大于许用应力(未考虑反力架等自重)。

3. 处理措施

(1)将反力架底座铁板加大到能满足安装增加的螺栓要求的大小。

(2)将安装反力架底座处的车站底板凿出钢筋并焊好(见图4-63)。

(3)在钢筋间孔中钻出装膨胀螺栓孔。

(4)将膨胀螺栓紧固好,加大的铁板与原预埋件铁板焊成整体

(5)斜支撑间增加拉杆,提高斜支撑间的刚性(见图4-64)。

图4-63 反力架与底板钢筋焊好

图4-64 在斜撑间增加拉杆

(6)采用 ϕ20 钢筋,植筋加固预埋件,或采用 M20 膨胀螺栓加固预埋件。反力架一侧增加52 个 M20 膨胀螺栓,布置图如图4-65 所示。

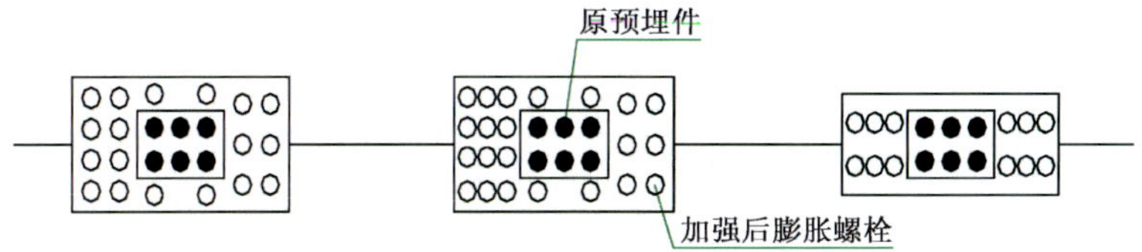

图4-65 在预埋件上增加膨胀螺栓

八、管片错台防治技术

1. 工程简述

左线在掘进过程中,管片出现较大错台,其中 42 ~ 55 环、63 ~ 84 环管片环间错台较大,均已超出规范允许范围(见图4-66),并造成部分管片破损,甚至出现渗漏水(见图4-67、图4-68)。

2. 管片错台的成因分析

(1)盾构机姿态。从表4-17 掘进过程中盾构姿态统计可以看出,该段盾构机姿态正常。

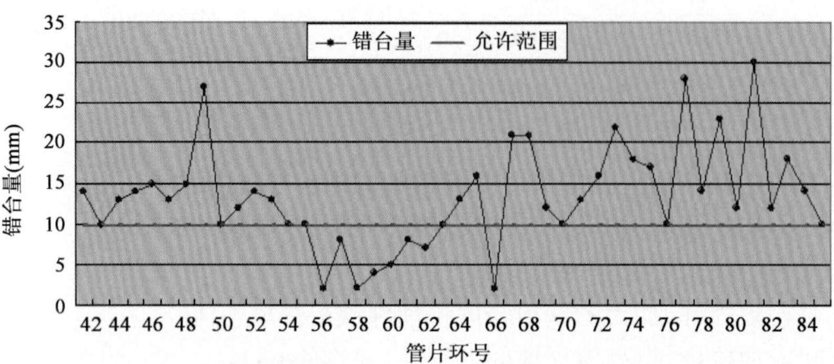

图4-66　相邻管片的径向错台统计

图4-67　管片错台

图4-68　管片破损

掘进过程中盾构姿态测量数据(水平、垂直)　　表4-17

环　号	前	中	后	环　号	前	中	后
42	-22,-11	-26,-9	-22,-7	64	-14,26	-10,12	-1,2
43	-30,-13	-30,-9	-23,-6	65	-7,-19	0,-10	14,-1
44	-26,-15	-21,-5	-9,5	66	0,-18	-1,-7	6,4
45	-11,-23	-8,-13	2,-3	67	1,-20	-1,-11	4,-3
46	-16,-11	-4,-4	16,3	68	5,-21	2,-13	6,-6
47	-6,-20	-2,-18	10,-16	69	6,-23	2,-16	6,-8
48	2,-22	12,-18	30,-15	70	5,-25	-1,-17	1,-8
49	15,-39	15,-41	23,-44	71	2,-26	-5,-14	-5,-3
50	-10,-30	10,-26	18,-22	72	0,-27	-9,-14	-11,-1
51	13,36	5,-25	6,-14	73	-7,-27	-9,-14	-3,-1
52	10,-32	1,-16	1,0	74	4,-11	0,0	3,10
53	6,-28	-5,-9	-9,10	75	6,-9	3,-5	9,-1
54	2,-18	-6,-10	-8,6	76	0,-10	0,-5	8,0
55	-4,-12	-9,11	-7,3	77	1,-11	1,-7	9,-2
56	2,-21	-3,-7	0,8	78	0,-16	1,-11	10,-6
57	-2,-15	-4,-3	-1,9	79	5,-16	3,-11	7,-5
58	-3,-19	-14,-14	-16,-9	80	10,-25	18,-17	35,-10
59	-5,-21	-9,-10	-4,0	81	17,-23	27,-16	44,-8
60	-7,-22	-11,-12	-7,-1	82	28,-23	30,-11	40,-2
61	-20,-27	-20,-19	-12,-11	83	33,-20	40,-11	54,-2
62	-20,-16	-16,-11	-4,-8	84	49,1	41,-9	40,-19
63	-16,-24	-11,-12	1,0	85	41,-19	40,-9	46,1

(2)管片选型。根据区间段设计曲线,转弯环必须达到一定比例,同时管片的楔形量能满足要求,这样管片拼装才能满足曲线要求。该段施工时,由于不能提供隧道所需的左转弯环,为满足楔形量要求,使用右转弯环代替左转弯环,把封顶块(K 块)位置旋转 180°,使其从上部调整到下部;从盾构错台管片型号及拼装点位表 4-18 中能看出,该段共拼装 14 环右转弯环,K 块位置全部为 5、6、7 点位置;由于在 5、6、7 点位置拼装 K 块预留空间小了,安装困难,在拼装 K 块时出现安装不到位或推力过大破裂,并在下一环安装时接触面不平而出现破裂。一般采用 K 块预留空间偏大,这样造成 K 块安装完后出现环向间隙,为了消除环向间隙,管片拼装完后松开油缸,管片在自重下下落消除环向间隙,同时在自重下下落易使管片环椭变,使管片在盾尾中的水平间隙变小,尤其在小半经曲线处,水平间隙变得更小。

盾构错台管片型号及拼装点位 表 4-18

环 号	管片型号	拼装点位	环 号	管片型号	拼装点位
42	L	1 点	64	L	10 点
43	P	10 点	65	P	11 点
44	R	9 点	66	L	1 点
45	P	10 点	67	L	11 点
46	L	1 点	68	L	1 点
47	L	10 点	69	L	11 点
48	R	5 点	70	P	1 点
49	R	6 点	71	L	11 点
50	R	5 点	72	L	1 点
51	P	10 点	73	R	7 点
52	R	7 点	74	L	3 点
53	R	6 点	75	P	11 点
54	R	5 点	76	P	1 点
55	P	10 点	77	L	11 点
56	P	1 点	78	R	5 点
57	R	6 点	79	P	11 点
58	P	1 点	80	R	5 点
59	R	6 点	81	L	9 点
60	R	5 点	82	P	1 点
61	L	8 点	83	L	4 点
62	L	1 点	84	R	8 点
63	L	10 点	85	R	2 点

注:右转弯环 14 环,左转弯环 17 环,标准环 11 环。

(3)管片选型不当造成盾尾间隙不均匀,从表 4-19 盾构错台管片盾构机盾尾间隙统计表中可以看出,该段左侧的盾尾间隙偏小,左右的间隙相差较大。

盾构错台管片盾构机盾尾间隙统计　表4-18

环号	左	右	上	下	环号	左	右	上	下
42	15	55	30	40	64	5	65	20	40
43	20	50	35	35	65	5	65	20	40
44	30	40	35	35	66	15	55	23	47
45	20	50	25	45	67	18	52	25	45
46	20	50	35	35	68	6	64	30	40
47	14	56	15	55	69	18	52	30	40
48	20	50	10	60	70	20	50	30	40
49	15	55	12	58	71	14	66	32	38
50	30	40	35	35	72	15	65	35	35
51	30	40	35	35	73	13	57	28	42
52	25	45	25	45	74	20	50	35	35
53	25	45	35	35	75	14	56	28	42
54	35	35	25	45	76	10	60	35	35
55	10	60	20	50	77	10	60	36	34
56	10	60	20	50	78	12	58	33	37
57	20	50	20	50	79	10	60	34	36
58	25	45	20	50	80	13	57	34	32
59	30	40	20	50	81	11	59	29	41
60	25	45	20	50	82	11	59	38	32
61	35	35	25	45	83	10	60	35	35
62	15	55	10	60	84	10	60	34	36
63	25	45	27	43	85	16	54	32	38

(4)盾构在左转弯掘进过程中,在推力作用下管片向右脱出,管片在盾尾中四周有间隙自由被推出不会出现错台。但出现上述原因后,管片被推靠在盾尾上,管片脱出盾尾后,应力释放,出现错台现象(见图4-69、图4-70)。

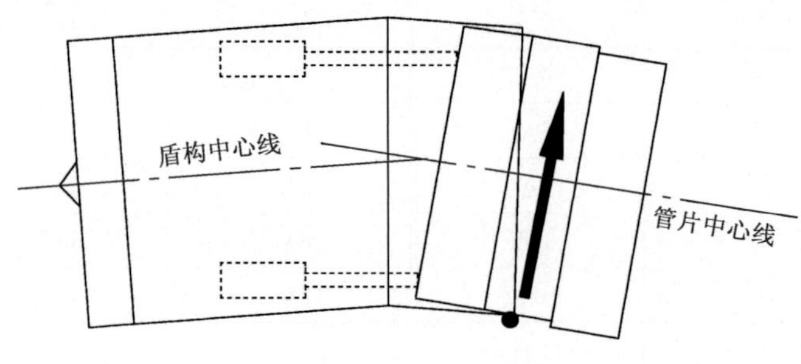

图4-69　盾尾干涉管片示意图

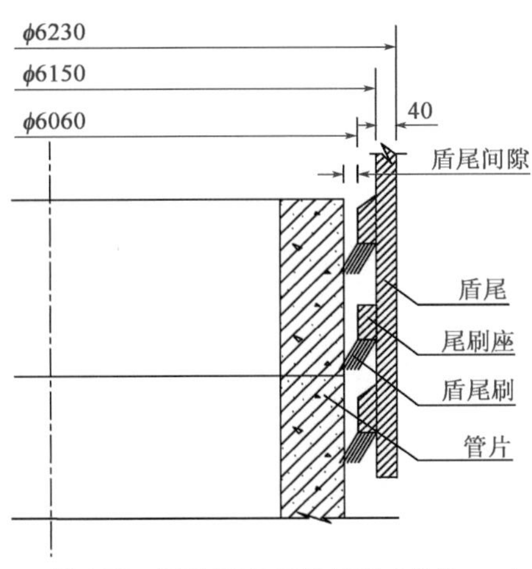

图4-70　盾尾间隙示意图(尺寸单位:mm)

3. 管片错台的防治措施

(1)当盾构姿态偏离隧道中心较大时,不应对盾构机姿态进行过急的调整。可将盾构姿态控制在允许范围内进行调整,管片与盾尾间有间隙,使管片能自由推出盾尾。

(2)合理配置各种类型的管片,避免左右转弯管片替换,拧紧管片螺栓。

(3)在施工过程中,关注盾尾间隙,调整盾构姿态。

(4)拼装管片前后测量盾尾间隙,安装管片时,执行操作规范。

(5)严格注浆管理,根据不同地层,调整不同的注浆方式,控制注浆压力。

综上所述,当出现管片在盾尾内一侧无间隙时,在盾构姿态与隧道轴线允许误差范围内调整盾构姿态,使管片在盾尾内一侧无间隙处出现间隙,然后将管片自由推出盾尾。当盾构姿态与隧道轴线误差较大时,在盾构姿态与隧道轴线允许误差范围内,逐步纠偏,可消除或减轻管片错台。

Chapter 5

同和站—永泰站区间(一)盾构施工技术

执笔人 The Author

李学逊

项目总监代表

执笔人 The Author

陈铁

施工1～3标安全工程师、 盾构土建工程师

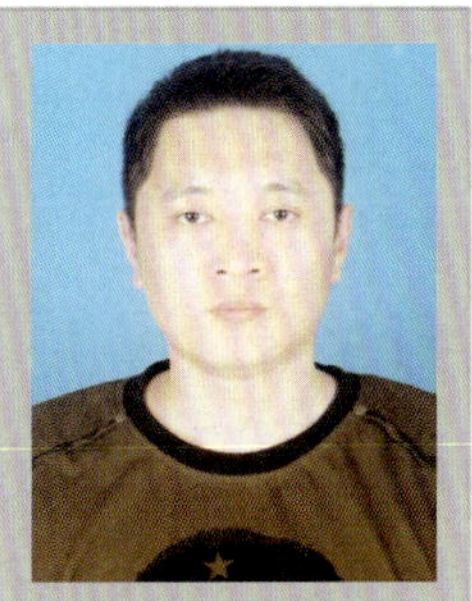

执笔人 The Author

宋冲

助理工程师， 施工1～3标监理员

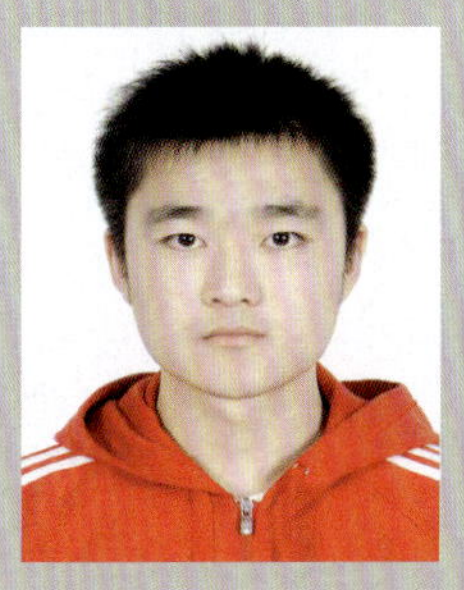

第五章　同和站—永泰站区间(一)盾构施工技术

第一节　工程概况和施工环境

一、区间位置和线路概况

广州轨道交通三号线北延段同和站—永泰站区间线路呈南北走向,区间左线线路全长2091.694m,右线线路全长2082.033m。其中盾构段左线隧道长1142.220m+382.594m,两段共1524.814m;右线长1136.760m+387.793m,两段共1524.553m。矿山法圆形隧道(盾构空推拼管片段)左线长274.779m+246.601m,两段共521.380m;右线长273.952m+238.028m,两段共511.980m(见图5-1)。

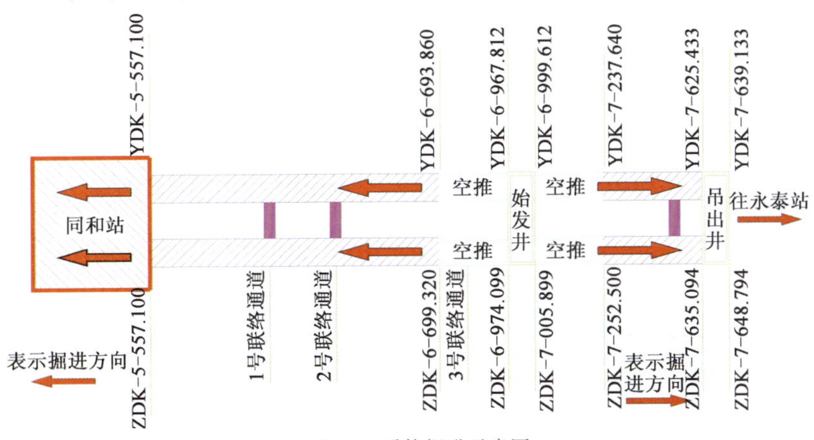

图5-1　盾构掘进示意图

区间设盾构始发井和盾构吊出井各1座,其中盾构始发井兼作中间风井、轨排吊装井和矿山法施工竖井,始发井净尺寸为31.8m×20.4m×39m;盾构吊出井位于松园山庄院内,供本标段永泰方向盾构机吊出,且供下一区间盾构机吊出,吊出井净尺寸为13.7m×19.4m×17.22m。

本区间附属工程包括:联络通道共3个,洞门8个。

线路轨面深度约为12~46m,线间距为10.3~13.8m。

二、投资和工期

本工程合同价为1.879亿元,工期28个月(2006年8月30日~2008年12月30日)。实际开工时间为2007年4月8日,竣工时间为2009年8月5日。其中,始发井东侧山体开挖与边坡支护(2007 年 4 月 8 日 ~2007 年 9 月 16 日)、盾构始发井施工(2007 年 5 月 5 日 ~2008 年 5 月 18 日)、盾构吊出井及临时便桥施工(2007 年 12 月 31 日 ~2008 年 10 月 25 日)、矿山法圆形隧道施工(2008 年 5 月 16 日 ~2008 年 10 月 18 日)、盾构法施工(2009 年 1 月 16 日 ~2009 年 12 月 28 日)。

本工程区间隧道以始发井为界,分为南北各两条隧道,始发井两端约 300m 硬岩段采用矿山法施工,然后由盾构机空推拼装管片,其余地段均采用盾构法施工。

盾构段采用两台德国海瑞克土压平衡盾构机(自编号 S-266、S-267)施工,整个区间隧道累计使用管片 2726 环,盾构过矿山法拼管片 691 环。区间隧道为圆形双线,左、右线线路包含四组曲线,曲线半径分别为 4000m、1200m、1000m 和 800m,区间线路纵坡最大坡度为 0.9%。

三、盾构施工环境特点分析

1. 地形、地貌及地面条件

线路沿线地势高低起伏、地形变化较大,地貌形态为剥蚀残丘(多呈馒头状),间或发育冲沟和冲积洼地。区间地面建筑物较为密集,多为 3 ~ 10 层住宅和办公楼,其基础多为天然基础,砖混结构居多。

2. 地层岩性

本区间沿线分布地层由上到下主要有第四系冲积—洪积层和基岩残积土、燕山四期花岗岩和震旦系混合花岗岩。隧道地质情况如图 5-2 所示。

相关地层比例如图 5-3 ~ 图 5-6 所示。

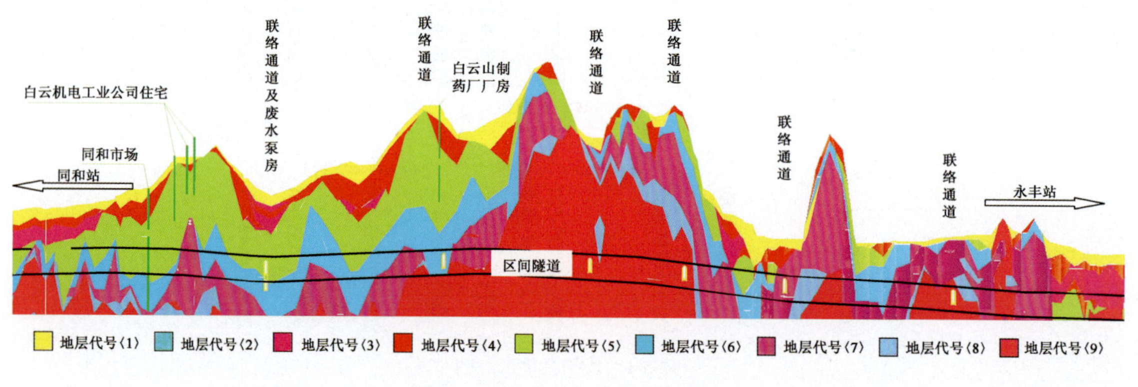

图 5-2 区间右线地质剖面示意图

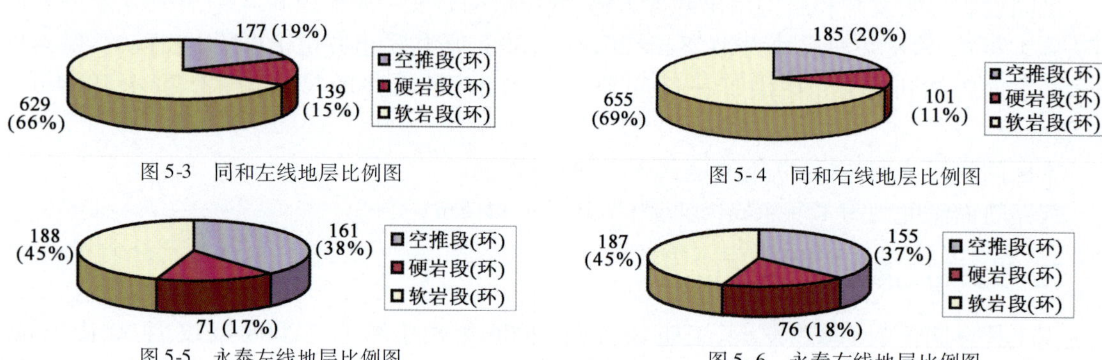

图 5-3 同和左线地层比例图

图 5-4 同和右线地层比例图

图 5-5 永泰左线地层比例图

图 5-6 永泰右线地层比例图

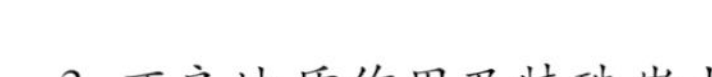

3. 不良地质作用及特殊岩土

本区间隧道范围内,花岗岩类和花岗片麻岩的风化岩和残积土具有三方面特性:一是遇水软化、崩解;二是球状风化体发育;三是粉粒、黏粒含量高。

(1)遇水软化、崩解:花岗岩和花岗片麻岩残积土和全、强风化岩遇水浸泡后,会发生软化崩解现象,导致岩土体强度急剧下降,影响地基土的承载力和开挖面的稳定性。

(2)球状风化:在残积土及全强风化带中,局部发育中、微风化球状风化体。球状风化发育位置不具备明显规律,其强度、硬度与周围岩土体存在巨大差异,对地下工程施工有较大影响。

(3)硬岩:由于花岗岩、变质岩地区岩石风化不均,导致风化壳厚度不一,部分地段基岩埋深较浅,使得隧道遭遇硬岩,对隧道掘进有较大影响。

(4)水文地质条件:

①地下水位:地下水稳定水位埋深为0.50~23.90m,地下水位年变化幅度为2.50~3.20m。

②地下水类型:基岩裂隙水和第四系孔隙水。

四、工程特点及难点分析

(1)盾构始发井基坑深,开挖困难,且施工场地狭窄,外界干扰大。本工点始发井开挖深度达39m,所在位置岩层坚硬,绝大部分为微风化花岗岩。始发井从围护结构施工到基坑开挖费时整整一年(2007年5月~2008年5月),从而影响了后续施工项目的开展。

(2)工程施工项目繁多,区间隧道施工工法复杂。始发井和吊出井围护结构既有人工挖孔桩,又有冲孔桩;支护形式既有预应力锚索,也有砂浆锚杆;区间隧道的施工工法既有矿山法,又有盾构法。

(3)矿山法暗挖隧道所通过地段岩层坚硬,爆破施工难度大。盾构始发井两端矿山法隧道段绝大部分为微风化花岗岩〈9H〉或混合花岗岩〈9Z〉地层,岩质坚硬,岩体完整,天然抗压强度平均值为106.09MPa,其长度占整个矿山法隧道的85%,爆破施工进度受到较大影响。

(4)与合同工程量比较,新增项目和工程变更多。本标段与施工合同相比较,新增项目和工程变更主要有:

①原靠松园山庄明挖隧道段(203m)改为矿山法暗挖。

②新增盾构始发井及东侧山体开挖与边坡支护。

③新增松园山庄盾构吊出井及施工便桥。

④始发井至松园山庄吊出井方向区间隧道由纯矿山法改为局部矿山法(硬岩段)+盾构拼管片+盾构法施工,其中矿山法隧道断面由马蹄形改为圆形。

⑤1号联络通道废水泵房基坑开挖深度由原设计的6.7m减小为3.7m,初期支护增设ϕ22格栅钢架。

⑥4号联络通道位置向同和站方向移动了145m左右。

(5)两台盾构机均需在同一始发井内两次始发。由于始发井位置不在本标段区间隧道的端头,而是位于区间隧道长度约三分之二处,造成盾构机在始发井第一次分头向永泰和同和方向始发后,分别在松园山庄吊出井和同和站北端头吊出,然后又需运回至原始发井,再次分头向永泰和同和方向始发,由此带来的盾构解体、吊出、转运、下井组装、调试以及二次始发均耗费了大量时间。

(6)盾构机空推过矿山法隧道拼装管片难度较大。难度一是矿山法隧道施工时,按照设计要求只做初期支护,未做二次衬砌。因此,两台盾构机在始发井下井后,首先要空推过矿山法隧道并拼装管片,然后才能进入到纯盾构段施工。难度二是由于矿山法施工时超欠挖较多,造成管片与矿山法初期支护之间回填豆砾石(单洞豆砾石备料超过 $2000m^3$)和注浆量大,给管片拼装进度和质量会带来较大影响。

(7)盾构机需在硬岩段(〈9H〉或〈9Z〉)和上软下硬地层中掘进,困难重重。

由于本标段矿山法隧道施工进度较慢,为给盾构施工让路,其实际施工长度未能达到设计里程便提前终止施工,同和方向硬岩段还剩 70 余米,永泰方向还剩 100 余米,故盾构机在空推过矿山法隧道拼装管片完成之后,紧接着便进行硬岩段和上软下硬地层中掘进,盾构推进速度缓慢,平均日进度仅有一环左右。

(8)沿线需保护的建(构)筑物较多。本区间地面建筑物主要分布在标段两端,即在同和一端和松园山庄一端,多为 3~10 层住宅和办公楼;盾构隧道还需三次斜穿交通繁忙的同泰路;在松园山庄吊出井东南侧有一条直径 1.6m 的供水钢管需要保护。

第二节　盾构机掘进情况分析

从第一台盾构机于 2009 年 1 月 16 日往永泰右线隧道(4 号洞)首次始发,到第二台盾构机于 2009 年 10 月 27 日往永泰左线(3 号洞)最后一次始发,至同年 12 月 28 日全线贯通,共历时 346d。其中,同和方向部分盾构地段岩层坚硬,为燕山期微风化花岗岩〈9H〉,掘进效率低,开舱换刀频繁,且在上软下硬地层中喷涌漏渣严重,该地段累计耗时 182d,日平均进度仅有 1 环左右,占隧道掘进(或空推)总工期的 52.6%,超过一半。四条隧道盾构施工进度情况见表 5-1。

盾构掘进进度统计表　　表 5-1

时间 隧道	同和站—永泰站盾构区间(一)						
	总环数(环)	始发日期(年-月-日)	贯通日期(年-月-日)	工期(d)	最高日进尺(环)	最高月进尺(环)	日均进尺(环)
永泰右线	418	2009-1-16	2009-5-17	91	20	187	4.6
同和右线	941	2009-5-11	2009-12-3	206	20	323	4.6
永泰左线	420	2009-10-27	2009-12-28	60	19	216	7
同和左线	945	2009-2-10	2009-9-24	226	21	358	4.2

同和左线隧道总长 945 环,2009 年 2 月 10 日始发,3 月 12 日完成空推拼管片 176 环后,即进入全断面硬岩及上软下硬地层掘进,3 月后 20 天仅完成 23 环,4 月份完成 41 环,5 月份完成 39 环,6 月份上半月仅完成 8 环,平均日掘进进度仅有 1 环多,至 9 月 28 日才出洞,历时七个半月。详见同和左线(1 号洞)日掘进进度统计表 5-2、月进度统计表 5-3 及图 5-7。

同和左线(1号洞)日掘进进度统计表　　表5-2

日期	2月		3月		4月		5月		6月		7月		8月		9月	
	日	累计	日	累计	日	累计	日	累计	日	累计	日	累计	日	累计	日	累计
1			9	127	0	200	0	241	0	280	0	351	0	709	0	835
2			9	136	0	200	0	241	0	280	0	351	0	709	1	836
3			11	147	1	201	0	241	2	282	0	351	4	713	1	837
4			11	158	1	202	0	241	1	283	0	351	5	718	3	840
5			8	166	1	203	0	241	1	284	6	357	12	730	1	841
6			3	169	2	205	0	241	0	284	8	365	15	745	2	843
7			5	174	3	208	0	241	1	285	12	377	14	759	1	844
8			3	177	2	210	0	241	2	287	12	389	15	774	2	846
9			0	177	1	211	0	241	0	287	7	396	12	786	0	846
10	负环		0	177	2	213	0	241	0	287	7	403	10	796	0	846
11	负环		0	177	2	215	0	241	0	287	7	410	12	808	0	846
12	3	3	1	178	0	215	0	241	0	287	13	423	6	814	2	848
13	1	4	2	180	0	215	2	243	0	287	21	444	8	822	1	849
14	2	6	0	180	0	215	9	252	0	287	17	461	1	823	3	852
15	3	9	0	180	0	215	5	257	1	288	21	482	0	823	2	854
16	4	13	1	181	2	217	5	262	0	288	13	495	1	824	8	862
17	8	21	2	183	4	221	7	269	2	290	18	513	0	824	12	874
18	7	28	0	183	1	222	1	270	6	296	21	534	0	824	10	884
19	5	33	0	183	1	223	0	270	2	298	21	555	0	824	9	893
20	10	43	0	183	0	223	0	270	5	303	20	575	1	825	8	901
21	11	54	2	185	1	224	0	270	9	312	7	582	1	826	17	918
22	6	60	0	185	0	224	2	272	12	324	14	596	1	827	13	931
23	10	70	0	185	3	227	2	274	4	328	21	617	0	827	9	940
24	10	80	2	187	0	227	1	275	10	338	20	637	0	827	0	940
25	6	86	4	191	2	229	1	276	2	340	9	646	0	827	0	940
26	11	97	3	194	5	234	0	276	7	347	16	662	0	827	0	940
27	10	107	4	198	3	237	1	277	2	349	15	677	3	830	0	940
28	11	118	2	200	3	240	1	278	2	351	15	692	1	831	4	944
29			0	200	1	241	1	279	0	351	0	692	2	833	1	945
30			0	200	0	241	0	279	0	351	17	709	2	835		
31			0	200			1	280			0	709	0	835		
合计		118		82		41		39		71		358		126		110

同和左线(1号洞)盾构月掘进统计表 表5-3

日期(年-月)	本月施工状况简介	掘进环数	累计环数
2009-2	盾构机(S-266)经组装、调试后于2月4日验收通过,2月10日正式始发,空推过矿山法隧道拼装管片118环	118	118
2009-3	3月12日盾构机由空推过矿山法初期支护隧道拼装管片过渡到全断面硬岩及上软下硬地层段掘进施工,共拼装管片82环,其中空推拼管片59环,硬岩掘进拼管片23环,硬岩段平均日进度1.2环,由于同和方向(1号洞)属于〈9H〉地层,岩层强度和整体性均比永泰方向难啃,刀具磨损严重,频繁开舱换刀(半个月内就有4次),盾构机掘进速度仅有2~3mm/min,20d里只拼装了23环管片	82	200
2009-4	同和左线(1号洞)由全断面硬岩转入〈7Z〉、〈8Z〉、〈9Z〉上软下硬地层掘进,盾构机自进入正常掘进后,由于岩层坚硬,掌子面裂隙水量较大,喷涌漏渣严重,且刀具时有磨损、掉落现象,本月开舱换刀3次,盾构掘进进度一直缓慢,速度仅为3~6mm/min,4月只拼装约41环管片,日平均1.3环左右	41	241
2009-5	盾构机继续正常掘进,先后克服了全断面硬岩段(〈9Z〉)、上软下硬(〈7Z〉、〈8Z〉、〈9Z〉)地层,本条线从4月30日起开始开舱全盘换刀(带压),由于刀盘结泥饼需清理,加之盾构机人闸空间有限,每班只进三人且仅作业一个半小时,至5月14日才恢复掘进。第二次为5月19日开舱换刀,更换31把单刃滚刀、2把双刃滚刀、16把边刮刀,5月22日恢复掘进。第三次换刀为5月24日,更换2把单刃滚刀及3把边刮刀,5月26日、28日开舱查看刀具磨损情况,未换刀。由于岩层上软下硬,基岩裂隙水较大,需注入聚氨酯防水,喷涌漏渣严重,且刀具时有磨损、掉落现象,本月开舱换刀3次(带压一次),开舱检查(未换刀)2次,盾构掘进进度一直缓慢,5月份只拼装约39环管片,日平均1.3环左右	39	280
2009-6	同和左线(1号洞)盾构机继续正常掘进,掌子面为全断面硬岩(〈9H〉)地层,本月频繁开舱检刀换刀(6月1日、6月6日、6月10日、6月14日、6月25日)。其中,6月1日更换1把中心单刃滚刀、1把双刃滚刀、5把边刮刀,6月6日更换9把单刃滚刀,6月10日更换15把单刃滚刀,6月14日更换10把单刃滚刀。至6月18日,地层发生明显变化,以〈7H〉为主,掘进速度明显提高,日平均2.1环左右;6月9日16:30左右,本工点始发井至同和左线230环左右位置(ZDK-6-624.49),突然发生地面塌陷,形成塌陷面积约2m×4m的坑洞,深约2m,该围墙条形基础下形成临空面,墙体有裂缝,并未塌陷,墙边宿舍区内电力线杆有倾斜,项目部立即启动应急救援预案,组织抢险工作,该处塌方现已处理完毕	71	351
2009-7	盾构机总体掘进施工较为顺利,地层由〈7H〉、〈6H〉转入以〈5H-2〉为主,掘进速度较快,该盾构于6月29日~7月5日带压开舱换刀,更换16把边刮刀、3把单刃滚刀、4把中心刀,但盾构掘进至333环、334环、402~405环(白云山药厂舱库)、416环以及447环时遇到硬岩,掘进速度降低至10mm/min以下,并伴有少量喷涌漏渣,影响管片拼装进度,又盾构掘进至南湖小学教学楼时,日沉降值较大,经项目部进行二次注浆后,沉降速度降低,现已趋于稳定,累计-20.5mm;同和左线隧道571环位置因地质钻孔封堵不密实导致盾构泄气喷浆,项目部采取措施予以清理、再次封堵	358	709

续上表

日期(年-月)	本月施工状况简介	掘进环数	累计环数
2009-8	上半月,地层由〈5H-2〉转入以〈7H〉、〈6H〉为主,掘进速度较快,该盾构于7月31日~8月2日在一号联络通道位置带压开舱全盘换刀,但盾构掘进至823环位置时地层变硬,转入〈7H〉、〈8H〉及〈9H〉岩层,刀盘频繁被卡,掘进速度降低至10mm/min以下,8月17日~8月20日在825环带压开舱换刀,影响管片拼装进度;同和右线(2号洞)盾构机继续硬岩段掘进,漏水、漏渣严重,进展缓慢,盾构机于8月4日~8月8日带压开舱全盘换刀,继续上软下硬地段掘进,继上次开舱换刀掘进5环后,于8月15日~8月18日再次开舱换刀(常压),再次掘进2环后,又于8月21日~8月22日开舱换刀,影响管片拼装进度	126	835
2009-9	同和左线(1号洞)盾构机继续上软下硬〈7H〉、〈8H〉、〈9H〉地层掘进,隧道时有全断面硬岩出现,掘进速度缓慢,8月24日~8月27日(换18把单刃滚刀)、8月31日~9月2日(常压全盘换刀)、9月9日~9月11日(换17把单刃滚刀)开舱换刀,9月15日晚地层发生变化,以〈6H〉、〈7H〉为主,掘进速度明显提高,9月24日晚盾构刀盘抵达同和站北端,28日顺利出洞	110	945

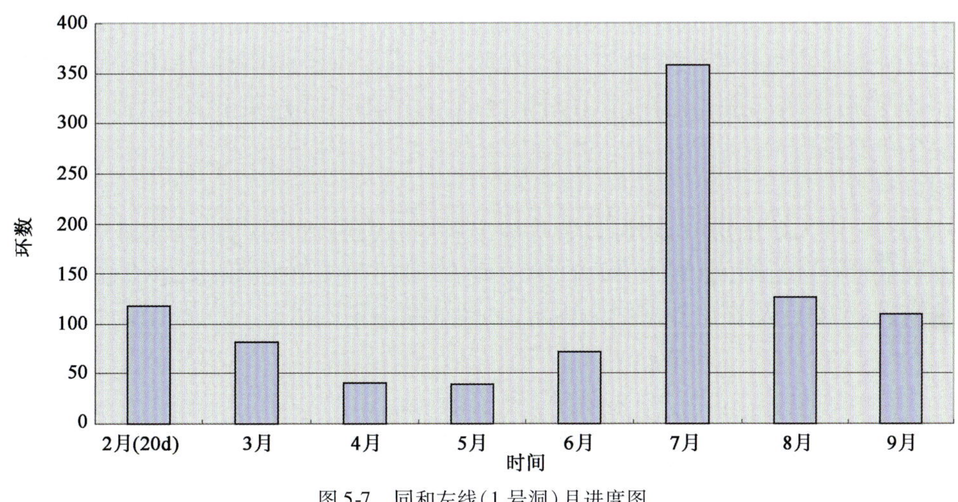

图5-7　同和左线(1号洞)月进度图

第三节　盾构施工的主要技术

一、盾构空推拼管片过矿山法初期支护隧道

1.盾构空推拼管片过矿山法隧道概况

永泰方向为〈9Z〉地层,其天然抗压强度平均值为106.1MPa,最高达134.5MPa。采用传统的矿山法进行隧道施工,形成初期支护圆形隧道,然后盾构机从始发井下井,分别向南、北两个方向始发空推并拼装管片。由于矿山法隧道施工进度比原先预计的慢,直到盾构机进场时,始发井两端矿山法隧道均未能按设计长度完成,同和方向两条隧道各完成了约274m,永泰方向两

条隧道各完成了约242m。因此，实际空推拼管片的长度要比施工图上设计的长度短，设计上四个洞累计空推拼管片长度为1401.237m，实际长度只有1033.36m。

2.盾构空推过矿山法隧道拼装管片的施工方法

1)盾构机空推时参数及管片拼装质量控制

(1)盾构机沿导台向前步进

盾构机沿导台向前步进时，重点检查暗挖段的开挖是否有侵入盾构机刀盘轮廓的岩石存在、盾构机壳体下部与导台的结合情况、盾构机两侧回填豆砾石是否有泄露等现象发生。盾构机步进时，刀盘前方的监测人员与盾构机操作手要紧密配合，确保盾构机沿导台的中心线前移，从而确保盾构机前移时管片的受力均匀。

(2)严格控制盾构机推力和推进速度

由于盾构机在导台上空载向前步进，为防止盾体扭转、保证喷射豆砾石、同步注浆和二次注浆充填密实、防止管片上浮及侧移，盾构机向前步进的速度宜控制在20mm/min以内，盾构机推力则控制在3000～4000kN。

(3)管片拼装

盾构空推过矿山法隧道时的管片拼装采取错缝拼装形式，管片拼装工艺与正常掘进时的工艺相同。管片选型时要根据盾尾间隙与油缸行程结合盾构机姿态选择合适的管片。管片安装完后应及时整圆并做好管片螺栓的三次复紧工作，管片拼装成环时，其连接螺栓先逐片初次拧紧；脱出盾尾后再次拧紧；当后续管片拼装之前，对相邻已成环的3环范围内的管片螺栓进行全面检查并复紧。

2)洞口密封

盾构机完全进入矿山法隧道，洞口管片脱出盾尾后，洞口管片与矿山法初期支护之间的间隙用水泥砂浆砌砖进行封闭，管片背后回填豆砾石，通过环向预埋5ϕ32水平注浆管及管片吊装孔注双液浆，对洞门及管片外壁封闭固定，具体如图5-8所示。

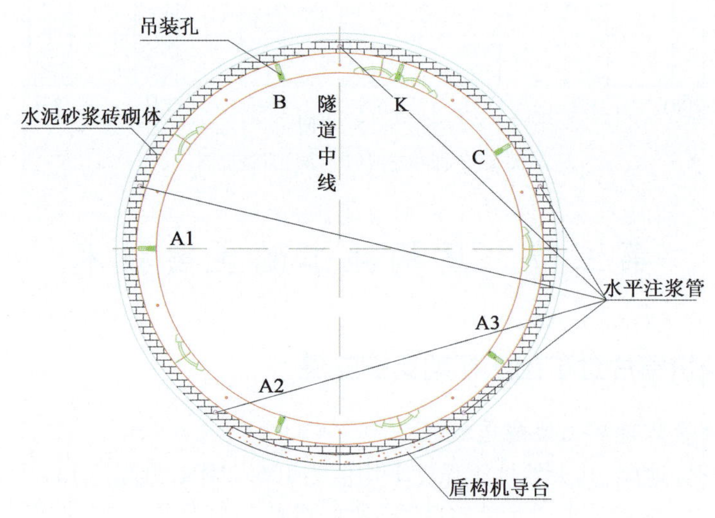

图5-8 洞口管片密封处理示意图

3)管片背后喷射豆砾石

(1)豆砾石储运

本标段豆砾石是在矿山法隧道及盾构导台施作完成之后,盾构始发进洞之前储运至洞内的。豆砾石的数量则根据矿山法初期支护隧道与成型管片背后的间隙计算而得,并根据隧道实际断面情况予以调整。本工点每条隧道矿山法段长度在260m左右,根据隧道开挖情况及理论计算,正常情况下每环喷射豆砾石数量在8~10m^3,每条隧道豆砾石储量在2000m^3左右。豆砾石进洞后由矿山法掌子面向始发洞口方向均匀堆放,避免在喷射作业期间豆砾石的长途倒运。

(2)豆砾石喷射作业

管片脱出盾尾后,由于盾壳与管片之间有13cm的间隙,首先通过底部管片吊装孔作为注浆孔注水泥水玻璃双液浆,以防管片下沉产生错台;然后利用充填的豆砾石作为管片两侧支撑。本工点豆砾石粒径为5~10mm(见图5-9),两台喷射机置于盾体前方约8~10m,作业工人站在盾构机刀盘前方水平搭设的作业平台上,从刀盘顶部向盾体后方喷射豆砾石,喷射时枪头置于盾体上方1点和11点位置交替喷射。若上述两个位置空隙较小,不能喷射或者喷射时冲到围岩向下回弹,喷不到后方去,枪头位置可以根据实际情况适当向两侧下移,待两侧充填饱满之后,枪头置于12点位置喷射,以充填拱顶空隙。喷射压力控制在0.25~0.3MPa,盾构机边向前步进,喷射机边向前移动,始终保持刀盘前面3m范围内没有豆砾石堆放。每隔10m在盾构机的切口四周用袋装砂围成一个围堰,围堰高度不小于4m,以防注入管片背后的豆砾石前窜,如图5-10所示。

图5-9 回填所用豆砾石

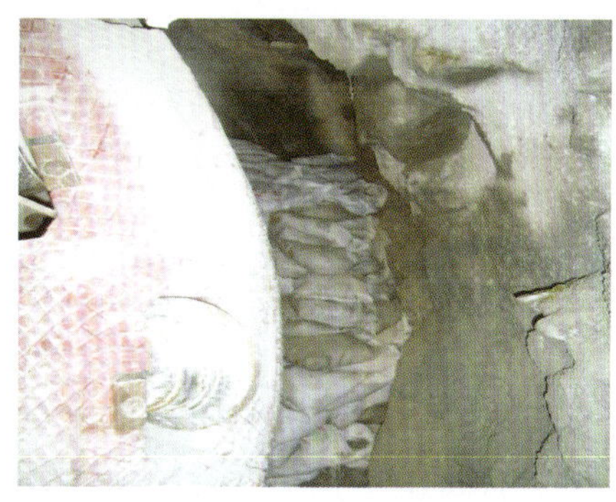

图5-10 导台两侧沙袋围堰

4)同步注浆

在喷射豆砾石的同时,利用盾构机2号和3号同步注浆孔向管片背后注入水泥浆,水泥浆配合比为1:1,注浆压力控制在0.2~0.3MPa,每次同步浆液量为2~3m^3,注完再下。在同步注浆进行的同时,需在盾构机前方配置监测人员,密切关注浆液的扩散情况,如有大量浆液向前窜,及时通知注浆组停止注浆,必要时调整浆液配合比从而缩短浆液的凝结时间。

5)二次注浆

二次注双液浆共分三次进行:第一次在管片脱出盾尾后,通过底部吊装孔注水泥水玻璃双液浆,以防管片下沉产生错台;第二次随着盾构机向前步进,在盾尾第4~5环管片上3点和9点位置通过管片吊装孔注入双液浆防止管片侧移;第三次每隔10环进行一次环向封堵,中间管片通过1点、11点吊装孔注入双液浆进行拱顶回填。二次注浆压力控制在4bar以内,注浆量和注浆压力则根据管片姿态的监测结果进行适当调整。

6）防止管片上浮及侧移措施

（1）加强管片注浆管理，一旦出现管片上浮或侧移，则在该处通过吊装孔打入注浆管进行二次补充注浆，迅速填充管片背后或上部间隙，以阻止管片上浮和侧移。

（2）管片脱出盾尾后，打穿吊装孔，在环向 A1 块、A3 块及 K 块分别安装一根Ⅳ级 $\phi32$ 精轧螺纹钢，紧顶在矿山法隧道初期支护上，长度可根据矿山法隧道断面开挖情况控制在 0.8 ~ 1.5m，令其螺母焊接固定在管片吊装孔钢螺栓上，通过此措施来限制管片上浮及侧移，具体如图 5-11 所示。

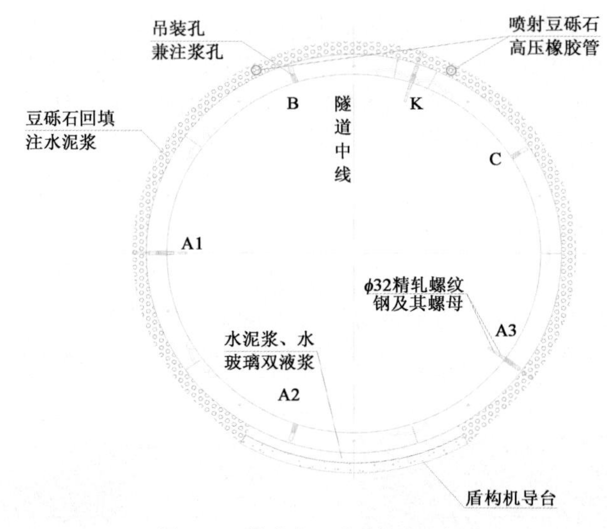

图 5-11　管片防上浮及侧移示意图

7）管片姿态监测

盾构机空推通过矿山法隧道期间，必须每天跟踪测量管片姿态，及时反馈监测数据，分析管片姿态的变化趋势，确认管片是否存在上浮、下沉或侧移，以便及时采取相应措施加以控制。

第一台盾构机在永泰方向 4 号洞空推过矿山法初期支护隧道拼装管片，至 143 环时，发现刀盘前方长约 5m 的盾构导台被压碎，项目部对该段导台进行清理和补做。3 天后盾构重新推进，该段导台又被压烂。因赶工期，加之距离矿山法小断面只有近 5m，盾构机便在压烂后的导台上向前推进，故从 145 环起，盾构机姿态开始出现“栽头”（前点：-75；后点：-17），至 155 环垂直偏差出现最大值（前点：-301；后点：-282）；尔后盾构机逐渐抬头。自 156 环起，盾构机部分进入硬岩段掘进；157 环及以后全部进入硬岩段掘进；至 181 环后，盾构姿态恢复正常。

8）防止盾构机抬头或盾体扭转措施

（1）在喷射豆砾石过程中，及时清理刀盘下面残留豆砾石，始终保持刀盘前方 2m 范围内导台表面清洁干净，防止豆砾石下串盾体引起盾构机抬头。

（2）在盾构空推通过矿山法隧道期间，盾构机刀盘必须严格保持静止，严禁刀盘转动，以防引起盾体扭转。

（3）每拼装完一环管片，在尾盾盾体与管片侧面接口处用签字笔画一条线，通过观察该线的对接情况来判断盾体是否扭转及扭转的大小，发现盾体扭转时应立即停止向前步进，及时查

找原因并采取纠正措施。

3. 盾构机空推拼装管片过矿山法初期支护隧道值得注意的几个问题

(1)矿山法初期支护圆形隧道施工时必须加强对开挖断面的控制,尽量不要有欠挖;对于少量难以避免的欠挖,在盾构到达前一定要提前处理到位。

本工点矿山法初期支护隧道施工时,由于岩层坚硬、周边炮眼布置偏少以及施工放线不及时等诸多原因,使得成型后的初期支护隧道欠挖点较多,尽管在盾构始发前曾先后进行过三次处理,但仍然还残存有不少欠挖点。加之盾构机空推时盾体部分是沿着导台面向前滑动的,此时盾体四周并无约束,刀盘则严格保持着静止状态,没有能力对残存的欠挖点进行切削处理。因此,当盾构机空推遭遇到欠挖点时,刀盘或盾体部分就会被欠挖处卡住,盾构机刀盘又不敢转动,尽管加大推力但仍然难以行进时,只得停止推进,由人工在刀盘前方进行欠挖处理(直接凿除或装药放炮),从而严重影响了盾构空推拼装管片的进度。值得指出的是,上述需要人工进行处理的欠挖在数量上往往并不大,有时候就相差几厘米,但只要是将刀盘卡住,盾构机便无法推进,就得停下来处理(见图5-12)。

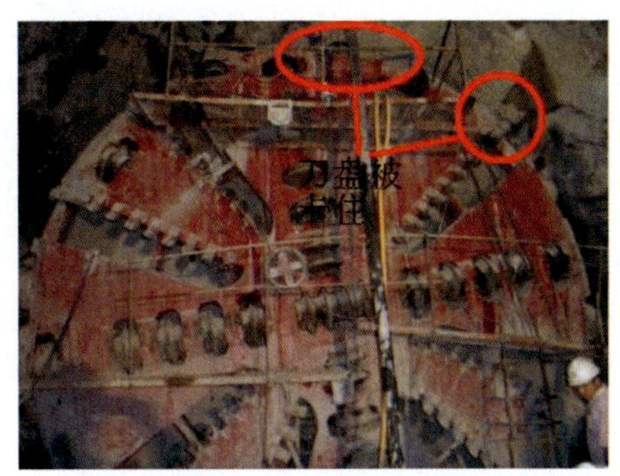

图5-12　刀盘因欠挖被卡

最后一条隧道(3号洞)由于吸取了前三条隧道欠挖处理不彻底的教训,加之改进了初期支护隧道断面测量的方法,利用类似于圆规的装置,从盾构导台上直接按6.4m直径画圆,将欠挖点一一标出,并在盾构始发前全部处理到位。这样,该隧道没有一次因为处理欠挖而影响盾构机空推,拼管片的速度便明显快于前三条隧道。可以说,在其他外部条件相当的情况下,初期支护隧道的欠挖处理是影响盾构空推拼管片进度的关键性因素(见表5-4)。

本工点四座隧道空推拼管片进度统计表　　表5-4

隧道名称	空推开始时间(年-月-日)	空推结束时间(年-月-日)	空推总环数	平均日进度(环)
永泰右线(4号洞)	2009-1-21	2009-3-6	155	4.1(扣除春节休假)
同和左线(1号洞)	2009-2-13	2009-3-8	177	7.7
同和右线(2号洞)	2009-5-15	2009-6-19	182	5.4
永泰左线(3号洞)	2009-10-29	2009-11-14	161	9.5

(2)加强对盾构导台施工质量的控制,防止盾构机推进时压烂导台(见图5-13)。

盾构机在矿山法初期支护隧道内空推并拼装管片时,盾构机主体的重量完全落在预先做好的导台上,且沿着导台面向前滑动。在盾构行进过程中,导台起到承重和导向的双重作用。显然,导台的中线和高程位置是否正确,其施工质量是否满足设计要求,将直接关系到后续盾构机能否顺利推进。

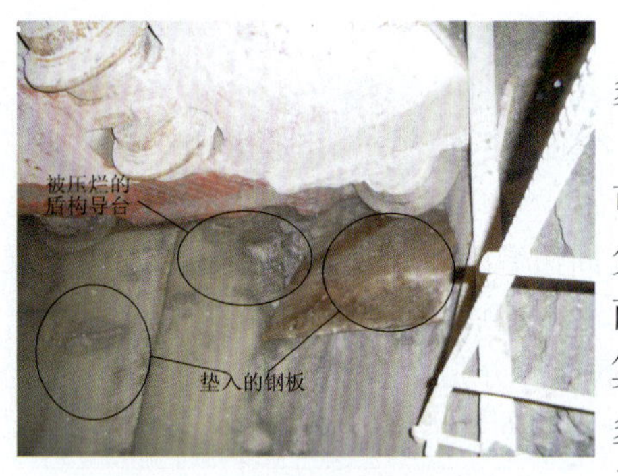

图 5-13　永泰右线隧道导台被压烂

(3)洞内储备豆砾石时,其数量要尽量计算准确,过多或过少都不好。

由于岩层坚硬,矿山法隧道施工时的开挖断面不可能做成一个规整的圆形,超、欠挖的现象很难避免。通常是拱部容易出现欠挖,而导台延伸线往上的两个腰部容易出现超挖。因此,豆砾石储备数量的计算总会存在一些偏差。本工点四条隧道中前三座各多储备了几百立方米,造成了多余豆砾石外运;后一座又少了 200 余立方米,不得不再次进料,带来了一些浪费。

(4)豆砾石的喷射方法值得探讨。

前已提及,本工点是将豆砾石预先储运至洞内,沿线路堆放在导台面以上,平均高度约有 1.7m,然后随着盾构机的推进,作业工人在盾构机刀盘的前方将豆砾石喷入管片与围岩之间的间隙。从实施的情况来看,这种提前往洞内储备豆砾石的做法效果并不是很好,主要存在两个缺陷:一是豆砾石数量难以计算准确,多了少了都会带来麻烦;二是刀盘前方作业工人倒运和清理豆砾石的工作量过大。

二、盾构过硬岩及上软下硬地层

1)主要困难

①盾构推进速度慢

本工点四条隧道各有约 100m 的全断面硬岩,尤其是同和方向的两条隧道,岩层为微风化花岗岩〈9H〉,质地坚硬(单轴抗压强度 134.5MPa),裂隙不发育,完整性较好。盾构机在该段地层掘进时,开舱后发现,掌子面磨得像个磨盘,滚刀在岩面上留下的划痕清晰可见,而岩石被滚刀破碎的痕迹则很难见到,渣样呈粉末状,致使盾构推进速度非常慢,仅有 1 ~ 3mm/min,如图 5-14 和图 5-15 所示。

图 5-14　同和左线 200 环位置〈9H〉岩层

图 5-15　同和左线 205 环〈9H〉岩层渣样

②掉渣多,清渣量大

盾构在全断面硬岩及上软下硬地层掘进过程中,由于裂隙水的存在,使得出渣口喷涌、漏渣严重,管片底部的沉渣埋平至轨道面,清渣工作量大,不得不花费大量的时间和人力来清理,从而严重影响了盾构施工进度。

③刀具磨损严重,开舱换刀频繁

盾构在微风化花岗岩和上软下硬地层中掘进的另一个突出问题,便是刀具极易磨损,甚至于刀圈脱落、断裂,刀毂受损,轴承破碎,需要频繁开舱换刀。本工点仅同和左线(1 号隧道)1153.5m(共 769 环)的范围内,开舱换刀次数就达 21 次,其中带压 8 次,共占用时间 68d,累计更换单刃滚刀 221 把、中心滚刀 21 把、边刮刀 40 把,具体统计如表 5-5。

左线换刀统计表 表 5-5

序号	换刀日期(年-月-日)	换刀情况	换刀数量(把)	刀具磨损情况	换刀位置(环)
1	2009-3-15 ~ 2009-3-16	单刃滚刀 31 号、35 号、33 号、30 号、28 号更换成维尔特刀	5	31 号(5mm),30 号(6mm),28 号、35 号(10mm),33 号(刀圈偏磨严重)	180
2	2009-3-18	单刃滚刀 18 号、36 号、38 号更换成维尔特刀	3	18 号(防尘密封损坏);36 号(10 ~ 15mm,保护帽掉 1 个,刀圈卷刃严重,并偏磨);38 号(挡圈掉)	183
3	2009-3-29 ~ 2009-3-31	单刃滚刀 30 号、33 号、25 号、34 号、24 号、16 号、26 号、29 号、23 号、21 号、39 号更换成维尔特刀	11	34 号、29 号、33 号、23 号、39 号(偏磨),16 号(挡圈掉),21 号(5 ~ 12mm),24 号、25 号、26 号(10 ~ 20mm)	200
4	2009-4-4 ~ 2009-4-15	11 号、21 号、22 号、23 号、25 号、27 号、29 号、30 号、33 号、34 号、35 号、36 号、37 号、38 号、39 号,中心刀 1 ~ 3 号、2 ~ 4 号更换成维尔特刀	17	23 号、33 号、34 号、37 号(偏磨),22 号、27 号、35 号、36 号、38 号(刀圈损坏),25 号(10 ~ 20mm),29 号、30 号(20mm); 12 号、13 号、15 号、19 号、21 号、31 号(5 ~ 15mm),其余均小于 10mm	215
5	2009-4-20 ~ 2009-4-21	中心刀 2 把,单刃刀 1 把	3		223
6	2009-4-30 ~ 2009-5-13(带压)	15 号、25 号、22 号、26 号、18 号、11 号安装庞万利的普通单刃滚刀,30 号、33 号、34 号、35 号、36 号、37 号、38 号、39 号安装维尔特刀或庞万利重型单刃滚刀(蓝色),更换中心刀 2 把 1 ~ 3 号、2 ~ 4 号	15	刀具普遍磨损 10 ~ 20mm	241
7	2009-5-19 ~ 2009-5-22	9 号、10 号、12 号、13 号、14 号、15 号、16 号、17 号、21 号、19 号、23 号、20 号、22 号、25 号、24 号、26 号、27 号、28 号、29 号安装庞万利的普通单刃滚刀,30 号、31 号、32 号、33 号、34 号、35 号、36 号、37 号、38 号、39 号安装维尔特刀或庞万利重型单刃滚刀(蓝色),更换中心刀 2 把 1 ~ 3 号、2 ~ 4 号,16 把边刮刀	29 + 2 + 16	刀具普遍磨损 10 ~ 20mm	271

续上表

序号	换刀日期(年-月-日)	换 刀 情 况	换刀数量(把)	刀 具 磨 损 情 况	换刀位置(环)
8	2009-5-24	安装庞万利的普通单刃滚刀,3 把边刮刀	2 + 3	刀具普遍磨损 5 ~ 15mm	275
9	2009-5-26	未换刀,拧紧单刃滚刀保护帽			276
10	2009-5-28	未换刀,拧紧单刃滚刀保护帽,清理大石块			278
11	2009-6-1	1 把更换为庞万利的重心单刃滚刀,1 把中心滚刀,5 把边刮刀	1 + 1 + 5	刀具普遍磨损 10 ~ 20mm	281
12	2009-6-6 ~ 2009-6-7	24 号、33 号、20 号、14 号、28 号、36 号、35 号、37 号、38 号更换为庞万利的单刃滚刀	9	刀具普遍磨损 10 ~ 25mm	285
13	2009-6-9 ~ 2009-6-11	39 号更换成维尔特刀,13 号、17 号、21 号、28 号、19 号、23 号、34 号安装洛阳九九重型刀,11 号、10 号、22 号、25 号、12 号、14 号、27 号更换为庞万利的单刃滚刀	15	39 号、24 号刀圈磨尖,12 号、14 号、27 号、11 号、10 号、22 号、25 号、13 号、17 号、21 号、28 号、19 号、23 号刀刃微卷,31 号、32 号、24 号、35 号、38 号、26 号、29 号、36 号、15 号刀螺栓松动	288
14	2009-6-15	更换 10 把单刃滚刀 38 号、32 号、30 号、31 号、33 号、35 号、36 号、37 号、28 号、29 号,2 把维尔特,1 把庞万利重型刀,1 把庞万利普通刀,其他为洛阳九久	10	更换刀具普遍偏磨 5 ~ 12mm	288
15	2009-6-25 ~ 2009-6-26 (带压)	地层于 6 月 18 日发生变化,以〈7H〉为主,安装剩余边刮刀			338
16	2009-6-29 ~ 2009-7-4 (带压)	更换 16 把边刮刀、3 单刃滚刀、4 把中心刀	16 + 3 + 4	刀具普遍磨损 10 ~ 20mm	351
17	2009-7-31 ~ 2009-8-3 (带压)	所有单刃滚刀(31 把)加中心双刃滚刀(4 把)	31 + 4	34 号、32 号、12 号、27 号、36 号、33 号、13 号刀具普遍磨损 10 ~ 30mm,其余为 5 ~ 25mm,30 号偏磨	710
18	2009-8-17 ~ 2009-8-21 (带压)	26 号、27 号、28 号、29 号、30 号、31 号、32 号单刃滚刀	7	刀具普遍磨损 10 ~ 30mm	825
19	2009-8-25 ~ 2009-8-27 (带压)	17 号、18 号、19 号、20 号、21 号、22 号、23 号、24 号、25 号、26 号、27 号、30 号、31 号、32 号、36 号、37 号、38 号、39 号单刃滚刀	18	刀具普遍磨损 10 ~ 30mm	828

续上表

序号	换刀日期（年-月-日）	换刀情况	换刀数量（把）	刀具磨损情况	换刀位置（环）
20	2009-8-31～2009-9-2(带压)	所有单刃滚刀加中心双刃滚刀	31+4	刀具普遍磨损10～25mm,27号、26号偏磨10～20mm,14号、21号刀圈崩裂	836
21	2009-9-9～2009-9-11（带压）	16号、17号、19号、21号、22号、23号、25号、26号、27号、31号、33号、34号、35号、36号、37号、38号、39号单刃滚刀	17	刀具普遍磨损10～25mm	846

本工点刀圈偏磨、脱落、崩断、刀毂磨损如图5-16～图5-25所示。

图5-16　同和左线215环刀圈崩裂

图5-17　同和左线285环刀圈偏磨

图5-18　同和左线241环刀圈脱落

图5-19　同和左线824环单刃滚刀毂磨损

图5-20　软岩地层刀具正常磨损

图5-21　单刃滚刀开口环掉落

图 5-22　同和左线 271 环刀圈掉落

图 5-23　同和左线 271 环刀圈严重磨损

图 5-24　密封定位件的磨损变形

图 5-25　部分更换下来的单刃滚刀刀圈

2）应对措施

在硬岩及上软下硬地层中，盾构掘进速度慢的问题具有普遍性，难以从根本上解决，尤其是在盾构机刀盘及刀具配置无法改变的情况下更是如此，唯有耐住性子慢慢地磨，直到通过为止。但通过采取适当措施，能够在一定程度上提高盾构施工的效率，包括如下一些措施。

（1）配备重型单刃滚刀和中心滚刀

本工点先后使用过的刀具主要有：意大利庞万利（重、轻型）、洛阳九久（重型）、德国维尔特、武汉江钻四种。其中，意大利庞万利新刀三盘，105 把（重型刀 16 把），单购轻型刀 67 把，重型刀 26 把；德国维尔特轻型刀 60 把；洛阳九久重型刀圈 230 把；武汉江钻 16 把。从实际使用的情况来看，前三种破岩效果相差不大，后一种的强度和耐磨性则明显不及前三种。在硬岩地段掘进时，边缘滚刀的配置则以重型刀为主。此外，为了增加中心刀支架的耐磨性，在两个刀圈之间加焊过耐磨条。本工点配置刀具如图 5-26、图 5-27 所示。

（2）不装或少装边刮刀

盾构在硬岩地层掘进过程中，由于边刮刀所起的作用并不大，且容易磨平，乃至崩断、掉落（见图 5-28、图 5-29），引起盾构机刀盘被卡，不得不开舱在土仓内去捞起掉落的残片，影响盾构掘进，故可不装或少装。本工点曾经在边刮刀掉落之后，干脆不再安装，并在其相应位置焊上钢板，以保护刀盘不被磨损。

图 5-26　庞万利双刃滚刀

图 5-27　庞万利重型单刃滚刀

图 5-28　同和左线 200 环边刮刀断裂掉落

图 5-29　同和左线 215 环正面刮刀断裂掉落

(3)选择合理的掘进参数和操作方式

盾构在硬岩或上软下硬地层中掘进时,其掘进参数主要指总推力、刀盘转速和扭矩、掘进速度以及出土量等项。其中,总推力是影响刀具磨损的最直接的参数,总推力的大小直接决定了刀具所承受的荷载。推力过大,虽然短期内掘进速度会加快,但过大的荷载会使滚刀轴承受挤压而产生变形,继而影响滚刀的自转,最终造成滚刀刀圈的偏磨或断裂。本工点此种情形多次出现,尤其是当总推力超过 15000kN 时更为常见。刀盘转速也是影响刀具磨损的另一个主要因素,在硬岩地层中,过大的转速会造成盾构机振动颠簸,从而加剧刀具的磨损。本工点同和左线(1 号隧道)盾构掘进参数统计见表 5-6。

同和左线(1 号隧道)盾构掘进参数统计表　表 5-6

环　号	所在地层	掘进参数			平均日进度(环)
		总推力(kN)	刀盘扭矩(kN·m)	掘进速度(mm/min)	
1 ~ 177(空推段)	〈9H〉	3000 ~ 4300	0	24 ~ 35	7
178 ~ 241	全断面硬岩〈9H〉	9700 ~ 15000	1000 ~ 3000	2 ~ 6	1.3
242 ~ 290	上软下硬〈7H〉、〈8H〉、〈9H〉	9700 ~ 21300	1000 ~ 3000	3 ~ 26	1.4
823 ~ 849	上软下硬〈6H〉、〈7H〉、〈8H〉、〈9H〉	14000 ~ 24000	1000 ~ 2500	1 ~ 4	0.9

续上表

环　　号	所 在 地 层	掘 进 参 数			平均日进度（环）
		总推力（kN）	刀盘扭矩（kN·m）	掘进速度（mm/min）	
其他	〈5H〉	11000～14500	1000～2000	20～50	8.8
	〈6H〉	11000～16000	1400～2100	20～55	15.8
	〈7H〉	13400～19200	1200～2100	15～40	5

由表5-6中数据不难看出，本工点盾构最大推力并未出现在全断面硬岩段，而在上软下硬地段，并且软岩地层中的盾构推力也比硬岩段要大，这说明盾构在上软下硬地层或软岩中掘进时，盾壳与围岩之间的摩擦力也要比全断面硬岩来得大。表5-6中所列数据可供同类地层中盾构掘进时参考。

此外，盾构机操作方式的选择也直接关系到掘进效率。由于本工点硬岩段围岩自稳性较好，故在盾构掘进时，选用的是半开胸（或欠土压）式掘进模式。此时，密封土仓内的渣土并未充满，压力传感器上显示的水土压力小于掌子面上的主动土压力，以利于提高刀盘的破岩效率，从而提高盾构的掘进速度。

（4）检查和更换刀具务必及时

盾构在硬岩地层掘进过程中，开舱检查和更换刀具要突出一个“勤”字，适当增加开舱检查和更换刀具的频率，千万不要等到盾构机实在推不动了再去检查换刀，这方面本工点有过教训。如永泰右线（4号洞）由空推拼装管片转入硬岩段掘进后，由于该段为〈9Z〉地层，盾构掘进速度并不慢（20mm/min），连续两天管片拼装进度达到10环，累计掘进31环后，盾构无法前行，不得已才开舱检查，发现4把单刃刀和4把中心刀磨损相当严重，如图5-30～图5-33所示。

图5-30　单刃滚刀严重磨损（1）

图5-31　单刃滚刀严重磨损（2）

等到永泰左线（3号洞）掘进时，由于吸取了右线换刀的教训，将盾构推进速度控制在10mm/min，并增加检刀次数，每隔3～5环即开舱检查刀具，并对松动的螺帽及时进行紧固，避免了刀具的过度磨损。

（5）其他辅助措施

如：加强后方来水的环向封堵，严重时在中、前盾处注聚氨酯；加大同步注浆量，及时进行二次注浆，必要时增加小导管注浆；加大管片的监测频率等。

图5-32　中心滚刀磨损严重(1)

图5-33　中心滚刀磨损严重(2)

三、1号联络通道废水泵房基坑开挖出现塌陷处理技术

1. 工程简述

2010年1月9日(周六)15:00,始发井至同和段1号联络通道及废水泵房基坑开挖至通道底部以下3.8m时,靠近始发井左线一侧突发涌泥,泥水管涌量逐渐增大,最终淹没废水泵房,该通道所在地面出现6m×5m×3.1m的坑洞,涌入隧道内的泥沙量达50余立方米,如图5-34所示。

图5-34　1号联络通道地面塌陷现场

当天上午9:00,该基坑靠近左线拐角处曾出现涌泥涌水,承包商马上组织施工人员往管涌处堆砂袋及袋装水泥进行反压处理,管涌有所减缓,此时靠左线一侧基坑底部已由3.8m上升到2.6m,承包商立即指派专人进行地面巡视。11:25涌泥沙、涌水量突然加大,水面迅速上升到距离联络通道底部1.1m。出现险情后,承包商立即组织现场抢险,采用走道板密排插入联络通道钢格栅底部以减缓管涌,顶部则密排20a工字钢,其上加设两道20a工字钢作为横梁,再用ϕ108厚5mm钢管对撑到联络通道拱顶,同时用钢模板先将联络通道右线洞门封闭。由于管涌速度迅速增大,现场扔渣袋继续进行反压填充,并用钢模板将左线洞门紧急封闭。

2. 原因分析

(1)地质情况复杂,加固效果不理想。

此处隧道埋深约16m,地质情况复杂。1号联络通道洞身主要位于花岗岩类残积可塑状砂质黏性土〈5H-2〉及花岗岩全风化带〈6H〉中(见图5-35),〈5H-2〉及〈6H〉具有遇水易软化、崩解的特点。

1号联络通道及废水泵房地处白云山山区地势低洼区,地下水容易向此处汇集,地下水较大致使花岗岩残积土崩解软化。

地面加固方案设计为联络通道范围内由地面向下施作双管旋喷桩,直径800mm,间距650mm,加固深度为联络通道拱顶以上3m至拱顶以下1.5m,加固宽度为联络通道左右两侧各3m。

为了保证在1号联络通道处盾构机常压开舱,对原设计旋喷桩加固进行了加强,增加左右

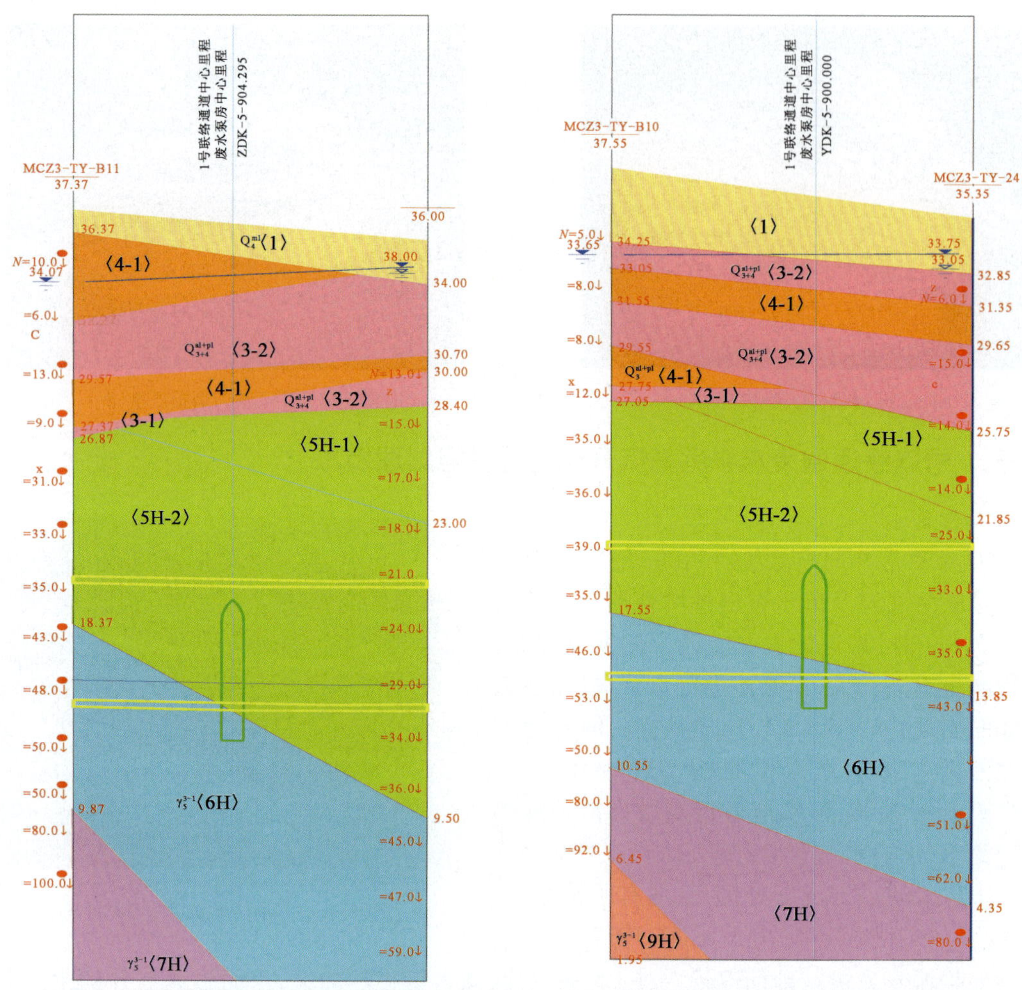

图 5-35 联络通道左右线地质剖面

线隧道另一侧旋喷桩加固,加固范围 3m,加固深度为联络通道拱顶以上 3m 至隧道底以下 1.0m,加固宽度为超出隧道边各 1m(见图 5-36)。

虽然设计的加固范围较大,但是实际施工过程因为深度较大,桩体倾斜后桩间咬合不理想,在开挖过程中,就曾经出现过数次涌水涌沙。

2010 年 1 月 8 日,泵房累计开挖到 3.8m 时,靠近始发井一侧基底附近位置已有局部塌陷,承包商存在侥幸心理,盲目抢最后 0.4m(2009 年 12 月 23 日变更同意深度由 6.7m 调整到 4.2m),酿成了此次事故的发生。

(2)1 号联络通道及废水泵房处于同和站至始发井区间隧道 V 形坡最低处,地下水容易通过区间隧道管片背后向此处汇集。

(3)旋喷桩加固。随着埋深的增加土体密实度增大导致旋喷桩桩径缩径,桩间咬合存在薄弱部位。

(4)旋喷桩钻机钻进施工垂直度偏差造成桩间存在间隙,加固体外侧花岗岩残积土在地下水的影响下沿旋喷桩间隙涌入开挖的废水池内。

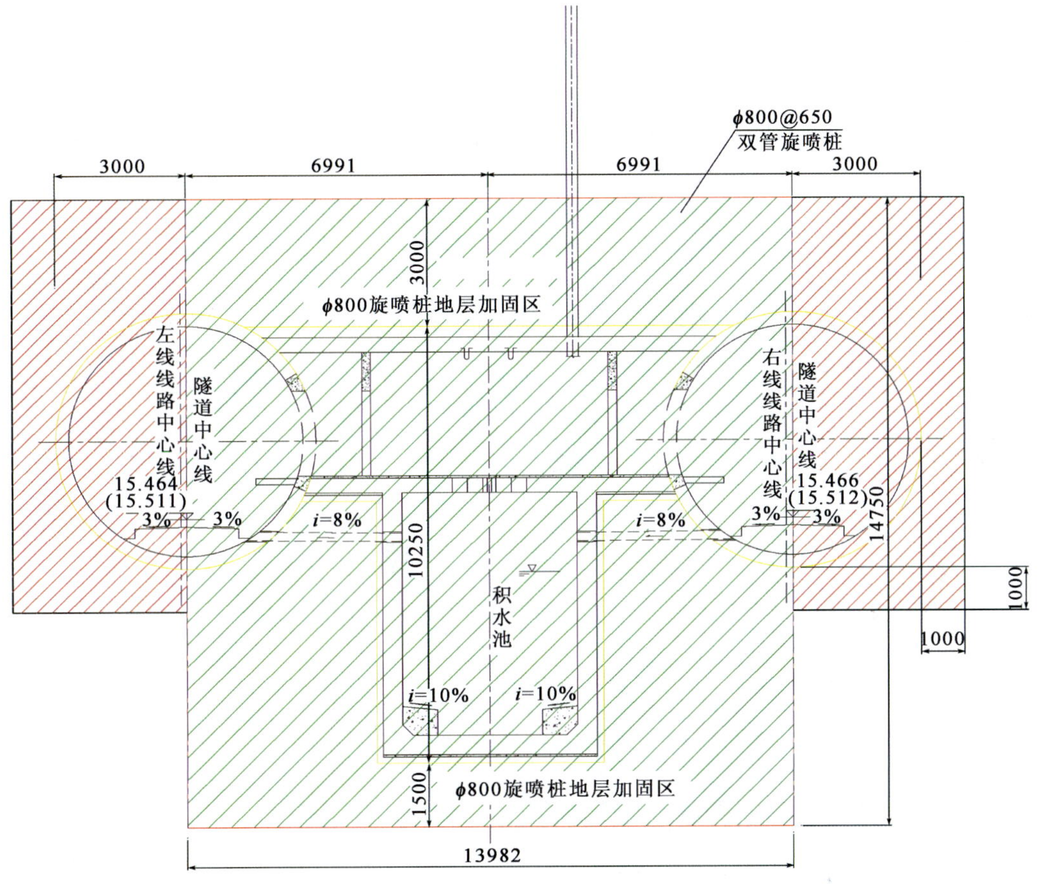

图5-36　联络通道及废水泵房实际加固范围示意图(尺寸单位:mm)

3. 处理措施

(1)迅速组织混凝土罐车对塌陷处实施回填,至当21:00左右,地面回填混凝土完成,累计混凝土用量99m^3。

(2)调钻机进场对松散地层进行地面深孔注浆加固,防止塌陷进一步加剧。

(3)对左线洞门重新进行全封闭加固处理(见图5-38),并进行1号联络通道左线及右线管片的纵向连接和支撑,防止管片变形进一步加大。对1号联络通道同和右线洞门钢模板用20a工字钢进行加固,并在1号联络通道位置左右管片底部进行注浆处理,以填充泵房周边空隙。

(4)加强对主隧道及联络通道的收敛监测,左右线以联络通道为中心往始发井方向10环,同和方向5环进行布点,监测频率为2h一次,同时对地面塌陷处邻近的建筑物实施24h监测保护。

(5)抢险完成后,在通道底部打孔,对泵房注浆加固。3月4日,加固完成,累计钻孔13个,使用水泥约170包,水玻璃2桶。

(6)泵房底部加固完成后,对泵房底部靠近同和左线始发井一侧(原泵房突涌处)钻孔抽芯检测(见图5-37),深度3.7m的8个,另补深度4.7m的5个,累计使用水泥约170包,水玻璃2桶。3月5日，对泵房加固效果作抽芯检测，共抽2根，其中，靠近同和左线始发井一侧（原泥水突涌处）抽取一根，深度4.3m，芯样较为完整；再对靠近同和右线同和一侧（注浆时有冒浆现象）抽取一根，深度3.5m，芯样较为完整。3月7日上午，破除表层混凝土，开始向下开挖。从开挖情况来看，泵房加固效果较好，表层坚硬，含有大量水泥浆块，工人需用风镐凿除，保证了加固效果。3月15日，泵房顺利开挖到底。

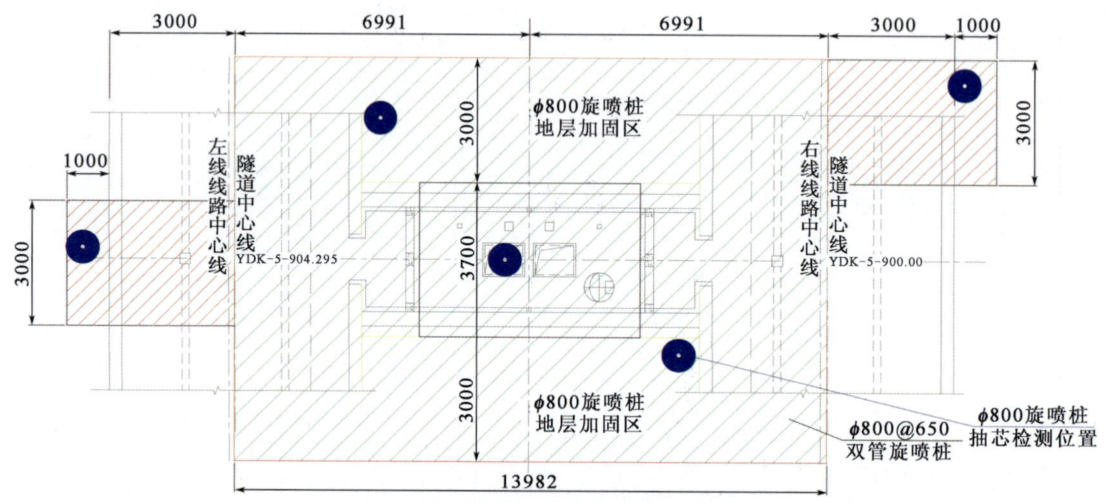

图5-37　加固取芯孔位置图（尺寸单位：mm）

四、盾构掘进过程中地面建筑物保护技术

1. 白云山制药厂配电房成功保护案例

1）工程简述

2009年10月25日，同和右线盾构机在掘进至729环时（YDK－5－870.700），开舱后发现刀盘左上方出现一个面积约2m^2、高约3m的空洞，该处地面上方紧邻一处敏感建筑物——白云山制药厂配电房。在盾构掘进过程中，该配电房玻璃窗晃动严重，工作人员已显紧张。若不及时采取处理措施，其影响和后果会很严重，如图5-39所示。

图5-38　封闭左线联络通道

图5-39　白云山药厂配电房

白云山药厂配电房为天然基础，开舱位置位于配电房院内，距配电室西南角约1m处。

2）建筑物保护施工措施

通过对该处地质条件和渣样分析,该处主要为〈6H〉地层,土仓内气压稳定,刀盘上方土体无继续塌陷迹象,且地面无漏气。决定继续开舱换刀,并加快换刀速度,待舱门关闭后,再进行地面及洞内两方面注浆,以快速填充塌空区。同时,在配电房外墙及地面增布监测点,并安排专人24h轮流值班,观察地面情况,每天至少两次对配电房进行沉降监测。

10月27日盾构换刀完成恢复掘进,洞内在729环、730环处加强同步注浆,并采用长约5m的小导管对塌空区进行补充注浆,注浆量按照压力控制。该处同步注浆量共22m^3,二次注浆共注入水泥10t。

在加强洞内注浆的同时,地面上于配电房西南角塌空区上方打孔,采用袖阀管注浆的办法,对塌空区上方土体进行加固处理(见图5-40)。

通过沉降数据分析,盾构机恢复掘进后最初两天单日沉降量最大,分别为-1.0mm、-2.2mm。恢复掘进前,由于建立了气压平衡,地面单日及累计沉降量均不大。由于处理及时,技术措施得当,至11月20日,配电房四个角点的沉降量已趋于稳定,最大累计沉降量为-28.3mm,最小为-19.3mm,建筑物四角基本处于均匀沉降状态,未对建筑物造成任何损伤,盾构顺利通过该配电房换刀塌空区。

3)经验教训总结

(1)开舱位置选择仓促,因同和方向右线后于左线施工,右线施工借鉴了左线施工的部分经验及地质条件变化。左线824环遇孤石及硬岩,而右线提前在725环出现孤石,出乎预料之外,由于725环之前盾构掘进速度均在55~60mm/min,日掘进10环以上,未能估计刀具磨损情况。遇孤石后,掘进速度迅速降低,才决定开舱检查刀具。

(2)盾构机刀盘主要在〈5H〉、〈6H〉地层中掘进,该地层稳定性较差,在遇水条件下容易软化、崩解。

(3)项目部处理及时,措施得当。发现刀盘上方出现塌空区后,项目部即加快换刀速度,地面安排专人24h值班监控配电房沉降变化情况,并决定地面注浆,地面注浆队伍、材料快速进场。25日开舱,27日下午恢复掘进,洞内采取加强同步注浆、小导管二次注浆的措施,地面采用袖阀管对塌空区及上方土体进行加固,盾构得以顺利通过白云山制药厂配电房。

2. 白云山制药厂生活区宿舍围墙边地面塌陷处理技术

1)工程简述

2009年6月9日16:30左右,盾构左线掘进至287环时,盾构后方230环左右位置(ZDK-6-624.49),突然发生地面塌陷,形成塌陷面积约2m×4m的坑洞,深约2m。塌陷处右侧为大片菜地,左侧为白云山制药厂生活区宿舍围墙,该围墙条形基础下形成临空面,墙体有裂缝,但并未塌陷,墙边宿舍区内两根并排电力线杆有倾斜,如图5-41所示。

图5-40　从地面注浆

图5-41　地面塌方现场

值得注意的是，同和左线 230 环附近管片的拼装时间在 2009 年 4 月 26 日，而塌陷发生在 6 月 9 日，此时盾构刀盘已往前推进至 291 环，时间上间隔了 43d，距离上间隔了 61 环，可见此次塌陷的滞后性非常明显。

2）原因分析

（1）地质原因

该地段盾构隧道穿越断面主要以〈7H〉地层为主，底部为少量〈8H〉和〈9H〉地层，隧道拱顶埋深约 30m，上部覆土以〈6H〉全风化花岗岩、〈5H-2〉砂质黏性土和〈5-3〉粉质黏土为主，如图 5-42 所示。

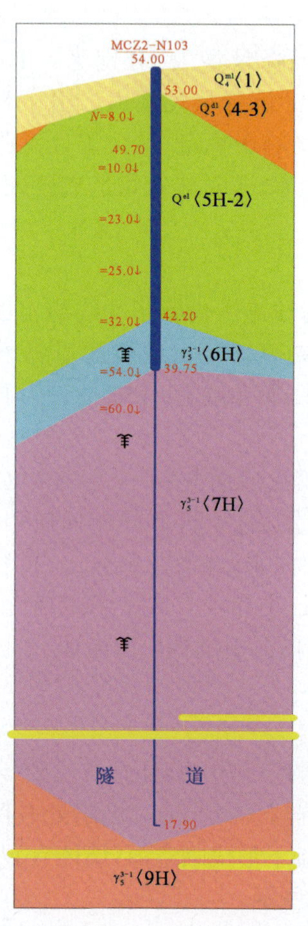

图 5-42　MCZ2－N103 地质柱状图

由地质勘察报告知，本段地质范围内，花岗岩类风化岩和上覆土具有两方面特性：一是遇水软化、崩解；二是粉粒、黏粒含量高。该塌方段地下水类型以基岩裂隙水为主，在裂隙发育地段，水量较丰富。

这种复杂的地层对盾构掘进带来的影响是：速度极慢，刀具磨损严重，频繁卡刀盘，喷涌漏渣，出土量很难控制。

（2）孤石补勘钻孔的影响

在塌方段围墙水沟外侧 1.5m 处有一孤石补充勘探钻孔，编号为 MCZ2-N103，里程为 ZDK－6－627.10（228 环），深 39m（进入隧道底部 1m），该钻孔位于左线隧道中线右侧 2m 处。此次塌方应该与该钻孔封堵不密实有关，加之近期降水较多，雨水顺着该孔浸入隧道内，造成该地段盾构掘进时，地下水明显增大。

（3）其他原因

①盾构掘进过程中，对出土量的变化掌握得不准确；地下水量增大时，采取的处理措施效果不明显。该地段盾构掘进过程中，喷涌漏渣严重，当时地下水明显增大，主要来源于盾构后方。为了堵水，自 227 环起，项目部采用高频率双液浆环向封堵（2～3 环一次）及中前盾体外侧注聚氨酯环向封堵的对策，有时封堵水效果不理想，便采取往土仓注膨润土和分散剂的办法，但效果仍然不明显。相当一部分渣土从螺旋输送机口喷落至隧道内，因为出渣时含水量较多，每斗渣都含有 1/3～2/3 斗的水，并且土渣沉淀后黏在渣斗底部，无法倾倒干净，致使盾构机实际出土量难以准确判断，出土量统计存在困难。

②盾构通过塌陷地段时掘进参数有异常。同和左线 230 环前后盾构掘进参数，如图 5-43 和图 5-44 所示。

从图 5-43、图 5-44 中各参数不难看出，在同和左线 230 环附近，尽管盾构总推力、扭矩及推进速度变化不大，但是土仓压力却明显增加，故怀疑盾构在 230 环附近推进时，其上方土体

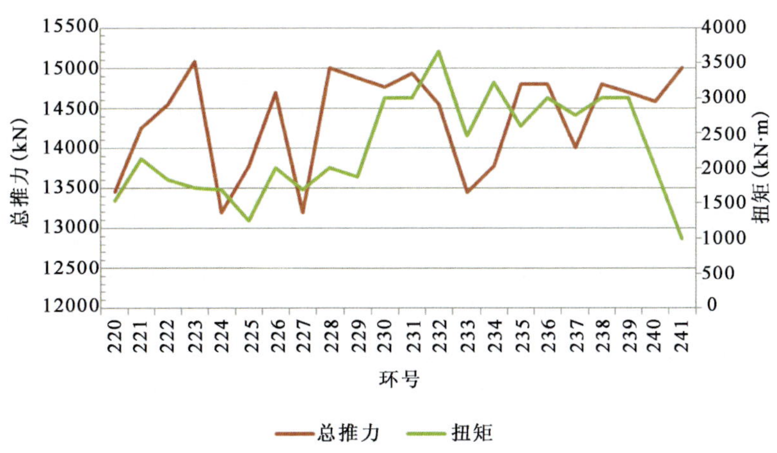

图 5-43　总推力与扭矩参数曲线图

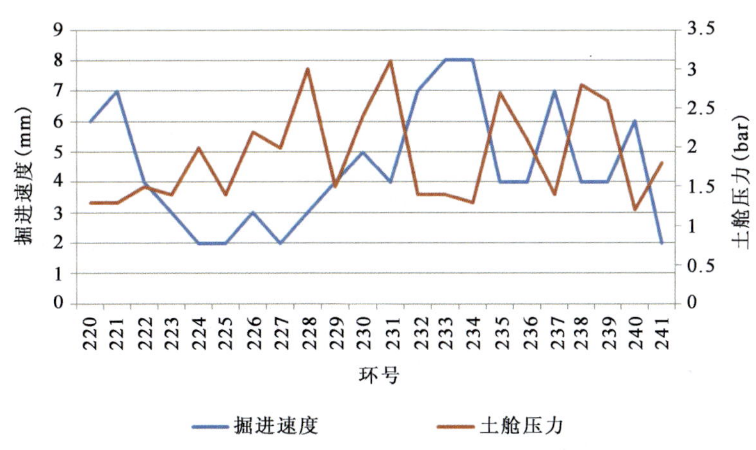

图 5-44　掘进速度与土仓压力参数曲线图

已有塌陷,当时对此未引起足够重视,未能及时采取有效措施进行处理,从而导致后来的地面塌陷。

③开舱换刀的影响。盾构机在该地段掘进时,由于刀具磨损严重,需要经常开舱检查及更换刀具,仅在 230 环前后就有两次开舱。其中一次是 4 月 20 日在 223 环常压开舱换刀,掌子面以〈7H〉和〈8H〉地层居多,地层不稳定且遇水易崩解,为保证安全,承包商快速换刀关舱掘进;另一次是 4 月 30 日在 241 环再次开舱查看刀具磨损情况,发现土仓因水量较大、刀盘结泥饼且舱门处被泥饼糊死而无法正常打开,只得带压(0.2～0.3MPa)开舱。

显然,上述开舱换刀过程对该段地层的稳定无疑会有一定影响,尤其是在这种软硬不均地层,故此次事故的发生或许与高频率的开舱有一定关联。

④沿线监测点的布置不尽合理。该盾构地段仅在白云山药厂生活区 6 栋宿舍楼的 4 个墙角和同泰路路面布置了监测点,而生活区围墙和沿线其他地面均未布点监测,故所提供的监测数据只能反映各栋房屋和同泰路路面的沉降变化,不能全面反映沿线地面的沉降情况,以至于对该处地面塌陷未能做到提早发现和处理。

⑤对房屋沉降监测数据变化重视和分析不够,未能及时采取有针对性的处理措施。此次塌陷所在位置的左侧(即围墙左侧)10m 处并排有 6 栋白云山药厂生活区宿舍楼,编号分别为 26 号、27 号、28 号、34 号、45 号、46 号,而塌陷正好处在 27 号和 28 号两栋楼之间。从施工期间各宿舍楼的沉降监测数据来看,只有这两栋靠近隧道一侧的 4 个监测点的沉降数据变化量较大,其他楼的沉降量变化则很小。从 4 月 26 日至 4 月 29 日三天内,27-1 号测点下沉了 -7.8mm、27-2 号测点下沉 -8.5mm;28-1 号测点下沉 -4.3mm,28-2 号测点下沉 -2.8mm。图 5-45 为 27 栋和 28 栋楼在 4 月 24 日、26 日、29 日、30 日和 5 月 1 日的沉降变化情况(该塌方地段盾构掘进时间为 4 月 26 日)。由此可见,在该地段发生塌陷之前,邻近建筑物的沉降量是有所反映的,遗憾的是,当时此变化并未引起足够的重视,未能及时在洞内或地面采取处理措施,结果造成本次塌陷事故发生。

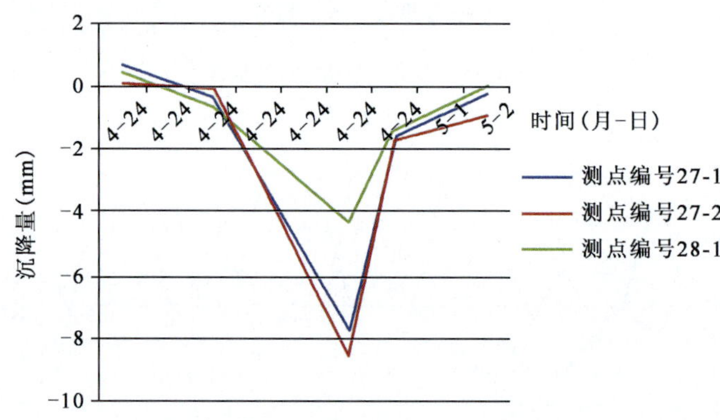

图 5-45　27 栋和 28 栋楼沉降变化情况

3)处理措施

图 5-46　恢复围墙

首先对白云山药厂生活区一侧塌陷处围墙实施围蔽,拉起警戒线,对邻近的高压线杆及宿舍楼实施 24h 监测,组织机械和人力抢运沙包和袋装水泥对塌陷处进行回填,至当晚 10:00 回填完毕,共用袋装水泥约 10t;然后在塌陷处地面打 8 根长 3m 小导管注双液浆,第二天中午结束注浆,累计用水泥 8t,水玻璃 5.3t;为安全起见,下午开始对受损围墙(长 12m)实施拆除和恢复,至 13 日中午全部恢复完毕(见图 5-46);然后调钻机进场进行深孔注浆,共用水泥 34t,同时在洞内对该环管片前后各 8 环范围内实施小导管(长 1.5m)注浆加固。

第四节　本工点盾构施工技术经验总结

(1)施工前建筑物调查及施工过程中沿线建筑物巡视。建筑物保护是盾构施工的日常重点工作之一,贯穿于整个施工的始终,盾构施工前应根据图纸平面图对沿线房屋进行调查取证,并保留房屋调查的第一手资料,对有需要进行鉴定的房屋进行鉴定。结合平面图、地质剖面图对建筑物保护方案(盾构过建筑物方案)进行详细审查。

施工过程中,应建立日常巡查制度,对沿线房屋建筑进行定期巡查,对有新裂纹出现等情况进行详细记录,并分析原因,要求承包商加强洞内二次注浆措施,必要时要求承包商对地面进行加固处理。

(2)盾构掘进参数监控。盾构掘进过程中,须配备有经验的工程师通过对掘进参数的分析,对比地质资料,即可根据经验判断盾构前方是否存在塌方、孤石等异常情况,并在正确判断的基础上进行掘进参数的调整及采取其他技术措施,从而避免地面塌陷等事故的发生。

按要求如实填写盾构环报表,并对每环出土量进行分析,对出土量异常的情况应引起重视,并问明原因及承包商已经采取的措施,如未采取措施,需督促承包商加强二次注浆等洞内措施。

(3)地面监测点布设监控及沉降资料的判断分析。应严格按照监测方案及房屋保护方案埋设合格的监测点,并对监测报告进行分析,对于沉降速率过大或累计沉降过大的监测点进行跟踪,加强该处建筑物的地面巡视工作,发现异常立即进行处理。

(4)盾构全断面硬岩及上软下硬地层掘进,刀具磨损严重,一定要勤检查、勤换刀,刀具的选择要有所对比,不同厂家的刀具,对地层适应性亦有所不同。对喷涌造成的漏渣,要组织好施工工序,及时予以清理,不宜事后用袋装清除。

(5)开舱换刀过程中的控制。开舱换刀严格执行程序审批制度,在保证安全的前提下,应对开舱前排空土仓余渣进行监控,避免承包商过多出土。注意土仓压力的变化,如有土仓压力突然增大的情况出现,即可判断土仓内掌子面可能存在塌方。如为常压开舱,核实掌子面稳定情况,带压开舱时需及时掌握掌子面稳定情况的描述及判断。另外,开舱前一定要做好第三方气体检测,必要时可做活体检测,第一个进舱人员应系好安全带等防护(见图5-47、图5-48)。

图5-47 盾构开舱前第三方气体检测

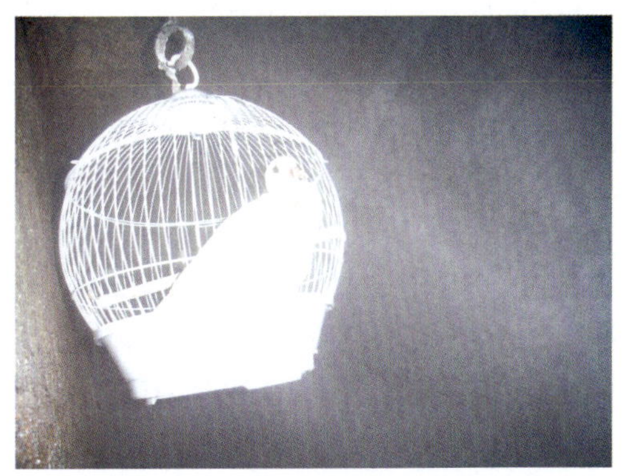

图5-48 盾构开舱作业前气体活体检测

合理选择开舱地点,盾构施工前,应认真审查换刀计划,选择合理的位置及地层作为换刀地点。如遇特殊原因需要进行计划外开舱时,需核对开舱位置的地质及地面建筑分布情况,如地质条件及地面建筑分布不适合开舱则应更改换刀位置,并做好相应监测、技术、应急措施。

(6)微风化花岗岩地层中应当慎用盾构法。本工点盾构掘进的实践表明,在微风化花岗岩〈9H〉地段,采用盾构法施工的效率低,设计上采用矿山法辅助施工是有道理的。

(7)盾构在〈9H〉与〈9Z〉地层中掘进的差别值得重视。本工点地层的划分恰好以盾构始发井为分界点,始发井南端(同和方向)为燕山期花岗岩微风化带〈9H〉,岩石坚硬,较完整,其岩石质量指标 RQD 值为60% ~90%,天然抗压强度平均值为 106.1MPa;北端(永泰方向)为震旦系混合花岗岩微风化带〈9Z〉,岩石硬,较破碎,其岩石质量指标 RQD 值为50%~80%,天然抗压强度平均值f_c=81.87MPa。上述两种地层虽然同为微风化硬岩,但盾构机的掘进状态和推进速度却完全不同,在〈9H〉地层中,一天平均仅掘 1 环左右;而在〈9Z〉地层中,一天可掘 6 环左右,最快时连续两天曾掘过 10 环。顺便指出,本工点始发井—松园山庄吊出井(即北端隧道)原设计采用的是纯矿山法马蹄形隧道,且有近 300m 的软岩段,设计上采用 CRD 工法施工,该施工图已会审过,且始发井一端矿山法早已开工,直到 2008 年 5 月底才改为盾构法施工。实践证明,此种变是更合理的。此外,若将该方向的矿山法隧道长度缩短,把人力和物力集于南端矿山法隧道上,则对后续盾构施工有利。

(8)矿山法初期支护圆形隧道施工时必须做好对开挖断面的控制,尽量不要有欠挖,对于少量难以避免的欠挖,在盾构空推到达前一定要提前处理到位。另外,洞内储备豆砾石时,其数量要尽量计算准确。

(9)区间废水泵房选址一定要谨慎,尽量避免地势低洼区,尤其是对本身具有遇水易软化、崩解特点的地层。地面应采用旋喷桩加固,桩间间隙不能忽视。

(10)消除漏渣有待探索高明办法。在岩层节理较发育、地下水较丰富的硬岩及上软下硬地层,螺旋输送机出渣口的喷涌和漏渣虽说难以避免,但如果漏渣量太大,势必需要花费大量的人力和时间去清理。因此,如何尽量减少漏渣量对于提高盾构施工的效率具有实际的意义。

(11)盾构始发井地点的选择值得反思。本工点盾构始发井(31.8m×20.4m,兼作中间风井)选在同泰路与南湖路交叉口,位于本区间隧道长度的约 2/3 处,该处基坑深达 39m,且处在微风化花岗岩地段,基坑开挖时平均不到 5m 就需要爆破,从围护结构施工到基坑开挖完成耗时一年;始发井至松园山庄吊出井由纯矿山法改为盾构法施工后,盾构机在一端吊出后,需二次转场回到始发井再次向另一端始发,大大影响了后续盾构施工的有效时间,其合理性值得反思。

(12)本标段孤石处理没有预想的那么复杂。为进一步摸清本区间盾构隧道洞身范围内孤石的分布及发育情况,以便能在盾构到达之前提早进行孤石的处理,保证施工工期,孤石补勘工作自 2008 年 9 月 4 日开始,至 2008 年 10 月 17 日结束。沿左、右线隧道中线共布置孤石钻孔 162 个,实际钻孔 127 个,发现孤石的钻孔有 11 处,其中有 6 处位于隧道顶板上,1 处位于底板下,仅有 4 处位于隧道洞身,其平面位置一处位于白云山制药厂厂区左线上,另三处位于白云机电幼儿园右线上,详见表 5-7。

230 环盾构掘进参数　　表 5-7

环片号码	掘进速度(mm)	总推力(t)	扭矩(kN·m)	土仓压力(0.1MPa)
220	6	1346	1540	1.3
221	7	1425	2130	1.3

续上表

环片号码	掘进速度(mm)	总推力(t)	扭矩(kN·m)	土仓压力 bar
222	4	1455	1830	1.5
223	3	1508	1720	1.4
224	2	1320	1700	2.0
225	2	1378	1250	1.4
226	3	1470	2000	2.2
227	2	1320	1700	2.0
228	3	1500	2000	3.0
229	4	1488	1880	1.5
230	5	1476	3000	2.4
231	4	1493	3000	3.1
232	7	1455	3660	1.4
233	8	1345	2460	1.4
234	8	1378	3230	1.3
235	4	1480	2600	2.7
236	4	1480	3000	2.1
237	7	1400	2760	1.4
238	4	1480	3000	2.8
239	4	1470	3000	2.6
240	6	1458	2000	1.2
241	2	1500	1000	1.8

正如勘察单位在《孤石补充勘察报告》中指出的那样，本区间所探测出的孤石均为石英岩脉，且较破碎，抗压强度较之上、下岩层的差距并不大。因此在盾构施工时，可直接在隧道内进行盾构切割，同时辅以隧道内人工进舱处理。

本区间盾构实际推进过程中，除了在白云山药厂厂区内对39号孤石进行过地面爆破处理之外，其他孤石均在洞内由盾构机进行直接切割，未采取开舱劈裂或其他处理措施；在通过白云山药厂配电房时曾因孤石引起掌子面小塌陷(开舱后发现)，通过采取洞内小导管注浆及地面补充注浆处理，对该配电房并未造成影响，其他地方则未因孤石处理耽误更多掘进时间。此外，在孤石补勘时所掉落的两根钻杆也未采取特别的处理措施，直接由盾构机推过去。

Chapter 6

嘉禾站（南始发井）一同和站（吊出井）区间盾构施工技术

执笔人 The Author

仇培云 ▷

业主项目工程师

第六章　嘉禾站(南始发井)—同和站(吊出井)区间盾构施工技术

第一节　工程概况和施工环境

一、区间概况

区间位于三号线北延段中间部位(见本书第一章图1-2施工4标位置),采用两台土压平衡盾构机施工,其中左线为德国海瑞克盾构机,右线为加拿大罗威特盾构机。两台盾构机先后(左线盾构机先始发)从嘉禾盾构始发井依次过站白云大道北站到达同和吊出井吊出,盾构掘进线路长度为3556.1单线延米,盾构掘进示意图如图6-1所示。

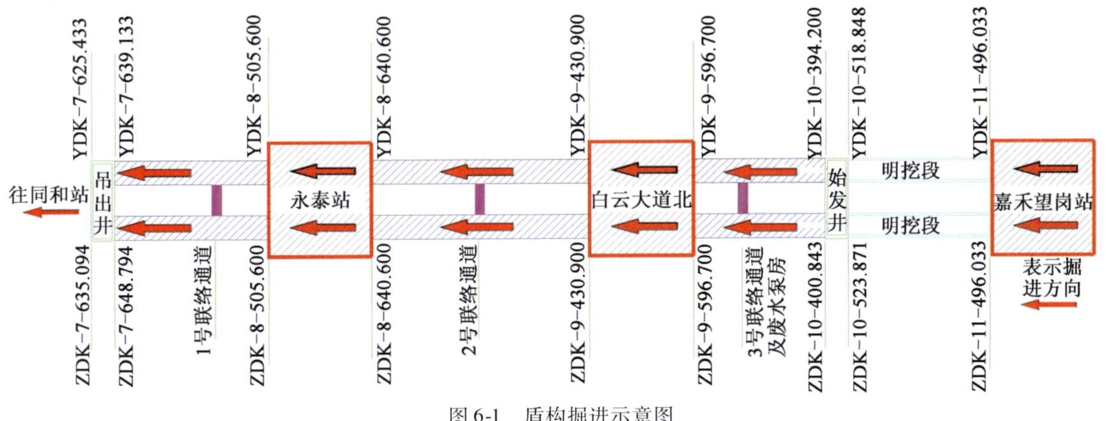

图6-1　盾构掘进示意图

每个盾构区间设置一个联络通道,其中白嘉区间3号联络通道和废水泵房合建,4号联络通道位于嘉禾盾构始发井内,共计四个联络通道。

本区间线路坡度为0.6%,隧道上覆土厚度最大约35m,最小覆土厚度约为4.5m,一般埋深7~12m。区间最小曲线半径为500m,曲线长度总计为2703.6m,占盾构掘进线路总长3556.1m的76%。

二、盾构施工环境特点分析

1. 基础地质和构造

1)地形地貌

区间地面高程为16.3~26.6m,平均高程为22.46m,除白云山外地面起伏不大。

2)地质构造

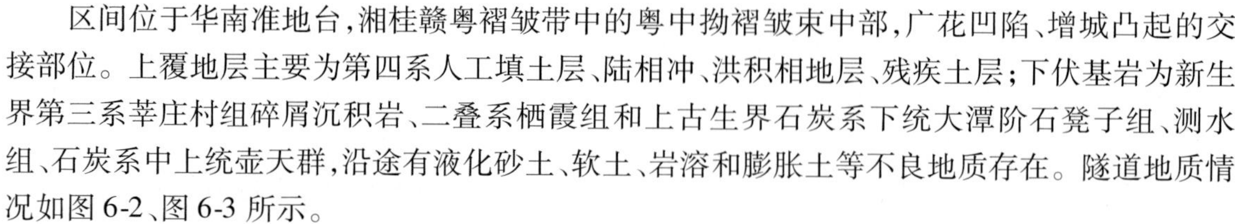

区间位于华南准地台，湘桂赣粤褶皱带中的粤中拗褶皱束中部，广花凹陷、增城凸起的交接部位。上覆地层主要为第四系人工填土层、陆相冲、洪积相地层、残疾土层；下伏基岩为新生界第三系莘庄村组碎屑沉积岩、二叠系栖霞组和上古生界石炭系下统大潭阶石凳子组、测水组、石炭系中上统壶天群，沿途有液化砂土、软土、岩溶和膨胀土等不良地质存在。隧道地质情况如图6-2、图6-3所示。

3）区间隧道工程地质特征

（1）盾构掘进穿越的各类地层特征（由上而下）

〈3-1〉冲洪积粉细砂层，黏粒含量约15%，标贯平均为10.9击，最高为15击。

〈3-2〉冲洪积中粗砂层，含黏粒约25%，标贯平均为13.5击，最高为26击。

〈4-1〉冲洪积黏土层，可塑状，黏性较好，有砂感。标贯5～18击，平均为9.05击，该土层透水差，自稳性较好。

〈6-1〉可塑状残积土层，主要为粉质黏土，含少量灰岩角砾，软塑。标贯6～18击，平均14击。

〈6C〉灰岩全风化层，岩芯呈坚硬土状，局部含灰岩角砾，岩质极软，遇水易软化。实测击数35～46击，平均39.3击。

〈7C〉灰岩强风化层，岩芯呈半岩半土或破碎状。标贯33～75击，平均56.29击。

〈8C〉灰岩中风化层，隐晶质结构，层状构造，裂隙稍发育，网状方解石脉发育，岩芯破碎，呈碎块状、短柱状，岩质较硬，RQD=0。

〈9C〉灰岩微风化层，隐晶质结构，层状构造，裂隙稍发育，岩体较完整，岩芯呈短～长柱状，网状方解石脉发育，岩质坚硬，锤击声脆，RQD=70%～85%。

〈7Z〉震旦系混合花岗岩强风化层，岩芯呈半岩半土状，局部夹中风化岩块，岩质极软，易用手折断，具遇水易软化、崩解特点。标贯52～86击，平均71.66击。

〈8Z〉震旦系混合花岗岩中风化层，中细粒花岗岩变晶结构，块状构造，组织结构部分破坏，裂隙较发育，岩石硬，较破碎，裂面伴有铁染，岩芯多呈碎块状、少量短柱状，风化不均匀。

〈9Z〉震旦系混合花岗岩微风化层，呈浅灰、灰色，中细粒花岗岩变晶结构，块状构造，裂隙稍发育～发育，岩石坚硬，岩体较完整，岩芯呈短～长柱状，少量块状，锤击声脆，RQD=50%～80%。

（2）特殊地质和不良地质

①软土：沿线软土层为第四系冲积—洪积河湖相淤泥质土层〈4-2〉，在本标段呈零星分布，层厚1.10～8.65m。淤泥质土及淤泥具有含水量高，孔隙比大，压缩性高，抗剪强度低，灵敏度高的特点，其主要物理力学指标：含水量46.0%、压缩模量2.39MPa、黏聚力9.1kPa，内摩擦角3.6°。

②岩溶和土洞：

岩溶：本区间沿线石灰岩主要分布在石炭系、二叠系及第三系莘庄组地层中，在石灰岩地段和第三系莘庄组含灰岩砾的砾岩岩溶发育。岩溶在宏观上虽有发育规律，但在具体场地上，其形态和分布则是无常的。

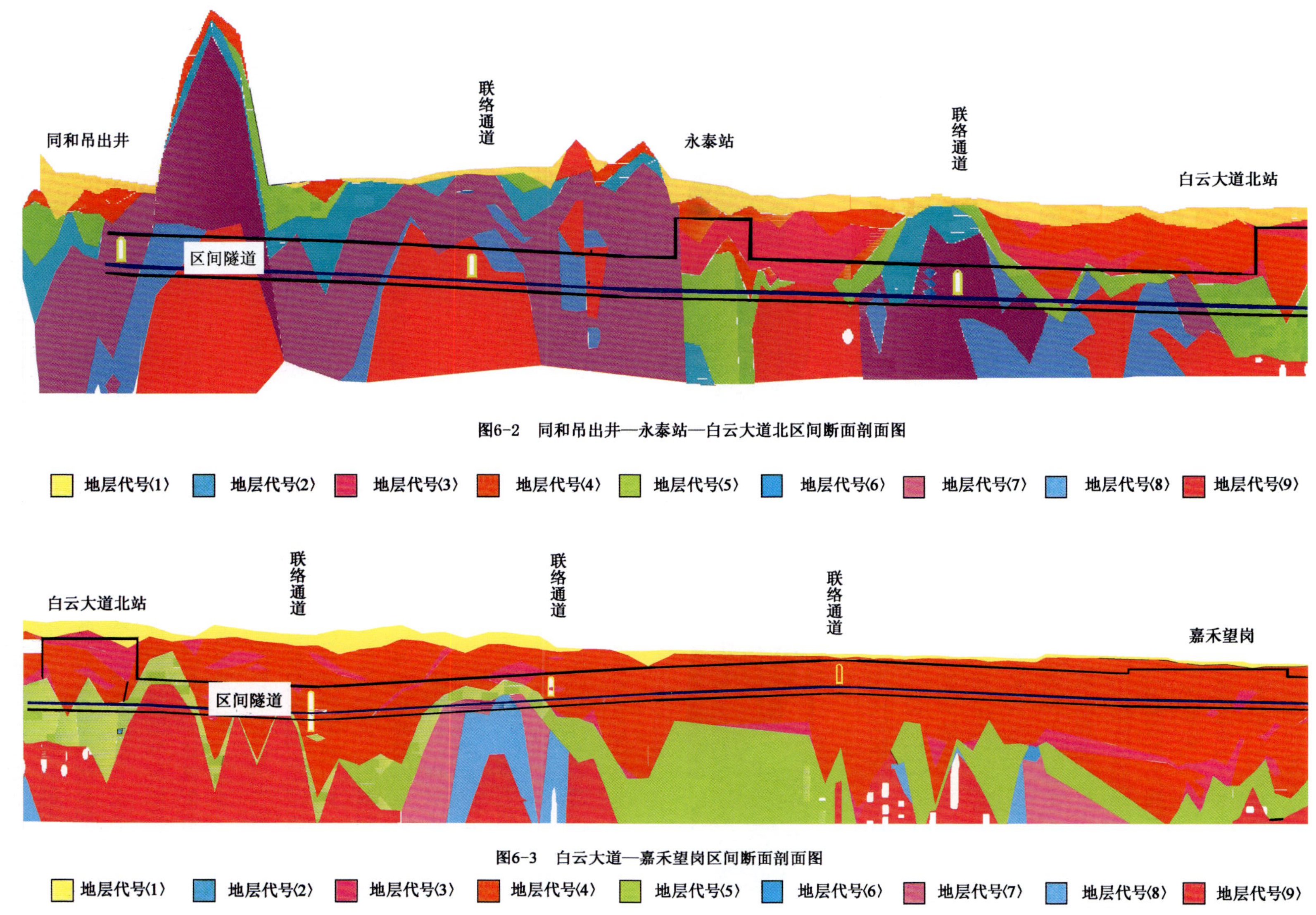

图6-3　白云大道—嘉禾望岗区间断面剖面图

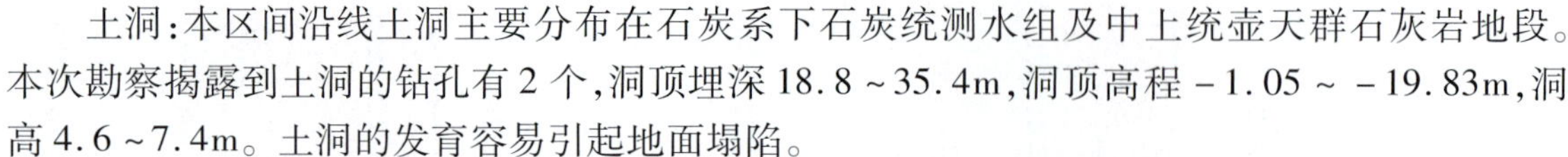

土洞:本区间沿线土洞主要分布在石炭系下石炭统测水组及中上统壶天群石灰岩地段。本次勘察揭露到土洞的钻孔有2个,洞顶埋深18.8~35.4m,洞顶高程-1.05~-19.83m,洞高4.6~7.4m。土洞的发育容易引起地面塌陷。

断裂带:广从断裂永泰段的主断层和伴生断层自现永泰站东侧约120m、400m处通过,断层走向与线路方向近似正交。构造破碎带宽度为6.70~12.60m,对掘进施工影响较大。

(3)工程地质评价

本标段的工程地质有以下两个特点:白云大道北站—嘉禾站盾构区间和永泰站—白云大道北站区间地层为灰岩地层,强度较高,岩溶强烈发育,风化后产生溶土洞。下伏基岩为稳定分布的燕山四期侵入岩和震旦系混合花岗岩。花岗岩、混合花岗岩残积土和全、强风化岩具有遇水软化、崩解的特性,且球状风化孤石和风化深槽发育,对盾构掘进施工影响较大。

同永区间左线隧道洞身穿越主要地层为〈7C〉灰岩强风化层、〈8C〉灰岩中风化层、〈6Z〉混合花岗岩全风化层、〈7Z〉混合花岗岩强风化层和〈9Z〉混合花岗岩微风化层,其中将近一半为〈7Z〉混合花岗岩强风化层,〈9Z〉微风化层最大强度为120MPa(见图6-4、图6-5)。

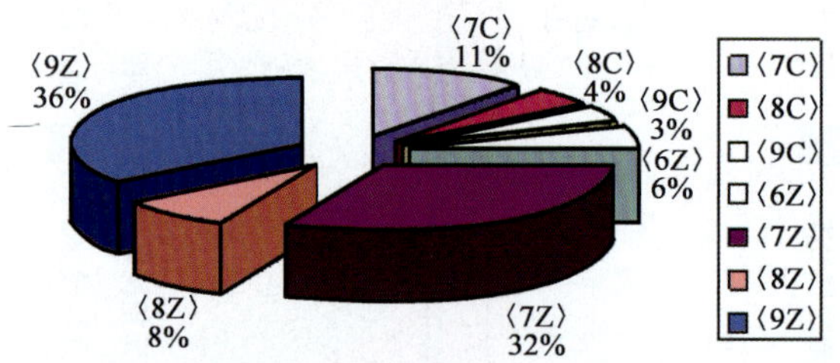

图6-4 同永区间左线各地层所占比例饼图

图6-5 同永区间右线各地层所占比例饼图

同永区间右线隧道洞身穿越主要地层为〈7C〉灰岩强风化层、〈8C〉灰岩中风化层、〈9C〉灰岩微风化层、〈6Z〉混合花岗岩全风化层、〈7Z〉混合花岗岩强风化层、〈8Z〉混合花岗岩中风化层和〈9Z〉混合花岗岩微风化层,全断面混合花岗岩所占比例较大。

(4)水文地质

地下水类型主要是第四系孔隙水、基岩裂隙水。

同永区间第四系孔隙水存在于淤泥质粉细砂层中,地下水略具承压性;基岩赋存裂隙水,但其透水性较弱。同时,在淤泥质粉细砂层〈2-2〉与基岩之间有相对隔水的冲积、残积粉质黏土层相隔。地下水对混凝土结构和钢结构具有弱腐蚀性。

永白区间和白嘉区间第四系孔隙水主要赋存于冲、洪积砂层中,砂层含黏粒较多的地段富水程度一般,松散填土中亦有少量第四系孔隙水(主要为上层滞水)。基岩赋存裂隙水,但透水性较弱。区间所处区域总体地下水比较丰富。

2. 沿线地面环境及建(构)筑物和地下管线概况

1)盾构区间穿越地表建筑物情况

白嘉区间:沿线绝大部分为交通繁忙的环南路三期快速路和尖澎路;永白区间:沿线绝大部分为道路和建筑物;同永区间:地表绝大部分地段为交通繁忙的同泰路。

2)地下管线情况

本标段除白嘉区间隧道上方分布的地下管线较少外,永白区间和同永区间隧道上方分布

的地下管线较多，特别是永白区间，直径为1600mm的钢制供水管线和直径300mm的煤气管道一直在区间左线隧道的上方，同泰路两侧分布有多条电缆和通信线路，盾构掘进对地层扰动和沉降控制要求较高。

第二节　盾构机适应性分析

一、盾构机主要参数

本标段工程左线采用德国海瑞克公司制造的土压平衡盾构机进行掘进，右线则采用加拿大LOVAT公司制造的土压平衡盾构，两种盾构机主要参数与其他型号盾构对比见本书第一章。

二、LOVAT盾构机构造及主要设备

1. 刀盘及刀具

LOVAT 24600盾构机刀盘是专门为本项目设计，利用了土压平衡盾构机在混合含水地层开挖隧道的经验和技术的成果，为混合式刀盘，4个轮辐设计，采用高强抗拉钢材焊接而成。为了有效地保证该盾构机的开挖轮廓，特设计ϕ6280轨迹刀具3把，避免了其中的一把或者两把刀具偏磨而造成开挖轮廓不够。刀盘标称开挖直径为ϕ6280，刀盘厚度为1955mm，装刀质量为60t。该盾构机刀盘驱动采用变频电机，具有节能、高效、动力刚性大、破岩效率高、刀盘动力储备足、扭矩大等特点。刀盘采用中间支撑方式，主轴承密封系统对岩石类地层的磨损作用非常敏感。密封注脂系统必须高效，通过油脂不断流动保护密封系统。刀盘刀具的基本配置情况：LOVAT 24600盾构机刀盘共配有35把单刃滚刀，4把中心双刃滚刀，正面三孔刮刀56把，边缘三孔刮刀16把，正面两孔刮刀8把，边缘两孔刮刀16把，根据地层需要可安装撕裂刀26把。其中滚刀与刮刀凸出刀盘面板的高度分别为170mm和70mm。滚刀的刀间距100mm（具体情况见图6-6、图6-7），滚刀采用进口的意大利庞万力17″盘形滚刀，刮刀采用国产的洛阳九久刀具。

2. 同步注浆和二次注浆系统

1）注浆系统

盾构机采用同步注浆系统，这样可以使管片后面的间隙及时得到充填，有效地保证隧道的施工质量及防止地面下沉。

盾构机配有两台液压驱动的注浆泵，它将砂浆泵入相应的注浆点，通过盾尾的注浆管道将砂浆注入到开挖直径和管片外径之间的环形间隙。注浆压力可以通过调节注浆泵工作频率而在可调范围内实现连续调整，并通过注浆同步监测系统监测其压力变化。单个注浆点的注入量和注浆压力信息可以在主控室看到。在数据采集和显示程序的帮助下，随时可以储存和检索砂浆注入的操作数据。

2）超前钻探及注浆系统

在盾构中体上半圆处有6个钻孔供超前钻机钻孔及注浆用。根据地质情况和需要，可在管片安装机头部安装超前钻机，对盾构前方进行钻孔和注浆作业，加固地层。

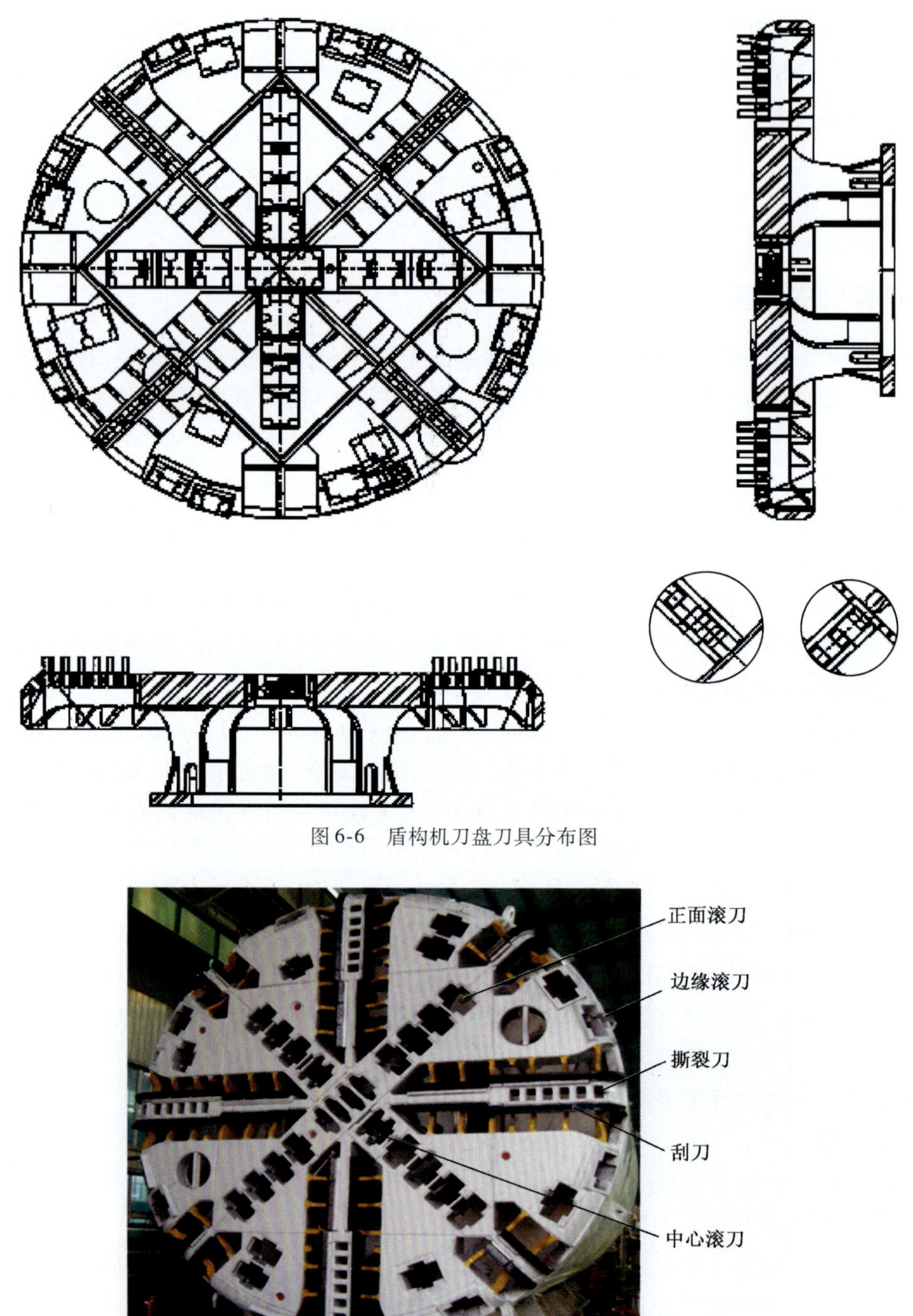

图 6-6　盾构机刀盘刀具分布图

图 6-7　工厂刀盘实物图

3) 二次注浆系统

二次注浆主要为管片拖出盾尾后通过吊装孔向管片背后进行二次注浆，可作为同步注浆后的补充注浆，也可作为开舱或盾构出洞前封水堵漏的一种注浆方式。二次注浆系统采用 ZBY-

50/7.0-11 双液注浆泵和 LJ-300 型搅拌机,注浆泵流量为 50L/min,公称压力为 0.5 ~ 7MPa。

4)添加剂注入系统

(1)渣土改良系统

渣土改良系统,通过注入化学泡沫添加剂以调整局部地层,泡沫能直接注入到刀盘面板、土仓内及螺旋输送机内,加压到最大值 6bar。

(2)膨润土系统

膨润土系统由一个 $8m^3$ 的容器和渐进空腔输送泵组成,通过两条线路将膨润土分配到刀盘舱上半部的喷射口。

3. 螺旋输送器

螺旋输送机采用液压驱动、可伸缩式,外径为 914mm,内径 850mm,可通过的最大的粒径为 300mm。螺旋输送机的最大排渣量可达 $430m^3/h$。

螺旋输送机上设有检查口、泡沫注射口和土压传感器。双后舱门,并备有保压泵渣装置接口,同时舱门配置了气动的紧急封闭系统。

4. 皮带机

拖挂式皮带输送机,具有变速(0 ~ 100mm/min)和可逆性,皮带张力可通过液压调整。

5. 其他有代表性的特征系统

泡沫设置了 8 路,刀盘 7 路,螺旋输送机 1 路,每路都有独立的螺杆泵泵送,泡沫压力高、流量大。

皮带驱动分前驱后驱,同步调速,驱动能力强,螺旋机出渣口到拖车上方的过渡段坡度平缓,便于稀渣输送。

刀盘主驱动采用电机变频驱动,功率大,效率高,刀盘最大工作扭矩大,可达到 6650kN · m。

操纵面板设计人性化,电气控制系统先进,机器智能化程度高,便于掘进控制。

6. 油脂的选择和使用情况统计

油脂及添加剂平均每环用量详见表 6-1。

油脂及添加剂平均每环用量　　表 6-1

线路	区间段	盾尾油脂(kg)	主轴承密封脂(kg)	润滑脂(kg)	泡沫剂(L)
左线	白嘉区间	6.8	2.6	0.87	28
	永白区间	8.2	3.0	1.2	36
	同永区间	10.1	3.5	1.5	43
右线	白嘉区间	10	5.2	3.3	33
	永白区间	13.5	6.1	3.8	42
	同永区间	15	6.9	4.1	55

盾构机在掘进灰岩残积土和粉质黏土时泡沫剂改良不到位,刀盘面板容易堆积泥饼,在掘进间隙通过泡沫系统向土仓注入分散剂,避免形成泥饼。对容易板结的渣土分散剂能起到降低渣土黏性,使其变成絮状,利于渣土流通。

三、LOVAT 盾构机的适应性评价

1. 刀盘结构特点及刀具布置

刀盘是专门为本标段设计的，利用了土压平衡盾构机在混合含水地层开挖隧道的经验和技术的成果。其原理是基于辐条式刀盘上的辐条来支承切割刀具和钢板以限制碎石的尺寸。刀盘辐条上安装了盘形滚刀和齿刀，可以用盘形滚刀代替齿刀。刀具的形状和位置使切割和清渣容易。

刀盘具有一般的土压平衡特点，并适合于在岩石条件下开挖。刀盘由 6 个辐条和 6 块钢板组成。

所有的刀具均为后装式，可以在开挖舱内进行拆卸和更换。提供用于拆卸和安装刀具的吊机和处理装置。

(1)渣土改良注入口设计

共设计有 7 个泡沫注入口(刀盘正面泡沫注入点 5 个，靠刀盘外沿刀盘面板上 2 个)，在土仓及搅拌棒上也设计了 6 个泡沫注入口，螺旋输送机上有 4 个泡沫注入口。

(2)刀盘的开口形式

刀盘中央部分是一个重要区域，设计要求避免开挖黏性物料时发生堵塞。在这个区域，刀盘表面线速度很低，开挖后物料速度也很低，物料低速流动会导致刀盘前面堵塞，刀盘中部须大部分敞开以避免堵塞。中央敞开设计还可以限制刀盘结构的磨损。如果刀盘中央闭合，开挖物料从刀盘表面中央至结构开口之间通过的距离就比较长，增加了磨损，所以刀盘设计为中央敞开式。实际上，刀盘中央开口率比刀盘外缘的开口率大得多。

刀盘外围部分通过特殊形状的结构防止发生堵塞现象，刀盘后部辐条与钢板之间的出渣槽比刀盘前部的宽，这样确保物料的流动不会由于通道的变窄而停止。

(3)耐磨设计

刀盘结构的保护是通过在刀盘开口部分和外缘焊接硬化表面，这种保护措施在泥土流动最快的情况下采用。开挖室里的搅拌棒也是通过焊接硬化表面加以保护，刮刀和和盘形滚刀都有碳化镶嵌物，刀具排列的设计也能保护结构和盘形滚刀刀座防止磨损。

(4)刀座设计

盾构机刀盘上的滚刀刀座和齿刀座均可以满足滚刀和齿刀的互换性要求。

(5)刀盘驱动及支撑形式

刀盘驱动采用电机驱动，由 6 个 200kW 变频电机来驱动刀盘，此驱动系统节能、高效、动力刚性大、破岩效率高。

刀盘采用中间支撑方式。主轴承密封系统对岩石类地层的磨损作用非常敏感。密封注脂系统必须高效，通过油脂不断流动保护密封系统。LOVAT 盾构机主轴承密封系统由内外各 4 道密封组成，并配备监测主轴承密封损坏装置。

主轴承寿命为 10000h。

2. 盾构机以及刀具、刀盘的布局特点对地质的适应性

(1)对较完整的全断面岩层及硬岩的适应性

刀盘合理的刀具布局，每把刀可以承受 250kN 的推力，刀具设计的最大岩层开挖强度为

200MPa。本标段内的岩石单轴抗压强度大部分在120MPa以下,所以刀盘刀具对于本标段的硬岩是完全适应的。

所有的刀具都可以在刀盘背后换装,从而保证安全、高效地更换刀具。

边滚刀39号在同一轨迹上有两把,40号在同一轨迹上有3把,这样保证了盾构开挖直径,避免硬岩掘进时卡住盾壳。

(2)对软岩、软土和高黏性地层的适应性

当刀盘在软岩、软土中掘进时,刀盘上的滚刀可以更换为相应的齿刀。更换为齿刀后刀盘的开口率得以提高,特别是在更换中心齿刀后刀盘的中心部分开口增加,有利于中心部分渣土的流动并进入土仓。

刀盘上都设置有7个泡沫注入口,能够充分保证渣土的改良效果。

在通过淤泥、砂层、红层地段,中心刀具和正滚刀具可以更换为中心齿刀和相应的正齿刀,根据需要还可以开启中心搅拌棒部分的4个泡沫注入孔,进行良好的渣土改良,这样可以有效地防止刀盘中心产生泥饼,提高掘进效率。

刮刀96把,在刀盘面板上分布均匀刮渣面积大便于渣土流通,采用卡槽式安装不易掉落,刮刀头镶嵌硬质合金头,在软土层耐磨,有效的保护滚刀刀座和面板不被非正常磨损。

(3)对软硬交错地层的适应性

刀盘的设计同样能够适应软硬交错地层的盾构施工。当通过软硬交错的地层时,可以根据地层的实际情况将刀盘上的滚刀和齿刀混装或全部采用滚刀,同时渣土进行必要的改良,调整刀盘的推力和扭矩参数,严格控制掘进参数,保护刀具的完好性。

(4)对硬岩掘进的适应性

当盾构硬岩掘进时,可以通过提高刀盘的转速,减小刀具的贯入度,来控制刀盘扭矩和减小刀具受到的冲击。当遇到刀盘的扭矩比较大时,可以通过向掌子面和土仓内加注泡沫、泥浆以及膨润土来降低刀盘的扭矩,以实现刀盘的较高转速。

在长距离硬岩掘进地段施工中要密切注意刀盘的扭矩变化,根据多年来广州地铁盾构工程的施工中积累的经验对扭矩和地层的匹配关系做出判断,以便及时发现刀具、刀盘的非正常磨损或破坏以及其他异常,必要时开舱进行处理。

四、盾构机在施工中存在的问题

1. LOVAT盾构机施工中存在的问题

LOVAT盾构机在广州地铁首次采用,通过第一区间操作和保养维修上的不断磨合,盾构机逐渐发挥了自身的优势和能力,但期间也存在一定的问题,主要体现在以下几个方面:

(1)盾构机原装刀具在安装上存有一定问题,主要是刀具螺栓不配套,配合间隙大,紧固效果差,期间在第一区间掘进中大范围掉刀,给施工带来严重的影响。

(2)盾构机在始发前组装仓促,油管连接凌乱,虽然过站中对其进行了调整和改进,但前期保养维护还是受其影响。

(3)盾构机油管接头选用不合理,管接头漏油,给项目带来一定的经济损失。通过对管接头的改进,更换密封,漏油得到有效控制。

(4)管片安装机梁变形、下坠,存在设备和人员上的安全隐患,后来对其进行了加固避免

大梁继续变形;管片抓举头不易抓紧,通过增加两个辅助油缸得到了改善。

2. 海瑞克盾构机施工中存在的问题

(1)海瑞克盾构机油管老化,主要为安装机和管片小车油管,对有问题的油管进行了全部更换并加强了油管防护。

(2)盾构机刀盘主要在仿形刀座附近出现裂纹,在换刀期间对刀盘进行打坡口焊接处理,但效果较差,耐磨条磨损严重,准备在出洞时对刀盘整体进行大修。

(3)盾构机电气控制系统老化,过站期间更换了大量的模块及配件,其中有些配件已经停产,难于购买,增加维修工期,对局部 PLC 外围配件进行了国产化,目前使用效果良好,准备在工程结束后将盾构机 S5 控制系统改造为 S7 控制系统。

(4)盾构机在掘进同永区间硬岩段时,洞身地层为全断面微风化花岗岩,边滚刀磨损严重,刀具异常损坏频繁。

在硬岩段的刀具更换情况见表 6-2。

左线 S180 刀具更换统计表 表 6-2

序号	环数	地层状况	换刀数量			主要更换原因
			中心刀	正滚刀	边滚刀	
1	177	〈7Z〉、〈9Z〉	0	20	9	正刀圈崩断,边刀磨损到极限
2	187	〈9Z〉	4	7	3	中心刀偏磨
3	189	〈9Z〉	0	3	7	刀具弦磨(见图 6-8)
4	192	〈9Z〉	0	4	6	刀具偏磨
5	195	〈9Z〉	0	0	0	例行刀具检查
6	199	〈9Z〉	0	3	5	刀具偏磨(见图 6-9)、弦磨
7	199	〈9Z〉	1	0	2	刀具偏磨
8	199	〈9Z〉	0	1	11	边刀刀体撞伤
9	199	〈9Z〉	0	1	0	盾壳被卡,例行检查
10	200	〈9Z〉	0	0	0	盾壳被卡,例行检查
11	200	〈9Z〉	0	0	2	爆破后例行刀具检查
12	200	〈9Z〉	0	0	0	例行检查
13	203	〈9Z〉	2	1	3	39 号滚刀掉,刀具检查
14	206	〈9Z〉	0	1	3	例行刀具检查
15	209	〈9Z〉	1	0	3	例行刀具检查
16	215	〈9Z〉	0	1	3	刀具偏磨
17	221	〈9Z〉	0	3	5	刀具偏磨
18	230	〈9Z〉	0	2	11	刀具磨损较大
19	236	〈9Z〉	0	4	2	例行刀具检查
20	247	〈9Z〉	0	14	11	刀具正常磨损,磨损量较大
21	256	〈9Z〉	0	0	4	保证开挖直径
22	261	〈9Z〉	0	0	0	例行刀具检查
23	274	〈9Z〉	0	6	11	正刀刀圈崩断,边刀磨损严重

根据以上的刀具更换记录表表6-2就可以看出,海瑞克盾构机S180自175环进入硬岩段后到177环,在两环之内出现大量正面滚刀刀圈崩断,主要原因为刀盘进入上软下硬地层,刮刀、齿刀容易脱落,当其掉到掌子面与刀盘之间时,就会对滚刀造成严重的撞击,使刀圈断裂,刀体撞伤。

在之后的三次开舱刀具检查中,刀具同样由于刮刀、齿刀以及齿刀刀座的不断脱落,对滚刀造成严重损伤。经商讨决定拆除剩余刮刀,彻底清理土仓内掉落的刀具,以减小脱落刮刀对滚刀的不良影响。在后续的开舱刀具检查中证明,由于撞击而损坏的滚刀大量减少,随之出现的问题表现出来,就是最大轨迹刀位的滚刀出现非正常磨损后,不能保证刀盘的开挖直径,掘进至199环造成盾壳被卡死,最后被迫采用爆破处理后才脱困,详见图6-9。

图6-8　左线189环边滚刀(弦磨)

图6-9　左线199环边滚刀(偏磨)

在后续的硬岩掘进中,勤开舱,勤换刀,掘进参数一出现异常,马上开舱进行刀具检查,减少了因有一把滚刀非正常磨损而影响相邻刀位上滚刀的正常使用的情况,非正常磨损滚刀大量减少。

左线S180掘进至256环,刀盘开始进入上软下硬地层,由于地层分界面平缓,上软下硬地层长45m。在274环开舱检查刀具时,出现4把刀圈崩裂,且相邻刀位的4把滚刀出现偏磨。在上软下硬地层的盾构机掘进,采取低贯入度(5~8mm),刀盘低转速(1.5r/min),控制刀盘扭矩波动在20bar以下,减少刀具的非正常损坏。

第三节　盾构施工的主要技术

一、主要施工技术

1. 上软下硬段盾构掘进施工

本标段永泰站—白云大道北站区间上软下硬段地层分布较为广泛,分布在左、右线洞身范围内150~197环、400~470环。掘进过程中出现推力、刀盘扭矩较大,速度较慢,渣温较高,最高达48℃,为上软下硬掘进,出渣量难以控制,地表沉降控制难度较大。

1)洞身范围内地层情况

150～197 环洞身穿越地层主要为〈3-1〉粉细砂层、〈3-2〉中粗砂层、〈5C-1〉软塑状残积土层、〈8C〉灰岩强风化层、〈9C〉灰岩微风化层，渣样含较多的碎石块、砂，少量黏土，地下水较为丰富；400～470 环洞身穿越地层主要为〈3-1〉粉细砂层、〈3-2〉中粗砂层、〈9C〉灰岩微风化层（图 6-10），渣样主要成分为碎石块和砂，洞身范围内岩面较高，根据钻孔取样资料，岩面最高达 5m 左右，地下水较为丰富，为典型的上软下硬地层。

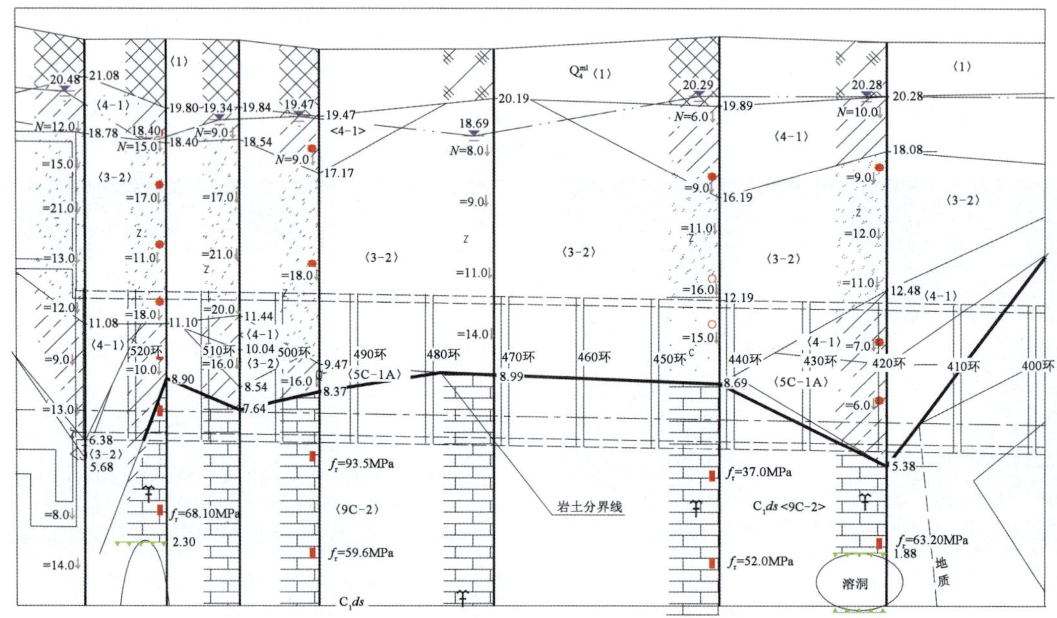

图 6-10　永泰站—白云大道北站区间右线 400～520 环地质断面图

地表主要为同泰路，交通繁忙，左线隧道上方有一条直径为 1600mm 的供水管线，在隧道垂直上方，埋深约 4m，一直在区间左线隧道上方。

2）此段地层对盾构掘进的影响

主要是掘进速度慢，每环掘进时间较长，出渣量难以控制，地表易出现塌陷和地表沉降；渣温较高，在掘进过程中多次停机降温，容易造成刀具非正常磨损；地下水较为丰富，在掘进过程中需保压掘进，易出现喷涌现象；地表场地受限无法实现提前加固，上部为砂层，无法实现常压开舱，刀具非正常损坏后，刀具更换的难度非常大。

3）盾构掘进施工措施

本段地层掘进控制重点是出渣量和地表沉降量，选择合适的掘进参数，做好刀具的保护工作，在本段掘进过程中主要采取以下措施：

根据掘进情况和地表监测情况，动态地选取掘进参数，具体的情况如下：

掘进模式：土压平衡式，土压 1.2～1.5bar（上部），刀盘转数 1.6～1.9r/min。

刀盘扭矩 110～188bar，推力 1400～1900t。

出渣量：4～4.5 车（矿车高度按 1.6m 为一车的标准）。

掘进速度：1～15mm/min，泡沫使用量 60～90L/环。

以永白区间左线 453～457 环为例，具体参数的选择见表 6-3。

永白区间左线 453 ~ 457 环掘进参数表　　表 6-3

环号	总推力(t)	刀盘转速(r/min)	掘进速度(mm/min)	刀具贯入量(mm/m)	刀盘扭矩(bar)	盾尾拉力(t)	出土量(m^3)	地面监测沉降(mm)
453	1400 ~ 1610	1.6 ~ 1.73	3 ~ 7	2 ~ 4	146 ~ 186	70	64.5	11
454	1536 ~ 1600	1.59 ~ 1.91	3 ~ 8	1.6 ~ 5	146 ~ 200	60	68	15
455	1540 ~ 1620	1.72 ~ 1.88	2 ~ 4	1 ~ 2.3	100 ~ 186	80	70	22.5
456	1680 ~ 1720	1.78 ~ 1.95	2 ~ 5	1 ~ 2.8	90 ~ 160	30	75	25
457	1520 ~ 1710	1.68 ~ 1.82	3 ~ 10	1.6 ~ 6	104 ~ 186	40	75	24

2. 下穿广从立交盾构掘进施工

永白区间从白云大道北站始发后即下穿广从公路(105 国道)和广从立交,此地段交通繁忙,为进出广州,通往松园宾馆的交通要道,若出现地表塌陷或桥桩下沉的情况,对交通影响非常大。

1)盾构区间隧道与广从立交桥桩位置关系

区间左线隧道距离 7 号桥桩最小净距为 1.289m,右线隧道距离 8 号桥桩最小净距为 1.364m。广从立交桥桩为直径 1800mm 的钻孔灌注桩,桩长 30m,为端承摩擦桩。盾构隧道与新广从立交平面关系如图 6-11 所示。

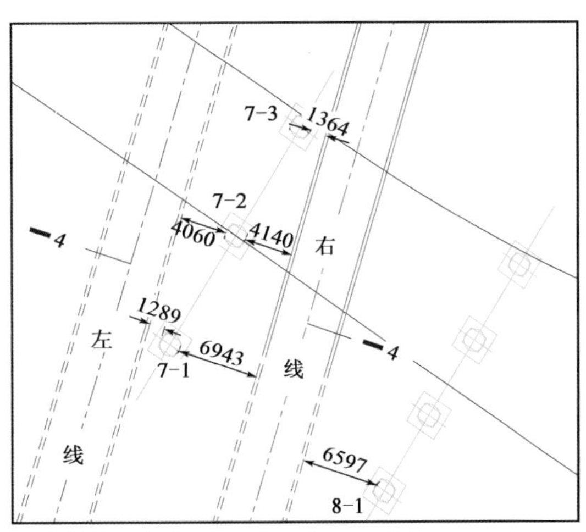

图 6-11　盾构区间隧道与广从立交桥桩位置关系图

2)洞身范围内地质情况

隧道过新广从立交桥段,隧道洞身穿过的地层主要为〈5C-1B〉可塑状灰岩残积土层、〈5C-2〉硬塑或密实状碎屑岩残积土层;隧道上覆地层主要为〈1〉人工填土、〈3-1〉冲积—洪积粉细砂层、〈4-1〉冲积—洪积土层、〈5C-1B〉可塑状灰岩残积土层。

3)盾构掘进施工措施

地面没有条件,故没有对桥桩进行加固。采用特殊混凝土管片,加强管片配筋,能够确保本段隧道施工和建筑物的安全。在盾构机通过期间,主要是预防地下水流失及减小桩基附近地层超挖,以减小对桩基附近的地层扰动,通过调整盾构掘进参数,加强同步注浆和二次补充注浆,加强施工监测频率,进行变形监测并及时反馈信息,保证新广从立交桥安全。

(1)盾构掘进通过前

①盾构机到达之前细化完善通过方案。

②对下穿段范围立交桥结构现状进行详细调查。

③通过测量组再次确定立交桥与隧道的关系,并计算出到达立交桥前的里程和环号,以便提前采取相应措施。

④重新检查立交桥墩和地面监测点的状况,加密监测点位。

⑤在白云大道北站始发前,对盾构机进行维护、更换刀具。

⑥做好应急预案和应急物资准备。

(2)盾构掘进通过时

采用土压平衡模式掘进,土仓压力:0.8～1.0bar(掘进时),1.2～1.4bar(掘进完成时);推进速度20～30mm/min;总推力≤1200t;刀盘转速:1.6～1.8r/min;注浆压力:上部≤0.3MPa,下部注浆管压力≤0.35MPa;泡沫用量:30～50L;注浆量≥5.5m^3;出渣土量:60m^3(4车)以内。

①对前期掘进情况进行分析总结,掌握本标段地层特点,选择土压平衡掘进模式。

②通过控制出渣量(必要时使螺旋输送机回吐渣土),加气保压使土仓内压力值的保持恒定,保持连续均衡施工。

③保证泡沫管畅通,及时进行渣土改良。

④控制掘进速度,避免出现速度的较大波动,因为速度过快易造成土压增大,注浆欠饱满等一系列问题;速度过慢则延长了对地层的扰动时间。因此掘进时需选择的速度为20～30mm/min,保证了下穿时匀速地通过立交桥,把对地层的扰动降至最小。

⑤对盾构掘进进行严格线形控制和姿态控制,姿态调整不宜过大、过频,减少纠偏,特别是较大纠偏,本段掘进姿态调整控制在±5mm范围内,避免了土体的超挖和扰动。

⑥确保同步注浆质量和数量,使管片衬砌尽早支撑地层,减少施工过程土体变形,注浆量不得少于5.5m^3。注浆过程中四管同时注浆,上部注浆管压力≤0.30MPa,下部注浆管压力≤0.35MPa。该段同步注浆配比为:水泥:粉煤灰:膨润土:细砂:水=160:41:56:779:446。

⑦做好盾尾油脂的压注,确保盾尾油脂密封压力,保证盾尾密封和铰接密封的防渗漏效果,严禁盾尾密封和铰接密封发生渗漏。

(3)盾构机通过后

①盾构机通过立交桥桩基后,仍需对桩基倾斜及沉降进行监测,直至监测数据趋于稳定。

②二次注浆,在立交桥段要进行补注浆,注浆环号左线为15～35环,右线为13～34环,防止地表产生后续沉降,注浆参数以现场控制为准。

通过采取上述措施,本标段永白区间左线于2009年2月22日、右线于2009年5月22日穿过广从公路和广从立交桥,把对广从立交桥墩和交通的影响降到了最小(最大沉降量仅为2.5mm)。

(4)小结

①盾构掘进通过前做好详细的桥桩基础及桥梁结构的调查工作,充分了解桥桩基础和桥梁结构形式,并对其进行安全评估,根据实际情况针对性地制定地层加固方案和桥梁保护措施。

②必须详细了解地层情况,必要时进行地质补勘,确定具体的地层情况。

③对于该类地层,盾构机快速均衡掘进,在同时保证同步注浆和二次注浆到位的情况下,对周边的建构筑物扰动很小,并且邻近的桩基为端承桩,扰动更小,只是需要对管片进行加强配筋,通过掘进控制就能安全通过桥桩,不需要采取其他的辅助加强措施。

3.房屋密集区盾构掘进施工

1)区间地表建筑物情况

永白区间共计有36栋房屋在隧道垂直上方,其中除一栋是摩擦桩基础外,全部都是自然基础,砖混结构。盾构掘进有影响的房屋共计100余栋。

2)穿越建筑物段洞身范围内地层情况

永白区间地层复杂,存在全断面砂层和上软下硬地层,需穿越岩溶发育区,在地表存在建筑物的区段洞身穿越地层为〈3-1〉~〈9〉号地层,大部分为上软下硬地层。

3)对盾构掘进的影响

由于区间隧道上方房屋的基础较差,且在永泰村民宅房屋密集带大部分为上软下硬地层,且为岩溶发育区,上部为砂层、下部为〈9〉层地段掘进中有许多潜在的施工风险,给盾构机施工带来较大的难度,主要存在以下风险和难点:

(1)隧道长距离穿越民居密集区,部分地段又为上软下硬地层,而且大部分房屋又为天然基础,抵抗地表沉降的能力较差。

(2)盾构在岩溶区掘进,由于溶洞处理受施工场地及目前的处理方式、处理水平的影响,存在溶洞揭穿,扰动土体,造成地表沉降的情况。

(3)受施工场地和现场实际情况的影响,本区间所穿越的建筑物在盾构通过前均无法从地表加固,不能提前进行加固预处理,加之房屋基础差,很容易造成建筑物下沉的情况。

(4)盾构在通过上软下硬且上部为砂层段地层时,掘进速度较慢,出渣量难以控制,容易造成出渣量多,引起地表沉降,造成建筑物破坏。

4)盾构掘进施工措施

(1)盾构掘进通过前

①盾构机到达之前细化完善方案,并对现场掘进班组、技术组、监测组的工作进行技术交底和部署,在通过过程中对各班组协调统一,力争做到准备充分、组织有序,保证左右线盾构机顺利掘进通过本区间的房屋密集带。

②做好详细的建筑物和管线调查。

③制定切实可行的监测方案,做好监测点的埋设和初始值的测量工作,严格按照审批的方案执行。

④与房屋业主做好协调,将盾构预计到达建筑物(包括建筑物、管线、道路等)的时间和可能对建筑物产生的影响告知建筑物的所有者和使用者,与建筑物的所有者和使用者一起做好建筑物保护工作。

⑤制定相应的应急方案,备足应急材料。

(2)盾构掘进通过过程控制

①刀具的选择。针对地表情况复杂,地层软硬不均的情况,特别是硬岩分布的位置,在通过硬岩段前选择合理的位置开舱检查更换刀具,在刀盘面板上装配不同的刀具,按硬岩刀具布置,并配合部分重型滚刀,并加强切刀和刮刀的配置,增强刀盘的刮渣能力。

②结合通过广从立交的掘进施工,选择合理的掘进参数。

左线(S180):土仓压力为1.0~1.2bar(掘进时),1.3~1.4bar(掘进完成时);总推力≤1400t;刀盘扭矩≤170bar;刀盘转速为1.6~1.8r/min;注浆量≥5.5m^3;出渣土量为70m^3(4.5车)以内。

右线(LOVAT):土仓压力为0.8~1.0bar(掘进时),1.2~1.4bar(掘进完成时);总推力≤1600t;刀盘扭矩≤1600kN·m;刀盘转速为1.9~2.1r/min;注浆量≥5.5m^3;出渣土量为70m^3

(4.5 车)以内。

③加强渣土改良,严格控制出渣量。

④选择合理的掘进速度、减少对地层的干扰。

⑤在通过本段时,对盾构掘进进行严格线形控制和姿态控制,姿态调整不宜过大、过频,减少纠偏,特别是较大纠偏,姿态调整控制在 ±5mm 范围内,避免对土体的超挖和扰动。

⑥确保同步注浆质量和数量。

⑦做好盾尾油脂的压注,确保盾尾油脂密封压力,保证盾尾密封和铰接密封的防渗漏效果,严禁盾尾密封和铰接密封发生渗漏。

⑧施工中出现渗漏水的部位要及时进行处理,避免地下水流失引起的重新固结沉降。

⑨提高监测频率,扩大监测断面范围至隧道外 20m,及时反馈指导施工,根据监测结果及时调整掘进参数,控制地表隆陷。

⑩有专人对地面附近进行 24h 不间断观察,如有冒泡沫、冒浆现象,应立即停止掘进,对冒浆冒泡沫区域进行清理、封堵处理,处理好后方可继续掘进。

⑪加强盾构机的维修管理,避免盾构在房屋、道路下部的非正常停机,做到"持续、快速、连续"施工。

(3)盾构机通过后

①盾构机通过本区间房屋密集区后,继续对房屋沉降进行监测,直至监测数据趋于稳定。

②加强二次注浆,在盾构掘进通过本区间的房屋密集区期间,对本地段全部进行二次补强注浆,防止地表产生后续沉降。

通过采取上述措施,本标段永白区间右线于 2009 年 7 月 18 日安全、顺利地通过汇泰宾馆及永泰村建筑物密集区,保证了左、右线区间隧道垂直上方的 36 栋、盾构掘进影响范围内 100 余栋房屋的安全。

4. 广从断裂带盾构掘进施工

永泰站—白云大道北区间根据详勘探明存在一断裂带,位于 507 ~ 517 环,距永泰站贯通端头约 15m,地下水较丰富。

1)盾构范围内地质

洞身上部为〈3-1〉冲积—洪积粉细砂层、〈3-2〉中粗砂层以及〈5C-1〉软塑状或可塑状灰岩残积土层,土质较软,洞身下部地层为〈9〉微风化灰岩层,岩质坚硬,表现为上部软、下部坚硬的软硬不均的现象。隧道洞身范围内的粉细砂层、中粗砂层存在密切的水力联系、水量丰富,抽水实验涌水量较大;地表在永泰站施工围蔽范围内,无建筑物。

2)对盾构掘进施工的影响

(1)地下水丰富,盾构掘进过程中已出现涌水、涌沙的情况。

(2)下部为微风化灰岩地层,上部为粉细、中粗砂层,掘进速度慢,出渣量难以控制,易造成地表沉降。

(3)微风化灰岩地层岩石强度高,刀具磨损较快,地下水丰富,难以实现常压开舱更换刀具。

(4)掘进过程中已出现喷渣现象。

(5)岩层较为破碎,在掘进过程中易出现较大的岩块,造成螺旋输送机或刀盘被卡的情况发生。

3)盾构掘进前后的施工措施

(1)在盾构到达前提前对断裂带进行注浆加固处理,对断裂带进行注浆固结;注浆采用压密注浆的方式进行,布孔间距为2.0m,处理范围为盾构区间隧道通过的断裂带四周5m。

(2)选择合理的掘进参数,做好刀盘刀具的保护工作。

(3)通过控制出渣量,适当加气保压使土仓内压力值的保持恒定,尽量将其波动控制在最小的范围内,以确保开挖面及其上方土体的稳定。严格控制出土量,避免渣土的少出、多出为重中之重,每环的出渣量应控制在$70m^3$(4.5车)内。

(4)对盾构掘进进行严格线形控制和姿态控制,姿态调整不宜过大、过频,减少纠偏,特别是较大纠偏,避免卡盾尾和盾壳。

4)盾构掘进效果

由于提前对断裂带进行了加固,盾构快速通过了断裂带,2009年5月8日在500~512环掘进过程中掘进速度40~80mm/min,其他掘进参数也正常。

盾构刚出断裂带加固区,在512环(即刀盘位置为516环)1300~1700mm掘进过程中出现速度下降的现象,速度为4~10mm/min,推力12500kN,刀盘扭矩为140~150bar,渣温30~42℃。

在513环掘进过程中出现推力大(推力为1550t),速度变慢的现象,513环纯掘进时间为7.75h(465min),平均速度为3mm/min,在掘进过程中渣温较高,且上升较快,每小时渣温上升10℃左右,渣温最高达到54℃,在掘进过程中要多次停机、置换渣土进行降温;在514环掘进过程中,速度更慢,30min只向前推了30mm,平均速度为1mm/min,且推力较大,达到了1800t,根据掘进时前方刀盘转动的声音判断已不是刀具滚动的声音,估计刀具磨损较为严重。

按6m范围该处恰好无勘察钻孔,但从详勘的钻孔揭示,从断裂段处到车站范围已无岩层,停机后在刀盘前布设一钻孔,钻孔揭示的地层与详勘差别很大。此处地表高程为24m,洞顶高程为12.4m,即隧洞埋深为11.6m,洞身范围为地表下11.6~17.6m,附近的钻孔资料显示(刀盘前0.8m处)此处入岩深度为14m,即岩层侵入洞身高度约为3.6m。从上到下地质情况依次为:〈1〉人工填填土层,层厚为4m;〈4-1〉粉质黏土,含砂,层厚3m;〈3-2〉中粗砂层,层厚7m;14m入岩,为微风化岩层,洞身范围内为〈3-2〉和〈9C-2〉地层,其中微风化层层厚为3.6m。

根据掘进参数判断刀具已磨损较为严重,地质情况洞身下部为〈9〉号微风化灰岩地层,上部为〈3-1〉粉细砂层、〈3-2〉中粗砂层,靠近广从断裂带,地下水较为丰富,无法实现常压开舱检查、更换刀具,需加固后才能进舱检查刀具。

加固方案:在刀盘前0.5m、刀盘后1.5m处及盾构机左右两侧各0.5m处施工钢板桩围护,钢板桩深度为12m,底部至岩面,在钢板桩四周注聚氨酯封闭钢板桩底部与岩面结合部位,达到止水的目的,施工完成后进舱检查刀具。

按上述方案钢板桩于2009年5月12日开始放坡开挖上部土体,施工钢板桩;2009年5月14日钢板桩施工全部完成,并完成桩顶环形支撑及桩顶下7m位置混凝土板撑施工;5月15日~5月18日进行钻孔注聚氨酯施工,共计完成钻孔36个,注聚氨酯1.8t。

注聚氨酯完成后于2009年5月18日开始出土仓内的渣土，降土压，准备开舱，在第一次出渣后土压降至0.6，随后立即又涨到1.9，又慢慢开始下降，半小时后土压降至1.0后稳定，随后又进行出土降土压，但最终土压只能降至0.7，不再下降，水和细砂一直在往外出，期间没有转动刀盘和螺旋输送机，估计存在钢板桩外砂入土仓的情况，无法进行开舱，此种加固方案失败。

5月20日，组织施工方案讨论会，通过对剩余段的地层了解、对刀盘刀具情况的评估，决定采用冲孔桩机冲击破碎刀盘前方硬岩，处理后直接掘进贯通的方案。6月11日刀盘前方硬岩处理完成，恢复掘进，于2009年6月13日实现左线贯通。

5）小结

（1）对广从断裂带认识不足，没有充分认识到广从断裂带地质的复杂性，按常规对断裂带的宽度的判断在此有很大的偏差；虽然在断裂带和端头处地质钻孔已布设很多，但就在端头加固和断裂带处理段中间5m无钻孔，此段恰好岩面突起，造成盾构受困。

（2）今后对于局部、短距离的硬岩段可采用冲桩提前处理的方式进行处理。

（3）在通过硬岩段前应做好刀具的更换和保护工作，尽量一次性通过硬岩段，右线在通过此段前，在盾构机前方对土体进行加固，便于开舱更换刀具，右线顺利地通过了段掘进。

（4）在上软下硬段地下水比较丰富的区域不适合使用钢板桩围护加固的方案，特别是地层扰动过的区域，下部岩土分界区域很难达到止水效果，必须采用其他措施进行处理。

5. 盾构掘进下穿永泰加油站施工

永白区间盾构在445~475环下穿正在运营的永泰加油站，左、右线隧道分别从两条加油车道下穿过，加油站区域地下输油管道较多，每天的加油车辆较多，对地表沉降和出渣量控制要求较高。永泰加油站建筑面积约350m^2，为罩棚结构，根据招标勘察资料及现场访问资料，加油站每个油管储油大约40m^2，共5个储油罐，油罐位于加油站房屋南边，距离左线边线大约有20m，每台加油机均有地下油路与油罐相连，地下输油管道埋设约为4m。

区间隧道与永泰加油站位置关系如图6-12所示。

1）洞身范围内地质情况

永泰站加油站为中外合资企业，在其占地范围内临时施工占地手续办理难度较大，受此条件限制在地质详勘察和补勘阶段在此区域内均没有钻孔，具体的地质资料不清楚，根据邻近的钻孔资料揭示，本段洞身范围内主要地层为粉细砂层、中粗、砾砂层、残积土层、灰岩微风化层。

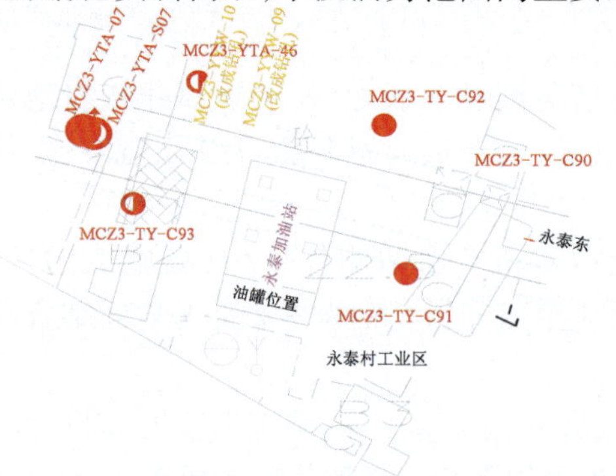

图6-12　永泰加油站与线路平面位置关系

2）对盾构掘进的影响

（1）该段的地质资料缺少，地质情况只能根据邻近的地质钻孔判断，只能在掘进过程中根据实际情况进行调整。

（2）为典型的上软下硬地层，洞身下部为微风化灰岩地层，掘进速度较慢，每环掘进时间较长，且上部为砂层，经扰动后易进入土仓，出渣量难以控制，易造成地表沉降或下陷。

(3)地下输油管路抵抗外界扰动的能力较差,地表下陷或下沉后易造成输油管路破裂,造成油外漏,安全隐患较大。

(4)地下水较为丰富,掘进过程中已出现喷渣现象。

(5)可能存在油外泄或渗漏的情况,可能出现爆炸或其他突发事件。

3)盾构掘进施工措施

(1)洞顶埋深为8m,根据掘进出来的渣样分析含砂较多,含少量黏土,地下水较为丰富,洞身范围内下半部分为微风化灰岩地层,岩石完整性较好,渣样均为片状、块状,没有较大的石块,均为小碎块。

(2)选择合理的掘进参数,采用土压平衡模式;在掘进过程中添加TAC高分子聚合物,加强渣土改良,改善渣土的和易性,避免出现水、砂、石块分离的现象,造成出渣不畅。

(3)严格控制出渣量,可适当增加土压,保证出渣量在4.5车以内,避免出现多出渣的情况。

(4)加强地表沉降监测,加大监测频率,及时反馈监测数据,根据监测数据动态调整掘进参数。

(5)洞内禁止吸烟和出现明火,加强了洞内的通风和气体监测频率,保证安全施工。

(6)做好应急预案和应急材料准备工作,地表人员24h不间断的巡视,出现异常情况后及时通知相关人员,采取适当的措施进行处理;在掘进中出现了泥浆从土仓顺着储油罐和管路外壁冒出地面的情况,因巡视人员及时发现,立即通知盾构机操作人员调整泡沫等参数,同时组织人员清理,未造成不良影响。

(7)盾构掘进通过后及时进行二次补强注浆,保证注浆和止水效果。

6. 全断面微风化花岗岩段盾构掘进施工

本标段同永区间左线190~280环、右线185~284环、445~500环均为全断面微风化混合花岗岩,掘进速度较慢,刀具磨损严重,刀具更换时间长,易出现盾壳卡死现象。

1)地质情况

如图6-13所示为全断面微风化混合花岗岩,强度较高,最高达120MPa,岩石完整性较好,节理裂隙不发育,地表为交通繁忙的同泰路。

图6-13 同永区间左线微风化花岗岩地层(177环开舱掌子面照片)

2)对盾构掘进的影响

岩石完整性较好,强度较高,掘进速度较慢;渣样全部为碎石块,出渣不舒畅,易出现螺旋输送机被卡的情况;刀具磨损快,稍有不慎易出现刀盘磨损和盾壳被卡的现象(见图6-14)。

图6-14　同永区间左线177环刀具磨损情况

3)盾构掘进施工措施

(1)选择合理的掘进参数和掘进模式

采用敞开模式掘进;控制刀盘低转速(1.7～1.9r/min);控制贯入度(控制在10mm以下);推力1500t以下(根据刀盘扭矩控制);刀盘扭矩最大不得超过150bar,刀盘扭矩变化30bar以下。

(2)在掘进过程中向土仓内添加膨润土进行渣土改良,保证螺旋输送机运转和出渣顺畅,避免出现刀盘和螺旋输送机被卡。

(3)从主机径向孔注入膨润土,润滑盾壳,避免出现盾壳被卡的情况。

(4)加大刀具检查频率,正常情况下每1～3环检查一次刀具,出现异常时立即开舱检查刀具,及时更换刀具,避免刀具出现较大的磨损量,做好刀具的保护工作。

(5)加强注浆控制,保证注浆质量,并且在盾尾后方每3环进行一次双液浆封堵止水,减少地下水的流动性,避免盾尾后方的地下水流到刀盘前方。

(6)加强对泡沫注入系统的保养和检修,避免在泡沫管路不畅的情况下掘进。

(7)尽量保持匀速推进,有序地调整参数,减少刀具的异常损伤。同时有利于渣土控制和改良。

(8)对刀盘异响、渣土出现异物等情况,应选择合适地点,尽快检查刀具。

(9)加强每环的渣土检查和留样。实时监控渣土温度,出现渣温上升,及时调整加水和泡沫情况,改良渣土,温度持续上升应停止掘进,排除问题后再恢复施工。

(10)严格控制盾构机姿态,尽量保证盾构机沿直线掘进,避免掘进方向出现大的调整和变化。

7.白嘉区间右线342环刀具非正常磨损案例分析

1)事件概述

三号线北延4标白云大道北站—嘉禾站盾构区间右线使用的LOVAT盾构机,在340环、341环掘进过程中出现速度缓慢(0～6mm/min)、推力大和刀盘扭矩小等异常情况。特别是在341环后半环和342环掘进过程中,推力已加大至LOVAT公司设定的最大值(2500t),速度在0~3mm之间徘徊。根据原地质钻孔取芯,刀盘部位的岩层侵入隧道约为2.7m,在最大推力情况下刀盘有一定的响声和振动,但都不大,初步判断刀盘刀具可能存在结泥饼或刀具损坏的情况。

根据地质补勘资料及掘进情况,本段区间右线掘进从322环开始进入上软下硬段,下部为〈9C-2〉微风化地层,岩层侵入隧道最高约为5m,里程在338环处。在本段上软下硬掘进过程中由于掘进速度非常慢,出渣量较多,338~340环出渣量均接近70m^3(正常情况下为60m^3),出渣量偏多。在目前刀盘右上方出现了塌陷,已从刀盘部位塌陷至地表,上下已经连通,现已无法实现正常或带压开舱检查刀盘,需要对刀盘前方的地层进行支护才能开舱。

2)地质情况

根据详勘和补勘地质资料,目前刀盘位置(YDK-9-874.7)隧道洞顶埋深为约为10.2m,隧道底距地面为16.2m。从上到下地质情况依次为:〈1〉人工填填土层,层厚为4m;粉质黏土层,层厚4.9m;〈5C-1A〉残积类粉质黏土,层厚为5.8m;〈9C-2〉石灰岩微风化带,洞身范围内为〈5C-1A〉和〈9C-2〉地层,其中石灰岩微风化层层厚为2.7m。

3)施工处理方案

根据目前地层的实际情况和刀盘四周的地质情况,为保证开舱安全,拟对刀盘四周土体采用钢板桩支护完成后,进行开舱检查刀盘。

刀盘四周土体加固采用钢板桩的形式进行,在刀盘前方和护盾上方及刀盘的左右两侧形成维护结构,加固范围为刀盘前方0.5m、刀盘左右两侧各0.5m、刀盘后距刀盘1.5m处和5.5m处设置两道钢板桩,即是在刀盘前0.5m及刀盘后1.5m处形成一个2m×7m的围护结构,在刀盘后1.5~5.5m处形成4m×7m的围护结构,形成一挡土墙,避免后方的土体向前移动。

钢板桩支撑结构是在桩顶部位设置锁口、环形支撑,在桩顶下4m位置设置混凝土支撑,即是在距桩顶4m位置浇筑一层厚为1.5m的C20混凝土作为支撑结构。

钢板桩施工前先对刀盘四周松散土体进行开挖,开挖深度为地面下2.0m,上部土层开挖后刀盘前方钢板桩长度为11.5m,刀盘后方钢板桩直接打在盾壳上,深度为7m。

为保证开舱后无大的地下水流出,在开舱前在加固体两侧各施工一口降水井,降水井深度在盾构机下1m。

经上述加固处理后,进舱检查刀具发现经检查中心刀磨损严重,4把中心刀全部报废,4把单刃刀刀体损坏,16把单刃刀需更换刀圈。

刀具磨损和损坏具体情况如图6-15~图6-17所示。

4)造成刀具损坏和非正常磨损的原因分析

从此次右线刀具损坏情况分析,此次LOVAT盾构机刀具严重损坏主要原因有以下两点。

(1)刀圈质量差。经检查发现部分单刃滚刀刀体变形崩裂,部分刀圈存在卷刃;中心刀磨损严重,中心刀刀座也存在变形,无法正常拆除更换,需进行气割。从气割刀圈的情况看,类似于普通钢板,与庞万力刀圈有明显的差异,由此断定刀圈材质达不到应有强度也是造成刀具报废的主要因素。

(2)地层不均且岩石强度高,此段隧道纵断面底中部为〈9C-2〉地层,中上部为〈4-1〉、〈5C-1B〉地层,地层分布不均且其中硬岩强度高,在掘进过程中从软土向硬岩段过度,掘进参数选择不合理,在掘进中容易对刀具造成撞击从而使刀具变形崩裂。

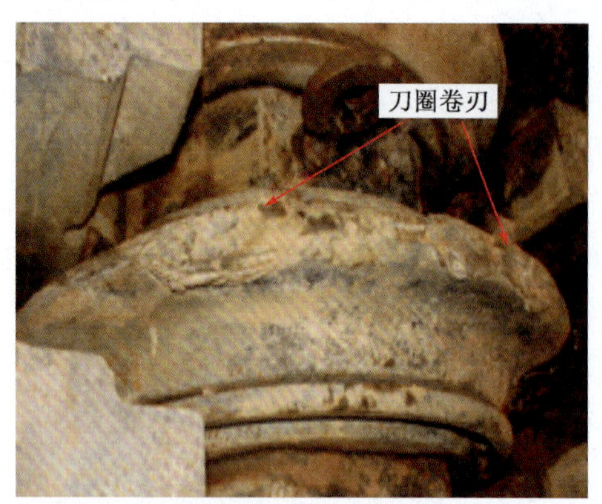

图 6-15　刀具磨损情况 1

图 6-16　刀具磨损情况 2

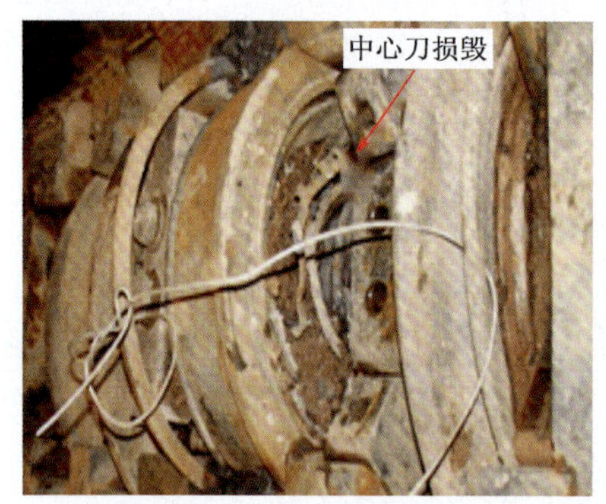

图 6-17　刀具磨损情况 3

5)此次刀具损坏和非正常磨损的经验总结

(1)选择高质量的刀具在盾构掘进过程中尤其重要,不能盲目地相信外方盾构机厂家提供的刀具。本盘刀是 LOVAT 公司配置的新刀,在使用前没有对刀具质量进行检查和复核,其在软土地层中掘进不存在任何问题,但无法适应硬岩段掘进,实践证明在后期换上质量较好的刀圈后,也能适应硬岩段掘进。

(2)在软土地层向硬岩过渡段掘进过程中,特别是上软下硬地层中,应选择合理的掘进参数,易采用小推力、刀盘低转速、低贯入度掘进,避免非正常损坏刀具。

(3)加强刀具的管理工作,在掘进过程中做好刀具的保护工作,及时检查更换刀具,避免出现盲目推进的情况。

二、施工 4 标端头加固及施工效果

本标段工程共三次始发和到达,每次始发端头均需要加固。根据每个端头的地层、周边环境和施工特点,本标段的三次始发和到达端头分别采用地面旋喷桩加固、地面搅拌桩加固、袖阀管压密注浆、洞内水平注浆和素混凝土桩的方式等多种方式进行加固。嘉禾盾构始发井为盾构始发端头,白云大道北和永泰站为盾构直接过站,同和吊出井为盾构最后吊出。

1. 嘉禾盾构始发井始发端头加固

1)端头地质

始发端头地层从上至下依次为〈1〉人工填土层、〈3-1〉冲积—洪积粉细砂层、〈4-1〉冲洪—洪积土层、〈5C-2〉硬塑状残积土,隧道洞身地层为〈4-1〉,拱顶为粉细砂层。隧道覆土埋深 5.6m,加固深度为 13.6m。

2)施工方案概述

始发井始发端头加固主要从三个方面进行考虑:第一从提高洞身地层稳定性;第二降低洞门地层渗水;第三提高地表承载力。加固方法的选用和详细设计如下。

(1)加固方式的选用

根据地层情况始发端头加固采用“搅拌桩＋旋喷桩”的方式进行加固。

(2)加固设计概况

加固范围为沿盾构掘进方向长度为8m,隧道边线外3m;加固四周采用双排直径为800mm的双管旋喷桩,中间部位为直径600mm的搅拌桩,旋喷桩和搅拌桩均为咬合桩,桩间咬合150mm,加固深度至隧道底板下2m,端头加固情况如图6-18所示。

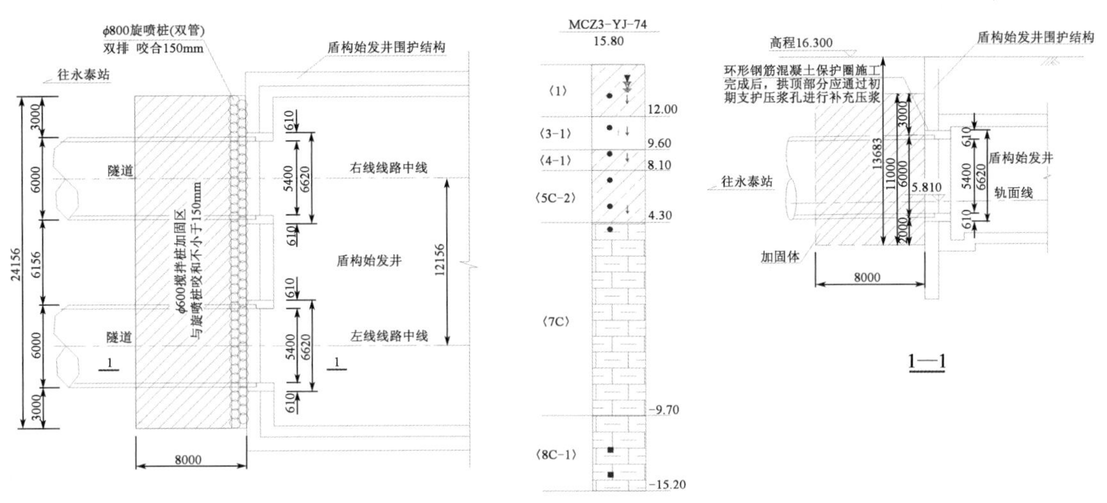

图6-18　盾构始发井端头加固情况图(尺寸单位:mm)

3)加固效果

搅拌桩施工完成,进行洞内抽芯检测,发现还有少量渗水,破除洞门前对加固体范围进行压密注浆处理。盾构始发过程中,出现连续墙和主体结构之间的接缝处冒浆,所幸加固效果较好,基本敞开模式掘进,才控制冒浆。

2. 白云大道北站盾构到达端头加固

1)地质情况

始发端头地层从上至下依次为〈1〉人工填土层、〈3-1〉细砂层、〈3-2〉中粗砂层、〈4-1〉黏土层,隧道洞身地层为〈3-2〉和〈4-1〉。

2)加固设计概况

结合嘉禾始发井端头加固的经验,加固范围为沿盾构掘进方向长度为10m,隧道边线外3m;加固四周采用双排直径为800mm的双管旋喷桩,中间部位为直径600mm的搅拌桩,搅拌桩施工完成后对加固体再用压密注浆处理,旋喷桩和搅拌桩均为咬合桩,桩间咬合150mm;加固深度至隧道底板下1.5m,同时在环形钢筋混凝土保护圈施工完成后,拱顶部分应通过初衬压浆孔进行补充压浆。到达端头加固如图6-19所示。

3)加固效果

施工完成,进行洞内抽芯检测,效果较好,盾构机出洞很顺利。

3. 白云大道北站东端始发盾构加固

1)地质情况

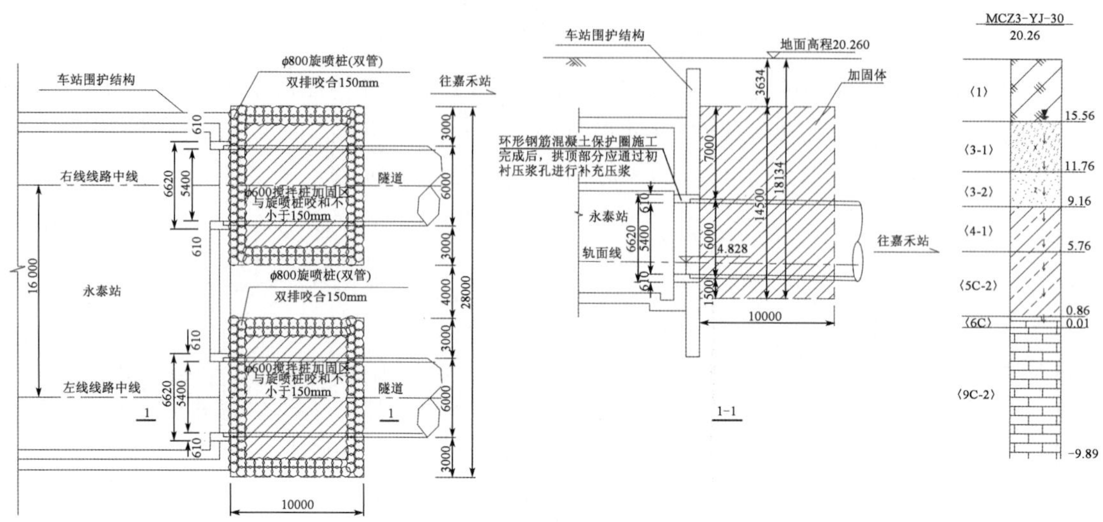

图 6-19　到达端头加固图(尺寸单位:mm)

始发端头地层从上至下依次为:〈1〉人工填土层、〈4-1〉冲洪积土层、〈3-2〉中粗砂层、〈5C-1〉软塑状残积土。隧道洞身地层为〈3-2〉和〈5C-1〉。

2)地表环境

车站东端端头加固范围内有一条 ϕ1200mm 的供水管线和一条 ϕ400mm 的排污管道,且加固端头紧靠广从路,管线迁改和交通疏解实施困难,无地面加固条件。

3)施工方案概述

始发井始发端头加固主要从以下几方面进行考虑:第一,提高洞身地层稳定性;第二,加固固结洞门范围内的中粗砂层,避免洞门凿除后出现流水、流沙的情况;第三,保证始发后白云大道辅道安全,避免始发后出现地表下陷的情况。

(1)加固方式的选用

由于地表无施工场地,地下管线较多,地表加固无法施工。经多方讨论,决定采用洞门水平加固的方式进行此端头加固,即洞内采用超前长管棚注浆和水平袖阀管全断面注浆相结合的方式,加固长度 10m。

(2)加固设计概况(见图 6-20)

①超前注浆长管棚

超前注浆长管棚采用 ϕ108 无缝钢管,考虑到施工设备影响,在区间隧道上断面 160°范围内加固,管棚中轴线设计位于盾构施工钢环外 250mm,加固长度为车站围护结构连续墙外 10m,管棚环向间距 400mm,外插角 1°,每个洞口共 26 根钢管,总计 52 根钢管。管棚注浆采用水泥—水玻璃双液浆,最后用水泥砂浆填充钢管。

②袖阀管注浆

因永泰站东端结构底板已经施工,侧墙施工缝留在底板上 600mm 处,考虑到洞口防水需要,袖阀管注浆设计主要在在盾构施工钢环内布置,隧道顶部和底部在钢环外加强。袖阀管采用 ϕ45PVC 规格,施工时采用后退式分段注浆。

袖阀注浆管按照隧道轮廓线环向布置,周边孔距离长管棚 800mm,注浆孔环间距 800mm、

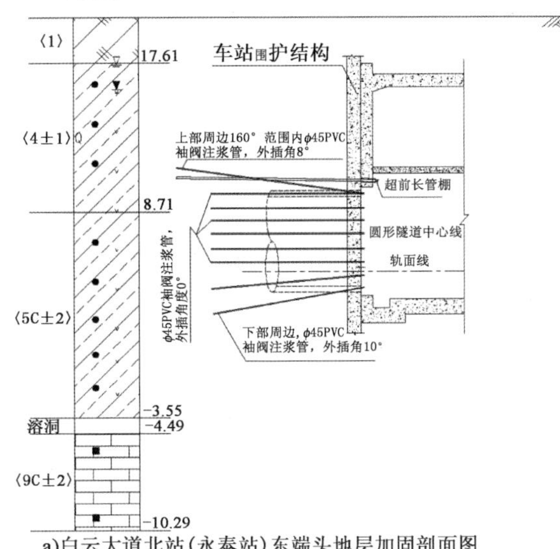

a)白云大道北站(永泰站)东端头地层加固剖面图

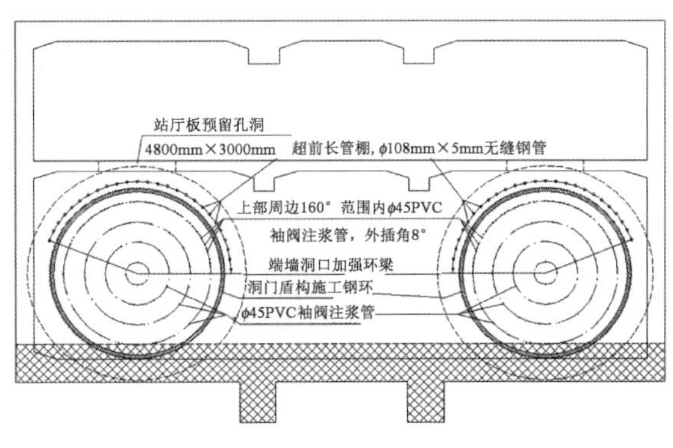

b)白云大道北站(永泰站)东端头地层加固钻孔布置图

图6-20 加固图(尺寸单位:mm)

环向间距800mm。下半断面周边孔外插角10°、二圈孔外插角5°,其他部位外插角0°。周边孔及二圈孔注浆采用水泥—水玻璃双液浆,其他部位注浆采用水泥单液浆。

4)加固效果

为保证始发的安全,分别在加固范围和加固外侧地面施作两个降水井。洞内注浆完成后,洞门水平抽芯效果较好,无渗水,盾构安全始发。

4. 永泰站盾构出洞端头加固

1)地质情况

始发端头地层从上至下依次为〈1〉人工填土层、〈4-1〉黏土层、〈3-2〉中粗砂层、〈4-2〉黏土层、〈5C-1〉软塑状残积土。隧道洞身地层为〈4-2〉和〈4-1〉。

2)加固设计概况

考虑加固深度较大为18.9m,加固全部采用旋喷桩加固。加固范围为沿盾构掘进方向长度为10m,隧道边线外3m;加固方式全部采用双排直径为800mm的双管旋喷桩,桩间咬合150mm;加固深度从顶板上7.2m至隧道底板下3m,深度为18.9m。同时在环形钢筋混凝土保护圈施工完成后,拱顶部分应通过初衬压浆孔进行补充压浆,如图6-21所示。

3)加固效果

白永区间左线到达端头在贯通之前,已按照设计采用双管旋喷进行加固,加固范围为隧道两侧各3m,加固长度10m,且在车站围护结构外侧还补打两排间距2m的压密注浆孔,进行压密注浆。加固后进行了抽芯检测,抗压强度达到2.5~14.2MPa,满足加固设计强度要求,在左线贯通前从洞门范围内打了11个水平探孔,只有两个孔出现少许渗水,满足出洞的要求。

2009年6月12日在盾构机刀盘距永泰站围护结构连续墙还有2m时,开始停机注浆,在盾尾后方515~520环注双液浆进行止水,避免盾尾后方的地下水进入刀盘前方,并从盾尾径向孔内注入聚氨酯进行止水。

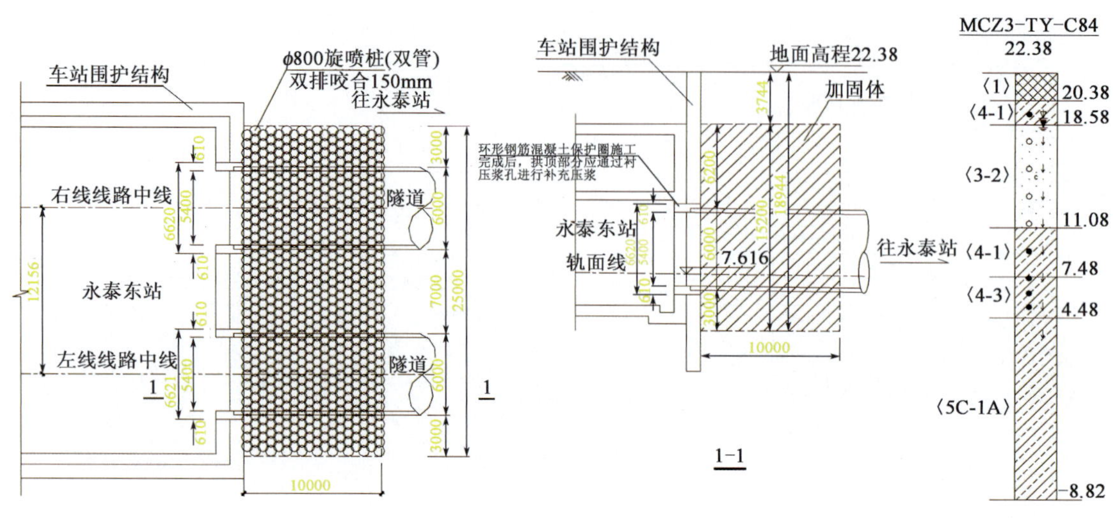

图 6-21　加固图(尺寸单位:mm)

洞内注浆完成后,6 月 13 日下午恢复掘进 522 环,在 522 环掘进过程中,出现推力大,速度慢,土压降至 0.4bar 左右无法再降压。在 523 环掘进过程中(刀盘距贯通面钢筋还有 50cm),永泰站左线洞门掌子面顶部右侧突然出现一股流水,泥沙从洞门内涌出流水大约持续约 8h,造成约 60m^3 泥渣流入永泰站底板。为保障安全,在洞门钢筋未完全割除的情况下,盾构机强行推进,抵达密封系统,帘布橡胶板箍紧盾壳后才将涌水止住;洞内开始进行同步和二次注浆,盾壳径向注聚氨酯,地表端头进行竖直压密注浆进行堵水,洞门范围只有少量水流出。

14 日早上在挖机吊运地质钻孔机进行补打注浆孔时,途经左线隧道掘进方向左侧突然塌陷(见图 6-22),塌陷面积约为 3m × 1.5m × 2m(见图 6-22),随后及时进行了回填。

图 6-22　左线盾构进站造成的地表塌陷图

4)原因分析

(1)在邻近断裂带这种特殊地层条件下,洞门检测出现少量渗水现象没有引起足够的重视。

(2)靠近端头地层以砂层为主,车站围护结构地下连续墙错台较为严重,出现连续墙鼓包较为严重,导致加固体旋喷桩不能很好与地下连续墙密实好,会形成一定的缝隙,端头加固体与地下连续墙缝隙形成一道流水通道,最后直接导致左线盾构机贯通前有流水涌出。

(3)地下水较为丰富,具有一定的流动性,加固深度超过18m的旋喷桩成桩施工质量的保证。在此种地层中施工旋喷桩必须进行试桩,保证其成桩效果,必要的情况下可添加速凝剂等外加剂,保证成桩质量。

(4)在贯通前在加固体内掘进必须保证土仓压力能够降下来,否则停机进行处理后再掘进,不能存在侥幸心理,避免出现涌水、突泥问题。

(5)应充分了解围护结构的施工情况,若出现连续墙鼓包、围护桩大肚的情况在施工端头加固旋喷桩时必须进行引孔,保证加固效果,使加固体与围护结构充分结合,并用压力注浆处理二者的结合面。

5. 永泰站始发盾构加固

1)地质情况

始发端头地层从上至下依次为〈1〉人工填土层、〈4-1〉冲洪积土层、〈7C〉灰岩强风化层。隧道洞身范围内及上方均为〈7C〉地层。

2)施工方案概述

根据现场场地情况和地层情况,地质条件较好,基本为不透水层,主要是保证洞门破除后的掌子面的稳定,此端头加固采用素混凝土桩+桩间止水旋喷桩的方式进行加固。采用直径1.2m的素混凝土排桩的设计,桩间距为100mm,每个洞门范围内9根桩,沿洞门对称分布,共计18根,桩底位于隧道地板下1m;桩间采用800mm的双管旋喷桩止水,如图6-23所示。

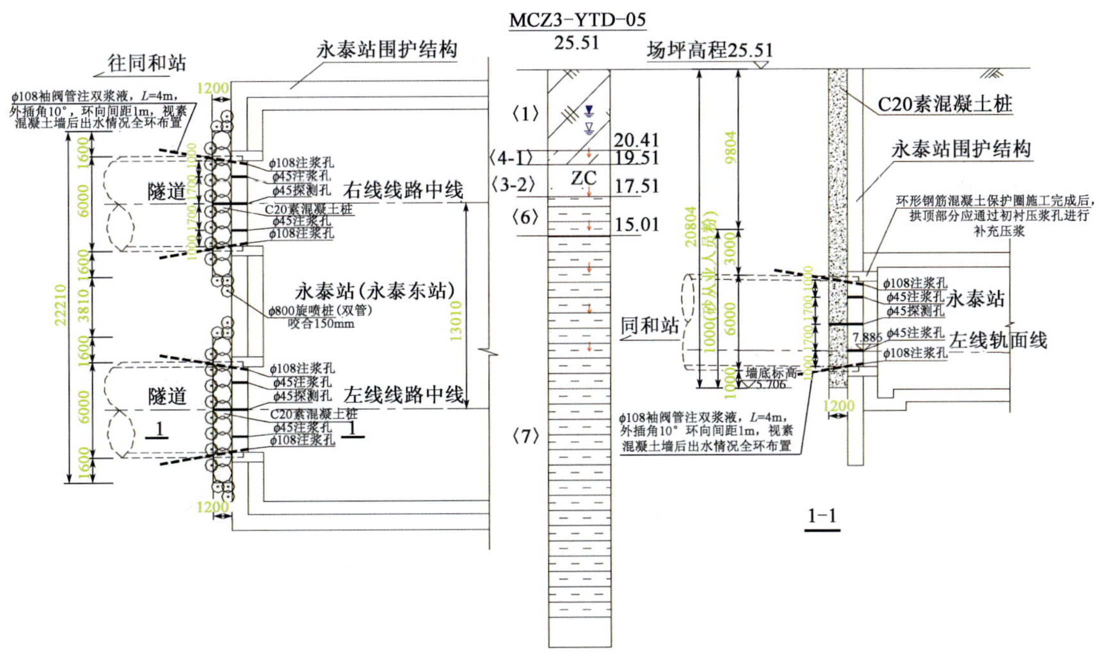

图6-23　加固图(尺寸单位:mm)

3)加固效果

加固效果较好,破除洞门和盾构始发均正常,无意外现象出现。

6. 同和站盾构吊出井出洞口加固

1)地质情况

始发端头地层从上至下依次为〈1〉人工填土层、〈4-1〉黏土层、〈5Z-2〉残积土层、〈6Z〉全风化花岗岩地层、〈7Z〉强风化花岗岩地层。隧道洞身地层为〈5Z-2〉和〈6Z〉。

2）加固设计概况

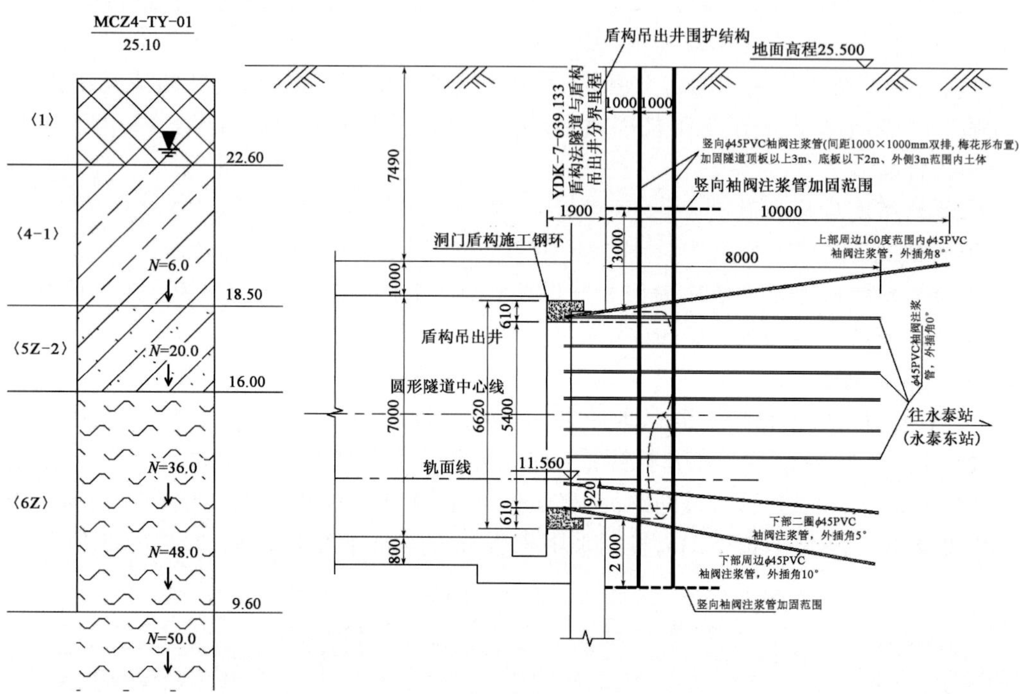

图 6-24　盾构吊出井端头地层加固纵剖面图（尺寸单位：mm）

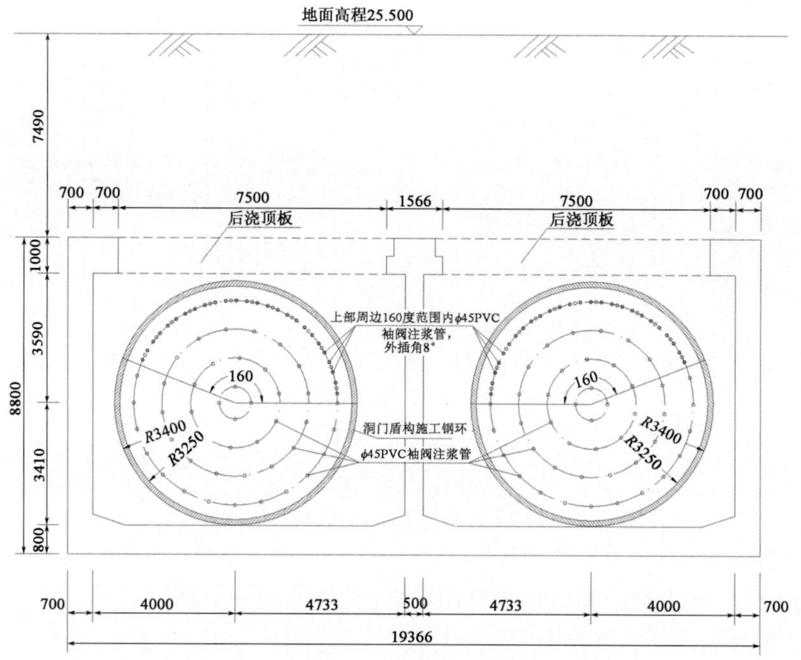

图 6-25　盾构吊出井端头地层加固钻孔布置图（尺寸单位：mm）

盾构吊出井端头邻近明星幼儿园范围，受前期借地的影响，地面场地长度只有4m，无法满足地面加固的要求，只能以洞内加固为主。采用洞内全断面水平袖阀管注浆+地面袖阀管注浆相结合的方式进行加固。水平注浆袖阀管采用ϕ45PVC规格，施工时采用后退式分段注浆。袖阀注浆管按照隧道轮廓线环向布置，注浆孔环间距800mm、环向间距800mm。下半断面周边孔外插角10°、二圈孔外插角5°，其他部位外插角0°。周边孔及二圈孔注浆采用水泥—水玻璃双液浆，其他部位注浆采用水泥单液浆，加固长度为10m。如图6-24、图6-25所示。

水平注浆完成后施工竖直袖阀管进行地表压密注浆，加固范围为沿盾构掘进方向长度为3m，隧道边线外3m，间距1.5m×1.5m，加固深度至隧道底板下2m。

3）加固效果

加固效果达到了设计的要求，盾构安全出洞，只是洞内注浆和地面注浆过程中引起周边的地面部分隆起。

Chapter 7

嘉禾（北始发井）—龙归站（吊出井）区间（一）盾构施工技术

执笔人 The Author

李海波 ▷

总监代表

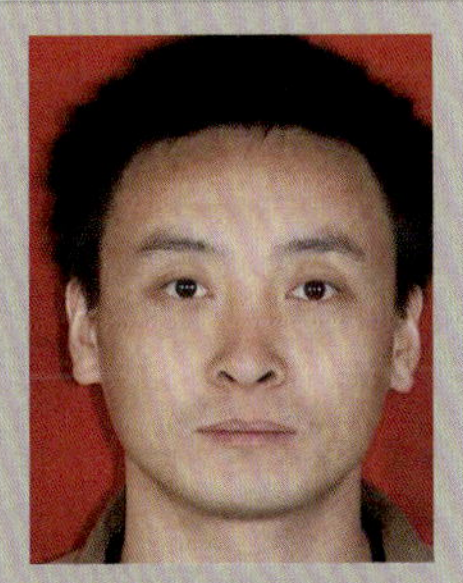

执笔人 The Author

吕鹏程 ▷

技术员

第七章　嘉禾站(北始发井)一龙归站(吊出井)区间(一)盾构施工技术

第一节　工 程 概 况

一、线路和限界

区间线路基本沿106国道敷设,里程为:YDK-12-389.800~15-599.200,总长3768.5双线延米,其中:明挖区间56.3m,轨排井兼盾构始发井44.7m,中间风井39.3m,盾构隧道总长7528.671单线延米(左线3760.2m,右线3768.5m);线路平面最小转弯半径800m,竖向最大坡度1.2424%。

区间设中间风井,6个联络通道和2个废水泵房,1号、3号联络通道及废水泵房结合始发井、中风井设置,其余单独设置。隧道埋深在7~14.5m,区间下穿20多栋约600m长2~3层条形扩大基础民用住宅、商铺、厂房(本书第一章见图1-2施工5标和图7-1)。

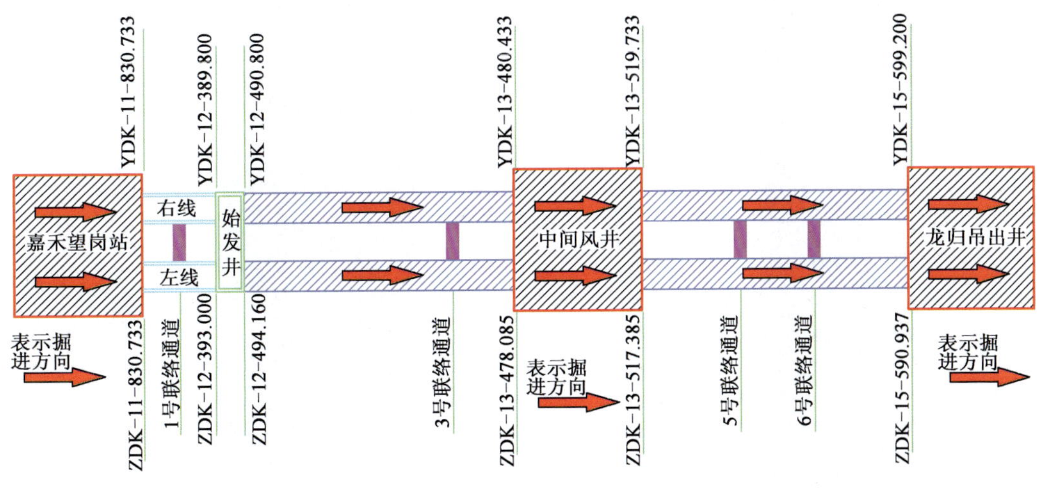

图7-1　盾构掘进示意图

二、建设工期

计划工期:2008年9月22日~2009年9月30日;实际工期:右线隧道2008年9月22日~2009年4月24日,左线隧道2008年11月5日~2009年5月25日,实际工期比计划工期提前128d。

图7-2　嘉禾—龙归站右线隧道地质纵断面图

图7-3　嘉禾站—龙归站区间(一)左线隧道地质纵断面图

三、工程投资

合同总价:288677777 元,隧道掘进 20899.07 元/m,管片预制 10024.19 元/m,端头加固 6599137.00 元/项(4 个端头),联通通道加固 1341519.75 元/个。

四、施工环境

1. 地层及构造

隧道右线通过的地层主要为冲积洪积土层〈4-1〉、河湖相淤泥质土〈4-2〉,局部有细砂层〈3-1〉、中粗砂〈3-2〉、砾砂层〈3-3〉、可塑状黏性土〈5-1〉、硬塑状黏性土〈5C-2〉,有少量中等风化岩层〈8〉、微风化岩层〈9〉、强风化岩层〈7〉、全风化岩层〈6〉。隧道地层情况如图 7-2 所示。

隧道左线通过的地层主要为冲积洪积土层〈4-1〉、河湖相淤泥质土〈4-2〉、细砂层〈3-1〉、中粗砂〈3-2〉、砾砂层〈3-3〉、可塑状黏性土〈5-1〉、硬塑状黏性土〈5C-2〉,局部有中等风化岩层〈8〉、微风化岩层〈9〉、强风化岩层〈7〉、全风化岩层〈6〉中。隧道洞身地层情况如图 7-3 所示。

2. 盾构区间隧道地层情况

隧道洞身穿越地层类型统计表如图 7-4 所示。

3. 水文地质条件

地下水水位埋藏变化较大,初见水位埋深为 0.30 ~ 4.70m,平均埋深为 2.36m,高程为 7.33 ~ 13.40m,平均高程为 10.39m;稳定水位埋深为0.80 ~ 8.70m,平均埋深为 3.46m,高程为 2.41 ~ 13.35m,平均高程为 9.29m。

第四系孔隙水,局部地段微承压。

基岩裂隙水主要赋存于强、中风化岩中的风化裂隙之中,基岩风化裂隙水为承压水。

不良地质:沿线砾岩(砾质成分以灰岩砾为主)、石灰岩地段岩溶发育。

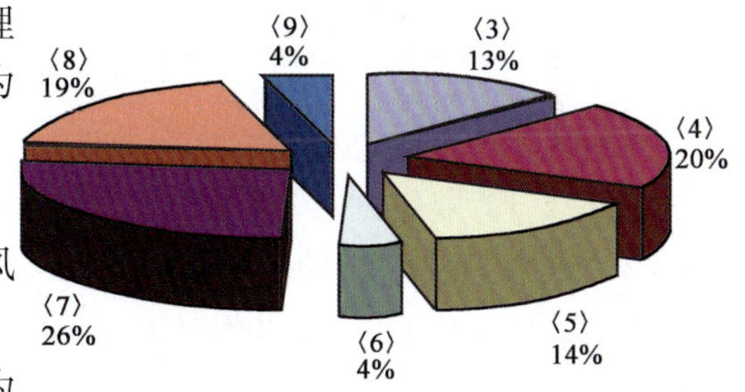

图 7-4　隧道右线洞身各地层所占比例饼图

4. 地貌

本标段地处广花冲积盆地,地势平坦、开阔。

5. 建筑物、构筑物和地下管线

隧道下穿的建(构)筑物及距隧道比较近的建筑物共计 20 处。

线路水渠,宽约 14m,水深约 0.5m。下穿四清河,河流宽度约 25m,水深约 1.3m。

106 国道两侧管线密集,主要的管线包括电信、移动、网通、铁通、联通、电力等的管线,主要分布于两边人行道,基本与隧道线路平行,埋深均较浅,在 1 ~ 2m 之间;106 国道两侧人行道下方均分布有市政雨水管线,埋深在 1 ~ 2m 之间,线路左侧的通过 ϕ500mm 的混凝土管直接流入污水河,右侧汇集后通过 ϕ1000mm 的混凝土管流入污水河;自来水管线一般埋深 1 ~ 2m。

第二节　盾　构　机

一、盾构机选型

本区间所使用的盾构机为海瑞克新机（技术参数见本书第一章），图 7-5 为刀盘图。刀盘软岩开挖直径 6270mm（硬岩开挖直径 6290mm），刀盘厚度 450mm，从法兰盘底面到刀盘面板高 1410mm，刀盘总重约 53t。

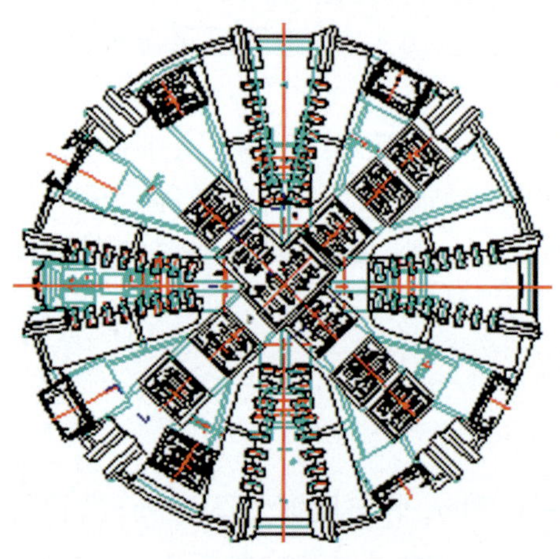

图 7-5　海瑞克盾构机刀盘

刀盘采用中间支撑方式，主轴承外径 2600mm，其外密封采用三道注脂密封，主密封的设计寿命为 5000h，主轴承的设计寿命为 10000h。

二、刀具磨损记录

本区间左右线各换刀 6 次，详细情况如下。

1. 盾构机 S459 刀具检查更换记录

第一次在 660 环检查，自 9 月 29 日开始至 12 月 10 日到达中风井，共掘进 660 环，约计 990m。在 2 号联络通道处，由于不具备开舱检查刀具的条件，故直接掘进至中间风井。

检查分析结果：整盘刀具中，4 把中心双刃滚刀中 5 号、7 号漏油，4 号、8 号偏磨；32 把单刃滚刀中，正面滚刀除 9 号偏磨、18 号漏油外，低位刀具（10 号、11 号、12 号）磨损约 3mm，其他刀具磨损 5 ~ 7mm；边滚刀中，大部分偏磨，磨损约 10mm，个别漏油或轴有松动的现象。小齿刀中，有 17 ~ 18 把刀出现崩刃现象，予以更换，少量齿刀背部有磨损，其余正常；边刮刀中，大部分的磨损量出现在刮刀的刀刃耐磨层，特别是刮刀之间的间隙磨损加大。

第二次在 905 环检查（掘进 246 环），时间在 2009 年 1 月 20 日。中心双刃滚刀（编号 1 ~ 8）全部偏磨。9 号、10 号、13 号、23 号、25 号、28 号单刃滚刀弦磨，其他单刃滚刀磨损19 ~ 28mm。

第三次在 1009 环检查（掘进 104 环），时间在 2009 年 1 月 30 日。中心双刃滚刀（编号 1 ~ 8）弦磨 3 ~ 30mm。其他单刃滚刀磨损 8 ~ 20mm。

第四次在 1192 环检查（掘进 183 环），时间在 2009 年 2 月 15 日。中心双刃滚刀（编号 1 ~ 8）弦磨 5 ~ 28mm。其他单刃滚刀磨损 15 ~ 35mm。

第五次在 1330 环检查（掘进 138 环），时间在 2009 年 2 月 28 日。中心双刃滚刀（编号 1 ~ 8）合金齿掉 1 ~ 2 粒，磨损 1 ~ 10mm。其他单刃滚刀磨损 10 ~ 27mm。

第六次在 1467 环检查（掘进 1337 环），时间在 2009 年 3 月 10 日。中心采用羊角刀，其中 1 号、3 号掉齿，2 号、4 号磨损 10 ~ 12.5mm，6 号、8 号偏磨，5 号、7 号良好。其他单刃滚刀磨损 15 ~ 28mm。

2. S460 刀具检查更换记录

第一次在 659 环检查,时间在 2009 年 1 月 11 日。中心双刃滚刀 5、7、8 号轻微磨损,1、2、3、4、6 号磨损小于 5mm。其他单刃滚刀除个别小量偏磨外,一般磨损小于 15mm。

第二次在 793 环检查(掘进 134 环),时间在 2009 年 2 月 4 日。中心双刃滚刀 1、2、3、4、5、8 号磨损小于 4mm,6、7 号磨损小于 12mm。其他单刃滚刀一般磨损 5 ~ 12mm。

第三次在 975 环检查(掘进 182 环),时间在 2009 年 2 月 19 日。中心双刃滚刀 1、2、3、4、5 号无磨损,6、7、8 号磨损 16.5 ~ 20mm,9 号单刃滚刀磨损 5mm。其他单刃滚刀磨损 20 ~ 40mm。

第四次在 1117 环检查(掘进 142 环),时间在 2009 年 3 月 5 日。中心羊角刀 1、3、5、7 号良好,2、4、6、8 号偏磨。39 号单刃滚刀磨损 5mm,40 号磨损 9mm,其他单刃滚刀磨损 17 ~ 27mm。

第五次在 1322 环检查(掘进 205 环),时间在 2009 年 3 月 23 日。中心双刃滚刀良好,其他单刃滚刀磨损 17.5 ~ 40mm。

第六次在 1443 环检查,时间在 2009 年 4 月 6 日。中心双刃滚刀良好。9、10、11 号单刃滚刀偏磨,其他单刃滚刀磨损 8 ~ 18mm。

3. 左右线换刀情况统计

(1)始发井—中间风井段地层以黏土和砂层为主,中间风井—吊出井隧道拱顶局部细砂层〈3-1〉、中粗砂〈3-2〉、砾砂层〈3-3〉,隧道主要穿过可塑状黏性土〈5-1〉、硬塑状黏性土〈5C-2〉,全风化岩层〈6〉、强风化岩层〈7〉,中等风化岩层〈8〉,底部有少量的微风化岩层〈9〉。

(2)始发井—中间风井段隧道范围地层对刀具磨损很小,掘进了 659 环,到达中间风井才进行更换。

(3)中间风井—吊出井地层,边滚刀平均磨损量约为 0.16mm/环,即掘进 120 环就要检查刀具,150 环基本就要更换刀具。

(4)由于刀盘自身的局限,中心区开口率低,泡沫对该区域改善有限,中心区刀座和面板被泥糊住成常态,中心滚刀基本不转动,偏磨严重。

三、浆液的配置

1. 注浆材料

采用水泥砂浆作为同步注浆材料,水泥采用 PO32.5,以提高注浆结石体的耐腐蚀性,使管片处在耐腐蚀注浆结石体的包裹内,减弱地下水对管片混凝土的腐蚀。

2. 浆液配比及主要物理力学指标

同步注浆拟采用表 7-1 所示的配合比。

在施工中,根据地层条件、地下水情况及周边条件等,通过现场试验优化确定最合理的配合比。拟定同步注浆浆液的主要物理力学性能应满足下列指标。

注浆液材料配比表 表 7-1

水泥(kg)	粉煤灰(kg)	膨润土(kg)	砂(kg)	水(kg)	外 加 剂
120	381	54	779	465	需要根据试验加入

(1)胶凝时间:一般为 3 ~ 10h,根据地层条件和掘进速度,通过现场试验加入促凝剂及变更配比来调整胶凝时间。对于强透水地层和需要注浆提供较高的早期强度的地段,可通过现场试验进一步调整配比和加入早强剂,进一步缩短胶凝时间。

(2)固结体强度:1d 不小于 0.2MPa,28d 不小于 2.0MPa。

(3)浆液结石率大于 95%,即固结收缩率小于 5%,浆液稠度 8 ~ 12cm。

(4)浆液稳定性:离析率(静置沉淀后上浮水体积与总体积之比)小于 5%。

3. 注浆方法和工艺

同步注浆通过同步注浆系统及盾尾的内置注浆管,在盾构向前推进盾尾空隙形成的同时进行,采用双泵四管路(四注入点)对称同时注浆,如图 7-6 所示。

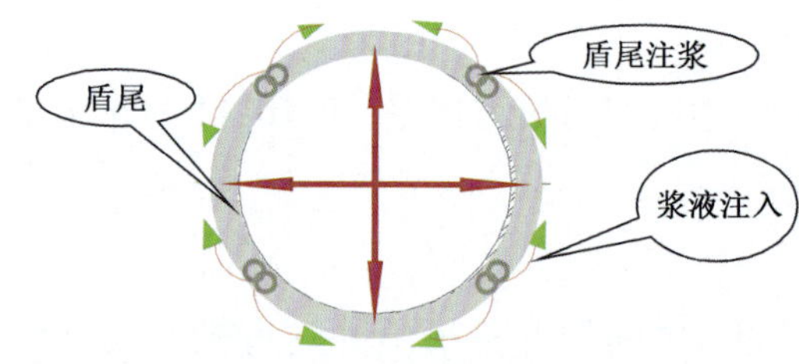

图 7-6 同步注浆示意图

4. 二次补强注浆

二次注浆材料要可注性强,对同步注浆起充填和补充作用。当地下水特别丰富时,需要对地下水封堵。同时为了及早建立起浆液的高黏度,以便在浆液向空隙中充填的同时将地下水疏干(将地下水压入地层深处),获得最佳充填效果,这时需要将浆液的胶凝时间调整至 1 ~ 4min,必要时二次注浆可采用水泥—水玻璃双液浆。双液浆的初步配比见表 7-2。

双 液 浆 配 比 表 表 7-2

浆 液 名 称	水 玻 璃	水 灰 比	稳 定 剂	减 水 剂	A、B 液混合体积比
双液浆	35°Bé	0.8 ~ 1.0	2% ~ 6%	0 ~ 1.5%	1:1 ~ 1:0.3

第三节 盾 构 施 工

一、端头加固及盾构始发和到达

1. 端头加固方案

盾构始发到达端头加固根据地层不同而选择不同的加固方法和深度。

1)嘉禾始发井

嘉禾始发井端头地层自上向下依次为:0 ~ 0.9m 为〈1〉杂填土、0.9 ~ 4.7m 为〈4-1〉粉质黏土、4.7 ~ 5.5m 为〈3-2〉中粗砂、5.5 ~ 7.1m 为〈5C-2〉粉质黏土、7.1 ~ 13.5m 为〈6C〉全风化泥灰岩、13.5m 以下为〈7C〉中风化泥灰岩。盾构隧道穿越地层为〈6C〉、〈7C〉,上方地层为〈6C〉、〈5C-2〉。端头土体加固采用双重管旋喷加袖阀管压密注浆,加固范围为:沿隧道方向长度 10m,宽度为隧道中心线左、右各 6m。旋喷桩直径 800mm、咬合 150mm,高度为隧道顶上 6.6m将〈3-2〉砂层加固完,下部为进入〈6〉、〈7〉地层不小于 1.5m;袖阀管间距 1m,梅花形布置，靠近洞门端3m长加固到盾构隧道结构底板下方1m，后部7m加固到隧道范围内2m。旋喷桩施工前必须经试桩确定施工参数，如图7-7所示。

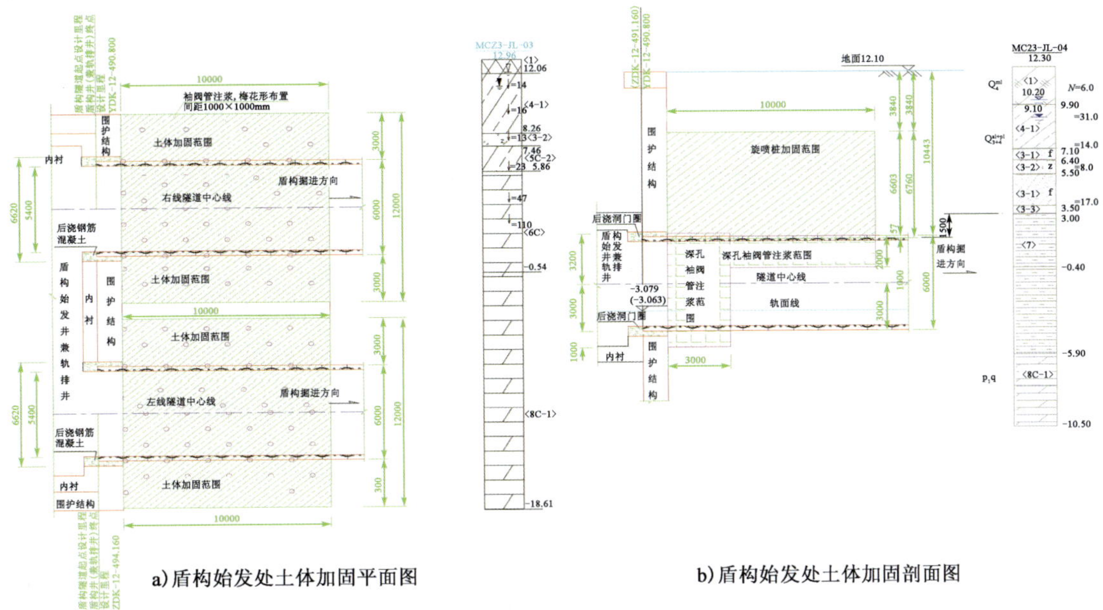

a)盾构始发处土体加固平面图

b)盾构始发处土体加固剖面图

图7-7　嘉禾始发井端头土体加固方案(尺寸单位：mm)

2)中间风井到达端

中间风井到达(南端)端地层自上向下依次为：0～3m为〈1〉杂填土、3～8m为〈4-2〉粉质黏土、8～11m为〈3-1〉粉细砂、11～11.3m为〈5-2〉粉质黏土、11.3～12.5m为〈6〉全风化泥灰岩、12.5～15.6m以下为〈7〉中风化泥岩、15.6m以下为〈8〉微风化泥岩。盾构隧道穿越地层为〈3-1〉、〈5-2〉、〈6〉、〈7〉，上方地层为〈3-1〉、〈4-2〉。端头土体加固采用外围三排双重管旋喷加中间搅拌桩；加固范围为：沿隧道方向长度8m，宽度为隧道中心线左、右各6m。旋喷桩直径800mm、咬合150mm；搅拌桩直径600mm、咬合150mm，加固深度为隧道结构上方3m，下部进入〈7〉地层1m。

3)中间风井始发端

中间风井始发(北端)端地层自上向下依次为：0～3m为〈1〉杂填土、3～10m为〈4-2〉粉质黏土、10～11m为〈7〉强风化岩、11～17.6m为〈8〉中风化岩、17.6m以下为〈9〉微全风化灰岩。盾构隧道穿越地层为〈4-2〉、〈7〉、〈8〉，上方地层为〈4-2〉、〈1〉。端头土体加固采用外围三排双重管旋喷加搅拌桩结合袖阀管注浆；加固范围为：沿隧道方向长度8m，宽度为隧道中心线左、右各6m。旋喷桩直径800mm、咬合150mm；搅拌桩直径600mm、咬合150mm，加固深度为隧道结构上方3m，下部进入〈7〉地层1m；袖阀管间距1m，梅花形布置，加固长度为5m，宽度12m，深度为隧道结构底板下1m。

4)龙归站南吊出井到达端

龙归到达端地层自上向下依次为：0～2m为〈1〉杂填土、2～3.4m为〈2-2〉、3.4～11.2m为〈4-1〉、11.2～14.6m为〈5-2〉、14.6～18.8m、18.8m以下为〈7-1〉。盾构隧道穿越地层为〈4-1〉、〈5-2〉、〈6-1〉，上方地层为〈4-1〉、〈2-2〉。端头土体加固采用外围三排双重管旋喷加搅拌桩;加固范围为:沿隧道方向长度8m,宽度为隧道中心线左、右各6m。旋喷桩直径800mm、咬合150mm,搅拌桩直径600mm、咬合150mm,加固深度为隧道结构上方3m,下部进入〈7〉地层1m。

2. 端头加固效果检查

在地层加固完成后进行加固效果的检查,检查项目包括两项:第一个为强度检查,第二个为防水检查。

强度检查:待所加固土体等强之后对其钻孔取芯,并通过试验确定加固土体的强度,如未达标则进行二次加固。

防水检查:从端头洞门处钻不少于5个水平检查孔确定洞门端头地层透水情况。

本标段4个端头加固完成后,均委托第三方检测机构进行加固体内钻芯取样,检测加固强度,并在洞门破除前进行水平钻孔检查加固体防水效果。经检测,本标段4个端头加固的强度及防水均满足设计及规范要求,满足施工需要。在盾构机始发与到达施工中,未出现任何险情。

二、盾构快速均衡掘进施工

1. 盾构始发场地的优化

原提供给盾构始发的明挖井长80m,后经过协调,往嘉禾方向延长了20m,保证了盾构机整机始发。

2. 线路针对建筑物保护和掘进功效的综合优化

1)线路平面调整

经过对地面建筑物的情况详细摸查和充分讨论,线路经过调整,较原线路得到了很大的优化。YDK-12-825处,为避开弘森国际物流中心(建筑物编号A03,A2)屋角,线路向西调8m。YDK-14-000~YDK-14-600范围,为避开长弘村1、2、3、4、5、6号商铺(建筑物编号A04,A2)等6幢房屋,左右线隧道分别从桥的桩基之间穿过。YDK-14-700处,为避开A06宝德餐厅(建筑物编号A06,A2)屋角,建议线路向东调9m。YDK-15-000处,为避开A08润佳润滑油品总汇(建筑物编号A08,B2)屋角,建议线路向西调1.5m。YDK-15-168处,为避开A11~A16等6幢房屋屋角,线路向西调4.5m。

2)线路纵断面调整

根据地质勘查情况,经过比对讨论,结合线路平面的调整,线路断面也经过调整,线路优化为:YDK-12-300处隧道下穿弘森国际物流中心前面的水沟,隧道覆土厚度5.5m不足1倍盾构直径,下调隧道1m;YDK-14-300处隧道下穿四清河,隧道覆土厚度不足1m,存在隧道结构抗浮不够、盾构掘进时顶部覆土击穿等施工风险,建议下调隧道约5m;YDK-14-100和200处隧道下穿长弘村1、2号商铺的基础搅拌桩,盾构掘进过程中易引起房屋沉降,下调隧道2.5m。

线路下调后,减少了穿越较多的上软下硬地层。

三、盾构机拼装管片过中间风井

在中间风井施工的过程中,提前对中间风井的两个端头进行加固,并在中间风井的基坑底部施工两个条形基础,盾构机按照常规的施工掘进方法到达中间风井后,在中间风井内拼装管片后空推通过,通过中间风井后盾构再次整体始发,掘进中间风井—龙归吊出井区间。其余施工和始发、到达一致。条形基础施工示意图如图 7-8 所示。

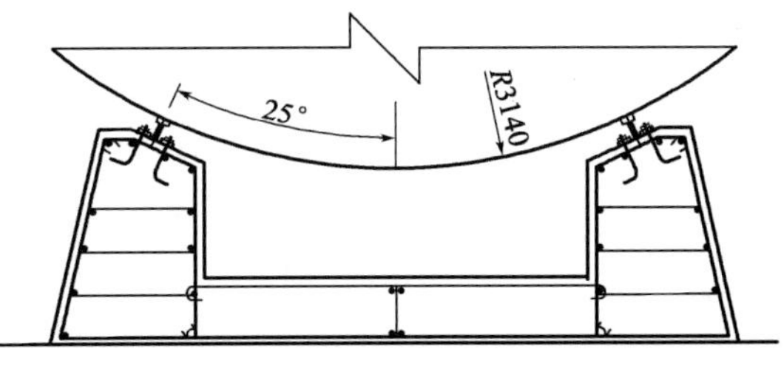

图 7-8　条形基础施工示意图

过中间风井施工注意事项:

(1)在盾构掘进到达中间风井后,出洞后的最后一环管片不需要安装止水条,后部通过需要安装的管片不用安装止水条,但是需要安装软木衬垫。

(2)需要在管片安装完成后、管片刚脱出盾尾、管片脱出盾尾后 5 ~ 8 环后,对连接管片的所有螺栓进行三次紧固,以防止安装好的管片失圆,影响下部管片安装。管片安装依然按照正常掘进时的错缝拼装。

(3)在安装好的管片脱出盾尾后,需要用 200mm 的楔形木块将管片楔紧,底部和上部四点一起垫牢固,每块管片下面设垫 8 个,如图 7-9 所示。

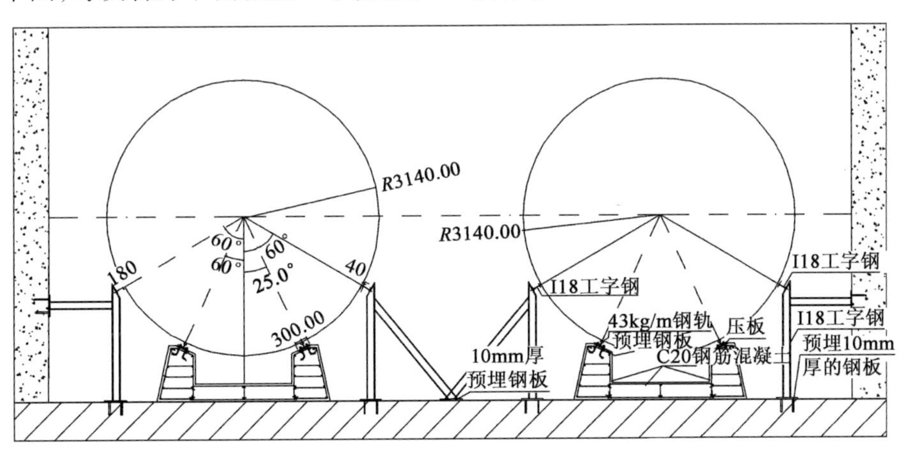

图 7-9　盾构空推过中间风井管片支撑示意图(尺寸单位:mm)

(4)盾构在条形基础上推进时,要求左右侧油缸的伸长量和油缸的推力基本一致;确保盾构沿条形基础上直线推进,不损坏管片。

(5)在盾构到达中间风井后要及时根据盾构到达的里程、始发里程、洞门的长度来确定中间风井安装的管片的数量;但是由于在盾构掘进的过程中里程并不能完全控制,以及一环管片的宽度尺寸一定。所以为了确保盾构能够在准确的位置始发,需要在过中间风井的过程中调整管片的位置。如果调整的范围不大,在 100mm 以内,通过在管片上粘贴石棉橡胶板就可以完成调节;如果太大,通过加工的整环类似管片的钢支撑来完成。

四、溶、土洞发育区盾构掘进

本标段两个盾构区间左、右线全隧道均需通过溶洞段,虽在盾构机通过前,对两区间沿线地质进行密集钻孔补勘及溶洞处理,但由于溶洞处理工程量大及处理方式、处理水平等各方面因素影响，为防止盾构机通过时部分地段仍未处理好而造成溶洞揭穿，继而造成突水、突泥及盾构陷落，仍需在盾构机配备相应辅助措施，确保盾构机“安全、快速”通过溶洞段。

主要技术措施：

(1)加强溶洞处理质量控制及效果检测

溶洞处理前，采用各种手段，尽量的将对隧道掘进有危害的溶洞探测清楚；溶洞处理过程中，严格按照设计要求加强溶洞处理的过程控制，保证处理质量；溶洞处理完成后，按照设计要求取芯，检查处理效果，如果效果达不到要求，继续处理直至合格。

(2)盾构机通过前，选择合适位置开舱检查刀具和针对性换刀

溶洞段主要包括中~微风化石灰岩层，强度较高，盾构掘进过程中对刀具的磨损大，在盾构进入溶洞段掘进前，应开舱检查刀具，全部换成新刀，刀具配备以滚刀破岩为主，正面及中心刀具均使滚刀。

(3)在溶洞段采取合适模式进行掘进

为保护刀盘和刀具，在掘进过程中推进速度≤10mm/min，低贯入度破岩，刀盘转速1.7~1.9r/min，刀盘扭矩≤200bar，方向偏移平均控制在±30mm以内。土仓压力拟定为1.0~1.5bar，可以在掘进过程中，根据实际情况进行调整。

(4)盾构姿态的控制

在盾构掘进过程中，由于不同部位掘进千斤顶参数设定的偏差会引起掘进方向的偏差。同时由于盾构表面与隧道间的摩擦阻力不均匀，开挖掌子面上的土压力以及切口环切削欠挖地层引起的阻力不均匀，也会引起一定的偏差。

通过减缓盾构机掘进速度，使盾构机在掘进的瞬间刀盘上下部位受力尽量相同，减少对刀具的偏磨和盾构机下俯现象。

根据洞内管片监测结果，在必要时通过向管片背后注浆的方法对管片进行加固，提高管片的整体刚度，防止因盾构机的扭转而引起管片变形。

(5)加强渣土改良与管理

通过溶洞段时主要以向掌子面、土仓添加泡沫的方式进行渣土改良。在盾构机进入岩层段掘进前彻底检修泡沫系统，包括空压机等，确保泡沫系统工作正常，泡沫管路畅通。必要时采用加泥系统进行渣土改良。根据〈8C-2〉、〈9C-2〉地层的特点，每环泡沫剂加入拟定为50L。

渣土管理主要是通过有效控制出渣量，保持掘进速度与出渣量的相对平衡，按设定土仓压力进行控制，维护开挖面的稳定。根据地质情况，出渣量进行认真统计，本工程溶洞段由于地层自稳性较差，出现出渣过量的情况几率较大。

加强渣土成分的观测和含水量的观察。出现异常时，应停机进行处理。

(6)采取有效措施，确保铰接密封和盾尾密封的防水效果

根据广州的地质特点，溶洞段水发育，有发生突水、突泥的危险，因此盾构进行溶洞段掘进前，应对铰接密封和盾尾密封装置进行认真的检查、维护，确保密封效果。

进入溶(土)洞段掘进时对铰接密封进行调整，确保密封压板固定可靠，调节密封螺栓，保证螺栓在同一高度，加强对铰接密封的润滑。

在掘进过程中要严格控制盾构掘进方向和铰接油缸的行程差，确保铰接密封效果。

加强对尾刷密封油脂的注入检查，确保盾尾油脂传感器的正常工作，加强对油脂控制阀组

的检测,保证盾尾油脂密封压力正常,确保尾刷密封防渗漏效果。

(7)管片背后注浆

过溶洞段注浆以同步注浆和二次补充注浆相结合的方式进行。同步注浆采用水泥砂浆,二次补充注浆采用水泥—水玻璃双液浆。

加强施工过程控制,严格按照"注浆与掘进同时进行、确保注浆饱满"的原则进行控制。根据工程地质条件,每环水泥砂浆的凝结时间应不大于8h,同步注浆量不得少于$6m^3$。合理调整与控制同步注浆压力,注浆压力不小于1.5~3.0bar,确保浆液饱满。

(8)做好盾构通过溶洞段的施工应急预案

断裂带石灰岩分布地段,岩溶较发育,且溶洞段地下水具有承压性质,含水量丰富,注浆未必能阻止溶洞地下水的渗漏,施工前做好应急和处理预案。如通过物探和补勘钻孔后,分析溶洞很大,横向分布较广(连通),则从地面施工竖井,对隧道范围内外的溶洞浇注C15的素混凝土,进行人工封堵,回填处理后盾构通过;如溶洞较小,则从地面填充水泥砂浆进行处理(利用补勘钻孔),对于隧道在底板以下影响范围的溶洞,则通过注浆加固处理。

五、管片拼装开裂与破损情况及防治措施

本区间管片拼装质量较好,破损及错台现象较少,主要采取以下质量保证措施。

(1)严格进场管片的检查,破损、有裂缝的管片坚决不用。下井吊装管片和运送管片时应注意保护管片和止水条,以免损坏。

(2)止水条及软木衬垫粘贴前,应将管片进行彻底清洁,以确保其粘贴稳定牢固。施工现场管片堆放区应有防雨设施。粘贴止水条时应对其涂缓膨剂。

(3)管片安装前应对管片安装区进行清理,清除污泥、污水,保证安装区及管片相接面的清洁。

(4)严禁非管片安装位置的推进油缸与管片安装位置的推进油缸同时收缩。

(5)管片安装时必须运用管片安装机的微调装置将待装的管片与已安装管片块的内弧面纵面调整到平顺相接以减小错台。调整时动作要平稳,避免管片碰撞破损。

(6)同步注浆压力要进行有效控制,注浆压力不得超过限值,避免管片产生渗漏,破坏止水条。

(7)管片安装质量应以满足设计要求的隧道轴线偏差和有关规范要求的椭圆度及环、纵缝错台标准进行控制。

六、联络通道施工技术

区间共设6个联络通道和3个废水泵房,1、3号联络通道及废水泵房结合始发井、中风井设置,4号联络通道在区间最低点和废水泵房合建,其余单独设置,主要参数见表7-3。

本标段2号联络通道洞身范围内基本全是砂层,且富含地下水,设计采用双重管旋喷桩进行地面加固后,再进行联络通道施工。现场在进行完第一次加固处理后,进行地面钻芯与洞内水平钻孔相结合的方法。检查加固处理效果,发现旋喷桩成桩效果不好,地层中仍含有大量地下水,无法进行联络通道开洞作业。随后各方专家讨论技术方案及处理措施,决定采用旋喷桩与袖阀管压密注浆相结合的方式进行二次加固处理:先施工密排双重管旋喷桩,施工完成后再

采用袖阀管压密注浆填充旋喷桩间空隙，注浆采用双液浆，加强防水效果。

联络通道处各种参数 表 7-3

<table>
<tr><th>联络通道</th><th>中 心 里 程</th><th>地 质 情 况</th><th>初期支护参数</th><th>二次衬砌参数</th><th>地表加固</th></tr>
<tr><td>1 号</td><td>YDK－12－451.250</td><td>—</td><td rowspan="6">250mm 厚 C25 网喷混凝土支护＋拱部 $\phi22$ 砂浆锚杆＋钢筋网＋格栅钢架</td><td colspan="2">和轨排井共同修建</td></tr>
<tr><td>2 号</td><td>YDK－12－978.932</td><td>〈3-1〉、〈4-1〉、〈5-2〉</td><td>350mm 厚 C30 模筑混凝土</td><td>旋喷桩</td></tr>
<tr><td>3 号</td><td>YDK－13－486.883</td><td>—</td><td colspan="2">和中间风井共同修建</td></tr>
<tr><td>4 号</td><td>YDK－14－052.306</td><td>〈8〉</td><td>350mm 厚 C30 模筑混凝土
废水泵房 500mm 厚</td><td>袖阀管</td></tr>
<tr><td>5 号</td><td>YDK－14－593.660</td><td>〈8〉、〈7〉</td><td rowspan="2">350mm 厚 C30 模筑混凝土</td><td>袖阀管</td></tr>
<tr><td>6 号</td><td>YDK－15－115.190</td><td>〈4-1〉、〈5-2〉</td><td>搅拌桩</td></tr>
</table>

现场依照上述方案处理完成后，重新进行加固效果检查，经检测加固体强度及防水效果均满足设计要求，可以进行开挖作业，并且在开挖施工时，严格控制开挖进尺，及时架设初期支护，形成封闭体，整个施工过程安全。

Chapter 8

嘉禾站（龙归吊出井）—龙归站区间（二）盾构施工技术

执笔人 The Author

石战利 ▷

业主项目工程师

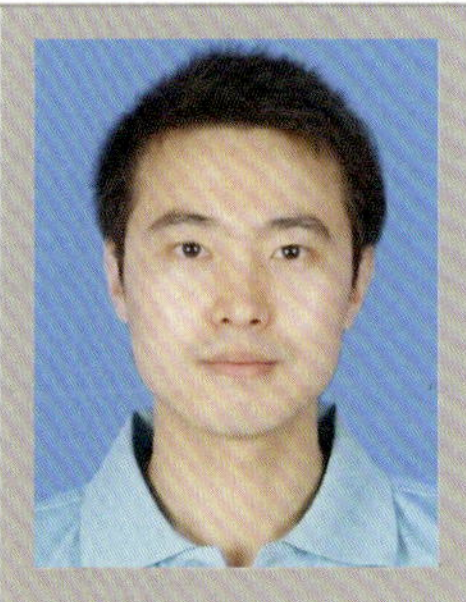

第八章　嘉禾站(龙归吊出井)—龙归站区间(二)盾构施工技术

第一节　工程概况和施工环境

一、区间位置和线路概况

本工程为广州市轨道交通三号线北延段工程施工6标段(见本书第一章图1-2),包括盾构始发井、嘉禾站—龙归站区间(二)及其附属的4个联络通道。

本工程区间盾构始发井结构尺寸长度约82m,宽度约23.7m,深度17.93～18.82m。盾构隧道左线全长1902.00m,右线全长1894.60m,线路平面最小曲线半径为800m,左右线间距11～14m,隧道覆土厚度为9.9～15.9m,线路设1处V形坡,最大坡度为0.43%。

两台盾构机从盾构始发井北侧始发,向北一直在未扩宽106国道下行走,期间穿越106国道两侧多栋民用住宅,最后进入龙归站南端吊出。盾构掘进示意图如图8-1所示。

本工程合同金额为18185.1275万元。

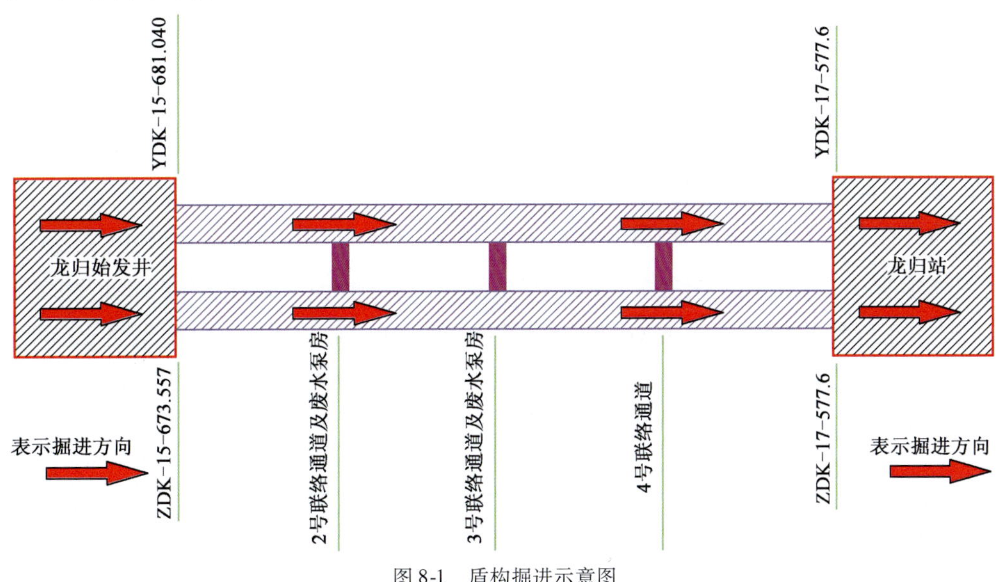

图8-1　盾构掘进示意图

二、盾构施工环境特点分析

1. 地形地貌

本区间沿线地貌为广花冲积盆地,地势较平坦、开阔,沿线有城市道路、空地和民居区。

106 国道为交通主干线，车辆十分繁忙。地面高程 11.80 ~ 15.15m，高差 3.35m，地形较平坦。线路沿线多为密集民居、办公楼和道路。

2. 地层描述与特性

区间上覆地层主要为第四系人工填土层、陆相冲洪积相地层、残积土层；下伏基岩为石炭系下统大潭阶石凳子组、测水组、石炭系中上统壶天群、二叠系栖霞组、第三系莘庄村组陆相碎屑沉积岩，含灰岩砾的砾岩岩溶发育，如图 8-2 所示。

〈3-2〉中粗砂层：多数钻孔见分布，局部呈 2 层出露；层厚 0.50 ~ 7.10m，平均厚度 2.62m，层顶埋深 1.30 ~ 16.00m（高程 -4.70 ~ 12.47m）；土性为灰、灰白、灰黄、褐黄等色，以石英质中粗砂为主，局部含少量黏粒；呈饱和、稍密为主，局部松散、密实，局部在地震等振动力的作用下会产生液化，液化等级多为“轻微”，少数“中等”。

〈4-1〉冲积—洪积土层：绝大多数钻孔见分布（分布于嘉禾站—龙归站区间全线），多数以 2 ~ 4 层出露；厚度 0.80 ~ 16.00m，平均厚度 6.88m，层顶埋深 0.50 ~ 11.70m（高程 1.56 ~ 13.37m）；呈褐黄、灰黄、浅灰、灰白、褐红等色，主要由粉质黏土、黏土组成，呈可塑状，局部软塑状或硬塑状，含少量砂粒。

岩溶在宏观上虽有发育规律，但在具体场地上，其形态和分布则是无常的，对地铁围岩稳定有一定的影响，勘察揭示岩溶发育地段约为 YCK - 15 - 600 ~ YCK - 15 - 950。本区间沿线土洞主要分布在石炭系下石炭统测水组及中上统壶天群石灰岩地段。勘察揭露到土洞的钻孔有 2 个，洞顶埋深 20.45 ~ 37.43m，洞顶高程 -8.45 ~ -24.43m，洞高 4.6 ~ 7.4m。土洞的发育容易引起地面塌陷。

3. 地质构造及地震烈度

根据国家标准《建筑抗震设计规范》（GB 50011—2010）附录 A，广州地区抗震设防烈度为 7 度，设计基本地震加速度值为 0.10g，地震特征周期值为 0.35s。

4. 地面建筑物、地下构筑物和管线特点

区间隧道穿过多栋民用住宅，多为条形基础及扩大基础，埋深较浅，约 2 ~ 3m，距离隧道顶 8 ~ 9m。对本工程影响较大的主要有：与区间隧道平行的一条直径 1m 供水钢管；区间隧道在 YCK - 16 - 750 位置下穿龙归小桥；区间隧道在 YCK - 16 - 930 位置下穿 106 国道 1 号桥；区间隧道在 ZCK - 16 - 800 穿越志和中医院（见表 8-1）。

主要建筑物一览表

表 8-1

编号	建筑物名称	里　　程	层数	基础类型	桩径（mm）	桩长（m）
1	1 号桥	ZCK - 16 - 930	1	钻孔灌注桩	ϕ1600	13
2	志和医院	ZCK - 16 - 800	3	阀板基础		
3	龙归小桥	ZCK - 16 - 750	1	钻孔灌注桩	ϕ1600	10.4

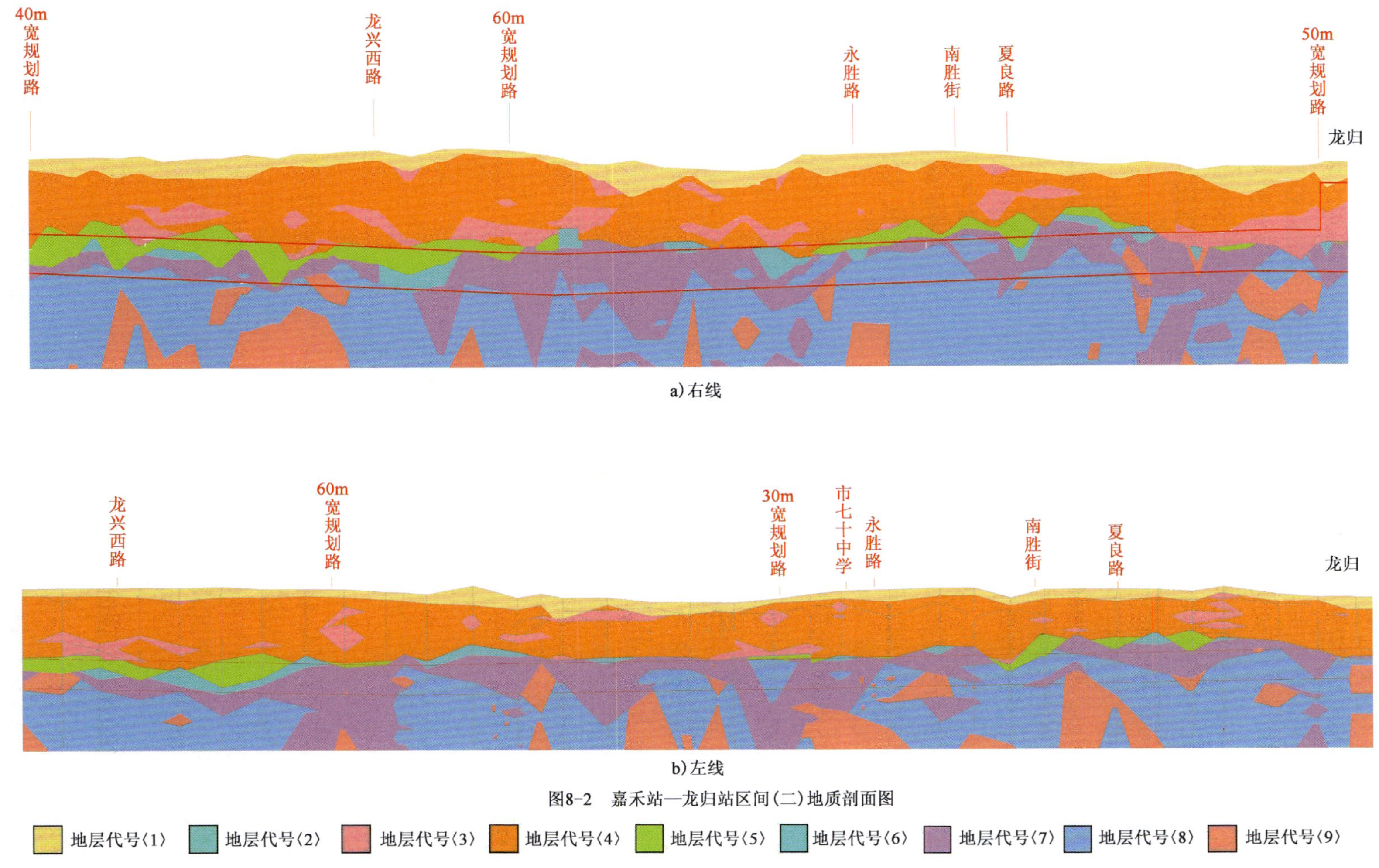

a) 右线

b) 左线

图8-2　嘉禾站—龙归站区间(二)地质剖面图

5. 区间施工主要重点、难点

(1)所穿越的地层比较复杂、地层变化大,存在岩溶和土洞地段。隧道穿越的地层中包含粉细砂〈3-1〉层,粉质黏土、黏土〈4-1〉层,淤泥质土〈4-2〉层,粉质黏土〈5-1〉层,粉质黏土〈5-2〉层,粉质黏土〈5C-2〉层,全风化泥灰岩、泥质粉砂岩〈6〉层,全风化泥灰岩〈6C〉层,强风化砂岩、泥质粉砂岩〈7〉层,强风化泥灰岩〈7C〉层,中风化泥质粉砂岩〈8〉层,中风化泥灰岩〈8C-1〉层和微风化砾岩〈9〉层等。YCK－15－590～YCK－15－994 地段以及 ZCK－15－590～ZCK－15－795 地段为岩溶地段高风险区,存在岩溶和土洞。

(2)上软下硬地层地段广泛存在。ZCK－15－917.27～ZCK－16－202.68 段底部为中风化泥质粉砂岩〈8〉层,顶部为强风砂岩、泥质粉砂岩〈7〉层以及粉质黏土〈5-2〉;YCK－15－815.2～YCK－16－152.2 段底部为中风化泥质粉砂岩〈8〉层,中风化泥灰岩〈8C-1〉层,上部为粉质黏土、黏土〈4-1〉层,粉质黏土〈5-1〉层、粉质黏土〈5C-2〉层,全风化泥灰岩〈6C〉层和强风化泥灰岩〈7C〉层;YCK－16－209～YCK－16－418 段底部为中风化泥质粉砂岩〈8〉层和微风化砾岩〈9〉层,上部为粉细砂〈3-1〉层,粉质黏土、黏土〈4-1〉层,粉质黏土〈5-1〉层,粉质黏土〈5-2〉层,粉质黏土〈5C-2〉层,全风化泥灰岩、泥质粉砂岩〈6〉层,强风化泥灰岩、泥质粉砂岩〈7〉层和强风化泥灰岩〈7C〉层。

(3)本标段区间隧道主要在 106 国道下穿行。

三、建设工期

本工程投入两台盾构机进行隧道施工,第一台盾构机计划始发时间为 2008 年 9 月 10 日,计划贯通时间为 2009 年 8 月 11 日;第二台盾构机计划始发时间为 2008 年 10 月 9 日,计划贯通时间为 2009 年 8 月 21 日。综合进度指标约为 5.5m/d,165m/月。

第一台盾构机实际始发时间为 2008 年 11 月 18 日,贯通时间为 2009 年 4 月 13 日,综合进度 13m/d、390m/月;第二台盾构机实际始发时间为 2009 年 2 月 11 日,贯通时间为 2009 年 6 月 3 日。综合进度约 17m/d,510m/月。

第二节　盾　构　机

一、盾构机选型

本工程采用两台全新的土压平衡式盾构机,由海瑞克公司设计生产,编号分别为 S489 和 S490(见图 8-3)。盾构机的参数详见本书第一章表 1-1。

根据地质详勘察及补勘资料,本工程隧道穿越地层主要为冲洪积土层、残积土层,泥灰岩全、强、中风化岩层,岩石强度最高 40MPa,但考虑到勘察范围的有限性并且需要提高刀盘的适应性,决定采用硬岩刀盘进行施工。

二、盾构机的适应性评价

1. 刀具

根据本工程地质情况,隧道通过岩层强度总体来说不高,为避免出现滚刀偏磨现象,采用带合金颗粒的滚刀代替普通单刃滚刀(见图8-4),经过本工程的实践证明,效果很好。左线在1220～1275环范围内更换了一批滚刀(更换标准为磨损量达到20mm),右线经过检查未更换滚刀。左(右)线换刀情况见表8-2。

图8-3　新刀盘

图8-4　左一为带合金粒刀圈(海瑞克)

换刀统计表　　表8-2

次数	时间(年-月-日)	换刀环号	地质或推进情况	换刀情况	磨损量(mm)
1	2009-2-26～2009-2-27	Z1063	上部〈7〉、下部〈8〉	单刃滚刀30把	10～25
2	2009-3-16	Z1219	上部〈7〉、下部〈8〉	单刃滚刀13把	10～25

2. 浆液配置及注浆参数、效果

本工程同步注浆采用单液浆,质量配比膨润土∶水泥∶粉煤灰∶砂∶水=30∶100∶300∶585∶380。注浆压力顶部控制在0.15～0.25MPa,底部控制在0.25～0.4MPa;注浆量保证每环不少于5.5m^3。经检验,本工程采用如上配比及参数的注浆效果良好。膨润土采用广州产花都膨润土。

3. 对盾构机主要系统的评价

经过本工程的使用,海瑞克6250复合式盾构机性能可靠,运行良好,但也存在一定的不足,主要有盾尾油脂注入效率与标称掘进最高速度不匹配,刀盘泡沫注入口易堵塞,不具备中文故障提示,土压、注浆传感器显示存在偏差等。

第三节　盾构施工

盾构掘进情况统计见表8-3～表8-6及图8-5。

盾构始发及贯通时间表　　表8-3

线路＼时间	施工6标嘉禾站—龙归站盾构区间(二)					
	总环数	始发日期(年-月-日)	贯通日期(年-月-日)	工期(d)	最高月进尺(m)	日均进尺(m)
左线	1274	2008-11-20	2009-4-13	144	618	13.3
右线	1262	2009-2-8	2009-6-3	115	600	16.5

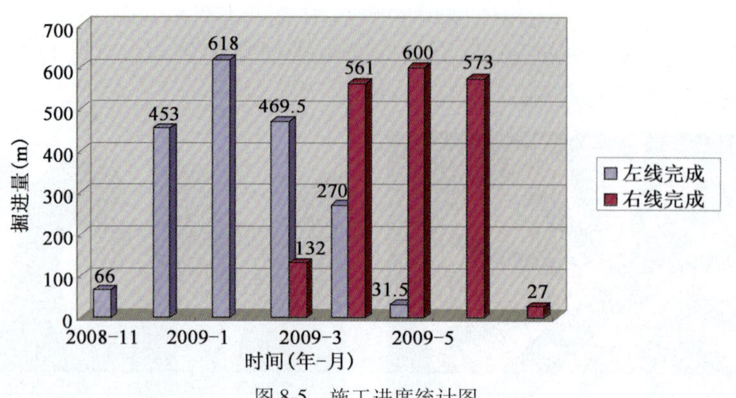

图 8-5　施工进度统计图

盾构机在不同地层中的日平均掘进环数　　表 8-4

地　　层	日平均掘进环数	地　　层	日平均掘进环数
〈5H-1〉、〈5H-2〉	26.7	〈7Z〉	19.6
〈6H〉	25.3	〈8Z〉、〈9Z〉	6.2
〈6Z〉	22.8		

盾构机主要停机故障统计表　　表 8-5

线路	次数	停机时间(年-月-日)	发生故障环数	故 障 原 因	排 除 方 法
左线	1	2008-12-17	183	4 号泡沫管堵塞	停机清理
	2	2008-12-27 ~ 2009-1-1	346	盾尾刷损坏	停机更换盾尾刷两道
	3	2009-1-18 ~ 2009-1-20	650	刀盘结泥饼	进舱清除泥饼
	4	2009-2-26 ~ 2009-2-28	1063	部分刀具磨损严重	停机换刀 30 把
右线	1	2009-3-2 ~ 2009-3-3	93	龙门吊故障	停机维修
	2	2009-3-17 ~ 2009-3-19	284	尾刷损坏	停机更换
	3	2009-4-7 ~ 2009-4-8	587	龙门吊故障	停机维修

盾构掘进相关材料消耗统计表　　表 8-6

线路	盾尾油脂		发泡剂		膨润土		同步注浆水泥		EP2	
	总量(桶)	平均(桶)	总量(t)	平均(t)	总量(t)	平均(t)	总量(t)	平均(t)	总量(桶)	平均(桶)
左线	217	0.17	63.7	0.05	382.2	0.3	857.8	0.67	24	0.018
右线	265	0.21	75.72	0.06	378.6	0.3	845.5	0.67	23	0.018

第四节　盾构施工过程中的质量控制

隧道管片破损、错台、开裂数量统计见表 8-7、表 8-8。

渗漏及封堵情况统计表　　表 8-7

工 程 部 位	渗漏点数量	处 理 结 果
盾构隧道	左右线共计 109.4m	已完成堵漏工作并检验合格
盾构始发井	5 处	已完成堵漏工作并检验合格
联络通道	6 处	已完成堵漏工作并检验合格

管片错台情况统计表　　表 8-8

工程部位	线别	拼装总环数	环向错台量超 ±15mm 环数	错台比率（%）	合格率（%）
嘉禾站—龙归站盾构区间（二）	左线	1274	43	3.4	96.6
	右线	1262	32	2.5	97.5
	合计	2536	75	3.0	97.0

Chapter 9

龙归站—人和站区间（一）盾构施工技术

执笔人 The Author

张会东 ▷

施工7标和8标业主项目经理

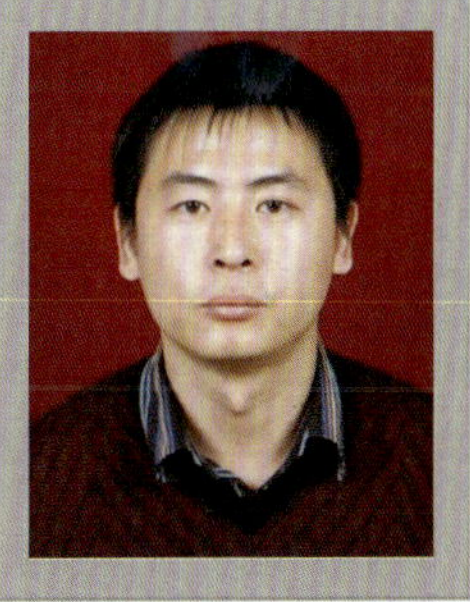

执笔人 The Author

邱仕雄 ▷

施工7、8、9、10、11标业主项目部经理

第九章　龙归站一人和站区间(一)盾构施工技术

第一节　工 程 概 况

一、线路概况

本标段为施工 7 标工程,见本书第一章图 1-2 位置图。

二、主要工程内容介绍

本标段标设南北两个井,其中南井作盾构始发井兼轨排井功能,北井作始发兼吊出井,示意图如图 9-1 所示。

两条圆形盾构隧道,安排两台盾构机在龙人区间南端中间风井始发,向龙归站方向掘进,掘进至龙归站吊出。盾构隧道双线总长为 3606.374 单延米,左、右线线形基本一致。

附属工程包括:联络通道 3 个,其中有 2 号联络通道含泵房,其余两个不带泵房。洞门共有 4 个,其中始发井(南端中间风井)、龙归站各 2 个洞门。盾构掘进示意图如图 9-1 所示。

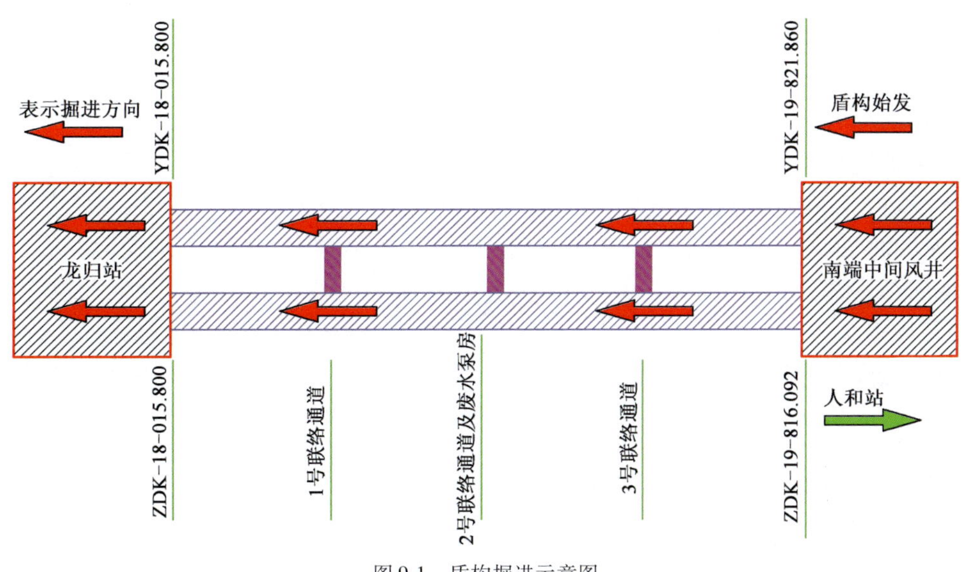

图 9-1　盾构掘进示意图

三、施工进度情况

施工进程情况见表 9-1。

施工进度情况一览表　　表 9-1

时间 线路	龙归站—人和站区间(一)					
	始发日期(年-月-日)	贯通日期(年-月-日)	工期(d)	最高月进尺(m)	最小月进尺(m)	平均月进尺(m)
左线	2009-10-15	2009-9-13	300	325.5	124	180.6
右线	2009-1-5	2009-9-2	238	396	175	225.4
总工期为 320d						

四、工程概况

本工程区间线路参数左、右线一致,具体参数见表 9-2。

线路参数概况表　　表 9-2

平曲线段数(最小曲线半径)	竖曲线段数(最小曲线半径)	最小(最大)线间距(m)	最大纵坡	最大覆土深度(里程)	最小覆土深度(里程)
3 段(800m)	1 段(8000m)	15.0(15.0)	0.35%	12.5m(YDK18 +587.8)	8.0m(YDK18 +432.0)

沿线共有 7 处建(构)筑物位于线路中心 30m 范围内,其中 3 栋为地层房屋,房屋结构完好;4 处为桥梁,依次为 K9 +239 小桥、柏塘桥、北二环高架桥及北村桥,桥梁结构完好,本区间沿线无建(构)筑桩基侵入隧道范围。

本标段管线主要沿 106 国道两侧分布,主要管线种类有煤气管、电力管、电信电缆、给水管道等。管线用途、材质、形状、埋深各不相同。其中煤气管为钢质圆管,直径为 DN711 × 17.5mm,外套一 DN1500 的混凝土套管,管顶覆土平均 3.85m,处于〈1〉、〈4-1〉地层;自来水管为钢管,管径 1000mm,平均埋深约 1.20m;电信管线为圆形,埋深在 1.35m 内。

1. 工程地质

1)地形地貌特征

本标段地处广花冲积盆地,途经 106 国道公路、工厂、市场、居民及部分菜地,穿越水体有沙坑涌、泥坑涌、鱼塘,地面高程为 -0.37 ~ 16.48m,平均高程为 11.74m,地面起伏大。

2)地层与岩性

(1)第四系

第四系包括全新统(Q_4)和上更新统(Q_3),其下缺失中更新统和下更新统。由人工填土(Q_4^{ml})、冲积—洪积砂层(Q_{3+4}^{al+pl})、冲积—洪积土层(Q_{3+4}^{al+pl})、河湖相沉积淤泥质土层(Q_{3+4}^{al})及残积土层(Q^{el})组成。

(2)基岩

第三系布心组(E_2b):为下粗上细的红色地层,其下部为暗红色砾岩、砂砾岩,含砾砂岩,中上部为暗红色至灰色的泥质粉砂岩、粉砂质泥岩与泥灰岩、石灰岩、泥岩、钙质粉砂岩互层,普遍具交错层理。根据钻孔所揭露的岩性主要为为棕红色粉砂岩如图9-2照片所示。

图9-2　基岩抽芯芯样照片

3)岩土工程特征

(1)人工填土层(Q_4^{ml})

本区间人工填土层主要为杂填土和素填土,颜色较杂,主要为褐黄色、灰色、灰褐色、褐红色等,素填土组成物主要为人工堆填的粉质黏土、中粗砂、碎石等,杂填土则含有砖块、混凝土块等建筑垃圾或生活垃圾,大部分稍压实~欠压实,稍湿~湿。本层标贯试验1次,标贯实测击数6击,厚度1.80~4.80m,平均厚度2.54m。

(2)冲积—洪积砂层(Q_{3+4}^{al+pl})

根据砂层的粒径大小分为两个亚层,分别为粉细砂层和中粗砂层及砾砂层。

①粉细砂层

呈青灰色、浅灰色、灰白色、黄色等,组成物主要为细砂及粉砂,含黏粒,级配较差,饱和,呈松散~稍密状,局部中密状。本层标贯试验29次,标贯实测击数为5~17击,平均击数12击。本层分布较广泛,层厚0.50~6.10m,平均厚度3.07m。

②中粗砂层

呈灰色、浅灰色、灰白色、黄色等,组成物主要为中砂、粗砂,含黏粒,级配较差,饱和,呈稍密~中密状。本层标贯试验6次,标贯实测击数为12~21击,平均击数16击;本层局部分布,层厚0.50~5.40m,平均厚度2.80m。

(3)冲积—洪积土层(Q_{3+4}^{al+pl})

呈褐黄色、深灰色、灰黄色等,主要由粉质黏土、黏土组成,含少量砂粒,局部为稍密状粉土,主要呈软塑~硬塑状,局部流塑状。主要物理力学指标平均值如下:含水量29.7%,湿密度1.90g/cm^3,相对密度2.71,孔隙比0.862,压缩系数0.28MPa^{-1},压缩模量7.16MPa,属中等压缩性土,天然快剪$c=29.8$kPa,$\varphi=16.8°$,固结快剪$c=33.9$kPa,$\varphi=14.8°$;本层标贯试验47次,标贯实测击数3~23击,平均击数为9击。本层分布广泛,层厚0.50~9.40m,平均层厚3.32m。

(4)岩石全风化带(E_2b)

岩性主要为粉砂岩,呈棕红色、红褐色等,原岩组织结构已基本风化破坏,但尚可辨认,岩芯呈坚硬土柱状,遇水易软化。局部夹强风化岩碎块。本层标贯试验5次,实测标贯击数31~36击,平均击数3击。本层呈局部分布,3个钻孔有揭露,层厚0.80~2.00m,平均层厚1.37m。

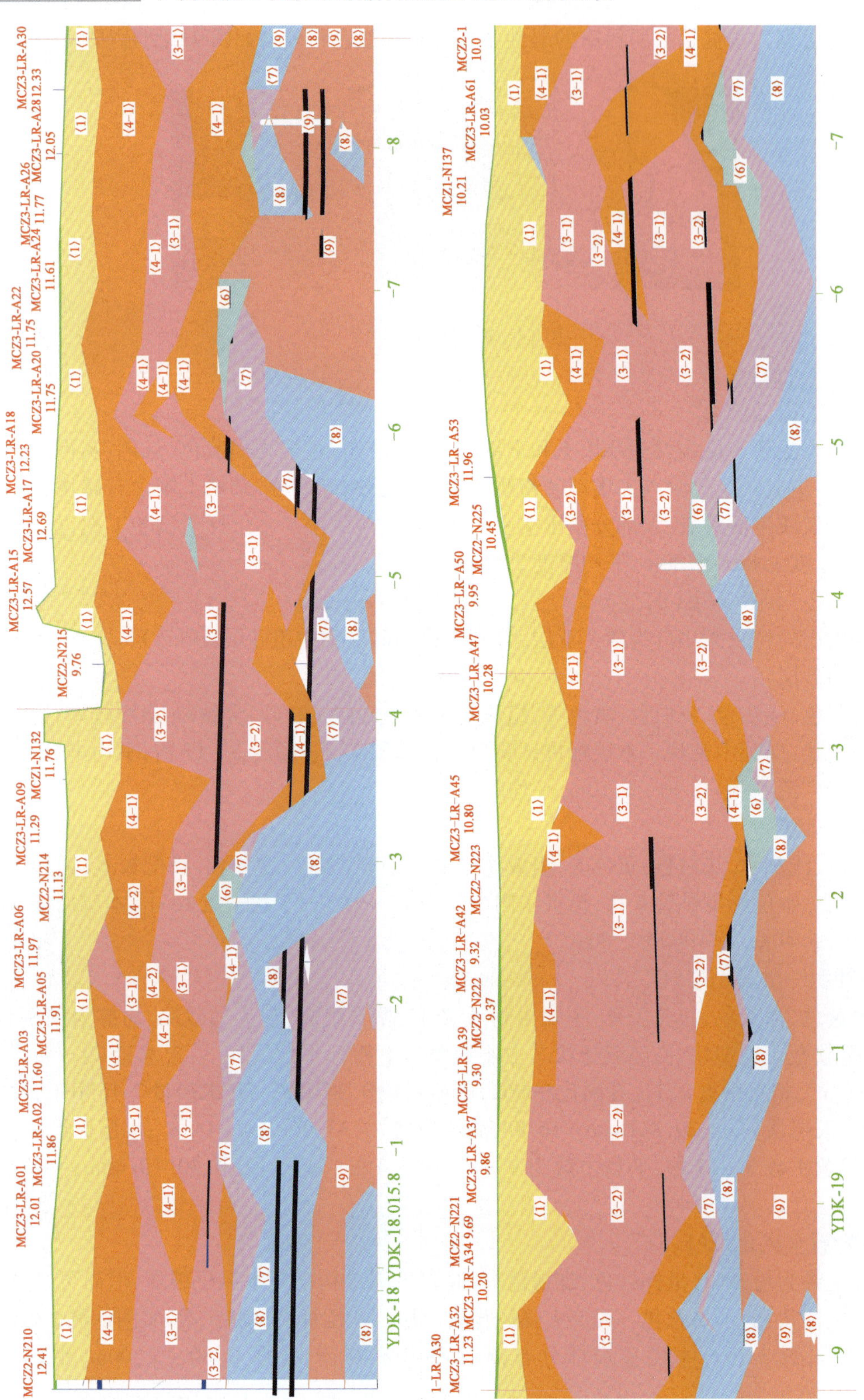

图9-3 隧道右线地质剖面图

(5)岩石强风化带(E_2b)

岩性主要为粉砂岩,本层分布广泛,19 个钻孔有揭露,呈红褐色等,原岩组织结构已大部分风化破坏,矿物成分已显著变化,风化裂隙很发育,岩石极破碎,岩块可用手折断。局部夹全风化岩,岩芯呈半岩半土状,岩芯遇水易软化崩解,层厚 0.50 ~ 4.20m,平均揭露厚度 1.70m。

(6)岩石中等风化带(E_2b)

岩性主要为粉砂岩,粉粒结构,块状构造,钙质胶结,胶结较好。本层分布广泛,20 个钻孔有揭露,呈红褐色、棕红色等,岩石组织结构部分破坏,矿物成分基本未变化,风化裂隙被铁染,并充填少量风化物。岩质稍硬,锤击声稍脆,不易击碎。岩芯较破碎,呈短柱状、碎块状、饼状等。局部夹强风化岩,厚 0.50 ~5.30m,平均揭露层厚 2.13m。

(7)岩石微风化带(E_2b)

岩性主要为粉砂岩,粉粒结构,块状构造,钙质胶结,胶结良好。本层 20 个钻孔有揭露,呈红褐色、棕红色等,岩石组织结构基本未变化,断口处新鲜,节理面稍被铁染,锤击声脆。岩芯呈长柱状、短柱状,层厚 0.50 ~5.10m,平均层厚 2.53m。

详细地质情况如图 9-3 盾构施工 7 标右线地质剖面图所示,左线与右线基本相同。

2. 水文地质条件

1)地下水位

地下水水位埋藏变化较大,初见水位埋深为 1.50 ~ 3.00m,平均埋深为 2.14m,高程为 7.96 ~10.37m,平均高程为 9.27m;稳定水位埋深为 1.20 ~2.80m,平均埋深为 2.04m,高程为 8.26 ~10.67m,平均高程为 9.37m。

2)地下水类型

地下水按赋存方式分为第四系松散土层孔隙水,层状基岩裂隙水。

(1)松散土层孔隙水

第四系冲积—洪积砂层为主要潜水含水层,根据本区间的抽水试验经验,冲积—洪积砂层水量特别丰富,渗透强。冲积—洪积土层、残积土层和岩石全风化带,含水贫乏,透水性较差。局部地段砂层水微承压。

(2)层状基岩裂隙水

层状基岩裂隙水主要赋存在岩石强风化带及中等风化带中,水力特点为承压水,地下水的赋存不均一。由于岩石裂隙大部分被泥质充填,故其富水性不大,岩体大部分完整,地下水赋存条件较差;在裂隙发育地段,水量较丰富。

第二节　盾　构　机

一、盾构机选型

本工程采用了两台海瑞克泥水盾构机掘进,主要参数详见本书第一章。刀盘如图 9-4 所示。

图 9-4 刀盘照片

1. 泥浆处理系统

泥水处理系统由两套黑旋风泥水处理设备及配套设施组成，主要包括沉淀池、储浆池、制浆池、膨化池、调浆池、清水池和泥水分离除砂器及清洁器等组成。该设备能够很好地处理开挖面排出的泥水及制造新鲜泥水，泥浆经处理调整后，能很好的满足掘进要求，连续不断地为盾构掘进输送新鲜“血液”。详细技术参如下：

处理能力：最大流量 $1000m^3/h$；一次除砂分离：$d_{50}=60\mu m$；二次除砂分离：$d_{50}=30\mu m$；渣料筛分能力：560t/h；砂层筛分出的渣料含水率小于26.5%；达到分离指标时各次处理污浆的密度小于 $1.3g/cm^3$，黏度小于30s，含沙量小于20%；制膨润土浆的密度：$1.05\times10^3kg/m^3$；系统额定制浆能力：$40m^3/h$。

浆液参数可根据不同地层进行调整：全断面砂层，黏度30～35s，相对密度1.15～1.2；〈6〉、〈7〉层，黏度21～23s，相对密度1.05～1.1；岩层，黏度25～30s，相对密度1.1～1.2。复合地层根据各种地层的比例再参照上述参数进行调整取值。

2. 泥水输送系统

本区间泥水输送系统由进浆管、排浆管、气压阀、送浆泵及排浆泵等组成。经泥水处理系统处理合格的泥浆储存在调浆池，通过设置在地面的 p1 泵送至井下。盾构泥水压力舱内排出的高密度泥浆，经分别安装在隧道内和地面的接力泵送至泥浆沉淀池再处理。该泥水输送系统参数可满足盾构掘进需求，保证盾构掘进的顺利进行。

3. 废浆处理方式

本标段废浆采取两种方式进行处理：①对可利用的废浆，循环再利用，代替砂浆配比中膨润土和水使用，经试验配制的砂浆各项指标符合设计及规范要求；②不可利用的废浆采用罐车外运至废弃场地。

二、盾构机的适应性评价

1. 换刀情况一览表(见表 9-3)

2. 对盾构机及其主要系统的评价

两台盾构机总体的适应本标段掘进范本，但施工过程也出现了一些适应性问题：

(1)在强风化和中风化地层掘进过程中，刀盘转速略偏慢，无法保证掘进速度，也是造成刀盘结泥饼的一个因素。刀盘的冲洗管路在掘进中无法发挥作用，后改进管路，在刀盘中心加了清水冲洗管路，在〈7〉、〈8〉地层的掘进中起到了一定的作用，改善了在〈7〉、〈8〉地层中的掘进。在本标段所使用的泥水盾构、碎石机对环流的顺畅起到决定性的作用，一旦碎石机无法正常工作，环流就会不顺畅。在此标段碎石机多次出现无法正常工作(盾体处的溢流阀密封圈被高压冲坏，泵头处的开启阀坏损，气泡舱内的碎石机油管漏油导致油箱油乳化)，环流严重受影响，掘进速度缓慢，尤其在〈4〉、〈7〉、〈8〉号地层中无法掘进。

表 9-3

三号线北延段施工 7 标换刀情况一览表

线路	开舱里程	掘进长度(m)	地　　层	中心刀类型	正面刀类型	边缘刀类型	中心刀最大磨损量(mm)	正面刀最大磨损量(mm)	边缘刀最大磨损量(mm)
左线	ZDK-19-816.09								
	ZDK-19-536.17	279.922	〈3-2〉、〈4-1〉,少量〈6〉、〈7〉	6 把羊角刀	8 把羊角刀	6 把滚刀	未更换		严重偏磨 48
	ZDK-19-493.68	42.49	〈3-1〉、〈3-2〉、〈7〉	6 把羊角刀	8 把羊角刀	6 把滚刀	未更换		
	ZDK-19-409.65	84.03	〈3-1〉、〈3-2〉、〈3-3〉	6 把羊角刀	8 把羊角刀	4 把滚刀; 37 号、39 号和 38 号、40 号为加长羊角刀	60	刀头磨至凹形,严重磨损	严重偏磨 64
	ZDK-19-008.9	400.75	〈3-1〉、〈3-2〉、〈4-1〉、〈6〉、〈7〉	6 把羊角刀	8 把羊角刀	4 把羊角刀; 37 号、39 号和 38 号、40 号为滚刀	为更换	羊角刀头已磨平	
	ZDK-18-946.04	62.86	〈3-2〉、〈4-1〉、〈6〉、〈7〉、〈8〉、〈9〉	6 把羊角刀	8 把羊角刀	4 把羊角刀; 37 号、39 号和 38 号、40 号为滚刀	普通磨损	刀头磨平	刀头磨平
	ZDK-18-788.97	157.07	〈4-1〉、〈7〉、〈8〉、〈9〉	6 把羊角刀	8 把羊角刀	6 把滚刀	未更换		半径磨损 2~3
	ZDK-18-762.48	26.49	〈7〉、〈8〉、〈9〉	6 把羊角刀	8 把羊角刀	6 把滚刀	刀具未拍照		未更换
	ZDK-18-634.75	127.73	〈7〉、〈8〉、〈9〉	6 把滚刀	8 把滚刀	6 把滚刀	未更换		半径磨损 5
	ZDK-18-274.7	360.05	〈3-2〉、〈4-1〉、〈7〉、〈8〉	6 把滚刀	8 把滚刀	6 把滚刀	未更换	厚度磨损 15	厚度磨损 10

续上表

线路	开舱里程	掘进长度（m）	地　　层	中心刀类型	正面刀类型	边缘刀类型	中心刀最大磨损量（mm）	正面刀最大磨损量（mm）	边缘刀最大磨损量（mm）
右线	YDK-19-821.86								
	YDK-19-416.85	405.01	〈3-1〉、〈3-2〉、〈4-1〉、〈6〉、〈7〉	6 把滚刀	8 把滚刀	6 把滚刀	无刀具磨损记录		
	YDK-19-063.15	353.7	〈3-1〉、〈3-2〉、〈4-1〉，少量〈8〉	6 把滚刀	8 把滚刀	6 把滚刀	厚度磨损 18	厚度磨损 16	半径磨损 3.58
	YDK-19-028.03	35.12	〈3-2〉、〈4-1〉、〈7〉、〈8〉、〈9〉	6 把滚刀	8 把滚刀	6 把滚刀	厚度磨损 14	未更换	
	YDK-18-922.35	105.68	〈3-2〉、〈4-1〉、〈7〉、〈8〉、〈9〉	6 把滚刀	8 把滚刀	6 把滚刀	未更换	半径磨损 2.5	未更换
	YDK-18-808.59	113.76	〈4-1〉、〈7〉、〈8〉、〈9〉	6 把滚刀	6 把滚刀	6 把滚刀	1～2	半径磨损 24	厚度磨损 16
	YDK-18-662.55	146.04	〈4-1〉、〈6〉、〈7〉、〈8〉、〈9〉	1～7 号滚刀、6～12 号羊角刀	8 把羊角刀	6 把滚刀	11	未更换	
	YDK-18-659.6	2.95	〈7〉、〈8〉	6 把滚刀	8 把羊角刀	6 把滚刀	未更换	刀头磨平	3～4
	YDK-18-637.57	22.03	〈7〉、〈8〉	6 把滚刀	8 把滚刀	6 把滚刀	刀具未拍摄		
	YDK-18-625.45	12.12	〈7〉、〈8〉	6 把滚刀	8 把羊角刀	4 把羊角刀，37 号、39 号和 38 号、40 号滚刀	刀具未拍摄		
	YDK-18-275.29	350.16	〈3-1〉、〈3-2〉、〈4-1〉、〈7〉、〈8〉	6 把滚刀	8 把滚刀	6 把滚刀	厚度磨损 20mm，刀圈崩裂	一侧刀圈半径磨损 50mm	未更换

第三节　盾　构　施　工

一、复合地层的掘进

1. 上软下硬地层掘进过程中的管片姿态控制

在上软下硬地层掘进存在的难度：本工程大部分隧道洞身底部处于〈8〉中风化及〈9〉微风化地层，上部为〈3-1〉、〈3-2〉砂层，这种地层中盾构掘进对控制管片上浮是种挑战。在该类地层中掘进时，由于隧道底部岩层较硬，且厚度较小，而中上部砂层较软，盾构掘进时姿态不易控制，盾构很容易沿着岩土分界面向上漂移，引起隧道上浮。此外，隧道埋深较浅段掘进，覆土压力不足以抵抗盾构承受的水土浮力，也会导致管片上浮。

对管片上浮控制及处理措施主要有：

(1)进入上软下硬地层前，为防止管片上浮超限，预先调低盾构竖向位置，将管片竖直姿态控制在 -30 ~ 50mm。

(2)对测量 VMT 托架勤检查、勤复核，减小导向系统误差对掘进姿态控制的影响。

(3)选择适当的注浆浆液及方法，使注浆浆液完全充填施工间隙并快速凝固形成早期强度，隧道与周围土体形成整体构造物从而达到稳定。

(4)适当控制盾构掘进速度，确保管片脱出盾尾时形成的空隙量与注浆量平衡，尽量避免注入的浆液被水稀释而降低浆液性能。

(5)采用双液注浆在适当位置施作止水环，止水环间进行管片补充注浆保证足够的砂浆回填量，增加对管片的约束。

(6)提前对刀具进行检查和更换，保证对底部岩层的开挖量，防止因超挖量不够而使盾构机向上部软弱地层漂移。

2. 不良地质条件下更换刀具

由于本工程隧道要穿越中风化、微风化砂岩区，基岩裂隙水相对较大。如何在此地质条件下保证安全地更换刀具是本工程的重点。虽然工程筹划中，盾构机换刀均在有利地质条件下进行，但由于地质条件的不可预知性，在换刀时应充分的考虑应对措施。

(1)由于本区间线路基本位于交通极为繁忙的 106 国道下，人行道下还有大直径的自来水管线。所以换刀应选择在对地面建筑物和管线影响较小的地段。换刀过程中应加强对地表和周边建筑物的监测，及时获取监测数据，以指导换刀进程。

(2)利用盾构机配套的超前勘探系统对换刀地段进行勘探，详细了解所处地层的地质情况，盾构机应在中风化、微风化地段更换刀具。

(3)在中风化、微风化地质条件下更换刀具的危险主要来自地下泥水的涌入，换刀在保压状态下进行，并配备小型抽水机等应急设备。

(4)盾构机配备人孔气压舱及相关设备，人员进出、作业均在设备保障的前提下进行。

二、盾构过沙河涌

1. 施工概况

盾构通过北村桥沙河涌，过河段隧道埋深约 7.5 ~ 8.3m，隧道拱顶所处地层为〈3-1〉、〈3-2〉砂层，厚度 5.6 ~ 7.0m（见图 9-5），砂层富含地下水，受扰动极易液化，砂层上方无隔水层，直接与河床底相通。

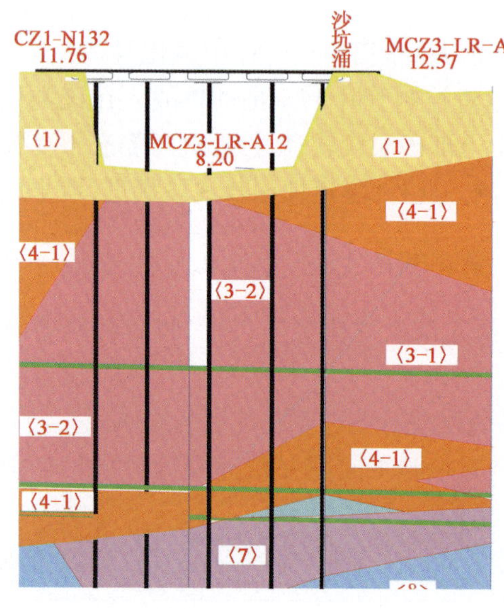

图 9-5　盾构过北村桥段地质剖面图

2. 风险分析

由于河床段盾构埋深较浅，泥水压力过大易使河床击穿，发生冒浆或涌水现象，若泥水压力过小，则易使河床塌陷，发生塌陷事故。另外，隧道洞身和顶部大部分为砂层，且砂层上方无隔水层，在刀盘的扰动下，极易造成水土流失，发生塌陷事故。

3. 采取的措施

（1）掘进过程开挖舱顶部压力（切口环）控制：根据隧道埋深切口环压力初定为 0.8bar，气泡舱压力 1.16bar，掘进过程根据河涌变化情况进行调整。此时液位在 0 位时的压力，如果液位不在 0 位，则依据泥浆比重、液位高度等参数来调整气泡舱压力。

（2）在掘进过程中要时时观察气泡舱内气体是否进入开挖舱，并及时排除开挖舱内的气体。在正常掘进时要保证每两环排一次气。

（3）在掘进过程中要时刻注意进、排浆量的差值，排浆量约为 $800m^3/h$，进浆量约为 $700m^3/h$。进、排浆量差值为 $50 \sim 100m^3/h$，并密切注意排渣量，避免超挖产生。

（4）在盾构停止或拼装管片时不进行洗舱，必须依据不停机洗舱原则。在盾构开始掘进前 200mm 时，如掘进顺利且没有堵管现象发生，则以最快掘速掘进，否则在 20mm/min 的速度掘进时洗舱，保证掘进顺利进行。

（5）过北村桥河床时，泥浆黏度为 35s。

（6）刀盘转速主要依据刀盘扭矩来进行，保证刀盘扭矩在 1.2 ~ 1.5MN · m。

（7）注浆量控制不低于 10 槽，当出现拼装完毕而浆液没运送到洞内时，盾构也要开始掘进，等浆液到达后再注入浆液。注浆时要根据掘进的速度和距离匀速地进行注浆，保证注浆与掘进保持同步，保证在盾构开始推进至盾构完成掘进期间要匀速注浆，不能出现掘进未完成，而浆液注完的现象产生。

三、盾构过建筑物

1. 建筑物概况

品立皮革厂厂房建于 1985 年，为两层砖混结构，基础类型为条形基础，埋深约 1.5m。建筑物外观无裂缝，但其内部结构曾经改建过，改建后的隔墙和柱体间部分有裂缝。该建筑物地

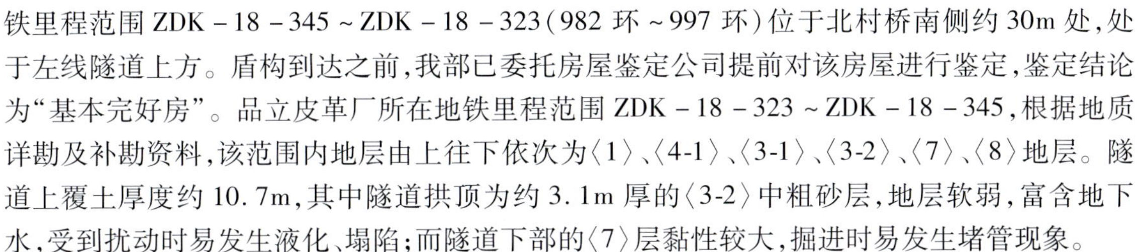

铁里程范围 ZDK－18－345～ZDK－18－323(982 环～997 环)位于北村桥南侧约 30m 处,处于左线隧道上方。盾构到达之前,我部已委托房屋鉴定公司提前对该房屋进行鉴定,鉴定结论为“基本完好房”。品立皮革厂所在地铁里程范围 ZDK－18－323～ZDK－18－345,根据地质详勘及补勘资料,该范围内地层由上往下依次为〈1〉、〈4-1〉、〈3-1〉、〈3-2〉、〈7〉、〈8〉地层。隧道上覆土厚度约 10.7m,其中隧道拱顶为约 3.1m 厚的〈3-2〉中粗砂层,地层软弱,富含地下水,受到扰动时易发生液化、塌陷;而隧道下部的〈7〉层黏性较大,掘进时易发生堵管现象。

2. 施工风险分析

1)建筑物结构风险

品立皮革厂为砖混结构、浅埋条形基础,且处于隧道正上方,地面发生较大不均匀沉降时,建筑物基础及其结构极易发生破坏,因此盾构机通过前需对该建筑物预埋注浆管,以便盾构机通过时根据沉降情况跟踪注浆,控制沉降。

2)地质风险

隧道拱顶为约 3.1m 厚的〈3-1〉、〈3-2〉砂层,地层软弱,富含地下水,受到扰动时易发生液化、塌陷;而隧道下部的〈7〉层黏性较大,盾构掘进时易发生堵管现象。若掘进中发生堵管,洗管时会使开挖舱压力产生较大波动,对隧道顶部砂层产生扰动并致使其塌落,使隧道过度超挖,进而导致地面发生较大沉降甚至塌陷事故。

3. 盾构过建筑控制措施

1)设备检查维修

为保证盾构机通过沿线建(构)筑物的安全,在盾构机到达前对盾构机及泥浆回路进行全面检查和维护,使盾构机处于良好状态,减少停机、洗管等现象的发生。

2)预埋注浆管

品立皮革厂位于左线隧道正上方,且其结构为砖混结构,受地面沉降影响较为敏感。因此我部在盾构机到达之前,在建筑物基础下预埋了注浆管(见图 9-6),当地面累计沉降超过 3mm 时,对地层进行注双液浆加固,以限制地面继续沉降。

事实证明,该措施达到了预期目的,通过注浆使地面及基础产生了约 1～2mm 的回升,并较好地限制了地面后期沉降。

图 9-6　基础下方预埋注浆管

3)盾构掘进控制

(1)掘进参数设置

根据地质剖面图,隧道拱顶及开挖面上部均为〈3-2〉砂层,中下部为〈7〉强分化层及〈8〉中分化层,地层上软下硬,且〈7〉层黏性较大,盾构掘进时易发生堵管现象,不利于地面沉降的控制。因此盾构通过期间要严格控制盾构机掘进参数,保证注浆量、出渣量及开挖舱顶部压力在合理范围内,主要参数见表 9-4。

(2)实际掘进参数

电脑记录的 982～997 环实际掘进参数见表 9-5。

盾构掘进参数表

表 9-4

盾构掘进参数				
盾构机姿态	水平偏差(mm)	水平趋势(mm/m)	竖直偏差(mm)	竖直趋势(mm/m)
	-10~+10	-4~+4	-10~-20	-4~+4
掘进参数	千斤顶总推力(kN)	刀盘扭矩(kN·m)	掘进速度(mm/min)	泥浆黏度(s)
	1000~1500	1000~1800	20~30	21~23
	刀盘转速(r/min)	气泡舱压力(bar)	开挖舱压力(bar)	
	1.3~1.8	1.4~1.5	1.1~1.2(波动范围0.2)	

掘进参数记录表

表 9-5

环号	开挖舱压力(bar)	总推力(kN)	扭矩(kN·m)	刀盘转速(r/min)	注浆量(冲程数)	注浆压力(bar) 冲程数			
						1	2	3	4
982	1.3	12606	1500	1.6	1227	3.8	1.4	4.4	5.7
983	1.2	12874	1800	1.8	992	3	1.4	3.6	5.3
984	1.2	11813	1600	2.2	944	2.4	1.4	3	4.6
985	1.1	11741	1500	1.9	883	2.7	1.4	2.8	4.6
986	1.1	13042	1800	1.9	864	2.2	1.4	2.8	4.1
987	1.3	11770	1400	1.6	1322	2.9	1.4	2.7	3.2
988	1.2	12944	1700	1.5	1147	2.1	1.4	2.4	4.3
989	1.2	12414	1300	1.7	1556	2.6	1.4	2.9	4.6
990	1.1	13194	1700	2.2	1035	2.9	1.4	3.3	5
991	1.3	12395	1600	2.0	964	2.7	1.4	2.2	3.9
992	1.2	13640	1500	1.5	1029	2	1.4	1.9	1.7
993	1.3	12237	1600	1.5	1330	3.2	1.4	2.3	3.7
994	1.3	12577	1400	1.5	1279	3.2	1.4	2.6	5.2
995	1.1	13523	1500	1.6	2455	2.5	1.4	2.6	4.7
996	1.3	13169	1500	1.8	1776	2.5	1.4	2.7	4.5
997	1.2	11931	1300	2.0	1215	3.1	1.4	3.1	4.9

注:一个冲程约等于8L。

由表9-4、表9-5数据可知,掘进参数实际控制基本符合参数设置要求。

(3)注浆控制

为保证盾构通过期间开挖面土体及时稳定,盾构过建筑物期间采用同步注浆与二次补注浆相结合的注浆方式,同步注浆量不少于$8m^3$,双液注浆量主要以压力控制,注浆压力不大于0.4MPa。为保证注浆回填及时、饱满,开挖面地层及时稳定,注浆采用配比如下:

①同步注浆采用含水玻璃配比的砂浆

水泥∶粉煤灰∶砂∶水玻璃∶废浆∶水 = 170∶150∶550∶23∶300∶200，初凝时间 3h，在搅拌情况下约 2h 失去流动性，可保证开挖面及时稳定。

②双液浆配比

水泥∶水 = 1∶1（质量比）；水玻璃∶水 = 1∶1（体积比）；水泥浆∶水玻璃溶液 = 1∶1（体积比），浆液凝结时间约 30 ~ 40s，注浆压力不超过 0.4MPa。根据监测结果，地面沉降主要发生在机头位置及管片脱出盾尾位置，注浆措施保证了管片脱出盾尾后土体空隙的及时填充与稳定，有效控制了后续沉降。

(4)出渣量控制

控制出渣量是防止隧道超挖、地面沉降的一项重要措施。为保证出渣量控制的合理，我部根据类似地层的出渣量统计分析，并结合理论计算，将出渣量确定在 45 ~ 50m^3/环。根据动态监测，掘进时切口环附近沉降为 2 ~ 3mm，说明出渣量及开挖舱压力设定比较合理，隧道顶部砂层没有出现过量超挖现象。

(5)施工监测

为保证盾构通过建筑物的安全，通过期间对建筑物实行 24 小时全天候动态监测，并将监测结果及时反馈给技术部及盾构操作人员，以及时对各项参数作出调整。

4)浆液的配置

(1)根据不同地层需要，可对浆液配比（凝结时间）进行调整，以满足开挖面及时稳定的要求，并合理节约材料。

①全断面砂层可采用如下配比砂浆（0.8m^3）：水泥∶粉煤灰∶膨润土∶砂∶减水剂∶水 = 200∶150∶150∶600∶3∶300，凝结时间约 5 ~ 6h，该砂浆强度较高。同时若隧道拱顶砂层较厚，含水量较大，可在砂浆中加入水玻璃（15 ~ 20kg）来加快浆液的凝结时间，将浆液的凝结时间控制在 3h 左右，以使开挖面及时稳定。

②在岩层及隧道拱顶土体稳定性较好的地段采用如下配比砂浆（0.8m^3）：水泥∶粉煤灰∶泥浆∶砂∶减水剂∶水 = 150∶150∶300∶600∶3∶200，浆液凝结时间约 7h。

③在一般地段（上部为软弱地层，下部为稳定性较好地层），采用如下配比砂浆（0.8m^3）：水泥∶粉煤灰∶泥浆∶砂∶减水剂∶水 = 170∶150∶150∶600∶3∶200，如地面有建筑物或其他沉降要求较高地段，可在砂浆中加入 15 ~ 20kg 的水玻璃，以减小砂浆凝结时间（约 3h），提高砂浆早期强度。

二次注浆一般采用双液浆（水泥浆 + 水玻璃溶液），配比如下（0.8m^3）：

水泥浆配比：水泥∶水 = 1∶1（质量比）。

水玻璃溶液配比：水玻璃∶水 = 1∶1（体积比）。

双液浆配比：水泥浆∶水玻璃溶液 = 1∶1（体积比）。

(2)注浆参数和效果

同步注浆压力一般控制在 1.0 ~ 2.5bar，注浆量一般为 6.4 ~ 8.0m^3，可保证管片配比填充饱满。二次注浆量一般采用压力控制，注浆压力小于 0.4MPa。

(3)油脂的选择和使用

采用 THS-336 泵送型盾尾油脂，油脂主要参数见表 9-6。

THS-336 泵送型盾尾油脂参数表　　表 9-6

项　　目	参　　数	项　　目	参　　数
稠度	260(40℃)	泵送性	4050g/mil
密度	1.35g/cm³	挥发性	2.35
密封性 3.5MPa	无漏水	金属腐蚀性	无变色,无腐蚀

油脂可耐负压 3.5kg/cm²,按理论计算正常补油脂单孔约为 36s,每隔 5 环补充一次。但考虑到管外壁质量,管片姿态和组装质量等问题,一般在 2 ~ 3 环要补充一次,但发生漏浆后必须进行漏浆处局部打油脂。具体做法是从内圈开始,也就是千斤顶推至 1505mm 处,从上往下在内圈单孔打油脂,把相邻孔逆止阀打开至干净油脂溢出后停机,再从溢出孔处继续打油后把相邻孔打开,依次环向进行一周,再将千斤顶推至 1877mm 处,在外圈进行上述操作。

四、盾构掘进过程中出现的问题及对策

1. *右线始发洞门涌水事故*

1)洞门漏水事故发生经过

2008 年 10 月 23 日 23:00 左右,右线 2 环推进至 1042mm 时,盾尾进入洞门密封圈后,洞门顶部压板外翻,并开始出现漏水现象。随后停止掘进施工,对压板进行调整和加固处理。24 日早上洞门漏水情况加重,漏水导致右线端头加固区外侧地面出现较大沉降,地面硬化层开裂、下沉(见图 9-7、图 9-8)。下午 14:00 开始从洞门顶部预埋注浆管进行注双液浆处理,至 18:00 左右基本停止渗漏,晚上从洞门底部注浆管继续进行注浆,因压力过大导致洞门左侧上部 3 块压板脱落,故停止注浆,并对松动压板进行了支撑加固。

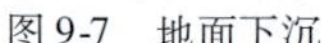
图 9-7　地面下沉

图 9-8　路面开裂

10 月 26 日 10:20,第 4 环掘进至 1000mm 时洞门上部再次出现漏水,并导致洞门密封左下侧 6 块压板螺栓断裂,压板脱落(见图 9-9、图 9-10)。随后停止掘进和同步注浆,在洞门外侧下部浇注混凝土对洞门环板进行反压,并对整个洞门环板进行加固,同时在洞门进行注浆处理,至 19:15 处理完成。

2)处理方法

(1)第一次漏水后的处理(10 月 24 日)

①从洞门顶部预埋注浆管(直通地面)进行壁后注双液浆处理(见图9-11),水泥浆配比为水泥∶水=1∶1,水玻璃∶水泥浆=1∶1,凝结时间12s。

②洞门下部预埋注浆管注浆填充密封圈内空隙,水泥浆配比同上,水玻璃∶水泥浆=1∶3,凝结时间45s。处理效果如图9-12、图9-13所示。

(2)第二次漏水后处理(10月26日)

①对脱出洞门环板进行回顶,并对活动压板加固补强(见图9-13、图9-14)。

②在洞门下部浇注混凝土,对洞门环板进行反压(见图9-15)。

③在洞内进行双液注浆处理(见图9-16),处理后效果如图9-17所示。

图9-9 左侧顶部漏水

图9-10 左侧下部环板脱落

图9-11 双液注浆

图9-12 注浆处理后效果

图9-13 对脱出的环板回顶

3)原因分析及经验教训

(1)洞门压板尺寸及构造不合理:

①螺栓孔偏小,螺栓不可移动,不利于压板的调整。

②活动压板长度不够,易于外翻。

③缺少防压板外翻的装置。

与合理压板对比如图9-18所示。

(2)始发时未施作导台,致使管片下沉及椭变,加大了上部间隙(见图9-19)。

(3)盾尾进入密封胶圈前后对活动压板的调整不及时,只是活动压板下翼外翻(见图9-20)。

图9-14　洞门活动压板加固补强

图9-15　混凝土反压

图9-16　洞内双液注浆

图9-17　处理完成后的效果

图9-18　洞门压板构造不合理

图9-19　管片下沉及椭变

图 9-20　活动压板的调整不及时

(4)同步注浆压力过大,导致压板螺栓断裂,造成第二次漏水(见图 9-21)。

(5)盾构机按设计坡度定位始发,与风井端墙形成夹角,导致管片与密封圈间隙不均匀。

(6)盾尾同步注浆不及时,导致盾尾过连续墙后砂层进入管片与洞门间的空间,形成渗水通道。

(7)风井主体混凝土振捣不充分,导致预埋环板与风井侧墙存在蜂窝麻面,形成漏水通道。

(8)活动压板螺栓的强度可能也存在一定的问题。

图 9-21　压板螺栓断裂

针对以上出现的问题,在左线始发和掘进中采取了相应的对策,避免类似事故的发生。

2. 右线始发掘进水塘冒浆及水沟沉降事故

1)鱼塘冒水及排水沟沉降事故发生经过

2008 年 10 月 29 日,右线盾构机完成第 7 环掘进,盾尾脱出加固体,机头上方地面为回填土,地面出现冒浆,导致端头硬化、地面下沉开裂、围墙及沉淀池出现沉降、开裂及龙门吊轨道梁断裂等事故;2008 年 11 月 3 日,完成第 18 环掘进后,盾构机机头进项目部围墙外入鱼塘下方,鱼塘开始出现冒浆,在接下来的掘进中,地面及鱼塘内间断性出现冒浆,并导致地面排水沟发生沉降、开裂现象,直至盾构机穿越鱼塘(见图 9-22 ~ 图 9-26)。

2)原因分析

(1)地质原因

根据地质剖面图,始发段地层由上往下依次为〈1〉、〈4-1〉、〈3-1〉、〈3-2〉、〈6〉、〈7〉地层,地层上软下黏,其中隧道拱顶为〈3-1〉、〈3-2〉,砂层较厚(最大 3.5m),地层软弱,受到扰动易发生塌陷;在鱼塘及排水构底部〈1〉及〈4-1〉层基本被挖除,覆土层基本为砂层,掘进中极易被击穿,致使超挖,使地面下沉。而隧道下部的〈6〉、〈7〉黏性较大,易发生堵管现象,连续的洗管,使得开挖舱压力波动较大,加剧隧道顶部砂层的塌陷。始发段地质剖面图如图 9-27 所示。

图 9-22　围墙开裂

图 9-23　沉淀池底板下陷

图 9-24　鱼塘内冒浆

图 9-25　龙门吊轨道梁断裂

图 9-26　排水沟内冒浆及下沉开裂

（2）对地面情况调查不充分，对地面钻孔等未进行封堵，使泥水舱泥浆沿孔洞冒出地面，泥水舱压力下降，过量超挖，隧道顶部砂层塌陷，使得地面下沉开裂。

（3）排渣不畅，排浆管在进渣口位置经常堵塞，需反复停机清洗管路，使得泥水舱顶部压力波动较大，隧道顶部砂层塌陷，导致地面冒浆及地表沉降较大等事故的发生。

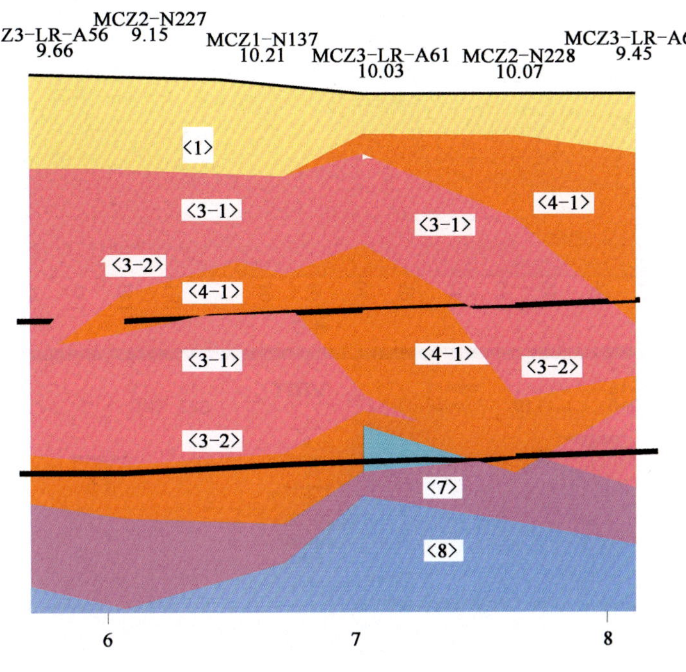

图 9-27　始发段地质剖面图

(4)始发阶段施工单位泥水盾构施工经验不足,掘进参数(特别是开挖舱顶部压力)设置不合理,出现异常时未能及时作出调整,使得地面及鱼塘连续出现冒浆。

(5)盾构机设计存在缺陷:①盾构机泥水舱内搅拌棒过短,难以对舱内泥土充分搅拌,使黏性土淤积在排浆孔附近,堵塞排浆孔,造成排浆不畅;②格栅间距过密,也使得大块黏性土在排浆孔口堆积。

3. 左、右线隧道超限质量事故

1)超限经过

左线盾构机自 2008 年 12 月 09 日始发之后,0 ~ 48 环掘进均处于正常状态,盾构机姿态在控制范围之内。从第 49 环(ZDK19 + 736.87)开始盾构机竖直姿态出现异常现象,在盾构姿态垂直趋势为负值的情况下,盾构机仍整体向上漂移。根据管片姿态人工测量结果可知,从第 69 环开始管片姿态出现超限现象,直至盾构机掘进至第 203 环(ZDK19 + 536. 17)时,盾构机前点竖直姿态为 603mm,后点竖直姿态为 764mm,已出现严重超限情况,且有继续恶化趋势。姿态超限值变化情况如图 9-28 所示、各阶段掘进情况见表 9-7。

根据以上数据分析,当竖直趋势小于 - 8 时,盾构机前后点平均每环上升 27mm;当竖直趋势为 - 8 ~ - 28 时,前点每环下降约 7mm,后点每环上升约 26mm;当竖直趋势为 - 35 ~ - 37 时,前点每环下降约 6mm,后点每环上升约 1mm,只有当竖直趋势大于 - 37 时,盾构机后点才会下降;当竖直趋势为 - 38 时,平均每环后点各下降约 6mm。190 环拼装完成后,在四个注浆孔的位置用 40mm 的钢板将铰接焊死,使整个盾构形成一个刚性体继续前行,这样做起到了保护铰接的作用。191 ~ 200 环采用 1. 2m 宽的管片,楔形量增加,便于纠正姿态。

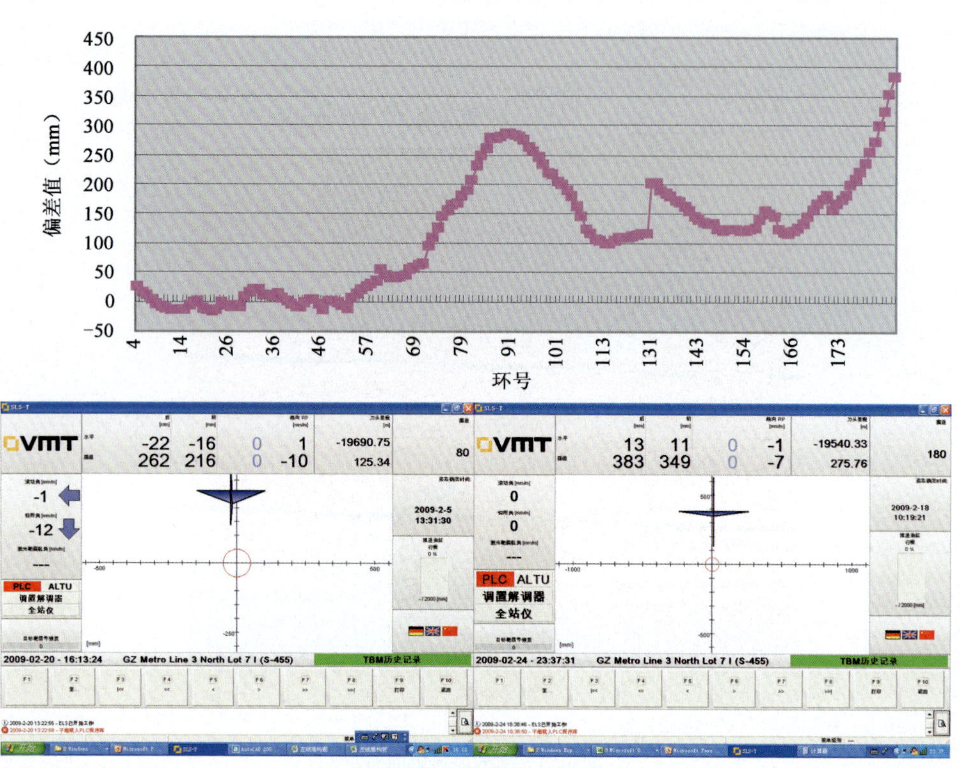

图 9-28　左线盾构机管片姿态变化情况

各阶段掘进情况

表 9-7

掘进范围	总推力（t）	刀盘扭矩（kN·m）	掘进速度（mm/min）	地层情况	异常情况
0～49 环	700～850	1300～1800	10～20	洞身〈3-1〉、〈3-2〉、〈4-1〉 洞顶〈3-1〉、〈4-1〉、〈1〉	无
50～79 环	800～1450	1000～1600	10～20	洞身〈4-1〉、〈3-2〉、〈3-1〉 洞顶〈3-1〉、〈4-1〉、〈1〉	−5 以内趋势掘进，盾构机前后点整体向上移动
80～117 环	650～1200	900～1800	20～30	洞身〈4-1〉、〈3-2〉、〈3-1〉 洞顶〈3-1〉、〈4-1〉、〈1〉 底部〈4-1〉	在铰接行程差小的情况下，加大趋势盾构机前后点向下移动
118～160 环	1400～2000	1300～2300	15～25	洞身〈4-1〉、〈3-2〉、〈7〉 洞顶〈3-1〉、〈4-1〉、〈1〉 底部〈4-1〉层呈下行趋势、〈7〉层呈上行趋势	加大趋势盾构机前后点向下移动。盾构推力、扭矩较前段掘进均增大

续上表

掘进范围	总推力(t)	刀盘扭矩(kN·m)	掘进速度(mm/min)	地层情况	异常情况
161～180环	1900～2000	1800～2500	5～20	洞身〈4-1〉、〈3-2〉、〈7〉洞顶〈3-1〉、〈4-1〉、〈1〉底部〈7〉	盾构推力、扭矩异常、均继续增大,速度降低。加大竖直趋势盾构机竖直姿态继续增大。每推进1环竖直增加约15mm
181～186环	1900	1240～1800	10～20	洞身〈4-1〉、〈3-2〉、〈7〉洞顶〈3-1〉、〈4-1〉、〈1〉底部〈7〉	竖直姿态继续增大,1号铰接支座变形,顶部千斤顶碰到盾壳

2)原因分析及相应措施

原因一:顶部千斤顶推力不足,竖直趋势调整幅度不够。

措施:增大顶部千斤顶推力,加大盾构竖直趋势。

效果:采取该措施后,80～160环掘进中,竖直姿态得到一定程度的缓解。但在160环之后效果不明显,盾构机姿态仍然上行,每环约上行15mm。

原因二:砂层富含水,盾构机调整趋势大,导致管片在浮力及盾构对其向上的反作用力下上浮,从而造成盾构整体上浮。

措施:调整注浆方式,采用双液注浆,加强对管片的约束。

效果:无效果,且从通过对盾尾间隙分布较均匀的情况判断,管片未产生上浮。

原因三:地层软弱不均,盾构机转速低,掘进速度快,对底部土体超挖不充分,导致盾构机向上漂移。

措施:调整刀盘转速,同时严格控制掘进速度。

效果:效果不明显,盾构机仍整体向上漂移。

原因四:盾构机泥水舱内或刀盘结泥饼,切削下的黏土不能完全进入土仓,而是沿刀盘弧面挤入盾体下方,导致盾构机上浮。

原因五:盾构机边缘刀具磨损,超挖量不足,地层上软下硬差异明显,刀盘对底部土体超挖不足,导致盾构上浮。

因始发以来盾构均处于砂层中,刀具检查存在极大的风险未能得到立即实施,2009年2月23日决定开舱对原因四、五进行确认,通过后面的压气刀具检查证明原因五可能是导致本次盾构上浮的主要原因。

3)左线压气检查刀具结果

2009年2月23日、24日左线进行了两次压气作业,进舱后土仓内无泥饼形成,但所有刀箱均被黏土胶结,两次进舱共完成两把滚刀的检查和更换。其中33、35号刀具均匀磨损,沿半径方向磨损量为6mm,刀刃侧面磨损较大,已磨损为刀刃状。38、40号刀具严重偏磨,如图

9-29、图 9-30 所示。

图 9-29　33、35 号刀具磨损情况

图 9-30　38、40 号刀具磨损情况

4）解决措施

（1）由于换刀位置距河床距离仅 5m，刀具更换风险极大，故决定先更换 37、39 号和 38、40 号两把边缘滚刀之后再进行试掘进，但盾构机竖直姿态未得到有效控制和改善。

（2）与总体设计及业主沟通，联系业主测量队对目前隧道进行管片姿态测量，将测量结果提交工点设计、总体设计进行线路纵坡调整，盾构按调整后的线路进行开挖施工。

五、施工中出现的质量问题、原因分析及防治

1. 管片渗漏水

1）渗漏水的主要形式（见图 9-31 ~ 图 9-34）

2）原因分析

（1）管片自身防水存在缺陷，如：振捣不密实，出现蜂窝麻面；养护过程升降温过快，产生贯穿性收缩裂缝；管片钢模的精度不高，易导致管片接缝不密贴，出现较大原始缝隙（见图 9-35）。

（2）成品保护不足或止水条的粘贴不牢固，管片拼装后止水条移位（见图 9-36、图 9-37）。

图 9-31　接缝渗漏水

图 9-32　吊装孔渗漏水

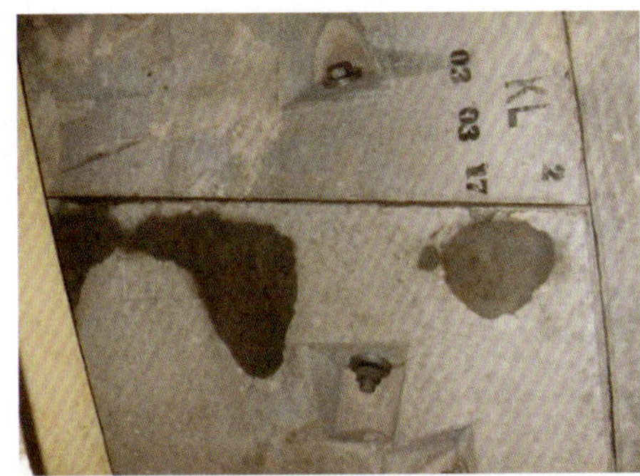

图 9-33　管片自身缺陷渗漏水

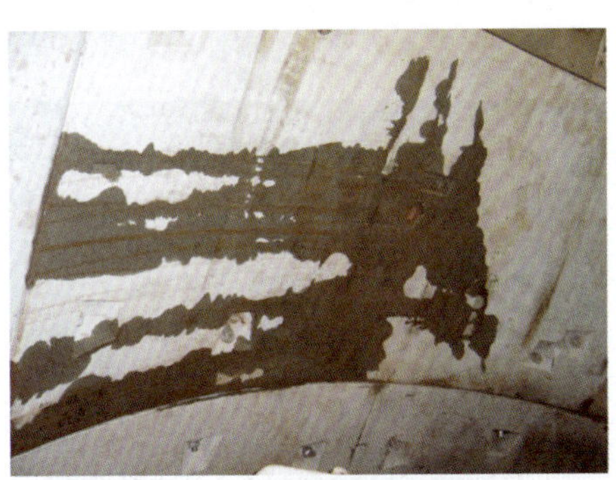

图 9-34　管片开裂形成的渗漏水

图 9-35　管片自身缺陷

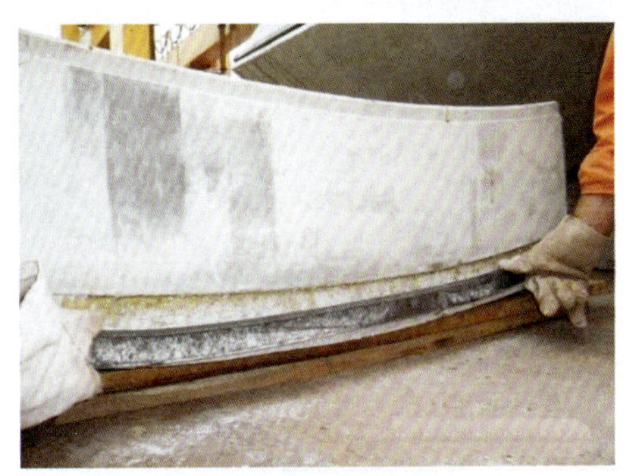

图 9-36　止水条槽内夹砂

(3)盾构掘进控制不当引起漏水

①管片拼装不规范,接缝中有夹杂物;管片纵缝有内外张角、前后喇叭等,管片间的缝隙不均匀,局部缝隙过大,使止水条无法满足密封的要求(见图 9-38)。

②盾构与管片的姿态不好,影响到管片的拼装质量,造成管片间错位,相邻管片止水带不能正常吻合压紧,从而引起漏水(见图 9-39)。

③掘进过程中推力不均匀造成管片受力不均匀而产生裂纹、贯穿性断裂等而渗漏水。在掘进困难时推力过大也会造成管片产生裂纹而渗漏水,如图 9-40 所示。

图 9-37　止水条槽损坏

图 9-38 管片纵缝张角

图 9-39 错台渗漏引起的渗漏水

图 9-40 管片裂纹引起的渗漏

④由于盾尾间隙不均匀，管片选型不当，造成间隙过小，使得在掘进过程中造成管片外壁被损坏导致止水条漏水。所以管片的选型要抓住盾构机依据姿态来控制掘进，管片依据盾构机（即盾尾间隙）来选择这一根本原则。

⑤其他原因及措施：

a. 由于掘进行程不足导致封顶块插入困难止水条破坏而漏水。因此拼装封顶块时先量宽度是否足够，否则需要调整，不得强行插入。一般是掘进到一定的行程后先量插入块的间隙来保证足够的空间，也不是间隙越大越好。同时在止水条上涂抹一定的润滑剂防止拉脱，但要注意使用的润滑剂不得对止水条的性能产生改变。

图9-41　管片开裂

b.连接螺栓没有拧紧在一定程度上去引起接缝的扩张(尤其在纠偏时),使得管片在掘进停止后呈松弛状态。所以在掘进过程中要及时对后续几环进行螺栓的复紧。

c.千斤顶撑靴在顶至管片时摆放不正使得止水带损坏而漏水。

d.管片在运输和吊运过程中造成掉角损边等。

2.管片开裂(见图9-41)

管片开裂主要有两方面的原因

(1)管片生产过程造成的开裂

此过程的开裂分两个阶段显示:第一阶段是管片脱模以后的养护阶段,主要是以表面裂纹为主,能目测;第二阶段是28d后在出厂运输、吊卸及拼装过程中发现的微细裂纹,这种裂纹出厂检查不易目测到,但管片一旦受到集中应力作用,裂纹就迅速扩展。养护分自然养护和蒸汽养护,脱模后又分喷淋和蓄水养护。通过实践比较得出,蓄水养护的管片因推力原因而产生的开裂要比喷淋养护少很多。另外管片进场前的检查和进场后的保护尤显重要。

(2)盾构施工过程的开裂

①拼装管片前对盾尾的清理不干净,使得管片的环缝夹有泥砂,造成整环管片的环面不平整,掘进时就会因不均匀受力而产生裂纹。

②在拼装过程中因拼装顺序或管片类型错误使得环面不平整,导致受力不均匀产生裂纹。

③在硬岩段或不均匀地层中因推力过大或推力不均匀导致管片出现裂纹。

④在进行管片补浆时因压力控制过高导致管片开裂。

⑤在姿态较难控制时,过于纠偏使得盾尾间隙过小或推力不均导致裂纹出现。

3.管片错台(见图9-42)

图9-42　管片错台示意图

管片错台主要有以下几个方面的原因:

(1)壁后注浆

注浆饱和与否是影响管片错台与否的重要原因之一。隧道是一种管片衬砌和地层一体化的结构稳定的构造物,管片上的作用力也是在这个假设的条件下考虑的。这意味着管片背面空隙的均匀填充是确保作用外力均匀的先决条件。所以防止管片因外力作用而引起的错台主要是靠壁后及时、充实的填充，但是注浆的压力过大也会造成管片的错台。

(2)管片选型

管片选型不当，将导致盾尾间隙过小，在盾尾前进的过程中会使得管片发生错台，甚至管片外壁遭到破坏。

(3)盾构机姿态控制

①在不均匀地层(例如左右不均匀段)会导致千斤顶对管片的作用力不均匀而产生的错台。

②在转弯段因千斤顶的不对称作用力而产生的一个偏离轴线向外的分力导致错台。

(4)掘进过程中操作不当

①进行管片二次补浆的压力过大导致错台的出现。

②拼装过程中管片的连接螺栓未拧紧且未及时进行复紧。

③在硬岩段且处于曲线段掘进时姿态调整过急过猛易导致错台现象。

(5)隧道上浮

当管片一出盾尾由于浮力的作用，就与在盾壳内的管片形成错台，随着掘进的进行，往往还能听到这种错台的声音，有时这种错台是缓慢和逐渐的，也会形成叠瓦式或台阶式。有时左右两侧连续几环也会出现此现象。

4. 管片破损、崩角(见图9-43)

图9-43　管片破损、崩缺照片

破损、崩角主要有以下几个方面的原因：

(1)操作原因

①吊运和拼装过程中的碰撞。

②吊装孔附近混凝土被拔脱。

③管片环发生扭转时，千斤顶顶在两块管片接缝处会导致管片端面崩角而破坏。

④千斤顶撑靴顶在管片上不正(盾尾间隙不均匀时)会使管片内侧或外侧的混凝土破损。

⑤盾构机姿态调整时，千斤顶行程差过大而导致受力不均出现管片损坏。

(2)管片扭转

管片扭转一般较易在线路转弯段产生，一般因扭转会导致管片端部(千斤顶的作用面)的受压区混凝土开裂或相邻两块管片接缝处崩角破坏。

第四节　安全和质量事故的总结与教训

一、右线 YDK－19－053 绿化带塌陷事故

1. 事故发生经过

2009 年 3 月 9 日 8:00 左右,右线隧道掘进至 507 环时,在机头前方约 4m 处,地面出现较大沉降并发生局部区域下陷,面积约 $8m^2$,深度约 2.5m。

2. 事故发生后的处理措施

事故发生后,立即对塌陷区域进行了回填,并在塌陷地面周围进行了加固处理。加固措施为在地面插入 5m 钢花管进行注双液浆(凝结时间 3min),双液浆配比如下:

水泥浆配比:水泥∶水＝1∶1(质量比);水玻璃溶液配比:水玻璃∶水＝1∶2(体积比);双液浆配比:水泥浆∶水玻璃溶液＝1∶1。

3. 事故原因分析

1)直接原因

压气作业后,气泡舱和土仓的平衡阀及土仓门未关闭,导致高压气体进入开挖舱,对开挖面上部地层造成严重扰动,是导致地面下陷的主要原因,也是事故的直接原因。

2009 年 3 月 8 日晨,右线盾构机在 502 环处完成最后一组压气换刀作业,在工作人员进入人闸减压之前,隧道主管通知舱内作业人员(冯强、曹传喜、董金龙)将土仓、气泡舱内的所有物品、工具清理到人闸,然后关闭好人闸与气泡舱之间的舱门和所有平衡阀,而事后经过人员进舱重新加压核实该项工作时发现有一平衡球阀没有关闭,一蝶阀和土仓门没有关紧。其后果是气泡舱内气体不断冲刷开挖面,造成掘进超挖,进而导致地面下陷。

2)间接原因

管理环节出现漏洞是造成事故的间接原因。

3 月 8 日 19:00,日班隧道领班在掘进 506 环时发现掘进开始不顺利(气泡舱压力1.2bar,切口环压力 0.9～1.05bar),堵管频率增加,交班(506 掘进完成一半)时,操作手将此情况告诉了夜班隧道主管。夜班在掘进该环时,堵管现象更为严重,气泡舱压力(0.95～1.3bar)和切口环压力(0.7～0.9bar)出现较大波动,掘进过程需多次洗舱,造成严重超挖。

3 月 9 日 7:00,机电工程师将自动加压系统故障——气泡舱压力最高调至 1.2bar 汇报给工程部部长,得悉这一情况后工程部下达了停止掘进的指令,但并未将此指令传达给盾构机操作人员(信息沟通不畅)。

3 月 9 日 8:00 后,在无掘进指令的情况下就擅自开始掘进 507 环,当发现并停止掘进时地面已发生下陷。

二、左线泥浆管脱落事故

1. 事故概况

4 月 22 日凌晨 2:15,左线盾构掘进完成 492 环,在泥浆管接驳完毕后,准备开闸继续掘进时,隧道内 320～425 环(共 105 环,157.5m)进排浆管突然发生坠落,坠落的泥浆管压在轨枕

上,使该段轨道整体向右上方倾斜,最大倾角约25°,导致轨道不能正常运输,泥浆不能正常循环,使盾构掘进停滞,严重影响了正常生产。

2. 事故原因分析

1)直接原因

发生泥浆管坠落的直接原因是:部分位置的泥浆管托架数量不足,部分托架未有效支撑泥浆管,导致泥浆管多处悬空,受力不均,部分托架挂钩在承受较大荷载的作用下发生断裂,致使泥浆管整体坠落。

2)间接原因

(1)作业班组及现场管理人员对安全隐患的认识不够,重视程度不够。在接管时发现泥浆管托架尺寸与实际不符时,存在侥幸心理,没有充分认识到潜在的安全隐患,未能及时有效地与相关班组和人员进行沟通处理,得过且过,对安全隐患没有足够的重视,最终导致了事故的发生。

(2)安全管理部门的监管力度不够,敏感性不够。在多次安全检查中,都发现了该问题,但没有引起足够的重视,对潜在隐患认识不够深刻,敏感性不够,没有采取强有力的措施督促相关人员去排除隐患。

3)事故发生后采取的措施及经验教训

(1)根据现场的实际情况,对左右线所有泥浆管托架进行检查并加固。

(2)对左右线所有管线及悬挂物进行了认真检查,对不牢固的地方进行补强加固,防患于未然。

(3)对施工现场存在的重大危险源或重大安全隐患进行排查,制订详细的预防及整改措施;加强日常的安全检查和安全管理,对发现的问题和隐患及时督促整改,定人、定时间、定措施,做到整改闭合。

三、右线824环掘进P2.1泵进口负压处理

1. 事故发生经过

2009年6月9日上午,左线盾构机P2.1泵进浆口突然出现负压现象,负压值为-0.8~-0.4bar,造成盾构机环流不畅,无法正常掘进。盾构机操作手在切断环流之后,循环旁路仍呈负压状态,且负压值仍为-0.8~-0.4bar。在此情况下,操作手增大进浆流量,泥浆循环数十分钟,以此方式反冲多次后,负压情况未得到任何改善,反而致使盾构机无法正常掘进。

2. 原因分析及解决措施

右线盾构机曾经出现类似负压情况,当时右线作业人员对盾构机进行了四个阶段的故障排查:

(1)5月30日进行压气作业,清理格栅及碎石机处的渣土后,打开环流,负压现象未有好转。

(2)5月31日进行二次压气作业,检查发现搅拌棒将进浆管V11阀损坏,导致V11阀向气泡舱漏浆、漏气。将V11进浆管封死,切断土仓与气泡舱间的连接,重新开启环流后P2.1泵进浆口仍是负压。

(3)正常掘进的情况下,P2.1泵进浆压力为0.2~1.2bar,V31阀上端压力为2.0Pa左右。

切断环流打开旁路时,P2.1 泵进浆压力应为 0 ~ 0.5bar,V31 阀上端压力应小于 1.0Pa。

根据以上数据及右线类似情况分析,之所以造成左线进浆口负压现象,是由于 V31 阀和 P2.1 泵之间出现堵管,故决定拆管排查故障。

(4)将 P2.1 泵与 V31 间的管道逐节拆卸进行清理,最终在 1 号台车上方 P2.1 泵进浆口上端铁管内发现两把边缘刮刀。清除两把边缘刮刀、重新安装管道后,仍然呈负压状态,如图 9-44 所示。

(5)将 P2.1 泵出浆口处弯管拆卸重装后,进行试掘进,负压现象得到彻底解决。

图 9-44　泥浆管内发现的刮刀

四、右线过北村桥(沙坑涌)河床塌陷事故处理

1. 施工概况

过河段隧道埋深约 7.5 ~ 8.3m,隧道拱顶所处地层为〈3-1〉、〈3-2〉砂层,厚度 5.6 ~ 7.0m(见图 9-45),砂层富含地下水,受扰动极易液化,砂层上方无隔水层,直接与河床底相通。

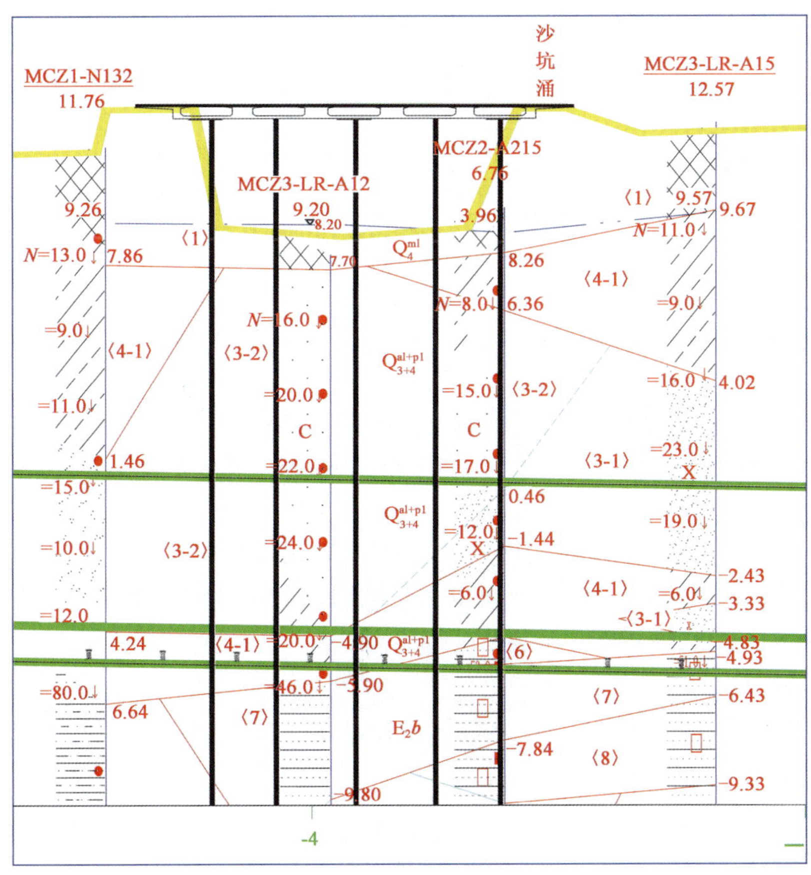

图 9-45　盾构过北村桥段地质剖面图

2. 河床塌陷事故简述

2009 年 6 月 11 日 10:30，右线掘进至 919 环，VMT 显示盾构机刀头刚刚进入北村桥北端桥台，桥台底部河床发生了喷涌并局部下沉。现场立即进行回填，共回填混凝土约 20m³。

6 月 12 日 3:00，右线盾构掘进至 929 环，VMT 显示河床再次发生塌陷，塌陷范围面积约 10m²，深约 1.8m。至早上 7 点 30 分，回填混凝土约 18m³。在 12 日上午后续掘进中，河床又有部分区域下陷，再次回填混凝土约 6m³。

6 月 12 日 10:00 左右，在调整了掘进参数后，基本恢复正常，河床未发现明显下陷，只有少许气泡。

3. 掘进指令与实际掘进参数比较

1）掘进指令

（1）掘进参数控制（见表 9-8）

施 工 参 数　　表 9-8

盾构掘进参数					
盾构机姿态	水平偏差（mm）	水平趋势（mm/m）		竖直偏差（mm）	竖直趋势（mm/m）
	-10 ~ +10	-4 ~ +4		-20 ~ +20	-10 ~ +10
掘进参数	千斤顶总推力（kN）	刀盘扭矩（kN·m）	刀盘转速（r/min）	千斤顶行程（mm）	掘进速度（mm/min）
	8000 ~ 15000	<1800	1.0 ~ 1.3	≥1800	≤20
	气泡舱压力（bar）	开挖舱压力（0.1MPa）		液面高度（m）	铰接千斤顶行程（mm）
	1.3 ~ 1.5	0.7 ~ 0.8（波动范围 <0.2）		-0.5 ~ +0.4	≤50
	盾尾间隙	最小盾尾间隙不小于 50mm			推进千斤顶行程差（mm）
					≤40

（2）泥浆参数

盾构过北村桥及沙坑涌期间，使用高黏度优质泥浆护壁，以形成有效泥膜，保证砂层稳定性，减少超挖。循环泥浆进浆相对密度为 1.13 ~ 1.20g/cm³，黏度要求保持在 35s 以上。

（3）注浆参数控制

为保证盾构机通过期间开挖面周围土体的稳定，盾构过桥期间采用同步注浆与二次补注浆相结合，保证注浆回填及时、饱满。同步注浆采用加入水玻璃的水泥砂浆（凝结时间 2 ~ 3h），并根据同步注浆量，通过管片吊装孔进行二次补浆（双液浆），注浆压力：0.1 ~ 0.25MPa，注浆量约 6 ~ 7m³/环。

同步注浆配比：水泥∶粉煤灰∶砂∶水玻璃∶废浆∶水 =150∶150∶550∶17∶500∶200。

双液浆配比：

水泥∶水 =1∶1（质量比）；

水玻璃∶水 =1∶1（体积比）；

水泥浆∶水玻璃 =1∶1（体积比），浆液凝结时间约 30 ~ 40s，注浆压力不超过 0.4MPa。

2)实际掘进参数(见表9-9)

施 工 参 数　　表9-9

环号	里程	掘进速度(mm/min)	推力(kN)	扭矩(kN·m)	刀盘转速(r/min)	气泡舱压力(bar)	开挖舱压力波动范围(bar)	注浆压力(bar)		进浆黏度(s)	注浆量(m^3)
								最小	最大		
919	YDK-18-438.9	26.0	7254.8	0.97×1000	2.2	1.22	0.61~0.91	1.5	4.0	25	620
920	YDK-18-437.4	27.4	7828.5	0.98×1000	2.0	1.19	0.54~0.92	1.5	5.1	26	695
921	YDK-18-435.9	31.5	8598.1	1.09×1000	2.1	1.10	0.69~1.32	1.5	4.9	35	600
922	YDK-18-434.4	47.4	9144.9	1.22×1000	1.9	1.13	0.77~1.24	1.5	5.8	35	664
923	YDK-18-432.9	48.9	7817.7	1.14×1000	2.3	1.18	0.82~1.09	1.5	5.0	35	648
924	YDK-18-431.4	40.0	7754.5	0.92×1000	2.5	1.22	0.64~1.02	1.5	5.3	35	616
925	YDK-18-429.9	41.7	6981.1	0.94×1000	2.1	1.20	0.54~0.86	1.5	4.3	35	630
926	YDK-18-428.4	38.9	7491.1	1.06×1000	1.8	1.18	0.54~0.92	1.5	3.9	35	661
927	YDK-18-426.9	35.2	8285.5	1.49×1000	1.3	1.18	0.63~1.03	1.5	4.6	35	646
928	YDK-18-425.4	32.6	8285.2	1.24×1000	1.8	1.17	0.59~1.00	1.5	4.3	36	965
929	YDK-18-423.9	27.2	7477.6	0.92×1000	1.6	1.15	0.43~1.09	1.5	4.0	36	965
930	YDK-18-422.4	48.5	8436.1	1.04×1000	2.2	1.10	0.68~0.91	1.5	1.7	35	31
931	YDK-18-420.9	41.2	9069.0	1.20×1000	2.2	1.12	0.62~1.04	1.5	4.8	35	681
932	YDK-18-419.4	50.7	10558.9	1.48×1000	2.2	1.06	0.69~1.25	1.5	4.2	35	645
933	YDK-18-417.9	48.0	9678.5	1.47×1000	2.2	1.12	0.53~1.34	1.5	5.7	35	620
934	YDK-18-416.4	54.1	10667.5	1.69×1000	2.4	1.16	0.92~1.35	1.5	2.5	35	0
935	YDK-18-414.9	45.7	10855.8	1.93×1000	2.1	1.21	0.58~1.25	1.5	6.0	35	496
936	YDK-18-413.4	37.3	11649.1	1.69×1000	2.3	1.35	0.56~1.35	1.5	5.0	35	830
937	YDK-18-411.9	29.0	10749.0	2.00×1000	2.1	1.28	0.37~1.29	1.5	5.4	35	724
938	YDK-18-410.4	28.8	9756.7	1.98×1000	2.1	1.26	0.37~0.86	1.5	4.7	35	637
939	YDK-18-408.9	32.5	8892.6	1.85×1000	2.2	1.09	0.37~0.82	1.5	4.6	35	621
940	YDK-18-407.4	29.0	10355.8	2.02×1000	2.0	1.28	0.38~0.89	1.5	4.9	35	627
941	YDK-18-405.9	32.7	10582.8	2.08×1000	1.9	1.56	0.67~1.16	1.5	6.4	36	631
942	YDK-18-404.4	29.8	11042.9	2.02×1000	2.1	1.65	0.67~1.28	1.5	4.6	36	680
943	YDK-18-402.9	31.2	10701.3	1.79×1000	2.4	1.82	0.85~1.42	1.5	4.8	36	631
944	YDK-18-401.4	41.9	10212.6	1.90×1000	2.4	1.79	0.85~1.27	1.5	5.7	36	561
945	YDK-18-399.9	44.1	9255.0	1.64×1000	2.4	1.35	0.51~1.40	1.5	5.5	36	581

3)原因分析

(1)客观原因

①地质条件差、隧道覆土较浅是造成此次连续塌方事故的客观原因。过河段隧道埋深约7.5~8.3m,隧道拱顶所处地层为〈3-1〉、〈3-2〉砂层,厚度5.6~7.0m,砂层富含地下水,受扰动极易液化,砂层上方无隔水层,直接与河床底相通。盾构机在该地层中掘进沉降控制难度较大。

②P2.2泵未安装,P2.1泵的排渣能力有限,导致块状土体积聚在排渣口,管路容易堵塞,洗舱次数过多,从而对刀盘上方的土体扰动过大,是最终致使塌陷事故发生的原因之一。

(2)主观原因

①对风险的预计不足,准备措施不充分,是造成此次连续塌方事故的客观原因。过河段隧道埋深较浅,隧道覆土压力与刀盘泥水压力较难平衡,事前虽考虑到对河床进行反压处理,但由于近期连降暴雨,河水水位急速抬高,反压处理存在一定的难度,未找到更有效可行的办法进行事前的预防。

②掘进的指令针对性不强,与实际掘进情况出入较大。掘进指令中,刀盘扭矩控制在1.8bar以内,没有下限,疏忽了一种情况,即当刀盘扭矩较小时开挖舱内土体也相应较少(开挖舱内土体不足以克服刀盘旋转的反力,也不足以提供支撑掌子面的反力)。而当刀盘扭矩较大时,说明开挖舱内土体较多,开挖舱内土体可以有效支撑掌子面,避免塌方。这在后期的掘进中得到了验证,从掘进参数中也可见一斑。另外,指令中下达的掘进速度为不大于20mm/min,而实际在过河段砂层中掘进,快速通过是防止塌方的有效途径,同步注浆不足以进行二次补浆。刀盘转速和推力都应当以刀盘扭矩为参考进行调节。为汲取上次塌方的教训,要保证开挖舱内泥水压力和掌子面水土压力的平衡,不能有气体进入开挖舱,避免高压气体对掌子面及刀盘上方土体的冲刷而造成塌方,对排渣量没有具体的要求。

③盾构机操作手出现失误,在掘进过程中未能有效控制掘进参数,是造成此次事故的原因之一。由以上数据比较可知,掘进速度过快,开挖舱压力波动较大,注浆量不足,注浆压力过高,对河床塌陷都有直接影响。另外,由于设备的缺陷,排渣量估算存在一定难度,不易控制,排渣量偏多,也是造成此次事故的主要原因之一。

4)采取的措施

(1)掘进过程开挖舱顶部压力(切口环)控制:根据隧道埋深切口环压力初定为0.8bar,气泡舱压力1.16bar,掘进过程根据河涌变化情况进行调整。此时液位在0位时的压力,如果液位不在0位,则依据泥浆相对密度、液位高度等参数来调整气泡舱压力。

(2)在掘进过程中要时时观察气泡舱内气体是否进入开挖舱,并及时排除开挖舱内的气体。在正常掘进时要保证每两环排一次气。

(3)在掘进过程中要时刻注意进、排浆量的差值,排浆量约为800m^3/h,进浆量约为700m^3/h。进、排浆量差值为50~100m^3/h,并密切注意排渣量,避免超挖产生。

(4)在盾构停止或拼装管片时不进行洗舱,必须依据不停机洗舱原则。在盾构开始掘进前200mm时,如掘进顺利且没有堵管现象发生,则以最快掘速掘进,否则在20mm/min的速度掘进时洗舱,保证掘进顺利进行。

(5)过北村桥河床时,泥浆黏度为35s。

(6)刀盘转速主要依据刀盘扭矩来确定,保证刀盘扭矩在1200～1500kN·m。

(7)注浆量控制不低于10槽,当出现拼装完毕而浆液没运送到洞内时,盾构也要开始掘进,等浆液到达后再注入浆液。注浆时要根据掘进的速度和距离匀速地进行注浆,保证注浆与掘进保持同步,即保证在盾构开始推进至盾构完成掘进期间要匀速注浆,不能出现未掘进完成,而浆液注完的现象。

Chapter 10

龙归站—人和站区间（二）盾构施工技术

执笔人 The Author

杨向东

工程师，本项目总监代表

执笔人 The Author

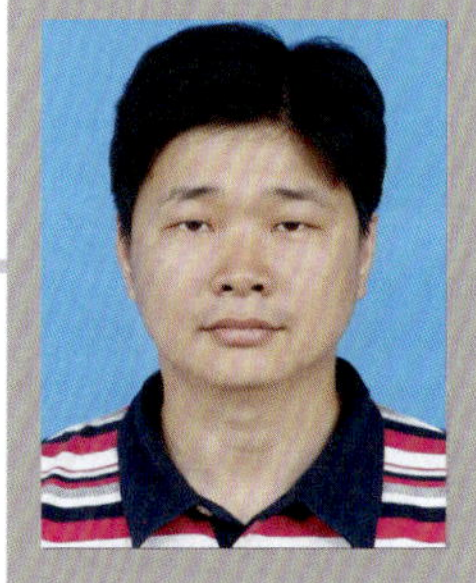

朱劲锋

广东华隧建设股份有限公司，本项目总工兼项目副经理

第十章　龙归站—人和站区间(二)盾构施工技术

第一节　工程概况和施工环境

一、区间位置和线路概况

龙归站—人和站区间(二)位置如本书第一章图1-2(施工8标位置)所示。

工程含4号、5号、6号联络通道。4号联络通道与南端风井合建(79.6m),右线盾构段长1750.54m;左线盾构段长1748.744m。

本段区间最小曲线半径1000m,线路埋深约7.0~16.0m,最大纵坡约0.77%。

采用两台日本三菱公司生产的泥水平衡式盾构机施工,从南端风井出发,到达北端风井吊出,盾构掘进示意图如图10-1所示。

1. 建设工期(见表10-1)

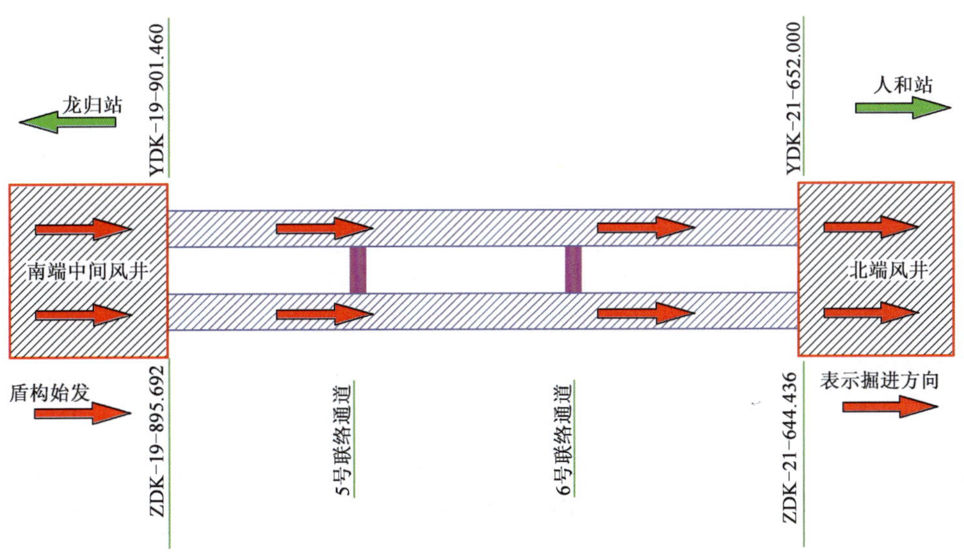

图10-1　盾构掘进示意图

工期和平均进度表 表 10-1

时间 / 线路	龙归站—人和站区间(二)				
	始发日期(年-月-日)	贯通日期(年-月-日)	工期(d)	最高月进尺(m)	平均月进尺(m)
左线	2008-11-25	2010-8-5	253	412	207.39
右线	2010-1-15	2010-7-28	194	435	270.7
总工期为253d					

2. 工期投资(见表 10-2)

工 程 投 资 表 表 10-2

序 号	工程项目及费用名称	投标报价(万元)	备 注
1	永久工程设计	167.4664	
2	前期准备及辅助设施工程	825.4961	
3	盾构区间隧道工程	13311.2186	
4	盾构区间附属工程	629.3962	
5	明挖结构(盾构始发井及中间风井)	2496.4417	
	小计	17430.0190	
6	材料涨价预留金	185.0000	
	总计	17615.0190	

二、盾构施工环境特点分析

1. 基础地质和构造

本区间位于华南准地台(Ⅰ级构造单元)桂湘赣粤褶皱带(Ⅱ级构造单元)粤中拗折束(Ⅲ级构造单元)广花褶断群中,隧道穿越的地层为第四系和第三系。

第四系包括全新统(Q_4)和上更新统(Q_3),其下缺失中更新统和下更新统。由人工填土(Q_4^{ml})、冲积—洪积砂层(Q_{3+4}^{al+pl})、冲积—洪积土层(Q_{3+4}^{al+pl})、河湖相沉积淤泥质土层(Q_{3+4}^{al})及残积土层(Q^{el})组成。第三系地层主要以布心组(E_2b)为主,局部为宝月组(E_2by)。布心组(E_2b)为下粗上细的红色地层,其下部为暗红色砾岩、砂砾岩,含砾砂岩,中上部为暗红色至灰色的泥质粉砂岩、粉砂质泥岩与泥灰岩、石灰岩、泥岩、钙质粉砂岩互层,普遍具交错层理。岩性主要为为暗红色至灰色的泥质粉砂岩、粉砂岩、粉砂质泥岩、泥灰岩、泥岩、石灰岩。

2. 工程地质和水文地质特征

本区间地质纵剖面图如图 10-2 所示。其中粉细砂层〈3-1〉粉黏粒含量占 1.4%~22.8%,平均 12.4%;中粗砂层〈3-2〉粉黏粒含量 2.5%~13.3%,平均 7.2%,对盾构施工有一定影响。

本区间地下水按赋存方式分为第四系松散土层孔隙水,层状基岩裂隙水、碳酸盐岩类裂隙溶洞水。稳定水位埋深为 0~8.50m,平均埋深为 2.88m,高程为 3.34~15.80m,平均高程为 8.86m;第四系冲积—洪积砂层为主要潜水含水层。块状基岩裂隙水主要赋存在岩石强风化带及中等风化带中,碳酸盐类裂隙溶洞水主要赋存在石灰岩中,由于岩性及裂隙发育程度的差异,其富水程度与渗透性也不尽相同。

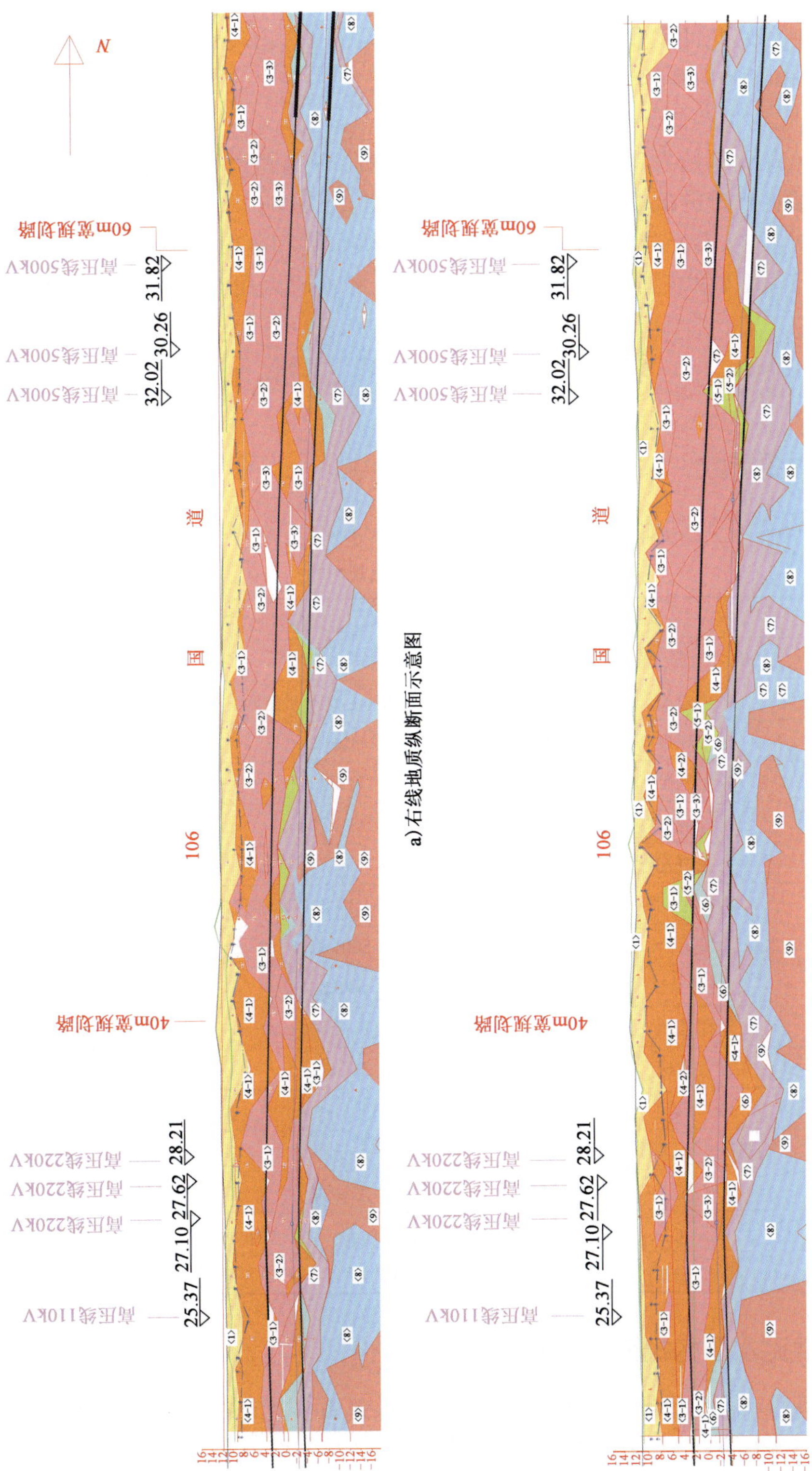

a)右线地质纵断面示意图

b)左线地质纵断面示意图

图10-2　区间沿线地质纵断面图示意图

3. 地形地貌特征

本盾构区间地处广花冲积盆地，途经106国道公路、工厂、市场、居民及部分菜地，地面高程为10.17～13.08m，平均高程为12.01m，地面起伏大。

4. 地面建筑物、地下构筑物和管线特征

线路从南端风井北端始发，沿南北方向掘进，到达北端风井南端。线路沿线多为106国道、农田及荒地，偶见少量的低矮房屋，多为天然基础，混合结构。

隧道沿线管线较少，零星分布，在106国道中央有供水管和电信管，在两侧有排污管，最大埋深2m，因盾构隧道在管线之下，沿线隧道覆土厚度7～16m，因而对管线不需进行处理。

第二节　盾　构　机

一、盾构机主要参数

主要参数详见表10-3，其他参数参见本书第一章表1-2。

盾构机主要设计参数及尺寸　　表10-3

盾构性能和参数				
序号	位置	项目名称	出厂参数	备注
1	盾构整体	机体总长	8100mm(不含刀盘)	
		尾壳厚度	40mm	
		盾尾间隙	75mm	
		装备总功率	1898.87kW	
		最大掘进速度	67mm/min	
		盾尾密封	三排密封刷，中间充满并不断加注盾尾油脂	
2	刀盘	最大开挖面水压	500kPa	
		装备总推力	36000kN	
		开挖范围	ϕ6280～6300mm	
		最大转速	3r/min	
		最大扭矩	6870kN·m	
		质量/开口率	45t/33%	
3	铰接装置	形式	主动型	
		最大行程差垂直、水平	垂直150mm、水平150mm	
		最大转角垂直、水平	垂直1.5°、水平1.5°	

二、本次三菱泥水盾构机型的改进措施

对比广州地铁三号线，本次新订购的三菱泥水盾构机有了以下改进措施。

1. 刀盘刀具的改进

(1)刀盘：轻型刀盘改为重型刀盘，A3钢改为16Mn钢，刀盘主要受力构件钢板厚度由

7cm 加厚到 10 ~ 12cm,刀盘开口率由 26% 加大到 33% ,质量增至 45t。

(2)刀具:软岩刀具由普通先行刀改为贝壳刀,硬岩刀具由 13in 滚刀改为 17in 滚刀。

2. 环流系统的改进

(1)P0 泵功率由 30kW 加大到 132kW,以增加土仓内的泥浆流量和冲刷效果。

(2)加大 P0 泵功率后,排泥管管径由 10in 改为 12in,以便更容易将块状物排出。

(3)增加了中部泥浆冲刷系统,通过中心回转接头将泥浆送到刀盘中部面板前方,将面板前方土渣及时带入土仓,防止面板前方形成泥饼。

(4)拼装机的改进:增加了微动功能,有利于快速拼装管片。

(5)推力和扭矩配备:最大推力为 3600t,最大扭矩为 6800kN · m,比三号线盾构机的配备有增加;刀盘的驱动系统由液压驱动改为电动驱动,提高了效率,缩短了后配套长度,以适应始发井的具体情况。

(6)加大了人行闸的尺寸,将人行闸有关阀表配备齐全。

三、刀盘和刀具

(1)滚刀刀座可更换,刀盘及刀具编号如图 10-3 所示。

图 10-3　盾构始发软岩刀具配置图(汪本灿摄)

(2)左右线始发刀具均为软岩配置(详见本章第五节相关叙述),只配置一把试验用滚刀,但在推进至 300 环以后,掘进速度明显放慢,推力和扭矩增大。左线从 2009 年 2 月 1 日 ~3 月 29 日,因刀具磨损过大,无法穿越 5 号联络通道加固体的地下素混凝土连续墙,被迫停机在加固体外常压换刀(见图 10-4),共停机 60d。后通过改进刀具配置,掘进速度明显加快,日均掘进 10.4 环。在 6 号联络通道加固区内开舱检查,刀具磨损很小,只需更换部分切削刀。

图 10-4　左线 5 号联络通道开舱部分贝壳刀磨损情况(祝新涛摄)

(3)始发至 5 号联络通道的地层主要以〈3-1〉、〈3-3〉、〈4-1〉地层为主,具体各地层的分配比例如图 10-5 所示。

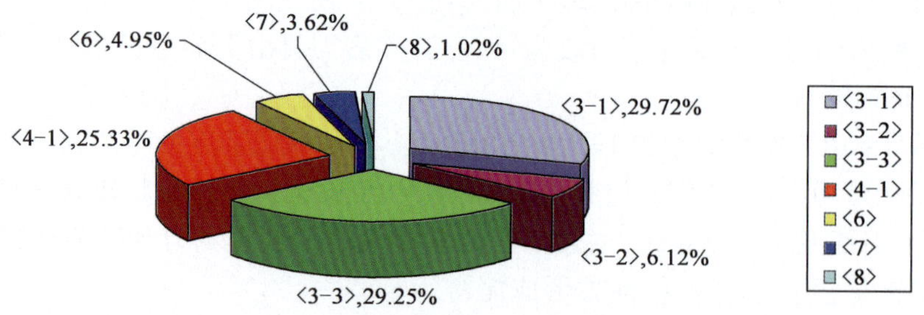

图 10-5　左线始发—5 号联络通道地层分布图

5～6 号联络通道的地层主要以〈4-1〉、〈7〉地层为主,具体各地层的分配比例如图 10-6 所示。

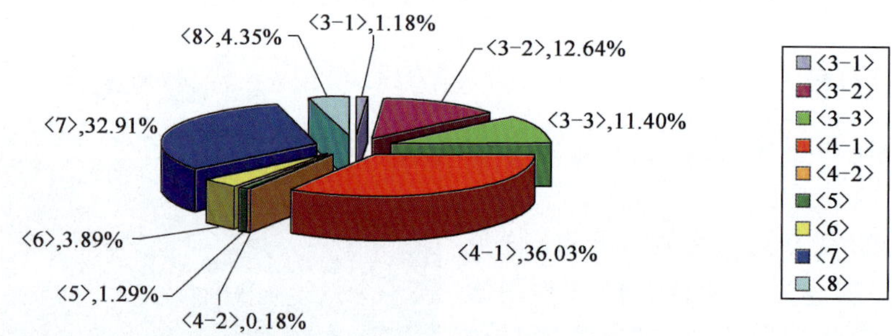

图 10-6　左线 5～6 号联络通道地层分布图

(4)刀具磨损情况统计(见表 10-4～表 10-7)

5 号联络通道加固区换刀刀具磨损统计表(左线)　　表 10-4

序号	刀具强度等级	原类型	磨损量(mm)	更换类型	生产厂家	备　注
1	9、11 号	双贝壳刀	25	双贝壳刀	江钻	江钻刀具带合金,三菱刀具无
2	13、15 号	双贝壳刀	30	双贝壳刀	江钻	
3	14、16 号	双贝壳刀	40	双贝壳刀	江钻	
4	17、19 号	双贝壳刀	37	双贝壳刀	江钻	
5	18 号	单贝壳刀	38	单贝壳刀	江钻	
6	20 号	单贝壳刀	42	单滚刀	三菱	
7	21 号	单贝壳刀	44	单贝壳刀	江钻	
8	22 号	单贝壳刀	48	单滚刀	三菱	
9	23 号	单贝壳刀	22	单滚刀	三菱	
10	24 号	单贝壳刀	45	单滚刀	三菱	
11	25 号	单贝壳刀	20	单滚刀	江钻	
12	26 号	单贝壳刀	52	单滚刀	三菱	
13	27 号	单贝壳刀	30	单滚刀	江钻	
14	28 号	单贝壳刀	51	单滚刀	三菱	

续上表

<table>
<tr><th>序号</th><th>刀具强度等级</th><th>原类型</th><th>磨损量(mm)</th><th>更换类型</th><th>生产厂家</th><th>备　注</th></tr>
<tr><td>15</td><td>29 号</td><td>单贝壳刀</td><td>56</td><td>单贝壳刀</td><td>江钻</td><td rowspan="11">江钻刀具带合金,三菱刀具无</td></tr>
<tr><td>16</td><td>30 号</td><td>单贝壳刀</td><td>50</td><td>单滚刀</td><td>江钻</td></tr>
<tr><td>17</td><td>31 号</td><td>单贝壳刀</td><td>60</td><td>单滚刀</td><td>江钻</td></tr>
<tr><td>18</td><td>32 号</td><td>单贝壳刀</td><td>42</td><td>单滚刀</td><td>江钻</td></tr>
<tr><td>19</td><td>33 号</td><td>单贝壳刀</td><td>50</td><td>单滚刀</td><td>江钻</td></tr>
<tr><td>20</td><td>34 号</td><td>单贝壳刀</td><td>47</td><td>单滚刀</td><td>江钻</td></tr>
<tr><td>21</td><td>35 号</td><td>单贝壳刀</td><td>38</td><td>单滚刀</td><td>江钻</td></tr>
<tr><td>22</td><td>36 号</td><td>单贝壳刀</td><td>28</td><td>单滚刀</td><td>江钻</td></tr>
<tr><td>23</td><td>37 号</td><td>单贝壳刀</td><td>23</td><td>单滚刀</td><td>江钻</td></tr>
<tr><td>24</td><td>38 号</td><td>单贝壳刀</td><td>15</td><td>单滚刀</td><td>江钻</td></tr>
<tr><td>25</td><td>39 号</td><td>单贝壳刀</td><td>18</td><td>单滚刀</td><td>江钻</td></tr>
</table>

6 号联络通道加固区换刀刀具磨损统计表(左线)　　表 10-5

<table>
<tr><th>序号</th><th>刀具强度等级</th><th>原类型</th><th>磨损量(mm)</th><th>更换类型</th><th>生产厂家</th><th>备注</th></tr>
<tr><td>1</td><td>9、11 号</td><td>双贝壳刀</td><td>0</td><td></td><td></td><td>拆下后没换</td></tr>
<tr><td>2</td><td>18 号</td><td>单贝壳刀</td><td>2</td><td>单滚刀</td><td>江钻</td><td></td></tr>
<tr><td>3</td><td>20 号</td><td>单滚刀</td><td>16</td><td>单滚刀</td><td>江钻</td><td></td></tr>
<tr><td>4</td><td>21 号</td><td>单贝壳刀</td><td>2</td><td>单滚刀</td><td>江钻</td><td></td></tr>
<tr><td>5</td><td>22 号</td><td>单滚刀</td><td>13</td><td>单滚刀</td><td>江钻</td><td></td></tr>
<tr><td>6</td><td>23 号</td><td>单滚刀</td><td>13</td><td>单滚刀</td><td>江钻</td><td></td></tr>
<tr><td>7</td><td>24 号</td><td>单滚刀</td><td>6</td><td>单滚刀</td><td>江钻</td><td></td></tr>
<tr><td>8</td><td>26 号</td><td>单滚刀</td><td>12</td><td>单滚刀</td><td>江钻</td><td></td></tr>
<tr><td>9</td><td>28 号</td><td>单滚刀</td><td>17</td><td>单滚刀</td><td>江钻</td><td></td></tr>
<tr><td>10</td><td>29 号</td><td>单贝壳刀</td><td>3</td><td>单滚刀</td><td>江钻</td><td></td></tr>
<tr><td>11</td><td colspan="6">1 号辐条左边中圈、外圈 2 把刮刀</td></tr>
<tr><td>12</td><td colspan="6">1 号辐条右边中圈 1 把刮刀</td></tr>
<tr><td>13</td><td colspan="6">2 号辐条左边中圈、外圈 2 把刮刀</td></tr>
<tr><td>14</td><td colspan="6">2 号辐条右边中圈、外圈 2 把刮刀</td></tr>
<tr><td>15</td><td colspan="6">3 号辐条左边中圈、外圈 2 把刮刀</td></tr>
<tr><td>16</td><td colspan="6">4 号辐条 2 把刮刀</td></tr>
<tr><td>17</td><td colspan="6">5 号辐条 3 把刮刀</td></tr>
<tr><td>18</td><td colspan="6">6 号辐条左边外圈 1 把刮刀</td></tr>
<tr><td>19</td><td colspan="6">小刮刀 21 把</td></tr>
</table>

5 号联络通道加固区换刀刀具磨损统计表(右线) 表 10-6

序号	刀具强度等级	原类型	磨损量(mm)	更换类型	生产厂家	备注
1	25 号	贝壳刀	30	单滚刀		
2	26 号	贝壳刀	28	单滚刀		
3	27 号	贝壳刀	25	单滚刀		
4	29 号	贝壳刀	25	单滚刀		
5	31 号	贝壳刀	33	单滚刀		
6	32 号	贝壳刀	28	单滚刀		
7	33 号	贝壳刀	27	单滚刀		
8	35 号	贝壳刀	31	单滚刀		
9	36 号	贝壳刀	10	单滚刀		
10	37 号	贝壳刀	10	单滚刀		
11	38 号	贝壳刀	8	单滚刀		

6 号联络通道加固区换刀刀具磨损统计表(右线) 表 10-7

序号	刀具强度等级	原类型	磨损量(mm)	更换类型	生产厂家	备注
1	18 号	双贝壳刀	5	单滚刀	江钻	
2	27 号	单滚刀	3	单滚刀	江钻	磨窄
3	28 号	单滚刀	2	单滚刀	江钻	
4	29 号	单滚刀	5	单滚刀	江钻	
5	30 号	单滚刀	4	单滚刀	江钻	
6	31 号	单滚刀	2	单滚刀	江钻	
7	32 号	单滚刀	5	单滚刀	江钻	
8	33 号	单滚刀	3	单滚刀	江钻	偏磨 35mm
9	35 号	单滚刀	4	单滚刀	江钻	磨窄
10	38 号	单滚刀	5	单滚刀	江钻	
11	1 号辐条逆刮刀中间 2 把					
12	2 号辐条逆刮刀中间 3 把					
13	3 号辐条逆刮刀中间 2 把					
14	4 号辐条逆刮刀中间、最外圈 2 把					
15	4 号辐条正转刮刀中间、最外圈 2 把					
16						
17	5 号辐条正转刮刀中间 1 把					
18	5 号辐条逆刮刀中间、最外圈 2 把					

从以上数据对比可以看出,始发时对刀具的配置存在问题,对软岩刀具(贝壳刀)长距离(600m)的耐用性过于乐观,结果在出现大范围的刀具过量磨损情况下,造成左线盾构受困57d 的不利局面,后在 5 号联络通道将 18 把正面和边缘换装单贝壳刀改为单刃滚刀,效果非常理想,因此在 6 号联络通道换刀时没有改变刀具配置,左右线都顺利出洞。

四、压气设备

2009 年 3 月 18 日至 31 日,右线盾构在 347 环位置进行了气压开舱换刀,共换装 6 把边缘滚刀,因此顺利穿过 5 号联络通道加固体四周地下素混凝土连续墙,这次压气换刀所使用的气压设备主要是人行闸和 MASS 控制器(自动压力调整装置),MASS 控制器是一个外挂的气压自动调整装置,空气压缩机里面的气体经过储气罐和输气管道进入 MASS 系统,再由 MASS 输出管道与盾构人行闸连接。

1. MASS 控制器(自动压力调整装置)

1)MASS 控制器的构成

MASS 控制器作为压力变动很小的减压装置,由图 10-7 所示阀类组成。

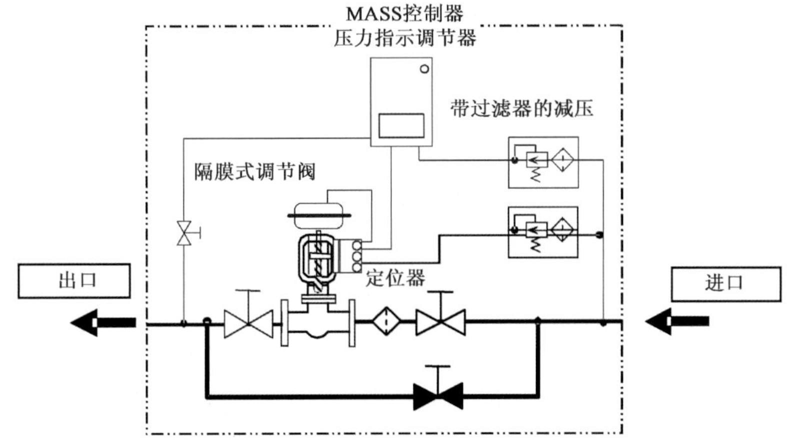

图 10-7　MASS 控制器的构成图

(1)压力指示调节器。在利用指针直接指示压力的同时,与设定值进行比较,指示或发出调节用空气压力信号(20 ~ 100kPa)。

(2)定位器。根据来自调节器的空气压力信号的压力变化所产生的作用力,对调节阀操作器的空气进行吸气、排气,以调节相对于空气压力信号的阀开度。

(3)单座调节阀。接收空气压力信号而动作的调节阀。

2)MASS 控制器的动作原理

(1)单座调节阀(隔膜式调节阀)根据从压力指示调节器发出的空气压力信号而动作。隔膜式调节阀的开度根据压缩空气的用量(吹气量)被自动调整,从而使二次侧的压力保持恒定。

二次侧的压力利用压力指示调节器来设定,通过检测管被导入压力指示调节器,因此如果与设定压力产生偏差,则输出至隔膜式调节阀的压力将发生变化,从而使隔膜式调节阀的开度发生变化,以使二次侧压力接近设定压力。

(2)由于隔膜式调节阀的构造是从上部通过空气压力来顶开,因此来自压力指示调节器的输出压力为 0 时,调节阀完全关闭,而当输出压力上升时,则向全开方向动作。隔膜式调节阀在输出压力为 0.02MPa 时开始打开,在输出压力为 0.06MPa 时开度为 50%,在输入压力为

0.1MPa 时为全开。该输出压力显示在压力指示调节器的压力表上(结果显示),因此可根据压力表来推测阀的开度。

(3)压力指示调节器的基本动作:检测到的压力(二次侧压力)下降时,输出至隔膜式调节阀的压力上升;检测到的压力上升时,则输出至隔膜式调节阀的压力下降。例如,当负载增大,二次侧压力下降至低于设定压力时,从压力指示调节器输出至隔膜式调节阀的压力上升,调节阀向打开方向移动,从而防止压力下降。相反,当负载减小,二次侧压力上升至高于设定压力时,从压力指示调节器输出至隔膜式调节阀的压力下降,调节阀向关闭方向移动,从而防止压力上升。

图 10-8　MASS 控制器(李果炜　摄)

3)关于 MASS 控制器的使用(见图 10-8)

(1)压气作业时,从人行闸送气管(返回压力)来检测二次侧压力(作业室压力)。

(2)进行日常检查时,务必在熟知使用说明书内容的基础上,频繁地排出 MASS 控制器(减压阀)内的积液。

2. 人行闸

1)人行闸的构成

该压气设备的人行闸构成如图 10-9、表 10-8 所示。

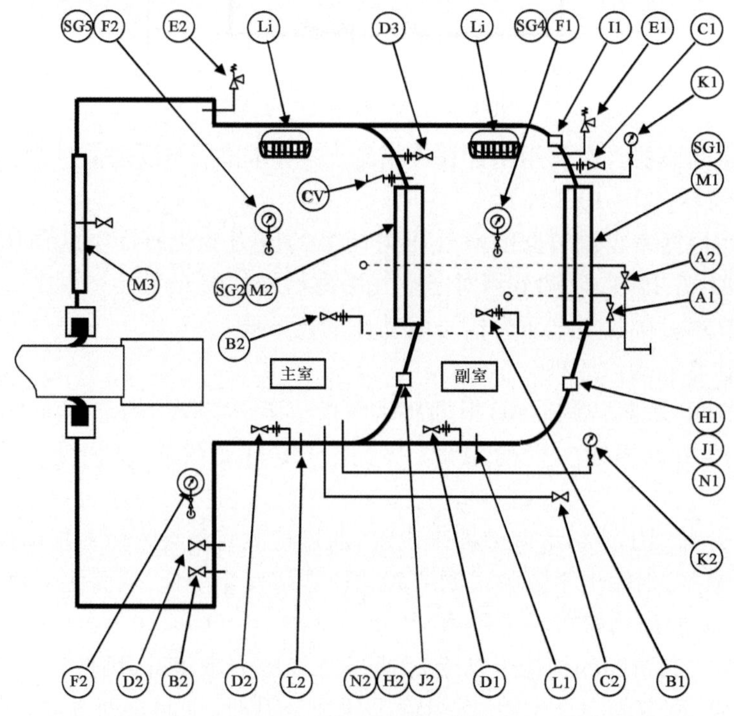

图 10-9　人行闸构成

人行闸压气设备清单　　表 10-8

A1	副室供气阀(外部操作)	J1	电话线用打穿金属附件
A2	主室供气阀(外部操作)	J2	电话线用打穿金属附件
B1	副室供气阀(内部操作)	K1	副室压力计(外视用)
B2	主室供气阀(内部操作)	K2	主室压力计(外视用)
C1	副室排气阀(外部操作)	L1	副室用排气
C2	主室排气阀(外部操作)	L2	主室用排气
CV	止回阀	M1	大气侧门
D1	副室排气阀(内部操作)	M2	隔墙部门
D2	主室排气阀(内部操作)	M3	作业室侧门
D3	主室排气阀(内部操作)	N1	备用插座用口
E1	副室安全阀	N2	备用插座用口
E2	主室安全阀	SG1	观测窗
F1	副室压力计(内视用)	SG2	观测窗
F2	主室压力计(内视用)	SG4	观测窗
H1	动力线用打穿金属附件	SG5	观测窗
H2	动力线用打穿金属附件	Li	荧光灯
I1	荧光灯电缆用口		

2)通信系统

大气压部和人行闸主室及副室的通信系统如图 10-10、图 10-11 所示。

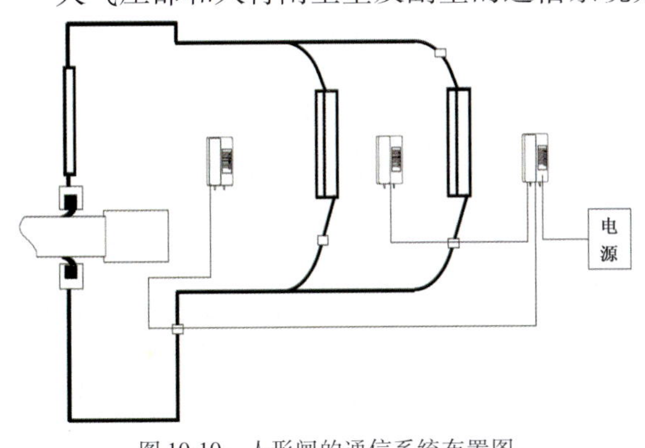

图 10-10　人形闸的通信系统布置图

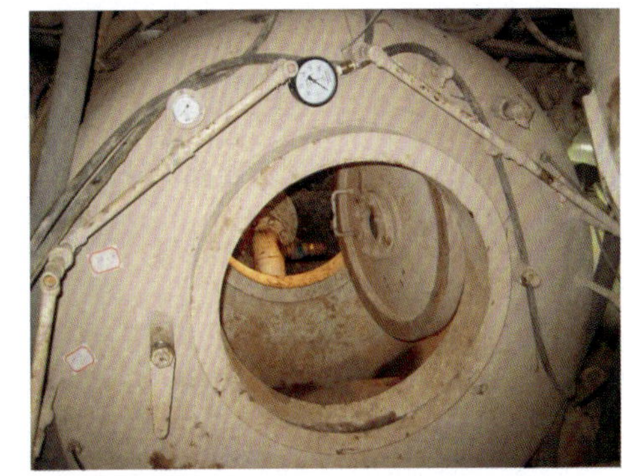

图 10-11　人行闸入口(祝新涛　摄)

第三节　盾构施工

一、地层情况对掘进的影响

对本盾构区间两条线不同地层下的掘进参数和进度进行了统计,见表 10-9、表 10-10。

不同地层下的左线掘进参数和掘进进度　　表 10-9

隧道断面地层	施工环号	平均总推力 (t)	平均扭矩 (kN·m)	平均进度 (环/d)
〈3-3〉	96～136	803.4	940	8.4
〈3-2〉、〈4-1〉、〈3-3〉、〈5-2〉	324～351	1493.6	1460	2.3
〈5-2〉、〈6〉、〈7〉	427～478	1222.6	2450	10.4
〈8〉	1102～1159	1349.1	2882	9.4

不同地层下的右线掘进参数和掘进进度　　表 10-10

隧道断面地层	施工环号	平均总推力 (t)	平均扭矩 (kN·m)	平均进度 (环/d)
〈3-2〉	77～124	639.7	1047	9.4
〈4-1〉、〈3-1〉、〈4-1〉、〈3-2〉	325～350	1250.3	1035	2.2
〈4-1〉、〈7〉	3710～419	1115.2	2318	8.2
〈7〉、〈8〉	1100～1141	1263.0	2964	8.4

通过以上统计可以看出，泥水盾构在砂层和上软下硬地层都有很强的适应性，但在隧道全断面黏土层则掘进比较困难，主要表现在刀盘结泥饼和环流系统堵管，解决办法有降低泥浆黏度、增加刀盘注水量，加大 P0 泵的循环流量，提早安装 PE 泵，缩短 P2～P5 等中继泵的输送距离等。

二、泥水管理

1. 相对密度

泥水相对密度 1.15～1.25g/cm^3，下限为 1.15g/cm^3，在土体自立性较好或黏土层中掘进可适当下调。上限根据施工的特殊要求而定，在砂性土中施工、保护地面建筑物、盾构穿越浅覆层等，可达 1.3g/cm^3，甚至可达 1.40g/cm^3。

2. 黏度

从土颗粒的悬浮性要求来讲，要求泥水的黏度越高越好，考虑到泥水处理系统的自造浆能力，随着推进环数增加，泥浆越来越浓，相对密度也呈直线上升，而相对密度的增加并非说明泥浆的质量越来越好，若在砂性土中施工，黏度甚至会下降。因此，泥水黏度的范围应保持在 20～30s。

考虑到黏度的调整有一个过程，故在泥浆黏度为 22s 时(调整槽黏度)，即可逐渐增加 CMC，添加量的多少视黏度下降的趋势而定。

过分强调提高黏度而无限制地添加 CMC，将提高工程费用，造成不必要的浪费。当然，在特种场合，为了开挖面的更加稳定，有可能将黏度指标提高到 40s。

3. 含砂量

本项目使用的设备只能去除 45μm 以上的颗粒。

4. 泥水配比(质量比,见表10-11、表10-12)

天然土泥浆配比($1m^3$) 表10-11

天然黏土	CMC	纯碱	水
400kg	2.2kg	11kg	700kg

膨润土泥浆配比($1m^3$) 表10-12

膨润土	CMC	纯碱	水
330kg	2.2kg	11kg	870kg

在施工过程中,每一环推进前要测试调整槽内工作泥浆的指标,直至满足施工要求为止,并记录在案,这样持续5环后,就可得出泥水指标的变化趋势,在指导配比的基础上再做大的调整(大调整)。因此,泥水监控是一个动态变化过程,而不存在什么地质一定要用什么配比,什么工况条件一定要用哪个配比的问题。唯一检验配比是否合理的标准是地面沉降量,沉降量得到控制后就要注意泥水指标的变化趋势,使之稳定在某一区域内。

5. 泥水指标选取原则

从理论上来讲,泥水的各项指标的决定取决于土体的渗透系数 k,见表10-13。

泥水黏度选取与土质关系 表10-13

土质	渗透系数(m/d)	含砂量(%)	相对密度(g/cm^3)	黏度(s)	
				地下水影响小	地下水影响大
淤泥质黏土、黏土	$10^{-9} \sim 10^{-7}$	5~15	1.15~1.175		
黏土、粉砂	$10^{-7} \sim 10^{-5}$	15~25	1.175~1.20	23~27	28~35
粉砂、砂	$10^{-5} \sim 10^{-3}$	25~35	1.20~1.225	28~35	33~40
砂、砾石	$10^{-3} \sim 10^{-1}$	35~45	1.225~1.25	30~40	50~60

泥浆的黏度系数根据地层孔隙大小调整,对于松散地层黏度系数要大点才能稳定掌子面,而地下水会影响泥浆的黏度,所以当有地下水影响时要加大泥浆黏度。

三、注浆参数和效果

本项目使用的同步注浆搅拌设备,全部由计算机编制程序控制,它控制的模式主要分为手动和自动部分,自动部分又可进行分部控制,如配比称重控制、搅拌时间控制、搅拌次数控制等,配比见表10-14。

浆液主要材料配比($1m^3$) 表10-14

A液	水泥	膨润土	延迟剂	水
	250~300kg	30~100kg	3~5kg	775~820L
B液	水玻璃			
	90L			

浆液技术要求:

凝结时间:10s左右。

1h抗压强度:0.05~0.1MPa。

1h析水率:小于5%。

将在地面拌制好的A液和B液用砂浆车运送到后配套车上的1号台车的A液和B液储浆罐上，经拌和后再压出盾构，注入盾尾建筑空隙。工作面拌和压注管路，每次压注以后要及时清洗。在施工时采取推进和注浆联动的方式。

在穿越地面一些重要建筑物时，本盾构区间依照先前制定的掘进参数进行操作，效果良好，地面沉降均控制在规范允许范围内（见表10-15）。

盾构机过沿线建筑操作参数表　　表10-15

参数/名称		隧道断面地层	切口水压（kPa）	掘进速度（mm/min）	干砂量（m^3/环）	注浆量（m^3/环）	注浆压力（MPa）	泥浆黏度（s）
回味鸡饭店	左线	〈3-3〉、〈4-1〉、〈7〉	173	10	34.61 超挖率 <10%	5~6m^3	0.3MPa左右	25
	右线	〈3-2〉、〈4-1〉、〈7〉	171	10				26
珠江塑料厂	左线	〈3-3〉、〈7〉、〈8〉	179	15				26
	右线	〈3-2〉、〈4-1〉、〈7〉	180	15				26
农村信用社	左线	〈7〉、〈8〉	190	15				27
	右线	〈6〉、〈7〉、〈8〉	190	15				27
汽修厂办公大楼	左线	〈8〉	194	15				27
	右线	〈7〉、〈8〉	194	15				27
汽修厂宿舍	左线	〈8〉	195	10				27
	右线	〈8〉	196	10				27

四、隧道堵漏及盾构管片破损修补

管片渗漏和破损情况如表10-16及展开图10-12、图10-13所示。

管片破损及漏水情况统计表　　表10-16

点位/项目			1	2	3	4	5	6	7	8	9	10	11	12	小计
破损	左线	出现次数	43	23	6	2	1	1	2	1	1	11	35	48	174
		百分比（%）	24.7	13.2	3.4	1.1	0.6	0.6	1.1	0.6	0.6	6.3	20.1	27.6	100
	右线	出现次数	33	26	2	1	2	0	1	0	3	6	19	31	124
		百分比（%）	26.6	21.0	1.6	0.8	1.6	0.0	0.8	0.0	2.4	4.8	15.3	25.0	100
	左右线统计	出现次数	76	49	8	3	3	1	3	1	4	17	54	79	298
		百分比（%）	25.5	16.4	2.7	1.0	1.0	0.3	1.0	0.3	1.3	5.7	18.1	26.5	100
漏水	左线	出现次数	6	9	10	2	33	41	35	7	11	9	14	2	179
		百分比（%）	3.4	5.0	5.6	1.1	18.4	22.9	19.6	3.9	6.1	5.0	7.8	1.1	100
	右线	出现次数	2	6	4	1	27	36	37	3	10	5	7	1	139
		百分比（%）	1.4	4.3	2.9	0.7	19.4	25.9	26.6	2.2	7.2	3.6	5.0	0.7	100
	左右线统计	出现次数	8	15	14	3	60	77	72	10	21	14	21	3	318
		百分比（%）	2.5	4.7	4.4	0.9	18.9	24.2	22.6	3.1	6.6	4.4	6.6	0.9	100

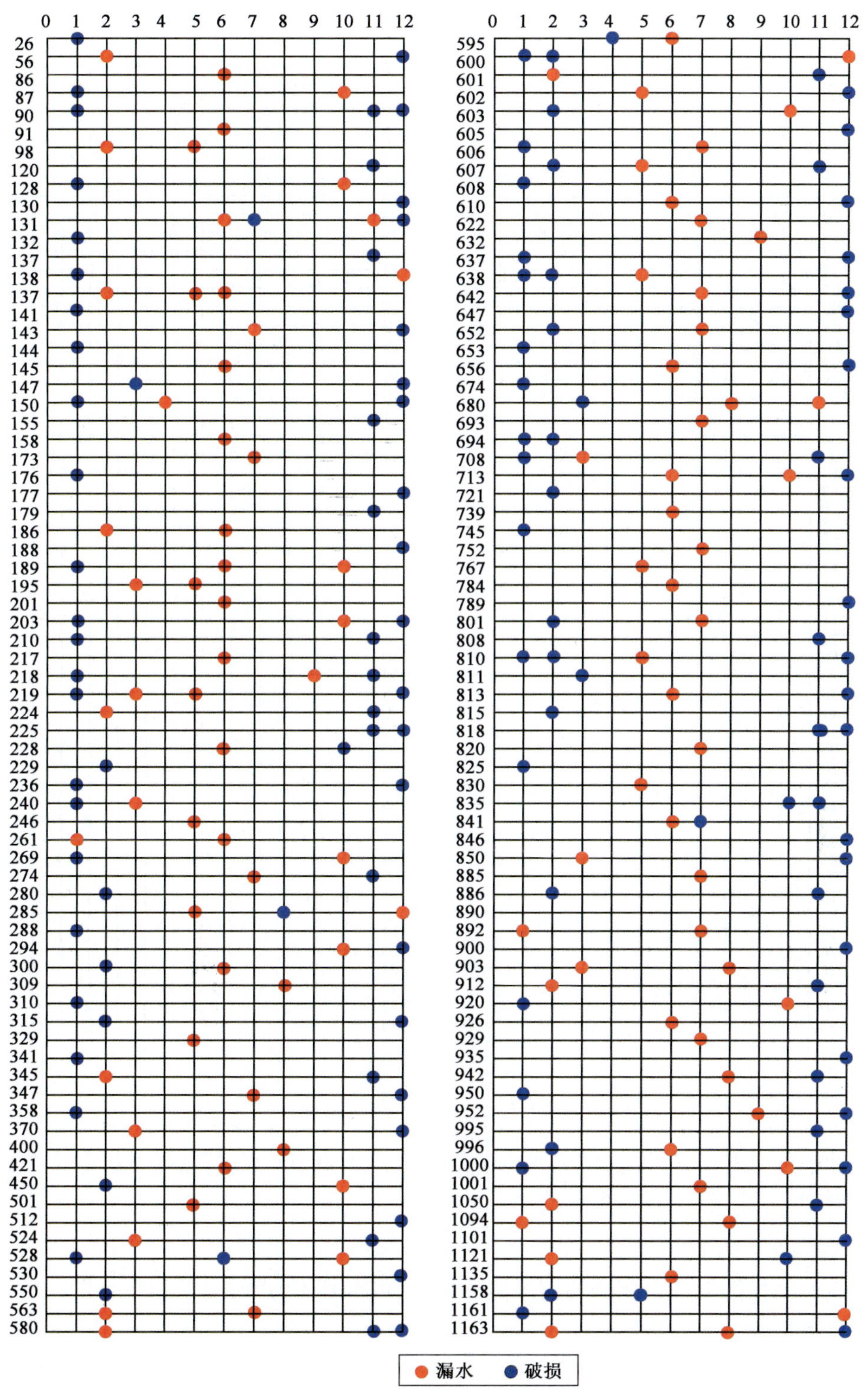

图 10-12　左线隧道管片展开图

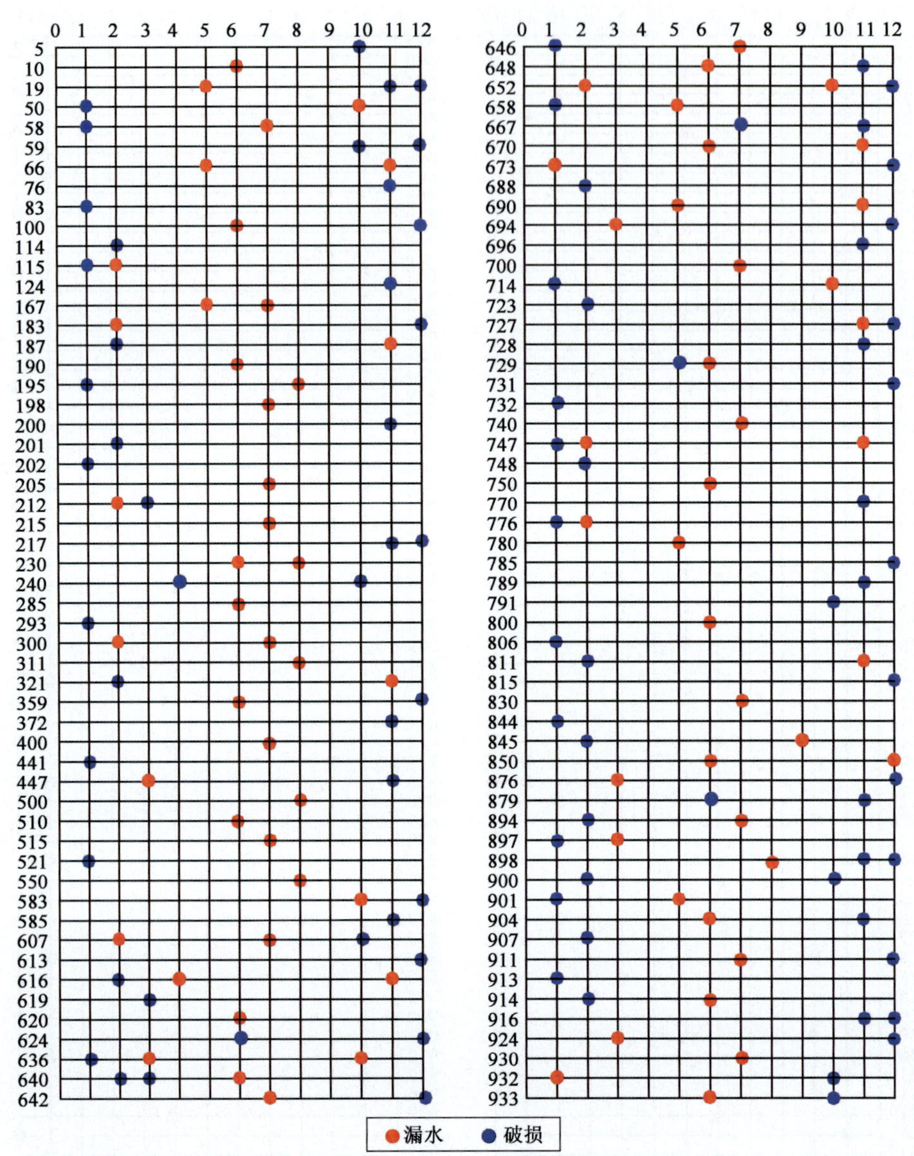

图 10-13　右线隧道管片展开图

从统计中可以看出,隧道破损主要位于隧道上方 1 点、11 点、12 点位置;漏水主要位于隧道下部 5 点、6 点、7 点,上部漏水点较少。

1. 常见渗漏的处理

首先应全面仔细地分类调查隧道渗漏的情况,可得到 12 点钟分圆格统计图。针对不同渗漏可采取以下措施:

(1)混凝土结构裂缝渗漏和蜂窝麻面渗漏:采用压力注浆法,灌注改性环氧树脂补强浆液,并用环氧树脂胶泥对混凝土进行外封闭处理。

(2)管片拼缝渗漏:采用压力注浆法,灌注超细水泥浆及环氧树脂,并用环氧树脂胶泥对

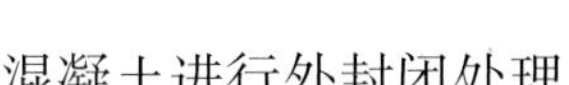

混凝土进行外封闭处理。

2. 材料选择

超细水泥(中砂)遇水膨胀止水条,丙酮,二甲苯,SH 外掺剂,EAA 环氧树脂,改性环氧补强灌浆液(混凝土表面清理剂,$\phi 8$ 耐压胶管),$\phi 8$ 铝管,注浆盒,铁线钉,环氧固化剂,环氧树脂,苯二甲酸二丁酯,NDC 防水剂,速硬微膨胀胶泥。

(1)速硬微膨胀胶泥:这是一种凝固快、早期强度高、具有微膨胀性能的防水灌浆专用堵漏特种材料,其凝结时间仅需 1min,1h 后强度可达 15MPa 以上,适用于各种地下结构的堵漏,砖、墙、混凝土、水泥构件的快速修补和固结充填,输水排污管道的接口填封等。

(2)改性环氧补强灌浆液:由环氧树脂、改性液、固化剂等组成,具有黏度低、强度高、塑性好、使用方便等优点,适用于各种地下结构的化学灌浆,其主要技术指标为:棕色浆液,纯胶体的抗压、抗拉强度分别为 58.5 ~ 88.3MPa 和 10.7 ~ 18.5MPa,抗压强度为 41.7 ~ 68.6MPa,劈裂抗拉强度为 2.0 ~ 3.5MPa。

(3)溶性聚氨酯速效堵漏浆液:由 TDI 与水溶性聚醚合成的高分子化合物,用机械压力注入漏水部位后,以水为交联剂经化学反应释放 CO_2,它可遇水向上扩散并与周围砂石、泥土等固结成弹性固结胶体。完全封闭疏松部位,最终达到堵漏目的。

(4)胶泥:环氧胶泥是由环氧树脂、改性液及固化剂、填充剂组成,具有极强的黏结力和抗压强度,适用于玻璃、石料、陶瓷、金属等的黏结和各种结构缺陷补强填充及粘贴钢板加固,各项强度应达到以下要求:抗压强度 4MPa,抗拉强度 2MPa,抗剪强度 1.8MPa,黏结强度 10MPa。

(5)水泥基渗透结晶型防水材料:由活性化学物质与水泥基无机材料混合而成,以水为载体,随着水对混凝土结构的毛孔渗透作用,活性化学物质渗透至毛孔内部,析出 $Ca(OH)_2$,它在孔缝中吸水膨胀使得孔缝被结晶体充填密实,以达到防渗目的,其主要技术指标为:在 20min 后初凝和 24h 内终凝,7d、28d 抗压强度分别大于 2.8MPa 和 3.5MPa,黏结强度≥1.0MPa,28d 渗透压力比≥300%。

3. 混凝土结构防渗堵漏施工

1)裂缝

(1)清除积水及碳酸钙黏附物,检查渗漏源,并做好标记。

(2)铲除找平层直至原混凝土面,以裂缝为中心,左右各宽 50mm。

(3)凿 U 形槽,从裂缝向左右两侧各宽 20mm、深 30mm。

(4)化学处理施工混凝土面,要求牢固、无积水、无杂物。

(5)筑造压力注浆系统,间距 350 ~ 400mm,用速硬微膨胀水泥封闭,待 12h 固化后,将高压灌浆管道连接到灌浆机上试压。

(6)经压力测试密封合格后,将改性环氧树脂补强浆液按配比配好并放人灌浆机中,渐进加压使缝隙空腔内充满浆液。

(7)当相邻灌浆嘴冒浆后结束注浆,并迅速将高压灌浆胶管扎好以防浆液外溢,如此反复操作直至完成所有孔的灌浆为止,12h 后检查整体堵漏效果。

(8)在混凝土面涂刷化学处理剂,要涂刷均匀,不得漏刷,保持3h以上。

(9)施工环氧胶泥密封层,修复饰面层,整体检查验收。

2)蜂窝麻面

(1)清除积水及检查渗漏源并做好标记,剔除结构面松散层。

(2)化学处理施工混凝土面,要求牢固、无积水和杂物。

(3)筑造压力灌浆系统,用速硬微膨胀水泥封闭,待12h固化后,将高压灌浆管道连接到灌浆机上试压。

(4)经压力测试密封合格后,将速效化学堵漏浆液放入灌浆机中,渐进加压,使缝隙空腔内充满浆液。

(5)当相邻灌浆嘴冒浆后结束该孔注浆,并迅速将高压灌浆胶管扎好以防止浆液外溢,如此反复操作直至将所有灌浆部位灌完,12h后整体检查堵漏效果。

(6)在混凝土面涂刷化学处理剂,应涂刷均匀,不得漏刷,3h后再做后续工作。

(7)施工改性环氧胶泥密封层,修复饰面,清洁场地,检查验收。

3)管片拼缝渗漏

(1)使用钢丝刷刷洗拼缝,用压缩空气清除其中的尘土污物。

(2)在缝内涂刷界面处理剂。

(3)用52.5水泥+30%SH外加剂,在界面处理剂尚未干透时及时埋设灌浆管并封堵拼缝。管距视具体情况而定,一般设为50cm左右,当轻微渗漏时其间距可适当增大但不宜超过1m;严重渗漏时其间距为30~40cm,封缝后应呈圆弧形,表面光滑,接近原构件颜色。

(4)筑造压力注浆系统。先压注超细水泥浆,观察注浆止水效果,控制注浆压力在0.3~0.4MPa,如仍渗漏则再埋管压注改性环氧浆,在7d后将注浆管切除。

(5)在混凝土面涂刷化学处理剂,注意涂刷均匀,不得漏刷,并保持3h以上。

(6)施工环氧胶泥密封层,修复饰面层,整体检查验收。

4.盾构管片破损修补

1)盾构管片破损主要情况和问题分析

(1)部分管片因施工不慎,在管片拼装过程中相邻两块管片发生轻微碰撞,造成部分管片出现崩角,开裂。

(2)隧道在今后的使用过程中,会不断受到振动、腐蚀等一些内外因素的影响,时间久了会发生脱落,对列车在运营时存在较大安全隐患。

(3)本项目存在管片开裂、掉块、露筋、缺角的部位共计219处。

2)管片破损修补施工

(1)施工方法

对于所有管片裂缝进行敲除。敲除破损后,根据凿落混凝土的面积大小以及是否出现露筋的情况分别处理。

由于隧道作业空间太小,搭设施工大型固定平台不易及时移走,采用铝合金人字梯作为移动施工平台,其重量轻、移动方便、拆解及时。

每次修补作业派施工人员5组,每3人为一组,其中1人扶紧人字梯,1人修补作业,1人递送材料。

预计每天作业时间为3h,每组人1d完成一处,计划13d能全部完成。最终按运营批准的作业时间进行调整,确保在规定的时间内完成。

(2)施工工艺及要点。

①对于凿落混凝土面积较小并且未露筋的,清理干净基层,用改性环氧砂浆修补平整基层面,待环氧完全固化后在其表面涂刷水泥基防水涂料,最终修补面与管片平齐(见图10-14)。

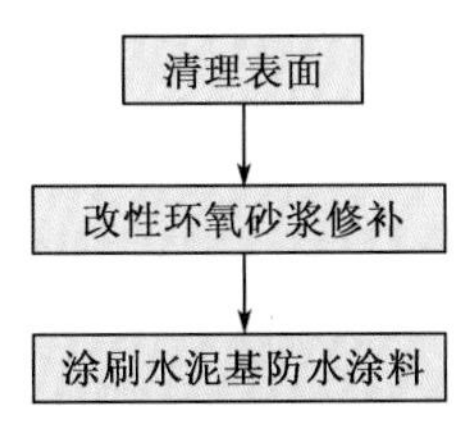

图10-14 小面积修补流程图

②对于凿落混凝土面积较大和露筋的,首先除掉疏松混凝土层,对钢筋进行除锈,用压缩空气除去粉尘或用钢丝刷清理干净,然后对表面进行涂改性环氧树脂,再用改性环氧砂浆修补平整基层面。待修补处完全干透后,然后打膨胀螺栓挂镀锌电焊网(镀锌电焊网规格:1.0cm×1.0cm),按间距8cm打入一个管片固定镀锌电焊网,用环氧树脂涂刷挂网处加强其黏接度(涂刷厚度2mm),保证挂网的承载力,使其牢固。待环氧树脂完全固化后,在其表面涂刷水泥基防水涂料(即防水胶+防水水泥粉),使其表面与管片的颜色一致,达到既牢固又美观的效果(见图10-15)。

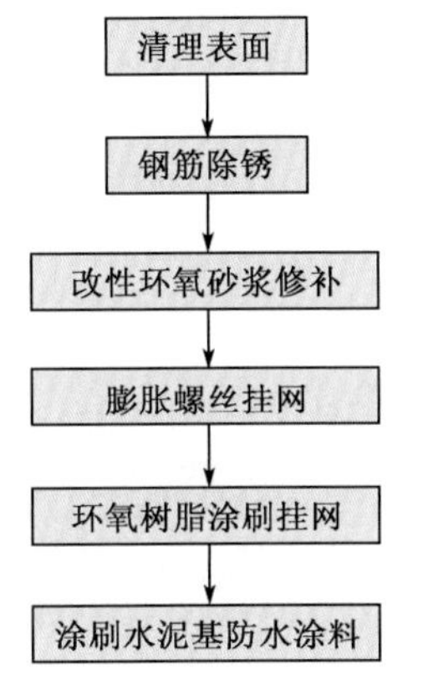

图10-15 大面积修补流程图

③环氧树脂混凝土配合比见表10-17。

环氧树脂混凝土配合比表 表10-17

每立方米用量(kg/m^3),质量比,混凝土试配抗压强度55.3MPa			
二丁酯	乙二胺	水泥	中河砂
19	24	160	800

第四节 主要地层加固施工设计

一、盾构始发端头加固方案设计

本盾构区间段2台盾构机施工从南端风井始发,到达人和站。该段各端头隧道拱顶及洞身主要为〈3-1〉、〈3-2〉、〈2-2〉、〈3-3〉、〈4-1〉、〈6〉、〈7〉地层,地层较软弱,覆土厚度为7.4~14m,砂层较厚,稳定性很差,存在涌沙、塌陷危险。

为了提高端头加固的防水效果,在紧贴各端头的盾构井的围护结构边,做一个口字形的旋喷桩止水帷幕,止水帷幕在紧贴连续墙侧采用2排ϕ600@450的旋喷桩,其余三边均采用1排

ϕ600@450 的旋喷桩，止水帷幕范围约为 15m 长，止水帷幕内采用 ϕ500@400 的搅拌桩填充，桩长为隧道底 3m。各端头加固形式具体如图 10-16、图 10-17 所示。

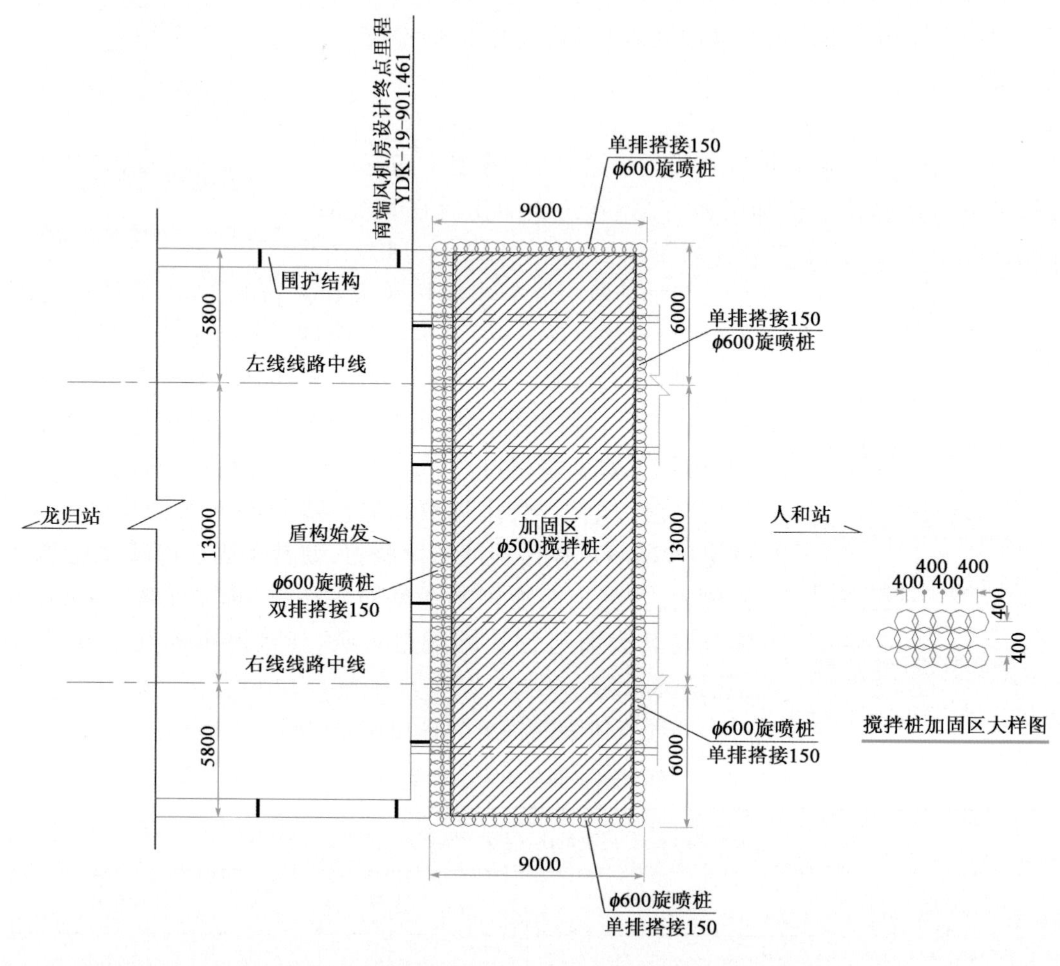

图 10-16　盾构始发端头加固平面示意图(尺寸单位:mm)

通过始发时洞门凿除出现漏水，证明该端头加固效果不理想，在砂层中桩与桩之间咬合部位存在空隙，在地下水的作用下，这薄弱地方最容易出现流沙。在实施施工中，采用了注浆、降水等措施补充加固。

二、盾构到达端头水平加固方案设计

吊出端地面条件狭小，围挡以外为当地居民出入的主要道路，难以选择地面加固的办法进行；经多方比对，决定采用吊出洞门范围水平加固方案。

吊出端头地层在拱顶以上有较薄的一层〈4-1〉，主要为〈3-3〉砂层，隧道范围内主要为〈7〉、〈8〉号地层。吊出端地质情况如图 10-18 所示。

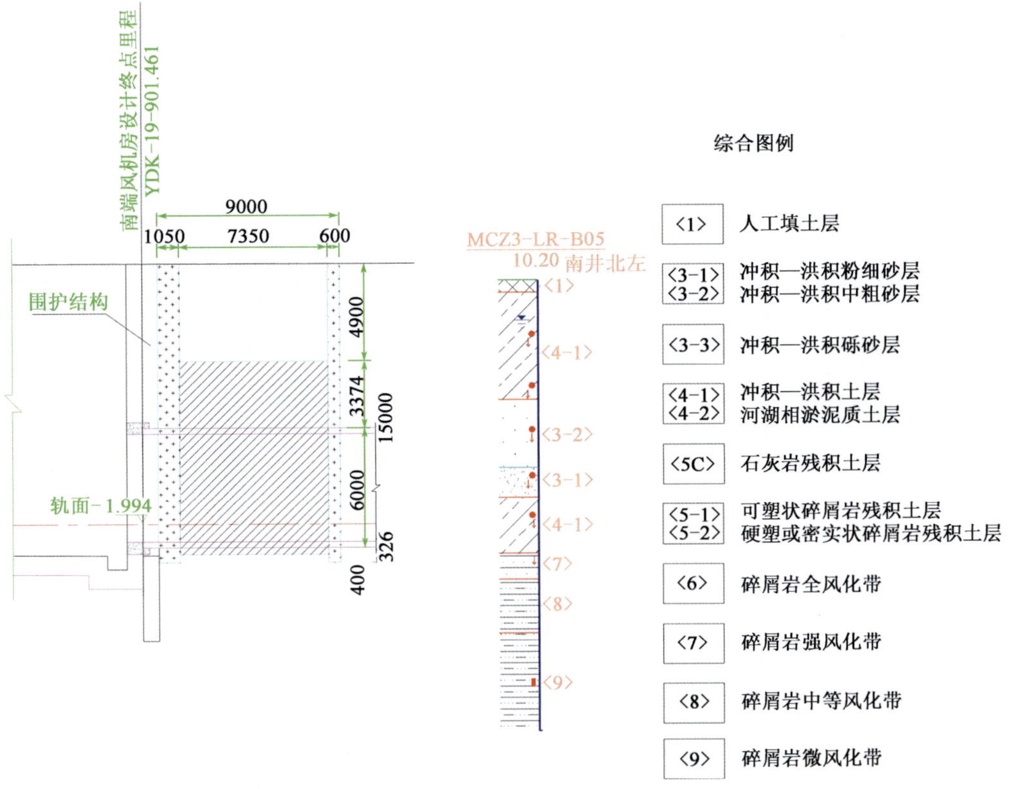

图 10-17　盾构始发端头加固剖面图(尺寸单位:mm)

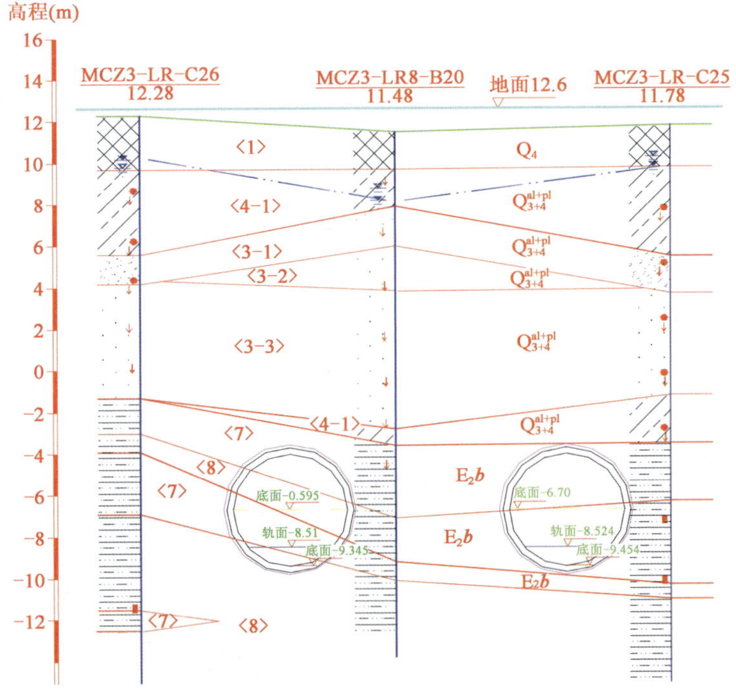

图 10-18　到达端头的地质图

端头加固采用水平加固,范围是:沿隧道轴线方向为10.0m,断面范围为洞门圈以外1.0m,如图10-19所示。

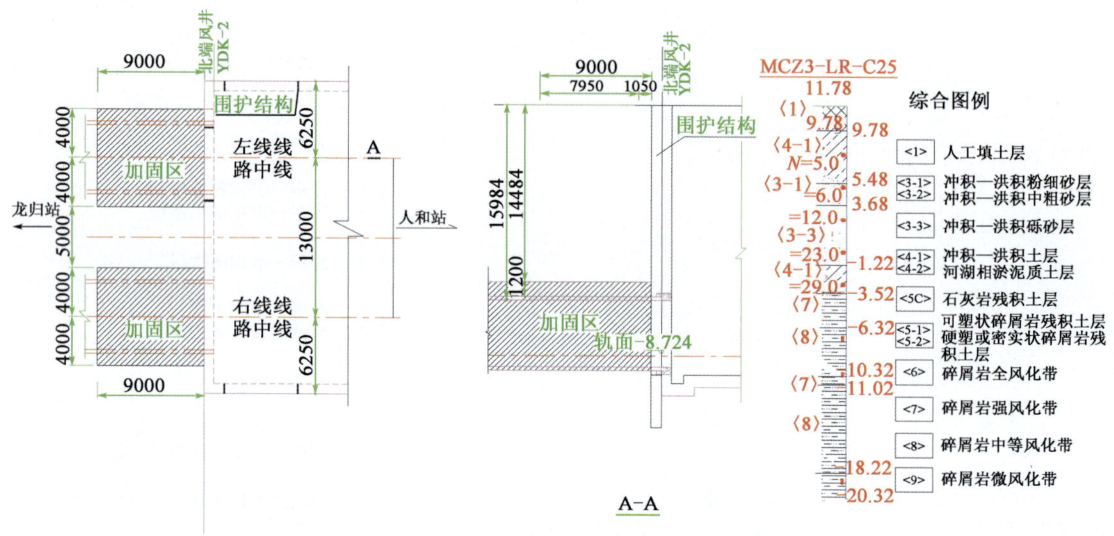

图10-19　水平注浆加固平面图和剖面图(尺寸单位:mm)

加固的主要目的是隧道上部1.2m左右地层的止水,同时兼顾加固土体,使之满足加固土体强度的要求,隧道下部的土体较好,基本满足强度的要求,只对其进行简单加固。水平注浆加固的断面图(布孔尺寸)如图10-20所示。为了做到尽量减少对地面变形的影响并考虑到隧道的实际埋深,注浆的过程采用缓慢跟进的方式,采用水泥—水玻璃浆液,具体比例按照注浆过程进行调整和变化,终浆压力在1.5MPa,视情况进行微调。

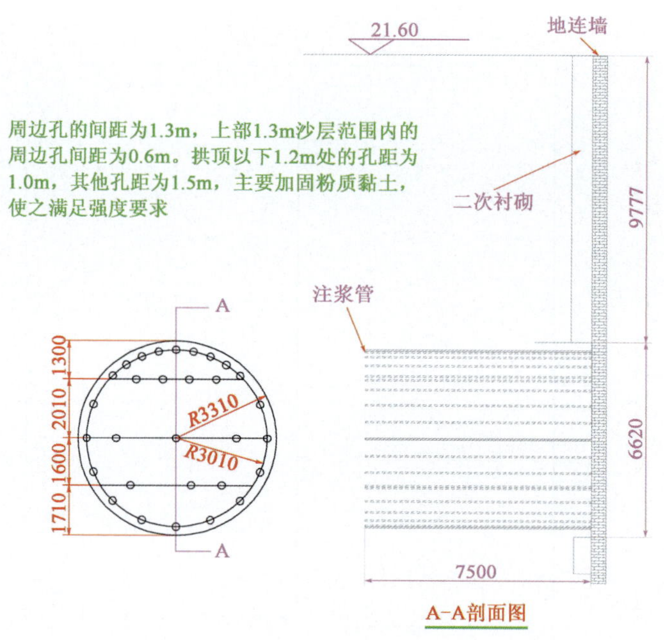

图10-20　水平注浆加固的布孔图(尺寸单位:mm)

三、联络通道加固方案设计

5 号联络通道埋深 11m(拱部到地面),洞身上部分和拱部主要为〈3-1〉、〈4-1〉地层,地层的透水较强,自稳性较差。6 号联络通道埋深 12m(拱部到地面),洞身上部分和拱部主要为〈3-3〉、〈3-2〉、〈3-1〉、〈4-1〉地层,地层的透水较强,自稳性较差(见图 10-21、图 10-22)。

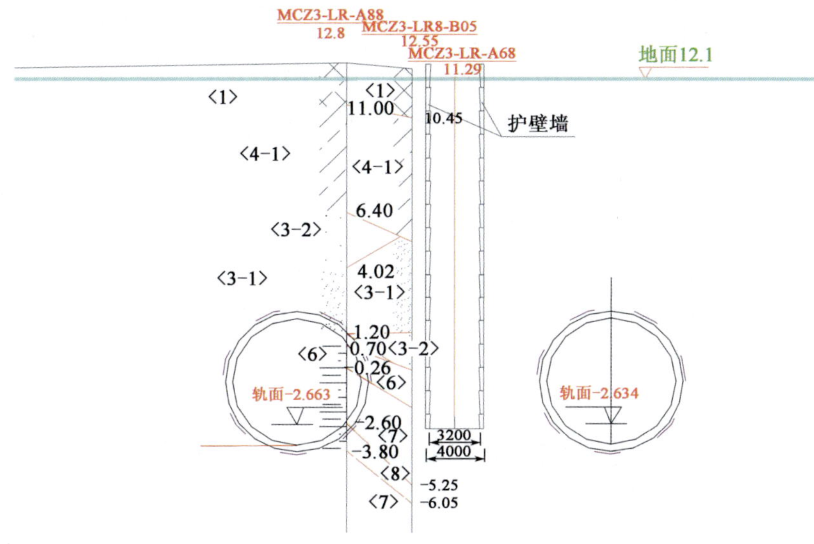

图 10-21　5 号联络通道施工剖面图

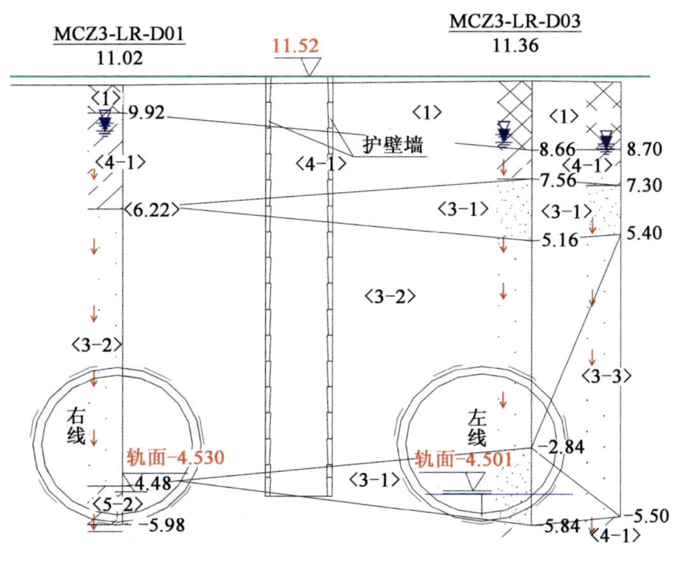

图 10-22　6 号联络通道施工剖面图

加固方案:在外侧为素混凝土地下连续墙,接口位置采用冲孔灌注桩;内侧加固划分为两个区域,旋喷桩加固区和搅拌桩加固区。联络通道在旋喷桩加固区,中央人工挖竖井到底再向左右两侧矿山法暗挖(见图 10-23)。

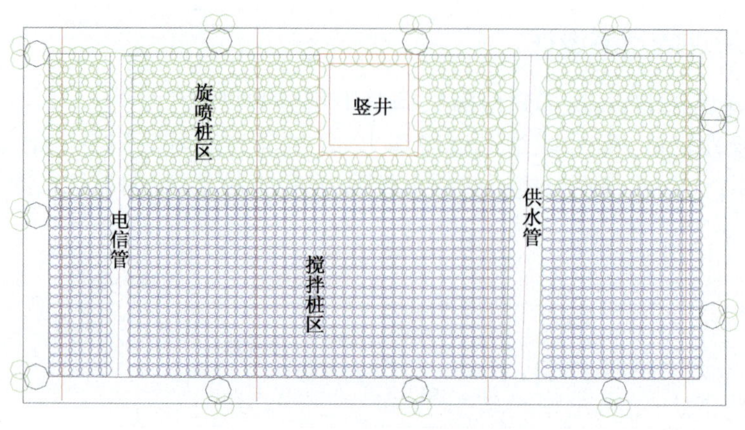

图 10-23 5 号联络通道施工平面图

加固采用连续墙能有效防止地下水影响开挖,还可以起到围护结构作用,保证开挖时的安全。同时旋喷桩及搅拌桩搭接较好,加固效果十分理想。在联络通道中采用竖井施工,不仅可以减少工期,还大大降低开挖的风险。

第五节 盾构施工过程的安全和质量控制

一、始发端头洞门凿除时发生的 3 次涌水事件

1. 事件简介

第一次:洞门凿除于 2008 年 10 月 21 日开始,在凿除第一层混凝土时没有发现漏水现象。距离洞顶 50cm 处凿除至第二层钢筋时发现上部 10 点位置有一处漏水,如图 10-24 所示。

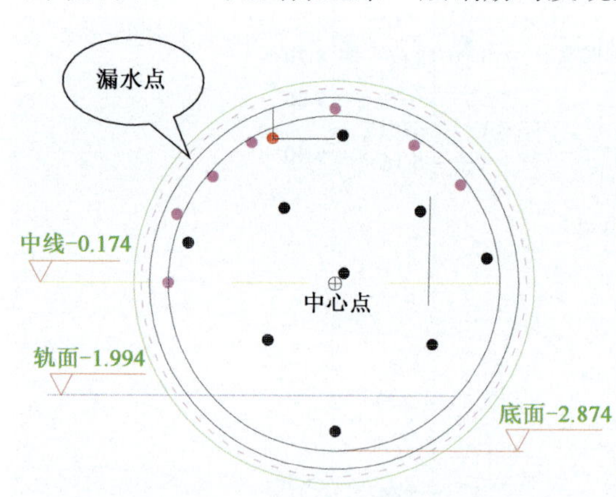

图 10-24 漏水点示意图(一)

后经过埋管引水,并将漏水孔位封堵好,然后继续往下进行凿除。为了进一步探知漏水情况,在原有水平钻孔基础上增加了 7 个水平孔,具体位置如图 10-24 中粉红色钻孔。未发现再有漏水情况。

第二次:通过水平钻孔情况,发现了主要漏水点,将漏水点通过封堵和引流的办法处理后,继续往下凿除第二层混凝土。在 27 日上午在图 10-25 右边所示缝隙 1 位置突然出现较大漏水,至晚上时在加固区外侧出现了塌方(见图 10-26)。

第三次:通过打钢板桩和注浆处理好第二次漏水缝隙后,继续进行第一层混凝土的凿除,凿除至图 10-25 中左边缝隙 2 时出现了第三次漏水(见图 10-27)。经过观察,断定水流是从加固区东北侧的塌陷位置进入,从素混凝土连续墙左线洞门圈分幅接缝上半部一个长 × 宽 = 100cm × 30cm 的漏洞涌出。

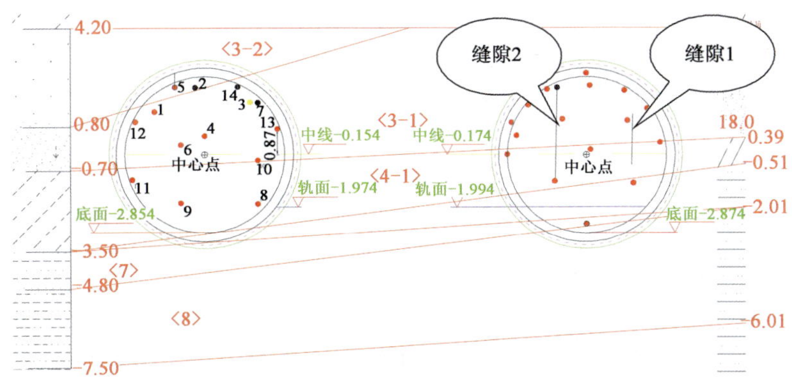

说明：红色为不漏水孔，黑色为漏水孔，黑色宽线为出现较大漏水的缝

图 10-25　漏水点示意图(二)

图 10-26　加固区东北侧塌陷情况(汪本灿　摄)

图 10-27　左线洞门圈涌水情况(汪本灿　摄)

2. 事件分析

1)设计情况分析

原设计在紧贴各端头的盾构井的围护结构边,做一个口字形的旋喷桩止水帷幕,止水帷幕在紧贴连续墙侧采用2排 ϕ600@450 的旋喷桩,其余三边均采用1排 ϕ600@450 的旋喷桩,止水帷幕范围约为15m长,止水帷幕内采用 ϕ500@400 的搅拌桩填充,桩长为隧道底3m,如图10-16、图10-17所示。

考虑到盾构始发安全,经多方研究,将靠近基坑2排 ϕ600 咬合150 的单管旋喷改为1排素混凝土800地下连续墙,设计深度15.7m,超过洞门底标高1m,分7幅墙进行浇筑。具体设计内容如下:

根据地层含水量的情况,为了提高端头加固的防水效果,在紧贴各端头的盾构井的围护结构边,做一道素混凝土地下连续墙和旋喷桩止水帷幕,止水帷幕在紧贴原盾构井旧有连续墙侧中部采用800素混凝土连续墙,东西两端各2m缺口范围内用2排 ϕ600@450 的旋喷桩,其余三边均采用1排 ϕ600@450 的旋喷桩,止水帷幕范围9m×25m,止水帷幕内采用 ϕ450@350(部分 ϕ500@400)的搅拌桩填充,桩长至隧道底1.5m。端头加固形式具体如图10-17、图10-28所示。

在方案审查会上,专家们提出,在洞门圈位置的素混凝土连续墙不宜分幅,但没有被采纳;事后证明,正是洞门圈的两道竖向分幅接缝位置,出现涌水、涌沙,给左线始发带来很大麻烦。

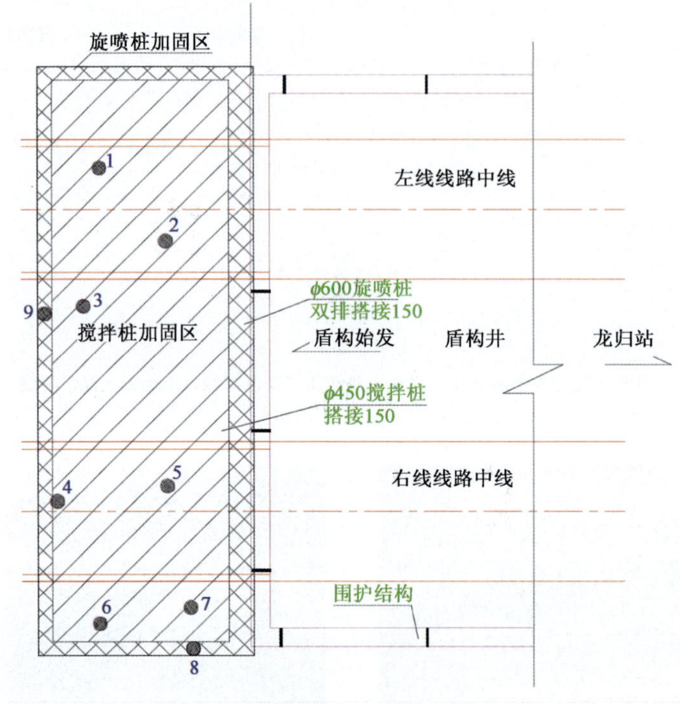

图 10-28 钻孔平面布置图

2)现场抽芯分析

为了检测加固效果,7 月 22 日 ~7 月 28 日采用钻芯法对加固体进行检测。钻孔在平面上布置尽量分布均匀,共抽芯 9 根,钻孔平面布置如图 10-30 所示,钻孔深度为 14.5m。

对各钻孔抽芯后,得出芯样图如图 10-29 所示。

根据现场抽芯芯样情况和现场施工记录,抽芯桩共计 9 根,其中有 4 根桩(1、2、6、8 号)桩身水泥土芯样连续、基本完整,水泥土搅拌混合均匀,胶结较好,芯样多呈坚硬柱状,局部胶结稍差呈块状;有 5 根桩(3、4、5、7、9 号)桩身水泥土芯样胶结差,水泥土芯样不连续,水泥土搅拌混合不均匀。所有钻孔显示,施工桩长符合设计桩长要求。

结论:部分地层(主要为 6 ~ 10m,该地层为〈4-1〉、〈3-2〉)加固效果较差。

第二次是 8 月 29 日 ~8 月 30 日,在加固区靠近线路中心位置,芯样 2 组,连续性、完整性良好,胶结较好(见图 10-30)。

3)施工情况分析

(1)搅拌桩施工

由于施工加固地层主要为砂层,而本端头砂层主要以砾砂为主。施工过程中曾多次出现钻杆断裂、卡钻等情况,搅拌桩难以钻下。原设计桩径为 500m,由于施工钻进困难等原因后更改为 450m,搭接长度不变。

事后评估,搅拌桩施工效果不是很理想。

(2)旋喷桩施工

旋喷桩主要在外围起止水作用,由于是单排布置且在地下水如此丰富的端头施工,估计未能达到设计的效果。

图 10-29　第一次抽芯芯样情况图(汪本灿　摄)

图 10-30　第二次抽芯结果（汪本灿　摄）

（3）素混凝土地下连续墙施工

由于搅拌桩、旋喷桩效果不是很理想，所以在原来围护结构和搅拌桩之间采取了连续墙施工以保证加固体的质量。连续墙施工主要存在的问题是：连续墙各槽段之间的接缝处理和与原来围护结构之间接缝的处理。从漏水的情况可以得知，这两个问题都未能解决好，主要是素混凝土连续墙接缝采用自然接缝，没有用接口管，由于水下混凝土浇筑不实，造成左线洞门产生一个自然漏口，给洞门凿除带来麻烦。

3. 地面注浆和降水井施工

针对加固体钻孔抽芯检测结果不理想的状况，实施了降水井 + 地面注浆的方案，从 9 月初开始，共采用袖阀管注浆 4 次；并在靠近基坑的左右线中间位置，打了一口直径 1m，深 15m 的降水井。

1）注浆孔平面布置

注浆孔的布置主要利用现有抽芯孔来进行，在隧道范围内相应增加注浆点，具体如图 10-31所示。

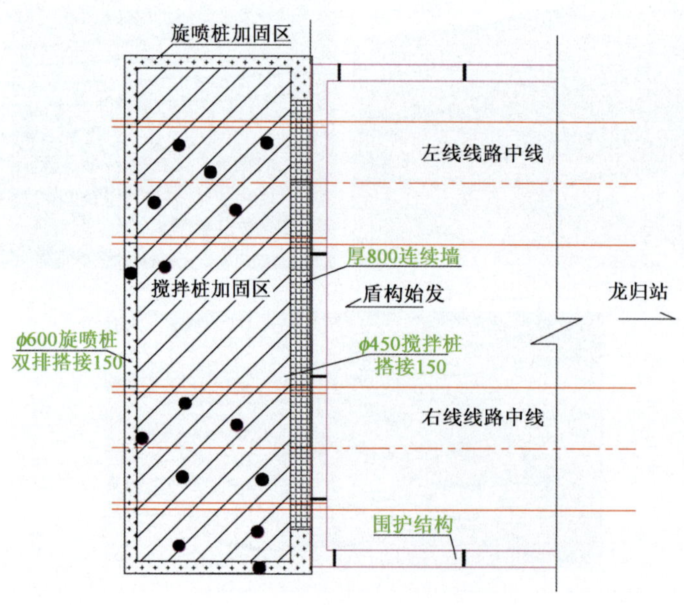

图 10-31　第一次注浆孔平面布置图

降水井位置见图10-32。

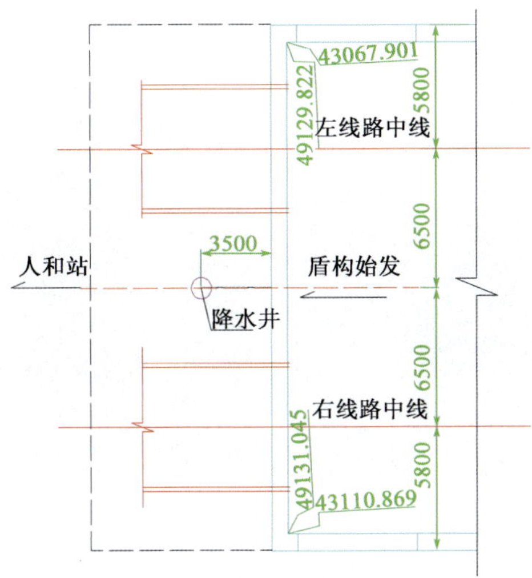

图10-32　降水井平面位置图(尺寸单位:mm)

注浆参数见表10-18。

注浆参数统计表　　表10-18

序号	注浆时间(月-日)	孔数(个)	孔深(m)	水泥用量(t)	水泥浆液配比	注浆压力(MPa)
1	8-21~8-30	13	14.5	29	1:1	1.0
2	10-12~10-13	6	14	6.9	1:1	1.2
3	10-31~11-2	16	12	18.5	1:1	0.6~0.8
4	11-5~11-9	15	13	12.7	1:1	0.5

2)化学浆液主要材料配比

(1)主要材料:水玻璃、42.5水泥、水、丙烯酰胺、过硫酸氨、二甲氨基丙腈、N-N′亚甲基双丙烯酰胺。

(2)配比:

①水泥浆筒内:

水:丙烯酰胺:N-N′亚甲基双丙烯酰胺:二甲氨基丙腈=350:20:1:1.3。

②水玻璃筒内:

水:过硫酸氨=500:1;

A:B=1:1。

从止水效果来看,化学浆液最好,双液浆次之,单液浆最差,但化学注浆的成本最高。

4.抢险处理措施

(1)在开始涌水时,马上启用降水井,虽井内水位很快下降6m多,但涌水情况没有多少改善。

(2)拉森钢板桩施工。由于在加固区外侧出现了塌方,为了防止塌方面的进一步扩大,立即对加固区外侧进行了拉森钢板桩的施工。钢板桩施工深度为12m，横跨整个加固区。具体如图10-33所示。

图10-33　施打钢板桩与注浆（祝新涛　摄）

钢板桩施工到第6根、第7根时，发现洞门漏水减小了约3/4，有明显的效果。后发生了第二次漏水，原来塌陷的位置继续加深，得知钢板桩外侧仍然有水土通过钢板桩流失，判断是局部钢板桩深度不够。由图10-34可知，钢板桩刚刚穿过砂层，水土极易从桩底找到通路流出。

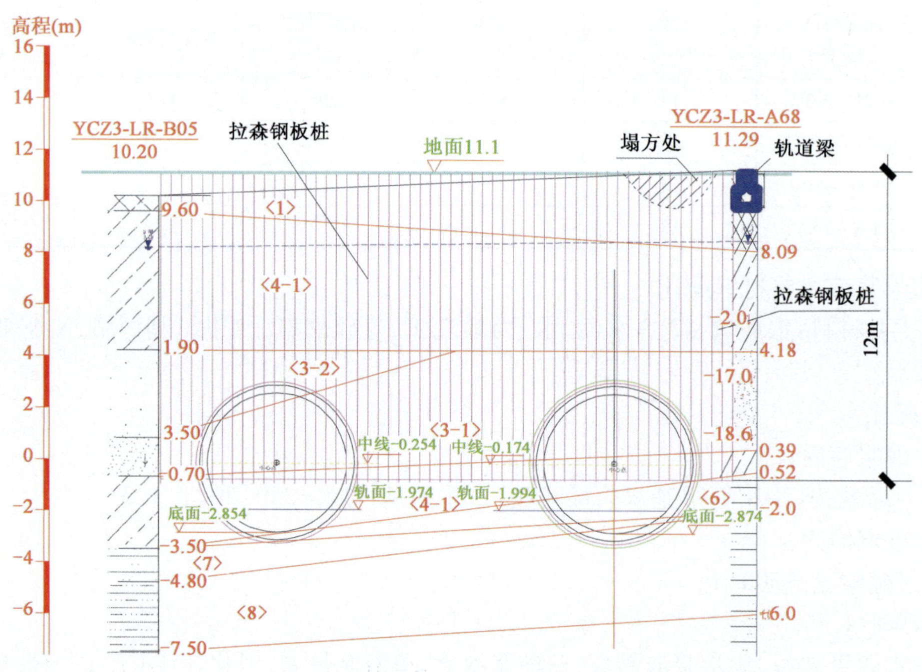

图10-34　钢板桩施工图

(3)注浆堵漏和加固。在降水井无效，通过在加固区北侧打一排钢板桩减小水头后，接下来采取的措施就是地面注浆；开始是注双液浆，但浆液配比和注浆工艺没有掌握好，洞门圈出现了第3次涌水，经过分析后，用化学注浆的方法，堵住了洞门涌水。

①注双液浆

对塌陷地方采用注浆措施,先注加有红丹粉的浆液。确定水流从塌落处至洞门处所需时间。然后注双液浆液,封堵漏水口,确保不再塌陷。

②注化学浆

由于水泥浆和水玻璃浆液的粒径较大,无法渗透到砂层。为了保证洞门不再次出现涌水情况,采用能够渗透到砂层的丙烯酰胺浆液处理漏水。

11 月 10 日,通过 5d 的化学注浆,洞门圈的涌水终于止住,13 日顺利割除第二排钢筋网,15 日左线三菱泥水平衡盾构机刀盘推进至加固体素混凝土连续墙。

二、左线盾构在 5 号联络通道加固区外受困事件经过及处理过程

1. 左线盾构机至 5 号联络通道南侧受困经过

盾构机 2009 年 1 月 31 日推完 361 环至 2009 年 3 月 29 日推完 362 环,中间停机 57d,期间一期加固施工(袖阀管注浆)14d,二期加固施工(钢板桩加降水井)21d。

盾构机从端头始发开始平均每日掘进 7 环,刀盘扭矩 800 ~ 900 kN·m,推力 1000 ~ 1200t。当盾构机掘进到 326 环时开始,刀盘推力及扭矩开始逐渐上升,在第 355 环时扭矩上升到 2850kN·m,推力达到 1758t,盾构机在拼装完第 361 环后,第 362 环千斤顶行程至 861mm 时,盾构机鱼尾刀刀尖刚好接触到连续墙,处于碰壁状态。

到千斤顶行程至 1402mm 时,盾构机因扭矩值瞬间增大至 7000kN·m 而停机,此时盾构机整个鱼尾刀已进入连续墙 541mm,其掘进参数见表 10-19。

左线 362 环掘进参数 表 10-19

行程(mm)	861 ~ 881	881 ~ 1011	1011 ~ 1158	1158 ~ 1194	1194 ~ 1211	1211 ~ 1257	1257 ~ 1402
推力(t)	1200	1300	1350	1220	1220	1260	1350
速度(mm/min)	1 ~ 2	1 ~ 3	1 ~ 3	1 ~ 2	1 ~ 2	1	0 ~ 1
扭矩(kN · m)	800 ~ 1000	1100 ~ 1500	1500 ~ 2000	2000 ~ 2500	2500 ~ 3000	2800 ~ 3800	3000 ~ 4500

2. 始发至 5 号联络通道地质分析

盾构从始发到 5 号联络通道位置主要以砂层为主,夹杂部分黏土,有较少岩石地层。具体地层情况如图 10-35、图 10-36 所示。

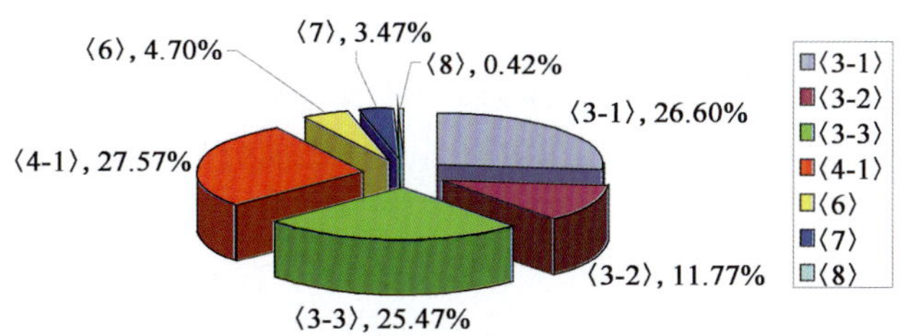

图 10-35 左线始发端头至 5 号联络通道各地层统计

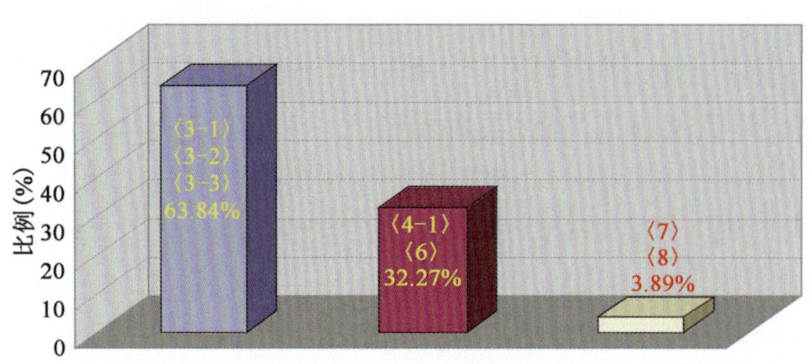

图 10-36　土层归类统计图

3. 左线始发盾构刀具配置

左线始发刀盘刀具配置主要以软岩刀具为主，主要为中心鱼尾刀、刮刀及贝壳刀，整个刀盘共配置滚刀一把，具体刀具配置如图 10-37 所示。

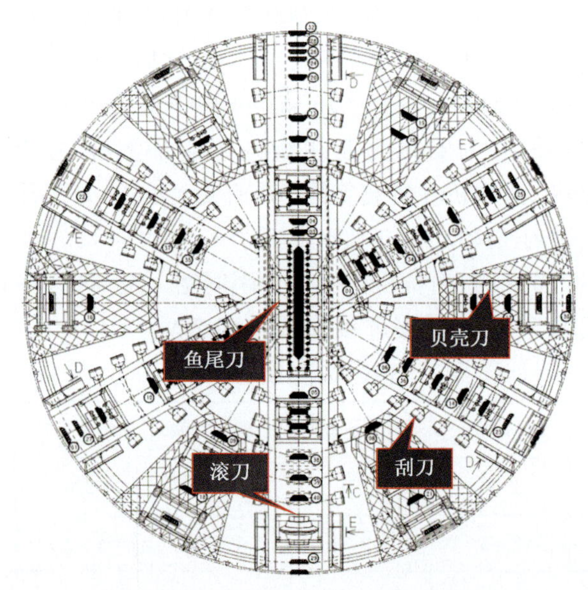

图 10-37　左线盾构机刀盘刀具配置图

4. 受困原因分析

(1)这次左线盾构在 5 号联络通道外受困，始发时刀具配置不当是主要原因。在始发时根据地层分析，以〈3〉、〈4〉、〈5〉地层为主，因此没有在边缘配置滚刀，而始发端首先要穿过一道 C15 厚 800mm 的素混凝土地下连续墙，从 300 环开始，盾构机推力和扭矩过大，出现漂移，姿态难以控制，直到开动仿形刀才脱困。这时就怀疑边缘配置的先行刀已经严重磨损，根据盾构机解困后进舱检查更换刀具的情况看，刀盘刀具正如之前分析的结果一致，磨损情况相当严重(见图 10-38、图 10-39)。

(2)其次，联络通道设计也有问题，四周采用 C15 的素混凝土地下连续墙，由于是商品混凝土，往往 28d 抗压强度超过 C20 混凝土，导致刀盘面圆弧部分与强度较高的地下连续墙之间接触，致使盾构机刀盘扭矩急速上升，最终超出上限值而被迫停机。

图 10-38　刀盘圆弧范围内的刀具磨损(祝新涛　摄)

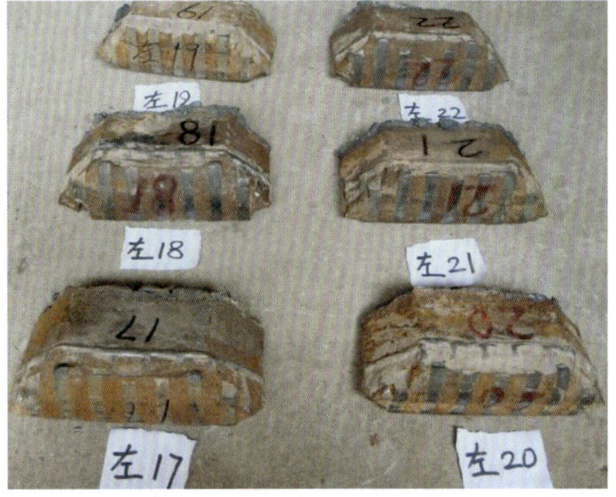

图 10-39　刀盘正面范围内的刀具磨损(祝新涛　摄)

5. 处理方案实施一:袖阀管注浆

连续墙前土仓顶部土体较为软弱,存在 4m 厚的砂层,直接开舱必然会出现上部土体塌陷,所以开舱前必须先对顶部软弱土体进行加固。为保证在联络通道外进行常压开舱,采用在盾构机上方土体袖阀管注浆加固的方案实施。

加固采用地面注浆加固的形式,在土仓顶部设置三排注浆孔对地层进行加固止水,梅花形布置,间隔 1m,注浆深度到达盾构机土仓顶部 0.5m。4 ~7m 范围内采用纯水泥浆加固,7m 以下先采用水泥加水玻璃双液浆加固,盾构机周边注丙烯酰胺进行止水封堵。具体平面布置如图 10-40 所示。

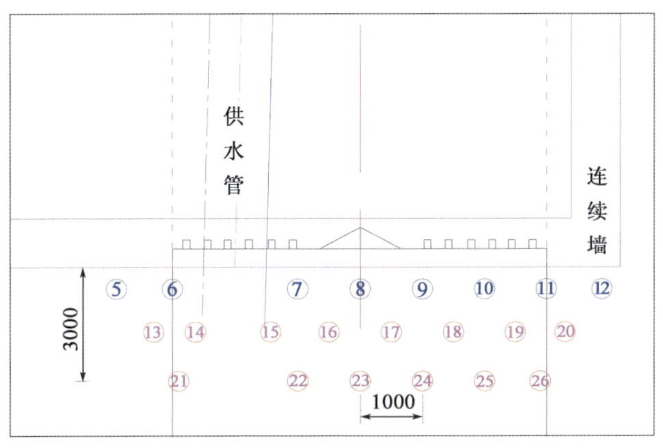

图 10-40　袖阀管注浆钻孔布置图(尺寸单位:mm)

本次采用的丙烯类化学浆采用表 10-20 的配比,效果十分显著。

化学浆液配比　　表 10-20

A 液			B 液		
水	丙烯酰胺	N-N′亚甲基双丙烯酰胺	水	二甲氨基丙腈	过硫酸氨
500L	75kg	3kg	500L	3kg	4.5kg
A : B = 1 : 1					

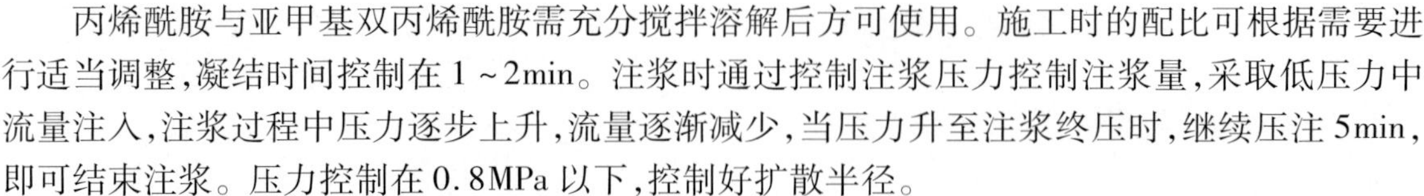

丙烯酰胺与亚甲基双丙烯酰胺需充分搅拌溶解后方可使用。施工时的配比可根据需要进行适当调整,凝结时间控制在1~2min。注浆时通过控制注浆压力控制注浆量,采取低压力中流量注入,注浆过程中压力逐步上升,流量逐渐减少,当压力升至注浆终压时,继续压注5min,即可结束注浆。压力控制在0.8MPa以下,控制好扩散半径。

在注浆同时时刻注意切口水压的变化,避免浆液跑入土仓里面,当切口水压上升时,停止地面注浆,待浆液凝结再继续注浆。

注浆加固用量为:水泥51t,水玻璃19m³,化学浆16m³。

加固期间及加固完毕后分别对土仓进行了加压试验,试验结果见表10-21。

加压试验数据表 表10-21

序号	泥浆黏度(s)	切口水压(kPa)/时间	切口水压100kPa/时间	泄压时间(min)	切口水压80kPa/时间	泄压时间(min)	日期(年-月-日)
		A	B	C=B-A	D	E=D-C	.
1	22	160/02:07	2:12	5			2009-2-16
2	22	160/02:14	2:20	6			
3	22	160/02:21	2:28	7			
4	22	160/02:29	2:41	11			
5	27	180/08:02	8:49	47	9:42		2009-2-18
6	28	220/11:53	12:27	34	95kPa/12:39	46	
7	29	220/08:58	105kPa/09:49	51			2009-2-19
8	28	220/12:08	13:36	88	94kPa/14:08	90	

从表10-21可以看出土仓保压效果明显增强,说明顶部土体加固效果还是较为满意的。2月19日对土仓进行降水。

对土仓顶部土体进行加固后,顶部4m左右厚砂层其稳定性得到很大改善,保证了开舱时上部土体不会塌陷,加固效果十分理想,但是由于四周地下水较为丰富,使土仓内水位无法降到要求液面以下,且水流过大对周围土体稳定性的破坏很大,所以单一的注浆还是不能满足开舱要求。

6. 处理方案实施二:钢板桩加降水井

1)钢板桩施工

此次钢板桩施工共4排,每排均10m左右,中间两排由于供水管中断,中间间隔2m,水管左右偏50cm。拉森钢板桩施工沟槽宽度为1m,深度为1.5m,钢板桩的施工深度最深为12m,钢板桩具体平面布置如图10-41所示。

2)降水井施工

由于土仓顶部存在的砂层较厚,地层地下水丰富,所以决定在靠近土仓两边施工两个降水井来降低地下水深度,从而降低土仓内水位标高。

降水井施工直径为1.2m,钢筋笼内径为0.8m,施工深度为18m。具体布置如图10-42所示。

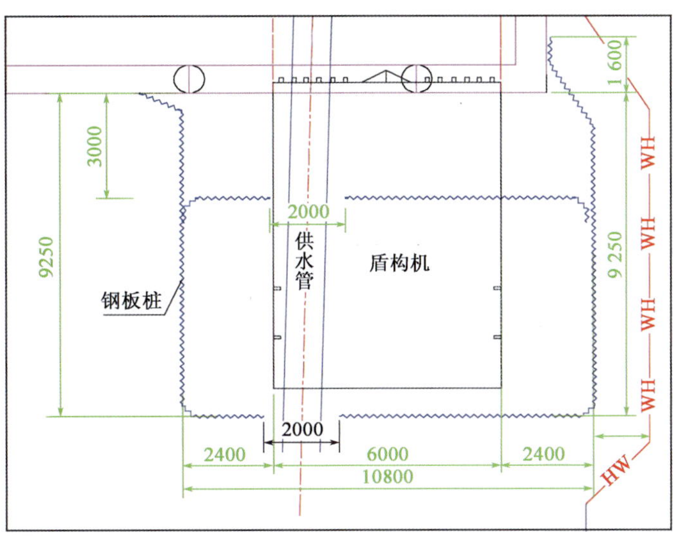

图 10-41 钢板桩施工布置图(尺寸单位:mm)

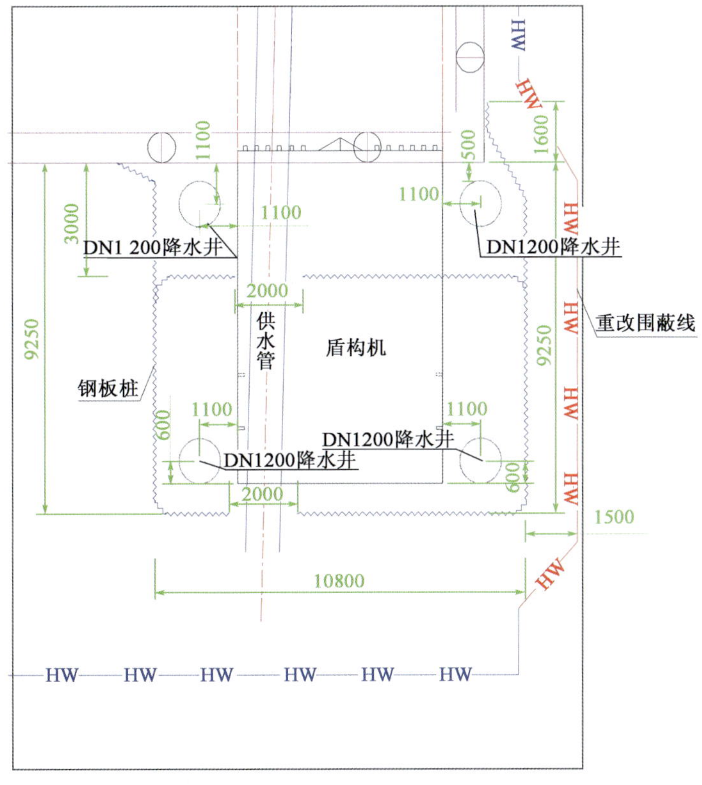

图 10-42 降水井平面布置图(尺寸单位:mm)

3)辅助措施

钢板桩施工后存在许多漏水的薄弱地方,为了保证止水效果,在钢板桩施工完毕后还采取了相应的辅助措施。

(1)在钢板桩与连续墙交接的地方采用注浆形式对接缝进行封堵,注浆深度为4~13m,地下水位至钢板桩以下1m。

(2)由于供水管的通过导致中间两排钢板桩不能连续,起不到挡土止水的效果,所以在两排钢板桩各施工4根三管旋喷桩,4根旋喷桩分别布置在水管两侧,桩径1000mm,深度到达钢板桩底部。

(3)在第一排钢板桩出来40cm处,设置一排钻孔对钢板桩底部进行注浆封堵;同时在第二排钢板桩的供水管两侧补两根注浆斜桩填补两旋桩搭接间隙,交叉点设置在砂层中部。

以上辅助措施具体平面布置如图10-43所示。第二排钢板桩斜孔剖面如图10-44所示。

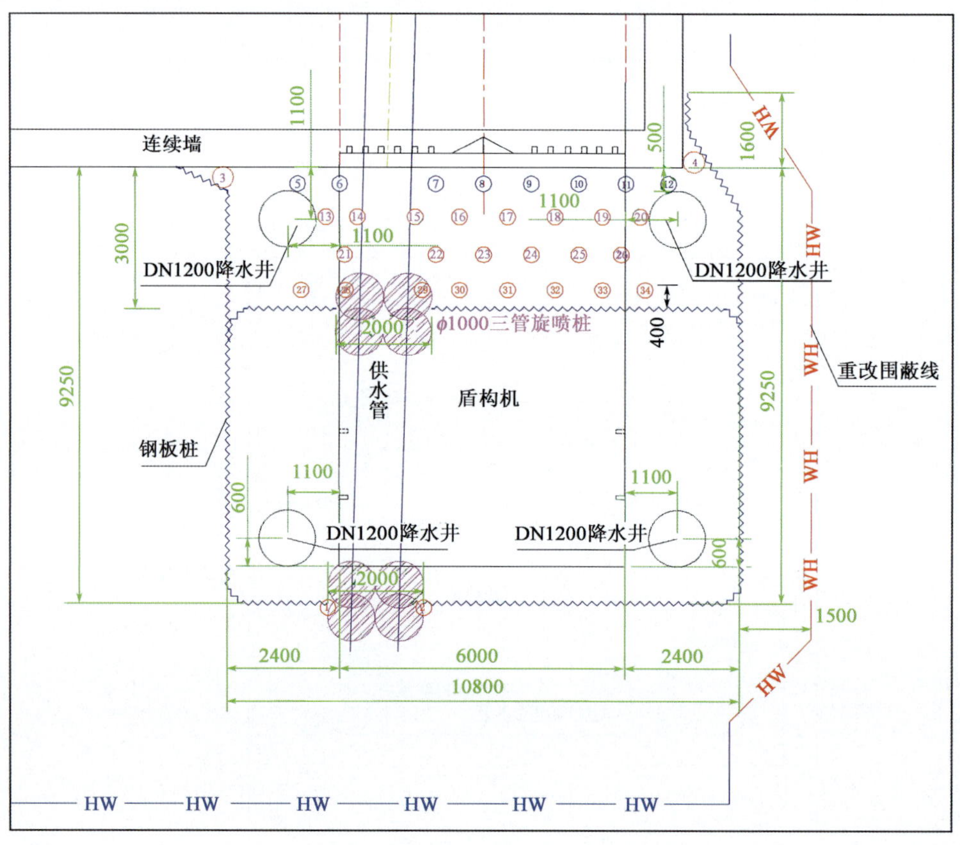

图10-43 地面加固平面布置图(尺寸单位:mm)

7. 实施效果

3月12日早对土仓进行降水,当切口水压降至0时,记录涨水时间,30min切口水压上升7kPa,上升速度较慢,打开上舱门观察土仓水位变化,水面没有明显的上涨趋势,四周土体也无明显水流,顶部土体稳定性良好。采用2kW功率抽水泵对土仓进行抽水,水位可持续保持在土仓中线以下,达到开舱要求。

8. 经验与教训

经过此次受困事件,承包商在5号联络通道加固区内,将左右线刀盘20~39号共有18把刀具换成单刃滚刀;对于6号联络通道连续墙采用了泥粉混凝土连续墙,将原有隧道界限内C15混凝土连续墙冲掉,之后重新浇灌泥粉混凝土,该种混凝土加入了泥粉,主料为细砂,没有掺入石子,其28d强度值仅为3MPa,且其止水效果好(见表10-22)。

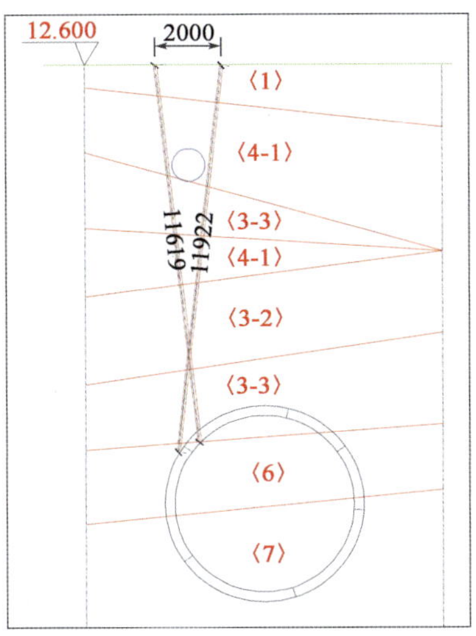

图10-44　第二排钢板桩斜孔剖面(尺寸单位:mm)

泥粉混凝土配比　　表10-22

水泥(kg)	粉煤灰(kg)	泥粉(kg)	中砂(kg)	水(kg)
100	100	80	1440	330
7d强度(MPa)	1.5			
28d强度(MPa)	3.0			

从实施效果来看,出5号联络通道后,左右线盾构日掘进进度均达到了10环以上,并顺利进入了6号联络通道进行常压开舱换刀。

三、左线盾构掘进线路超限事件及处理过程

1. 第一次超限

2009年1月20日,当左线掘进至343环时,盾构机姿态突然失控,机头在很短的时间内上升,垂直姿态从65mm上到125mm,掘进至358环时,垂直姿态恢复正常。

在此情况下,对左线成型管片姿态进行测量,其中垂直姿态也随着出现大的偏差,详细见表10-23。

从表10-2中可以看出,343~357环成型管片垂直姿态已经超过隧道最大允许限值100mm,垂直姿态超限最大值为238.3mm。

2. 第二次超限

2009年6月2日,当左线掘进至868环时,盾构机姿态突然变化,盾构机后点姿态在很短的时间内上升,垂直姿态从-13mm上到102mm,最大值达179mm(见表10-24、表10-25)。

随后,人工测出的管片姿态也有超限发生,最大值达155.8mm。

左线成型管片姿态表(单位:mm)　　表 10-23

环号	2009-1-23		2009-1-24		2009-1-28		2009-1-30		2009-2-7		备注
	水平姿态	垂直姿态	水平姿态	垂直姿态	水平姿态	垂直姿态	水平姿态	垂直姿态	水平姿态	垂直姿态	
358							4.8	92.4	4.8	92.4	水平偏差偏右为正,偏左为负,垂直偏差抬头为正,低头为负
357							10.2	107.5	10.2	107.5	
356							6.1	122.3	6.1	122.3	
355							-1.1	143.4	-1.1	143.4	
354					-26.9	167.9	-6.1	167.0	-6.1	167.0	
353					-13.7	177.7	-8.9	174.3	-8.9	174.3	
352					-24.1	202.5	-14.5	192.4	-14.5	192.4	
351					-26.7	220.1	-22.3	215.6	-23.7	229.9	
350					-29.2	235.9	-23.9	227.6	-21.4	238.3	
349					-32.1	244.4	-23.1	235.1	-28.2	230.1	
348	-24.9	215.4	-24.9	215.4	-126.2	240.8	-28.0	231.1			
347	-22.7	212.5	-22.7	212.5	-43.0	222.0	-33.0	212.2			
346	-28.7	171.6	-28.7	171.6	-35.2	182.4			-25.7	142.0	
345	-25.2	148.1	-25.2	148.1			-26.8	147.8	-20.7	108.9	
344	-8.2	109.6	-8.2	109.6	-25.8	162.4			-28.5	78.4	
343	-21.6	82.4	-21.6	82.4	-27.2	102.4			-26.0	72.4	
342	-23.5	53.6	-23.5	53.6	-15.7	58.4					
341			-22.5	43.5	-20.4	59.4			-21.9	39.1	

左线盾构机轴线姿态表　　表 10-24

施工环号	盾构机轴线姿态(mm)				施工日期(年-月-日)
	垂直		平面		
	前	后	前	后	
868	77	102	-17	-15	20010-6-2
869	74	123	-18	-17	20010-6-2
870	56	117	-16	-23	20010-6-2
871	57	121	-20	-24	20010-6-2
872	62	105	-24	-25	20010-6-2
873	82	117	-29	-18	20010-6-2
874	70	116	-34	-23	20010-6-2
875	92	129	-30	-27	20010-6-2

续上表

施工环号	盾构机轴线姿态(mm)				施 工 日 期 (年-月-日)
	垂　直		平　面		
	前	后	前	后	
876	83	131	-19	-37	20010-6-2
877	87	137	-20	-41	20010-6-2
878	57	121	-20	-24	20010-6-3
879	62	105	-24	-25	20010-6-3
880	65	179	-13	-22	20010-6-4
881	43	174	-16	-19	20010-6-4
882	31	172	-15	-17	20010-6-4
883	16	167	-18	-18	20010-6-4
884	-2	148	-18	-18	20010-6-4
885	-3	140	-12	-22	20010-6-4
886	-22	119	-13	-24	20010-6-4
887	-25	111	-12	-20	20010-6-4

左线成型管片姿态表　　表 10-25

环号 N	管片偏差值(mm)		上次偏差(mm)	
	水平偏差 ΔD	垂直偏差 ΔH	ΔD	ΔH
864	-7.5	107.7	-5.9	110.8
865	-4.6	108.3	-1.1	111.5
866	-2.2	120.2	4.2	116.9
867	2.6	124.8	-4.4	110.4
869	-7.0	140.4		
870	-14.7	151.5		
872	-18.3	154.5		
874	-32.0	151.2		
875	-34.7	155.8		
876	-48.2	149.9		
877	-50.3	148.7		

3. 第一次超限原因分析

经过认真分析,认为盾构机第一次超限可能有两个原因:

(1)由于左线近半个月环流系统一直不太正常,P1 泵和 P2 泵先后出现故障,干砂量比先前量减少,可能结有泥饼。

(2)盾构机边刀磨损较大,导致周边土体与筒体握裹,千斤顶调节失效。

4. 第一次超限处理措施

经过多方研究,采取以下几条措施:

(1)左线加装 PE 泵,改善环流状况,清理好土仓。

(2)启用仿形刀,仿行刀运行至 5 号联络通道前,扩大开挖直径。

(3)偏选推进千斤顶,调整合力作用点;使用上半推进千斤顶,压低盾构姿态;使用铰接进行纠偏。

(4)采用二次注浆措施。

经过以上措施,管片超限垂直姿态逐步好转,在 358 环时,回到 100mm 以内。

5. 第二次超限原因分析

1)地层原因

(1)当前掘进地层为〈7〉、〈8〉号地层,地层由当初的黏土层变化为硬岩层。

(2)地层分布特殊,掘进断面上部以〈3〉、〈4〉号软弱地层为主,下部以较硬的〈7〉号岩层为主,上软下硬,使盾构机上下受力不均匀,导致盾构机一直存在一个向上的趋势。

2)机器原因

(1)仿形刀漏油,无法正常进行超挖,不能给提前纠偏进行交接操作提供足够的空间间隙。相同的情况右线在姿态变化之前及时伸出仿形刀,在采用铰接的方案下提前纠偏使超限得以控制。

(2)24 根盾构千斤顶中位于正下部的 13 号千斤顶不能正常使用。

3)测量因素

由于左线之前测量系统出现过问题,进行过维修,使得在之后的测量过程中经常出现故障不能及时给出正确的测量数据进行指引,中控手很多情况下不能通过俯仰角和千斤顶行程计的变化进行操作。

6. 第二次超限处理措施

1)推进速度

盾构机掘进速度控制为小于 20mm/min。

2)仿形刀

维持现状的行程 75mm 不变。

3)铰接控制

(1)现状(878 环):维持上下行程差 40mm 不变。

(2)调整铰接:

①盾构机前、中、后点同时下降的状况维持时间超过 1 环,且最大的下降速率大于 4mm/环。

②调整时,上下行程差调整为 10mm/次,避免 1 次性调整超量,造成盾构机姿态出现反方向趋势。

4)推进千斤顶油压差

(1)现状(878 环):上部分区油压大于下分区油压 0 ~ 5MPa;左右分区油压的变化根据水平姿态的变化适当进行微量调整。

(2)分区油压调整:

①铰接上下行程差减小调整后,盾构机前、中、后点同时下降速率仍大于 4mm/环,此时需

适当将下部分区油压调整为大于上部分区油压。

②俯仰角大于 -0.80°,且盾构机后点上升速率大于 4mm/环,此时需适当将下部分区油压调整大于上部分区油压。

5)俯仰角

俯仰角仅为显示盾构机的垂直姿态的数据,本身不具备自身调整的手段。

(1)现状(878 环):俯仰角 > -0.70° >(铰接上下角度为 -0.51° + 设计轴线坡度换算角度为 -0.137°)(铰接上下行程差为 40mm,则上下角度为 -0.51°,设计轴线坡度换算角度为 -0.137°)。

(2)俯仰角调整(被动):当俯仰角 >[铰接上下角度 + 设计轴线坡度换算角度为 -0.137° +(-0.20°)],且盾构机前、中、后点同时下降速率大于 4mm/环,需对上下分区油压差和铰接行程差进行适当调整,从而实现俯仰角的调整。

通过以上措施,在 889 环盾构机垂直姿态恢复到 100mm 以内。

Chapter 11

龙归站—人和站区间（三）盾构施工技术

执笔人 The Author

汤新光 ▷

本项目总监代表

执笔人 The Author

熊　辉 ▷

施工 9 标、 10 标业主项目工程师

第十一章 龙归站—人和站区间(三)盾构施工技术

第一节 工程概况及施工环境

一、区间位置和线路概况

龙归站—人和站盾构区间(三)(见本书第一章图1-2施工9标位置)。线路自位于广州市白云区人和镇秀水综合市场的北端中间风井出发,向北延伸,沿途穿过广州白云区科达家用电器厂、广州南国工业园、广州南国食品饮料总站、流溪河东坝体,穿越流溪河水域到人和船闸,途经人和镇的4~8层住宅楼区到白云区人和机动车检测站西侧的106国道,沿着106国道向西北方向到人和镇华通广场的人和站。线路在里程YCK-22-130~YCK-22-320穿越流溪河,流溪河河面宽约190m。

本区间土建工程包括1个明挖中间风井、1个盾构区间及其附属工程。

本工程区间设置4个联络通道、1个废水泵房,其中7号联络通道和北端中间风井合建,废水泵房和8号联络通道合建。

本段区间最小曲线半径800m,最大曲线半径1200m。线路埋深较浅,约9.9~19.55m,最大纵坡约2.8736%,地面高程为-0.37~15.48m,平均高程为11.74m,地面起伏大。本工程区间沿线的岩石强、中等、微风化岩岩面起伏较大,岩面埋深为1.70~22.20m,岩面标高为2.28~-11.57m,相差约14m。

左线隧道里程ZCK-21-660~ZCK-23-079.16段;右线隧道里程YCK-21-071.99~YCK-23-071.63段稍突于隧道内,存在上软下硬的地段。粉细砂层〈3-1〉粉黏粒含量高(1.4%~22.8%,平均12.4%),中粗砂层〈3-2〉粉黏粒含量较高(2.5%~13.3%,平均7.2%),对盾构施工有一定影响。

盾构掘进示意图如图11-1所示。

二、盾构施工环境特点

1.基础地质和构造

1)地形地貌

地面高程为-0.37~15.48m,平均高程为11.74m。本工程区间穿越的地层有第四系和新生界第三系。第四系包括全新统(Q_4)和和上更新统(Q_3),其下缺失中更新统和下更新统。由人工填土(Q_4^{m})、冲积—洪积砂层(Q_{3+4}^{al+pl})、冲积—洪积土层(Q_{3+4}^{al+pl})、河湖相沉积淤泥质土层

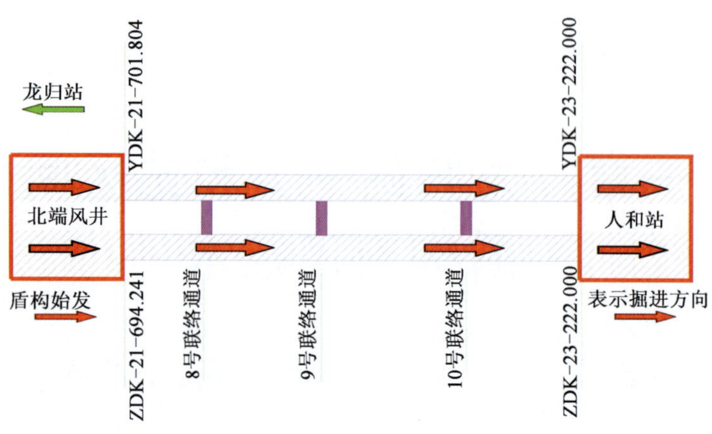

图 11-1　盾构掘进示意图

(Q_{3+4}^{al})及残积土层(Q^{el})组成。

根据地质勘察范围钻孔所揭露的岩性主要为暗红色至灰色的泥质粉砂岩、粉砂岩、粉砂质泥岩、泥灰岩、泥岩、石灰岩。本标段右线纵断面图如图 11-2 所示,左线纵断面图如图 11-3 所示。

2)区间隧道工程地质特征

(1)人工填土层(Q_4^{ml})

本区间人工填土层主要为杂填土和素填土,颜色较杂,主要为褐黄色、灰色、灰褐色、褐红色等,素填土组成物主要为人工堆填的粉质黏土、中粗砂、碎石等,杂填土则含有砖块、混凝土块等建筑垃圾或生活垃圾,大部分稍压实～欠压实,稍湿～湿。黏性素填土主要物理力学指标平均值如下:含水率 25.1%,湿密度 1.89g/cm^3,相对密度 2.71,孔隙比 0.80,压缩系数 0.28MPa^{-1},压缩模量 7.63MPa,属中等压缩性土。本层标贯试验 25 次,标贯实测击数 4～13 击,平均击数 9 击。本层分布广泛,沿线地段均有揭露(有 240 个钻孔揭露,包括利用钻孔,下同),厚度 0.30～8.40m,平均厚度 2.30m。本层在图表上代号为〈1〉。

(2)冲积—洪积砂层(Q_{3+4}^{al+pl})

根据砂层的粒径大小分为三个亚层,分别为粉细砂层和中粗砂层及砾砂层。

①粉细砂层。呈青灰色、浅灰色、灰白色、黄色等,组成物主要为细砂及粉砂,含黏粒,级配较差,饱和,呈松散～稍密状,局部中密状。本层标贯试验 235 次,标贯实测击数为 4～30 击,平均击数 14 击。本层分布较广泛,204 个钻孔有揭露,层厚 0.60～12.20m,平均厚度 3.09m。本层在图表上代号为〈3-1〉。

②中粗砂层。呈灰色、浅灰色、灰白色、黄色等,组成物主要为中砂、粗砂,含黏粒,级配较差,饱和,呈稍密～中密状,局部松散及密实状。本层标贯试验 210 次,标贯实测击数为 5～31 击,平均击数 17 击;其中中砂标贯实测击数为 5～30 击,平均击数 16 击;粗砂标贯实测击数为 5～31 击,平均击数 18 击。本层分布较广泛,142 个钻孔有揭露,层厚 0.70～12.20m,平均厚度 3.60m。本层在图表上代号为〈3-2〉。

③砾砂层。呈灰色、浅灰色、灰白色、黄色等,组成物主要为砾砂及圆砾,含黏粒,级配较差,饱和,呈稍密～密实状,局部松散状。本层标贯试验 133 次,标贯实测击数为 6～39 击,平均击数 21 击。本层分布较广泛,157 个钻孔有揭露,层厚 0.60～10.30m,平均厚度 4.02m。本

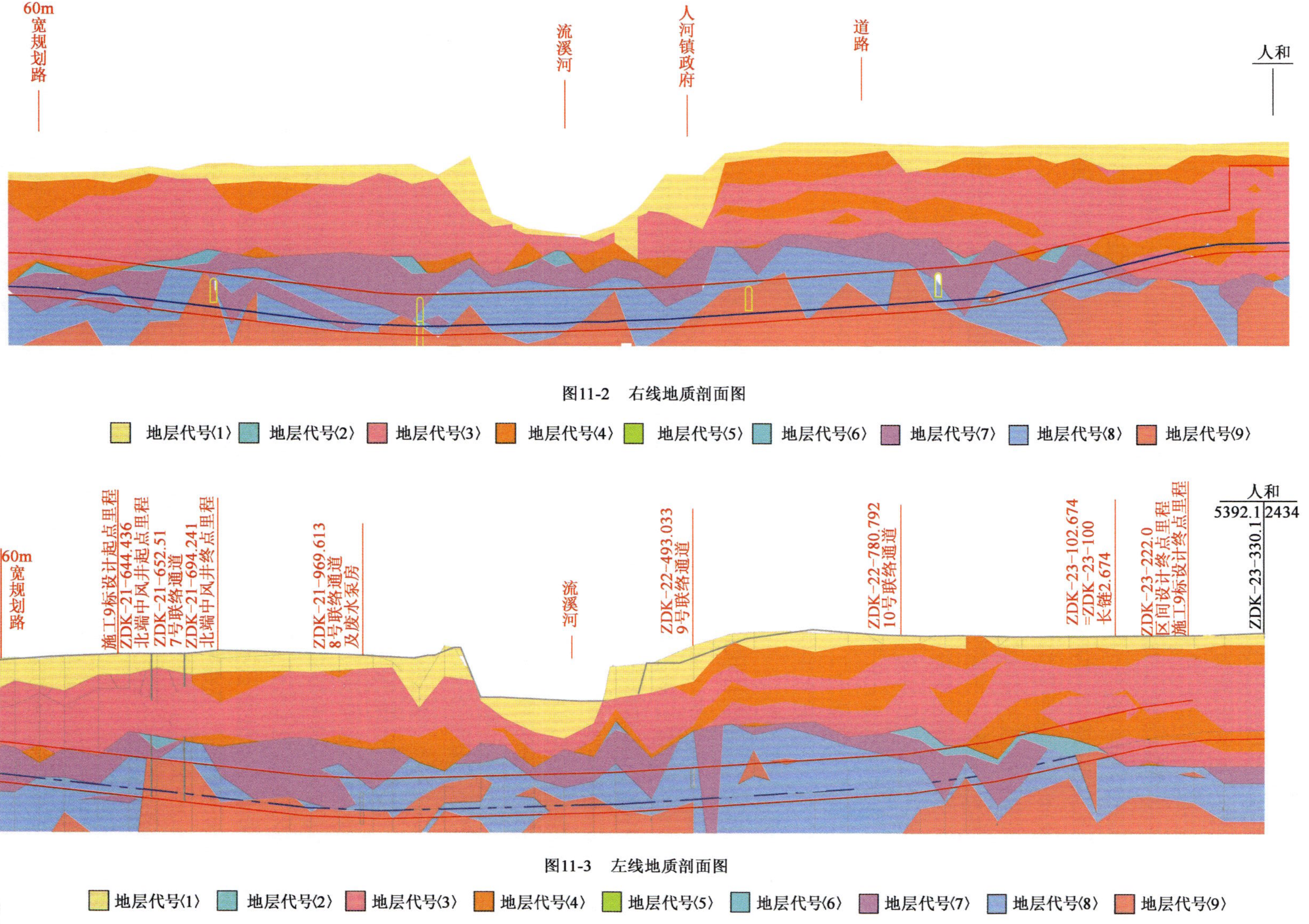

图11-2　右线地质剖面图

图11-3　左线地质剖面图

层在图表上代号为〈3-3〉。

(3)冲积—洪积土层(Q_{3+4}^{al+pl})

呈褐黄色、深灰色、灰黄色等,主要由粉质黏土、黏土组成,含少量砂粒,局部为稍密状粉土,主要呈软塑~硬塑状,局部流塑状。主要物理力学指标平均值如下:含水率31.6%,湿密度1.88g/cm^3,相对密度2.72,孔隙比0.911,压缩系数0.32MPa^{-1},压缩模量5.58MPa,属中等压缩性土,天然快剪 $c=25.4$kPa,$\varphi=12.6°$,固结快剪 $c=29.4$kPa,$\varphi=18.6°$;本层标贯试验315次,标贯实测击数2~29击,平均击数为11击。本层分布广泛,238个钻孔有揭露,层厚0.30~8.80m,平均层厚2.51m。本层在图表上代号为〈4-1〉。

(4)河湖相沉积土层(Q_{3+4}^{al})

呈深灰色、灰黑色,主要为淤泥及淤泥质土组成,组成物主要为黏粒,含有机质、腐殖质,饱和,流塑状,局部夹薄层细砂。主要物理力学指标平均值如下:含水率55.1%,湿密度1.65g/cm^3,相对密度2.68,孔隙比1.552,压缩系数1.00MPa^{-1},压缩模量2.78MPa,属高压缩性土,天然快剪 $c=8.5$kPa,$\varphi=5.7°$,固结快剪 $c=9.9$kPa,$\varphi=15.9°$;本层标贯试验18次,标贯实测击数2~3击,平均击数为2击。本层主要零星分布,仅15个钻孔有揭露,层厚0.60~3.90m,平均层厚2.31m。本层在图表上代号为〈4-2〉。

(5)残积土层(Q^{el})

根据残积土层的塑性状态和密实度分两个亚层,现将各残积土层分述如下:

①可塑状残积土层。主要由粉质黏土组成,呈可塑状。主要物理力学指标平均值如下:含水率34.1%,湿密度1.89g/cm^3,相对密度2.71,孔隙比1.150,压缩系数0.48MPa^{-1},压缩模量5.12MPa,属中等压缩性土,天然快剪 $c=21.0$kPa,$\varphi=14.0°$,固结快剪 $c=25.0$kPa,$\varphi=18.0°$;本层标贯试验6次,标贯实测击数8~17击,平均11击;本层主要零星分布,仅有13个钻孔有揭露,层厚0.80~4.20m,平均层厚1.78m。本层在图表上代号为〈5-1〉。

②硬塑~坚硬状残积土层。组成物主要为粉质黏土,呈硬塑~坚硬状。主要物理力学指标平均值如下:含水率25.2%,湿密度1.96g/cm^3,相对密度2.72,孔隙比0.736,压缩系数0.23MPa^{-1},压缩模量7.89MPa,属中等压缩性土,天然快剪 $c=31.5$kPa,$\varphi=20.4°$,固结快剪 $c=33.2$kPa,$\varphi=15.1°$。本层标贯试验12次,实测标贯击数13~29击,平均击数22击;本层零星分布,仅25个钻孔有揭露,层厚0.50~3.60m,平均厚度1.68m。本层在图表上代号为〈5-2〉。

(6)岩石全风化带(E_2b)

岩性主要为泥质粉砂岩、粉砂岩、泥灰岩、泥岩,呈黄褐色、灰色、红褐色等,原岩组织结构已基本风化破坏,但尚可辨认,岩芯呈坚硬土柱状,遇水易软化。局部夹强风化岩碎块。主要物理力学指标平均值如下:含水率25.2%,湿密度1.91g/cm^3,相对密度2.73,孔隙比0.758,压缩系数0.14MPa^{-1},压缩模量15.10MPa,属低压缩性土,天然快剪 $c=29.5$kPa,$\varphi=17.4°$,固结快剪 $c=35.9$kPa,$\varphi=15.9°$;本层标贯试验40次,实测标贯击数30~49击,平均击数41击。本层呈局部分布,70个钻孔有揭露,层厚0.80~3.80m,平均层厚1.85m。本层在图表上代号为〈6〉。

(7)岩石强风化带(E_2b)

岩性主要为泥质粉砂岩、粉砂岩、泥岩、泥灰岩,本层分布广泛,233个钻孔有揭露,呈黄褐色、褐灰色、红褐色等,原岩组织结构已大部分风化破坏,矿物成分已显著变化,风化裂隙很发

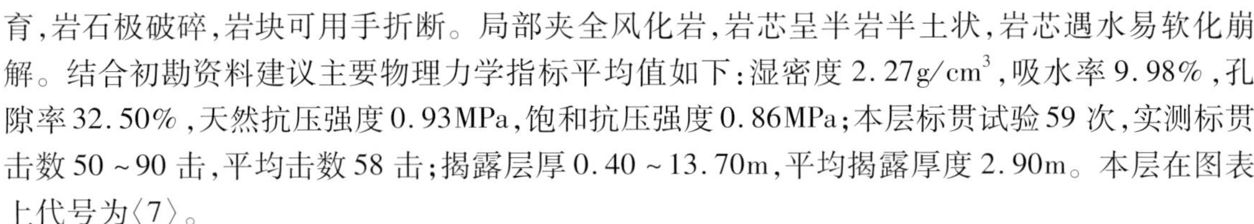

育,岩石极破碎,岩块可用手折断。局部夹全风化岩,岩芯呈半岩半土状,岩芯遇水易软化崩解。结合初勘资料建议主要物理力学指标平均值如下:湿密度2.27g/cm^3,吸水率9.98%,孔隙率32.50%,天然抗压强度0.93MPa,饱和抗压强度0.86MPa;本层标贯试验59次,实测标贯击数50~90击,平均击数58击;揭露层厚0.40~13.70m,平均揭露厚度2.90m。本层在图表上代号为〈7〉。

(8)岩石中等风化带(E_2b)

岩性主要为泥质粉砂岩、粉砂岩、泥灰岩、泥岩及粉砂质泥岩,本层分布广泛227个钻孔有揭露,呈红褐色、灰色等,岩石组织结构部分破坏,矿物成分基本未变化,风化裂隙被铁染,并充填少量风化物。岩质稍硬,锤击声稍脆,不易击碎。岩芯较破碎,呈短柱状、碎块状、饼状等,局部夹强风化岩。揭露层厚0.50~12.80m,平均揭露层厚3.40m。本层在图表上代号为〈8〉。

粉砂岩:粉粒结构,块状构造,钙质胶结,胶结较好。

泥质粉砂岩:粉粒结构,块状构造,泥质、钙质胶结,胶结较好。

泥岩:泥质结构,薄层状构造,泥质胶结,胶结较好。

泥灰岩:微晶结构,薄层状构造,泥质、钙质胶结,胶结较好。

粉砂岩主要物理力学指标平均值如下:湿密度2.38g/cm^3,相对密度2.68,吸水率9.47%,孔隙率12.00%,天然抗压强度5.53MPa,饱和抗压强度3.26MPa,干燥抗压强度5.64MPa,弹性模量2.89×10^3MPa,泊松比0.31,抗剪断强度$c=8.51$MPa,$\varphi=35.01°$。

泥灰岩主要物理力学指标平均值如下:湿密度2.34g/cm^3,相对密度2.55,吸水率8.31%,孔隙率10.00%,天然抗压强度5.31MPa,弹性模量1.34×10^3MPa,泊松比0.31。

泥岩主要物理力学指标平均值如下:湿密度2.35g/cm^3,相对密度2.56,吸水率9.77%,孔隙率10.00%,天然抗压强度3.88MPa,饱和抗压强度3.56MPa,弹性模量1.43×10^3MPa,泊松比0.31。

泥质粉砂岩主要物理力学指标平均值如下:湿密度2.35g/cm^3,相对密度2.72,吸水率10.17%,孔隙率21.40%,天然抗压强度4.39MPa,饱和抗压强度3.83MPa,干燥抗压强度8.13MPa,弹性模量2.42×10^3MPa,泊松比0.32。

(9)岩石微风化带(E_2b)

岩性主要为泥质粉砂岩、粉砂岩、泥灰岩、泥岩及粉砂质泥岩、石灰岩,本层218个钻孔有揭露,呈红褐色、浅灰色、灰色等,岩石组织结构基本未变化,断口处新鲜,节理面稍被铁染,锤击声脆。岩芯呈长柱状、短柱状。揭露层厚0.70~12.30m,平均揭露层厚3.45m。在图表上代号为〈9〉。

粉砂岩:粉粒结构,块状构造,钙质胶结,胶结良好。

泥质粉砂岩:粉粒结构,块状构造,泥质、钙质胶结,胶结良好。

泥岩:泥质结构,薄层状构造,泥质胶结,胶结良好。

泥灰岩:微晶结构,薄层状构造,泥质、钙质胶结,胶结良好。

石灰岩:隐晶质结构,层状构造,钙质胶结,胶结良好。

粉砂岩主要物理力学指标平均值如下:湿密度2.50g/cm^3,相对密度2.66,吸水率5.06%,孔隙率9.64%,天然抗压强度23.09MPa,饱和抗压强度18.43MPa,干燥抗压强度33.56MPa,弹性模量5.26×10^3MPa,泊松比0.29,抗剪断强度$c=5.63$MPa,$\varphi=37.89°$。

泥质粉砂岩主要物理力学指标平均值如下：湿密度2.43g/cm^3，相对密度2.70，吸水率10.16%，孔隙率18.81%，天然抗压强度10.41MPa，饱和抗压强度8.66MPa，干燥抗压强度17.92MPa，弹性模量3.59×10^{3}MPa，泊松比0.31，抗剪断强度$c=3.56$MPa，$\varphi=32.34°$。

泥岩主要物理力学指标平均值如下：湿密度2.38g/cm^3，相对密度2.69，吸水率8.95%，孔隙率17.86%，天然抗压强度7.28MPa，饱和抗压强度4.20MPa，干燥抗压强度9.57MPa，弹性模量1.01×10^{3}MPa，泊松比0.31。

泥灰岩主要物理力学指标平均值如下：湿密度2.43g/cm^3，相对密度2.72，吸水率5.05%，孔隙率10.46%，天然抗压强度9.97MPa，饱和抗压强度8.55MPa，干燥抗压强度11.35MPa，弹性模量1.57×10^{3}MPa，泊松比0.29。

石灰岩主要物理力学指标平均值如下：湿密度2.62g/cm^3，相对密度2.71，吸水率1.36%，孔隙率9.14%，天然抗压强度53.14MPa，饱和抗压强度33.99MPa，干燥抗压强度50.40MPa，弹性模量5.65×10^{3}MPa，泊松比0.26。

2. 不良地质与特殊地质

(1)填土

本次详细勘察揭露的人工填土层主要为杂填土和素填土，大部分稍压实~欠压实，稍湿~湿。本层在水平方向上分布广泛，沿线有238个钻孔揭露；在垂直方向上分布极不均匀，厚度0.30~8.70m，平均厚度2.30m。局部可能存在土层滞水。

(2)软土

软土层为河湖相沉积淤泥、淤泥质土层〈4-2〉，沿线主要零星分布，15个钻孔有揭露，在垂直方向上分布不均匀，层厚0.60~3.90m，平均层厚2.31m。

(3)砂土液化

沿线冲积~洪积砂层整个场地分布，粉细砂层〈3-1〉有204个钻孔揭露，中粗砂层〈3-2〉有142个钻孔揭露，砾砂层〈3-3〉有157个钻孔揭露，按国家标准《建筑抗震设计规范》(GB 50011—2010)的有关条件判别，对采用桩基或埋深大于5m的深基础时，尚应判别15~20m范围内土层的液化，采用标准贯入试验方法对冲积—洪积砂层进行液化判别，沿线分布的冲积—洪积粉细砂层〈3-1〉局部地段会产生液化，液化等级通过计算判为轻微；中粗砂层〈3-2〉不会产生液化；砾砂层〈3-3〉局部地段会产生液化，液化等级通过计算判为轻微。

(4)风化不均匀与软弱夹层

沿线残积土在水平方向上主要呈零星分布，仅25个钻孔有揭露，在垂直方向上分布不均匀。

同时沿线的基岩风化带具软硬夹层特性，即在岩层中等、微风化带中夹有软弱的全、强风化透镜体等，软弱透镜体强度低，开挖易渗水。

3. 水文状况

根据地质详勘报告，本工程区间地下水水位埋藏变化较大，初见水位埋深为0~9.50m，平均埋深为2.39m，高程为3.34~15.80m，平均高程为8.86m。地下水位的变化与地下水的赋存、补给及排泄关系密切，每年5~10月为雨季，大气降雨充沛，水位会明显上升，而在冬季因降水减少，地下水位随之下降。

地下水按赋存方式分为第四系松散土层孔隙水，层状基岩裂隙水、碳酸盐岩类裂隙溶洞水。

第四系冲积—洪积砂层为主要潜水含水层，根据抽水试验，冲积—洪积砂层水量特别丰富，渗透强。冲积—洪积土层、残积土层和岩石全风化带，含水贫乏，透水性较差。局部地段砂层水微承压。

块状基岩裂隙水主要赋存在岩石强风化带及中等风化带中，水力特点为承压水，地下水的赋存不均一。由于岩石裂隙大部分被泥质充填，故其富水性不大，岩体大部分完整，地下水赋存条件较差；在裂隙发育地段，水量较丰富。

碳酸盐类裂隙溶洞水主要赋存在石灰岩中，若溶蚀裂隙和溶洞发育，水量中等～丰富。结合详勘报告，MCZ3-LR-104、MCZ3-LR-105、MCZ3-LR-107、MCZ3-LR-118、MCZ3-LR-138 钻孔中揭露到石灰岩，岩芯完整，并没揭露到溶洞，岩溶现象不发育，该处裂隙溶洞水量较贫乏。

大气降水是第四系孔隙潜水的主要补给水源，排泄主要表现为大气蒸发。基岩裂隙水发育于岩石强风化～中等风化带中，主要接受越流裂隙水补给，石灰岩岩溶裂隙水主要靠第四系孔隙水的越流补给和大气降水补给。

4. 盾构穿越的地层

本段地处广花冲积盆地，地表为公路、农田、耕地、小水渠、流溪河等，地面起伏不大。第四系主要为冲积的砂层及黏性土，残积土层，厚度 7.40～25.20m；基岩主要为第三系莘庄村组地层，是一套由砾砂岩，含砾砂岩，泥质粉砂岩与泥灰岩、泥岩、钙质粉砂岩等组成的地层。地层分布主要有〈1〉、〈3-1〉、〈3-2〉、〈3-3〉、〈4-1〉、〈4-2〉、〈5-1〉、〈5-2〉、〈6〉、〈7〉、〈8〉、〈9〉层。砂层孔隙水较丰富、基岩裂隙水不丰富。隧道主要在〈7〉、〈8〉地层中通过，局部隧道拱顶在砂层中穿过。本标段隧道所穿过的地层见表 11-1、表 11-2。

施工 9 标右线隧道洞身主要围岩类别及级别　　表 11-1

起止里程	长度(m)	岩土层代号			综合类别	综合级别
		洞顶	洞身	洞底		
YCK－21－701.804～YCK－22－130	428.196	〈1〉、〈3-1〉、〈3-3〉、〈4-1〉、〈4-2〉、〈7〉	〈7〉、〈8〉，局部〈9〉	〈8〉、〈9〉	III	IV
YCK－22－130～YCK－22－320 段盾构隧道右线穿越流溪河（宽约 180m）	190	〈3-3〉、〈4-1〉、〈7〉，局部〈6〉、河床底距隧道洞顶约 5.5m	〈8〉，局部〈7〉、〈9〉	〈8〉、〈9〉	IV	III
YCK－22－320～YCK－22－984	664	〈1〉、〈3-3〉、〈4-1〉、〈7〉、〈8〉YCK-22-934～YCK-22-984 段洞顶为〈3-3〉	〈7〉、〈8〉、〈9〉	〈8〉、〈9〉，局部〈7〉	IV	III
YCK－22－984～YCK－23－222（短链 43.836）	238	〈1〉、〈4-1〉、〈3-3〉	〈3-1〉、〈3-3〉、〈4-1〉，YCK－22－984～YCK－23－066 段洞身上部为〈4-1〉下部为〈7〉、〈8〉	YCK－22－984～YCK－23－066 段洞底为〈7〉、〈8〉，YCK－23－110～YCK－23－222 段洞底为〈3-1〉	I	VI

施工 9 标左线隧道洞身主要围岩类别及级别表　　表 11-2

起止里程	长度(m)	岩土层代号			综合类别	综合级别
		洞顶	洞身	洞底		
ZCK－21－694.241～ZCK－22－130	435.76	〈1〉、〈3-2〉、〈3-3〉、〈4-1〉、〈7〉，局部〈6〉	〈7〉、〈8〉，局部〈9〉	〈8〉、〈9〉，局部〈7〉	III	IV
ZCK－22－130～ZCK－22－320 段盾构隧道左线穿越流溪河	190	〈3-2〉、〈3-2〉、〈4-1〉、〈7〉、〈8〉河床底距隧道洞顶约 4.5m	〈7〉、〈8〉、〈9〉	〈8〉、〈9〉	IV	III
ZCK－22－320～ZCK－22－883	563	〈1〉、〈3-2〉、〈3-3〉、〈4-1〉、〈7〉、〈8〉，局部〈3-1〉、〈6〉	〈7〉、〈8〉、〈9〉	〈7〉、〈8〉、〈9〉	IV	III
ZCK－22－883～ZCK－23－003	120	〈1〉、〈3-2〉、〈3-3〉、〈4-1〉，局部〈6〉	〈4-1〉、〈6〉、〈7〉、〈9〉，局部〈8〉	〈7〉、〈8〉、〈9〉	III	IV
ZCK－23－003～ZCK－23－222	219	〈1〉、〈3-1〉、〈3-2〉、〈4-1〉	〈3-2〉、〈3-3〉、〈4-1〉，ZCK－23－003～ZCK－23－101 段洞身上部为〈4-1〉下部为〈6〉、〈9〉	〈7〉、〈9〉、〈3-1〉，局部〈4-1〉，ZCK－23－101～ZCK－23－222 段洞底为〈3-1〉	I	VI

5. 不良地质对本工程的影响

1）砂土地震液化

冲积—洪积砂层（粉细砂层、中粗砂层、砾砂层）整个线路均有分布，采用标准贯入试验方法对砂层进行液化判别，结果表明冲积—洪积粉细砂层〈3-1〉及砾砂层〈3-3〉局部地段会产生地震液化，液化等级通过计算判定为“轻微”，但整个粉细砂层〈3-1〉及砾砂层〈3-3〉液化趋势不明显，对地铁建设影响较小；中粗砂层〈3-2〉不会产生液化。

2）岩面起伏及侵入隧道

本工程区间沿线的岩石强、中等、微风化岩岩面起伏较大，岩面埋深为 1.70～22.20m，岩面高程为 2.28～－11.57m，相差约 14m。

3）存在上软下硬地层

左线隧道里程 ZCK－21－660～ZCK－23－079.16 段；右线隧道里程 YCK－21－071.99～

YCK－23－071.63 段稍突于隧道内，存在上软下硬的地段。

4）粉黏粒含量影响

粉细砂层〈3-1〉粉黏粒含量高（1.4％～22.8％，平均 12.4％），中粗砂层〈3-2〉粉黏粒含量较高（2.5％～13.3％，平均 7.2％），对盾构施工有一定影响。

三、工程特点及难点分析

本工程的施工环境根据掘进地层及地表环境有三大特点和八难点：

（1）施工场地周边环境较好，但沿线地表建筑物较多并穿过流溪河。

（2）工程地质水文条件复杂，地下水丰富对盾构施工影响较大。

（3）盾构机从北端中间风井分体始发：本标段工程施工选用的德国海瑞克复合式土压平衡盾构机（包括后配套台车）长度接近 79m，井下空间不满足盾构机一次组装，本标段盾构施工采用分体始发方案。

（4）北端中间风井围护体系的稳定及基坑周围土体失水控制是工程的重点。

（5）施工测量、对地表建筑物的监测是本工程的重点。

（6）控制地表沉降、建筑物保护是本工程的重点。

（7）风井结构防水施工是本工程质量控制的难点。

（8）保证盾构机大纵坡掘进的安全是本工程安全施工的重点。

（9）保证盾构机安全穿过流溪河是本工程的难点。

（10）盾构机到达人和站端头过砂层地段的施工措施是本工程的难点。

（11）盾构机在粉质黏土层中掘进控制（“泥饼”防治）是本工程的重点。

四、盾构区间工程完成情况

右线盾构机于 2009 年 1 月 7 日始发，2009 年 7 月 3 日抵达人和站，共掘进 1008 环，日均掘进进度 5.7 环/d；左线盾构机于 2009 年 2 月 21 日始发，2009 年 7 月 15 日抵达人和站，共掘进 1010 环，日均掘进进度 6.9 环/d。右线、左线掘进进度如图 11-4、图 11-5 所示。

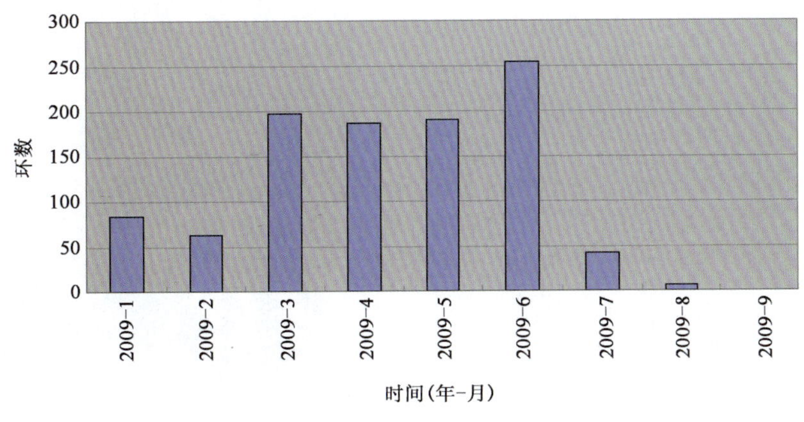

图 11-4　右线掘进统计图

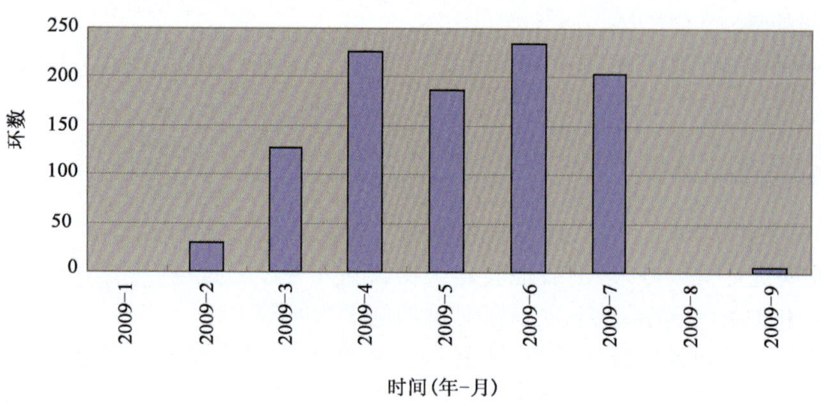

图 11-5　左线掘进统计图

第二节　盾构机使用情况

一、盾构机的形式、提供厂家

我公司在本盾构区间工程使用的是德国海瑞克 ϕ6280 土压平衡盾构机(右线 S-492 和左线 S-493),主要参数见本书第一章表 1-2。

二、盾构机的刀盘和刀具

1. 刀盘的特点和刀具的布置

海瑞克盾构机刀盘配置:中心区共设 4 把双刃滚刀,正面区共设 64 把刮刀和 20 把单刃滚刀,边缘区设置了 12 把单刃滚刀、16 把边缘刮刀(见图 11-6、图 11-7)。

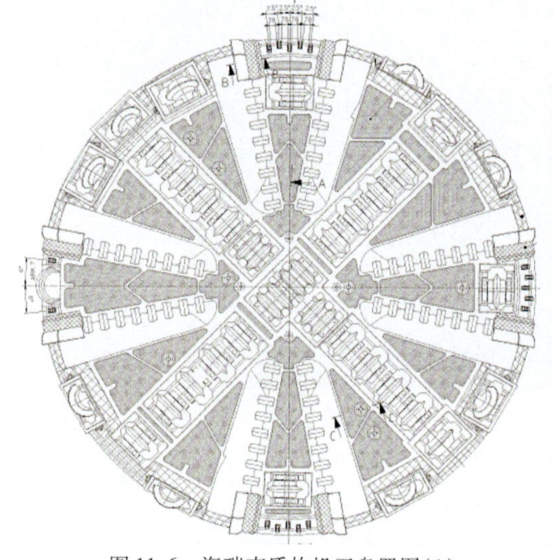

图 11-6　海瑞克盾构机刀盘置图(1)

图 11-7　海瑞克盾构机刀盘布置图(2)

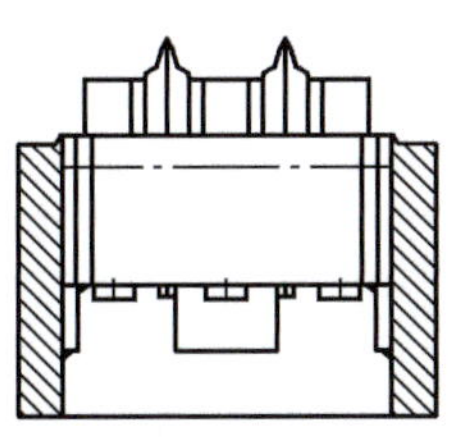 双刃中心刀 适用于硬岩掘进 数量:4	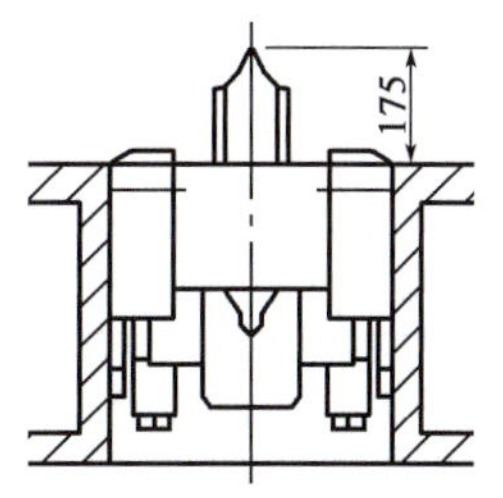 单刃滚刀 用于硬岩掘进 刀刃距刀盘面175mm,掌子面与刀盘面间渣土空间大,利于流动 数量:31
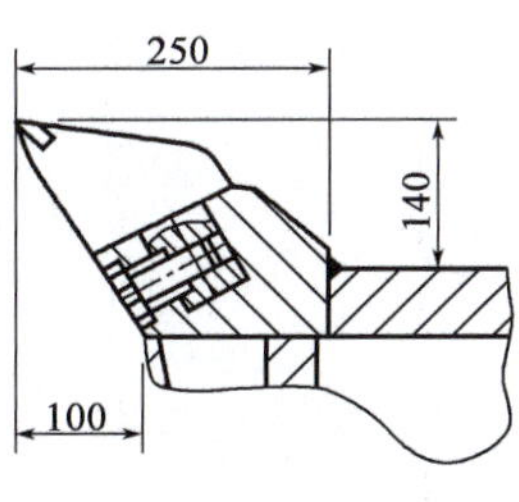 刮刀 软土刀具,图示斜面结构利于软土切削中的导渣作用 同时可用做硬岩掘进中的刮渣 数量:64	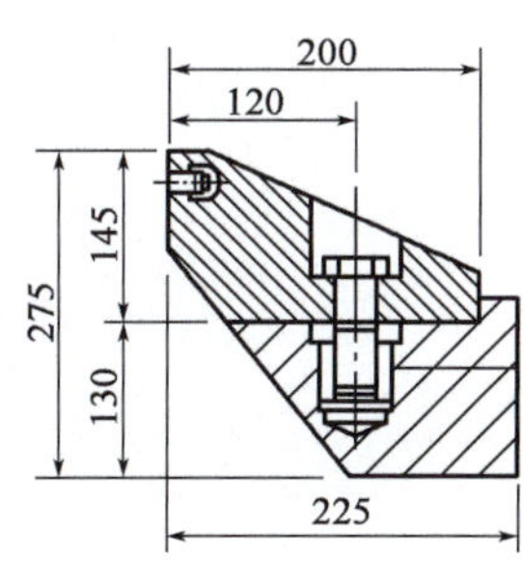 边缘刮刀 刀盘弧形周边软土刀具,斜面结构,利于渣土流动 同时在硬岩掘进下可用作刮渣 数量:8

图 11-8　海瑞克盾构机刀具形式及数量(尺寸单位:mm)

图 11-9　左线 158 环单刃滚刀偏磨（程建平　摄）

2. 更换刀具情况

本段地处广花冲积盆地,地表为公路、农田、耕地、小水渠、流溪河等,地面起伏不大。主要为第四系冲积的砂层及黏性土,残积土层,厚度 7.40 ~ 25.20m;基岩主要为第三系莘庄村组地层,由砾砂岩、含砾砂岩、泥质粉砂岩与泥灰岩、泥岩、钙质粉砂岩等组成。地层分布主要有〈1〉、〈3-1〉、〈3-2〉、〈3-3〉、〈4-1〉、〈4-2〉、〈5-1〉、〈5-2〉、〈6〉、〈7〉、〈8〉、〈9〉层。砂层孔隙水较丰富、基岩裂隙水不丰富。隧道主要在〈7〉、〈8〉层中通过,局部隧道拱顶在砂层中穿过,刀具磨损较小。换刀情况详见表 11-3、表 11-4 和图 11-9 ~ 图 11-13。

龙归区间(三)左线换刀情况　　表11-3

次　数	时间(年-月-日)	换刀环号	地质或推进情况	换刀情况	磨损量(mm)
1	2009-3-30	158	〈7〉、〈8〉地层	更换单刃滚刀3把	1~2
2	2009-6-14	690	〈7〉、〈8〉、〈9〉地层	未换刀,刀具磨损较小	0~1

龙归区间(三)右线换刀情况　　表11-4

次　数	时间(年-月-日)	换刀环号	地质或推进情况	换刀情况	磨损量(mm)
1	2009-2-26	144	〈7〉、〈8〉地层	更换单刃滚刀3把	1~3
2	2009-4-28	526	〈7〉、〈8〉地层	未换刀,刀具磨损较小	0~2.5
3	2009-6-11	791	〈7〉、〈8〉、〈9〉地层	未换刀,刀具磨损较小	0~1

图11-10　左线158环换用的带齿滚刀(程建平　摄)

图11-11　右线144环拆下的滚刀(程建平　摄)

图11-12　右线526环处滚刀(程建平　摄)

图11-13　右线791环开舱后单刃滚刀(程建平　摄)

第三节　盾构施工的主要技术

一、始发到达技术

1.端头加固设计

本区间始发井端头洞身位于〈7〉泥质粉砂岩强风化带、〈8〉泥质粉砂岩中等风化带地层中,围岩的力学性质较好,洞顶以上依次为〈4-1〉、〈3-3〉、〈4-1〉、〈1〉地层。盾构始发端头地层加固四周采用ϕ600旋喷桩,中间采用ϕ600搅拌桩,咬合150mm,土体加固宽度为13m,长度为 9m，如图 11-14 所示。

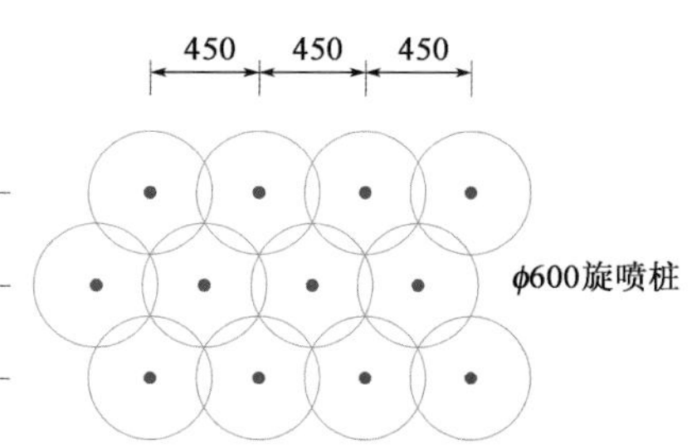

图 11-14　旋喷桩桩位布置平面图（尺寸单位：mm）

吊出井端头洞身主要位于〈3-2〉中粗砂层、〈3-3〉砾砂层、〈4-1〉粉质黏土层中，洞顶以上为〈3-3〉、〈3-2〉、〈4-1〉地层。原加固方案为中间采用 ϕ600 搅拌桩，咬合 150mm，土体加固宽度为 13m，长度为 9m，加固方案如图 11-15 ~ 图 11-17 所示。经方案论证，改为三轴搅拌桩进行端头加固，ϕ850 搅拌桩，咬合 250mm。地层垂直抽芯芯样如图 11-18、图 11-19 所示。三轴搅拌桩施工主要技术参数见表 11-5。

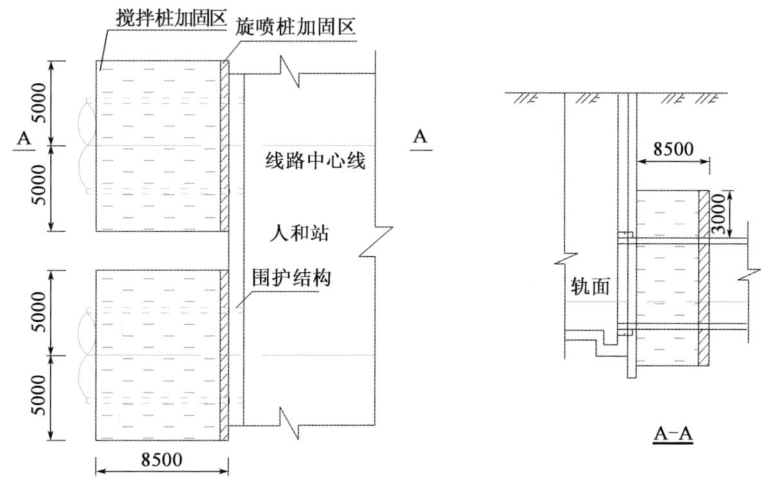

图 11-15　端头加固平面图（尺寸单位：mm）

三轴搅拌桩施工主要技术参数表　　表 11-5

序　　号	技术参数项目	参 数 指 标
1	水泥掺入比	22%
2	供浆流量	230L/min
3	浆液配比	水∶水泥 = 1∶1
4	泵送压力	0.8 ~ 1.2MPa
5	下沉速度	< 100cm/min
6	提升速度	< 80cm/min
7	搅拌方式	四搅四喷
8	28d 无侧限抗压强度	≥0.8MPa
9	水泥浆的相对密度	1.50 ~ 1.55
10	搅拌速度	两边搅拌头：26.0，中间搅拌头：14.5r/min
11	每立方米土体水泥用量	396kg

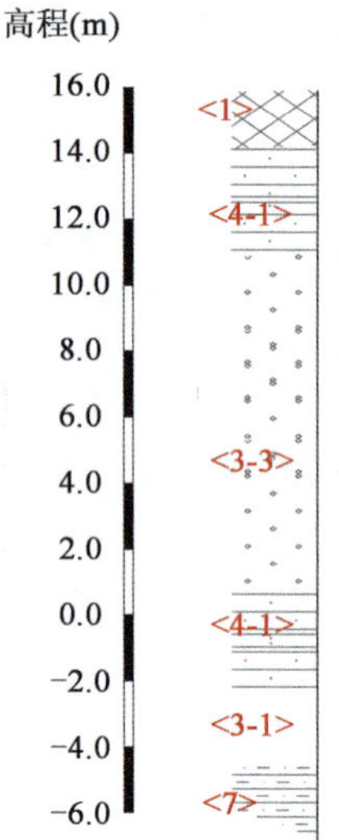

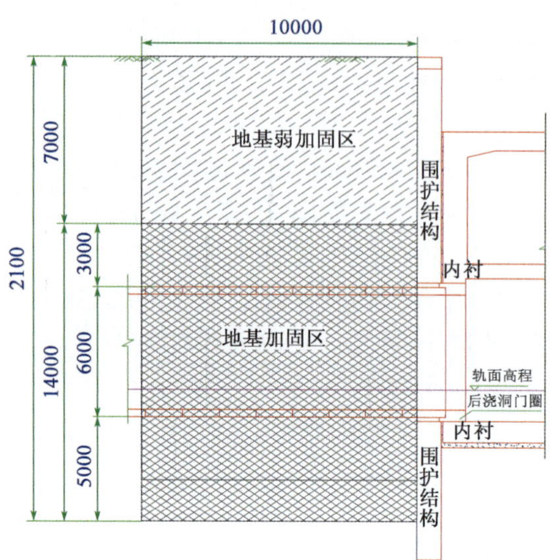

图 11-16　到达端地层加固剖面图(尺寸单位:mm)

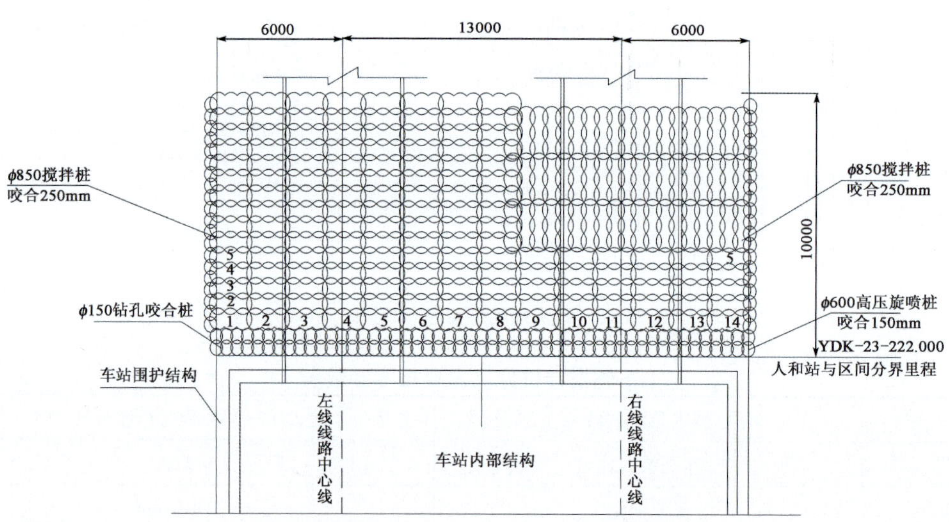

图 11-17　到达端地层加固平面图(尺寸单位:mm)

图 11-18　垂直抽芯芯样

图 11-19　垂直抽芯断面芯样

2. 加固检测和补充加固

1）洞门水平探孔情况

盾构到达端头加固三轴搅拌桩于2008年10月份施工完成，双管旋喷桩于2009年6月份施工完成，5d后采用钻孔机对洞门进行水平探孔，从而初步了解洞门内部地层情况及含水情况。前后洞门水平探孔总共18个，如图11-20探孔位置布置图所示，每个探孔深度1.3～3m不等，孔径63mm。

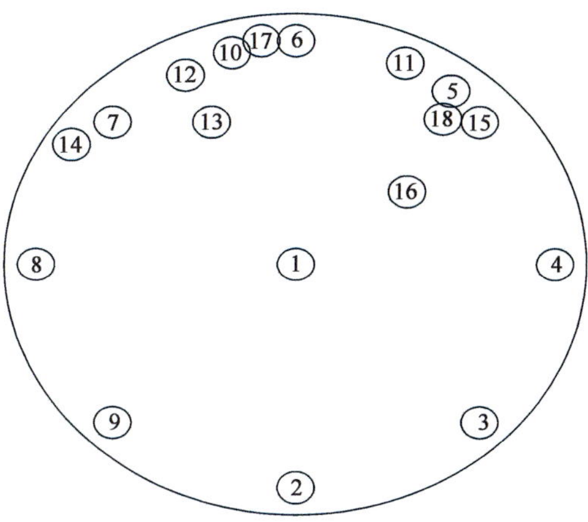

图11-20 探孔位置布置图

2009年6月30日，第一次水平探孔先钻①～⑨孔，孔深达2m。隧道断面下部是〈4-1〉冲积—洪积土层，顶部是〈3-3〉冲积—洪积砾砂层。试验发现①～④、⑧、⑨号孔无水流出来（见图11-21），⑤、⑥、⑦号孔有少量漏水。

现场在⑤、⑥、⑦号水平孔注浆止水，水泥注入量11t，最后注浆从地面流出来了。

7月1日，第二次钻孔⑩、⑪号孔（在对第一次探孔水平注浆后），孔深达2m，有沙流出，再水平注浆，水泥注入量3t。

7月2日，第三次钻孔⑫、⑬号孔（在对第二次探孔水平注浆后），孔深达1.5m，有沙流出，再水平注浆，水泥注入量4t。

7月6日，第四次钻孔⑭、⑮号孔（在对第一次探孔水平注浆后），孔深达3m，有沙流出，再水平注浆注双液浆，水泥注入量1.5t。

7月10日，第五次钻孔⑯、⑰、⑱号孔，⑰孔深达2.2m（水泥芯样完整，有少量渗水），⑯、⑱孔深达1.3m，间歇性有大量水和沙涌出，特别是⑯号孔很大水带沙流出（见图11-22），流水和沙约1h后，流出水沙约2.5m^3，水沙温度较高。再次利用这三个水平抽芯孔注双液浆，水泥注入量2.5t，共注入水泥22t。

2）水平渐进式注浆补充加固

水平探孔结果说明加固效果不理想，初步判定三轴搅拌桩与连续墙接缝处水平约1.2m宽、垂直11～14m范围旋喷桩施工成桩效果差。遂决定采取水平渐进式注浆方式补充加固，同时在地面采用膨润土引孔，袖筏管进行注双液浆。

图11-21 ①～④、⑧、⑨号水平孔无水

图11-22 ⑯号孔涌水

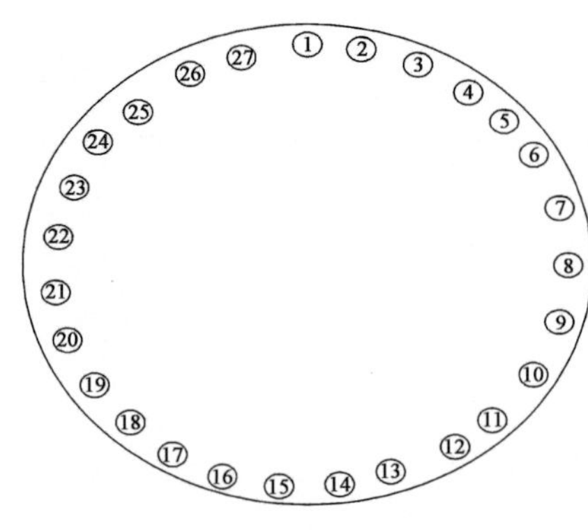

图 11-23　注浆管布置立面图

(1)洞门水平渐进式注浆补充加固

沿洞门圈周边布设水平钻孔 27 个(见图 11-23),环向间距 0.6m;洞门下部布设斜孔 6 个(⑫~⑰号孔),对底部注浆加强。上半圆水平钻孔和注浆深度为 3m,下半圆孔注浆深度为1.6m。

(2)袖筏管注双液浆

袖筏管布置位置如图 11-24 所示。

⑤~⑧钻孔深 15m,其余钻孔 21m。①号孔注入水泥量 5t,②号孔注入水泥量 3t,③号孔注入水泥量 1t,④号孔注入水泥量 0.8t,⑤、⑥、⑦、⑧号孔注入水泥量 3t,⑨、⑩、⑪、⑫号孔注入水泥量 3t,⑬、⑭号孔注入水泥量 2t,地面袖筏管垂直注浆入水泥约 19t。

通过上述一系列措施,在第 5 次水平探孔,发现三轴搅拌桩与连续墙约 1.2m 宽,深度从地面 11~14m 范围未成桩,为富水砂层,需要改用针对性措施。

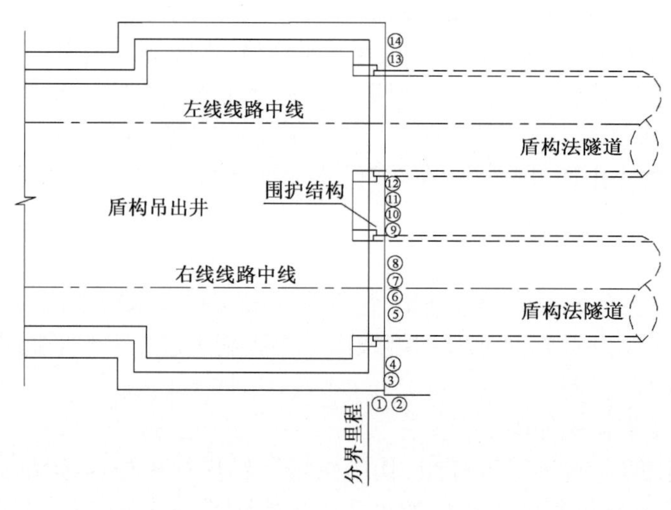

图 11-24　袖筏管平面布置图

7 月 22 日右线洞门水平渐进式注浆加固完成,其中右线洞门共计注入水泥 46t,并对该洞门探测了 4 个 3m 深孔,水泥芯样完整;23 日端头采取 1 个垂直孔抽芯和 4 个水平抽芯孔进行再次检查认定,渗水较小,同时监理部组织进行了破洞门前节点验收,经验收后同意破除洞门。芯样如图 11-25~图 11-30 所示。

3. 右线盾构机出洞时遇到涌水、涌沙

7 月 24 日破除完成洞门第一层混凝土保护层和割除第一层钢筋,停止破除。

7 月 25 日盾构推进 1009 环行程为 1230mm 时刀盘顶住连续墙(里程为 YDK23 + 220.21)。从土仓门观察发现 9 点处有一小股渗水。

图 11-25 水平抽芯芯样(1)

图 11-26 水平抽芯芯样(2)

图 11-27 垂直抽芯芯样(1)

图 11-28 垂直抽芯芯样(2)

图 11-29 垂直抽芯芯样(3)

图 11-30 垂直抽芯芯样(4)

7 月 26 日破除洞门一半时，洞顶 12 点水平探孔流出水沙（见图 11-31），立即停止洞门破除。从土仓门观察发现 9 点位向 3 点位横流，沙为中粗砂。针对这一情况，经研究决定，向土仓内注入高浓度膨润土泥浆（$7m^3$），同时在盾构机左侧加固体外缘，流沙位置，地面通过预埋的 6 根 10～12m 袖筏管，当晚通过两根袖阀管注入 2t 丙烯酸，并注入双液浆（13t 水泥），前盾 2 点位注入 9 桶聚氨酯，完成上述步骤后，经检查未发现洞门漏水漏沙现象。

2009 年 7 月 29 日上午割除最后一层钢筋，刀盘露出，无漏水漏沙现象。中午 12:20，洞门内钢筋清理完成、洞门密封装置整理完毕，盾构机准备出洞，刀盘按钮故障。下午 3:00 故障排除，盾构机出洞，刀盘转动后，水沙明显流出（见图 11-32），盾构机速度刚开始起不来，铰接油压上升到 200bar，经过约 10min 缓慢加力后，速度才起来，此时水沙已大量从洞门西侧（刀盘 9 点位）涌出，迅速淹没吊出井底板。水沙流出变化情况为：先流出中粗砂、头天注入的水泥浆和丙烯酸胶体、大颗粒石子、泥浆等。淹没了洞门两侧葫芦挂点，未能及时收放调节洞门密封装置的松弛度，在刀盘顶住橡胶帘布时，压板上两根粗细（直径 20mm 和 14mm）的钢丝绳先后断裂，19:20 左右更换直径 22mm 钢丝绳，收紧洞门密封包住盾构前体。

图 11-31　刀盘 12 点位漏水

图 11-32　盾构出洞漏水、漏沙照片

4. 事故原因分析

(1)加固体三轴搅拌桩与车站围护结构间缝隙处理不当,旋喷桩加固效果很差,形成较大的渗水通道。

(2)水平注浆补充加固仍未达到好的效果,在没有对补充水平加固效果完全确认的情况下提前结束对洞门下半部的加固,对可能存在的风险认识不足。

(3)洞门密封钢环的钢丝绳设置不当,受力过大导致被拉断。

(4)右线盾构出洞过于匆忙,现场管理不到位,应急处理不及时。

5. 事故处理

在出现漏水、漏沙时,现场立即启动紧急预案:安排盾构机加快前推速度、加快管片拼装速度,吊出井内开启备用大功率水泵抽水,安排人员用棉絮封堵漏沙处,立即调集挖机和 50t 吊车进场,盾构机内利用径向孔注聚氨酯,地面利用预埋的袖筏管注双液浆,从其他工地调集钻孔和注浆设备,测量人员每 30min 对地面进行监测和报告。

7 月 29 日晚,针对三北 9 标盾构机出洞时出现漏水、漏沙采取紧急处理措施。

1)地面处理措施

(1)继续注入双液浆,直到压力上升并能维持,然后该注浆机转移到盾构机旁继续钻孔注浆。

(2)立即增加注浆机,在紧贴暗渠处设置一排注浆孔,孔深 6m,孔距 2m 左右,发现有空洞的,立即注浆,没有空洞的,可以兼作监测点使用。

(3)钻孔机下半夜进场,钻孔 2 个并灌注细石混凝土或者砂浆。

2)地下处理措施

(1)盾构机中盾的径向注浆孔首先注入双液浆,由 10 点位附近逐步向目前渗漏点最大的 4 点位注入,注浆压力不宜大,当压力上升较快时即可转移注入点。双液浆注入后再次注入聚氨酯(双液浆凝胶时间建议调整在 30s 内)。

(2)同步注浆持续注入,压力不宜高,可以增加水泥用量,缩短初凝时间至 4h 左右,但要特别注意注浆系统不要堵塞。

(3)如果以上措施全部采用后,洞门的渗漏仍不能控制,在渗漏点附近支模,浇筑混凝土后封堵。

现阶段立即准备好相关物料，组织抢险设备、物资进场。做好监测工作，特别是对电线杆是否倾斜的监测，另外增加几个深层土体监测孔，深度1m以上，半小时反馈一次监测成果，同时在抢险期间保持地面和地下的联络，确保通信畅通。

截至7月30日上午，洞门漏水漏砂已得到控制，盾构机内从出现险情已先后注入聚氨酯22桶，二次注双液浆43包水泥和1.5t水玻璃，同步注浆共注入$14m^3$砂浆。地面注双液浆（注入水泥20t）。

到7月30日下午，每30min进行地面沉降监测一次，并将测量结果汇报，地面沉降反应很小。地面钻孔埋袖筏管18根，地面注双液浆从险情出现到现在累计注入水泥38t，地面相邻孔有水泥浆冒出，靠公路侧施工围闭底部有水泥浆流出，地面局部上升1.3cm，有明显裂缝。

7月30日对右线隧道盾尾后30环管片进行了监测，未出现管片下降情况，局部管片最大上浮约10mm。

7月31日11:30，接收托架安装到位，盾构机试探性推进11mm，确保盾体与水泥浆脱离；13:00盾构机前推60cm，刀盘全部上接收托架，拼完1011环管片停止前推，收紧洞门密封钢丝绳。

7月31日18:00对盾体9点位径向孔用冲击钻打通固结的聚氨酯，不再漏水；打开盾尾后第三环管片10点位注浆孔，有少量渗水。

8月1日~8月3日端头安装接受托架，8月3日盾构机全部出洞。

6.吸取的经验与教训

通过本次右线出洞涌水涌沙事故，经认真的分析总结，得出以下的一些经验与教训：

(1)端头加固地质条件、地下水贫富、周边建筑物及构筑物和地下管线分布等施工环境因素是实施端头加固的基础资料，应及时、准确地进行收集，并提前采取针对性措施。

(2)在地下水丰富的砂层进行旋喷桩施工，成桩质量差，造成损失大，建议今后慎用。

(3)通过本标段的实践，在广州地区采用三轴搅拌桩在砂层中进行端头加固还是比较成功的，建议在今后类似地层采用三轴搅拌桩工艺，但要注意搅拌桩与接收井围护结构接口处的止水处理。

(4)盾构机进入加固体空舱实施掘进，容易造成加固体局部薄弱区受扰动和盾构机上部水土压力作用于薄弱区容易造成刀盘掌子面土压失衡，造成涌水、涌沙。建议今后盾构机在加固体内部尽量不要空舱掘进，待掘进到围护结构外墙后再清舱检查。

(5)破除洞门后未及时清理干净渣土，环板钢丝绳不易过早收紧，钢丝绳的直径不易小于22mm，环板上的钢丝绳穿孔位置尽量靠近压板外侧。

(6)编制的盾构出洞方案、应急抢险技术措施要细致、现场应急物资应准备充分。破除洞门前排查盾构机注浆设备、运输设备、应急物资等，必须要准备充分。

正是吸取了右线出洞涌水、涌沙事故的经验和教训，左线盾构机实现了安全顺利出洞。

二、右线掘进97~99环地面塌方处理技术

1.事件经过

2009年2月10日凌晨2:00左右，右线盾构机采用半土仓模式掘进至99环(YDK-21-

855.37)位置(见图11-33)时,掘进参数出现变化,推力、扭矩增大,掘进速度降低,当时盾构在掘进97~99环时已经出现喷涌现象,同时出土量有超挖现象,97环出量5斗,98环出量5.5斗,99环出量5.5斗土。2月10日8:00左右,南国工业园内广州市甘露饮料食品有限公司员工上班时发现墙体(建筑物为排架结构一层平房,内含接待室、办公室及产品仓库)出现多处裂缝(最大宽度约4cm),通过打透硬化面实地丈量塌陷洞深1.2m,直径约2m,如图11-34、图11-35,塌陷位置墙体多处开裂如图11-36~图11-39所示,最大开裂约8cm,导致该厂房处于危险状态。

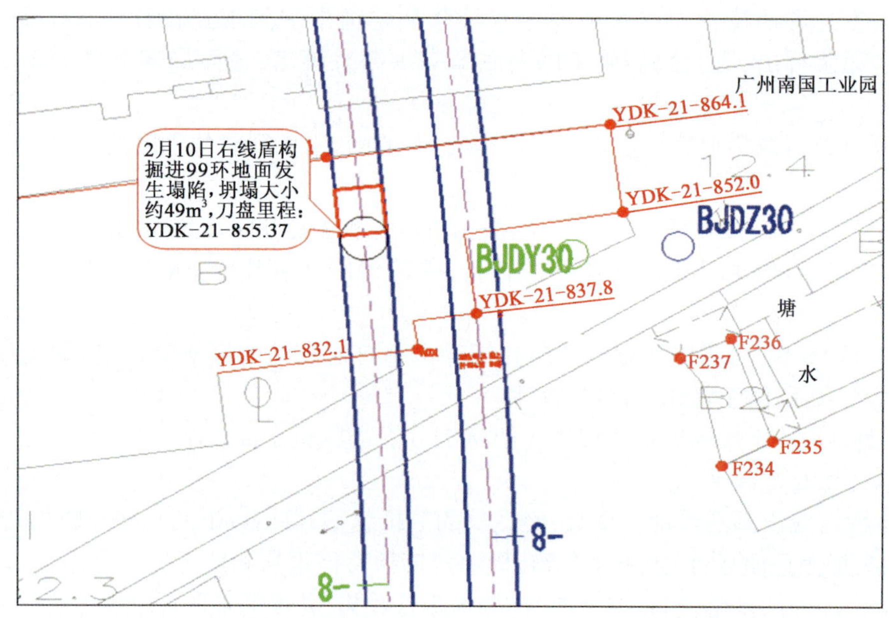

图11-33　南国工业园3号厂房塌陷区域平面位置

图11-34　灌注填砂处理塌陷孔

图11-35　塌陷孔现场照片

地面塌陷事故发生后,立即启动紧急预案,对地面厂房地面塌陷部位进行填充、注浆加固和地面监测等应急工作,同时对盾构掘进进行了保压推进,严格控制土仓压力和出土量,确保地面安全。

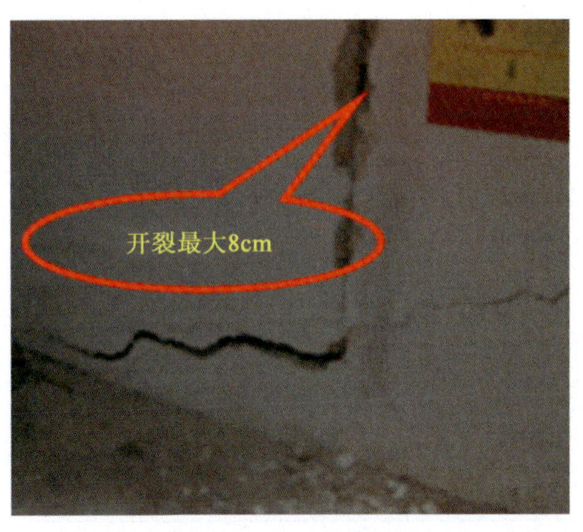

图 11-36 厂房墙体裂缝(1)

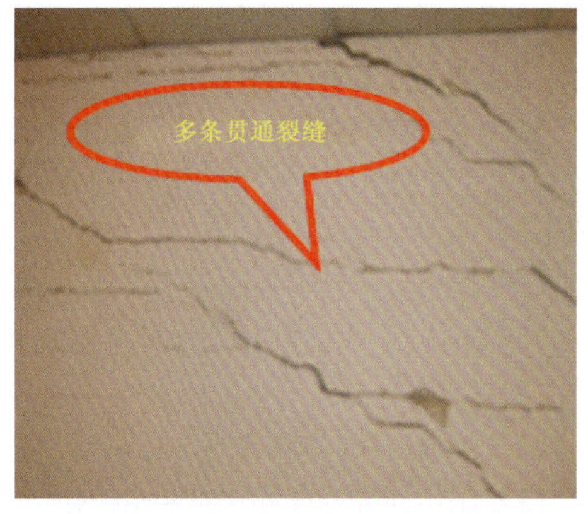

图 11-37 厂房墙体裂缝(2)

图 11-38 厂房墙体开裂(1)

图 11-39 厂房墙体开裂(2)

2. 原因分析

(1)97、98、99 环隧道部位位处〈8〉、〈9〉地层交错处，岩面破碎。对渣土取样分析：〈8〉、〈9〉泥质页岩及少量石英颗粒，裂隙高度发育，地下水丰富，与地质补勘报告描述相符合：岩石富水性和透水性与节理裂隙发育情况关系紧密，节理裂隙发育的不均匀性导致其富水性和透水性也不均匀。

(2)掘进 97、98、99 环隧道顶部埋深在 18.4m 左右，土仓压力根据太沙基公式计算为 0.15 ~ 0.16MPa。但在掘进 97、98、99 环时，在喷涌严重的情况下采用欠土压平衡模式掘进：

97 环上下土仓压力为 0.13MPa、0.16MPa、0.16MPa、0.26MPa、0.12MPa。

98 环上下土仓压力为 0.12MPa、0.14MPa、0.16MPa、0.20MPa、0.12MPa。

99 环上下土仓压力为 0.10MPa、0.12MPa、0.16MPa、0.22MPa、0.13MPa。

对地层出现变化认识不足，在出现喷涌和地层失稳的时候未及时建立合理土压进行掘进，导致超挖塌陷。

(3)土仓压力波动较大，在 97、98、99 环掘进过程中土仓 1 号传感器压力变化幅度为0.6 ~ 1.5bar，在喷涌的时候土压控制不好，出现“拉风箱”的现象，对刀盘周围土体扰动较大，击穿上部岩层和黏土层，砂层下漏。

(4)未及时进行二次注浆,上次二次注浆在57环处,导致盾构机后面隧道顶部水向刀盘部位汇集,加上工序衔接不紧凑,停顿时间过长,致使每环掘进初期经常出现喷涌现象。

(5)项目部管理环节出现问题,盾构机操作手对出现喷涌和超挖现象未及时汇报,擅自临阵处理,且处理方法不当,导致地面塌陷,即出现情况未及时将信息反馈到上级部门和领导。

3. 处理措施

(1)盾构机尽快向前推进,远离塌陷地段,避免停机地下水向塌陷处汇集,同时便于在塌陷地段二次注浆。

(2)土仓压力调整到1.4~1.6bar,掘进过程中,严格将土压波动幅度控制在±0.2bar以内,严格控制出土量(每环4.3斗以内)。

(3)加大同步注浆量,立即进行二次注浆(双液浆),以填补塌陷空间和形成止水环。

(4)地面监测点加密,加强对塌陷部位地面及厂房的监测,同时加密盾构机刀盘前后的监测,每1h进行一次监测,并及时将监测结果反馈到技术小组和盾构操作室,指导盾构机掘进和地面保护。

图11-40 方空洞图

(5)对塌陷的厂房水泥地面开孔(见图11-40),第一天开孔2处,先用砂与水泥人工填充,每填一层用水浇淋,用振动棒振捣,使砂浆向四周空间扩散。

(6)待砂填充到位后,在每个地面开口处斜向布置4根钢袖阀管(4~6m长),用2套注浆设备进行注浆,使浆液能向四周均匀扩散和填充空隙(见表11-6)。

逐日注浆量统计表 表11-6

种类 日期(月-日)	砂(m^3)	单液浆(t) (水泥)	双液浆(t) (水泥)
2-10	31	10	
2-11	12	16	
2-12	0	8	6
2-13	6	7	4.5
合计	49	41	10.5

(7)对塌陷部位的厂房和地面加密布点,进行24h连续测量,随时掌握沉降情况:变化最大的建筑监测点A001点在2月9日有13.2mm的沉降,在塌陷后2月10日8:30测量累计沉降33.6mm,到当日17:30累计沉降35.8mm;到11日下午15:20累计沉降36.2mm;到12日16:25累计沉降37.06mm。地面塌陷后,沉降变化较小。

变化最大的地面监测点C017点在2月10日17:30测量上升1.4mm,当日23:50累计沉降 4.6mm；到 11 日 4:05 累计沉降 7.4mm；到 11 日 22:15 累计沉降11.7mm；到 12 日 16:25 累计沉降 14.6mm。在地面填充和注浆后，沉降呈减小趋势。

4. 经验和教训

（1）要充分重视盾构施工地层的复杂性，提前采取针对性措施。本标段的岩层裂隙发育，水量丰富，如果盾构土压控制不好，极易击穿上部隔水层造成上部沙层漏穿，从而造成地面塌陷。

（2）盾构机过建筑物必须建立土压平衡掘进模式掘进，正确建立土仓压力。在自稳较好条件应当以水压计算，并适当提高 0.2bar 确定土仓压力。注意控制土仓压力不要产生较大波动，严禁压力忽高忽低，对地层造成较大扰动。掘进完成拼装管片时适当提高土仓压力（建议土仓上部压力比掘进时提高 0.2bar），防止再次掘进时发生喷涌。

（3）同步注浆必须要保证及时、足量。现场不能依量控制，要按照一定压力直至注入不进去为止，并密切关注地下水、压力的变化情况，确保同步注浆效果。

（4）二次注浆必须及时跟进。在硬质围岩富水地段，应按照每 3 ~ 5 环要求实施二次注浆，进行有效的封堵，使其形成一道道封闭的“截水环”，能有效制止盾尾出现的水倒流入掘削刀盘造成的“喷涌”现象。

（5）合理采用添加剂。可以肯定这种地层不会产生泥饼，应当通过渣土改良试验确定添加剂的种类，适当添加膨润土或高分子聚合物等改善渣土性能。

（6）重视对地面建（构）筑物的变形监测，正确埋设沉降监测点。在盾构穿越建（构）筑物或硬化地面时，为了保证监测数据能够真实反映盾构上方地层变形情况，在地面埋设监测点时必须打穿硬化面并进入一定深度（一般不少于 1m），埋设钢筋头，保证检测数据准确。

（7）严格控制每环出土量。要精确到每斗土的油缸进尺量来控制。盾构操作人员要收集填写每环的出土记录，发现异常必须立即报告，监理部要密切关注出土量的变化，发现异常必须按要求采取措施，如加大地面监测频率、地面补注浆、掘进参数调整等。

（8）要重视岩样和土样的分析。盾构掘进中要抽取每环岩土渣样，并由地质专业技术人员认真分析，发现异常立即采取针对性措施。

三、软弱不均地层的盾构掘进姿态偏移处理技术

1. 过程简述

右线在掘进 104 环（里程 YDK - 21 + 862.86）到 145 环，盾构机出现上漂和向右偏离的倾向（见图 11-41），隧道超限，出现盾尾受困和盾构姿态难以控制的问题，盾构机后点单环垂直方向最大偏移 28mm（121 ~ 122 环），最大向右偏移 14mm（111 ~ 112 环）。

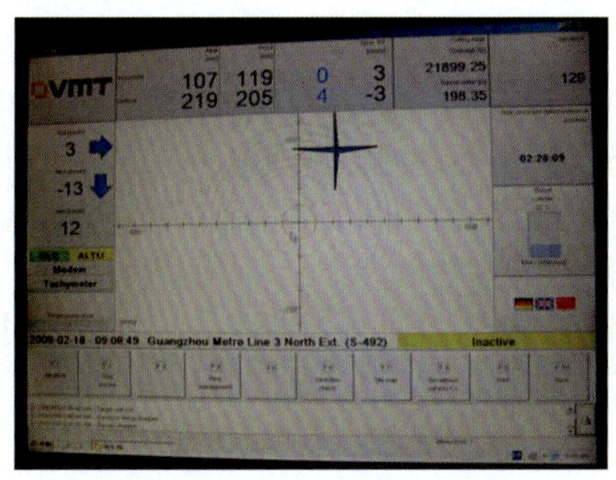

图 11-41　测量系统显示轴线偏差

2009 年 2 月 16 日凌晨掘进 129 环推进油缸行程到 620mm 时，2 号铰接油缸行程达到了 131mm，快达到铰接油缸行程极限，推力达到 1750t，无进尺，盾构机后点垂直方向向上累计偏移 219mm，向右累计偏移 119mm，现场立即停止掘进。

针对盾构机持续上漂的现象，当时分析边缘刀具可能有损坏，2009 年 2 月 16 日 23:00，开舱对刀具进行了检查，刀具磨损较小，各类刀具完好，掌子面岩层节理面分明，岩面倾斜（见图 11-42）。2 月 17 日恢复掘进，推力达到 1900t，盾构机仅前移了 20mm，2 号铰接油缸行程达到了 140mm，停止掘进。

图 11-42　2 月 16 日开舱后刀盘与掌子面情况

在中、尾盾体之间焊接 8 道 ϕ30mm 钢板连接杆（见图 11-43），于 2 月 19 日恢复掘进，在掘进 130 环时推力达到 1726t，掘进平均速度 20mm；掘完 132 环割除钢板连接杆，并拉收铰接油缸，此时 2 号铰接油缸行程由 136mm 回收到 118mm。

图 11-43　铰接油缸采用刚性连接

2 月 28 日，通过前段时间的尝试和分析，在各方专家的诊断下，决定启用超挖刀，A 组推进油缸油压比 C 组推进油缸油压高 110 ~ 140bar，B 组推进油缸油压比 D 组推进油缸油压高 40 ~ 60bar。对盾构姿态进行纠正，先让盾构机姿态形成回归状态（水平和垂直趋势呈向设计轴线方向），土压适当降低到 1.1 ~ 1.2bar，通过启用超挖刀的情况下连续掘进 6 环（145 ~ 151 环）盾构机长度时，约推力从 1220t 下降到 900t，盾尾已脱困，解除刚性连接；从 145 ~ 151 环垂直前点和后点由 436/429 变为 398/466，水平前点和后点由 237/217 变为 192/208，此次调整措施奏效。

经过此后一个阶段的持续纠偏，直到 3 月 1 日，右线盾构机在掘进到 148 环时，千斤顶油缸行程达到 1488mm 左右时，盾构机垂直方向姿态前后点达到峰值（486/445），由于盾构垂直趋势已经被调到比较理想的 -11，之后从 149 环开始盾构机姿态持续好转，直到 180 环垂直方向已经回到 50mm 以内；水平方向从 190 环回到 100mm 以内，198 环回到 50mm 以内；本次纠偏成功。后经过设计总体对线路进行了调线调坡，才完成整个纠偏。图 11-44、图 11-45 为右线盾构姿态垂直与水平两个方向超限纠偏数据统计分析表，从表中可以清楚地看出盾构姿态变化的情况。

2. 原因分析

（1）对地质复杂性认识不到位，应对措施不得当

对盾构机掘进到该地层出现的地质变化认识不足，未及时采取有效的掘进方式和掘进参

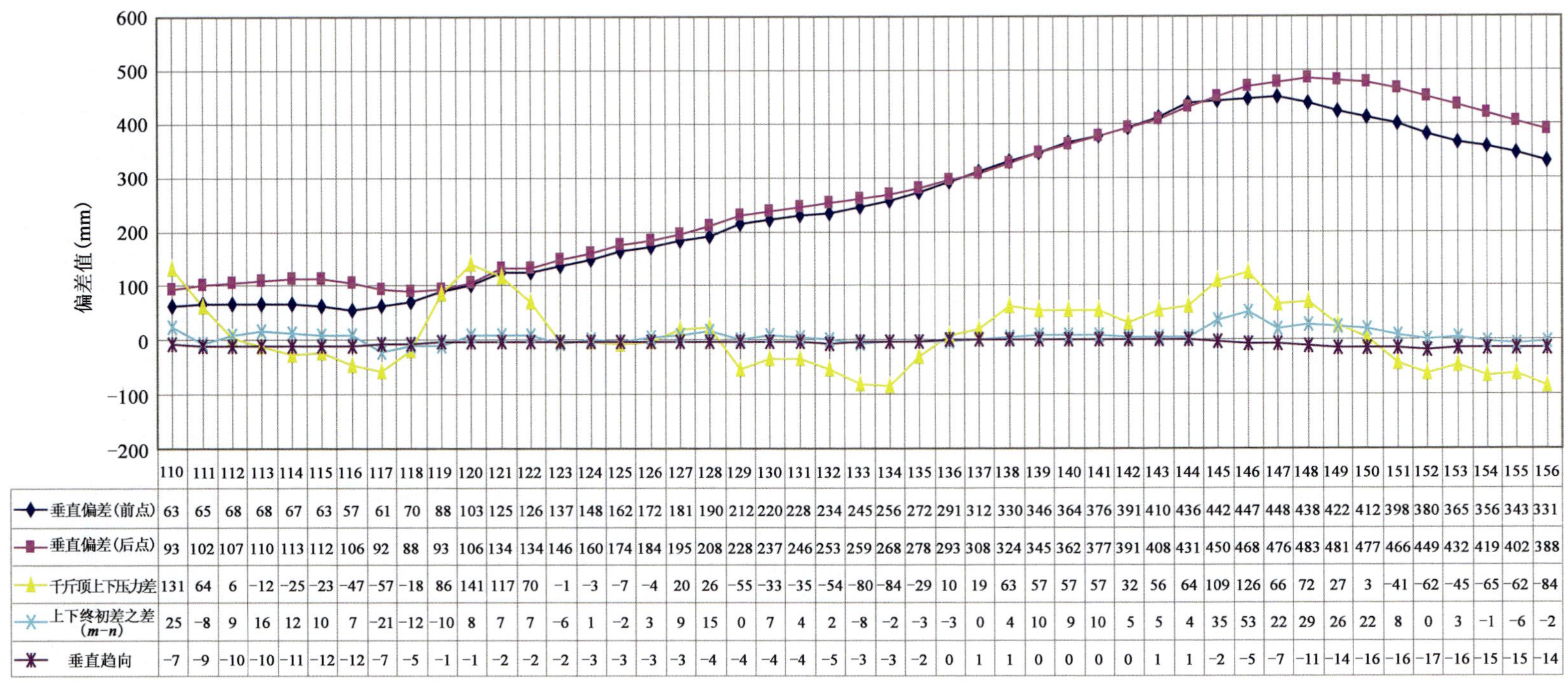

	110	111	112	113	114	115	116	117	118	119	120	121	122	123	124	125	126	127	128	129	130	131	132
垂直偏差(前点)	63	65	68	68	67	63	57	61	70	88	103	125	126	137	148	162	172	181	190	212	220	228	234
垂直偏差(后点)	93	102	107	110	113	112	106	92	88	93	106	134	134	146	160	174	184	195	208	228	237	246	253
千斤顶上下压力差	131	64	6	−12	−25	−23	−47	−57	−18	86	141	117	70	−1	−3	−7	−4	20	26	−55	−33	−35	−54
上下终初差之差 $(m-n)$	25	−8	9	16	12	10	7	−21	−12	−10	8	7	7	−6	1	−2	3	9	15	0	7	4	2
垂直趋向	−7	−9	−10	−10	−11	−12	−12	−7	−5	−1	−1	−2	−2	−2	−3	−3	−3	−3	−4	−4	−4	−4	−5

	133	134	135	136	137	138	139	140	141	142	143	144	145	146	147	148	149	150	151	152	153	154	155	156
垂直偏差(前点)	245	256	272	291	312	330	346	364	376	391	410	436	442	447	448	438	422	412	398	380	365	356	343	331
垂直偏差(后点)	259	268	278	293	308	324	345	362	377	391	408	431	450	468	476	483	481	477	466	449	432	419	402	388
千斤顶上下压力差	−80	−84	−29	10	19	63	57	57	57	32	56	64	109	126	66	72	27	3	−41	−62	−45	−65	−62	−84
上下终初差之差 $(m-n)$	−8	−2	−3	−3	0	4	10	9	10	5	5	4	35	53	22	29	26	22	8	0	3	−1	−6	−2
垂直趋向	−3	−3	−2	0	1	1	0	0	0	0	1	1	−2	−5	−7	−11	−14	−16	−16	−17	−16	−15	−15	−14

图11-44　三号线北延段施工9标右线盾构姿态超限纠偏数据统计分析表(垂直方向)

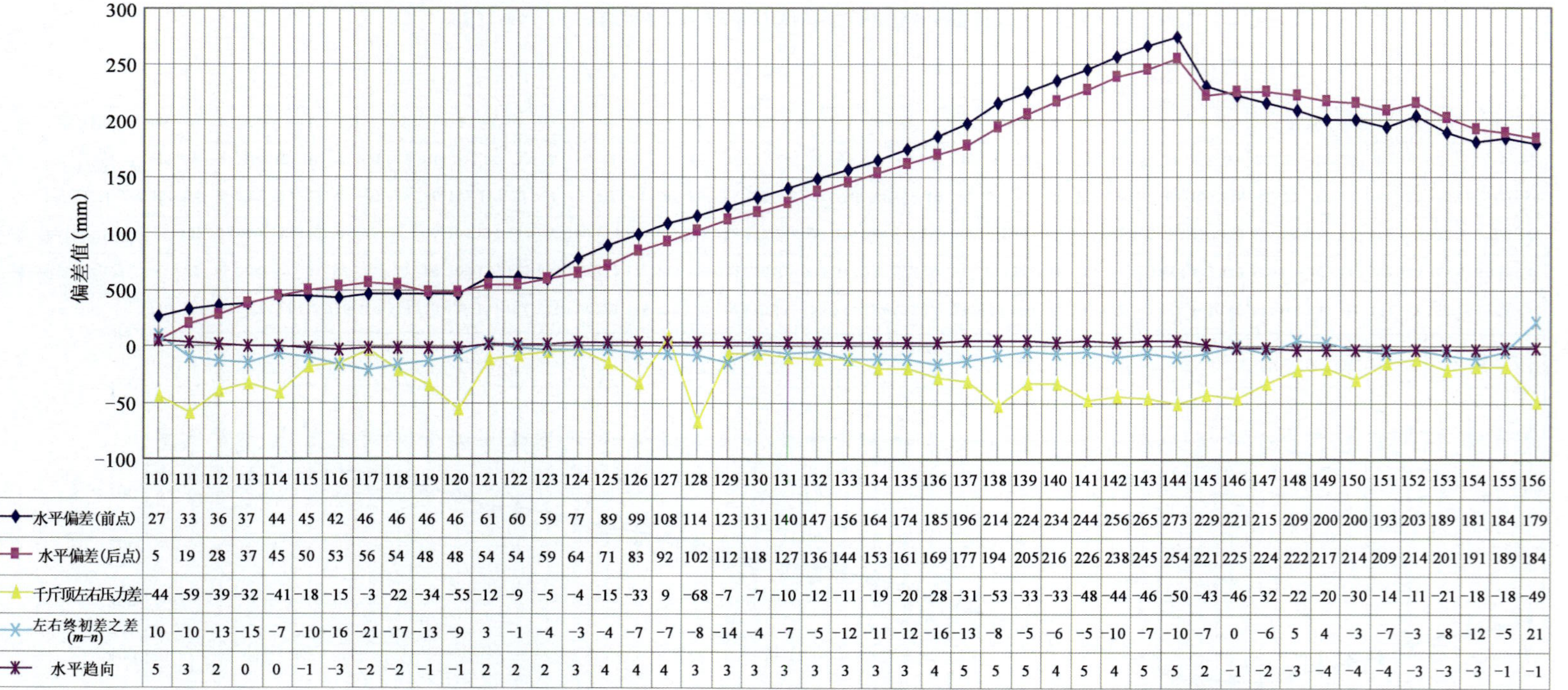

环号	110	111	112	113	114	115	116	117	118	119	120	121	122	123	124	125	126	127	128	129	130	131	132	133
水平偏差(前点)	27	33	36	37	44	45	42	46	46	46	46	61	60	59	77	89	99	108	114	123	131	140	147	156
水平偏差(后点)	5	19	28	37	45	50	53	56	54	48	48	54	54	59	64	71	83	92	102	112	118	127	136	144
千斤顶左右压力差	-44	-59	-39	-32	-41	-18	-15	-3	-22	-34	-55	-12	-9	-5	-4	-15	-33	9	-68	-7	-7	-10	-12	-11
左右终初差之差(m-n)	10	-10	-13	-15	-7	-10	-16	-21	-17	-13	-9	3	-1	-4	-3	-4	-7	-7	-8	-14	-4	-7	-5	-12
水平趋向	5	3	2	0	0	-1	-3	-2	-2	-1	-1	2	2	2	3	4	4	4	3	3	3	3	3	3

环号	134	135	136	137	138	139	140	141	142	143	144	145	146	147	148	149	150	151	152	153	154	155	156
水平偏差(前点)	164	174	185	196	214	224	234	244	256	265	273	229	221	215	209	200	200	193	203	189	181	184	179
水平偏差(后点)	153	161	169	177	194	205	216	226	238	245	254	221	225	224	222	217	214	209	214	201	191	189	184
千斤顶左右压力差	-19	-20	-28	-31	-53	-33	-33	-48	-44	-46	-50	-43	-46	-32	-22	-20	-30	-14	-11	-21	-18	-18	-49
左右终初差之差(m-n)	-11	-12	-16	-13	-8	-5	-6	-5	-10	-7	-10	-7	0	-6	5	4	-3	-7	-3	-8	-12	-5	21
水平趋向	3	4	5	5	5	4	5	4	5	5	2	-1	-2	-3	-4	-4	-4	-3	-3	-3	-1	-1	-1

图11-45 三号线北延段施工9标右线盾构姿态超限纠偏数据统计分析表(水平方向)

数。隧道在95环后进入复合地层段，并在103环隧道底部有〈9〉岩层侵入隧道底部，与地质图和渣土取样相符，岩面向掘进方向向上起伏（见图11-46），该〈9〉岩面也向掘进左手方向向上起伏，导致盾构机向上和向右滑移，项目部未及时采取合理的盾构姿态和推力参数。

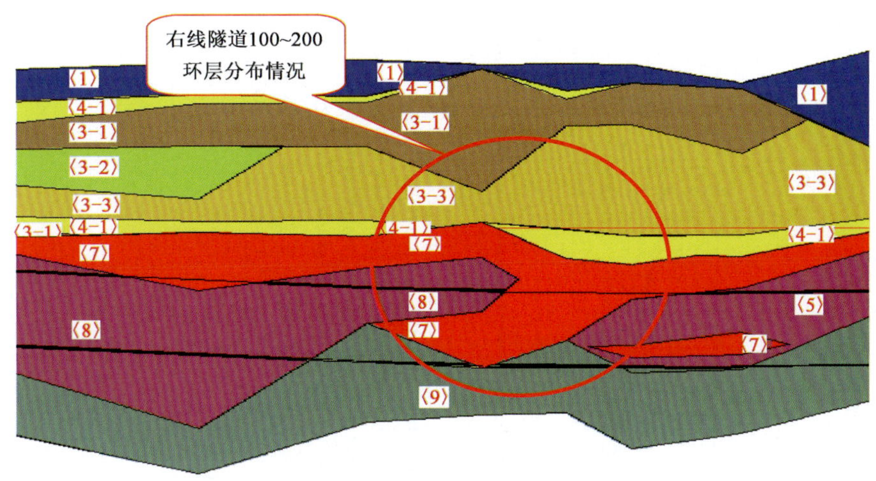

图11-46 纠偏区域地质情况

（2）未严格执行纠偏措施，盾构垂直方向趋势控制出现反复

通过分析右线盾构垂直方向数据变化（见图11-47）可以发现以下规律：盾构机姿态发生向上和向右偏移后，项目部采取了调整分区推进油缸压力差的措施进行纠偏，但不够坚决，从113环到118环，不知何故却加大了下部千斤顶的推力，虽然盾构机垂直方向后点偏差由107mm变为88mm，但盾构机垂直方向趋势却由－10急剧变化到119环的－1，造成盾构机垂直姿态又开始向上飘移，从而一直向上漂移到最大值。盾构千斤顶上下压力差控制出现几次反复，时大时小，没有严格贯彻以盾构机趋势控制为主的要求，造成盾构机最终姿态严重超限。

（3）由于之前右线刚发生地面塌陷事故，盾构要连续穿越5栋厂房，厂房为天然基础，操作人员比较紧张，深怕会再次造成地面塌陷，对盾构土仓压力建立过高，达到0.24～0.28MPa，发现盾构姿态超限但不敢降低土仓压力，从而导致盾构机持续漂移。

（4）盾构机姿态控制不好，变化较大，也较频繁，白班和晚班盾构机操作手掘进思路未得到很好的统一，尤其是外籍操作手掘进理念不完全适合本段工程，在未充分分析地质情况的情况下盲目建立高土压掘进，与晚班司机交接和沟通存在很大困难，导致盾构姿态白班与晚班差异较大，出现蛇形掘进现象。

（5）在盾尾被困的时候未及时采用超挖刀，导致盾尾被卡，掘进姿态难以控制。

3. 经验和教训

（1）复合地层盾构机的姿态控制，其指导原则应该是“以地质为基础，以设计为导向，以精细化掘进控制为手段”。施工前采用补充勘探的形式尽量详细了解区间隧道范围的地质情况，在区间线路选择及盾构机选型方面充分考虑地质特点，在施工中贯彻精细化管理的理念，严密监控各种施工状况和参数的变化，采取主动措施确保盾构姿态达到有效控制。

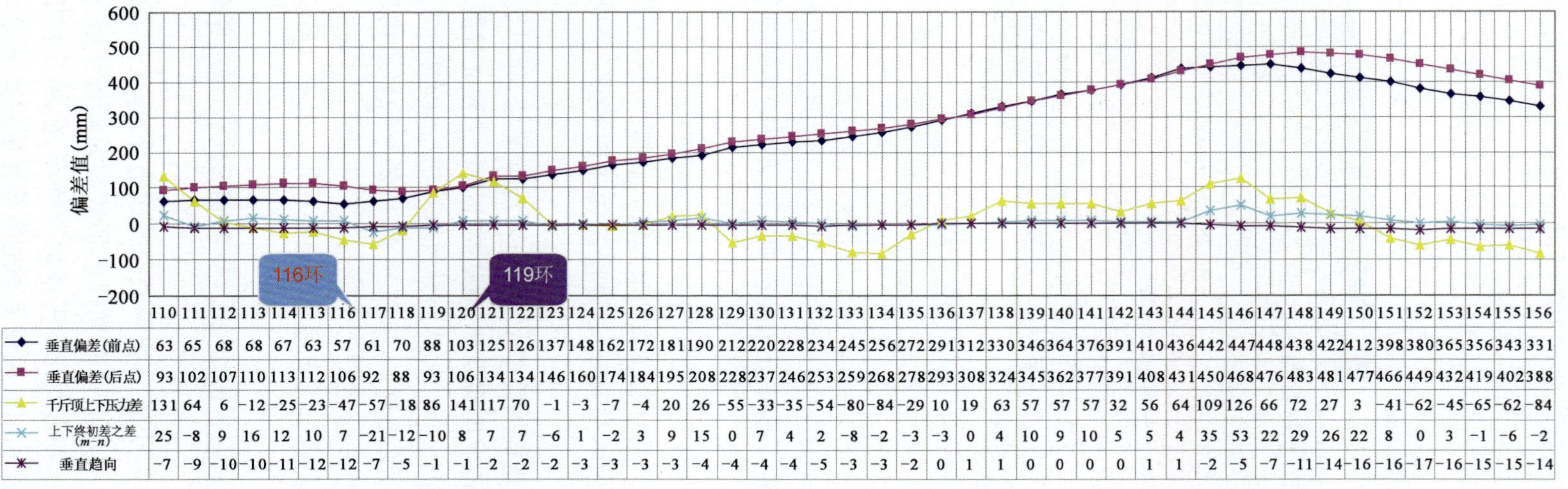

	110	111	112	113	114	113	116	117	118	119	120	121	122	123	124	125	126	127	128	129	130	131	132	133
垂直偏差(前点)	63	65	68	68	67	63	57	61	70	88	103	125	126	137	148	162	172	181	190	212	220	228	234	245
垂直偏差(后点)	93	102	107	110	113	112	106	92	88	93	106	134	134	146	160	174	184	195	208	228	237	246	253	259
千斤顶上下压力差	131	64	6	−12	−25	−23	−47	−57	−18	86	141	117	70	−1	−3	−7	−4	20	26	−55	−33	−35	−54	−80
上下盾尾间隙之差 $(m-n)$	25	−8	9	16	12	10	7	−21	−12	−10	8	7	7	−6	1	−2	3	9	15	0	7	4	2	−8
垂直趋向	−7	−9	−10	−10	−11	−12	−12	−7	−5	−1	−1	−2	−2	−2	−3	−3	−3	−3	−4	−4	−4	−4	−5	−3

	134	135	136	137	138	139	140	141	142	143	144	145	146	147	148	149	150	151	152	153	154	155	156
垂直偏差(前点)	256	272	291	312	330	346	364	376	391	410	436	442	447	448	438	422	412	398	380	365	356	343	331
垂直偏差(后点)	268	278	293	308	324	345	362	377	391	408	431	450	468	476	483	481	477	466	449	432	419	402	388
千斤顶上下压力差	−84	−29	10	19	63	57	57	57	32	56	64	109	126	66	72	27	3	−41	−62	−45	−65	−62	−84
上下盾尾间隙之差 $(m-n)$	−2	−3	−3	0	4	10	9	10	5	5	4	35	53	22	29	26	22	8	0	3	−1	−6	−2
垂直趋向	−3	−2	0	1	1	0	0	0	0	1	1	−2	−5	−7	−11	−14	−16	−16	−17	−16	−15	−15	−14

图11-47　右线盾构掘进参数变化

(2)复合地层的盾构机姿态控制是一个动态的控制过程,关键是寻求不同地质条件下最优的盾构掘进趋势,以期使盾构机沿着设计线路掘进。盾构机姿态纠偏主要是通过千斤顶分区压力差来控制千斤顶行程差,从而控制盾构机姿态。但具体要根据盾构掘进掌子面岩层的分布和节理方向确定盾构千斤顶分区油缸压力差,本标段在这一区域岩面下部侵入,采用加大上部千斤顶分区压力纠偏效果较好,但要注意控制千斤顶行程差不宜大于40mm。否则,行程差过大造成盾体与盾尾之间的夹角增大,造成管片选型困难。

(3)纠偏的过程中,尽量减少蛇形掘进,切忌快速掘进,应平稳地中、慢速掘进,以利于及时调整纠偏方式。纠偏要缓慢,考虑盾构姿态的滞后性,严禁急纠,必须在一定长度范围内完成纠偏,一般每环纠偏量不大于5mm。

(4)盾构机选型时必须配备超挖刀或者仿行刀,掘进过程要及时检查刀具的磨损情况,对于磨损严重的刀具,及时更换。适时启用仿形刀对纠偏有较好效果,本次盾构机在纠偏过程中被困,铰接油缸行程过大与盾构姿态不好有关,但与没有及时打开超挖刀有直接关系。从144环启用仿形刀盾构机垂直方向后点偏差有431mm,掘进到149环达到峰值483mm后开始回落,直到纠偏到位。本次纠偏启用了超挖功能但没有使用仿形功能,主要原因是仿形刀无法实现正常伸缩。因此,今后在盾构机验收时一定要对仿形刀进行检查验收。

(5)在盾构机趋势调整时,需要考虑到由此产生的一系列问题的处理措施,如趋势增加后,盾构机的超挖量要增加、铰接开启角度增大、铰接压力增大、管片选型难度增大等。控制好铰接油缸行程,尽量控制在40~80mm,超过100mm要考虑采用刚性连接。

(6)对不同阶段区间地质变化要认真分析,如果出现上软下硬地层,必须事先调整盾构机姿态,适当下压,并要提前调整千斤顶推进油缸分区压力,适当加大上部分区推力,防止盾构机发生漂移。

Chapter 12

高增站—人和站区间盾构施工技术

执笔人 The Author

张生林 ▷

本项目总监代表

执笔人 The Author

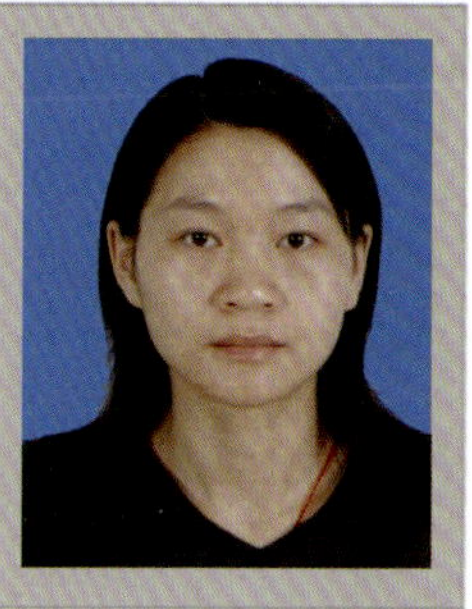

阮艳妹 ▷

工程师
广州地铁设计研究院有限公司设计师，时任本标段设计负责人

执笔人 The Author

熊　辉 ▷

施工 9 标和 10 标业主项目工程师

第十二章　高增站—人和站区间盾构施工技术

第一节　工程概况和施工环境

一、区间位置和线路概况

盾构区间位于线路北部(见本书第一章图1-2施工10标位置),工程右线长2274m,左线长2258.774m(含短链15.226m),其中明挖段长108.2m,为高增站的设备用房区域;区间设一长27m中间风井,4个联络通道、8个洞门、一座废水泵房及废水池。区间线路最小曲线半径800m,最小埋深4.5m,最大纵坡1.27%,如图12-1所示。

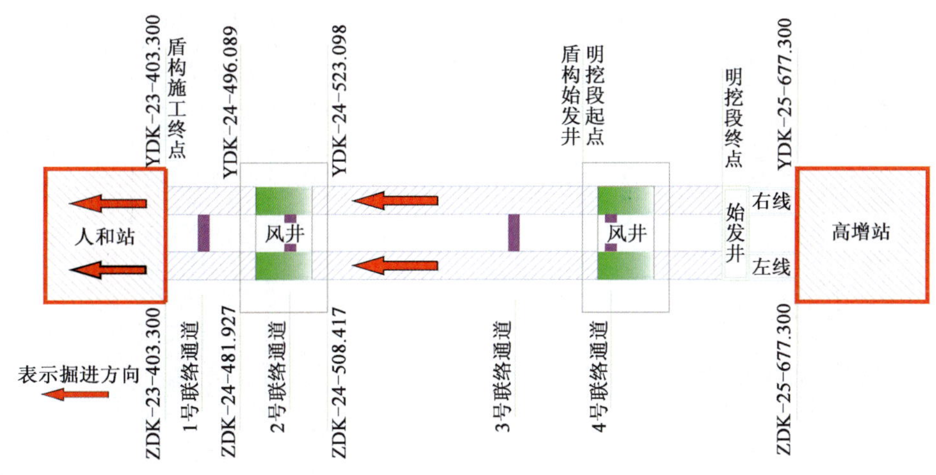

图12-1　盾构掘进示意图

二、盾构施工环境特点分析

1. 地层及构造

区间地质剖面图如图12-2和图12-3所示。

2. 主要工程地质和水文地质特性

(1)主要工程地质

主要工程地质由上而下描述如下:

〈1〉人工填土层(Q_4^{ml}):主要为杂填土和素填土,标贯实测击数7~15击,平均击数10击。本层分布广泛,厚度0.30~7.90m,平均厚度1.31m。

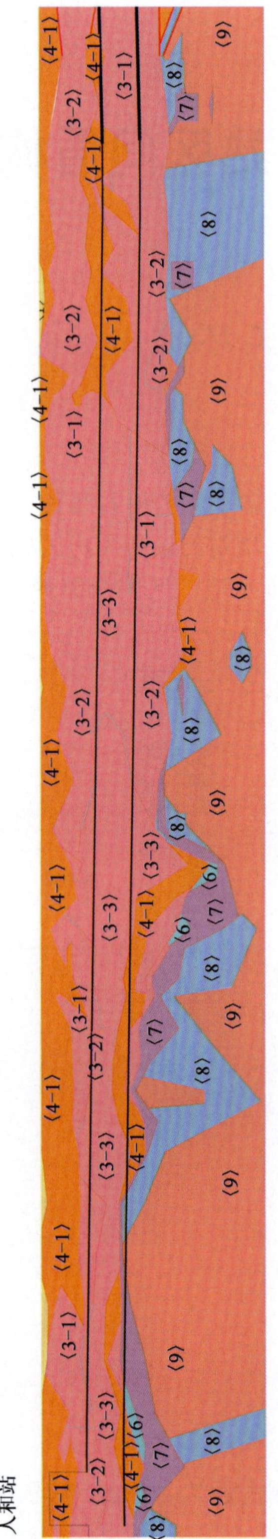

图12-2 高增站—人和站盾构区间右线地质纵断面图(1)

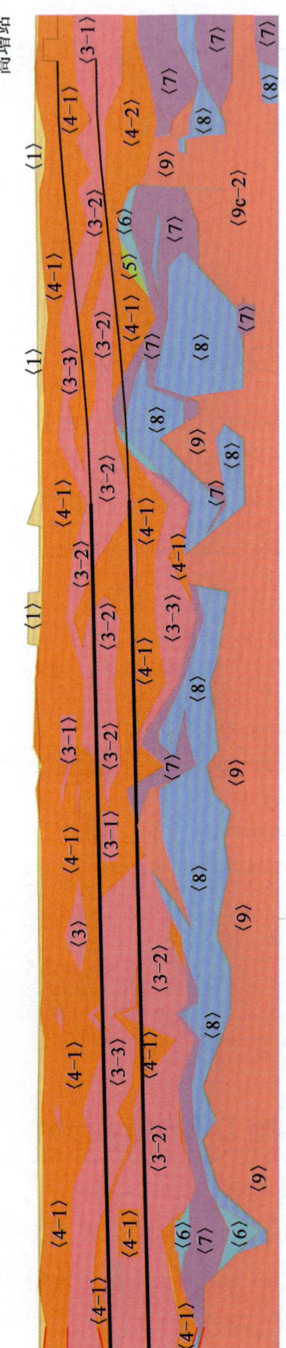

图12-3 高增站—人和站盾构区间右线地质纵断面图(2)

〈3-1〉粉细砂层:呈青灰色、浅灰色、灰白色、黄色等,组成物主要为细砂及粉砂,含黏粒,级配较差,饱和,呈松散~稍密状,局部中密状。标贯实测击数为5~29击,平均击数12击。本层分布较广泛,层厚0.40~17.10m,平均厚度3.02m。

〈3-2〉中粗砂层:呈灰色、浅灰色、灰白色、黄色等,组成物主要为中砂、粗砂,含黏粒,级配较差,饱和,呈松散~稍密状,局部中密状。标贯实测击数为6~29击,平均击数15击。本层分布较广泛,层厚0.39~20.55m,平均厚度4.52m。

〈3-3〉砾砂层:呈灰色、浅灰色、灰白色、黄色等,组成物主要为砾砂及圆砾,含黏粒,级配较差,饱和,呈稍密~密实状,局部松散状。标贯实测击数为11~39击,平均击数17击。本层分布较广泛,层厚0.39~20.55m,平均厚度4.99m。

〈4-1〉冲积—洪积土层(Q_{3+4}^{al+pl}):呈褐黄色、深灰色、灰黄色等,主要由粉质黏土、黏土组成,含少量砂粒,局部为稍密状粉土,主要呈可塑~硬塑状,局部软塑状。标贯实测击数2~29击,平均击数为12击。本层分布广泛,120个钻孔有揭露,层厚0.20~13.00m,平均层厚3.42m。

〈4-2〉河湖相沉积土层(Q_{3+4}^{al}):呈深灰色、灰黑色,主要为淤泥及淤泥质土组成,组成物主要为黏粒,含有机质、腐殖质,饱和,流塑状,局部夹薄层细砂。本次详细勘察未揭露到该层,在利用孔MCZ2-N073A、MCZ2-N137A揭露到。本层标贯试验3次,标贯实测击数2~4击,平均击数为3击。本层主要零星分布,2个钻孔有揭露,层厚1.10~3.70m,平均层厚2.40m。

〈5-1〉可塑状残积土层:本层有2个钻孔有揭露,主要由粉质黏土组成,呈可塑状。在利用孔MCZ1-N152、MCZ1-N153揭露到。本层标贯试验2次,标贯实测击数8~18击,平均13击;层厚2.50m。

〈5-2〉硬塑~坚硬状残积土层:本层零星分布,4个钻孔有揭露,组成物主要为粉质黏土,呈硬塑~坚硬状。本层标贯试验3次,实测标贯击数13~28击,平均击数19击;层厚2.30~3.45m,平均厚度2.67m。

〈6〉岩石全风化带(E_2b):岩性主要为泥质粉砂岩、粉砂岩、泥灰岩、泥岩,本层呈局部分布,16个钻孔有揭露,呈黄褐色、灰色、红褐色等,原岩组织结构已基本风化破坏,但尚可辨认,岩芯呈坚硬土柱状,遇水易软化。局部夹强风化岩碎块。本层标贯试验10次,实测标贯击数30~44击,平均击数37击。层厚0.45~11.60m,平均层厚2.22m。

〈7〉岩石强风化带(E_2b):岩性主要为泥质粉砂岩、粉砂岩、泥岩,本层分布较广泛,74个钻孔有揭露,呈黄褐色、褐灰色、红褐色等,原岩组织结构已大部分风化破坏,矿物成分已显著变化,风化裂隙很发育,岩石极破碎,岩块可用手折断。局部夹全风化岩,岩芯呈半岩半土状,岩芯遇水易软化崩解。由于强风化岩石极破碎,本次详勘仅取得2组样品,本层标贯试验17次,实测标贯击数52~72击,平均击数56击;揭露层厚0.30~8.00m,平均揭露厚度2.18m。

〈8〉岩石中等风化带(E_2b):岩性主要为泥质粉砂岩、粉砂岩、泥灰岩、泥岩及粉砂质泥岩、石灰岩,呈红褐色、灰色等。粉砂质泥岩RQD为40%~80%,天然抗压强度1.84~6.63MPa。揭露层厚0.10~8.35m,平均揭露层厚2.40m。

〈9〉岩石微风化带(E_2b、C_1ds):岩性主要为泥质粉砂岩、粉砂岩、泥灰岩、泥岩及粉砂质泥岩、石灰岩,呈红褐色、浅灰色、灰色等。粉砂质泥岩RQD为75%~95%,天然抗压强度5.01~26.1MPa。石灰岩RQD为90%~99%,天然抗压强度46.2~65MPa。

(2)水文地质

稳定水位埋深为0~6.10m,平均埋深为2.90m。

按赋存方式分为第四系松散土层孔隙水、块状基岩裂隙水、碳酸盐岩类裂隙溶洞水。

3.地貌

本区段地处广花冲积盆地,地面高程为14.90~16.70m,平均高程为15.25m,地面起伏较小。

4.建筑物、构筑物

线路上及线路两侧有大量建筑物,主要为4~5层的民宅,砖混结构,条形基础;6层或以上的民宅,框架结构,局部扩大柱下独立基础;3~4层厂房或商业用房,框架结构,局部扩大柱下独立基础。

三、项目工期

实际开工和完工时间见表12-1。

盾构机始发到达计划、实际开工和完工时间统计表　　表12-1

序号	工作项目	计划开工时间(年-月-日)	实际开工时间(年-月-日)	计划完工时间(年-月-日)	实际完工时间(年-月-日)	备注
1	右线隧道始发掘进	2008-10-10	2008-12-9	2008-12-11	2008-12-21	
2	左线隧道始发掘进	2008-11-1	2009-01-10	2009-01-12	2009-01-14	
3	右线盾构过中间风井	2009-3-23	2009-04-17	2009-4-16	2009-04-25	
4	左线盾构过中间风井	2009-4-5	2009-04-30	2009-4-19	2009-05-14	
5	右线盾构到达、吊出井	2009-08-01	2009-8-10	2009-9-30	2009-10-8	
6	左线盾构到达、吊出井	2009-08-30	2009-10-28	2009-10-29	2009-11-6	
7	盾构交车站封顶时间	2009-9-30		2009-11-10	2009-11-10	
8	工程竣工交轨道时间	—	—	2009-11-15		

四、工程投资

工程投资见表12-2。

三号线各区间概算价、合同价比较表　　表12-2

区间	概算价	合同价/每延米造价
高增站—人和站		20398.7618万,3.5068万/m(盾构区间14949.0947万)
备注	盾构法隧道概算价包括盾构机隧道掘进、预制钢筋混凝土管片、土石方外运、盾构过站、联络通道及中间泵站、构件运输、疏散平台、盾构始发井	合同价包括永久工程设计、施工准备与拆卸恢复、盾构区间隧道工程、盾构区间附属工程、盾构始发井、盾构机监造

第二节　盾　构　机

一、盾构机选型依据和原则

1)工程地质及水文地质特点、难点

各地层在整个区间所占的长度和比例统计,见表12-3。

盾构隧道中线穿越地层统计表　　　表12-3

岩　层	地层特征	左线(m)	右线(m)	渗透系数(m/d)	地质强度(MPa)
〈3-1〉	淤泥质粉细砂层	777.53	662.55	5.0	
〈3-2〉、〈3-3〉	冲积—洪积中粗砂层	875.34	882.91	7~10	
〈4-1〉	粉质黏土层	439.01	535	0.005	
〈3〉、〈7〉	上软下硬地层	166.894	193.54	1.0	1.2-47.6

2)影响盾构选型的工程地质特点及重难点

高增站—人和站盾构区间具有以下的特点和难点对盾构机的选型有较大的影响。

(1)隧道全断面通过〈3-2〉、〈3-3〉中粗砂层。

(2)隧道过房屋、106国道。

(3)隧道区域内有溶洞。

(4)隧道穿越水塘。

(5)穿越上软下硬地段。

二、盾构机选型结果与机型特点

本标段选用了两台海瑞克的复合式土压平衡盾构机(自编号S371和S372)。这两台盾构机在广州地铁6号线2标已使用,其中S371掘进了1301m,S372掘进了1566m。

1.设备概述

盾构机参数见本书第二章表2-2。

2.设备特点

(1)这两台是目前在广东地区唯一具有双螺旋机的盾构机(见图12-4),后端的出渣闸门带有密封装置,通过关闭闸门,可将土仓内的水、土与盾构机内部隔离开。盾构机可在水压为0.4MPa时依然保持密封,并进行掘进。

(2)这两台盾构机增加空调系统保证施工环境温度在38℃以下。

(3)本工程采用合金球齿滚刀(见图12-5、图12-6)。

(4)磨损监测系统使用了一套特殊的系统来监测切刀的磨损情况,这些监测工作都是在常压下进行的,不需要进入到开挖舱。

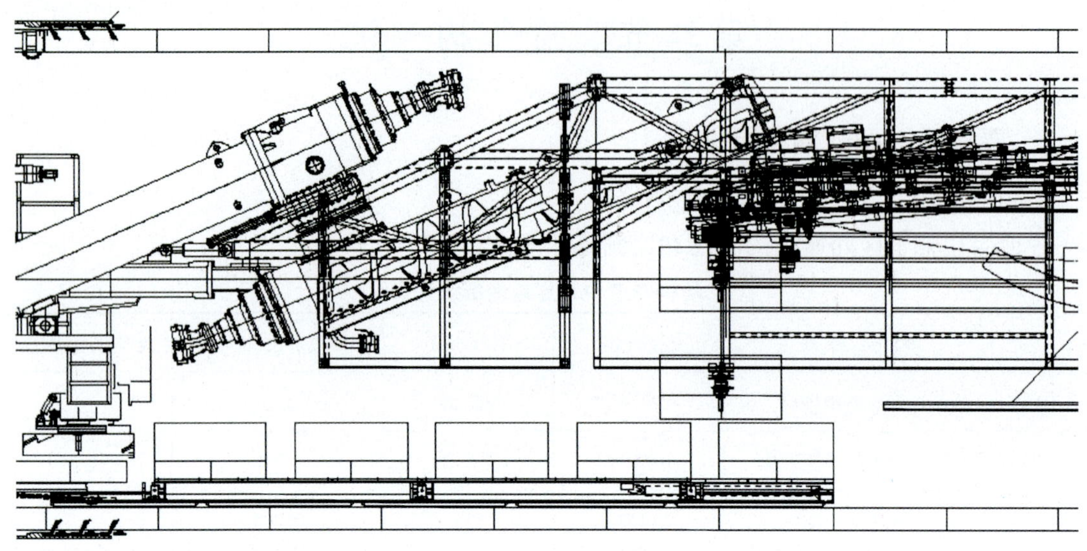

图 12-4　双级螺旋输送机示意图

图 12-5　单刃球齿滚刀(张生林　摄)

图 12-6　双刃球齿滚刀(张生林　摄)

3. 刀具的磨损情况

掘进过程中左右线换刀各 3 次,所使用的刀具是洛阳九久刀。具体换刀时间及换刀情况见表 12-4 和表 12-5。刀具检查及更换记录及统计见表 12-6 ~ 表 12-11。左右线隧道贯通后,刀具磨损情况见表 12-12 ~ 表 12-15。刀具磨损情况如图 12-7 ~ 图 12-20 所示。

本标段除始发端头加固体(9m)、到达端头加固(10m)、1 号和 3 号联络通道加固体(各 5.4m 宽)、中间风井到达和再始发端头为 1m 厚的 C20 素混凝土墙,共 6 处强度大于 10MPa 外,其他为软土层(强度小于 10MPa);从本标段全盘滚刀掘进的磨损情况分析,滚刀偏磨严重。盾构机在软土层(砂层和黏土层)掘进建议刀盘正面采用先行刀,周边配置部分滚刀(以过软土层始发、到达和联络通道加固体段使用),以降低刀具使用成本,提高经济效益。

右线盾构机（S371）换刀情况　　表 12-4

次数	时　　间	换刀环数	换 刀 位 置	地质或推进情况	换 刀 情 况
1	2009-2-10 ~ 2009-2-14	317 环	3 号联络通道加固体内	〈3-1〉、〈3-2〉地层	9 号、10 号共两把单刃滚刀，11 把切刀；在换刀时从刀盘取出两根钻杆
2	2009-4-18 ~ 2009-4-21	701 环	中间风井	〈3-2〉、〈3-3〉地层	见刀具更换表
3	2009-6-7 ~ 2009-6-9	1048 环	1 号联络通道加固体内（进入加固体 2m）	〈3-2〉、〈3-3〉地层	换两把双刃滚刀

左线盾构机（S372）换刀情况　　表 12-5

次数	时　　间	换刀环数	换刀位置	地质或推进情况	换 刀 情 况
1	2009-3-11 ~ 2009-3-12	318 环	3 号联络通道加固体内	基本为〈3-1〉、〈3-2〉和〈4-1〉地层	9 号、10 号、11 号共三把单刃滚刀偏磨脱齿，26 号单刃滚刀不均匀磨损
2	2009-5-3 ~ 2009-5-8	701 环	中间风井	基本为〈3-2〉、〈3-3〉地层	盾尾刷
3	2009-6-23 ~ 2009-5-29	1036 环	1 号联络通道加固体内（进入加固体 2m）	基本为〈3-2〉、〈3-3〉地层	31 ~ 39 号中除 35 号单刃滚刀不更换之外，其余全部用新合金球齿单刃滚刀更换，因为在距离出洞一百多米的区间内，地质情况是上软下硬，所以对于边缘滚刀的要求较高，检查同时发现 9 号、10 号、13 号、17 号、25 号五把单刃滚刀磨损严重，一起进行更换。中心刀全部更换，继续采用以前的中心刀配置方式，两把中心滚刀，两把中心羊角刀。共 13 把刀

右线在 3 号联络通道处刀具检查及更换记录表　　表 12-6

盾构机编号：S-371				开舱里程：-25089.77				
开舱环数：317				右线				
开舱日期：2009-2-10								
刀具编号		磨损情况	是否需要更换	刀具编号		数量	磨损情况	是否需要更换
双刃滚刀	1	2mm	否	正齿刀	1	4	崩齿 2 个	更换 2 个
	2	2mm	否		2	4	5mm 崩齿 1 个	更换 1 个
	3	4mm	否		3	4	6mm 崩齿 1 个	更换 1 个
	4	3mm	否		4	4	7mm	否
	5	2mm	否		5	4	6mm 崩齿 3 个	更换 3 个
	6	4mm	否		6	4	5mm	否
	7	2mm	否		7	4	7mm	否
	8	2mm	否		8	4	6mm 崩齿 1 个	更换 1 个

续上表

刀具编号		磨损情况	是否需要更换	刀具编号		数量	磨损情况	是否需要更换
单刃滚刀	9	球齿露出磨损 2mm	更换	正齿刀	9	4	6mm	否
	10	球齿露出磨损 3mm	更换		10	4	7mm	否
	11	2mm	否		11	4	4mm 齿 2 个	更换 2 个
	12	2mm	否		12	4	6mm	否
	13	4mm	否		13	4	5mm	否
	14	3mm	否		14	4	7mm 崩齿 1 个	更换 1 个
	15	2mm	否		15	4	4mm	否
	16	4mm	否		16	4	4mm	否
	17	2mm	否	边缘刮刀	1	2	5mm	否
	18	2mm	否		2	2	6mm	否
	19	2mm	否		3	2	4mm	否
	20	2mm	否		4	2	6mm	否
	21	4mm	否		5	2	8mm	否
	22	3mm	否		6	2	5mm	否
	23	2mm	否		7	2	4mm	否
	24	4mm	否		8	2	6mm	否
	25	2mm	否					
	26	2mm	否					
	27	2mm	否					
	28	2mm	否					
	29	4mm	否					
	30	3mm	否					
	31	2mm	否					
	32	3mm	否					
	33	4mm	否					
	34	3mm	否					
	35	2mm	否					
	36	4mm	否					
	37	5mm	否					
	38	3mm	否					
	39	4mm	否					

注:齿刀共更换 11 把。

右线在3号联络通道处刀具更换统计表　　表12-7

盾构机编号:S-371				开舱里程:-25089.77		
开舱环数:317				右线		
开舱日期:2009-2-10						
刀具编号		磨损情况	刀轴编号	刀具情况	维修时间	采购时间
单刃滚刀	9	球齿根部露出(见图12-7)	JJ0710120	维修	2008年	2007年
	10	球齿根部露出(见图12-8)	JJ0710110	维修	2008年	2007年

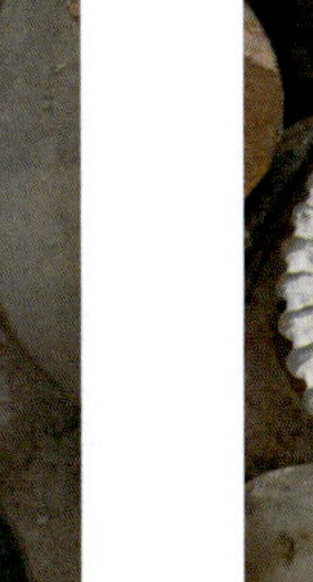

图12-7　右线9号刀具球齿根部露出(张生林　摄)　　图12-8　右线10号刀具球齿根部露出(张生林　摄)

左线在3号联络通道处刀具检查记录表　　表12-8

盾构机编号:S-372				开舱里程:-25071.48				
开舱环数:318				左线				
开仓日期:2009-3-11								
刀具编号		磨损情况	是否需要更换	刀具编号		数量	磨损情况	是否需要更换
双刃滚刀	1	3mm	否	正齿刀	1	4	磨损都在5mm以内	否
	2	4mm	否		2	4		
	3	3mm	否		3	4		
	4	5mm	否		4	4		
	5	3mm	否		5	4		
	6	5mm	否		6	4		
	7	3mm	否		7	4		
	8	2mm	否		8	4		
单刃滚刀	9	偏磨球齿脱落	更换		9	4		
	10	偏磨球齿脱落	更换		10	4		
	11	偏磨球齿脱落	更换		11	4		
	12	3mm	否		12	4		
	13	4mm	否		13	4		
	14	5mm	否		14	4		
	15	5mm	否		15	4		
	16	4mm	否		16	4		
	17	3mm	否	边缘刮刀	1	2	3mm	否
	18	3mm	否		2	2	4mm	否
	19	6mm	否		3	2	3mm	否

续上表

刀具编号		磨损情况	是否需要更换	刀具编号		数量	磨损情况	是否需要更换
单刃滚刀	20	2mm	否	边缘刮刀	4	2	2mm	否
	21	5mm	否		5	2	3mm	否
	22	3mm	否		6	2	4mm	否
	23	4mm	否		7	2	3mm	否
	24	2mm	否		8	2	2mm	否
	25	3mm	否					
	26	磨损不均匀	更换					
	27	6mm	否					
	28	2mm	否					
	29	5mm	否					
	30	3mm	否					
	31	4mm	否					
	32	2mm	否					
	33	6mm	否					
	34	2mm	否					
	35	5mm	否					
	36	3mm	否					
	37	4mm	否					
	38	2mm	否					
	39	3mm	否					

左线在 3 号联络通道处刀具更换统计表 表 12-9

盾构机编号:S-372				开舱里程:-25071.48		
开舱环数:318				左线　　右线		
开舱日期:2009-3-11						
刀 具 编 号		磨 损 情 况	刀 轴 编 号	刀 具 情 况	维 修 时 间	采 购 时 间
单刃滚刀	9	偏磨球齿脱落(见图 12-9)	JJ0812100	采购新刀		2008 年
	10	偏磨球齿脱落(见图 12-10)	JJ0710102	维修刀具	2008 年	2007 年
	11	偏磨球齿脱落(见图 12-11)	JJ081295	采购新刀		2008 年
	26	磨损不均匀(见图 12-12)	JJ081206	采购新刀		2008 年

图 12-9　左线 9 号刀具偏磨和球齿脱落

右线在中间风井刀具检查记录表　　表 12-10

盾构机编号:S-371				开舱里程:				
开舱环数:701				右线				
开舱日期:2009-4-18								
刀具编号		磨损情况	是否需要更换	刀具编号		数量	磨损情况	是否需要更换
双刃滚刀	1	正常磨损	更换羊角刀	正齿刀	1	4	磨损严重	共更换 64 把
	2	正常磨损			2	4	磨损严重	
	3	正常磨损	更换羊角刀		3	4	磨损严重	
	4	正常磨损			4	4	磨损严重	
	5	偏磨	更换		5	4	磨损严重	
	7	偏磨			6	4	磨损严重	
	6	偏磨	更换		7	4	磨损严重	
	8	偏磨			8	4	磨损严重	
单刃滚刀	9	2mm	更换		9	4	磨损严重	
	10	3mm	更换		10	4	磨损严重	
	11	2mm	更换		11	4	磨损严重	
	12	2mm	更换		12	4	磨损严重	
	13	4mm	更换		13	4	磨损严重	
	14	3mm	更换		14	4	磨损严重	
	15	2mm	更换		15	4	磨损严重	
	16	4mm	更换		16	4	磨损严重	
	17	2mm	更换	边缘刮刀	1	2	磨损严重	更换
	18	2mm	更换		2	2	磨损严重	更换
	19	2mm	更换		3	2	磨损严重	更换
	20	2mm	更换		4	2	磨损严重	更换
	21	4mm	更换		5	2	磨损严重	更换
	22	3mm	更换		6	2	磨损严重	更换
	23	2mm	更换		7	2	磨损严重	更换
	24	4mm	更换		8	2	磨损严重	更换
	25	2mm	更换					
	26	2mm	更换					
	27	2mm	更换					

续上表

刀具编号		磨损情况	是否需要更换	刀具编号		数量	磨损情况	是否需要更换
单刃滚刀	28	2mm	更换					
	29	4mm	更换					
	30	3mm	更换					
	31	2mm	更换					
	32	3mm	更换					
	33	4mm	更换					
	34	3mm	更换					
	35	2mm	更换					
	36	4mm	更换					
	37	5mm	更换					
	38	3mm	更换					
	39	4mm	更换					

左线在中间风井刀具检查记录表 表 12-11

项目名称:广州轨道交通三号线北延段 10 标

盾构机编号:S-372	开舱里程:
开舱环数:701	左线

开舱日期:2009-05-03

刀具编号		磨损情况	是否需要更换	刀具编号		数量	磨损情况	是否需要更换
双刃滚刀	1	正常磨损	更换羊角刀	正齿刀	1	4	磨损严重	共更换 64 把
	3	偏磨			2	4	磨损严重	
	2	正常磨损	更换羊角刀		3	4	磨损严重	
	4	偏磨			4	4	磨损严重	
	5	偏磨	更换		5	4	磨损严重	
	7	偏磨			6	4	磨损严重	
	6	偏磨	更换		7	4	磨损严重	
	8	偏磨			8	4	磨损严重	
单刃滚刀	9	2mm	更换		9	4	磨损严重	
	10	2mm	更换		10	4	磨损严重	
	11	1mm	更换		11	4	磨损严重	
	12	2mm	更换		12	4	磨损严重	

续上表

刀具编号		磨损情况	是否需要更换	刀具编号		数量	磨损情况	是否需要更换
单刃滚刀	13	3mm	更换	正齿刀	13	4	磨损严重	共更换64把
	14	3mm	更换		14	4	磨损严重	
	15	3mm	更换		15	4	磨损严重	
	16	2mm	更换		16	4	磨损严重	
	17	3mm	更换	边缘刮刀	1	2	一般磨损	不更换
	18	2mm	更换		2	2	一般磨损	不更换
	19	3mm	更换		3	2	一般磨损	不更换
	20	2mm	更换		4	2	一般磨损	不更换
	21	3mm	更换		5	2	一般磨损	不更换
	22	3mm	更换		6	2	一般磨损	不更换
	23	2mm	更换		7	2	一般磨损	不更换
	24	4mm	更换		8	2	一般磨损	不更换
	25	2mm	更换					
	26	3mm	更换					
	27	2mm	更换					
	28	4mm	更换					
	29	3mm	更换					
	30	3mm	更换					
	31	2mm	更换					
	32	3mm	更换					
	33	4mm	更换					
	34	3mm	更换					
	35	4mm	更换					
	36	5mm	更换					
	37	4mm	更换					
	38	3mm	更换					
	39	3mm	更换					

右线出洞刀具检查记录表 表 12-12

<table>
<tr><td colspan="4">盾构机编号:S-371</td><td colspan="5">开舱里程:</td></tr>
<tr><td colspan="4">掘进环数:744</td><td colspan="5">右线</td></tr>
<tr><td colspan="9">出洞日期:2009-9-8</td></tr>
<tr><th colspan="2">刀具编号</th><th>磨损情况</th><th>备注或是否需要更换</th><th colspan="2">刀具编号</th><th>数量</th><th>磨损情况</th><th>备注或是否需要更换</th></tr>
<tr><td rowspan="8">羊角刀</td><td>1</td><td rowspan="8">均匀磨损,齿未掉</td><td rowspan="2"></td><td rowspan="16">正齿刀</td><td>1</td><td>4</td><td></td><td rowspan="16">共更换 64 把</td></tr>
<tr><td>2</td><td>2</td><td>4</td><td></td></tr>
<tr><td>3</td><td rowspan="2"></td><td>3</td><td>4</td><td></td></tr>
<tr><td>4</td><td>4</td><td>4</td><td></td></tr>
<tr><td>5</td><td rowspan="2"></td><td>5</td><td>4</td><td></td></tr>
<tr><td>6</td><td>6</td><td>4</td><td></td></tr>
<tr><td>7</td><td rowspan="2"></td><td>7</td><td>4</td><td></td></tr>
<tr><td>8</td><td>8</td><td>4</td><td></td></tr>
<tr><td rowspan="16">单刃滚刀</td><td>9</td><td>145mm</td><td>偏磨</td><td>9</td><td>4</td><td></td></tr>
<tr><td>10</td><td>150mm</td><td>偏磨</td><td>10</td><td>4</td><td></td></tr>
<tr><td>11</td><td>149mm</td><td>偏磨</td><td>11</td><td>4</td><td></td></tr>
<tr><td>12</td><td>152mm</td><td>偏磨</td><td>12</td><td>4</td><td></td></tr>
<tr><td>13</td><td>20mm</td><td>均匀磨损</td><td>13</td><td>4</td><td></td></tr>
<tr><td>14</td><td>140mm</td><td>偏磨</td><td>14</td><td>4</td><td></td></tr>
<tr><td>15</td><td>85mm</td><td>偏磨</td><td>15</td><td>4</td><td></td></tr>
<tr><td>16</td><td>76mm</td><td>偏磨</td><td>16</td><td>4</td><td></td></tr>
<tr><td>17</td><td>27mm</td><td>均匀磨损</td><td rowspan="8">边缘刮刀</td><td>1</td><td>2</td><td></td><td></td></tr>
<tr><td>18</td><td>70mm</td><td>偏磨</td><td>2</td><td>2</td><td></td><td></td></tr>
<tr><td>19</td><td>8mm</td><td>均匀磨损</td><td>3</td><td>2</td><td></td><td></td></tr>
<tr><td>20</td><td>55mm</td><td>均匀磨损</td><td>4</td><td>2</td><td></td><td></td></tr>
<tr><td>21</td><td>45mm</td><td>均匀磨损</td><td>5</td><td>2</td><td></td><td></td></tr>
<tr><td>22</td><td>43mm</td><td>均匀磨损</td><td>6</td><td>2</td><td></td><td></td></tr>
<tr><td>23</td><td>6mm</td><td>均匀磨损</td><td>7</td><td>2</td><td></td><td></td></tr>
<tr><td>24</td><td>58mm</td><td>均匀磨损</td><td>8</td><td>2</td><td></td><td></td></tr>
</table>

续上表

刀具编号		磨损情况	备注或是否需要更换	刀具编号		数量	磨损情况	备注或是否需要更换
单刃滚刀	25	34mm	均匀磨损					
	26	70mm	均匀磨损					
	27	45mm	均匀磨损					
	28	70mm	均匀磨损					
	29	55mm	均匀磨损					
	30	70mm	均匀磨损					
	31	57mm	均匀磨损					
	32	80mm	偏磨					
	33	60mm	均匀磨损					
	34	38mm	均匀磨损					
	35	50mm	偏磨					
	36	49mm	均匀磨损					
	37	100mm	偏磨					
	38	150mm	偏磨					
	39	30mm	均匀磨损					

右线盾构机从中间风井掘进到吊出井刀具磨损情况见图 12-10 ~ 图 12-17。

图 12-10　右线 1 号、3 号羊角刀磨损后照片（张奕　摄）

图 12-11　右线 2 号、4 号羊角刀磨损后照片（张奕　摄）

图 12-12　右线 9 号单刃滚刀偏磨(范星星　摄)

图 12-13　右线 12 号单刃滚刀偏磨(张奕　摄)

图 12-14　右线 23 号单刃滚刀均磨损(张生林　摄)

图 12-15　右线 28 号单刃滚刀均磨损、球齿全部脱落(张生林　摄)

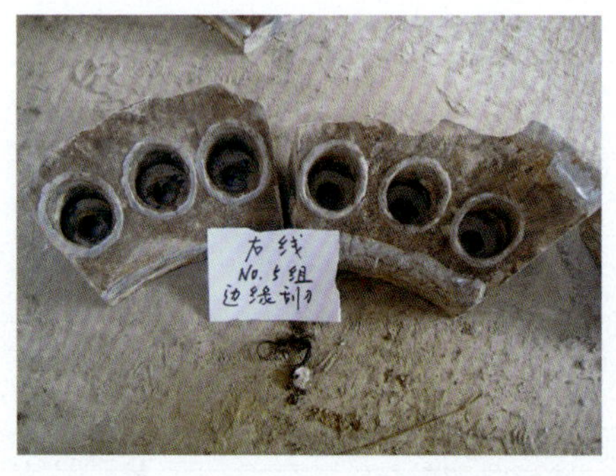

图 12-16　右线 5 号边缘刮刀不均匀磨损、球齿全部脱落(张生林　摄)

图 12-17　右线 4 号边缘刮刀不均匀磨损、球齿全部脱落(张生林　摄)

左线盾构机从中间风井掘到吊出井刀具磨损情况见图 12-18 ~ 图 12-20。

三、同步注浆和二次注浆

1. 浆液的配比

(1)同步注浆对浆液的要求

同步注浆浆液配比见表 12-15 和表 12-16,在施工过程中,根据使用位置和地层等条件,通过试验优化确定配比。

左线出洞刀具检查记录表　　表12-13

盾构机编号:S-372	开舱里程:在中间风井全换的新刀
掘进环数:733	左线
出洞日期:2009-10-26	

刀具编号		磨损情况	备注或是否需要更换	刀具编号		数量	磨损情况	备注或是否需要更换
双刃滚刀或羊角刀	1	均匀磨损	羊角刀	正齿刀	1	4		部分磨损厉害
	2				2	4		
	3				3	4		
	4				4	4		
	5	刀圈偏磨150mm	带球齿双刃滚刀		5	4		
	6				6	4		
	7				7	4		
	8				8	4		
单刃滚刀	9	刀圈偏磨150mm	局部剩余球齿		9	4		
	10	刀圈偏磨150mm	局部剩余球齿		10	4		
	11	刀圈偏磨56mm	局部剩余球齿		11	4		
	12	刀圈偏磨61mm	局部剩余球齿		12	4		
	13	刀圈偏磨60mm	局部剩余球齿		13	4		
	14	刀圈偏磨49mm	局部剩余球齿		14	4		
	15	刀圈偏磨52mm	局部剩余球齿		15	4		
	16	刀圈偏磨57mm	局部剩余球齿		16	4		
	17	刀圈均磨20mm,偏磨45mm	球齿全部脱落	边缘刮刀	1	2		
	18	刀圈偏磨20mm	球齿全部脱落		2	2		
	19	刀圈均磨11mm	球齿全部脱落		3	2		
	20	刀圈均磨5mm			4	2		
	21	刀圈偏磨40mm	局部剩余球齿		5	2		
	22	刀圈均磨9mm	局部剩余球齿		6	2		
	23	刀圈均磨8mm	局部剩余球齿		7	2		
	24	刀圈均磨4mm	局部剩余球齿		8	2		
	25	刀圈均磨10mm	局部剩余球齿					
	26	刀圈松脱,偏磨150mm						
	27	刀圈均磨40mm,偏磨90mm						
	28	刀圈松脱,偏磨150mm						

续上表

刀具编号		磨损情况	备注或是否需要更换	刀具编号		数量	磨损情况	备注或是否需要更换
单刃滚刀	29	刀圈偏磨 150mm，轴承偏磨 10mm						
	30	刀圈偏磨 150mm，轴承偏磨 10mm						
	31	刀圈偏磨 150mm						
	32	刀圈偏磨 150mm						
	33	刀圈偏磨 150mm，轴承偏磨 10mm						
	34	刀圈偏磨 150mm						
	35	刀圈偏磨 150mm，轴承偏磨 10mm						
	36	刀圈脱落，偏磨 150mm，轴承偏磨 10mm						
	37	刀圈偏磨 150mm						
	38	刀圈偏磨 150mm						
	39	刀圈偏磨 150mm						

图 12-18　左线 1 号边缘刮刀偏磨(张生林　摄)

图 12-19　左线 2 号边缘刮刀偏磨(张生林　摄)

图 12-20　左线 2 组切刀磨损情况(张生林　摄)

同步注浆浆液配比($1m^3$)(非洞口段使用)　　表 12-14

砂(kg)	水泥(kg)	粉煤灰(kg)	膨润土(kg)	水(kg)	外加剂
800	250	310	50	385	按试验确定
备注	凝结时间:12 ~ 16h				

同步注浆浆液配比($1m^3$)(洞口段使用)　　表 12-15

砂(kg)	水泥(kg)	粉煤灰(kg)	膨润土(kg)	水(kg)	外加剂
800	250	310	50	325	5.61
备注	凝结时间:6 ~ 8h				

(2)主要性能指标

固结强度:1d 不小于 0.2MPa,28d 不小于 2.5MPa。

2. 二次注浆

为保证浆液的初凝时间,注浆材料一般采用水泥浆和水玻璃的双组分浆液,并视需要对配合比进行调整。一般的配合比为:水∶水泥∶水玻璃 =0.5∶1∶0.1。

四、添加剂系统

在本工程中所使用的添加剂主要是泡沫剂。

当盾构机在硬岩地层掘进时,泡沫剂能起到冷却刀具,延长刀头寿命和辅助破岩的作用。但因为硬岩滚刀破碎岩石渣土的颗粒较大,泡沫剂不易将渣土颗粒悬浮起来,使用泡沫剂的效果不如软岩,特别是不如黏性渣土的改良效果,与直接加水的效果相差不大。

第三节　盾构施工的主要技术

一、盾构机回填式过中风井施工技术

1. 概述

中间风井进出洞加固为地下素混凝土墙,宽 9.4m,厚 0.8m,深度上部比基坑冠梁高,下部比盾构隧道底部深 1m,墙间用双管旋喷止水。中间风井主体结构作好盾构隧道通过的高度以上(中板不做)时,回填塑性混凝土(见图 12-21),盾构拼管片通过中间风井。

塑性混凝土是指用黏土或膨润土取代普通混凝土中的大部分水泥形成的一种柔性墙体材料。这种材料的特点是抗压强度不高,一般可控制在 R28 =0.5 ~2MPa,弹性模量较低,一般可控制在 E28 =100 ~500MPa。

2. 回填式过站的风险及应对措施

(1)针对破除洞门时,素混凝土墙塌陷发生突水涌沙的风险,采取以下的措施:分层破除洞门,破除一层回填一层 M15 的水泥砂浆,待达到 3d 砂浆的强度后,再破上一层,层高 1m。以确保破除洞门的安全。

(2)针对拆除 0 环时,发生突水涌沙的风险。采取的措施有:0 环不拆除,切割一部分,中

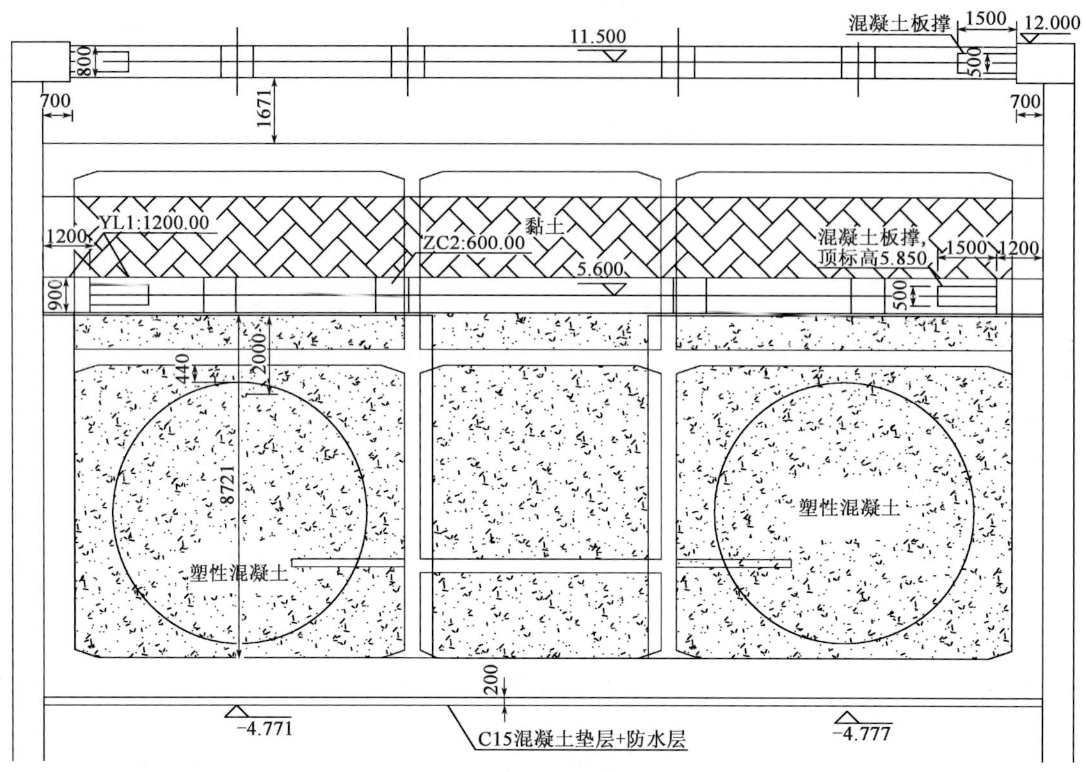

图 12-21　塑性混凝土施工剖面图(尺寸单位:m)

间风井的 4 个洞门全做成外突的洞门,以克服拆除 0 环的安全风险。

(3)针对清除中间风井内的回填土时,管片外与素混凝土墙和中间风井地下连续墙和主体结构的间隙存在漏水涌沙的风险,采取的措施:在洞门圈预埋一圈钢板(10mm)以及在 0 环外侧也预埋一圈 10mm 的钢板(B 板),清除一层 0.5m 的土层后,用螺纹钢将 A 板和 B 板绑焊在一起,防止此缝漏水漏沙,以确保清除回填土时的施工安全。

3. 实施过程和效果

1)实施过程

(1)为了争取时间,盾构机过中间风井前先将中间风井的底板和边墙及中间的隔墙做到中板以下。

(2)检查素混凝土墙与洞门处地下连续墙之间是否有水力通道。

(3)分层破除洞门,分层回填水泥土,在洞门口 5m 范围内用 M15 砂浆回填。水泥土回填高度为盾构隧道顶上 2m。

(4)盾构机进洞前 150m 时,进行联系测量,控制好盾构机姿态,以确保顺利进洞。

(5)进洞时 0 环拖出盾尾后必须进行二次补浆,防止中间风井外的水通过 0 环外的缝隙流入中间风井内。图 12-22 是左线 0 环拖出盾尾时,中间风井外的水流入中间风井的情况。图 12-23 是左线 0 环二次补浆图,浆液串入中间风井,7min 后二次注浆的浆液将漏水通道堵死。

图 12-22　左线 0 环拖出盾尾时中间风井外的水流入中间风井的图片

图 12-23　进中间风井 0 环二次补浆串浆图

(6)盾构机过中间风井后用回填的水泥土做土模浇筑中板，待中间风井主体结构完成后，再将中间风井的回填土挖出来并拆除中间风井内的管片。

2)实施效果

本项目两台盾构机安全通过中间风井，短时间内在敞开(见图 12-24)的条件下更换全盘刀具。实践证明，盾构机回填式过站是成功的。

二、富水砂层中水平注浆端头加固技术

1. 工程概况

右线隧道到达端范围内主要〈3-2〉、〈3-3〉和〈4-1〉地层，如图 12-25 所示。盾构隧道顶到地面的距离为 10m，其上方依次为〈3-2〉、〈4-1〉和〈1〉地层；地下水稳定水位埋深为 0 ~ 6.10m，平均埋深为 2.90m。地面为 106 国道的路面，洞门处为人和车站的端墙，地下管线已迁移。

图 12-24　换刀作业环境照片

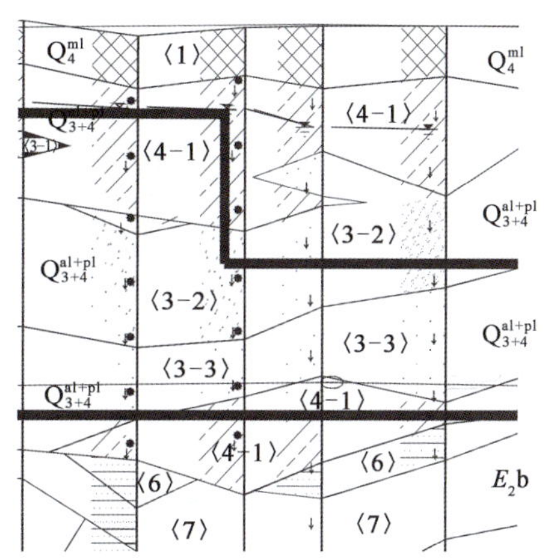

图 12-25　右线吊出井端头地质剖面图

2. 水平加固方案

加固原理：打孔后安装注浆孔口管，由孔口管向地层内进行注浆，浆液通过孔口注浆管进入地层(流沙层、粉质黏土层、黏土层等)，浆液在地层中向四周扩散，起充填、挤密的作用，从而使松散富水砂层或黏土层变为密实的坚固地层，达到堵水的目的。沿洞门圈周边布设水平

钻孔 23 个(如图 12-26 所示空心圆孔),环向间距 0.7m;洞门下部布设斜孔 19 个(图 12-26 为实心圆孔),对底部注浆加强。水平钻孔深度为 10m,斜孔深度如图 12-27 所示。

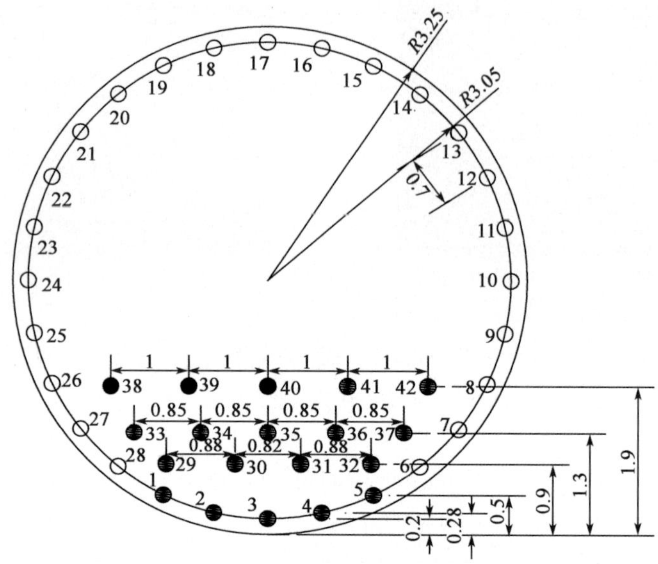

图 12-26　注浆孔布置立面图(尺寸单位:m)

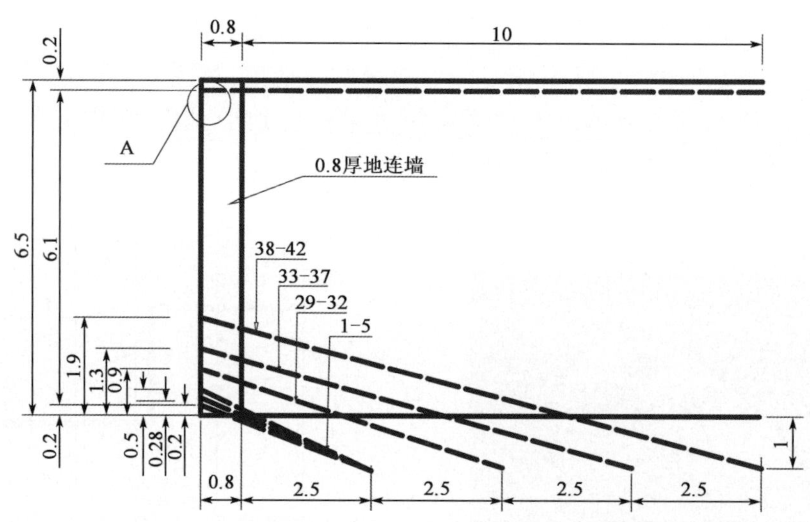

图 12-27　斜孔注浆角度和长度示意图(尺寸单位:m)

3. 加固效果检测

垂直取芯情况:实际取芯 4 点。检测点 Y4:8.3～8.8m 为水泥胶结体,8.8～10m 粗砂,10～11.2m 破碎水泥块,11.2～12.6m 松散沙子,12.6～13.5m 破碎水泥胶结体,13.5～14.8m 松散砂中间夹杂破碎水泥胶结体,14.8～15.3m 水泥胶结体,下部为黏土层,如图 12-28 所示。

检测点 Y3:8.3～10.8m 水泥胶结体,10.8～14.5m 松散砂层中间夹杂破碎水泥胶结体,14.5～15.1m 水泥胶结体,15.1～15.6m 松散中粗砂,15.6～16.2m 水泥胶结体,下部为黏土层,如图 12-29 所示。

图 12-28　Y4 点抽芯芯样照片

图 12-29　Y3 点抽芯芯样照片

检测点 Y2:8.4 ~ 12.4m 水泥胶结体夹杂有砂砾。12.4 ~ 15.2m 柱状水泥固化砂块,如图 12-30 所示。

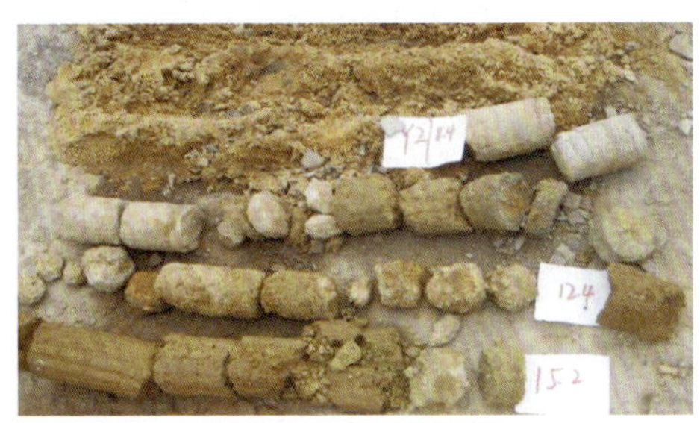
图 12-30　Y2 点抽芯芯样照片

检测点 Y1:10.6 ~ 11.3m 水泥胶结体,11.3 ~ 12m 松散砂层夹杂水泥胶结体,12 ~ 13.2m 水泥胶结体,13.2 ~ 14.5m 有一定连结性和强度的沙柱,14.5 ~ 15.3m 水泥胶结体,底部为黏土层,如图 12-31 所示。

水平取芯点 R0:0 ~ 0.8m 连续墙;0.8 ~ 1.4m,较完整水泥柱;1.4 ~ 2.5m,松散砂层中间夹杂水泥块;2.5 ~ 4.0m,水泥柱破碎,夹有十几厘米厚的砂层,如图 12-32 所示。

图 12-31　Y1 点抽芯芯样照片

图 12-32　R0 点抽芯芯样照片

水平探孔的情况,见表 12-16。

水平探孔统计表　　表 12-16

孔号	开始漏水位置(m)	探孔深度(m)	水流量描述	现在状况
R1	2.5	4	2.5m 后有少量沙、水流出,一直渗漏	水流量筷子粗细,勉强能连续上,为清水
R2	3.5	4	3.5m 后有少量沙、水,不连续滴漏	不连续滴漏,为清水
R3	不漏水	6	无	无
R4	3	4	3m 时有少量黄水流出,水量很小	水量很小,不连续
R5	还未探孔			
R6	2	4	2m 后有水、沙,7 月 30 晚上注浆涌沙,后注浆堵住	孔已封住,无水

续上表

孔号	开始漏水位置(m)	探孔深度(m)	水流量描述	现 在 状 况
R7	3.5	4	3.5m 时有少量昏黄色水流出	少量清水,滴漏
R8	3	4	3m 时少量水流出带点沙	少量清水,滴漏
27 号	2~4,5.5~6,7~7.5	8	此上三段钻进时少量黄色水流出	无水

因为第一次水平探孔见水,对加固体的质量有质疑,为此监理部要求承包商采取以下措施:

(1)进一步了解加固体的质量,对 9 个水平探孔加深。

(2)对 9 个水平探孔进行注浆补强,注浆压力为 3MPa 左右,注浆量见表 12-17。

水平加深探孔出水及注浆的统计表 表 12-17

序号	孔号	开始漏水位置(m)	探孔深度(m)	水流量描述	注 浆 情 况
1	R1	2.5	10	清水,水流筷子头粗	注入 0.3m³
2	R2	3.5	10	清水,滴流	注入 0.5m³
3	R3	7	10	清水,水流筷子头粗	注浆少许
4	R4	3	10	浊水,水大,流出 0.3m³ 沙子	注入 0.3m³
5	R5		9	无水	封孔
6	R6	2	10	无水	封孔
7	R7	3.5	10	清水,滴流	注 0.9t 水泥
8	R8	3	10	清水,滴流	封孔
9	R0	2	10	清水,水流筷子头粗	作为检查孔

(3)补强注浆完成后,再打水平探孔,检验加固体的透水性,见表 12-18。

水平探孔出水及注浆统计表 表 12-18

序号	孔号	孔　　位	探孔深度(m)	水流量描述	注 浆 情 况
1	C1	12~13 之间	7	清水,滴流	未封孔
2	C2	15~16 之间	7	清水,水流筷子头粗	未封孔
3	C3	18~19 之间	7	清水,水流筷子头粗	未封孔
4	C4	19~20 之间	7	清水,水流筷子头粗	未封孔
5	C5	21~22 之间	7	清水,水流小于筷子头粗	未封孔
6	C6	24~25 之间	7	清水,滴流	未封孔

2009 年 8 月 6 日召开了加固体质量分析会,同意右线盾构机掘进加固体。

4. 补充加固

右线盾构机于 2009 年 8 月 10 日抵达人和站地下连续墙后,从盾构机前体、中体径向孔注 350kg 聚氨酯,盾尾管片二次注双液浆堵漏,水泥约 20t,经检查确认堵住盾尾后来水。在实施以上措施后,从二级螺旋输送机出渣口流出的清水流量约为 15~20m³/h。

按 2009 年 8 月 15 日右线吊出井端头加固质量分析会要求,对右线加固体西侧下部 1/4 圆环(面向洞门 6~9 点)范围可能存在渗水通道,8 月 17 日从洞门钻斜孔注聚氨酯 300kg,压力 0.5MPa；针对可能的薄弱位置，在地面钻孔埋设袖阀管 11 孔（见图 12-33、图 12-34），重点设置在右线外侧位置，已注浆 4 孔，注浆量 2.6t。

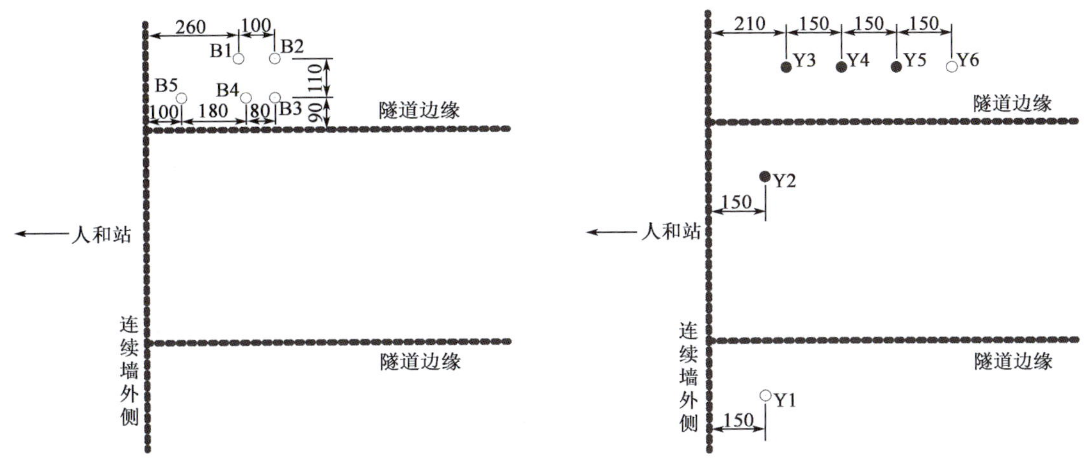

图 12-33　右线隧道外侧薄弱位置预留注浆孔　　图 12-34　侧补强注浆孔（尺寸单位：mm）

8 月 18 日出空土仓内渣土和水，开舱观察刀盘周边土体加固情况，仅在左下角有一微小渗漏点，其余砂土均为双液浆胶结凝固，加固情况良好。

8 月 25 日凌晨 0:30 左右，右线洞门内出现涌水、涌沙，此时洞门已破除 2/3，沙、水经土仓从洞门连续墙被破凿通的地方流出。立即组织抢险，及时遏制住了涌沙，但仍然有清水涌出（见图 12-35），专家讨论认为漏水点仍在第一次漏水的薄弱部位，出现漏水的原因主要是左线端头加固一直未停止施工，其所注带压浆液窜流到右线，穿透堵漏的聚氨酯胶体，重新打开了漏水通道。

8 月 26 日支模浇筑混凝土封闭已破凿的 2/3 洞门墙体（见图 12-36），洞门不再向外流水；8 月 28 日同时从地面和洞门处作垂直和水平注双液浆，至 9 月 2 日完成堵漏工作。水平注双液浆用水泥 24t，垂直注双液浆用水泥 25t（紧邻暗渠布置 5 个注浆孔），保护暗渠，防止暗渠变形漏水产生地表沉降。

9 月 7 日，在洞门 3 ~ 8 点位置，钻斜孔 6 个，每孔进入加固体约 70cm 深，无漏水漏砂现象；随后打开盾构机土仓检查同样无渗漏水，堵漏成功。

图 12-35　用水泥袋堵住流清水

图 12-36　混凝土封堵已破除的洞门

5. 水平渐进式注浆存在的问题

（1）浆液不是均匀地向四周扩散，未胶结的地方易出现新的水力通道。

（2）加固体内未胶结的沙，在水流的作用下会流动形成突沙，给盾构机出洞造成很大风险。

(3)本项目地表隆起量达到了 40 ~ 50cm。

(4)加固注浆压力的传递没有明确的方向性,对已做好的吊出井主体结构有不利的影响,如图 12-37 所示。

图 12-37　端墙因水平注浆加固产生的裂纹

三、盾构机在不同砂层中的掘进参数

本标段地层绝大多数为砂层,从中取出单一的〈3-1〉、〈3-2〉和〈3-3〉砂层进行掘进参数统计如图 12-38 ~ 图 12-46 所示。

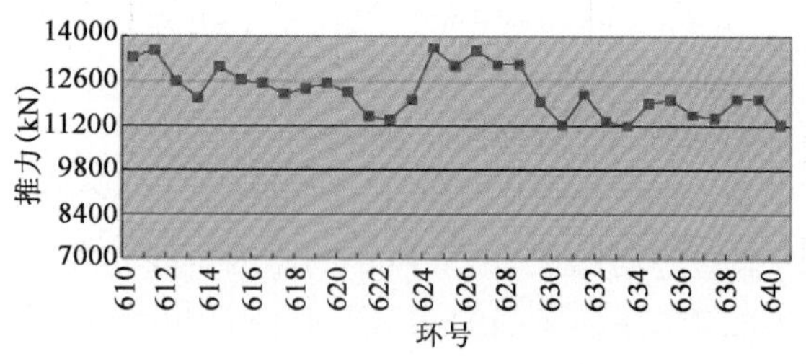

图 12-38　〈3-1〉地层推力参数图

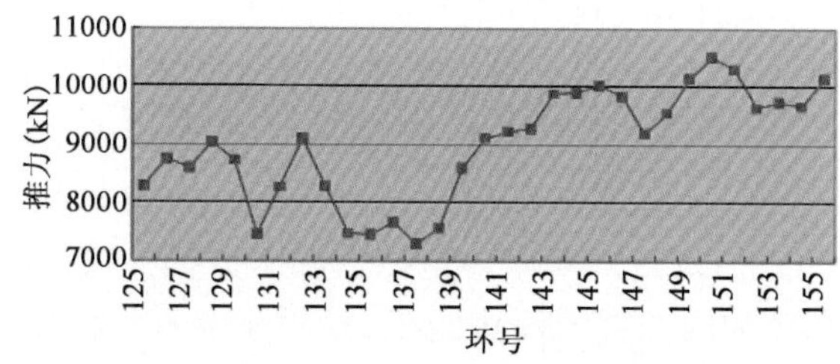

图 12-39　〈3-2〉地层推力参数图

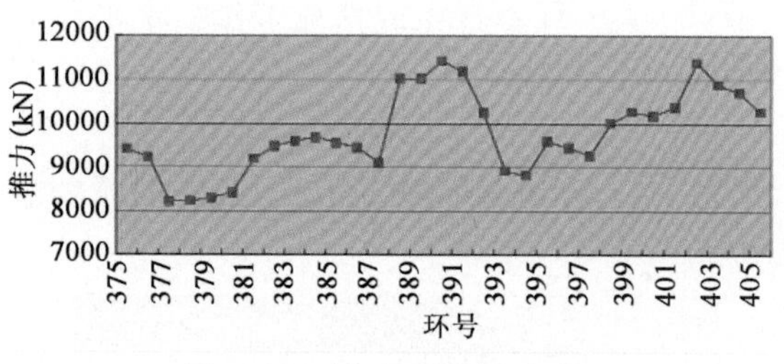

图 12-40　〈3-3〉地层推力参数图

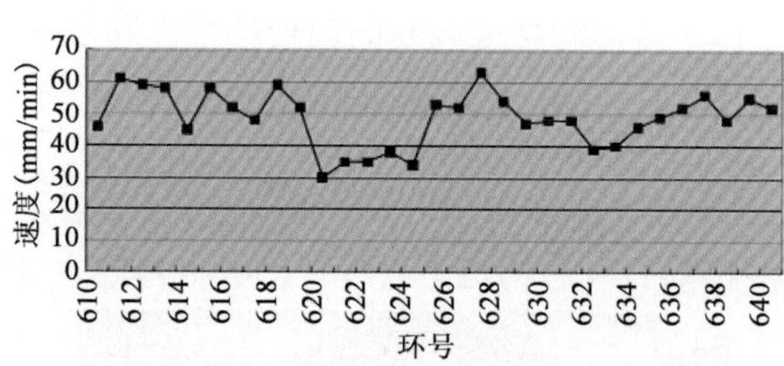

图 12-41　〈3-1〉地层掘进速度参数图

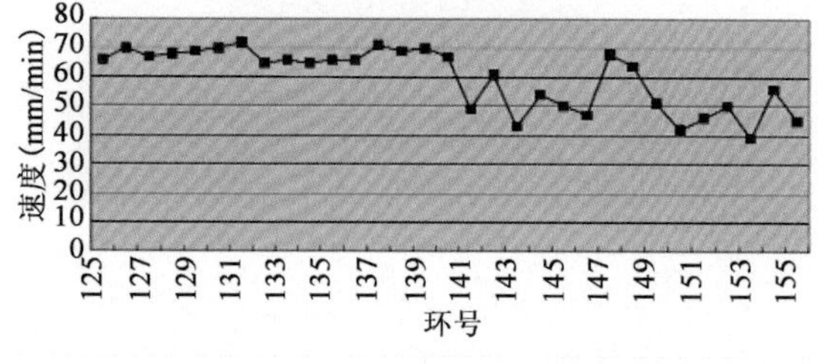

图 12-42　〈3-2〉地层掘进速度参数图

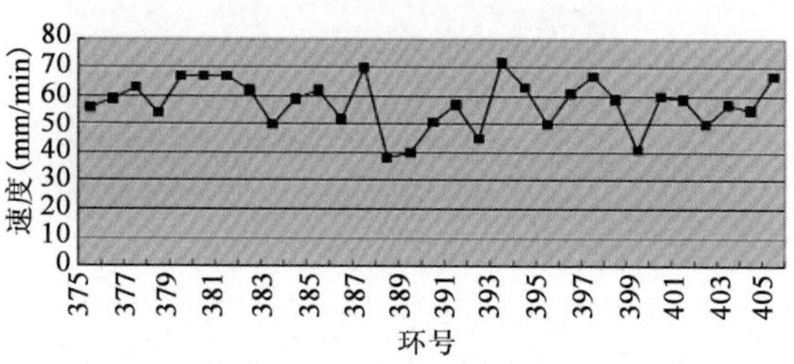

图 12-43　〈3-3〉地层掘进速度参数图

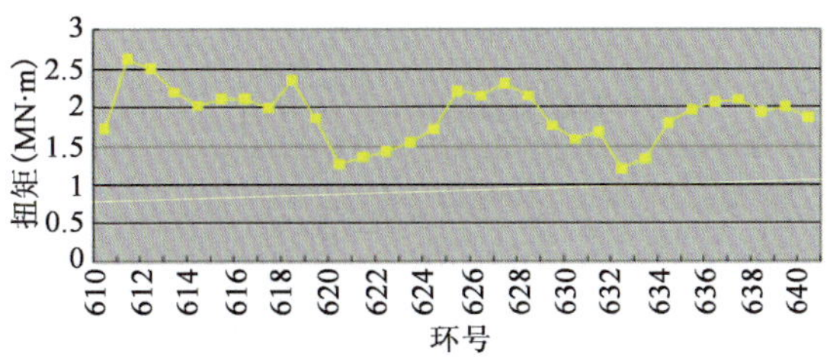

图 12-44　〈3-1〉地层扭矩参数图

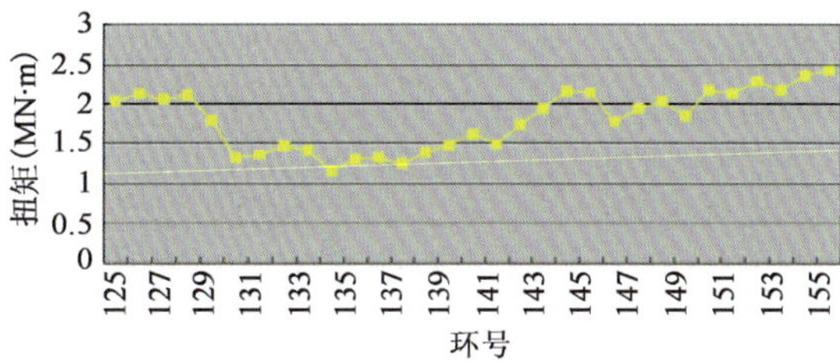

图 12-45　〈3-2〉地层扭矩参数图

四、盾构成型管片超限处理

1. 简述

左线盾构掘进 951 环至 1001 环时，发现管片水平姿态偏差与盾构机显示的盾尾水平偏差之间出现了较大偏差，盾构机导向系统上显示的水平偏差均在允许范围内，最大偏差 63mm；但实测管片轴线与盾构机导向系统的水平偏差相差较大，最大水平偏差达到 110mm，详细见表 12-19 和图 12-47。

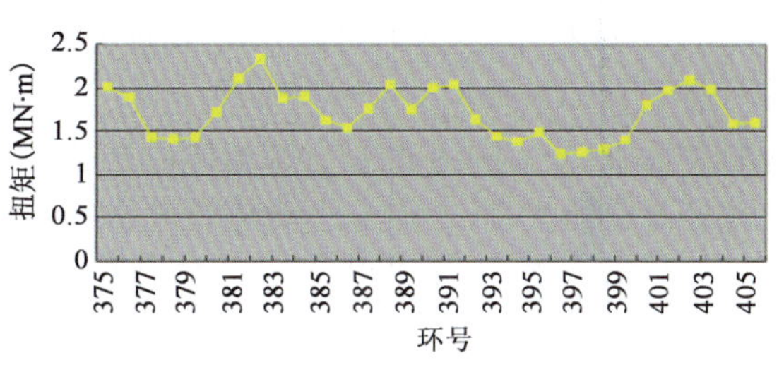

图 12-46　〈3-3〉地层扭矩参数图

左线水平姿态参数表　　表 12-19

环　号	管片姿态	盾构姿态	环　号	管片姿态	盾构姿态	环　号	管片姿态	盾构姿态
951	86	52	968	88	42	983	86	44
952	94	53	970	114	38	984	101	46
953	92	51	971	110	34	986	92	47
954	79	42	972	98	42	987	71	44
955	90	44	973	99	36	988	77	38
956	92	39	974	90	33	989	55	36
957	79	42	975	83	30	991	61	38
958	95	53	976	99	32	994	58	40
959	92	59	977	71	28	995	62	38
960	77	55	978	92	27	996	59	63
961	83	52	979	88	25	997	60	48
963	77	63	980	71	22	1000	56	49
967	106	39	981	98	20	1001	54	51

2. 原因分析

(1)由于中间风井内填塑性混凝土拼管片过站，因在盾构机后配套过站后及时拆除管片难度较大，迟迟未提供从中间风井做联系测量所需吊钢丝的工作面，导致过中风井后 400m 才进行联系测量，联系测量工作滞后未及早发现管片超限。

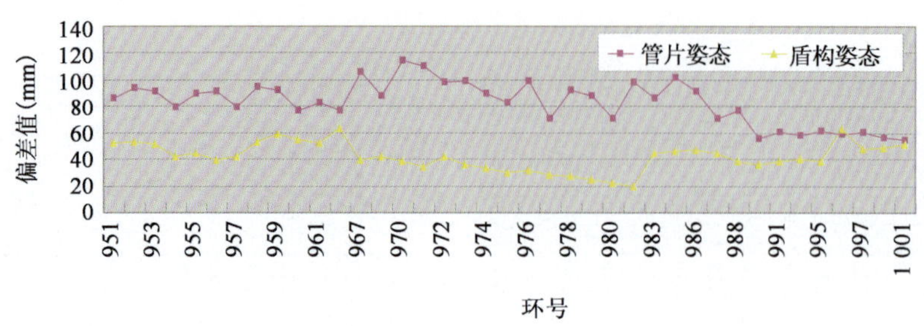

图 12-47　左线盾构机水平姿态图

(2)进中间风井贯通前 150m 联系测量与过中间风井二次始发后 400m 联系测量成果相比较(见表 12-20)得出过中间风井到贯通前左线地下控制导线是随着隧道的深入逐渐向右偏移,到控制点 LK06 时横坐标 Y 的差值达到 29.8mm。承包商在左线掘进至 984 环后才使用二次始发后 400m 的联系测量成果指导盾构施工,导致 984 环之前掘进时 SLS-T 导向系统及成型管片姿态数据失真,不能及时发现隧道超限。

测量成果表　　表 12-20

点号	进中间风井贯通前 150m(m)		二次始发后 400m(m)		差值(mm)	
	纵坐标 X	横坐标 Y	纵坐标 X	横坐标 Y	ΔX	ΔY
LK01	54257.8140	40623.7000	54257.8095	40623.6984	-4.5	-1.6
LK02	54131.7829	40594.9507	54131.7774	40594.9448	-5.5	-5.9
LK03	53997.4257	40552.5122	53997.4195	40552.5017	-6.2	-10.5
LK04	53860.2032	40487.0379	53860.1967	40487.0225	-6.5	-15.4
LK05	53730.9362	40405.5236	53730.9321	40405.5015	-4.1	-22.1
LK06	53611.4145	40333.3510	53611.4121	40333.3212	-2.4	-29.8
LK01 ~ LK02	192°51′0.1″		192°51′6.4″		6.3″	
LK05 ~ LK06	211°7′31.7″		211°7′42.7″		11.0″	

(3)盾构机操作手不够老练,掘进时盾构姿态控制不到位。尤其是在 920 环,SLS-T 导向系统进行方位角检查后,出现报警,当时水平补偿为 12mm,而 SLS-T 导向系统最大允许水平及垂直补偿为 5mm。盾构机操作手没有通知测量班到场检查,仍然继续向前掘进 12 环,导致盾构机按照假姿态向前掘进。

(4)现阶段盾构处于左转弯阶段,转弯半径为 800m,管片拼装后还要给盾构机提供掘进的反推力,成型管片受力出现向右的位移的趋势。同时在掘进过程中,由于掘进速度过快,同步注浆的单液浆未到凝固时间将导致 BT(SLS-T 导向系统全站仪基座)不稳定,从而使 SLS-T 导向系统显示数据不真实。984 ~ 995 环时,承包商更改自动到系统中基站点与后视点的坐标,使得 SLS-T 导向系统显示数据比真实数据偏左 22mm。

(5)7 月 15 日,采用左线二次始发后 600m 联系测量成果对成型隧道管片姿态进行测量,从成果表中可以统计出,从 600 ~ 1096 环,57 环管片侵限,集中在 761 ~ 802、914 ~ 984 这两段。7 月 15 日管片姿态成果是以中间风井的控制点和基线边为基准,之前管片姿态成果是以始发井的控制点和基线边为基准,二次测量成果进行对比,详细见表 12-21。两者之间较差最小值 42mm,最大值 92mm。反映基线边越长,测量误差越大,基线边长在一定距离时,要用陀螺仪进行方位角校核。

左线超限管片姿态及盾构姿态对比表　　表 12-21

环号	盾构姿态（A）	之前管片姿态（B）	7.15 管片姿态（C）	较差（C－A）	较差（C－B）	环号	盾构姿态（A）	之前管片姿态（B）	7.15 管片姿态（C）	较差（C－A）	较差（C－B）
761	4	32	75	71	42	915	9	102		93	0
762	0	20	77	77	57	916	6	102		96	0
763	2	12	82	80	70	917	2	105		103	0
764	5	22	71	66	49	918	7	111		104	0
765	6	16	79	73	63	919	1	98		97	0
766	－6	29	92	98	63	920	－1	75		76	0
767	－4	45	86	90	42	921	－1	77		78	0
768	0	47	100	100	53	922	3	78		75	0
769	5	49	112	107	63	923	3	87		84	0
770	18	44	103	85	59	924	4	91		87	0
771	29	49	111	82	62	925	－7	98		105	0
772	30	61	108	78	46	926	－12	87		99	0
773	25	47	106	81	59	927	－4	108		112	0
774	28	47	113	85	66	928	－5	111		116	0
775	18	42	93	75	51	929	－3	102		105	0
776	18	50	113	95	62	930	－5	109		114	0
777	15	51	97	82	46	931	－3	102		105	0
778	13	46	94	81	47	932	2	95		93	0
779	14	39	98	84	58	934	8	112		104	0
780	23	41	104	81	63	935	49	136		87	0
781	24	46	108	84	62	937	50	88		38	0
782	25	48	107	82	58	939	44	115		71	0
783	21	57	115	94	58	941	39	100		61	0
784	21	61	104	83	43	942	35	97		62	0
785	20	51	106	86	55	943	35	108		73	0
786	23	54	117	94	63	944	35	106		71	0
787	17	56	106	89	50	945	25	87		62	0
788	38	57	112	74	55	946	23	91		68	0
789	31	63	129	98	67	947	18	91		73	0
790	31	48	102	71	54	948	35	110		75	0
791	26	32	111	85	78	949	37	119		82	0
792	24	26	92	68	66	950	51	117		66	0
793	19	28	91	72	63	951	52	117		65	0
794	22	38	84	62	46	952	52	114		62	0
795	12	42	85	73	43	953	51	104		53	0
796	16	15	93	77	78	954	42	107		65	0
797	15	19	108	93	89	955	44	121		77	0
798	17	13	87	70	73	957	42	116		74	0
799	19	1	72	53	72	958	53	118		65	0
800	17	5	78	61	73	975	30	83		55	2
801	23	3	76	53	73	980	22	71		65	16
802	21	－4	88	67	92	984	46	101		49	－6
914	7	100	（未测）	93	0						

通过上述分析,依据7月15日观测数据,详细分析管片超限最集中的两段:761~791环,SLS-T导向系统显示姿态数据正常,侵限主要原因为控制点坐标偏右;914~934环,SLS-T导向系统显示姿态数据与成型管片姿态数据偏差值在100mm左右,主要原因应该是控制点坐标偏右及SLS-T导向系统数据显示失真;从935环开始,SLS-T导向系统数据显示姿态数据为40~50mm之间,侵限的主要原因是控制点坐标偏右及盾构纠偏控制不力。从995环以后数据分析对比,SLS-T导向系统显示姿态数据与成型管片姿态数据偏差值大部分在20~30mm范围内,主要原因是盾构处于左转弯及BT不稳定。

3. 处理措施

(1)6月24日,与承包商测量班共同复核SLS-T导向系统DTA数据,数据正确。

(2)6月24日,审核左线二次始发后400m联系测量成果报告。

(3)6月26日,跟踪承包商对盾构机姿态进行人工复测,与SLS-T导向系统显示数据分析对比(见表12-22),说明盾构机SLS-T导向系统显示数据正确。

盾构机姿态SLS-T导向系统显示数据与人工复测成果表 表12-22

	前点(mm)		后点(mm)		滚动角(mm/m)	俯仰角(mm/m)
	水平	垂直	水平	垂直		
SLS-T导向系统数据	13.0	-26.0	17.0	-23.0	1.0	2.0
人工复测数据	20.4	-30.2	19.6	-23.9	2.0	1.6
较差	7.4	-4.2	2.6	-0.9	1.0	-0.4

(4)6月27日~7月6日,在二次始发后600m处加密了一次联系测量,控制点成果与二次始发后400m成果进行分析对比(见表12-23),坐标差值小于12mm,基线边(ZL07~ZL08)方位角差值小于12″,符合相关规范要求,成果合格。

二次始发后400m与600m联系测量成果表 表12-23

点　号	二次始发后400m(m)		二次始发后600m(m)		差值(mm)	
	纵坐标 X	横坐标 Y	纵坐标 X	横坐标 Y	ΔX	ΔY
ZL07	53478.8533	40269.6822	53478.8568	40269.6849	3.5	2.7
ZL08	53318.4534	40228.9425	53318.4566	40228.9480	3.2	5.5
ZL09	53156.3163	40221.7817	53156.3186	40221.7886	2.3	6.9
ZL07~ZL08(基线边方位角)	194°15′4.0″		194°15′0.5″		-3.5″	

(5)测量盾构左线成型管片姿态超过50mm的测量成果,成果表上报业主、工点设计及设计总体。

(6)按照《广州轨道交通施工测量管理细则》(3版)要求,及时进行联系测量,同时与业主测量队及上次联系测量成果进行比较分析,合格后方可指导施工。

(7)每次移站时通过3个已知控制点检核边角关系,判断是否发生变化后才能进行移站。

(8)保证成型管片姿态人工测量频率按照直线上20环测量一次,曲线段10环测量一次,分析对比盾构掘进时SLS-T导向系统显示数据是否正常,隧道是否侵限,从而指导下一步盾构施工。

(9)要求承包商盾构操作手必须是熟练人员,能及时发现并报告盾构掘进时SLS-T导向系统中出现的问题,并对所有参加盾构掘进的技术人员进行业务培训和详细的技术交底,加强盾构姿态控制和管片拼装的管理。

Chapter

高增站—新机场南站区间盾构施工技术

13

执笔人 The Author

郭广才 ▷

高级工程师，本项目总监代表

执笔人 The Author

梁永钊 ▷

工程师，专业监理工程师

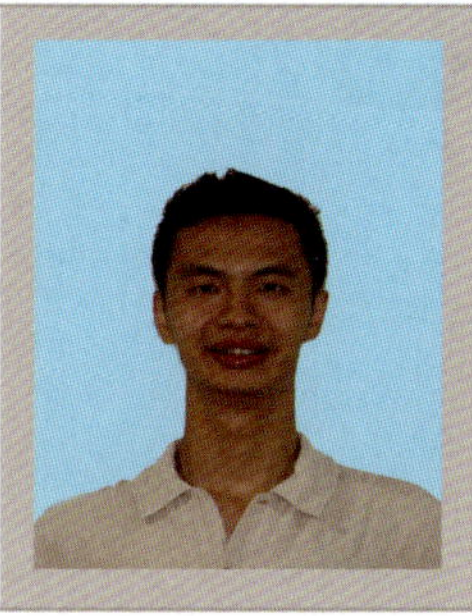

执笔人 The Author

王小忠 ▷

高级工程师，施工 10 标和 11 标业主项目工程师

第十三章　高增站—新机场南站区间盾构施工技术

第一节　工程概况和施工环境

一、区间位置和线路概况

高增站—新机场南站盾构区间线路呈南北走向，位于三号线北延段最北端（见本书第一章图 1-1 施工 11 标位置）。采用海瑞克土压平衡盾构机（右线盾构机先始发）。

本区间工程包括始发井明挖段、盾构施工区间、吊出井明挖段三部分，其中盾构区间设 2 号、3 号两个联络通道，2 号联络通道和废水泵房合建。

区间最大线路坡度为 2.5%，最小坡度为 0.4%，隧道上覆土厚度最大约 13m，位于机场高速路绿化带区域，最小覆土厚度约为 4m，位于始发井始发段。区间共有三个曲线（左右线隧道曲线均相同），曲线半径最大为 5000m，为缓和曲线段，最小曲线半径为 1000m。转弯曲线转角分别为左转 12°38′20″及右转 12°38′20″。曲线长度左右线均为 681.176m，合计 1367.352m，占线路总长 3240.7m 的 50.9%。

二、盾构施工环境特点分析

1. 基础地质和构造

1）地形地貌

地面高程为 12.87～17.81m，平均高程为 16.36m。盾构掘进示意图如图 13-1 所示。

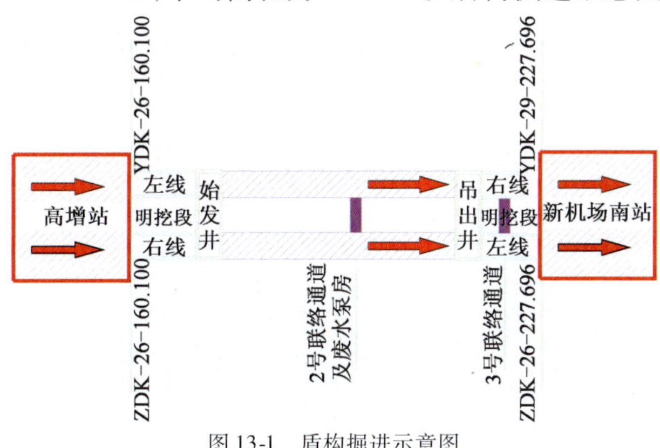

图 13-1　盾构掘进示意图

2）地质构造

本区段位于广花褶断群内，主要经过风朝庄背斜。风朝庄背斜位于高增站至新机场，为第四系冲积—洪积层覆盖，背斜轴向与线路走向基本一致，为箱式背斜。钻孔揭露岩土层自上而下有：人工填土层〈1〉，冲积—洪积粉细砂层〈3-1〉，冲积—洪积中粗砂层〈3-2〉，冲积—洪积砾砂层〈3-3〉，冲积—洪积土层〈4-1〉，石灰岩残积土层〈5C-1〉、〈5C-2〉，基岩主要为石炭系灰岩。5 个钻孔揭露有灰岩溶洞，洞顶高程 0.74 ~ −16.79m，埋藏深度在 14.80 ~ 33.80m，洞高 0.10 ~ 2.46m，洞顶与隧道底的距离 3 ~ 18m，主要发育于石炭系灰岩，且发育无规律。区间线路纵剖面图如图 13-2 和图 13-3 所示。

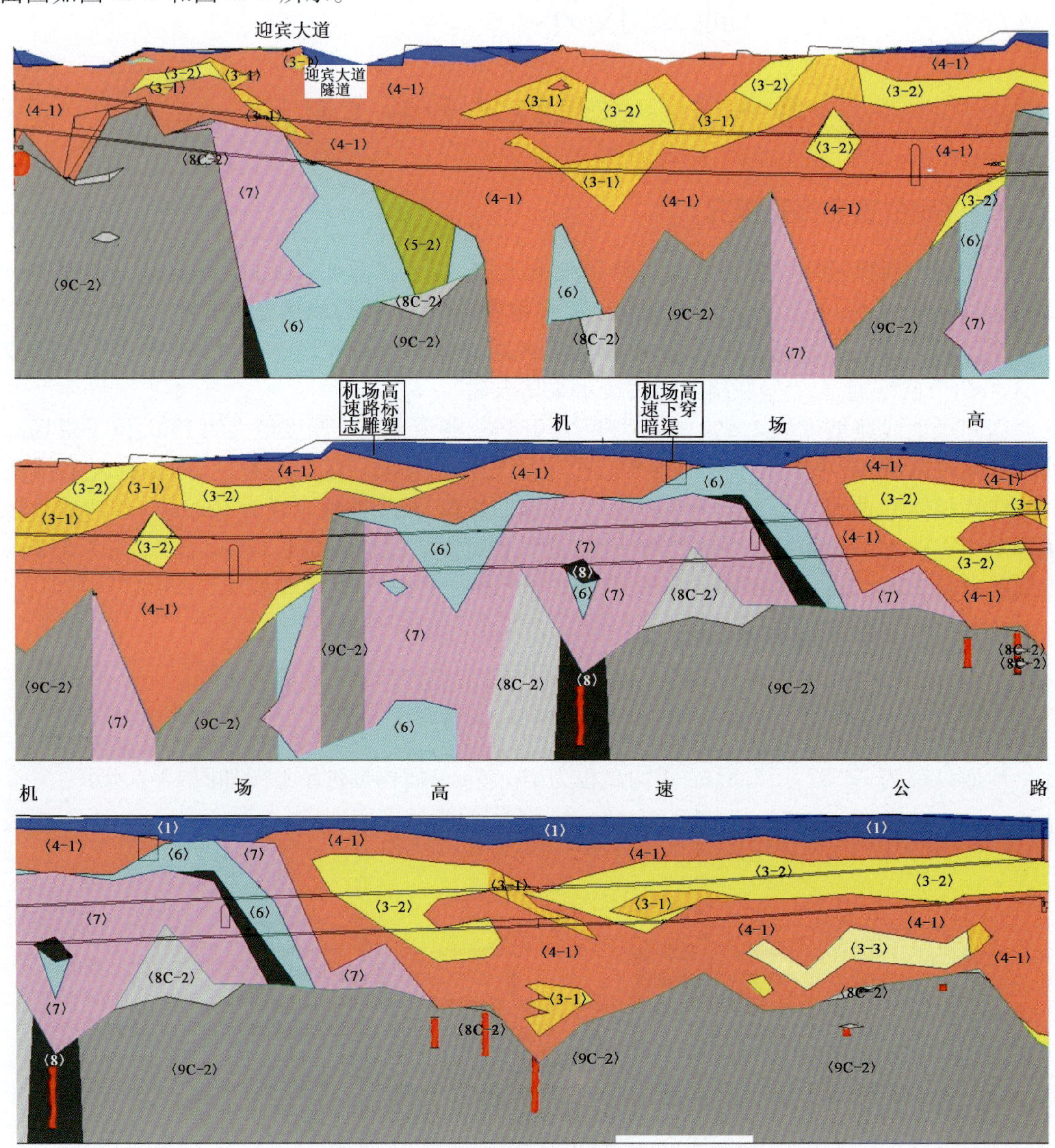

图 13-2　高增站—新机场南站盾构区间左线纵断面图

〈1〉人工填土；〈3-1〉冲积—洪积粉细砂层；〈3-2〉冲积—洪积中粗砂层；〈3-3〉冲积—洪砾粗砂层；〈4-1〉冲积—洪积土层；〈5-2〉硬塑或密实状沉积岩；〈6〉岩石全风化带；〈7〉岩石强风化带；〈8〉岩石中风化带；〈8C-2〉石灰岩中风化带；〈9C-2〉石灰岩微风化带

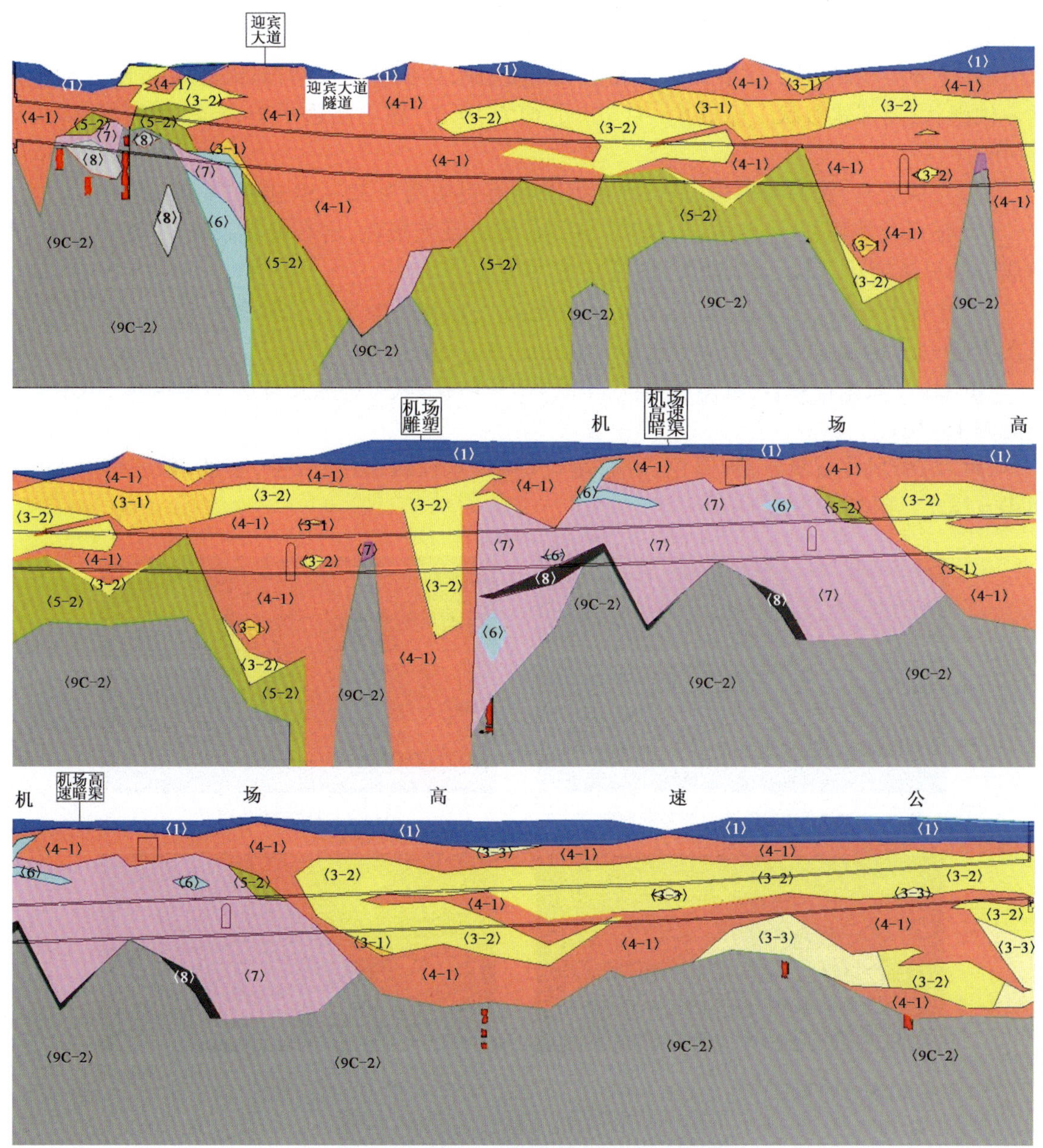

图 13-3　高增站—新机场南站盾构区间右线纵断面图

〈1〉人工填土；〈3-1〉冲积—洪积粉细砂层；〈3-2〉冲积—洪积中粗砂层；〈3-3〉冲积—洪砾粗砂层；〈4-1〉冲积—洪积土层；〈5-2〉硬塑或密实状沉积岩；〈6〉岩石全风化带；〈7〉岩石强风化带；〈8〉岩石中风化带；〈9C-2〉石灰岩微风化带

3）区间隧道工程地质特征

〈3-2〉冲积—洪积中粗砂层，呈白色和黄色，组成物主要为中砂、粗砂，含黏粒约 20%，饱和，呈松散～稍密状，局部中密状，标贯平均为 15 击，最高为 29 击，详见图 13-4a)。

〈3-3〉冲洪积砾砂层，呈白色和黄色，组成物主要为砾砂和圆砾，饱和，呈稍密～密实状，局部松散，标贯平均为13击，最高为28击，详见图13-4a）。

〈4-1〉冲洪积黏土层，主要由粉质黏土、黏土组成，含少量砂粒，局部稍密状粉土，主要呈可塑～硬塑状，局部软塑状。标贯6～41击，平均为16击，该土层透水差，自稳性较好，详见图13-4b）。

〈6〉全风化岩，泥质粉砂岩，呈黄褐色及灰色标贯实测为32～50击，详见图13-4c）。

〈7〉强风化泥质粉砂岩、页岩，呈黄褐色、灰褐色及灰黑色，岩石极其破碎，半岩半土状，矿物成分已显著变化，风化裂隙发育，详见图13-4d）。

〈8〉中风化页岩，灰黑色，岩芯呈块状，短柱状。风化裂隙发育采取率为35%，RQD＝0，详见图13-4e）。

〈8C-2〉中风化石灰岩，灰黑色，岩芯呈块状，短柱状，风化裂隙发育取率为35%，RQD＝0，详见图13-4e）。

〈9C-2〉微风化石灰岩，灰黑色，岩芯呈长柱状，短柱状，岩质致密，坚硬，采芯率为89%，RQD＝38%，详见图13-4e）。

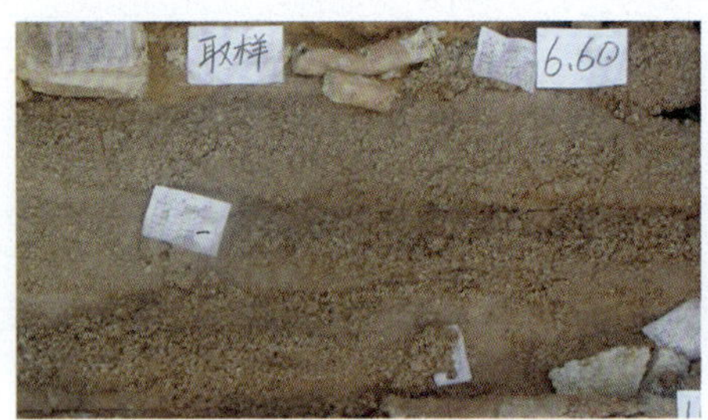

a）〈3-2〉冲洪积中粗砂层、〈3-3〉积砾砂层

b）〈4-1〉冲洪积黏土层

c）〈6〉全风化岩

d）〈7〉强风化岩

e）〈8C-2〉中风化、〈9C-2〉微风化石灰岩

图13-4　区间隧道芯样图

工程地质评价：地质特征总体可以归纳为四段，首先为溶洞发育硬岩段，里程为 Y(Z)DK－26－288(始发里程)～Y(Z)DK－26－430.79，左右线隧道岩面起伏变化较大，掘进过程所遇见的溶土洞较多。第二段为黏土地层，主要以全断面〈4-1〉洪积土层为主，里程段为 Y(Z)DK－26－430.79～Y(Z)DK－26－936.3，局部〈4-1〉冲洪层中包裹着较多直径较大的鹅卵石，取样最大直径为 18.3cm，对盾构机齿刀损耗较大。第三段为上软下硬段，该段里程为 Y(Z)DK－26－936.3～Y(Z)DK－27－380.56，线路下部〈9C-2〉微风化石灰岩，隧道上部为黏土和砂层地层及〈6〉全风化岩层、〈7〉强风化岩层。第四段为长距离富水砂层段，里程分段为 Y(Z)DK－27－380.56～Y(Z)DK－28－076.696(到达里程)，主要以〈3-2〉中粗砂层为主，局部出现砾砂层，掘进埋深较浅，沉降反应较敏感。

4）水文地质

线路围岩所穿过的岩土层中的〈4-1〉、〈4-2〉、〈5-1〉、〈5-2〉、〈6〉、〈9C-2〉地层为弱～微透水层，土体中基本无水，可视为相对隔水层。〈3-1〉、〈3-2〉、〈3-3〉地层是透水层，渗透性强，为主要含水层，属第四系孔隙水。由于本段砂层分布广泛，且厚度大，连通好，和地表水水力联系密切，富水性强。〈7〉、〈8〉地层为基岩裂隙水含水层，渗透性中等，隧道开挖时涌水量大。

2. 沿线地面环境及建(构)筑物概况

高新站—新机场南站隧道从矮岗村出发，始发阶段平行机场高速路向北延伸，其中须经过 3 个鱼塘及机场生态公园，约在 YDK－26－296～YDK27－110 段斜穿机场高速路。在斜穿机场高速前，沿线均为鱼塘、农田，地势较平整，下部并无管线需穿越；线路北段在机场绿化带内穿行，地表均为人工种植花卉，右线隧道西侧上方埋设有高压电缆，但埋深较浅，隧道施工不对其造成影响。

图 13-5　机场雕塑与隧道走向示意图(孟西联　摄)

隧道斜穿机场高速路区段上方须穿越航油管线、电力线、给排水管等机场重要管线。

1）机场高速雕塑

机场雕塑为机场高速路标志性建筑(见图 13-5、图 13-6)，处于机场出入口收费站北端，耗资将近 3000 万人民币，其基础尺寸为 65.5m×10.3m，距右线隧道边线 3.43m，垂直距隧顶 12～13m。

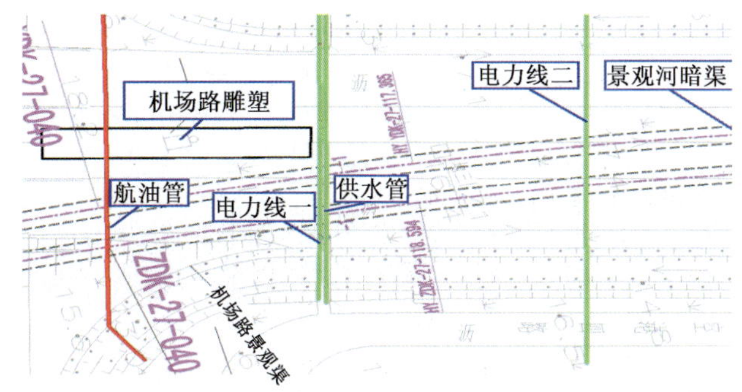

图 13-6　隧道线路与机场管线水平位置图

2)机场景观河

机场景观河于机场高速两旁沿路修建,由机场航站楼以倒"Y"字形向南延伸,在机场雕塑位置向两侧转向。河内水深约1.5m,河道宽4m,河底距离隧道顶9~10m,距左线水平距离最小为5.5m,主要受左线隧道施工通过影响较大。

三、工程特点及难点分析

本工程的施工环境根据掘进地层及地表环境有六大特点和难点:

(1)盾构机始发阶段及穿越机场高速路前需穿越溶土洞发育的岩土交接面地段,部分溶洞需要提前处理。

(2)盾构机始发后要穿越约140m上软下硬地段,其地层上部为〈4-1〉粉质黏土,隧道断面下部为〈9C-2〉微风化石灰岩层,刀具磨损快,更换刀具困难。

(3)盾构机穿越500m冲洪积黏土地层,其地层主要以〈4-1〉粉质黏土为主,局部夹砂同时含有大量的大直径鹅卵石,鹅卵石对刀具损害较大,软土地层中更换刀具困难。

(4)盾构机要斜穿机场高速公路、航油管等重要构建筑物。

(5)盾构机需在600m长距离富水的〈3-2〉中粗砂层中掘进。

(6)盾构到达端为全断面中粗砂层,加固质量要求较高。

四、盾构区间工程完成情况

盾构区间工程完成情况见表13-1。

盾构区间工程完成情况表　　表13-1

序号	盾构区间施工完成情况	备　注
1	右线盾构机于2008年9月26日正式掘进,于2009年4月30日到达吊出井,实现右线贯通,历时216d,掘进1080环(计1620m),平均7.5m/d,中间停机60d(以日进度为零计,下同),内含30d换刀时间,机械故障率总体较少,有效掘进时间为156d,有效日进尺10.38m/d,最高日进尺21m/d	月掘进度情况如图13-7所示。
2	左线盾构机于2008年12月6日正式始发掘进,于2009年5月21日到达吊出井,实现双线贯通,历时166d,平均9.75m/d,中间停机24d,其中包括换刀用时18d,机械故障率较少,有效掘进时间为142d,有效日进尺11.40m/d,最高日进尺21m/d	月掘进度情况如图13-8所示

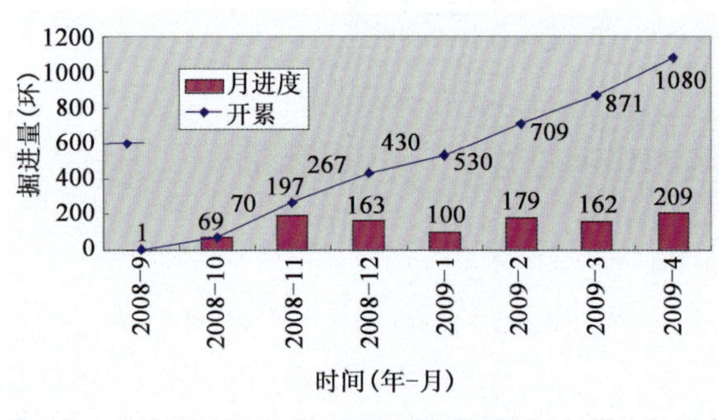

图13-7　右线掘进进度图

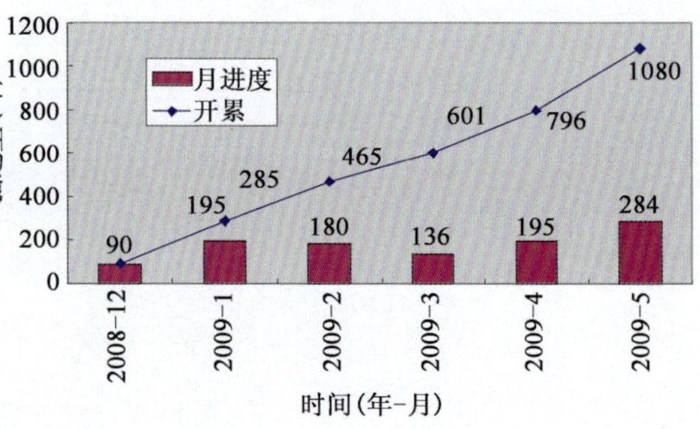

图13-8　左线掘进进度图

第二节 盾 构 机

本区间工程中使用两台新购置的德国 Herrenknecht AG 公司混合式土压平衡盾构机，编号为 S-475/476。

一、刀盘结构、刀具布置及刀具选择

刀盘直径为 6250mm，开口率 31%。刀具的设计为背装式，可从刀盘背后换刀，还能互换刮刀和滚刀，方便安全快捷。通过工程实践证明，该盾构在灰岩中开口率偏小，风化破碎的“球形体”没法从掌子面快速进入刀盘土仓，“滞排的球形体”随着刀盘转动与刀具碰撞，对刀具造成严重破坏，具体在下章节详细介绍。

图 13-9 高增站—新机场南站区间盾构机刀盘

工程针对不同的地层，尝试选用不同的刀具掘进。在始发阶段（灰岩地带、黏土层及砂层）采用如图 13-9 所示的以全盘滚刀为主的刀具掘进；盾构过 3 号通道后，右线盾构机针对长距离砂层的特点，把刀盘正面滚刀调整为 20 把羊角齿刀（包含 4 把双刃羊角齿刀），15 把边缘单刃球齿滚刀，配置 64 把刮刀的形式；但左线盾构结合开始阶段掘进参数判断分析，仍维持原刀盘设计，刀盘配置 64 把刮刀，16 把边缘刮刀，31 把单刃光面滚刀，4 把双刃光面滚刀。两台盾构机在同一地层采用不同刀具掘进，通过摸索，总结出各种刀具在灰岩地层中的适应性。具体刀具形式如图13-10 ~ 图 13-15所示。

图 13-10 单刃光面滚刀

图 13-11 单刃羊角刀

通过工程统计分析，灰岩地带盾构机采用如图 13-9 所示的以全盘滚刀为主的刀具掘进，掘进速度速度见表 13-2，刀盘设计与该地层总体适应。再通过统计左右线盾构刀盘两种刀具形式在长达 600 多米的长距离富水砂层掘进时掘进速度、扭矩和推力主要参数分析，分析结果如图 13-16 所示。

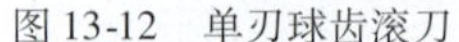
图 13-12 单刃球齿滚刀

图 13-13 双刃球齿滚刀

图 13-14 双刃羊角刀

图 13-15 盾构机所使用的齿刀

本标段盾构机在不同地层掘进设计速度统计 表 13-2

所处地层	掘进速度(mm/min)	所处地层	掘进速度(mm/min)
微风化岩层 40～80MPa	20～40	软岩(强、全风化岩层)	50～70
中、微风化岩层 <40MPa	40～60	土层	30～50

通过对比,左右线两台盾构不同的刀具配置,盾构掘进中主要研究的盾构推力、扭矩和掘进速度主要参数基本一致;证明两种刀盘刀具配置形式都与地层相适应。这段 600m 砂土段线路勘察中没发现岩层,盾构掘进中却通过洗渣样发现局部岩层入侵隧道限界,羊角刀容易被微风化的石灰岩破坏,右线盾构出洞后,发现外周 6 把羊角刀崩断(见图 13-17)。因此,结合灰岩地层变化较大的特点,采用羊角刀掘进风险较大,全滚刀的刀盘配置既适合硬岩掘进,又适合冲洪黏土及砂层掘进,类似地段应首选。

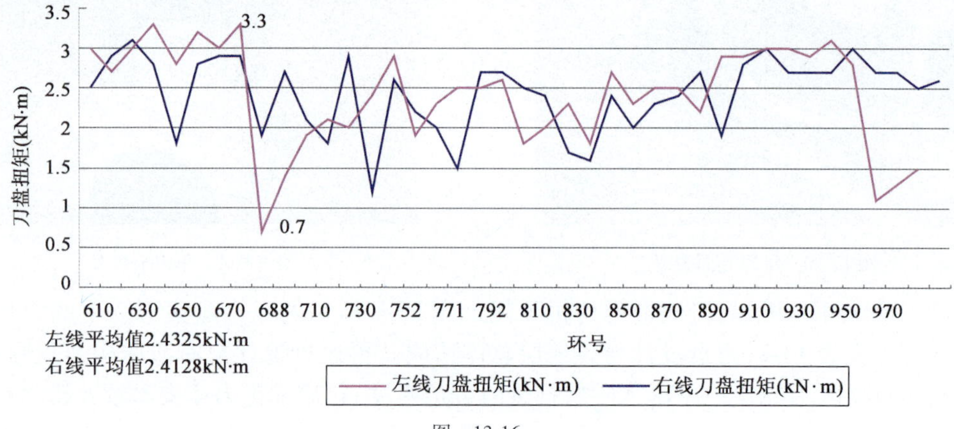

图 13-16

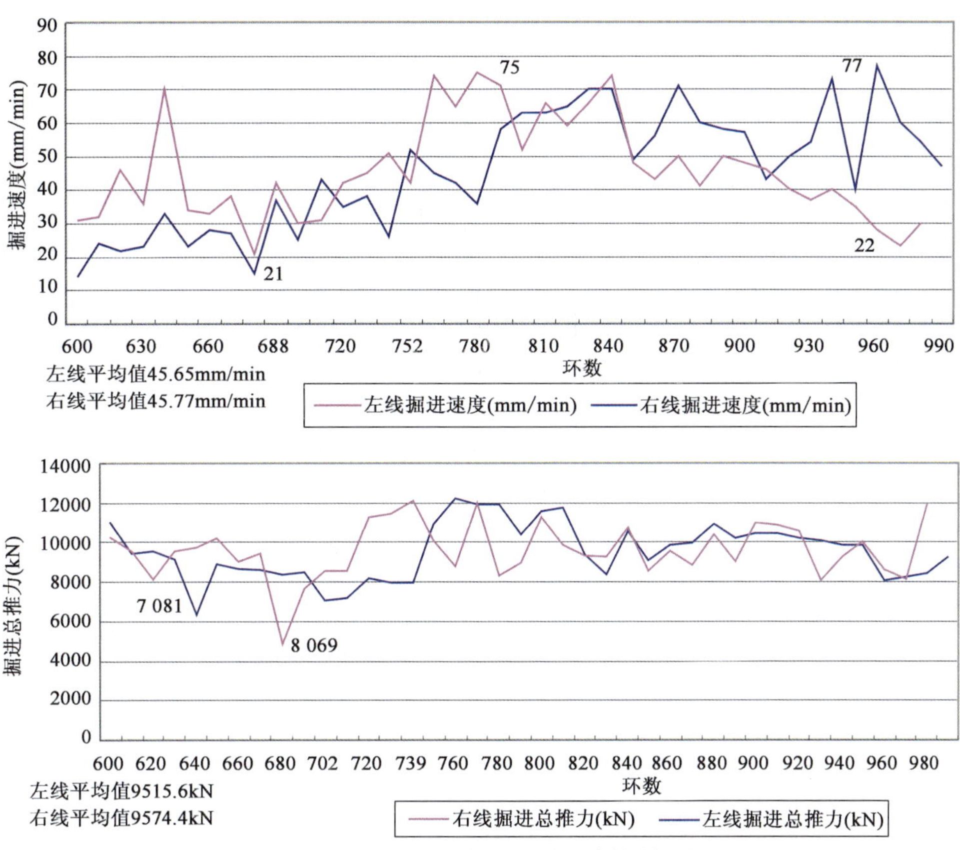

图 13-16　扭矩、掘进速度和推力主要参数分析图

图 13-17　右盾构机到达时刀盘现状及羊角刀崩断图

二、刀具管理

工程开始时，通过对工程地段的分析，设定了 4 个开舱检查地点，其中 2 号、3 号联络通道结合换刀及通道施工进行旋喷桩加固后换刀。工程换刀情况详见表 13-3，刀具磨损情况如图 13-18 ~ 图 13-20 所示。

始发通过溶洞和灰岩段后，在 190 环位置进行第一次试掘进刀具检查，发现刀具总体完好，滚刀最大磨损量为 4mm，盾构继续掘进。

通过砾砂层、中粗砂层及黏土夹鹅卵石地层到预定换刀2号通道位置后，滚刀刀刃侧磨变薄（高度磨损12～16mm），导致大部分齿刀折断，64把全部损坏。经分析认为，刀盘转速较快（1.6～1.8r/min），导致“滞排”在密封舱中的大直径鹅卵石冲撞齿刀造成刀具磨损或破损。

从2号联络通道到3号通道约400m地段，线路下部为〈9C-2〉石灰岩微风化岩，隧道上部为〈6〉全风化岩层、〈7〉微风化岩及黏土和砂层的软硬不均地层段，滚刀磨损约10～12mm，一部分齿刀损坏或需要加固。考虑到最后600m富水砂层段无法换刀，3号联络通道位置仍把中度磨损的滚刀全部换成新刀具。最后盾构隧道贯通证明，左右线的新滚刀通过600m富水砂层后，都磨损到极限，羊角刀表面的耐磨层已磨平，刀刃已磨掉。如果3号通道位置没有把整盘刀具更换，想换刀需停机对地层加固，要较长的时间和较大的成本。本项目刀具一般寿命在500m以内，通过对换下的滚刀进行更换刀圈发现，很多滚刀轴承已进入泥沙，轴承已损坏。

本标段盾构机在不同地层更换刀具统计表　　表13-3

序号	换刀位置	数量统计						刀具损坏情况描述
		单刃滚刀			边缘刮刀	羊角刀	齿刀	
		边缘滚刀	中心滚刀	正面滚刀				
第一次	右线430环	15	—	16	—	—	64	穿越〈4-1〉黏土卵石地层，导致齿刀大量受损，需要全部更换，并且加焊13把刀座
第二次	右线687环	15	—	—	16	20	64	成功穿越机场高速路到达3号联络通道，为剩余600m砂层正面刀具更换羊角刀掘进
第一次	左线435环	8	—	16	—	—	39	穿越全面〈4-1〉黏土卵石地层，部分齿刀受损，共更换4把刀座
第二次	左线715环	15	4	16	16	—	—	成功穿越机场高速路到达3号联络通道，为剩余600m砂层采取更换全断面球齿滚刀掘进

图13-18　第一次换刀滚刀磨损

图13-19　第一次换刀滚刀冲击损坏

图13-20　第二次换刀滚刀磨损

综合工程刀具管理的经验，归纳为两方面：一方面，充分分析地层，结合不同地层刀具的寿命，预定开舱检查和换刀的地点，地层不具备自稳条件的地方，要进行预加固处理，换刀最好结合联络通道施工位置考虑；第二方面，盾构机进入预定位置，无论掘进参数是否异常，都必须开舱检查，使施工人员根据开舱检查的情况清楚判断掘进参数的合理性和刀具的寿命。根据本工程的经验，虽然当前开舱检查刀具还没磨损到必须更换的条件，但是如果紧接着掘进的隧道没有条件换刀，还是要更换刀具。刀具在长时间的水压作用下，刀圈没磨损，但是刀具的轴承密封可能已损坏；如果没及时更换，刀具继续使用将会迅速损坏。从刀具维修角度，如果轴承没有损坏，仅更换刀圈，成本较低；如果轴承损坏，整把滚刀损坏，成本就是1～2万元，整盘刀具损坏成本就达百万元。再有，如果下次盾构开舱换刀不在预定计划位置，地质条件差需要增加加固或带压换刀的措施，成本也非常大。所以做好刀具预控管理计划，既可以降低工程安全和进度风险，也能达到降低工程成本目的。

三、灰岩中螺旋输送机技术要求

"球形体"是发育在石灰岩强风化地层中的一种"孤石"，在加入大量泡沫润滑条件下，仍会在螺旋输送机内断断续续"卡钻"，耗费较多时间方能把它排出来。类似大块的岩石在灰岩中经常出现，需增大盾构螺旋输送机直径和扭矩，才可以降低工程风险。

四、盾尾刷管理

盾尾刷的寿命对隧道质量、控制地表变形和加快施工进度都有较深远的影响。本工程对延长盾尾刷寿命进行了深入研究，最终盾构掘进1620m长的距离，盾尾很少发生漏浆和涌水涌沙现象，拆机发现三排尾刷没有发生损坏，局部仅发现有引起钢丝变形（见图13-21）。盾尾刷损坏的主要原因有两方面：同步注浆的浆液进入盾尾密封系统，浆液凝结后，使盾尾刷与拖出的管片形成"刚性"接触和磨损，加快钢丝损坏，破损密封系统（见图13-22）；盾尾间隙过小，拖出的管片挤压盾尾刷。针对盾尾刷损坏原因，工程采取如下措施延长盾尾刷的寿命：①盾构始发前要保证钢丝刷焊接牢固，每个焊接口都要把焊渣清理干净；②人工涂刷的密封油脂要均匀，要保证钢丝的根部及周围充满油脂；③隧道管片外弧接缝最小6mm宽，V形设计接缝更宽，通过粘贴海绵带有效防止水泥浆击穿盾尾密封系统（见图13-23）；④要严格控制同步注浆压力，结合隧道安全考虑，注浆压力最高不宜大于0.35MPa；⑤盾构自动注入油脂压力不宜小于0.4MPa；传感器局部受压影响盾尾的密封效果；工程每次同步注浆前首先手动注入密封油

图13-21　拆机时盾尾刷现状

图13-22　盾尾刷内水泥砂浆固结

图13-23　管片纵缝粘贴海绵缝条

脂加强密封效果后，可以有效避免注浆击穿密封。⑥加强管片选型管理，保证盾尾间隙，减少管片与盾尾刷之间的钢性摩擦。本工程盾尾油脂使用的都是顺福通 MF18、纳克、合东双及少量的康达 CONDAT89 等国产普通的密封油脂，盾构掘进中严格遵循延长盾尾刷寿命的措施，不但盾尾密封没损坏，而且最终统计发现，单线 1080 环掘进仅使用油脂 209 桶，5 ~ 7 环使用一桶，盾尾油脂用量也非常节省。

第三节　盾构施工的主要技术

一、盾构始发阶段技术分析

1. 始发端头加固技术分析

本工程始发井端头洞顶及洞身均为〈4-1〉粉质黏土，黏土层自稳性和隔水性都较好，洞身下部为〈9C-2〉微风化石灰岩，地质分析见表 13-4。根据地层判断，该端头可以不加固就能满足盾构直接始发的条件。但是，由于始发端为溶岩发育区，勘察揭露〈9C-2〉灰岩中夹有的溶洞，溶洞中为填充的软流塑状的淤泥，必须加固方能满足盾构安全始发的需要。原施工设计采用水泥搅拌桩进行端头加固，加固范围：长 8.25m、宽 23m、深 15m。加固要求：土体达到无侧限抗压强度达到 1.0 ~ 1.2MPa，渗透系数应达到 1.0×10^{-5}cm/s。但实际加固过程中，单轴 45kW 的搅拌桩机设备在标贯大于 16 的硬塑白色粉质黏土〈4-1〉地层中已无法搅拌，经常出现卡钻现象，最小的桩长仅进入该地层仅有约 0.5m，无法达到加固的目的。经研究，端头加固设计变更为直径 1m 素混凝土排桩的设计，其加固范围见图 13-24。经实践检验，素混凝土排桩或素混凝土连续墙进行始发端头加固，尤其适用于标贯较高的黏土层、风化残积土层和破碎裂隙水发育需加固的全风化、强风化、中风化和微风化地层。素混凝土排桩或素混凝土连续墙加固的优点是自稳性较高，能有效确保破洞门的安全。但是在砂层中如果采用一排素混凝土加固，难以满足始发隔水的要求，同时类似地层刀盘都采用软土刀具，盾构刚始发就被素混凝土损坏刀具，要注意刀具与加固体的匹配性选择。

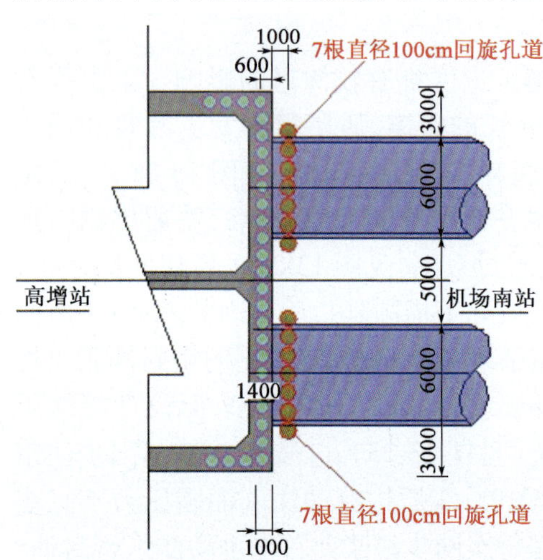

图 13-24　端头加固示意图（尺寸单位：mm）

始发端头地层分析　　表 13-4

线路	左线		右线	
范围	地层	厚度（m）	地层	厚度（m）
洞顶	〈4-1〉粉质黏土	2.77 ~ 5.07	〈4-1〉粉质黏土	3.54 ~ 5.60
洞身	〈4-1〉粉质黏土	5.99	〈4-1〉粉质黏土	6.00
洞底	〈9C-2〉微风化石灰岩		〈9C-2〉微风化石灰岩	

2. 盾构始发技术控制要点

1)始发托架和反力架设计和安装

一般盾构始发推力都不宜大于800kN,工程考虑安全系数,按1200kN推力进行设计。始发托架总重18.06t;盾构始发反力架为拼装式全圆钢架结构,反力架分两部分吊装下井,上半部分重16.8t,下半部分重17.5t(反力架见图13-25、图13-26)。

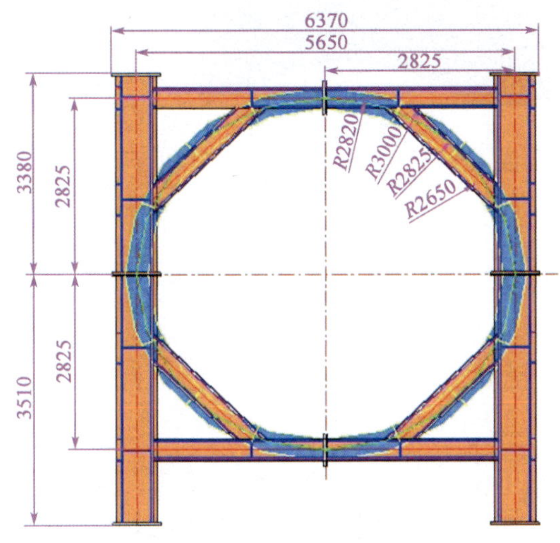

图13-25　反力架正视图(尺寸单位:mm)

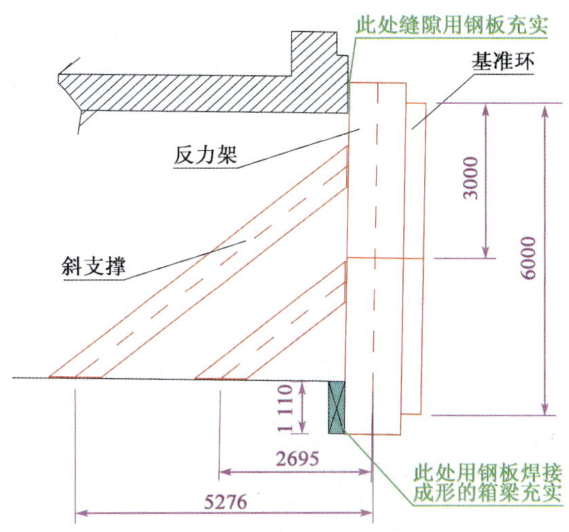

图13-26　反力架侧视图(尺寸单位:mm)

托架定位要结合线路平面轴线和纵坡进行测量放线,平面为直线,盾构始发平面轴线和线路轴线重合;盾构垂直姿态与线路纵坡平行,本工程隧道设计始发坡度为0.2%,为防止盾构始发出现"栽头"现象,将始发托架沿线路方向整体抬高25mm安装。托架在井底采用型钢并利用四周井壁将托架支撑,焊接定位之后,开始在托架上组装盾体。反力架安装时,首先测量反力架位置起始里程断面的中心线,并标记在结构侧墙上,以便反力架中心定位,反力架中心随始发托架抬高而同时抬高25mm。定位关键是反力架紧靠负环管片的定位平面,并与此处的隧道轴线垂直。反力架一侧立柱支撑在主体结构上,缝隙位置用钢板填实;另一侧立柱上端支撑在主体结构上,缝隙位置用钢板填实,下端采用钢板焊接的箱形梁支顶在后面1010mm的底部台阶处。

2)盾构机的下井组装

盾构机运输进场即开始进行地面拼装,各分部构件在地面组装好后整体吊运下井,下井后再做部件与部件之间的连接与组装。吊装设备:250t履带吊机1台,90t汽车吊机1~2台,150t液压千斤顶4台,小型泵站1台,以及相应的吊具、机具、工具等。

始发井底板放置的始发托架精确定位后,在始发托架导轨上涂抹润滑脂及后配套拖车处的轨道铺设完成后,再按顺序先下拖车,后下盾构主机。

各节拖车下井顺序:5号拖车→4号拖车→3号拖车→2号拖车→1号拖车→连接桥。

主机下井顺序:螺旋输送机→前体→中体→刀盘→安装机→盾尾→连续后配套台车。如图13-27~13-30所示。

图 13-27 中盾吊装下井(梁永钊 摄)

图 13-28 刀盘吊装下井(孟西联 摄)

图 13-29 后备 2 号台车吊装下井(凌胜 摄)

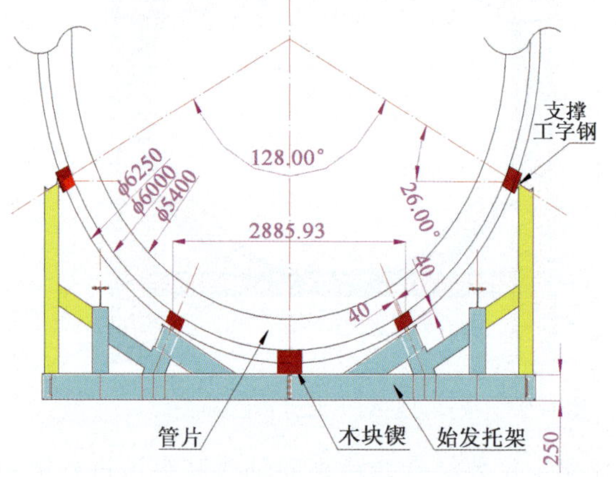

图 13-30 负环管片支撑示意图(尺寸单位:mm)

3)负环管片拼装

盾构机调试就绪之后,拼装 -7 环管片,开始盾构机试运转。负环管片均选用标准环,采用通缝拼装,K 块在 1 点位置。

由于负环管片外径处于无约束状态,管环及管片之间的连接螺栓比较少,为了保证各环管片稳定,盾构组装完成后向后移动盾构机,使盾尾靠近反力架基准环。

负环管片拼装的要点是:-7 环管片与反力架基准环间采用特殊螺栓连接,管片利用管片拼装机在盾尾内整环拼装后,利用推力千斤顶将 -7 环管片推出盾尾,并与反力架基准环紧密连接牢固。其他负环管片安装与正常掘进管片拼装相同。

当继续拼装负环管片时,盾尾内的负环管片将陆续移出,利用木楔将管片支垫于始发托架上,另外将三角支架按图示要求与始发托架焊接一体,在每环管片推出盾尾后,在管片外的支撑三角架纵向工字钢及始发台轨道上用木制楔子及时进行支垫,将管片压力均匀地传递到三角架和托架上。如图 13-30 所示。

为了负环管片安装稳定和承担掘进时 1000t 的推力,除采用三角支撑架、木楔稳定负环管片外,每环管片还采用钢丝绳、钢丝绳卡子、电力工程用的紧线工具,沿环向组装成紧箍负环管片绳具,绳具两端钩在始发托架上,将管片环箍紧。

4)洞门水平探孔及洞门破除

在完成端头加固后,安装始发托架前,应施作洞门水平探孔检测加固体施工质量,在洞门上中下布9个钻孔，探明加固体及地层的情况，要求水平探孔出加固体2m以外。

洞门破除的主要目的是割掉盾构机通过范围内始发井端头围护结构的钢筋，使盾构机顺利进入掌子面的围岩。由于端头土体暴露时间过长对安全不利，一般在盾构机调试完成后开始洞门破除工作。洞门破除分两层由上向下进行，第一层破除要保留围护桩最后一层钢筋，并且不要破坏保护层，第二层钢筋安排在盾构始发前一天进行，破除洞门安全风险较高，搭接脚手架要牢靠，高空作业要系安全带，气割动火作业要注意安全防护，管理人员要全程监督安全工作和监视掌子面的安全，发现有塌方、漏砂要迅速组织人员撤离，启动应急预案。

5）盾构始发、试掘进作业流程

盾构始发、试掘进作业流程如图13-31所示。

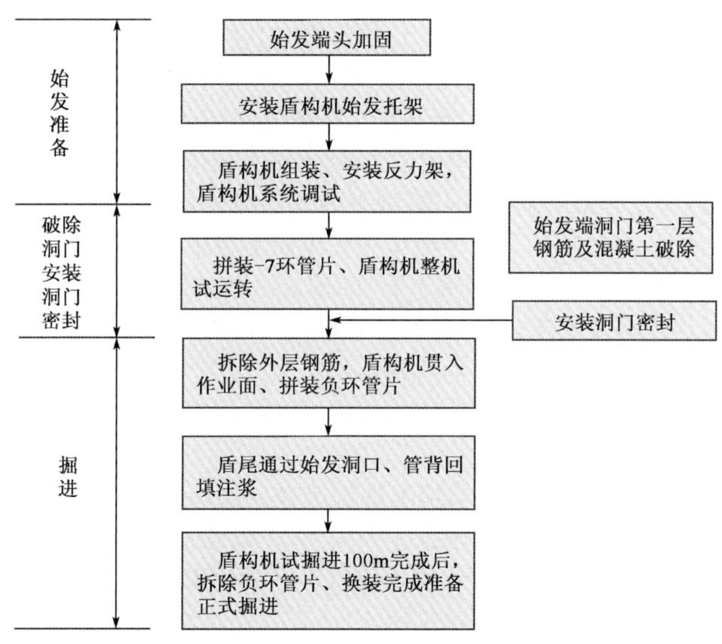

图13-31　盾构始发、试掘进作业流程图

3. 盾构始发掘进阶段技术分析

1）盾构刀盘、刀具与地层关系探讨

本工程盾构始发阶段刀盘配置均以滚刀为主。始发段的复合地层主要为〈4-1〉黏土、〈5-2〉残积土、〈7〉强风化岩及〈8C-2〉和〈9C-2〉灰岩，除左线盾构隧道局部地层下部〈9C-2〉灰岩地层抬高至全断面与地质补勘报告不符外（见图13-32、图13-33），左右线隧道地层变化不大，100m后为全断面〈4-1〉黏土。从盾构推力平均都控制在9000kN以下，正常掘进速度30～50mm/min，通过二次开舱检查，滚刀最大磨损为8～12mm，综合判断始发阶段刀具总体与土层较匹配。

第二次开舱发现，〈4-1〉黏土地层自稳较好，但黏性较强，大部分滚刀都已被黏土糊住（见图13-34）。滚刀在砂层和黏土层中没法转动，容易“偏磨”，同时已起不到破岩的作用，这时候如果更换以先行刀、齿刀为主的刀盘配置，更适合地层掘进，但是由于考虑到掘进过程中将遇到强度较高的〈8C-2〉、〈9C-2〉灰岩地层，所以该始发区段滚刀作用仍不能轻易取消。

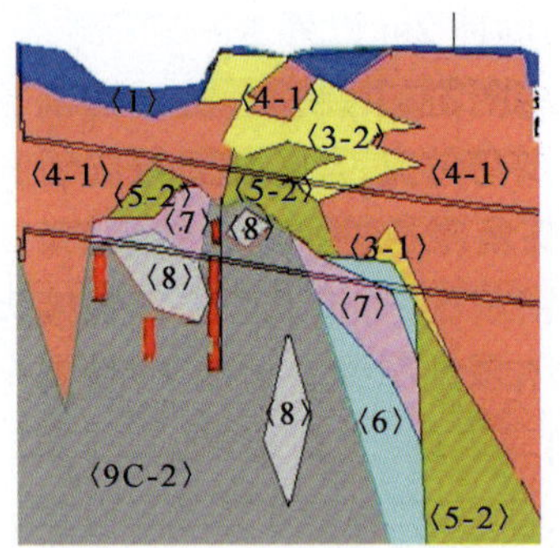

图 13-32 左线盾构始发段地层

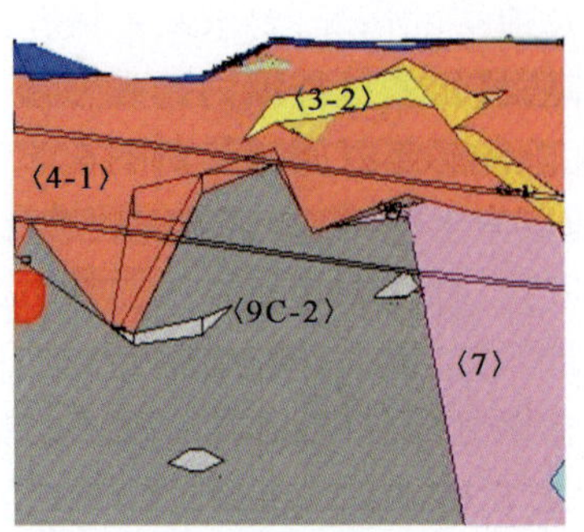

图 13-33 右线盾构始发段地层

图 13-34 第二次开舱刀具情况（梁永钊 摄）

2）渣土改良及添加剂的使用

右线盾构第二次开舱检查发现，大部分滚刀被黏土糊住，有一个辐条开口也被黏土糊住，充分说明渣土改良非常重要。140～150 环在全断面黏土掘进中，泡沫最小用量仅有 6L，是连续泡沫用量较小过程，是导致后来开舱刀具被黏的主要原因。同时，盾构掘进过程中，有时候发生盾构掘进“喷涌”。分析认为是由于泡沫的气压和土层中含水量丰富所致，但在掘进中减少泡沫和减少施工用水，又出现渣土非常“干”的现象。〈4-1〉黏土为不透水层，发现有土洞。施工中要保证连续注入水及泡沫，避免渣土忽干忽湿。盾构在岩土黏粒含量大于 25% 的岩土中掘进，容易发生刀盘结“泥饼”现象，而盾构在砂层、砂砾层中掘进，地下水较丰富，容易发生“喷涌”；通过外加剂进行渣土改良，避免渣水分离，形成“泥塞”效应，预防“喷涌”。

3）盾构掘进模式

掘进模式在施工过程中要根据地质情况进行选择。如始发阶段，盾构掘进模式基本为土压平衡模式，有时土仓压力较高（13m 埋深土压为 1.5bar，最高达 2bar），影响掘进工效和渣土改良。盾构始发通过的复合地层主要为〈4-1〉黏土、〈5-2〉残积土、〈7〉强风化岩及〈8C-2〉〈9C-2〉灰岩，自稳相对较好，地上没有重要建筑物，较适宜采用半敞开式气压平衡掘进模式。右线盾构机在第二次开舱恢复掘进后，地层发生较大的变化，隧道半断面是砂层，半断面为黏土层（见图 13-35），在该地层应选用土压平衡模式，但实际施工过程中土仓压力偏低（见图13-36）。但在岩土分界面经常遇见溶土洞，在掘进过程中，土仓压力波动，甚至会突然下降0.1MPa，在穿越溶洞区域时应采用土压平衡模式掘进，以防止掘进至串珠富水溶洞时产生“喷涌”。

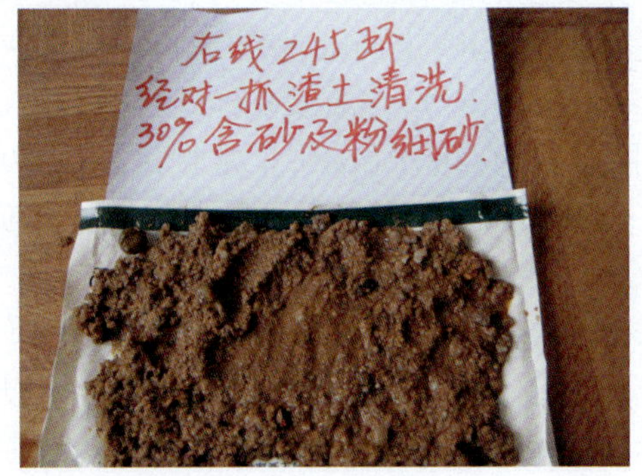

图 13-35 245 环地质渣土状况（郭广才 摄）

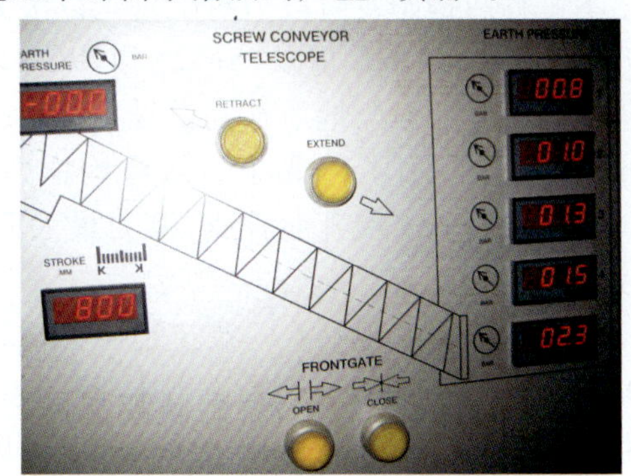

图 13-36 245 环土仓压力状况（郭广才 摄）

4)盾构掘进姿态与管片选型关系

掘进119环时,盾构姿态为水平方向处于靠右偏差22mm,垂直姿态向下偏差约28mm,此后一直努力想把盾构姿态纠到目标状态+10mm偏差范围,但盾构姿态却越纠越差,180环水平方向右偏差10mm,垂直姿态向下偏差约29mm。通过分析,期间使用的5环转弯环对盾构在调整姿态和管片选型有很多地方值得商榷(详见表13-4)。125环实际行程差和盾构纠偏姿态都是一致的,但选用的右弯环仅是一个向上的纠偏状态。143环左弯环作用是调整千斤顶行程差和上部盾尾间隙(50mm),与盾构纠偏姿态相反,使盾构姿态进一步恶化。158环上下行程差达62mm,左右行程差达41mm,都远远超出转弯环纠偏量,盾构折角和趋势都较大,影响盾构纠偏的效果。163环实际行程差和盾构纠偏姿态都是一致的,但选用的转弯环仅是一个向上的纠偏状态,同时行程差也偏差较大。163环安装转弯环后,千斤顶行程差依然较大,但到174环左区比右区的行程大,可以判定盾构掘进方向与纠偏方向相反,导致盾构姿态越来越差。如表13-5中174环所对应的图中盾构姿态反映盾构需向左纠偏,但实际千斤顶左区比右区的推力还大,反映出盾构掘进中推力与盾构姿态技术管理存在一定问题,也是姿态越来越差的原因。174环行程差较小,判定过早选用转弯环,应待盾构推出行程差再选用转弯环管片纠偏。所以综合盾构纠偏理论和管片选型原则,143环调整盾尾间隙后,要及时安装一个反方向的纠偏环(L3或R8)来调整行程差。调查中发现,盾构机操作手操作是以控制分区推力、减少行程差为主的思路,忽略以控制分区推力控制盾构姿态为中心的指导思路,使盾构姿态越来越差,同时管片选型和盾尾调整也影响盾构姿态调偏,使隧道发生连续错台。

转弯环使用情况分析表　　表13-5

环号	盾构姿态	千斤顶行程	转弯环图例	分析结论
125环 R8	水平:19/32 垂直:-11/-25 纠偏方向为向左上方	上区1800mm 下区1844mm 右区1824mm 左区1814mm 盾尾间隙: 上:70 下:78 左:75 右:74	K8右转弯环楔形量变化图	最大行程差在右下角,与盾构纠偏姿态一致,但安装的纠偏环为向上姿态

续上表

环号	盾构姿态	千斤顶行程	转弯环图例	分析结论
143环L8	水平:14/22 垂直:-6/-26 纠偏方向为向左上方	上区1767mm 下区1733mm 右区1811mm 左区1770mm 盾尾间隙: 上:50 下:97 左:68 右:82	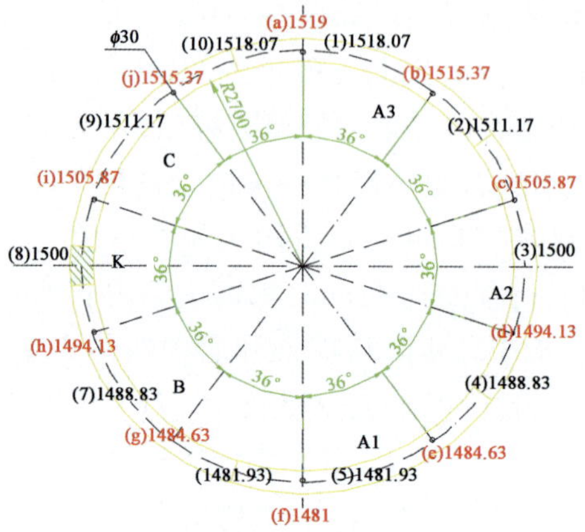 K8左转弯环楔形量变化图	最大行程差在右上方,盾构纠偏姿态左上方,但安装的纠偏环是调整盾尾间隙,将造成姿态会变差
158环L1	水平:7/36 垂直:-36/-51 纠偏方向为向左上方	上区1767mm 下区1829mm 右区1811mm 左区1770mm 盾尾间隙: 上:70 下:85 左:74 右:78	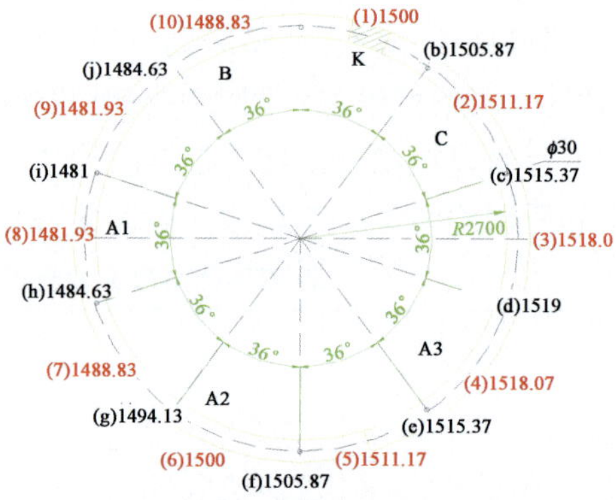 K1左转弯环楔形量变化图	最大行程差在右下角,与盾构纠偏姿态一致,纠偏环与姿态、行程差一致
163环L3	水平:16/30 垂直:-32/-47 纠偏方向为向左上方	上区1871mm 下区1949mm 右区1922mm 左区1893mm 盾尾间隙: 上:65 下:80 左:72 右:75	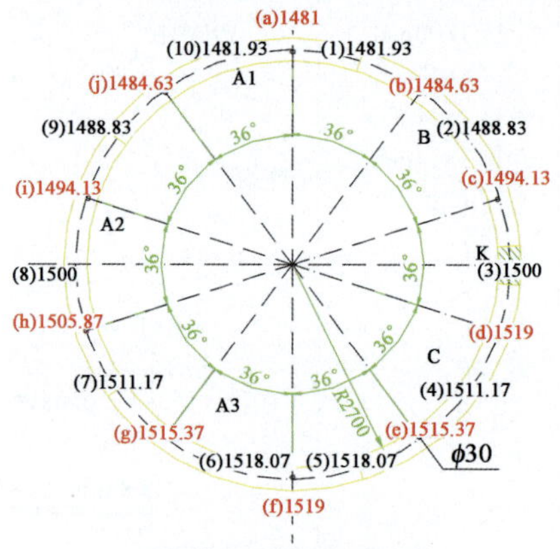 K3左转弯环楔形量变化图	最大行程差在右下角,与盾构纠偏姿态一致,纠偏环是向上的姿态

续上表

环号	盾构姿态	千斤顶行程	转弯环图例	分析结论
174 环 L3	水平:5/22 垂直:－9/－34 纠偏方向为向左上方	上区 1723mm 下区 1733mm 右区 1721mm 左区 1731mm 盾尾间隙: 上:82 下:70 左:76 右:70	(a)1481 (10)1481.93　(1)1481.93 (j)1484.63　A1　(d)1484.63 (9)1488.83　B (2)1488.83 (i)1494.13　(c)1494.13 A2　K (8)1500　(3)1500 (h)1505.87　(d)1505.87 C (7)1511.17　(4)1511.17 A3　R2 700 (g)1515.37　(e)1515.37 (6)1518.07　(5)1518.07　φ30 (f)1 519 36° K3左转弯环楔形量变化图	最大行程差在左下角,盾构纠偏姿态左上角,纠偏环与姿态一致

注:水平姿态:"＋"为中心线右偏差,"－"为左偏差;垂直姿态:"＋"为中心线上偏差,"－"为下偏差。

盾构姿态蛇行变化,主要是通过调整盾构分区推力来实现的。盾构推力设置不是简单推力一致就会匀速前进,受地层和土压力影响较大,如海瑞克盾构机千斤顶一般 20 组,平分成 A、B、C、D 四个区域(见图 13-37),但正常直线前进中,下区千斤顶推力都比上区推力大,主要原因是下区对应的千斤顶要克服高差的土压力。盾构姿态调整要在各种地质情况下推力参数的基础上,加大局部推力或把另外两个或三个方向的推力降低,来调整盾构姿态。除了通过推力调整盾构姿态外,还可以调整盾尾间隙,如盾尾上半部间隙小就适应加大 A 区域推力,千斤顶行程和盾尾间隙相应跟着变大。当盾构姿态纠偏的方向与盾尾间隙纠偏的方向相反,要权衡哪方面对质量影响较大,如果盾构姿态偏差变大不会造成"侵限",可以先考虑调整盾尾间隙,在调整间隙过程中,千斤顶行程差会相应变化,再结合转弯环管片调整行程差,否则隧道的偏移量跟不上盾构机的纠偏幅度,盾尾仍然会挤坏管片。盾构机掘进姿态偏离设计线路,超出目标控制值,要进行纠偏,但纠偏过程中也不要过急。

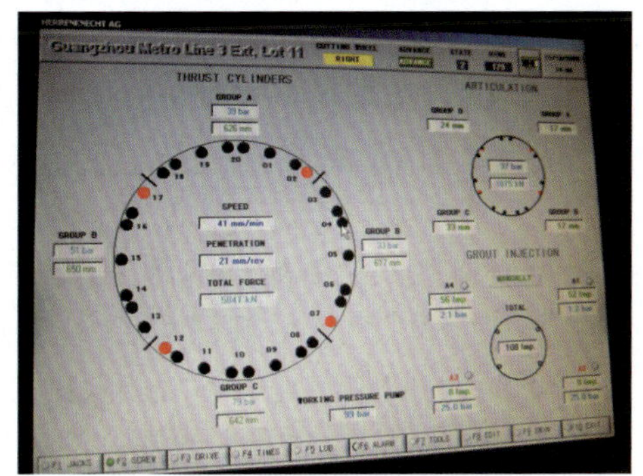

图 13-37　盾构推力控制面板

5)盾构隧道注浆管理

盾构同步注浆每环量在 5.6m^3 左右,超过理论注浆量 120%。始发过程中,容易发生注浆堵管。原因是浆液运输过程中没有连续搅拌。目前二次双液注浆的频率偏少,在盾构纵坡向下掘进,初步分析注浆不密实造成堵水效果差,所有已施工的隧道断面汇集的水压造成盾构施工喷涌,同时水压频繁变化,带走同步注浆的水泥浆液,影响管片间隙填充效果。须加强盾构掘进双液注浆频率和注浆量,减少盾构喷涌,提高管片拼装速度,连续快速掘进。

二、盾构区间掘进技术分析

1. 区间溶洞处理技术分析

1)溶土洞特点

溶土洞主要分为溶洞和土洞两种类型:

溶洞:主要发育于石灰岩与岩质灰岩地层中,多为充填状态,充填物多为流塑状、软流塑状黏性土,局部夹岩石碎块、角砾石。岩土交界面属于溶洞高发区,溶洞发育情况较密集,并且部分溶洞呈现串珠状,仅个别溶洞无填充物。

土洞:充填状态下,充填物多为流塑性粉质黏土,无填充物土洞为空洞。区间吊出井段为特征区段,虽该段盾构隧道掘进范围主要为全断面砂层,但由于下部存在明显岩土交界面,较容易形成土洞,在后期溶洞补勘所发现的溶洞一般均为覆土层空洞,由于局部与上部砂层联通,注浆量较大,处理过程难度增加。

2)区间溶洞处理原则及方法

拱顶的上覆土层厚度大于洞室开挖跨度的2.5倍,且底板下10m以下的溶(土)洞,对地下铁道结构施工及运营的安全影响不大。

由于三号线北延段(机场专线)线路走向均存在穿越岩溶地区,采取以下几点原则进行溶洞处理:

(1)根据勘察资料,隧道底板以下5m内且位于隧道投影范围的溶洞必须充填处理;隧道底板以下5m内但不在隧道投影范围的溶洞根据具体情况采取处理措施;隧道底板以下5m范围外的溶洞可不处理。

(2)所有勘察资料揭示的土洞都必须处理,且处理时应一并完成岩面注浆施工。

(3)根据详勘及补勘钻孔揭示的溶洞,以该孔位为中心,按2m×2m的间距由中心向外探寻溶洞及土洞的范围,直至找到溶洞边界,然后划分区域,注双液浆及单液浆充填。

(4)结构范围内的溶洞和土洞都必须找出溶洞边界;在明挖结构和区间隧道边界再向外3m钻孔,仍没有找到溶洞边界,不再外扩钻孔,而是平行结构3m位置钻排孔,施工止浆墙。

始发段区间溶洞处理案例:根据详勘及补勘资料,始发150m段揭示了3个溶洞,其补勘孔号分别为MCZ3-AX-02,MCZ4-AX-04,MCZ3-AX-03,如图13-38所示。以溶洞钻孔为中心,按2m×2m的间距向外探寻溶洞及土洞的范围,直至找到溶洞边界。通过钻孔,始发区段溶洞见图13-38标示的红线;平面溶洞的边界大小如图13-39中的线圈定范围。

3)区间溶洞处理的步骤及每工序施工技术控制要点

区间溶洞处理的步骤:

(1)钻孔顺序:先钻中心孔,由内向外逐步扩大钻孔探查范围。每个钻孔完成后,凡发现有溶洞的钻孔,随即安装袖阀灌浆管。

(2)及时根据钻孔地质情况编制溶洞轮廓图,结合隧道轮廓分析已完成钻孔位置形成溶洞轮廓,并根据探明溶洞大小及所属性质判断下步是否需增加处理范围。

(3)灌浆顺序:由外向内进行,先对溶洞边界(加固范围线)上的钻孔进行充填灌浆,阻断浆液漏失通道后,再逐步加密灌浆孔,进行溶洞区中部的灌浆压密。

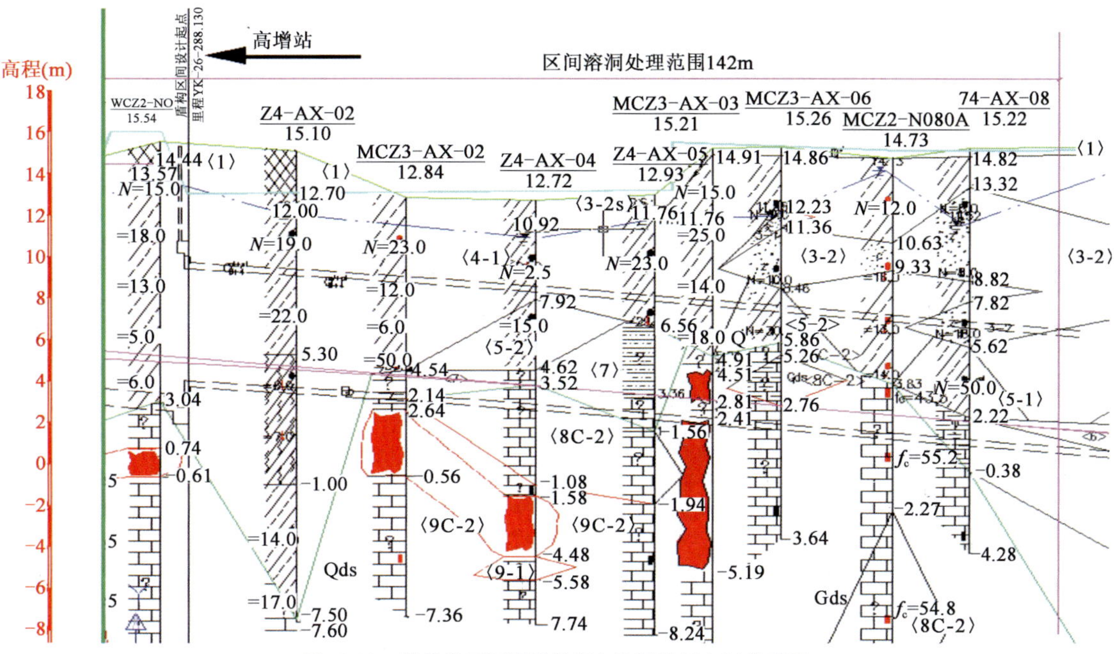

图 13-38　始发段区间隧道轮廓与溶洞位置空间关系图

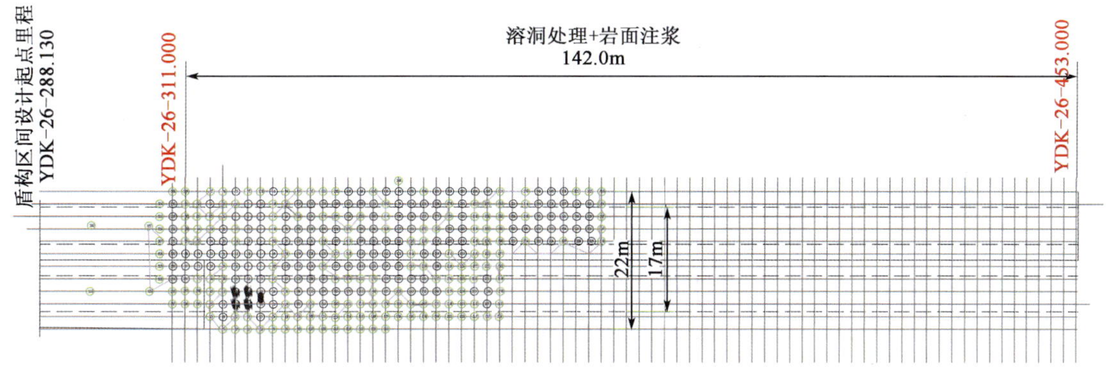

图 13-39　始发区间溶洞处理钻孔布置及溶洞边界示意图

每工序施工技术控制要点：

(1)钻孔设备和钻进方法的选择

钻孔时要采用优质泥浆护壁，预防砂层中塌孔。

(2)钻孔深度及溶洞高度判断

岩面注浆孔深度至岩面下 0.5m，溶洞处理孔至溶洞底部。凡是溶洞钻孔到达〈9C-2〉地层必须取芯判断溶洞高度。

(3)安装袖阀管、浇注套壳料及固管止浆控制要点

①当钻孔至设计要求深度终孔后，必须采用清水洗孔，后立即将套壳料通过钻杆泵送至孔底。注浆时必须从自下而上灌注套壳料至孔口溢出符合浓度要求的原浆液为止。

②依次下入按注浆段配备的袖阀花管和芯管(见图 13-40)，下管时必须及时向管内加入清水，克服孔内浮力，顺畅下入至孔底。

③套壳料采用膨润土和水泥配制，配比为水泥∶膨润土∶水 =1∶1.5∶1.88，浆液相对密度约为1.5，漏斗黏度24～26s；实际施工时应通过多组室内及现场试验，选取最佳配比，本工程现场所使用的配比没有添加膨润土，故实际配比确定为1∶1.8。套壳料凝固时间和强度增长速率应控制在2～5d内可灌浆，本工程实际套壳料凝固时间控制在3d，实际3d强度基本能达到灌注要求。

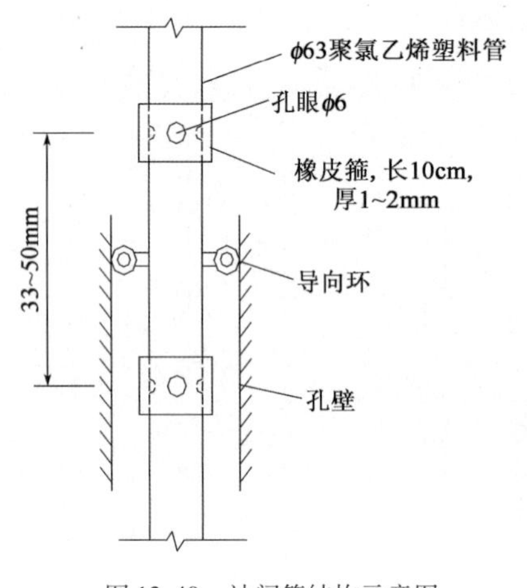

图13-40 袖阀管结构示意图

④袖阀外花管采用 ϕ48 的聚氯乙烯塑料管，在管子注浆段上每隔30cm钻一排（3～4个）孔眼，孔眼直径6mm。针对每排孔眼，在管子外面套上一段长10cm厚1～2mm紧贴的橡皮箍并加以固定。下管前，必须要求注意检查紧贴的橡皮箍是否完整，并且注意检查袖阀管管身完整情况。

⑤固管止浆：在袖阀管外花管与孔壁之间的环状间隙处下入注浆管，在孔口上部2m孔段压入止浆固管料，直至孔口返上浓浆为止。止浆固管料采用速凝水泥浆，水∶水泥 =1∶1.5。现场采用水玻璃作速凝剂。要注意控制现场止浆料的凝固时间，凝结时间不应过短，否则无法保证2m孔段填充密实，影响往后处理注浆效果。由于现场凝固时间控制在3d，故现场灌浆前必须检查止浆料凝结情况，符合要求方可同意开始灌浆。

（4）溶洞填充灌浆

一般周边孔先注双液浆，形成止浆墙，再从中间向四周钻孔注浆，每次都必须跳开一个孔进行注浆，以防止发生窜浆现象。中间一般先注单液浆，注浆压力达到设计要求后，再注入双液浆对注浆效果进行加强。

①开环：灌浆的前期阶段，使用稀浆加压开环。在加压过程中，一旦出现压力突降，进浆量剧增，表示已经开环。开环后即按设计配比开始正式注浆。

②灌浆：采用双栓塞心管进行灌浆。根据各组注浆参数表要求，从孔底自下而上进行注浆，每排孔眼作为一个灌浆段，其段长为100cm。

③注浆液采用32.5R普通硅酸盐水泥，注浆时按先灌入稀浆后灌入浓浆的原则逐渐调整水灰比。开环压力为0.35MPa，正常注浆压力为0.4～0.8MPa，注浆压力控制在0.4～1.2MPa以内，并由下而上逐渐减小，视具体情况作适当调整。实际浓浆注浆配比按现场调配确定，水泥用量采用不得小于1∶1的水灰比。

④间歇注浆：全孔段注浆完成后，间歇一段时间再进行第二次注浆，间歇时间控制在10～30min。由于涉及溶洞连通的关系，注浆的过程要注意检查临近孔洞是否有窜孔冒浆的情况，当发现出现窜浆情况时，要及时停止灌浆，先对出现窜浆孔洞进行补压双液浆封孔处理，完成封孔后再恢复对先前孔洞灌浆。

⑤每孔注完浆后，必须使用 ϕ20 水管插入袖阀管内，泵入清水将袖阀管内残留水泥浆冲洗干净，以保证袖阀管反复注浆的效果。

（5）终灌标准控制

①当地层中有了足够的注入浆量时。

②当注浆压力达到设计值时。

③发现被加固建筑物有上抬的趋势时，立即停止注浆。

④发生窜浆或浆液漏失严重时，立即停止注浆。

(6)灌注材料及配比

用32.5R普通硅酸盐水泥作灌注主料，确定各种灌注材料的合理配比，在施工中使用的材料配比(质量比)如下：

①袖阀管套壳料为水泥：水=1：1.8(质量比，配方由现场试验最后确定)。

②固管料为单液水泥浆，配比为水：水泥=1：1.5。

③袖阀管注浆的浆液配比为水泥：水=(0.8~1)：1，先稀浆后稠浆。

④速凝剂：如发现地下有水流通道，孔内漏浆严重时，可掺入适量的水玻璃作为速凝剂。水泥浆与水玻璃体积比为C：S=1：(0.5~1)，其中水玻璃浓度为45°Bé，模数M=2.4~2.8。

(7)袖阀管封孔

在溶洞处理段分区注浆完成后，要注意进行二次注浆封孔处理，不得在隧道轮廓范围内留有未封堵的袖阀管。没有封堵好的钻孔，将是一条人为的导水通道，盾构掘进通过时，容易发生掌子面塌方和地面冒浆等安全事故。

4)岩溶处理效果检测

根据相关溶洞处理检测效果要求，目前执行的溶洞处理检测标准为：

(1)按总数量的1%孔数抽查，且不小于3点，要求每个溶洞处理区域均要检测一次。

(2)采用随机钻孔取芯，做抗压试验，要求无侧限抗压强度不小于0.2MPa。

(3)现场按以上要求随机取芯6组，芯样连续性均符合要求，强度达到0.3MPa以上，龄期为46~56d，强度最高为5.7MPa，最低强度为3.2MPa，其中一组芯样如图13-41所示，浆液灌注密实芯样连续，根据抽芯试验结果判定本区间溶洞处理质量符合要求。

5)盾构掘进中揭示的溶洞及处理

设计在线路下方5m内勘察揭示有灰岩的地层段，都要求沿线路中心每隔8m布置钻孔进行溶洞揭示，基本上大的溶洞都能通过勘察发现出来，并进行处理。但是较小的溶洞通过以上钻孔的方法无法判断出来的，同时有此建筑物和高速公路无法进行钻孔工作，还会存在没有处理的溶洞(见图13-42)。

盾构掘进中遇上溶洞，有如下几个现象：①盾构土仓压力瞬间突变，含有承压水带填充物的溶洞会使土仓压力不断波动，会出现喷涌现象；②较大的空洞会导致土仓压力迅速下降，甚至变为零；③同步注浆压力会变小，注入大量的浆液都没法达到注浆恒压要求。

盾构掘进遇上带填充物的溶洞，宜加大注浆量，快速通过；同时在成型隧道上安排二次补充注浆，防止隧道下沉影响结构质量。盾构遇上溶洞，不宜长时间停机注浆，避免发生浆液固结盾构机。盾构遇上较大的空洞，土仓压力为零时，这时不宜冒险推进；要立即安排进行盾构机下沉变形监测，当变形较小时，安排开舱观察溶洞情况。如果溶洞较小，安排快速注浆通过；如果溶洞较大，会危及盾构前进的安全，应安排地面钻孔，泵送入泥砂把溶洞填充密实后再向前推进。

本工程线路在斜穿机场高速时，由于高速路车流量较大无法占道勘探，地质剖面图中没有揭示溶洞，但盾构掘进中判断岩面发生较大的变形，并判断遇上较大的土洞(见图13-43)。盾构掘进时,出现“喷涌”,同步注浆压力迅速下降。盾构快速向前掘进,每向前掘进 50cm 注浆一罐(约 $5m^3$),这样反复掘进注浆,既预防停机注浆固结盾构机,又能确保盾构迅速向前掘进,直到盾构机通过溶洞区域,注浆恒压为止。同时盾构机每向前掘进 5 环,安排一次双液补充注浆,加强溶洞的填充效果。

图 13-41　溶洞处理抽芯芯样(孟西联　摄)

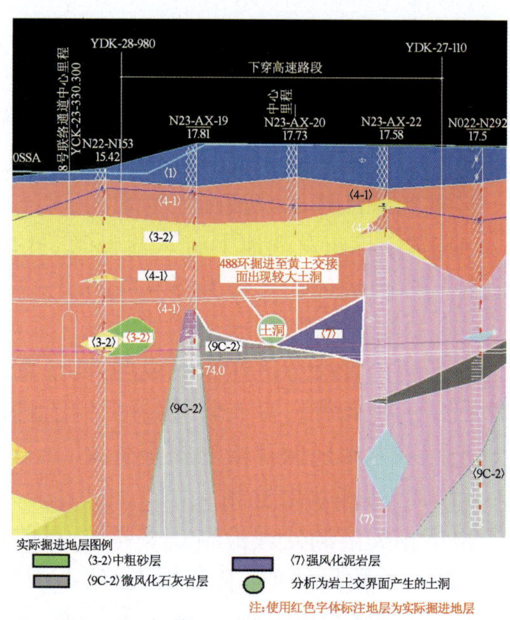

图 13-42　机场高速下揭示溶洞

为确保永久隧道的安全,凡在溶岩发育段的盾构隧道,工程都设计在每环管片的下方预埋注浆孔。一旦隧道在运营中变形较大,可以利用预埋在道床内的注浆管进行填充注浆。

2. 灰岩地层中“球形风化体”及卵石对盾构施工的危害及对策

在石灰岩的残积层中发现“球形风化体”(见图 13-43、图 13-44);上覆冲洪积土和冲洪砂层,夹带着大小不一的卵石(见图 13-45)。

图 13-43　明挖隧道暴露出“球形风化体”

图 13-44　密封舱中的灰岩“球形风化体”

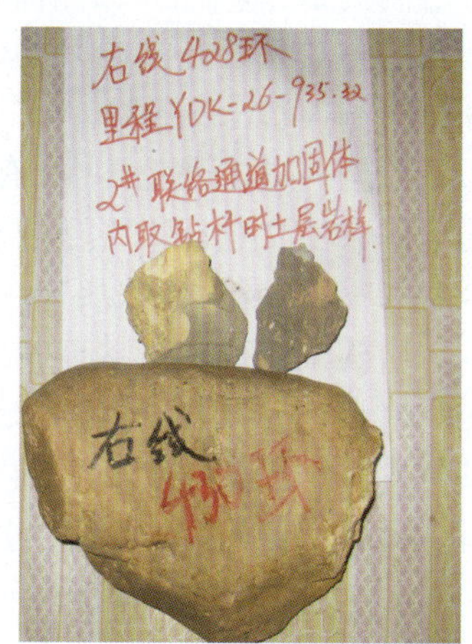

图 13-45　卵石

1）石灰岩“球形风化体”及卵石对盾构施工的危害

石灰岩“球形风化体”强度非常高，在始发井开挖出的“球形风化体”单轴抗压强度达90MPa以上。盾构推进过程中，“球形风化体”会随刀盘旋转而移动，同时较大的石块无法顺利通过旋转输送机排出，会与刀盘的刀具不断发生碰撞，严重损坏刀具，并会“卡住”刀盘。

卵石比“球形风化体”强度更高，可以达到110MPa以上，同时卵石星罗密布，对刀具危害更大。工程右线盾构始发至掘进到190环进行第一次开舱，发现刀具完好。从190环至2号联络通道（430环）之间地层主要以〈4-1〉洪积土层、〈3-2〉中粗砂层为主，局部以砾砂层为主。盾构到达2号联络通道位置开舱检查，发现掌子面的黏土地层夹带着较多卵石（见图13-46），滚刀刀刃磨薄，64把齿刀全部损坏（见图13-47）。

图13-46　开舱发现齿刀损坏和卵石现状

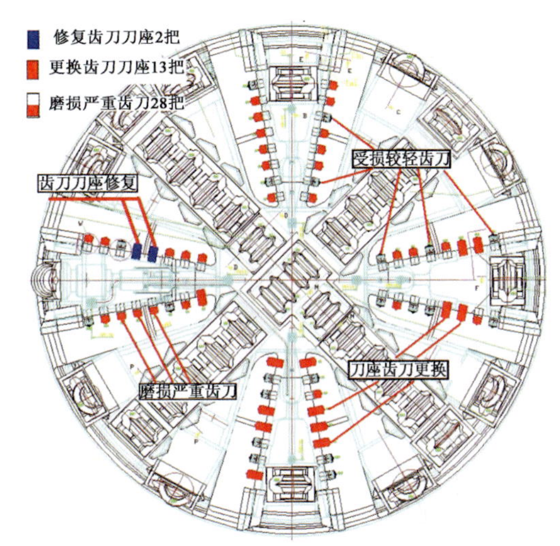

图13-47　齿刀损坏状况

2）盾构掘进预防“球形风化体”及卵石危害对策

（1）加大刀盘开口率，降低土压掘进，使渣土快速进入土仓，经过螺旋输送机排出是避免“滞排效应”最好对策。但由于本工程刀盘开口率已无法改变，结合黏土层相对自稳的特性，降低土压掘进能在一定程度上减少刀具磨损。

（2）2号联络通道位置换刀后，盾构仍要通过约200m的黏土夹卵石层，工程把刀盘转速降到1.0～1.2r/min，盾构掘进速度没有降低，但却对刀具保护有积极的作用，工程换刀后到3号联络通道第三次开舱，检查发现卵石对刀具损坏较少。同时刀盘低转速，也可以减少砾石对刀盘及刀具的磨损。

（3）对刀具和刀盘面板增加焊耐磨条的措施，延长刀具寿命。

（4）盾构掘进中增加泡沫润滑措施，减少岩石、砾砂对刀具的磨损，同时泡沫润滑的作用可使大块的石块顺利通过螺旋输送机，保护螺旋输送机。

（5）盾构在成都卵石地层的掘进的经验告诉人们，增加刀盘开口率，甚至选用轴条形刀盘，可以预防卵石对刀盘的损坏。同时考虑卵石的直径，螺旋输送机的直径和扭矩都适当增大，将更加适应。

3)左线盾构机掘进38环被"球形风化体"卡刀盘处理的案例

(1)案例概况

2008年12月16日上午,左线盾构机在推进第38环时刀盘出现无法启动的情况,导致停止掘进,停机里程为ZDK-26-354.891。经过开舱检查,证实为石块卡住刀盘。通过慢速左右旋转刀盘,"球形风化体"移到刀盘轴条开口位置。在地层自稳的情况下,在常压下进入土仓,把石块通过人闸搬出来。

(2)卡刀盘的过程

12月16日6:23开始左线隧道第38环隧道掘进,盾构掘进的过程中,开始推力约为780t,但扭矩却持续上升,从1100kN·m上升至峰值4200kN·m,同时掘进速度亦从开始的20mm/min下降至6mm/min(见表13-6)。盾构千斤顶行程伸出1350mm时,暂停掘进更换渣斗,当渣斗更换完毕后再次启动掘进时发现刀盘无法正常启动。海瑞克驻场人员立即排查,很快排除了因设备故障导致刀盘无法转动,初步判断为石块卡刀盘。通过地层分析判断,认为具备常压开舱条件,决定开舱检查。经过开舱检查,发现工作面地层与地质剖面图上显示的地层有较大的变化(见图13-48、图13-49),证实为石灰岩风化残余"球形风化体"的卡住刀盘。"球形风化体"的卡住刀盘整个过程如图13-50~图13-53所示。

35~38环掘进参数汇总表　　表13-6

环号	掘进日期(月-日)	报告扭矩(MN·m)	换算扭矩(t·m)	推力(t)	掘进速度(mm/min)
35	12-15	2.5	350	734	42
36	12-15	2.2	420	716	28
37	12-16	2.6	460	770	25
38	12-16	2.0	400	785	6~20

注:报告扭矩转换扭矩单位为1MN·m=100t·m。

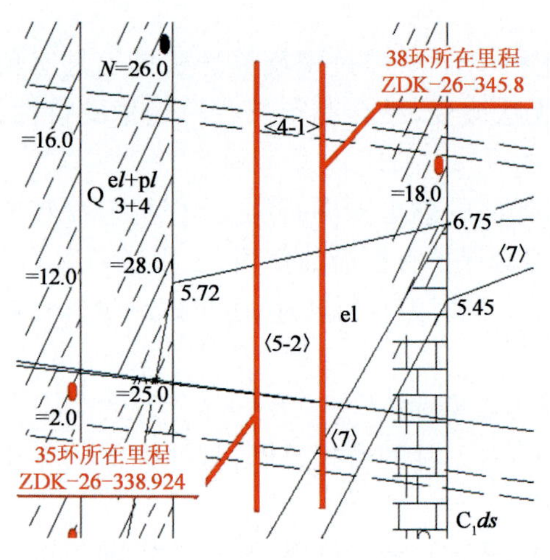

图13-48　地质剖面图

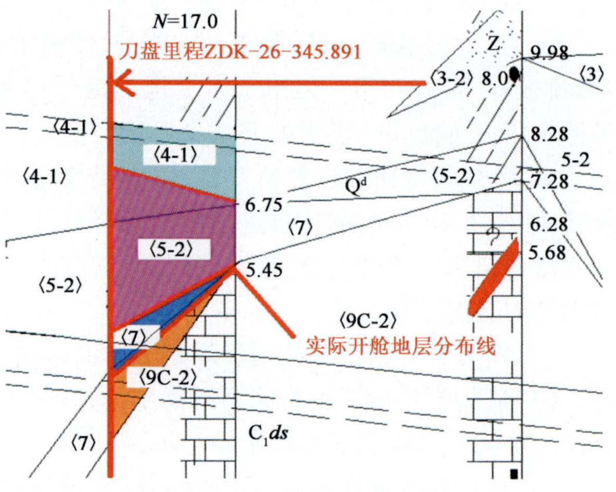

图13-49　实际地质剖面图

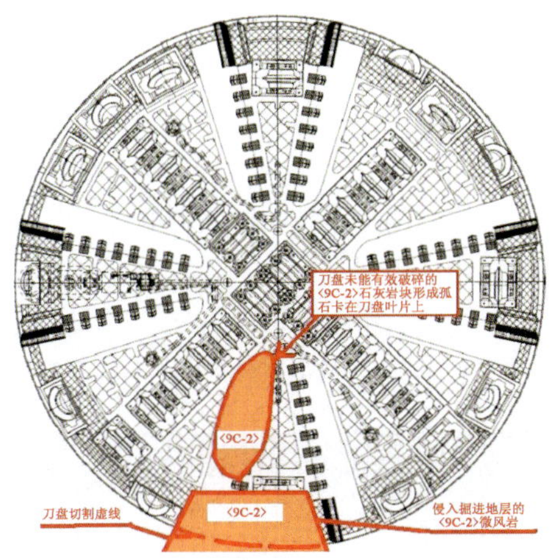

图 13-50 孤石的形成

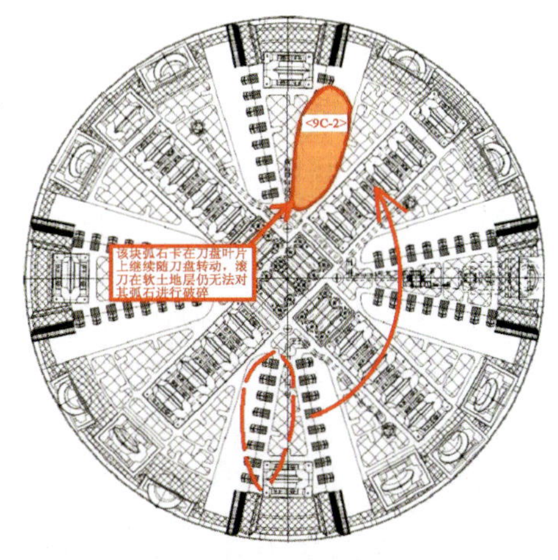

图 13-51 孤石卡在刀盘叶片上旋转

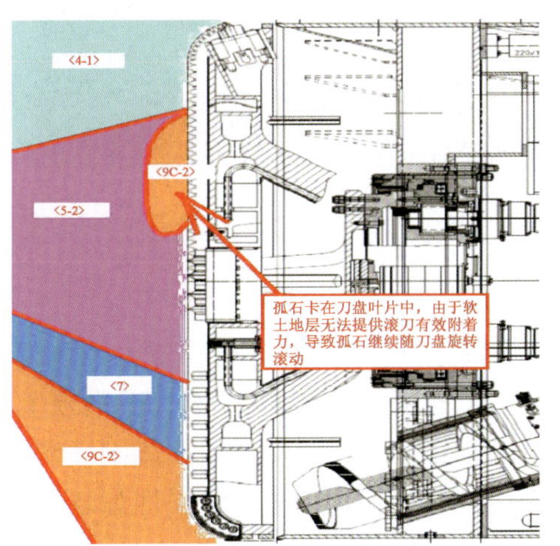

图 13-52 孤石在所处软土地层无法顺利破碎

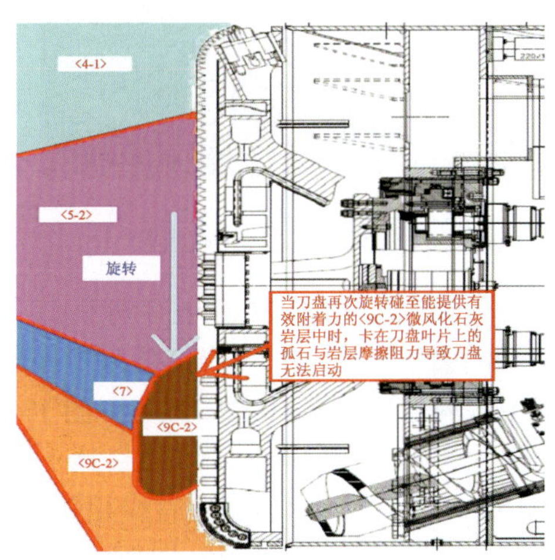

图 13-53 当孤石碰到下部〈9C-2〉硬岩时导致刀盘无法转动

(3)卡刀盘的处理过程

开舱后，判断地层自稳较好，把土仓土体出空。再启动刀盘，能够慢速左右旋转刀盘。待把“球形风化体”移到刀盘轴条开口位置，项目部安排人员进入土仓，拆除部分齿刀，顺利把石块移进土仓，再用手拉葫芦和吊篮把石头通过人闸搬出来。

(4)事故小结

孤石卡刀盘情况早有征兆，从盾构机施工参数自动记录上反映，早在 15 日凌晨掘进第 35 环隧道时，扭矩已开始增大，同时平均掘进速度亦逐步下降。如果认真进行渣样分析，可以及时发现地层发生了较大的变化。

38 环相邻两个钻孔的地质勘察图已反映地层变化较大，类似岩面突变的地层在施工中要引起重视。

从地质断面图中可以判断地质自稳较好，而盾构掘进采用土压平衡模式掘进，土仓压力设定为 1 ~ 1.5bar，盾构推力选取为 700 ~ 750t，刀盘转速均为 1.5 ~ 1.6r/min。如果选用敞开式掘进，适当降低刀盘转速，可以避免卡刀盘事件发生。

3. 石灰岩地层中盾构施工塌方事件技术分析

1）盾构掘进引起地面塌方事件概述

在整个高增站—新机场南站区间盾构施工过程中，总共发生三起地表塌陷事件，第一次在右线里程 YDK – 26 – 700 处，位于云高生态公园北侧鱼塘边（见图 13-54）；第二次左线在里程 ZDK – 26 – 857 ~ ZDK – 26 – 880 范围，接近 2 号联络通道位置（见图 13-55）；第三次在左线里程 ZDK – 26 – 400 位置。三起塌陷事件都存在盾构掘进“喷涌”，出渣失控现象。

图 13-54　右线地表塌陷原状（孟西联　摄）

图 13-55　第二次塌陷位置出现泥浆外冒（王欢贵　摄）

2）灰岩地带盾构塌陷原因技术分析

（1）盾构掘进过程中，没有充分分析地层变化情况，地质预报工作未能指导施工。纵观三个塌方位置的地质剖面图（图 13-56 ~ 图 13-59），都存在一个共同点，都是由于隧道拱顶上方的黏土隔水层突然变化为〈3-2〉砂层，地下水压增大；而工程第三次塌方，单看左线剖面图，塌方位置仍是黏土地层，但通过左右线相邻地质钻孔分析，发现右线相邻位置砂层埋深较大，砂层已侵入隧道断面（见图 13-56、图 13-57）。

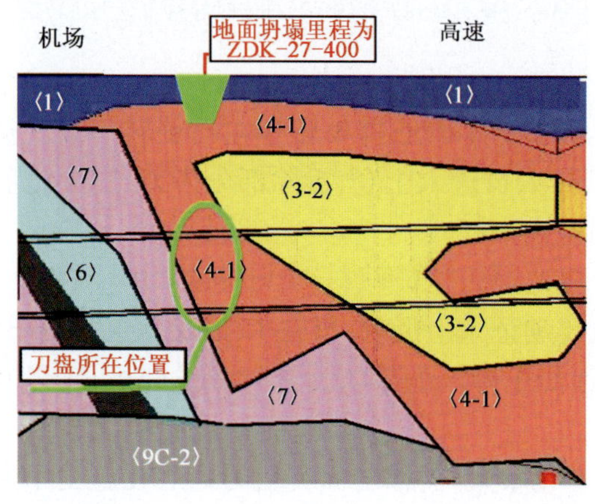

图 13-56　第三次塌陷位置左线剖面图

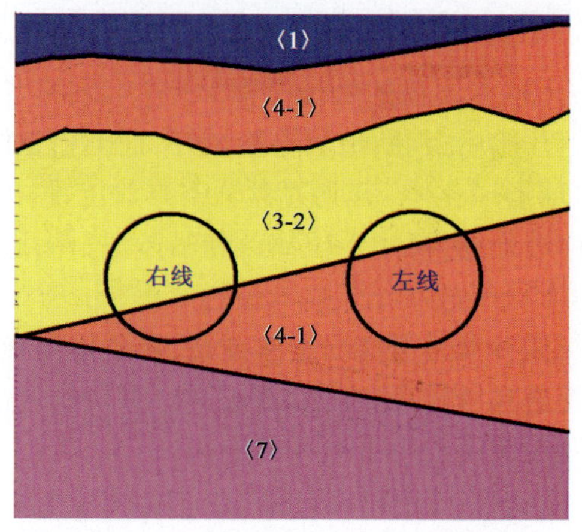

图 13-57　第三次塌陷位置左右线剖面图

（2）在砂层中没有及时建立土压平衡掘进，以致发生喷涌和出渣量失控。在塌方处地质变化较大，都是由于隧道断面拱顶由黏土层突变为全断面〈3-2〉中细砂层；盾构在上部〈4-1〉黏土层中掘进，由于黏土地层自稳较好，又起到隔水作用，一般掘进土压力设定都较小。到塌方处，隧道顶部基本没有了隔水的〈4-1〉黏土层，全断面为〈3-2〉中细砂层，透水性好，土仓压力骤然升高，盾构掘进没有提前建立土压平衡模式，在高水头的压力作用下迅速出现“喷涌”现象。“喷涌”后无法及时调整为土压平衡，砂水不断随压力带走，“拉风箱的作用”势必出渣量多和扰动地层，砂层自稳性较差在刀盘前面不断塌方，在刀盘前上方形成“漏斗”形的空洞，继而造成地表塌陷。

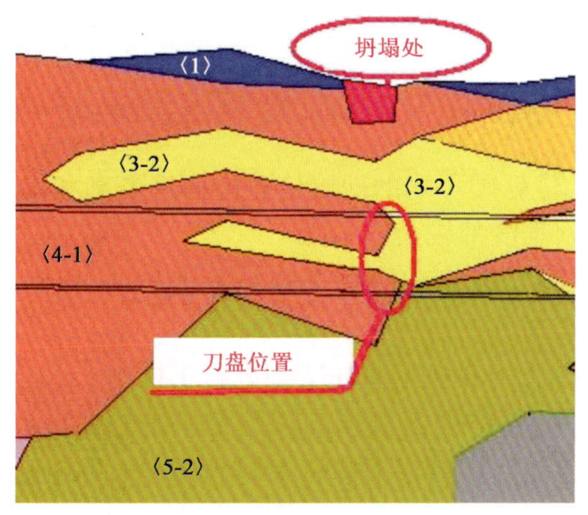

图 13-58　第一次塌陷右线盾构塌陷位置地层断面图

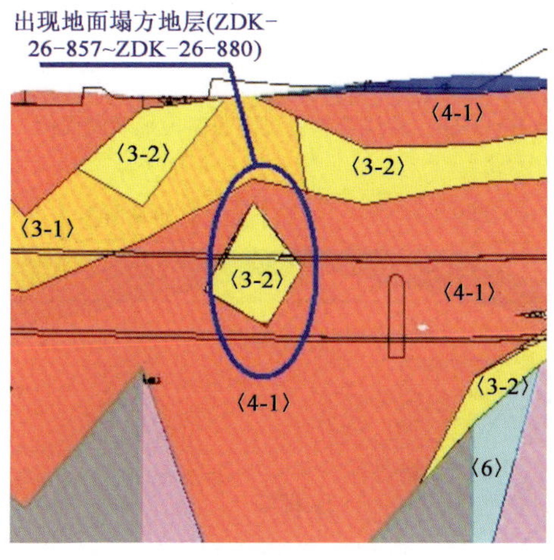

图 13-59　第二次塌陷左线盾构 ZDK-26-880 地层断面图

（3）渣土改良差，砂土层未能形成“土塞效应”，螺旋运输机出土喷涌失控。

（4）同步注浆量少，在隧道后方的地下水源作用下，增加盾构施工喷涌现象。

（5）同步注浆管堵漏，在清洗管道过程中，引起盾尾位置的砂土沿道管道涌出。

4. *盾构横穿机场高速和长距离富水砂层盾构掘进技术分析*

1）盾构在机场高速下掘进的风险

（1）地质变化大，软硬不均和长距离富水砂层的地层对盾构施工风险大。从工程剖面图可以发现，隧道线路在横穿机场高速下地层变化较大，从线路地质断面图（见图 13-60、图 13-61），线路下覆地层主要为〈6〉、〈7〉、〈9C-2〉灰岩地层，尤其是灰岩地层起伏波动较大；线路上覆地层主要为〈3-2〉中粗砂层、〈4-1〉黏土层，局部有〈3-1〉粉细砂层，软硬不均的地层给盾构施工带来较大的风险。同时线路在机场高速不具备勘察条件，提供的地质资料精确度较差，地层中有较多溶土洞，资料都没揭露。盾构进入绿化带掘进后，线路边界离高速路仅有 3m，而隧道埋深达 16m，施工影响高速公路 5 条车道以上，600m 的长距离砂层风险较大。

（2）机场高速位置敏感，沉降控制要求高，管线多、施工保护难度大。盾构掘进对双向八车道机场高速路影响范围达 200 多米长，左右线路分别需穿越机场雕塑、航油管、机场路景观河、电力线及供水管等设施管线。尤其是航油管（见图 13-62），它担负着整个机场的能源供应，其安全级别是最高级的，同时航油管离盾构隧道仅有 5m，增加了施工保护的难度。

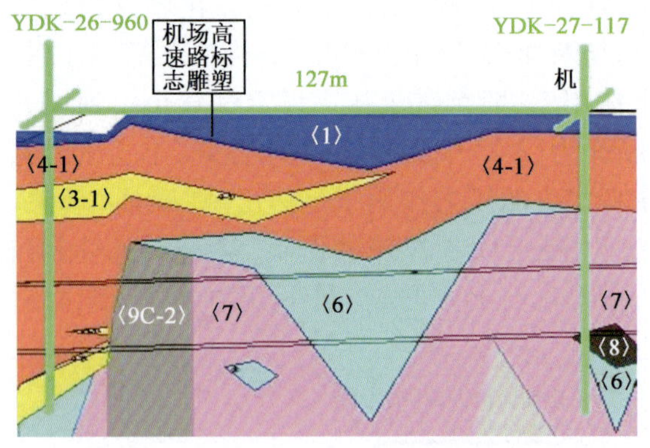

图 13-60　右线穿越机场高速路段地质断面图

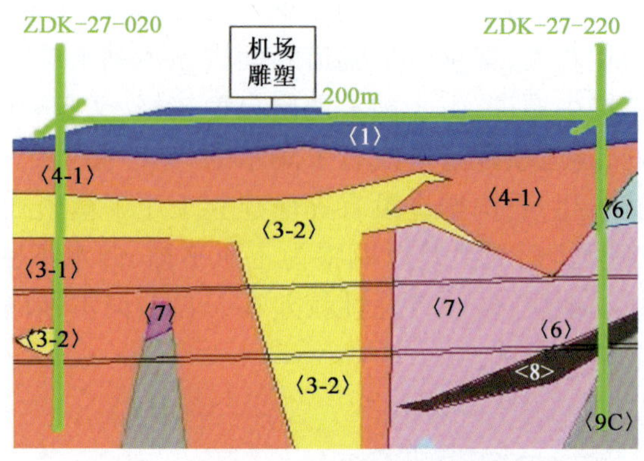

图 13-61　左线穿越机场高速路段地质断面图

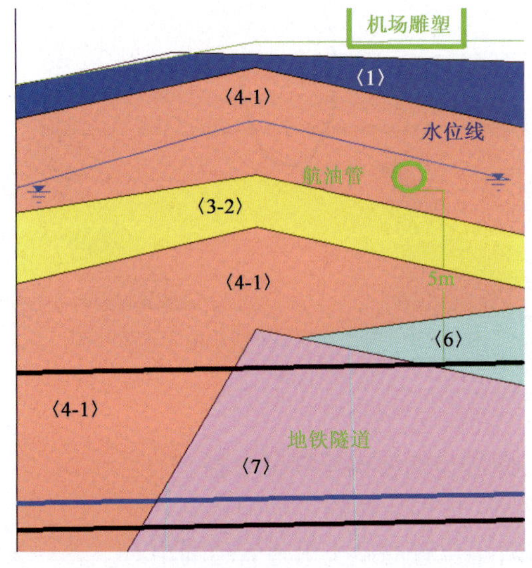

图 13-62　航油管路与盾构隧道空间关系图

(3)软硬不均的地层使盾构掘进姿态和出土量控制难度都较大。

(4)全断面砂层掘进容易发生喷涌,以致发生地面塌方。

2)盾构在机场高速下掘进施工控制

(1)盾构进入机场高速路范围前,在 2 号联络通道加固体内对刀盘刀具进行了全面检查,更换了磨损的滚刀、修补掉落及损坏的齿刀,对盾构施工各项配套设备进行检查,如对蓄电池车、龙门吊、搅拌站等重要设备故障进行保养,减少因设备故障引起的停机。

(2)采用土压平衡模式掘进、使盾构连续快速掘进。

(3)加强渣土改良,避免盾构掘进“喷涌”,以达到盾构出土量控制目的。本工程渣土改良分成三类:一类是砂层,其特点是含泥量都在 20%~30% 之间,同时线路大部分断面都是半断面砂层和半断面黏土层,含水量较大,施工中仅加入 3%~5% 的泡沫水溶液,泡沫注入率 15%~25%(泡沫体积与渣土的体积比),泡沫水溶液使用约在 10~15m^3,已达到良好的渣土改良;第二类是黏土层、残积土层和全风化及强风化地层,这类地层粉黏粒含量较高,需加入大量的泡沫和水,施工中加入 5%~8% 的泡沫水溶液,泡沫注入率 35%~45%(泡沫体积与渣土的体积比),泡沫水溶液使用约在 20~25m^3,方能达到改良渣土、预防刀盘结泥饼及保护刀具的目的;第三类为中风化和微风化岩层,该地层一般裂隙水发育,出来的石渣和水完全分离,容易发生喷涌;渣土改良采用膨润土 + 高分子的外加剂。高分子水溶液(高分子原液为 1%)和膨润土泥浆(膨润土浆液按照膨润土:水 = 1:10(质量比)配制,注入量为 10% ~ 15%),分两个管路注入刀盘,使石渣四周包裹泥皮,高分子与泥水发生反应形成塑性较好的渣土。

(4)通过同步注入单液浆和分段补充注入双液注浆控制地表沉降

工程主要通过同步注浆填充隧道管片背后的空隙，采用水泥砂浆作为同步注浆材料，水泥采用32.5R普通硅酸盐水泥，注浆配合比见表13-7。

同步注浆材料配比（单位：m^3）　　表13-7

水泥(kg)	粉煤灰(kg)	膨润土(kg)	砂(kg)	水(kg)
120	360	120	700	500

盾构掘进中，通过控制注浆压力和注浆量双重条件保证填充效果，注浆压力恒压保持在0.2~0.25MPa。注浆量：注浆量取环形间隙理论体积的1.2~1.3倍，则每环(1.5m)注浆量$Q=(\pi\times3.15^2\times1.5-\pi\times3^2\times1.5)=4.3m^3$，施工中搅拌浆量为确定注浆量为$5.5m^3$/环。当砂浆量没注完，注浆压力已达到恒压要求，停止注浆；盾构一环掘进没完成，砂浆已注完，但是注浆压力没达到恒压要求，需停止掘进，增加搅拌浆液，要求每循环掘进完成后注浆压力必须达到恒压要求。

(5)加强盾尾刷管理，延长盾尾刷寿命（第二节盾尾刷管理已详细描述，本节略），是提高注浆效果，控制地表沉降的有效保证。

(6)加强地表沉降监测，及时反馈监测信息指导施工。

盾构在高速路下掘进，横向重点对埋深45°影响范围每隔15m布置一个监测的断面进行布点监测；纵向沿着线路中心每5m布置一个监测点，盾构掘进时，盾构机前方2.5D(D为盾构机直径)及盾构通过后30m都是重点监测范围，监测结果如图13-63所示。

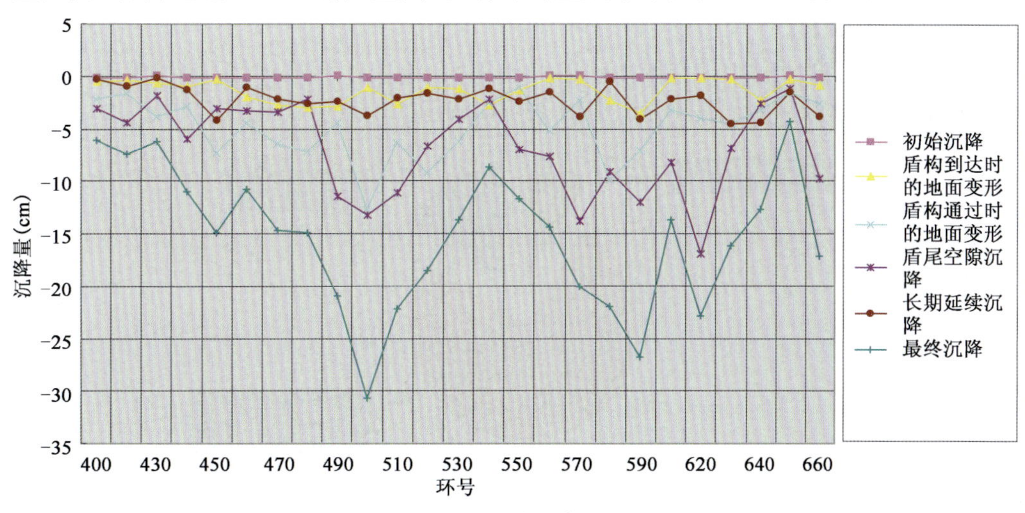

图13-63　地表沉降监测图

根据观测到的每个断面上的各个测点的沉降值，画出测量断面沉降曲线。通过分析，得出如下规律：

①当盾构机工作面在测量断面前大约15m，各个测点的沉降值基本为0，即在盾构机前方2.5D(D为盾构机直径)以上时基本无沉降。

②当盾构机通过测量断面后10~25m之间位移增加值变小，这说明从这之后盾构机的推进对该断面的影响不大。

③位移增加最快的点一般位于盾构机通过测量断面 0 ~ 12m 处。在这段距离内，产生的沉降值在 5 ~ 10mm 之间。因此，在该区间（盾尾空隙沉降）要加强观测，以防发生大的沉降。

综合监测数据分析，盾构在高速路下施工变形较小，施工较安全。

（7）盾构在高速路下存在高风险，施工前制订了详细的施工方案和安全应急措施，并组织了桌面演练，施工中一旦发生险情，马上启动预案。盾构在横穿高速路期间，曾发生出土超量现象，工程技术人员迅速启动预案，封锁受影响的高速路车道，并从高速路上钻孔回灌砂浆，在受影响范围加密布点监测，使险情迅速解除。

5. 长距离富水砂层土压盾构土压平衡施工控制技术研究（由北京交通大学提供基础数据）

为了配合广州地铁富水砂层土压盾构综合施工控制技术研究这个课题，调查土压平衡盾构砂性土层开挖面稳定及盾构掘进对周边环境的影响，研究富水砂层盾构掘进参数匹配控制技术和盾构施工扰动指标体系和检测技术，对广州地铁三号线区间隧道的典型富水砂层区段进行监测，并且完成以下内容：

（1）研究盾构在富水砂层中施工的地面沉降的大小和范围。

（2）研究盾构在富水砂层中施工引起的土体应力、土体深层沉降和位移的变化规律。

（3）施工参数根据监测反馈的信息，及时调整相关盾构施工参数及施工辅助措施，进行监测数据的分析，实行信息化施工。

（4）研究富水砂层中盾构与土层相互作用以及地层反应规律，结合理论分析解决盾构掘进在富水砂层开挖面稳定的问题。

主要科研结论如下：

1）关于地表沉降的小结

（1）盾构推进各阶段的沉降百分比如图 13-64 所示。

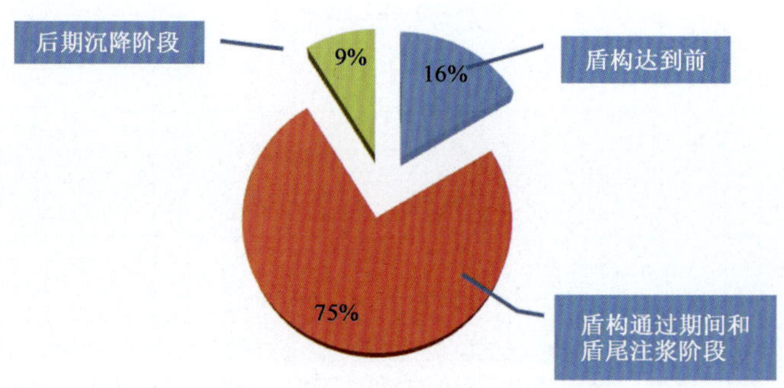

图 13-64　盾构推进各阶段沉降百分比

从图 13-66 可以看出，对于以砂土为主的土层，前期沉降占到了 16%，而主要的沉降集中在盾构通过期间和盾尾注浆阶段，占了 75%，后期沉降只占 9%，表明盾构在通过期间和盾尾注浆阶段的参数设置很重要，比如土仓压力的控制，注浆量和注浆压力的设定等。还表明砂土在扰动后的固结速率比较快。

（2）施工期间隧道沉降主要是由于盾构推进时对周围土体的扰动，以及注浆等施工活动引起的，主要包括以下几个方面的因素：①开挖面底下的土体扰动；②盾尾后压浆不及时、不充

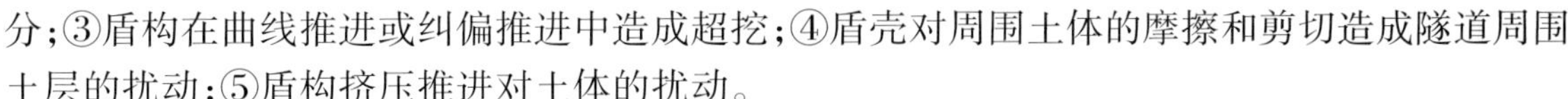

分;③盾构在曲线推进或纠偏推进中造成超挖;④盾壳对周围土体的摩擦和剪切造成隧道周围土层的扰动;⑤盾构挤压推进对土体的扰动。

(3)土体在盾构掘进速度较慢的情况下,容易发生液化而造成更大的土体沉降,因此在通过富水砂层时,应尽量快速通过,不要停留时间过长。

(4)对沉降监测的一些建议。由于地理位置的特殊,沉降点的选取受到限制,一个断面最多只布置了两个监测点,使得横向沉降槽无法分析其规律。监测时间点不能很好地和盾构掘进相联系,只是按照自己的时间安排进行,大致是上午、下午各监测一次,使得盾构在通过期间时不能得到变化过程的数据。由于穿越高速比较麻烦,选取的参考点(即沉降监测时默认的不动点)离隧道太近,无法保证其绝对不沉降。

2)关于分层沉降的小结

(1)隧道正上方的土体随着埋深增大,沉降值增大;隧道侧边的土体随着埋深增大,沉降值呈现先增大后减小的趋势,在隧道底部的土体沉降值几乎为0。

(2)与地表沉降一样,分层沉降主要发生在盾构通过期间和盾尾通过后10m范围内,影响其沉降的原因主要是土仓压力的变化,在快速通过的同时,必须控制螺旋输送带的转速,将土仓内的土体维持在一定水平,严格控制出土量。

(3)对分层沉降监测的建议。由于我们所使用的分层沉降仪是手动式的,靠人工进行读数,由于所用钢尺是比较软的,而且容易扭曲收缩,造成测量的误差。同时,由于需要靠在管顶读数,视线必定与钢尺有一定角度,造成斜视,出现读数上的误差。而且管顶也不是水平的,不同人读数时钢尺所靠的位置也不一致,造成了读数的误差。因此建议分层沉降监测最好采用自动读数仪,当传感器接触磁环的瞬间一起自动计数,会大大减小误差。

3)关于土压力的小结

(1)当切口达到断面前,土压力的变化值很小,但总体上呈现随着盾构的靠近土压力增大的趋势。切口经过断面时,土压力达到一个较大的波动值,然后有小幅度回落,这主要是因为切口逼近时对土体的挤压和形成超孔隙水压力致使土压力大幅度上升,当切口推进一环时要停机进行管片拼装,对于砂土一旦停止掘进,超孔隙水压力会迅速消散,使得土压力有所回落。而后再次推进,到盾尾通过时,土压力会再次波动到一个较大的水平,甚至超过切口达到时的土压力值。这是因为盾尾通过后进行同步注浆,注浆压力会产生较大的土压力。停止注浆后,土压力开始回落,后期回落会持续较长时间。从监测情况来看,同一个孔埋深越大,土压力的变化值也越大。同一深度土体,离隧道越近,土压力变化值也越大。

(2)孔隙水压力的变化规律与土压力基本类似。与土压力明显的区别在于,孔隙水压力的回落非常快,而且回落幅度也很大,基本在切口通过断面25m($4D$)之后,能回落到初始水平附近。

(3)超孔隙水压力和土压力变化的实测结果表明:土压力与孔隙水压力是同步增加的,说明土体中土压力增加是超孔隙水压力产生的原因。隧道顶和肩部的土体扰动程度较大,隧道底部土体的应力扰动程度较小,越往地表,土体的应力扰动程度越小。

4)科研综合结论

(1)开挖面的稳定性最直接的表现为地层的沉降大小,开挖面的稳定性决定于土压、水压和土仓内的压力的平衡关系，确保土压平衡是盾构隧道法施工技术方面的主要问题，通过监测，本工程盾构通过砂层设置的各参数基本合理。

科研结合工程实践证明：①土压平衡盾构施工过程中必须在开挖面和隔板之间充满可塑性土料。②在盾构推进和管片拼装过程中，盾构密封舱内压力 p_i 始终略大于正面主动侧压力 p_k 和水压力 p_w 之和，即 $p_i \geqslant (1.1 \sim 1.2)(p_k + p_w)$，式中：$p_i$ 为密封舱内压力（MPa），p_k 为正面主动侧压力（MPa），p_w 为水压力（MPa）。③土压平衡盾构螺旋排土器出土量与刀盘前方进土量一致，以保持土压力的动态平衡。

（2）盾构在砂层掘进的基本原则是：建立土压平衡模式，尽量减小对砂层的扰动，快速通过砂层。广州地铁3号线北延段盾构隧道穿越近500m的软弱砂层，采取的主要对策就是土压平衡掘进、保持盾尾良好的密封性能、渣土流塑化改良等。

（3）在中粗砂地层，当盾构处于动态掘进时，应力上升，静态拼装管片或者停机时，应力回落，且一般能回落到初始值。所以整个掘进过程中，土体应力处于上下波动状态。沿盾构前进方向孔隙水压和侧向土压的变化规律一致（下面两者统称为土体应力），共分为三个阶段：①缓变段——盾构切口距离断面15m时，波动范围在5kPa之内；②显变段——切口临近至盾尾过后3m，大概12m范围内，峰值一般出现在盾尾壁后注浆期间；③消散段——盾尾远离，这时掘进的影响已经很微弱。

6. 不同地层盾构掘进技术参数分析

（1）溶洞岩土区域盾构掘进速度、扭矩、注浆行程及总推力参数，如图13-65～图13-68所示。

（2）黏土砂卵石区域盾构掘进速度、扭矩、注浆行程及总推力参数，如图13-69～13-72所示。

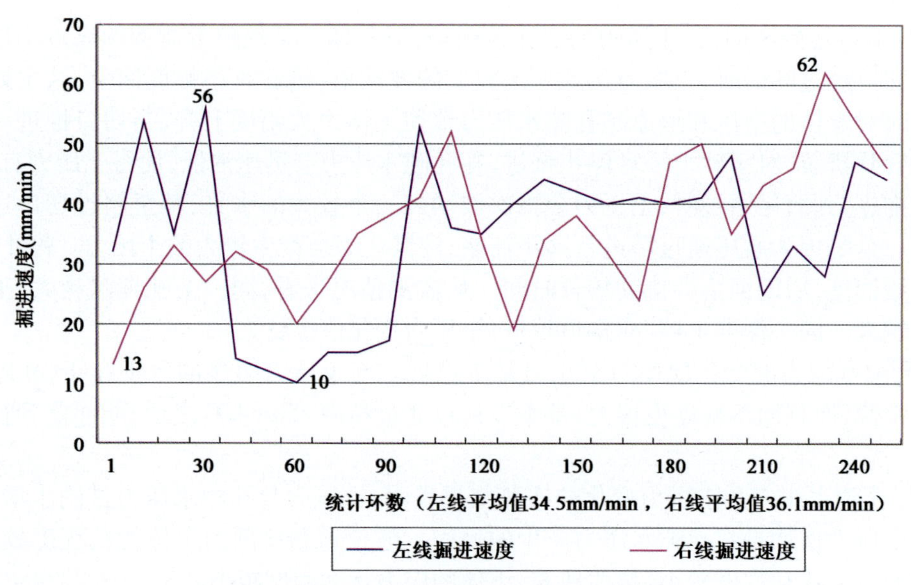

图13-65　左右线穿越岩溶地层推进速度统计图

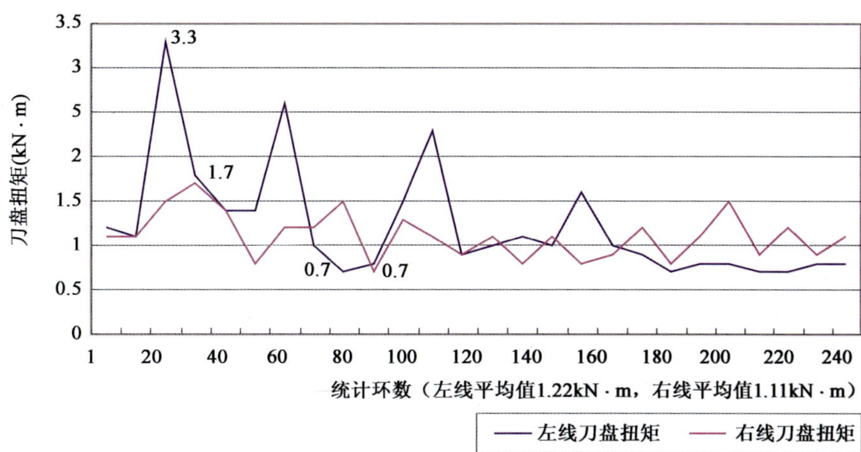

图 13-66 左右线穿越岩溶地层刀盘扭矩统计图

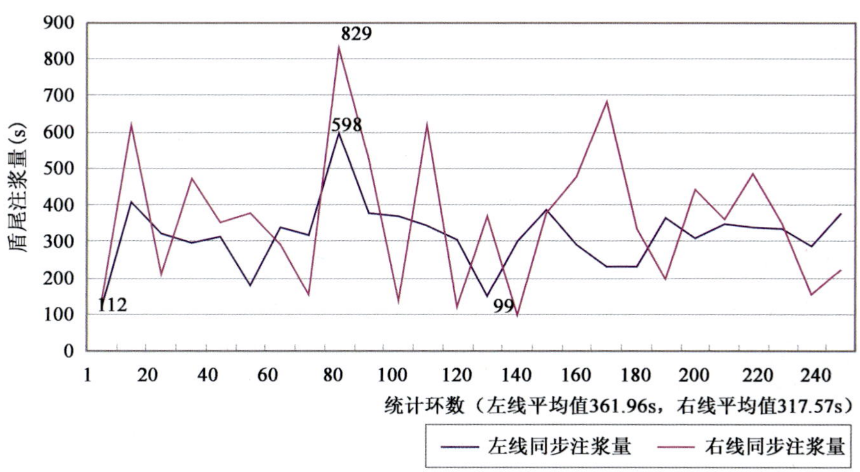

图 13-67 左右线穿越岩溶地层同步注浆量统计图

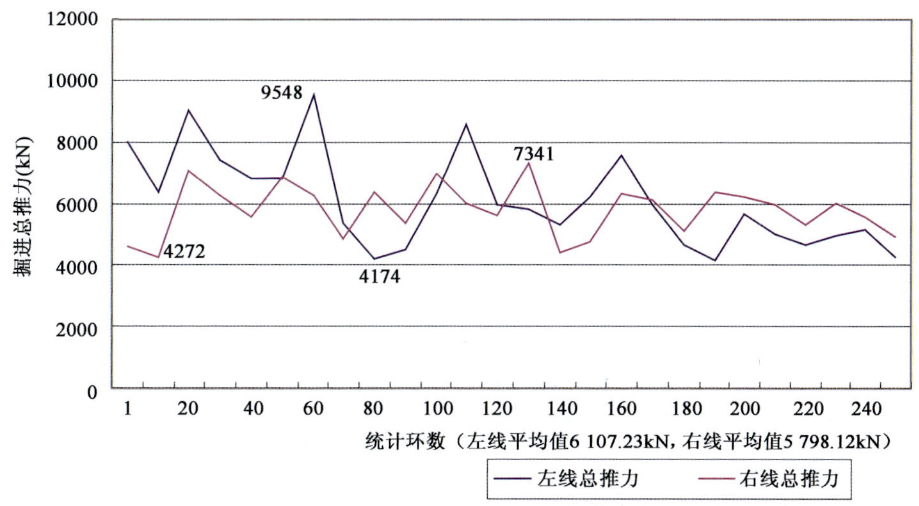

图 13-68 左右线穿越岩溶地层掘进总推力统计图

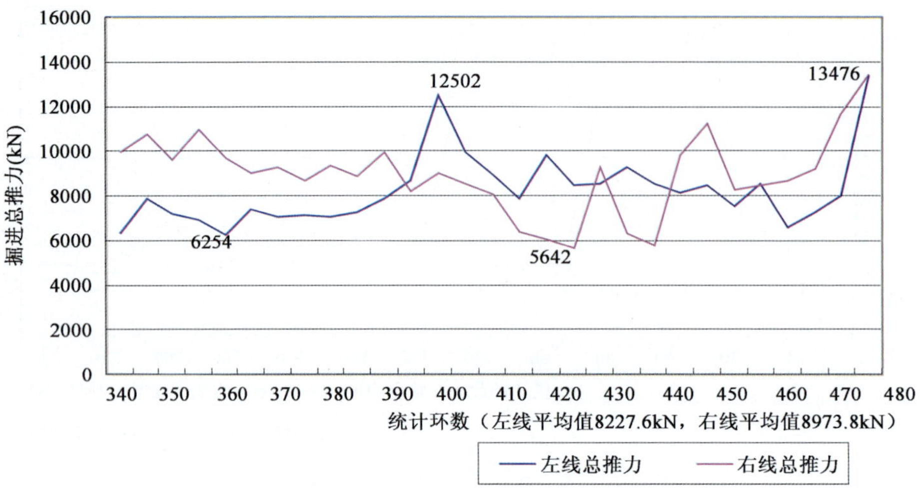

图 13-69　左右线穿越鹅卵石地层掘进总推力统计图

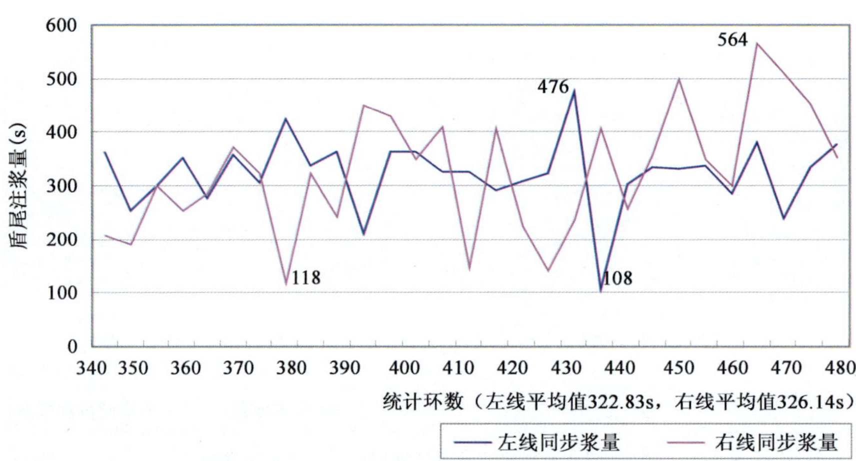

图 13-70　左右线穿越鹅卵石地层同步注浆量统计图

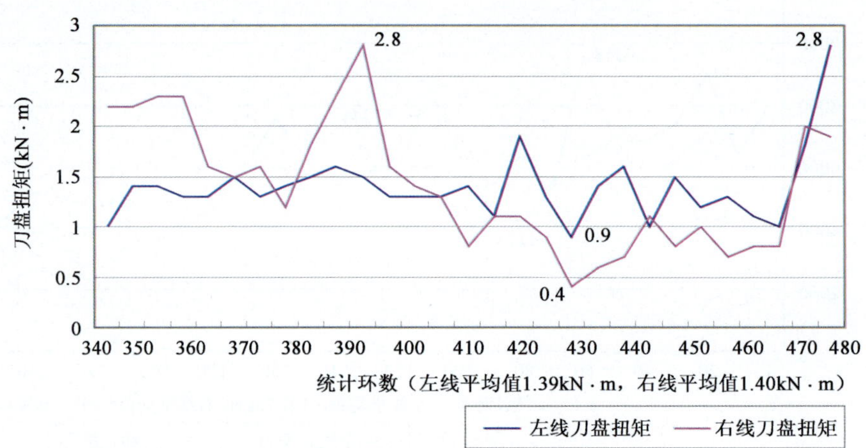

图 13-71　左右线穿越鹅卵石地层刀盘扭矩统计图

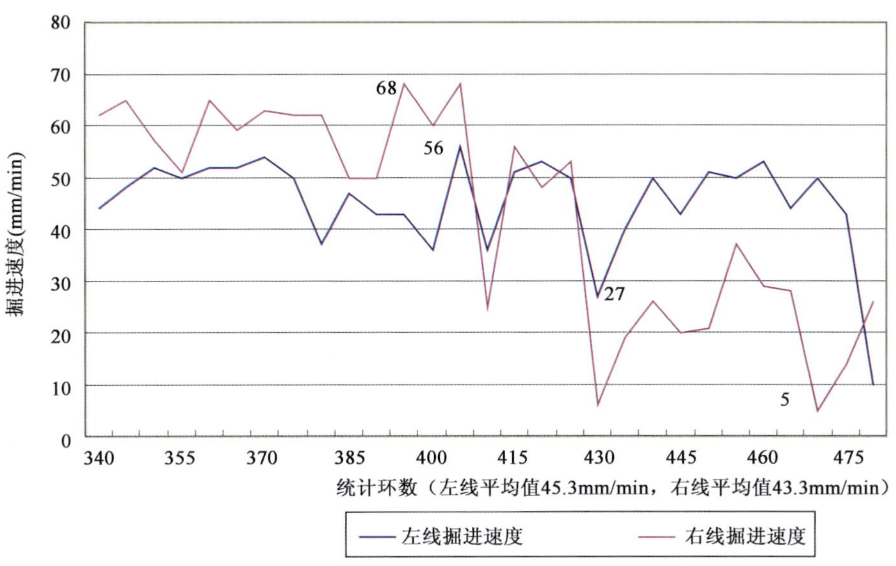

图 13-72　左右线穿越鹅卵石地层推进速度统计图

三、砂层中盾构到达技术措施及涌水涌沙案例分析

1. 砂层中盾构到达技术措施

1）工程到达端头地质水文概述

详勘察资料显示，盾构到达范围内左右线隧道地质主要为〈3-2〉冲积—洪积中粗砂层、〈4-1〉冲积—洪积土层及局部〈3-3〉冲积—洪积砾砂层（见表 13-8）。

高新区间吊出端头地质及水文状况　　表 13-8

层号	地层名称	颜色	特 征 描 述	渗透系数(m/d)	厚度(m)
〈1〉	人工填土	灰褐色	主要为粉质黏土、中粗砂等	0.5	3.5
〈3-2〉	中粗砂层	灰色	级配较差、饱和，呈松散状，局部中密状	7	6
〈4-1〉	粉质黏土层	灰黄色	可塑、冲积—洪积而成，以黏粒为主、质较纯、含少量细、粉砂	0.005	7
〈3-3〉	砂砾岩层	灰黄色	级配较差、饱和，呈松散状，局部中密状，石英颗粒较大	6	3

2）端头加固方案及施工参数选择

盾构到达端头采用三轴深层搅拌桩 + 单排两管旋喷桩加固方案。三轴深层搅拌桩直径为 850mm，密排咬合 250mm，加固范围为：纵向为围护结构外侧 10m 范围，横向为 25m。加固范围纵向 10m、横向 21m，桩底达到隧道底部以下 4m，隧道顶 3m 至隧道底 4m 范围为强加固区，隧道顶 3m 至地面范围为弱加固区，水泥掺量减半；连续墙与三轴搅拌桩之间间隙为 400mm，两管旋喷桩直径为 600mm，密排咬合 200mm，旋喷桩桩底加固深度与三轴搅拌桩一样深（见图 13-73、图 13-74）。

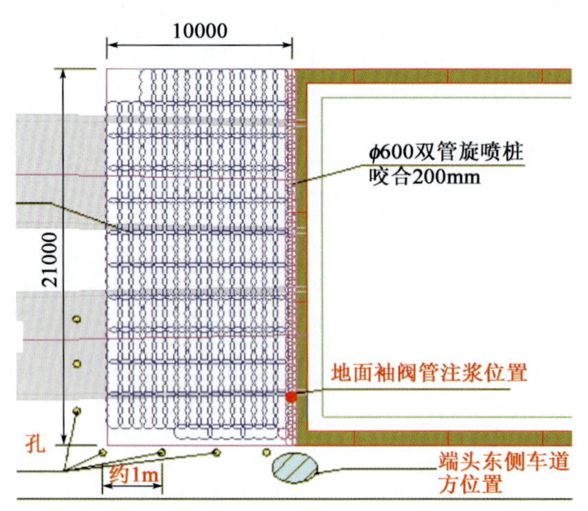

图 13-73　端头加固平面布置图示(尺寸单位:mm)

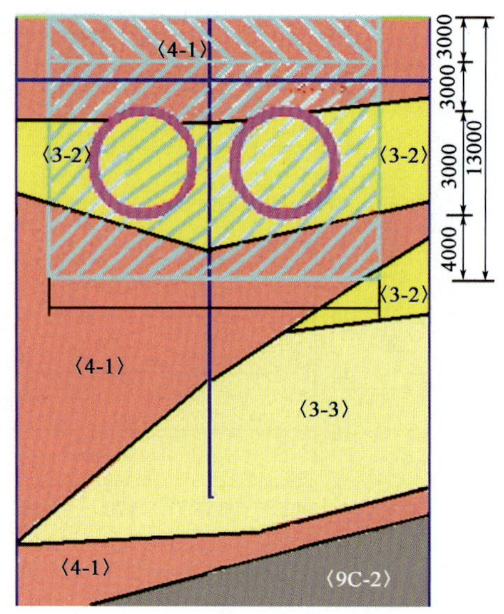

图 13-74　端头加固剖面图(尺寸单位:mm)

(1)三轴搅拌桩施工工艺

三轴搅拌机采用两搅两喷的方式,主要施工参数详见表 13-9。

三轴搅拌桩施工主要技术参数　　表 13-9

序　　号	技术参数项目	参 数 指 标
1	水泥掺入比	22%
2	供浆流量	230L/min
3	水灰比	1.0～1.5
4	泵送压力	0.8～1.2MPa
5	下沉速度	<80cm/min
6	提升速度	<50cm/min
7	28d 无侧限抗压强度	≥1.0MPa
8	水泥浆的相对密度	1.50～1.37
9	搅拌速度	两边搅拌头:26.0r/min,中间搅拌头:14.5r/min
10	每立方米被搅土体水泥用量	396kg

施工时成桩的顺序见三轴钻进施工步骤图 13-75。图中阴影部分为重复套钻,以保证墙体的连续性和接头的施工质量。

加固采用 P.O32.5 水泥,水泥浆在搅拌桶中按规定的水灰比配制拌匀后排入存浆桶,再由两台泥浆泵抽吸加压后经过输浆管压至钻杆内注浆孔。为了保证供浆压力,供浆平台距离施工地点 50m 左右为宜。水泥浆液的相对密度严格控制在 1.37～1.50。开动灰浆泵,待纯水泥浆到达搅拌头后,在桩底部分适当持续搅拌注浆至少 5min,确保水泥土搅拌桩底与土体充分搅拌均匀,达到较高的强度;按计算要求的速度提升搅拌头,边注浆、边搅拌、边提升,使水泥浆和原地基土充分拌和,直至提升到离地面 50cm 处或桩顶设计标高后再关闭灰浆泵。

三轴搅拌桩加固 28d 后，从搭接部位进行抽芯，抽芯率高，整体性较好。

三轴搅拌机加固的优点：三个定向钻头是一起向下或向上旋转加固，保证桩间搭接和咬合的整体性。同时一次加固面积达 $1.5m^2$，减少先后成桩的搭接缝隙。三轴搅拌桩功率大，搅拌桩刚度大，一次加固深度可达 24m，很少发生卡钻和断钻杆的事件。三轴搅拌桩能充分把地层搅拌成泥浆，与水泥浆充分搅拌结合在一起，有较好的整体性和抗渗性能。从图 13-76 抽芯也可以发现，工程采用两搅两喷加固后局部仍存在水泥加固体不均匀现象，如果采用四搅四喷质量将会更好。

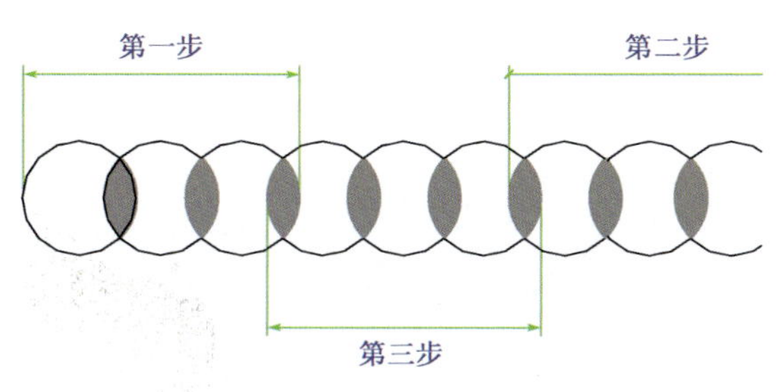

图 13-75　三轴钻进施工步骤图

图 13-76　端头加固抽芯检测芯样照片（郭广才　摄）

（2）双管旋喷桩施工

吊出井端头加固先进行三轴搅拌桩加固施工，后对加固体与连续墙间施工一排双管旋喷桩，施工参数见表 13-10。

高压旋喷桩施工参数　　表 13-10

项　　目		单　　位	参　　数	备　　注
压缩空气		MPa	0.5～0.7	
浆液	压力	MPa	20～27MPa	
	浆量	L/min	40～70	
	水灰比		1:1	
提升速度		cm/min	6～12	
旋转速度		r/min	8～12	

从工程实践证明，两管旋喷桩设定的参数总体与端头地质相适应，成桩实测达到 ϕ600mm 要求，但由于旋喷桩设备每进尺 1.5m 需拆除或安装一节钻杆，成桩垂直度和搭接都存在管理漏洞，最终导致整体性差，详见案例分析。

2. 左线盾构进站涌水涌沙及塌方事件案例分析

1）左线盾构进站涌水、涌沙事件处理经过

左线盾构隧道全长 1620.672m（折合管片 1080 环），在 1074 环处盾构刀盘正式抵触吊出井围护结构。2009 年 5 月 17 日前，已完成水平探孔，探孔显示并没有出现渗水。左线盾构机掘进至 1043 环时，判断还有 3d 盾构即将出洞，开始破除洞门围护结构混凝土，保留最后一层钢筋及保护层，该工作于 5 月 18 日完成。随后安排进行吊出井渣清渣、安装橡胶帘布和接收托架三项工作。

5 月 20 日凌晨，左线隧道完成 1073 环管片安装，刀盘离洞门保护的钢筋距离约 0.8m，洞门钢筋发现变形后，停止掘进，并且对1071环隧道进行全面补充双液注浆加强。现场检查发现左上角加固体上渗出一股小水，并发现墙间止水的旋喷桩由于搭接整体性差，坍落约半方带砂的破碎加固体（见图13-77）。

5月20日，工程完成橡胶帘布安装工作，并进行双液浆封堵加固体与隧道管片之间空隙，注浆量约$2m^3$。

5月21日3:00盾构掘进抵达钢筋时，洞门的下方涌出一股约直径8cm清水（见图13-78），而盾构同步注浆时沿着水流流出，停止盾构掘进，安排割洞门钢筋。21日11:00方完成割钢筋工作。左线盾构12:00恢复推进1076环后，盾构右下方涌出的水变浊并带有大量〈3-2〉粉细砂（见图13-79）。为让盾构尽快与洞门密封结合，拼完管片后继续推进1077环，直到洞门密封完全裹住盾构前体。

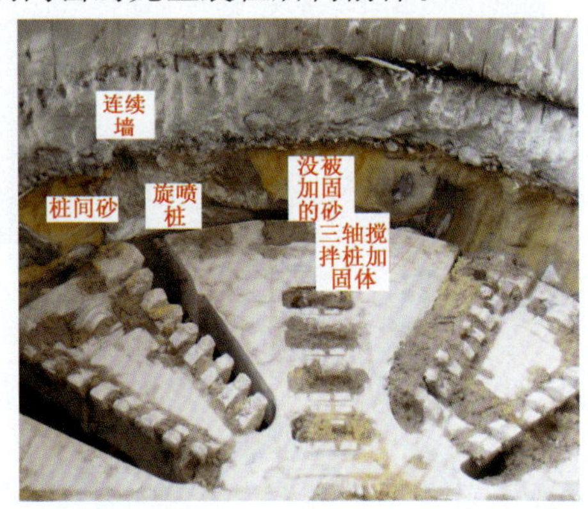

图13-77 墙间旋喷桩加固体现状图（凌胜 摄）

图13-78 割钢筋前渗流清水（凌胜 摄）

5月21日21:00恢复双液注浆堵水工作。在吊出井安排泵送混凝土在盾构机与洞门下半部填充混凝土进行反压（见图13-80），通过反压混凝土将涌水从洞门与橡胶帘布的右中部流出并变成清水。在完成反压混凝土后，左线隧道内反复对1073、1074、1075整环注入双液浆，随着盾构管片衬背后方的水通道减小，水流压力亦逐渐减少。

5月22日14:00从1076环采用同步注浆，部分同步注浆和水从洞门前方流出，停止施工2d等待。同时，地面上也对洞门右边连续墙与加固体之间采用袖阀管注浆，注入$4m^3$浆来填充盾构前体与洞门结构之间的缝隙和加固体与围护结构间的缝隙。

5月24日，盾构恢复向前推进，调整了同步注浆的配合比（原配合比水泥∶膨润土∶粉煤灰∶砂∶水从80∶80∶240∶500∶320调整为120∶80∶200∶500∶320），连续推进三环，同步注入双液浆；1080环完成后，停机对1076～1079环进行补充双液浆，双液浆水灰比为0.5∶1，浆与水波璃比为1∶1。恢复盾构推进，不再发生渗水现象，橡胶帘布局部出现“跑浆”，盾构安全进站。

5月26日，吊出端头东侧（对应墙间止水位置）的施工便道（围蔽内的交通疏解一条高速车道）经过混凝土车和吊机反复碾压后路面塌陷露出“空洞”（见图13-81），迅速回灌$30m^3$流动性较好的混凝土（见图13-82），再埋管注入约6t小泥浆，才算安全完成盾构进站工作。

2）左线盾构进站涌水、涌沙及塌方事件技术分析

综观整个事件处理经过，可以清楚看出本项目左线盾构进站涌水、涌沙的诱因为加固体后

方与墙间侧方的地下水共同作用，导致发生盾构涌水涌沙的险情，并发生地面塌方（见图13-83），危及侧边高速路的安全。原因如下：

（1）通过对加固体质量检测抽芯显示质量较好，再加上先前右线盾构安全到达，导致施工人员“迷信”加固体的质量放松了风险意识，各项盾构进站准备工作都非常马虎。

（2）三轴搅拌桩加固总体质量较好，但桩间止水采用的双管旋喷桩设备，在施工控制过程中，垂直度和桩位没控制好，加固的整体性较差，导致墙间止水，在发现墙间漏水后亦未采取有效措施临时封堵，导致险情加剧。

（3）本次盾构进站，1073 环与加固体之间双液注浆不成环，未能有效封堵加固体后方的水源，同时也没有对中体注入化学浆液堵水的措施。同时，先加固后开挖的基坑，没严格按照方案对墙间增加压密注浆。

（4）从破洞门到盾构进站历时 3d，让洞门暴露时间过长，增加危险。

四、盾构隧道施工质量管理

全线隧道没有发生隧道侵限、管片开裂及渗漏等较大隧道漏水质量问题，盾构隧道常见的错台、破损及渗水湿迹等质量问题统计见表 13-11。

图 13-79　割钢筋后涌出的砂图（梁永钊　摄）

图 13-80　对洞门与盾构之间右侧反压混凝土（凌胜　摄）

图 13-81　吊出端头东侧出现的空洞（梁永钊　摄）

图 13-82　对空洞迅速回灌流动性混凝土回填（梁永钊　摄）

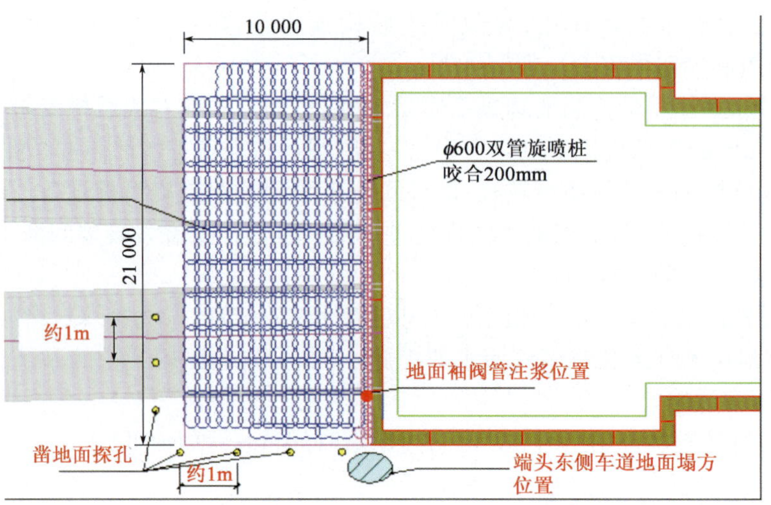

图 13-83　左线吊出端头凿地面探孔处理及塌方位置空间关系图(尺寸单位:mm)

盾构隧道常见质量问题统计表　　表 13-11

项　　目	错　　台	破　　损	渗 水 湿 迹
数量(点)	85	46	28

盾构始发成型 100 环隧道无一处漏水、隧道错台较小,总体成型隧道质量较好。27 环与 28 环之间纠偏过急错台破损,同时出现管片拼装野蛮就位、管片在盾尾泥水中拼装、管片选型不合理导致 100 环后隧道质量出现下降现象。根据不完全统计,右线成型隧道 257 环,隧道破损 40 处,错台大于 10mm 有约 15 处,隧道有明显渗漏有 2 处。隧道管片破损、错台为目前工程主要质量问题,造成破损的原因主要有野蛮操作就位(见图 13-84 ~ 图 13-86),甚至把整个吊装孔混凝土破坏;隧道错台又连带发现管片破损(见图 13-87)。隧道错台的原因有多方面,主要原因与盾构纠偏过急和管片选型不匹配有较大的关系(见图 13-88,之前就错台已详细分析)。隧道渗漏(见图 13-89),初步分步目前的渗水点原因为管片拼装中野蛮就位造成外弧混凝土的破损,止水条失效造成的渗漏水。

图 13-84　管片纵缝破损
(孟西联　摄)

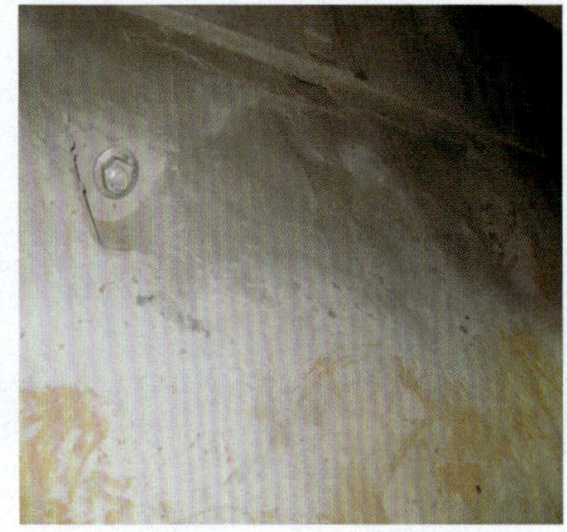

图 13-85　管片纵缝破损
(郭广才　摄)

图 13-86　管片纵缝破损
(孟西联　摄)

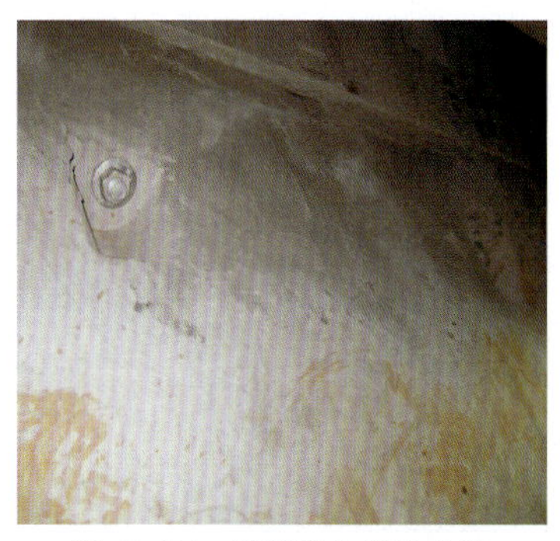
图 13-87　隧道错台管片破损
（郭广才　摄）

图 13-88　隧道接缝渗漏
（凌胜　摄）

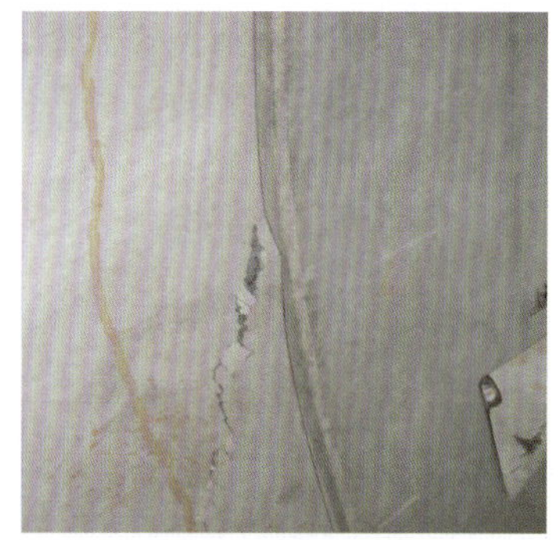
图 13-89　隧道错台
（梁永钊　摄）

1. 盾构隧道轴线超限的原因、处理的对策和预防措施

盾构隧道施工中，隧道轴线侵限主要有以下四方面原因：①工程施工测量误差引起盾构姿态超出轴线控制范围，如仪器精度差、测量内业计算误差较大，甚至出现盾构自动测量数据输入错误等问题都会引起隧道轴线超限；②盾构自动测量系统未能自动修正环境、测量架隧道变形及盾构扭转等施工因素引起的误差，错误指导盾构掘进姿态；③成型隧道"上浮"、"下沉"等变形引起隧道侵限，这种引起隧道轴线侵限的原因是目前引起隧道侵限最常见的原因，也是施工质量最难控制的因素；④地质软硬不均，局部非常坚硬的岩石令盾构掘进缓慢，并导致盾构朝向软地层方向"滑移"，纠偏困难，盾构姿态越来越差，最终超出线路设计的轴线。

针对以上四方面隧道轴线侵限的主要原因，通常施工中从以下几方面采取预防措施控制：①加强测量管理，通过多级测量校核来确保隧道控制轴线测量成果的正确；②盾构掘进施工中，除了依靠盾构自动测量系统指导施工外，要加强人工测量来校核自动测量系统的误差，有效降低施工环境等外界因素引起的测量误差；③加强盾构施工的注浆管理，提高管片与围岩的填充质量，减少隧道变形，同时加强隧道变形监测，及时发现隧道变形的情况，采取有效的措施，结合工程的实践，通过同步注浆和背衬二次注浆提高填充的质量，同时提高水泥用量和加入速凝剂双液注浆来保证注浆的效果，能减少隧道变形；④在盾构掘进中，根据隧道变形监测的结果，适当提高或降低盾构在轴线上的姿态，使隧道变形后轴线仍在受控制范围内。

2. 盾构隧道渗漏的原因、处理的对策和预防措施

盾构隧道渗漏通常指地下水从管片的纵环缝中渗透出来，由于管片结构为圆弧面，往往渗水的地方不是质量缺陷的地方，所以准确分析渗水的原因是采取措施和处理隧道渗漏的关键。隧道渗漏的常见原因：①管片外弧面混凝土破损，常常会造成橡胶止水条"离空"导致隧道最主要的防水防线失效。管片外弧面破损通常由于管片运输、安装过程中没注意对管片保护，发生碰撞引起混凝土破损，这种问题较易发现并容易控制；②橡胶止水条粘贴不牢或运输过程中造成止水条破坏；③隧道错台过大（错台超过止水条的宽度）。

工程常常采用如下措施预防隧道渗漏：①管片运输过程中每次摆放必须停放在枕木上，防止与混凝土、钢构件等硬物碰撞；②保持管片基面干净，保证止水条粘贴牢靠，安装过程中要经常检查，发现止水条损坏要及时更换；③施工过程中防止纠偏过急，保证注浆密实，能有效防止发生大的管片错台。

3. 盾构隧道错台的原因、处理的对策和预防措施

通过因果逻辑关系进行全面分析，分析出错台主要有如图13-90所示原因。

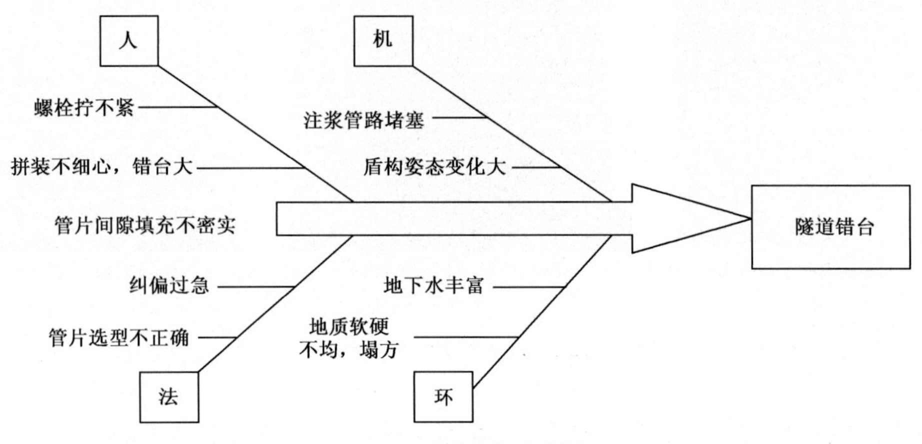

图13-90　隧道错台原因分析

盾构工程常常采用如下措施预防隧道错台：①最有效解决隧道错台的措施是增加注浆量，提高隧道背后间隙的密实度，通常注浆量不宜少于理论注浆量的120%。②正确管片选型，避免纠偏过急。③对于地质较差的地层，要通过同步注浆、背衬双液注浆以及地面跟踪的措施，预防塌方，提高注浆效果。④加强人员培训，正确操作盾构机和管片选型，提高管片拼装精度，减少隧道错台。

管片拖出盾尾好发生的错台现象，处理一般较困难，属于不可逆转的质量缺陷，工程中一般对较小的错台不予处理。但是，隧道错台较大引起隧道限界“侵限”时，要通过调线调坡解决，必要时可以拆除局部管片，现浇混凝土二次衬砌。

工程结合以上常见质量发生的原因，过程中严格控制产生不合格的因素，采取预防措施，最终使工程质量达到优良水平。

跋

从2007年3月工程开工，到2010年4月最后一台盾构机完成掘进，上千个日日夜夜，战斗在工程第一线的建设者们，经历风风雨雨，感受酸甜苦辣，终于苦尽甘来。挫折的苦痛蜕变成了成功的喜悦、宝贵的经验。蓦然回首，如何从浸透了建设者血汗的资料中汲取精华，著者们殚精竭虑。我们领悟了《史记》“取精用宏”的要旨：撷取了其中的亮点，在清晰、透彻的叙述中，施予浓墨重彩；对施工中出现的事故和问题，则秉笔直书，一针见血，期冀对后来者有警示和借鉴作用。

在此，让笔者点拨亮点，并从中分析总结经验教训。

一、亮点

三号线北延段在非常复杂的地质条件下完成了盾构施工，创新了一系列新技术。

三号线北延段沿线穿越的地层有：新生界第四系（淤泥、淤泥质土、冲洪积砂层）、第三系（钙质泥岩、粉砂岩、含砾砂岩、泥灰岩）、中生界三叠系（砾岩、石英砂岩、粉砂岩、含碳质页岩）、二叠系（灰岩、页岩）、上古生界石炭系（白云岩、碳质泥岩、石英砂岩）、前古生界震旦系（混合花岗岩、花岗片麻岩），以及燕山期侵入岩（γ）。其中有大量中等液化的粉细砂层、软硬不均地层、溶洞区域、花岗岩球状风化体地段、强度超过100MPa的硬岩地层。

创新了一系列新技术：

(1)创新了回填法盾构通过中风井技术（盾构水土中进出洞技术）。

(2)创新了填舱换刀作业技术。

(3)创新了砂层中围护墙内竖井开挖联络通道方法。

(4)攻克了灰岩区域溶洞区域存在带来的技术难题。

(5)攻克了花岗岩球状风化体处理技术难题。

(6)攻克了复杂地层盾构机姿态控制的难题。

(7)攻克了复杂地层盾构掘进的沉降控制技术难题。

(8)丰富了端头加固技术。

(9)攻克了全断面花岗岩地层掘进技术难题。

(10)攻克了软弱不均地层盾构掘进的技术难题。

(11)攻克了穿越断裂带过程高水压、硬岩等带来的喷涌、刀具损伤等技术难题。

(12)创新了砂层中盾构接收的减压检查方法。

1. 创新了回填法盾构通过中风井技术(盾构水土中进出洞技术)

砂层中的盾构始发和到达是盾构施工风险最大的环节,特别是在埋深较大砂层中,事故频发。三号线北延人和—高增站区间中风井的到达和接收洞门均位于埋深超过 20m 的砂层中,富含承压水,其始发和到达的风险极高,原设计采用 ϕ600 搅拌桩 + 外包两排 ϕ800 三重管高压旋喷桩形式,桩间咬合 15cm。始发加固长度 9m,到达加固长度 10m,由于埋深大,砂层标贯击数高,加固质量难以保证,加上工期的影响,最终将盾构进出洞方案进行了优化处理:采用地下素混凝土墙(宽 9.4m,厚 0.8m,深度上部与基坑冠梁高,下部较盾构隧道底部深 1m)与旋喷桩相结合的方式进行端头加固,中间风井主体结构内回填后,盾构拼管片通过中间风井。

竖井回填工法的关键技术要点在于以下几个方面:

(1)回填材料的选择:本工程采用了塑性混凝土材料进行回填,回填高度在较隧道高约 2.5m,这样有效地控制了盾构机穿越过程的姿态。

(2)破除洞门时,要采取措施防止加固体(800mm 厚的素混凝土墙)塌陷,发生突水、涌沙的风险:分层破除洞门,破除一层回填一层 M15 的水泥砂浆,待 3d 砂浆的强度后,再破上一层,层高 1m。以确保破除洞门的安全。

(3)清除回填土的过程中,防止发生涌水涌沙风险,在零环管片外侧预埋钢板,当开挖到一定高度后,立即与洞门钢环焊接封闭。

(4)施工洞门结构过程,为防止在拆除零环过程发生突水、涌沙的风险,采取不拆除零环的措施,若零环凸出过长,则切割一部分,将中间风井的 4 个洞门全做成外凸式洞门。

竖井回填工法减少了端头加固长度,有效控制了始发和到达的风险,其成功实施为大埋深富水砂层中盾构始发和接收提供了非常成功的借鉴。

2. 创新了填舱换刀作业技术

盾构机在软弱地层的开舱作业,一般采用预先加固或带压作业的方案,实际施工过程,经常会遇到地面无法加固而必须实施带压作业的情况。而土压平衡盾构机带压作业的过程中,往往因地层疏松、掌子面不稳定、漏气量大等因素而造成地面塌陷、作业难以完成,三号线北延燕塘—梅花园区间就多次遇见了这种情况。由于地质条件恶劣,地面建筑物众多,不允许带压作业过程出现任何掌子面塌方的情况。

面对这种异常突出的技术难题,我们在土压平衡盾构机的开舱技术上取得了两个重大技术创新:

(1)第一次成功地将泥水技术应用于土压平衡盾构机,使之能够利用类似于泥水盾构的泥浆系统对掌子面进行泥膜护壁。

泥膜护壁工法是利用泥浆置换土仓内的渣土,使膨润土在掌子面形成泥膜,并将地层的裂隙予以充填，增加地层的气密性，以降低带压作业风险的工法。该工法工艺较简单、风险小、成本低，但是对膨润土膨化性能要求高，对工序组织和过程控制要求强，实施过程要考虑泥浆置换方式、泥膜失水、干缩、变形等因素的影响。

（2）第一次成功运用土仓回填的开舱施工方法。

土仓回填工法是利用砂浆置换土仓内渣土，使地层裂隙被砂浆填充，刀盘开口处和土仓内形成稳定加固体后，进行开舱施工的工法。该方法加固效果较好、成本低，受地面建筑物影响小，但对回填材料的选择和施工工艺控制要求高；盾构机容易被回填材料包裹，盾构脱困难度大；清理刀盘开口位置时也存在一定掌子面塌陷的风险。采用这种工法要求盾构机本身要有强大的推进系统和刀盘驱动系统支持，还需要与泥浆置换、压气作业等方法结合使用。

以上两种开舱作业技术的成功应用，极大丰富了土压平衡盾构机开舱方法，降低了开舱作业的风险。

3. 创新了砂层中围护墙内竖井开挖联络通道方法

三号线北延段有四个联络通道位于富水砂层中，在软土富水砂层中的联络通道施工，是盾构隧道施工中风险最大的一个环节，稍有不慎，就可能造成隧道毁于一旦。在这种特定的地质条件和环境因素下，必须选择安全可靠的工法，才能有效控制施工过程风险。目前软土地层联络通道施工工法主要分为如表所示四大类。

<table>
<tr><th>工法</th><th>优　点</th><th>风　险　性</th><th>风险的可控性</th></tr>
<tr><td>竖井与矿山法结合</td><td>1. 造价低。
2. 工期最短，施工期间对隧道正常掘进几乎没有影响。
3. 隧道自身安全保障性好</td><td>1. 盾构穿越加固体后形成的超挖间隙很难加固密实，开挖至洞门附近时容易出现涌水涌沙。一旦开挖不成功，后处理的费用相当高，工期也会受到影响。
2. 加固深度大，质量较难保证。
3. 竖井挖深较大，开挖期间安全控制难度大。
4. 需要临时占用地面场地，污染地面环境</td><td>1. 由于从地面开挖，即使加固体质量差或超挖间隙加固不密实，造成大量水土流失，只要处理及时，不会对隧道安全构成较大影响。
2. 如果能辅以地面降水，安全是可控的</td></tr>
<tr><td>隧道内矿山法开挖</td><td>1. 造价低。
2. 地面场地占用时间短。
3. 工期较短</td><td>1. 加固质量难以保障。
2. 施工期间对隧道正常掘进会产生一定影响。
3. 开挖期间遇到涌水涌沙后，对成型隧道威胁大。
4. 加固过程可能使隧道产生较大变形</td><td rowspan="2">由于超挖间隙的加固质量难以全面判断，一旦开洞门后出现水土涌入，将造成隧道被淹，甚至变形损坏</td></tr>
<tr><td>顶管施工</td><td>1. 开挖时间短。
2. 开挖过程安全性高</td><td>1. 破洞门阶段很容易发生涌水涌沙。
2. 造价较高，工期较长。
3. 对成型隧道自身可能产生位移等不利影响</td></tr>
<tr><td>冻结法</td><td>1. 加固体强度高，抗渗性好，安全性高。
2. 是一种环保型工法，对周围环境无任何污染</td><td>1. 造价高。
2. 工期长。
3. 冻胀和融沉效应对周边环境会有一定影响</td><td>冻结体的质量最容易控制，破除洞门时的风险最小</td></tr>
</table>

通过几种工法的比较可以看出，在富水砂层施工中，冻结法安全风险最低，可控性好，而且不需要占用地面场地。但是冻结法造价高，工期长。考虑到三号线北延段的工期非常短，没有足够的时间进行冻结法联络通道施工。为此，首次在砂层中联络通道施工采用了围护墙内竖井开挖的工法，在盾构机通过前即施工连续墙将隧道与联络通道包裹进去，围护体内进行搅拌桩或旋喷桩加固，当隧道通过后，再通过地面竖井开挖和矿山法相结合的工法完成联络通道施工。

这种联络通道施工工法的成功，标志着砂层联络通道施工技术的一大进步，既节省了工程造价，又大大节省了工期，联络通道还可以作为盾构机通过时的刀具检查和更换位置。该工法施工中有几个关键技术控制点需要关注：

（1）地面必须具备开挖条件。

（2）特殊管片的开启不宜在隧道内实施。

（3）联络通道前后管片的二次注浆效果必须得到保障。

（4）能够将降水作为辅助开挖措施。

（5）应急保障措施要到位。

4.攻克了灰岩区域溶洞区域存在带来的技术难题

三号线北延人和—机场南区间石炭系、二叠系和第三系灰岩分布较广，灰岩地层中岩溶较为发育，局部位置岩面处发育有土洞。溶土洞的发育，对结构稳定有较大的影响，同时对盾构施工也有较大的影响，容易发生“喷涌”、“盾构栽头”，甚至更大的溶洞可以使整个盾构机下沉淹没，施工前必须预处理。

岩溶地基处理有很大的难度和复杂性，需因地制宜地设计和选择施工方法。溶洞处理应满足以下要求：

（1）尽量避免盾构机突陷等事故及隧道结构后期沉降过大。

（2）防止地表塌陷和过大沉降。

（3）满足永久隧道结构的承载力、变形、防水要求。

通过设计分析，将溶洞处理范围作出如下规定：

（1）隧道底板以下5m内但不在隧道投影范围的溶洞根据具体情况采取处理措施，隧道底板以下5m范围外洞径小于4m的溶洞可不处理。

（2）所有勘察资料揭示的土洞都必须处理，且处理时应一并完成岩面注浆施工，其目的主要是压浆封堵基岩和土层的界面。

（3）根据详勘及补勘钻孔揭示的溶洞，以该孔位为中心，按2m×2m的间距由中心向外探寻溶洞及土洞的范围，直至找到溶洞边界，然后划分区域，注浆充填。

（4）在明挖结构和区间隧道边界再向外3m钻孔，仍没有找到溶洞边界，不再外扩钻孔，而是平行结构3m位置钻排孔，施工止浆墙。

通过三号线北延溶洞处理得出的总结，溶洞处理应采取预防和治理相结合的防治措施：

（1）充填注浆是有效的措施，采用密布的压浆孔可以揭露土洞，消除隐患；压浆可以充填洞穴，防止土洞塌陷；浆液扩散渗透，可消除或击破相邻土洞使之塌陷随即处理。

（2）及时根据钻孔地质情况编制溶洞轮廓图，结合隧道轮廓分析已完成钻孔位置形成溶洞轮廓，并根据探明溶洞大小及所属性质判断下步是否需增加处理范围。

(3)灌浆顺序:由外向内进行,先对溶洞边界(加固范围线)上的钻孔进行充填灌浆,阻断浆液漏失通道后,再逐步加密灌浆孔,进行溶洞区中部的灌浆压密。

(4)按注浆孔总数量的1%进行检测,且不小于3点,每个溶洞处理区域均要检测一次。

(5)为确保永久隧道的安全,凡在溶岩发育段的盾构隧道,工程都设计在每环管片的下方预埋注浆孔。一旦隧道在运营中发生变形较大,可以利用预埋在道床内的注浆管进行填充注浆。

5.攻克了花岗岩球状风化体处理技术难题

三号线北延梅花园站—同和站区间施工过程中,盾构穿越地层均不同程度的存在花岗岩球状风化体,特别是梅花园—同和站区间,遇到了大量孤石,正是由于提前预防以及施工过程的针对性措施到位,使得孤石处理得以有效解决。

根据孤石处理的原则是:

(1)尽可能通过补勘探明孤石,并采用预先处理的方法,为盾构机的顺利通过扫除障碍;

(2)掘进过程中,应经常检查刀具,为盾构通过孤石提供条件,如果发现孤石,尽量在不采用任何辅助措施的情况下,通过调整盾构机参数顺利通过。

三号线北延通过钻探和物探相结合的手段,较准确地检查孤石群所在位置,其中南方医院—同和区间的孤石群,是最大的孤石区域,主要分布在软弱的〈5H-2〉中,现场场地狭小,大型设备又无法进场作业,噪声稍小的潜孔锤冲孔法、旋挖法、连续墙成槽机抓取法也无法实施,因此最终采取人工挖孔桩破除法进行处理,取得了非常好的效果。

6.攻克了复杂地层盾构机姿态控制的难题

三号线北延段施工过程,曾经出现了数次盾构机姿态失控的问题,最为典型的就是龙归—人和区间,该区间分为三个施工标段,共四台盾构机出现了姿态失控的问题,通过对这四台盾构机非常困难的纠偏过程进行总结,我们进一步深入认识到影响复合地层盾构施工的姿态的关键因素,并提出了一系列控制措施,为今后在复合地层中盾构掘进的姿态控制具有较高的指导意义:

(1)复合地层盾构机的姿态控制,其指导原则应该是:“以地质为基础,以设计为导向,以精细化掘进控制为手段”。

(2)复合地层的盾构机姿态控制是一个动态的控制的过程,关键是寻求不同地质条件下最优的盾构掘进趋势,以期使盾构机沿着设计线路掘进。

(3)应根据设计线路,提前对不同线形下的管片排版进行精细设计,并让现场操作人员能够清晰了解理解管片选型的基本原理。

(4)要做到精细化掘进管理,不同线形条件下,操作手必须清楚每环掘进的值,并能够做到匀速调整。

(5)在盾构机趋势调整时,需要考虑到由此产生的一系列问题的处理措施,如趋势增加后,盾构机的超挖量要增加、铰接开启角度增大、铰接压力增大、管片选型难度增大等。

(6)纠偏的过程中,尽量减少蛇形掘进,切忌快速掘进,应平稳地中、慢速掘进,以利及时调整纠偏方式。纠偏要缓慢,考虑盾构姿态的滞后性。

(7)盾构机趋势发生突变时,可以通过盾体径向注浆对盾构姿态进行调整。

(8)盾构机选型时必须配备超挖刀或者仿行刀,掘进过程要及时检查刀具的磨损情况,对于磨损严重的刀具，及时更换。

(9)当姿态控制非常困难的情况下，根据具体情况，可以采用辅助千斤顶推进。

7. 攻克了复杂地层盾构掘进的沉降控制技术难题

三号线北延盾构掘进过程，穿越了大量建、构筑物，其中包含机场高速公路、河堤、暗渠、危房、违规加层房屋等，由于地质极其复杂，只要掘进过程略有扰动，就会出现沉降超量，引发重大社会影响。施工过程中，我们创新了复合地层动态平衡和沉降控制关键技术，通过桩基托换、注浆技术、切割技术、拔桩技术、回填开舱等辅助技术，在精细化施工管理下，攻克了以下沉降控制难题，最终安全穿越了所有重要建、构筑物。

(1)断裂带失水以及盾构喷涌带来的出土超量难题。

(2)富水砂层、空隙率高的砂质黏性土等敏感度极高的地层土压力波动控制、注浆质量控制难题。

(3)软弱不均地层出土量控制难题。

(4)房屋正下方开舱扰动控制难题。

(5)溶洞区域突陷难题。

8. 丰富了端头加固技术

三号线北延段地端头加固技术多种多样，除了通用的搅拌桩、旋喷桩、注浆和素混凝土墙加固外，最具特色的是首次在在广州尝试了水平注浆加固作为软土地层到达端头的加固工法。人和站南北端头加固中采用水平注浆加固技术(其中人和站南端头是作为搅拌桩施工后的补充加固实施)。

水平注浆加固工法采用前进式深孔注浆，加固的重点区域在洞门周边范围，其最大优点是不占用地面场地，对工期影响小，但是实施过程中，仍存在不少问题有待解决：

(1)浆液的扩散不是均匀地向四周扩散，致使加固体不均匀，加固薄弱的位置易出现新的水力通道，漏水的概率很大。

(2)加固体内未胶结的沙，在水流的作用下会流动形成突沙，对盾构机出洞风险很大，也不可估量。

(3)前进式注浆引起地面发生较大隆起。

(4)注浆压力的传递没有明确方向性，高压力会引起主体结构开裂。

从水平注浆的实施效果来看，在砂层中这种加固形式宜作为辅助加固手段，而不应作为主要加固手段；在工法选择时，有必要对主体结构进行裂缝开展宽度计算，以保障既有主体结构安全。

二、经验教训

1. 异常气体导致的盾构开舱过程人员伤亡教训

2009 年 5 月 15 日 17:15，广州轨道交通三号线北延段施工 9 标地下施工现场，在按照有关程序进行盾构机开舱检查刀具，作业人员进入盾构土仓内时突遇不明气体，造成 3 人中毒死亡的事故。

当时盾构停机位置为 9 号联络通道位置，地面为空旷草地，隧道顶部覆土埋深约 18m，洞身范围为〈7〉全风化泥质粉砂岩、〈8〉中风化泥质粉砂岩地层，该标段历次地质勘察均未发现瓦斯,设计时按非瓦斯隧道设计。经过分析,最终判定这起事故是在正常的开舱检查过程中,不明有毒气体在在土仓内突发聚集,超过人体所能承受的浓度,产生中毒所致。但是从事故发生过程来看,相继三人进舱后发生不幸,说明现场对于不安全隐患的分析仍不全面,对于遇到突发有毒气体的应急救援知识欠缺。从这起事故,我们得出以下经验和教训:

(1)隧道开舱程序尚不规范,还需要进一步完善。

(2)开舱前的气体检查和开舱过程的气体检查方法尚不统一,需要进一步统一标准。

(3)盾构开舱过程的通风管理存在薄弱环节,需要进一步加强管理。

(4)对工人的应急处理教育存在不足之处。

2. 盾构机在硬岩中严重卡壳

三号线北延段南方医院—同和—永泰区间,存在大量的微风化花岗岩地层,岩层单轴抗压强度均超过100MPa,盾构掘进过程发生了数次机体被岩层卡住事件,每次机体被卡,均花费了大量时间和精力进行处理。

(1)对于硬岩地段,有条件的话最好采用明挖法或矿山法预先处理。如采用盾构直接通过,则盾构机应配备相应的设备和重型刀具。

(2)盾构破岩的关键是认真分析掘进参数,对于刀盘刀具,应做到勤检查、勤更换。机体被卡往往是很短时间内发生,当发现掘进参数异常时,没有采取及时有效地措施,或者检查中已发现刀具磨损超量而没有及时更换,酿成卡壳之祸,费时费力。

(3)如果进舱安全性差,可通过盾体径向孔检查开挖直径,以判断刀具是否磨损。

(4)滚刀更换的时机十分重要。根据不同的配置,一般当边缘滚刀达到5~10mm、正面及中心刀达到10~20mm就要更换刀具。

(5)由于掘进硬岩刀盘震动大,刀具螺栓经常松动,造成掉刀引发螺旋机被卡住甚或刀盘被卡住,因此及时复紧刀具螺栓是很重要的一个环节,同时也能有效预防刀具偏磨。

3. 发生了数次盾构机到达的抢险事件

三号线北延段盾构到达施工中,发生了数次抢险事件,例如施工五标段在白云大道北盾构到达,施工9标、10标在人和站到达,均不同程度的发生了涌水、涌沙,有的是发生在破除洞门过程的,也有发生在盾构机出洞过程的,虽然抢险及时,措施到位,没有带来负面影响,但回想起来,仍然反映出我们对富水砂层中盾构到达的风险认识不到位,分析几次抢险的主要原因:

(1)端头加固的方法选择不适当。

(2)端头加固体质量未达到设计要求,加固体不连续,或因障碍物影响了加固体施工。

(3)盾构出洞过程注浆管理不到位。

(4)盾构到达过程精细化管理不到位。

多次砂层中盾构到达的抢险也给我们带来了不少启示,可以在今后砂层盾构到达施工中予以借鉴:

(1)破除洞门的时间把握相当重要,必须在相关的检测手段全部完成,并组织节点验收后,才能开始破除洞门。

(2)除了垂直抽芯、水平探孔检查外,提前降压、开舱检查可以作为砂层中盾构到达检测中的一个重要手段。

(3)洞门破除方法不宜选用大型设备破除,避免较大振动带来新的渗漏通道。

(4)盾构到达过程的风险,不仅仅是破除洞门阶段,应该是包括了盾构机出洞的整个过程,直到盾尾脱出洞门密封,注浆封闭完成。

三、展望

本书主要作者均参与了广州地铁三号线北延盾构工程的全过程建设,亲身见证了广州地铁三号线北延地铁工程奇迹的发生。

自 20 世纪 90 年代起,广州地铁大胆引进国外盾构技术,以之广泛应用于广州复合地层的隧道施工。至今,用于广州地铁各条线路以及珠江新城集运系统区间隧道施工的盾构达到 125 台次,完成隧道掘进任务超过 200km! 可以说,这是一项令人自豪的宏伟工程! 实现这一宏伟工程的建设,攻克复合地层盾构施工的难关,靠的是广州地铁人本着攻坚啃硬、永不言退的盾构机精神,靠的是因地制宜、推陈出新,摸索出的复合地层中盾构施工的技术,靠的是精细管理工作中的思考与实践。

放眼国内市场,盾构技术正在迈向更宽广的领域,描绘更壮阔的蓝图。本书洞悉盾构施工技术的重点难点,成就一家之言,衷心期望它能“藏之名山,传之其人,通邑大都”,真正为日后的盾构施工起航导向。

王　晖

2012 年 5 月

附录1　广州地铁三号线北延工程建设单位项目管理负责人名单

广州地铁总公司建设事业总部土建二部负责项目管理工程，各参与人员名单如下：

项 目 经 理： 张家德（任职至2009年11月）　黄　辉（2009年11月至今）

项目副经理： 黄　辉（任职至2009年11月）　叶越胜（2009年11月至今）

项目工程师： 刘建新　石战利　梁兴林　彭洪秋

章利晖　刘国辉　彭立新　熊　辉

陈荣泰　张伟荣　钟勇军　邱仕雄

李立军　黄嘉恒　张会东　肖瑞传

陈志伟　杨将晓　应　勇　王小忠

赖俊鹏　仇培云

附录2 广州地铁三号线北延工程各盾构标段施工单位及项目负责人名单

标段名称	承包商	项目负责人	负责人照片
1标 （广州东站—燕塘站—梅花园站）	中铁一局集团有限公司	王成	
2标 （梅花园站—南方医站—同和站）	北京城建集团有限责任公司	张保安	
3标 （同和站—永泰站）	中铁十三局集团有限公司	王成	
4标	中铁隧道集团有限公司	刘宇光	
5标	中铁隧道局集团有限公司	张传军	
6标	北京长城贝尔芬伯格建筑工程有限公司	杜振羿	

续上表

标段名称	承包商	项目负责人	负责人照片
7 标	广东华隧建设股份有限公司	吴健磊	
8 标 ［龙归站—人和站盾构区间(二)］	广东华隧建设股份有限公司	陈少峰	
9 标 ［龙归站—人和站盾构区间(三)］	中铁十五局集团有限公司	李晓升	
10 标 (矮岗站南端始发井—人和站)	中铁十一局集团有限公司	张平	
11 标 (高增站—新机场南站)	中交隧道工程局有限公司	罗兴元